केशव-कौमुदी

केशव-कौमुदी

प्रथम भाग

अर्थात्

रामचन्द्रिका सटीक पूर्वार्ध

टीकाकार

स्वर्गीय लाला भगवानदीन

GYAN

भारत में सन् 2024 में प्रकाशित

ज्ञान पब्लिशिंग हाऊस

5, अंसारी रोड, दरियागंज,
नई दिल्ली–110002

वेब साइट: www.gyanbooks.com
ई–मेल: books@gyanbooks.com

Distribution Network
gyanbooks.com
India, USA, Canada, UK, Australia, France

केशव-कौमुदी

ISBN: 978-93-6433-192-0 (Set)
978-93-6433-594-2 (HB)

प्रथम संस्करण, 1943

मुद्रित: ज्ञान प्रेस, दिल्ली

केशव-कौमुदी

प्रथम भाग

अर्थात्

रामचन्द्रिका सटीक पूर्वार्ध

टीकाकार

स्वर्गीय लाला भगवानदीन

प्रो० हिन्दू-विश्वविद्यालय, काशी

लाला भगवानदीन

कविवर लाला भगवान दीन

का

परिचय

लाला भगवानदीन जी का जन्म बड़ी तपस्या के उपरान्त हुआ था। इनकी माता ने इनके ऐसे पुत्र-रत्न की प्राप्ति के लिये भगवान् भुवन-भास्कर का बड़ा कठोर व्रत किया था। अधिक अवस्था हो जाने पर भी कोई संतति न होने से इनके पिता मुन्शी कालिकाप्रसाद जी बड़े चिंतित रहा करते थे, पर एक साधु के आदेशानुसार उन्होंने अपनी पत्नी को रविवार के दिन उपवास करने और सूर्य को अखंड दीप-ज्योति दिखलाने की आज्ञा दी। ज्येष्ठ मास की कड़ी धूप में वे उदयोन्मुख सूर्य की ओर प्रज्वलित घृत-दीप लेकर खड़ी हो जाया करतीं, ज्यों-ज्यों सूर्य भगवान् आकाश में पूर्व से पश्चिम की ओर बढ़ते जाते वे भी उनका ही अनुगमन करके उनके सम्मुख दीप-ज्योति दिखाती रहतीं। संध्या समय पूजनोपचार के पश्चात् वे उसी स्थान पर रात्रि में शयन भी करतीं। दो रविवारों तक तो उन्होंने यह घोर व्रत बड़ी सहिष्णुता के साथ किया, पर तीसरे रविवार को वे चक्कर आ जाने से गिर पड़ीं।

इस कठिन तपोव्रत का फल यह हुआ कि संवत् १६१२ विक्रमीय की श्रावण शुक्ला षष्ठी को उन्होंने पुत्र-रत्न प्रसव किया। भगवान् (सूर्य) का दिया हुआ समझ कर पुत्र का नाम "भगवानदीन" रखा गया। आप अपने माँ-बाप की एकलौती संतान थे, और बड़े लाड़ प्यार से पले थे।

'दीन' जी के पूर्व पुरुष श्रीवास्तव दूसरे कायस्थ थे और उन्हें नवाबी के जमाने में 'बखशी' की उपाधि मिली थी। वे लोग पहले रायबरेली में रहा करते थे, किन्तु सन् सत्तावन वाले विद्रोह के समय उन लोगों ने अपना निवास-स्थान छोड़ दिया और रामपुर में जा बसे। वहाँ से वे फतेहपुर शहर से कोई दस कोस की दूरी पर बहुवा नामक कस्बे के पास "बरवट" नाम के एक छोटे से गाँव में बस गए। इसी गाँव में 'दीन' जी का जन्म हुआ था।

'दीन' जी के पिता साधारण स्थिति के मनुष्य थे इस कारण उन्होंने घर पर ही लड़के को पढ़ाना आरम्भ किया। कायस्थ होने के कारण 'बिस्मिल्लाह' उर्दू और फारसी से ही हुआ। ग्यारह वर्ष की अवस्था में इनकी स्नेहमयी माता का गोलोकवास हो गया। जीविकावश इनके पिता बुन्देलखण्ड में रहा करते थे। इसलिए वे पुत्र को भी अपने साथ लेते गए। ये अपने फूफा के यहाँ फारसी पढ़ने लगे, पर चार वर्ष पश्चात् ये फिर घर भेज दिए गए। वहाँ दो वर्ष तक मदरसे में पढ़ते रहे और घर पर अपने दादा से हिन्दी भी सीखते रहे। सत्तरह वर्ष की अवस्था में ये फतेहपुर के हाई स्कूल में भरती किए गये। मिडिल पास करने के बाद इनका विवाह भी कर दिया गया था। सात वर्ष में एंट्रेंस पास कर लेने पर ये प्रयाग की कायस्थ-पाठशाला में कालेज की शिक्षा प्राप्त करने के लिए भेजे गए। इनके पिता ने इनकी देख-रेख का भार अपने घनिष्ठ मित्र "पुत्तू सोनार" को सौंप दिया था, जो बड़ी सावधानी और विश्वासपात्रता के साथ 'दीन' जी को शिक्षा दिलाते थे। इनका पहला विवाह तक 'पुत्त बाबू' ने ही कराया था, पिता जी दूर रहने के कारण शीघ्रता में वहाँ पहुँच ही नहीं पाए।

'पुत्त बाबू' ने 'दीन' जी को अपनी गृहस्थी का भार सँभालने की आज्ञा दी। तदनुसार ये पढ़ते भी थे और गृहस्थी सँभालने का प्रयत्न भी करते रहते थे, इसी से एफ० ए० के आगे 'दीन' जी की पढ़ाई न चल सकी। अन्त में ये कायस्थ पाठशाला में अध्यापक हो गए। डेढ़ साल के अनंतर ये प्रयाग के ही 'गर्ल्स हाई स्कूल' में फ़ारसी की शिक्षा देने लगे। चित्त न लगने के कारण छः मास पश्चात् ये छतरपुर (बुन्देलखन्ड) में 'महाराजा हाईस्कूल' में सेकेंड मास्टर होकर चले गए। वहाँ जाने पर इनकी स्त्री का देहान्त हो गया। इनका दूसरा विवाह क़सबा शादियाबाद (गाजीपुर) मुन्शी परमेश्वर दयाल साहब की पुत्री से हुआ और इन्हें अपनी दूसरी स्त्री को साथ ही रखना पड़ा। इनकी दूसरी पत्नी प्रसिद्ध कवियित्री 'बुन्देलाबाला' थीं। 'दीन' जी ने स्वयं इन्हें कई ग्रन्थ पढ़ाये थे, जिनमें 'बिहारी सतसई' मुख्य थी।

लालाजी के दादा बड़े राम-भक्त और रामायण-प्रेमी थे। वे इनसे नित्य रामायण का पाठ सुना करते थे। 'दीन' जी का रामायण के प्रति तभी से

अनुराग हो गया था। इन्होंने रामायण के सुन्दरकांड की शिक्षा अपने पूज्य पिता जी से ही पाई थी। वे भी परम भगत थे। यद्यपि हिन्दी का ज्ञान इन्हें पर्याप्त हो गया था, पर अभी पूरी विद्वत्ता प्रस्फुटित न हुई थी। इनका अनुराग कविता की ओर लड़कपन से था, पर उसका परिमार्जन आवश्यक था। छतरपुर में इन्होंने अपने मित्रों के अनुरोध से कविता सम्बन्धी दो सभाएँ स्थापित कीं—पहली 'कवि समाज' और दूसरी 'काव्य-लता', साथ ही 'भारती-भवन' नामक एक पुस्तकालय भी स्थापित किया। ये तीनों स्थान काव्य चर्चा के अड्डे थे। उक्त दोनों सभाओं में नौसिखुये कवि कविता करके सुनाया करते थे और पं० गङ्गाधर व्यास उनका संस्कार कर दिया करते थे। प्रायः समस्या-पूर्तियाँ पढ़ी जाती थीं, व्यासजी से इन्होंने रामायण और अलंकारा का भी अध्ययन किया था। उर्दू में 'दीन' जी पहले से ही कविता किय करते थे और अपना उपनाम 'रोशन' रखते थे। अब हिन्दी में भी इनकी काव्य-प्रतिभा चमक उठी। इन्होंने कई छोटी-मोटी काव्य पुस्तकें लिख डालीं, जिनमें से 'भक्ति भवानी' और 'रामचरणांकमाला' विशेष उल्लेखनीय हैं। पहली पुस्तक पर इन्हें कलकत्ते की 'बड़ा-बाजार लाइब्रेरी' ने एक स्वर्ण-पदक प्रदान किया था जो अब तक उनकी स्त्री के पास मौजूद है।

कुछ दिनों बाद छतरपुर से भी 'दीन' जी का मन उचट गया। वस्तुतः ये एक विस्तृत साहित्य-क्षेत्र में कार्य करने के अभिलाषी थे, अतः वे काशी चले आए। यहाँ के सेंट्रल हिन्दू कालेज में फ़ारसी के शिक्षक हो गए और नागरी प्रचारिणी सभा में प्राचीन-काव्य-ग्रन्थों का संपादन भी करने लगे। इस समय इन्होंने प्रसिद्ध वीर-काव्य 'वीर-पंचरत्न' के लिखने में हाथ लगाया था, जिसके लिखने का अनुरोध बुन्देलाबाला ने किया था। कुछ दिनों के पश्चात् जब नागरी-प्रचारिणी सभा 'हिन्दी-शब्द-सागर' बनवाने लगी, तब ये भी उसके उपसंपादक चुने गए। बहुत कुछ काम हो चुकने पर इन्होंने अपनी स्पष्टवादिता के कारण संपादन से हाथ खींच लिया। जब हिन्दी-शब्द-सागर छप कर पूरा हो गया तब सभा की ओर से इन्हें इनाम मिला। इस कार्य से छूटते ही ये हिन्दू-विश्वविद्यालय में हिन्दी के लेक्चरर हो गए, जहाँ ये अंत तक रहे।

काशी में इन्होंने हिन्दी-साहित्य-सम्मेलन की परीक्षाओं को प्रोत्साहन देने

के लिये 'हिन्दी-साहित्य-विद्यालय' की स्थापना की। कुछ दिनों के लिये गया भी गए थे और वहाँ की प्रसिद्ध पत्रिका 'लक्ष्मी' का संपादन भी किया था। अंत में ये काशी में स्थायी रूप से रहने लगे और यहीं आप का 'काशी-वास' भी हो गया। अन्तिम दिनों में ये अपने गाँव "बर-बट" गए हुए थे। वहाँ से आप के बाएँ अंग में एक प्रकार का ज़हरबाद (Frysipelas) हो गया था। बाईस दिनों की विकट वेदना के बाद ता० २८ जुलाई सन् १९३० ई० (सं० १९८७ के श्रावण मास की शुक्ला तृतीया) को आपने अपने 'हिन्दी-साहित्य-विद्यालय' में शरीर छोड़ा। अब इस विद्यालय के कार्यकर्ताओं ने आप ही के नाम पर इस विद्यालय का नाम "भगवान दीन साहित्य विद्यालय" रखा है।

लालाजी हिन्दी के बड़े भारी काव्य-मर्मज्ञ थे। इनकी प्रतिभा सर्वतोन्मुखी थी। ये कवि, लेखक, समालोचक, संपादक, अध्यापक और व्याख्याता भी थे। इन्होंने कितने ही ग्रन्थ रचे हैं। केशवदास के दुर्बोध ग्रन्थों की सरल टीकाएँ लिखी हैं और रीति-ग्रन्थ बनाये हैं। इनके ग्रन्थों में से प्रसिद्ध पुस्तकों के नाम ये हैं, 'वीर-पंचरत्न', 'नवीन बीन', 'केशव-कौमुदी', 'प्रिया-प्रकाश', 'बिहारी-बोधिनी', 'तुलसीदास के ग्रंथों की टीका', 'सूक्ति-सरोवर', 'सूरपंचरत्न', 'केशवपंचरत्न', 'अलंकार-मंजूषा', 'व्यंगार्थ-मंजूषा', आदि इनके संपादित ग्रन्थ तो बीसियों हैं। फुटकर कविताएँ इन्होंने बहुत लिखी हैं, जिनमें से थोड़ी-बहुत समय-समय पर पत्रिकाओं में प्रकाशित हुआ करती थीं। इधर ये 'मित्रादर्श' और 'महाराष्ट्र देश की वीरांगनाएँ' नामक दो बड़े काव्य लिख रहे थे, पर वे अब अधूरे पड़े हैं।

लालाजी बड़े सीधे-सादे, उद्योगशील, सत्यवादी, निष्कपट, स्पष्टवादी, सच्चरित्र और स्वस्थ शरीर के पुरुष थे। वृद्धावस्था में भी 'दीन' जी जो इतना अधिक साहित्यिक कार्य कर रहे थे, इसका मुख्य कारण इनका स्वास्थ्य था। अपने जीवन-भर में लम्बी बीमारी इन्हें दो ही बार भोगनी पड़ी। एक बार इन्हें क्षय-रोग हो गया था, जो बहुत दिनों में अच्छा हुआ और दूसरी बार ज़हर-बाद हुआ, जो शरीर के साथ ही गया। लालाजी के कोई संतान नहीं है। काशी आने पर बालाजी के शरीरांत हो जाने पर लालाजी ने उन्हीं की बहन

से तीसरी शादी की, जिन्हें ये विधवा करके छोड़ गए हैं। बालाजी से एक पुत्र हुआ था जो दस मास के बाद मर गया। पहली शादी जो केसवाह जि० हमीरपुर में हुई थी, उससे एक लड़की भी थी जो व्याही जाने के कुछ दिनों बाद मर गई। उससे दो संतानें थीं, वह भी अब नहीं रहीं।

काशी गुरु पूर्णिमा, सं० १९८९	}	चन्द्रिका प्रसाद मैनेजर साहित्यभूषण कार्यालय

समर्पण

केशवजी,

आपकी वस्तु आपही को देना, यही तो 'दीन' से हो ही सकता है। अन्य कोई वस्तु 'दीन' लावेगा कहाँ से, जो देगा। समय के फेर से आपकी यह कीर्ति कुछ मैली सी हो रही थी। मुझसे देखा नहीं गया, अपने काव्यज्ञान के गंदे साबुन से उसे धोने का आडम्बर रच बैठा। मैं तो आडम्बर ही समझता हूँ, पर यदि कुछ सफ़ाई आ गई हो तो काव्यरसिक जन या आप जानें। मैंने आपका दामन इसलिए पकड़ा है कि आपके नाम की बदौलत सम्भव है कि मुझे भी कुछ सुयश प्राप्त हो जाय, क्योंकि युधिष्ठिर के गुणगान के प्रसंग में उनके कुत्ते का भी नाम यदा-कदा लोग लेते ही हैं।

चाहे आप स्वीकार करें, या न करें, पर मैं तो आपको ही इस वस्तु के योग्य समझता हूँ। इस समय न तो कोई रामसिंह ही दिखाई देता है और न इन्द्रजीत ही नज़र आता है, फिर इस टीका को समर्पित किसे करूँ।

आप सदेह तो इस संसार में नहीं हैं, पर यशमय निर्मल देह से आप सदैव हिन्दी-साहित्य संसार में ऊँचे आसन पर विराजमान हैं। आपके उसी रूप को मैं यह टीका समर्पित करता हूँ और विनयपूर्वक आग्रह करता हूँ कि स्वीकार कीजिये। बहानेबाज़ी या टालमटूल भी मुझसे न चल सकेगी, क्योंकि स्वीकृत वा अस्वीकृति का अनुमान स्वयं मेरे मन के अनुभव करने की बात है। यदि वर्तमान काल के साहित्य-सेवियों तथा आपके प्रेमियों ने इसे अपनाया तो मैं जान लूँगा कि आपने स्वीकार कर लिया है, और न अपनाया तो अस्वीकृति प्रत्यक्ष है। पर मुझे दोनों दशाओं में संतोष ही होगा। स्वीकृति हो या न हो मुझे तो इस विचार से सन्तोष होगा कि मैंने अपने परिश्रम का फल एक उपयुक्त व्यक्ति को समर्पित किया है, किसी बेकदरे को नहीं।

काशी
श्रीरामनवमी सं० १९८० वि० }

विनीत
'दीन'

केशवदास

वक्तव्य

कवि का परिचय उसकी कृति से ही होता है। वह कहाँ का निवासी था, किस वंश का था, किसका पुत्र था, कब पैदा हुआ, किसके यहाँ रहता था, कब मरा, कितने पुत्र छोड़ गया इत्यादि बातें मालूम हुई तो क्या? और अज्ञात रहीं तो क्या? इन बातों से उसकी कृति पर बहुत कम प्रभाव पड़ता है। कालिदास, तुलसीदास, और विविध अन्य कवियों के बारे में इन बातों की अब तक खोज होती ही जाती है, पर क्या बिना इनके जाने उनकी कविता का कुछ बिगड़ गया। कदापि नहीं। केशवदास का इस प्रकार का परिचय उनके ग्रन्थों में काफी है। इसके सिवा मिश्र-बन्धु महोदयों ने 'हिन्दी-नवरत्न' में बहुत कुछ लिखा है। जिन्हें इन बातों के जानने का शौक हो, वे वहाँ से जान लें। हम यहाँ केवल इसी ग्रंथ के आधार पर केशव के विषय में सिर्फ वे ही बातें कहना चाहते हैं, जिनसे उनका निर्मल कवि रूप आँखों के सामने प्रत्यक्ष दिखाई दे।

जीवनी

इस पुस्तक को गौर से पढ़ने से केशव जी केवल कवि ही नहीं वरन् काव्याचार्य के रूप में सामने आते हैं। पहले ही प्रकाश में छन्द नं० ८ से लेकर नं० १६ तक ऐसे छन्द लिखे हैं, मानो किसी शिष्य को सिखलाने के लिए एकाक्षरी छन्द से लेकर क्रमशः अष्टाक्षरी छन्द तक के उदाहरण लिख रहे हों। वर्णिक छन्दों की भरमार से भी यही बात प्रमाणित होती है कि मानो उनको इस बात का बड़ा ध्यान था कि विविध प्रकार के छन्दों के उदाहरण प्रस्तुत कर देना ही चाहिये। अलंकारों की भरमार से जान पड़ता है, मानों उन्हें यह ध्यान था कि सब प्रकार के अलंकारों के उदाहरण हमारी पुस्तक में होने ही चाहिये। केवल यही नही, वरन् काव्य दोषों के उदाहरण भी जहाँ-तहाँ जान-बूझकर प्रस्तुत किये से जान पड़ते हैं। केशव चाहते तो उन दोषों को न आने देते, पर एक काव्याचार्य को दोषों के भी तो उदाहरण प्रस्तुत करने चाहिये। टीका में यथास्थान यह दोष दर्शाये गये हैं। अतः हम केशव को केवल कवि ही नहीं वरन् काव्याचार्य भी मानते हैं।

हमारा मत

बहैसियत कवि के केशव का स्थान बहुत ऊँचा है। कवि वही है जिसमें कल्पना शक्ति की बहुत अधिकता हो। इस पुस्तक में केशव की कल्पना शक्ति

कवि

ऊँची और विलक्षण शक्ति के उदाहरण ढूँढ़ने और पाने में जरा भी देर नहीं लगती, सारी पुस्तक ही भरी पड़ी है। कथा-क्रम में कम रुचि और वस्तु-वर्णन में अधिक रुचि काफ़ी प्रमाण है।

पांडित्य तो केशव का ऐसा अगाध है कि कहते ही नहीं बनता। अन्य कवियों में भी पांडित्य होता है, पर इनमें यह विलक्षणता है कि एक तो पांडित्य

पांडित्य

ऊँचा, दूसरे उससे अधिक ऊँची पांडित्य-प्रदर्शन की रुचि है। इसी रुचि ने इनकी कविता को बहुत कठिन कर दिया है। प्रसाद और माधुर्य को मरोड़ डाला है। प्रत्येक प्रकार के पांडित्य के उदाहरण न देकर केवल इतना ही कहना काफी है कि राजनीति, समाजनीति, राजदरबार के क़ायदे-क़ानून, धर्मनीति, वस्तुवर्णन, सौन्दर्य-प्रकाशन इत्यादि जिस विषय पर केशव ने लेखनी चलाई है, उसे अपने पांडित्य से ऐसा परिपूर्ण रूप दिया है कि दूसरे आचार्य की शिष्यता करने की आवश्यकता नहीं रह जाती। संस्कृत का पांडित्य तो प्रति पृष्ठ पर झलकता ही है। केवल संस्कृत के शब्द ही नहीं, वरन् कठिन समस्त पद भी (जैसे हिंदी में उस समय प्रचलित न थे, न अब हैं) केशव ने रख दिये हैं। निजेच्छया, स्वलीलया, लीलयैव, हरिणाधिष्ठित इत्यादि इसके उदाहरण हैं।

केशव आचार्य होने के कारण अलंकार के बड़े शौकीन थे। उत्प्रेक्षा,

अलंकारिकता

रूपक और परिसंख्या के तो भक्त ही जान पड़ते हैं। संदेह और श्लेष की भी भरमार है, पर देव और दीनदयाल की तरह यमक और अनुप्रास की बड़ी रुचि न रखते थे।

'सुख' शब्द का प्रयोग इन्होंने बहुधा 'सहज' के अर्थ में किया है, और 'जू' शब्द का व्यर्थ प्रयोग भी जहाँ-तहाँ देखा जाता है। 'देवता' शब्द

विशेष शब्दों का प्रयोग

सदा स्त्रीलिंग में लिखा है। स्यों, गौरमदाइन और बहुत से अन्य शब्द और मुहावरे भी ठेठ बुंदेलखंडी पाये जाते हैं। यथास्थान इनका उल्लेख किया गया है।

स्वर्गीय पं० जानकी प्रसाद जी की टीका से मुझको बड़ी सहायता मिली है, अतः मैं उनकी स्वर्गीय आत्मा के सन्निकट अपनी हार्दिक कृतज्ञता प्रकट करता हूँ। सरदार कवि की टीका तलाश ही करता रहा पर मिल न सकी। तीन हस्त-लिखित तथा दो छपी हुई प्रतियों के सहारे इनका पाठ शुद्ध किया गया है।

निवेदन

टीका के साथ छन्दों के अलंकार भी दिखलाये गये हैं। यह मेरी अनाधिकार चेष्टा है। इस सागर में से मैं सब ही रत्न निकाल सका हूँ, ऐसा मेरा दावा नहीं। विद्वान् लोग यदि कुछ बतलाने की कृपा करेंगे तो दूसरे संस्करण में सहर्ष सम्मिलित कर दूँगा। जिन छन्दों के अलंकार नहीं लिखे उनमें मैं जान नहीं सका कि कौन अलंकार लिखूँ। कहीं-कहीं अति सरल जान कर पुस्तक बढ़ने के भय से भावार्थ भी नहीं लिखा गया है। पूर्वार्द्ध में इतना ही हो सका है। यदि राम जी की कृपा ऐसी बनी रही तो इसके उत्तरार्द्ध की टीका में अलंकारों के अलावा लक्षणा, व्यंजना और ध्वनि इत्यादि के संबंध में भी कुछ-कुछ जानकारी पाठकों के सामने उपस्थित की जायगी, जिससे परीक्षार्थियों को कुछ लाभ अवश्य होगा।

इस टीका के लिखने में पूर्ण उत्साह दिलाया काठियावाड़ प्रान्तान्तर्गत 'गनोद' निवासी श्रीमान् ठाकुर गोपाल सिंह जी ने, अतः मैं उनका परम कृतज्ञ हूँ। उत्तरार्द्ध की टीका तैयार हो रही है। संभवतः आगामी विजयादशमी तक प्रकाशित हो जायगी, आगे मरजी मालिक की।

आजकल की अँगरेजी प्रथा के अनुसार लम्बी-चौड़ी भूमिका लिखना और उस भूमिका में ही उदाहरण सहित कवि की सारी बातें उद्धृत कर देना, मैं पसंद नहीं करता। भारी भूमिका से हानि यह होती है कि पाठक केवल भूमिका ही पढ़कर पुस्तक रख देते हैं, और केवल ग्रन्थचुम्बक ही रह जाते हैं। सपरिश्रम ग्रन्थ पढ़ने का कष्ट नहीं उठाते। मैं केवल ग्रन्थचुम्बक पाठक पैदा करना नहीं चाहता।

विद्वानों से निवेदन है कि भूल-चूक को कृपादृष्टि से सुधार दें और समालोचकों से साग्रह निवेदन है कि वे मेरी इस अनाधिकार चेष्टा की कड़ी आलोचना करें, जिससे मुझे उत्तरार्द्ध के लिखने में भरपूर सावधानी रखने की शिक्षा मिले।

यदि एक विद्वान् भी इस चेष्टा के लिए मेरी पीठ ठोंकेगा, अथवा दस-पाँच विद्यार्थी भी इस टीका के द्वारा केशव की कविता समझ सकने के लक्षण दिखावेंगे, तो मैं अपना परम सौभाग्य समझूँगा, और आगे शायद किसी अन्य कवि की मलीन होती हुई कीर्ति को माँजने का साहस कर सकूँगा।

काशी
श्रीरामनवमी सं० १९८० वि०

विनीत
भगवानदीन

दूसरी आवृत्ति पर वक्तव्य

ईश्वर की कृपा, केशव की स्वीकृति तथा सर्व काव्यप्रेमियों की कद्रदानी से यह सुअवसर हाथ आया है कि इस टीका की दूसरी आवृत्ति हो रही है। पाठकों के निकट मैं कृतज्ञ हूँ।

इसकी पहली आवृत्ति 'साहित्य-सेवा सदन' कार्यालय से निकली थी, पर थोड़े ही दिनों में उस कार्यालय के प्रोप्राइटरों से हिसाब-किताब की ढिलाई के कारण कुछ मनोमालिन्य हो गया और इस टीका का उत्तरार्द्ध भाग मैंने अपने खर्च से प्रकाशित कराया। इस पर वे लोग और भी बिगड़े। अतः इसके लिए बा० रामनारायण लाल का आश्रय लेना पड़ा। बाबू साहब ने सहर्ष स्वीकार किया और यह दूसरी आवृत्ति इस रूप से निकली। इसमें कोई विशेष परिवर्तन नहीं हुआ, केवल जहाँ-तहाँ कुछ शाब्दिक संशोधन किये गये हैं। अधिकतर भाग ज्यों का त्यों है।

कुछ आलोचकों ने जहाँ-तहाँ कुछ अशुद्धियाँ दिखलाई थीं, पर मुझे उनकी सम्मति कुछ जँची नहीं। अतः उनकी सम्मति के अनुसार संशोधन नहीं किये गये। आशा है वे क्षमा करेंगे। अब भी यदि कोई सुबोध आलोचक अशुद्धियाँ बताने की कृपा करेंगे, तो सहर्ष संशोधन कर दिया जायगा। व्यर्थ की आलोचनाओं पर मैं ध्यान भी न दूँगा।

भगवानदीन

श्रीरामचन्द्रिका

पहिला प्रकाश

दो०—यहि पहिले परकाश में मंगल चरण विशेष।
ग्रन्थ रंभरु आदि की कथा लहहिं बुध लेख॥

गणेश वंदना

दंडक—बालक मृणालनि ज्यों तोरि डारै सब काल,
कठिन कराल त्यों अकाल दीह दुख को।
विपति हरत हठि पद्मिनी के पात सम,
पंक ज्यों पताल पेलि पठवै कलुख को।
दूरि कै कलंक-अंक भव-सीस-ससि सम,
राखत है केशोदास दास के वपुख को।
साँकरे की साँकरन सनमुख होत तोरै,
दशमुख मुख जोवैं गजमुख-मुख को॥ १॥

शब्दार्थ—बालक=हाथी का बच्चा। मृणाल=पौनार, मुरार। दीह=दीर्घ, बड़ा। पद्मिनि=पुरइन। पंक=कीचड़। कलुख=कलुष, पाप। अंक=चिह्न। भव=महादेव। वपुख (वपुष)=शरीर। साँकरे=संकट। साँकरन=जंजीरों। दशमुख=दशों दिशाओं। मुख=मुँह (यहाँ लक्षणा से मुखवाले अर्थात् लोग)। मुख (को) जोवैं=मुख देखते हैं अथवा कृपाकांक्षी रहते हैं। गजमुख=गणेश।

भावार्थ—जैसे हाथी का बच्चा सब काल में (हर एक दशा में) कमलनाल को तोड़ डालता है वैसे ही श्रीगणेशजी अकाल के बड़े-बड़े और

कठिन और (कराल) भयंकर दुःखों को तोड़ डालते हैं। (और) विपत्ति को, हठ करके, पुरइन के पत्तों के समान (हरत) खींचकर तोड़ डालते हैं और पाप को कीचड़ की भाँति दबाकर पाताल को भेज देते हैं। (और) अपने दास के शरीर से, कलंक का चिह्न दूर करके, शिव के मस्तक पर रहने वाले चन्द्रमा के समान (कलंक रहित और वंदनीय) करके उसकी (सदैव) रक्षा करते हैं। (और) सन्मुख होते ही संकट की जंजीरों को तोड़ देते हैं। (ऐसा दुःख-निवारक, पाप-हारक और दास-रक्षक समझ कर) दशों दिशाओं के लोग श्रीगणेश जी का मुँह ताका करते हैं—अर्थात् कृपा के आकांक्षी रहते हैं।

विशेष—गणेश को 'गजमुख' कहने के कारण उनके सब कामों को हाथी के बच्चे के कामों के समान वर्णन किया। गणेश के शाप ही से चन्द्रमा कलंकित है, और गणेश के अनुग्रह ही से केवल द्वितीया का चन्द्रमा निष्कलंक है। इस छन्द में कोई-कोई 'दशमुख' शब्द का अर्थ ब्रह्मा, विष्णु और महेश लगाते हैं—क्योंकि ये तीनों मिलकर 'दशमुख' हैं, अर्थात् ब्रह्मा = चार मुख, विष्णु = एक मुख, शिव = पंचमुख।

अलंकार—उपमा, परिकरांकुर

सरस्वती वंदना

दंडक—बानी जगरानी की उदारता बखानी जाय,
ऐसी मति कहौ धौं उदार कौन की भई।
देवता प्रसिद्ध सिद्ध ऋषिराज तपवृद्ध,
कहि कहि हारे सब कहि न केहूँ लई।
भावी भूत वर्तमान जगत बखानत है,
केशौदास केहू ना बखानी काहू पै गई।
बरणैं पति चार मुख पूत बरणैं पाँच मुख,
नाती बरणैं षटमुख तदपि नई नई ॥ २ ॥

शब्दार्थ—बानी=सरस्वती। उदारता=दातारपन, फैयाजी। उदार=बड़ी, महान्। हारे=थके। भावी=भविष्य। भूत=गत, गुजरा हुआ। वर्तमान=मौजूद। तदपि=तौभी।

भावार्थ—कहो तो भला ऐसी बड़ी बुद्धि किसकी हुई है जिससे संसार की रानी श्री सरस्वती जी की उदारता कही जाय (अर्थात् ऐसी बुद्धि किसी की नहीं कि सरस्वती जी की पूर्ण प्रशंसा कर सके)। देवता, मशहूर सिद्ध, बड़े-बड़े ऋषि और बड़े-बड़े तपस्वी लोग कह-कह कर थक गये, पर किसी ने पूरी न कह पाई। भूतकाल के संसारी लोग कह गये, वर्तमान काल के कह रहे हैं और भविष्य काल के कहेंगे तो भी (केशौदास कहते हैं) पूरी प्रशसा न हुई और न हो सकेगी। (लौकिक या अन्य लोगों की तो बात ही क्या, स्वयं उनके सम्बन्धी जो उनकी उदारता भली भाँति जान सकते हैं) पति (ब्रह्मा) चार मुख से, पुत्र (महादेव) पाँच मुख से और नाती (षडानन) छः मुख से वर्णन करते हैं तो भी कुछ न कुछ नवीन उदारता उनको कहने के लिए मिलती ही जाती है—अर्थात् वे भी पूर्णतया नहीं कह सकते, तब हम मनुष्यों की क्या गति है कि उनकी उदारता का कुछ भी वर्णन कर सकें।

अलंकार—सम्बन्धातिशयोक्ति

श्रीराम वंदना

दंडक—पूरण पुराण अरु पुरुष पुराण परिपूरण,
बतावैं न बतावैं और उक्ति को।
दरशन देत जिन्हें दरशन समुझैं न,
नेति नेति कहैं वेद छाँड़ि आन युक्त को।
जानि यह केशौदास अनुदिन राम राम,
रटत रहत न डरत पुनरुक्ति को।
रूप देहि अणिमाहि गुण देहि गरिमाहि,
भक्ति देहि महिमाहि नाम देहि मुक्ति को॥ ३॥

शब्दार्थ—पूरण=सम्पूर्ण, सब। परिपूरण=सब प्रकार पूर्ण। उक्ति=बात, कथन। दरशन=षट्शास्त्र। अनुदिन=रोज-रोज, नित्य। पुनरुक्ति=दोबारा कहने का दोष। अणिमा=वह सिद्धि जिससे छोटे से छोटा रूप धारण

किया जा सकता है। महिमा=वह सिद्धि जिससे बड़ा रूप धर सकते हैं। मुक्ति=जीवन-मरण से छुटकारा।

भावार्थ—सब पुराण (ग्रन्थ) और पुराने लोग जिसे और कथन छोड़ सब प्रकार पूर्ण बतलाते हैं (और) जिसको षट्शास्त्र (के समझने वाले ज्ञानी) समझ नहीं सकते वे ही राम (अपने प्रेमी भक्तों को) प्रत्यक्ष दर्शन देते हैं। अर्थात् शास्त्रज्ञानी जिसके निर्गुण रूप को समझ नहीं सकते वही ब्रह्म प्रेमी भक्तों को सगुण रूप से दर्शन देते हैं (यह विचित्रता है जिसमें). और वेद जिसके लिये अन्य प्रकार से बतलाने के बदले 'न इति न इति' कहके अपना असामर्थ्य प्रकट करता है (अर्थात् वेद भी जिसके अनेक प्रकार के गुणों का बखान नहीं कर सकता) ऐसा समझ कर केशवदास भी नित्य राम-राम रटता है (यद्यपि एक ही शब्द को दो बार कहना कविता में दोष कहा गया है) और पुनरुक्ति दोष को नहीं डरता, (क्योंकि) उस राम के रूप के दर्शन से अणिमा सिद्धि प्राप्त होती है, उसके गुणकथन से गरिमा सिद्धि मिलती है, उसकी भक्ति महिमा सिद्धि की देनेवाली है और नाम उसका ज़पने से मुक्ति मिलती है।

अलंकार–सम्बन्धातिशयोक्ति–(नेति नेति कहैं वेद) (दे० अ० मं० पृष्ठ ८६)।

वंशपरिचय

सुगीत*—सनाढ्य जाति गुनाढ्य हैं जगसिद्ध शुद्ध सुभाव।
सुकृष्णदत्त प्रसिद्ध हैं महि मिश्र पंडितराव॥
गणेश सो सुत पाइयो बुध काशिनाथ अगाध।
अशेष शास्त्र विचारि कै जिन जानियो मत साध॥ ४॥

---

*स्मरण रखना चाहिये कि केशव ने कुछ छन्द अपने निज के गढ़े हैं। उन्हीं में से यह एक है। यह १८ वर्ण का छन्द है जिसमें आदि में एक जगण, फिर भगण, रगण, सगण और अन्त में २ जगण रक्खे हैं।

शब्दार्थ – गुनाढ्य=गुणवान्। बुध=पंडित, विद्वान्। अगाध=गहरा, अथाह। अशेष=सब। साध=साधु। उत्तम=अच्छा।

भावार्थ – जाति के सनाढ्य ब्राह्मण जगत में सिद्ध रूप, शुद्ध स्वभाव वाले, मिश्र उपनामधारी पंडितराज कृष्णदत्त पृथ्वी भर में मशहूर हैं। उन्होंने गणेश के तुल्य बुद्धिमान अगाध पंडित काशीनाथ नामक पुत्र पाया, जिन्होंने सब शास्त्रों को विचार कर उत्तम मत को जान लिया था।

दो० – उपज्यों तेहि कुल मंदमति शठ कवि केशवदास।
रामचन्द्र की चंद्रिका भाषा करी प्रकास॥ ५॥

भावार्थ—उन्हीं पं० काशीनाथ के कुल में अल्प बुद्धि और शठ केशवदास कवि उत्पन्न हुआ, जिसने श्रीरामचन्द्रजी की (कीर्ति) चन्द्रिका (किरण) को भाषा (हिन्दी) में प्रकाशित किया।

ग्रंथरचना काल

दो०—सोरह सै अट्ठावने कातिक सुदि बुध वार।
रामचन्द्र की चन्द्रिका तब लीन्हों अवतार॥ ६॥

भावार्थ—सरल ही है।

विशेष—इसमें तिथि प्रकट नहीं कही। परन्तु कही अवश्य है। 'वार' शब्द का अर्थ 'बारस' अर्थात् द्वादसी है। बुन्देलखंड में ग्यारह, बारस, तेरस, चौदस इत्यादि बोलते है।

ग्रंथरचना कारण

दो०—बालमीकि मुनि स्वप्न महँ दीन्हों दर्शन चारु।
केशव तिनसों यों कह्यो क्यों पाऊँ सुखसारु॥ ७॥

शब्दार्थ—सुखसारु=मुक्ति।

भावार्थ—सरल ही है।

श्री छंद—(मुनि) सी, धी। री, धी॥ ८॥

सार छंद—राम, नाम। सत्य, धाम॥ ९॥
और नाम। को न, काम॥ १०॥

भावार्थ—(तीन छंद अर्थात् नं० ८, ९, १०, का अन्वय एक साथ करो) राम नाम ही से सुख मिलेगा, क्योंकि राम नाम ही ऋद्धि, सिद्धि और सत्य का घर है। सुख देना और नाम का काम नहीं है।

रमण—(केशव) दुख क्यों। टरिहै।
(मुनि) हरि जू। हरि है॥ ११॥

भावार्थ—(केशवदास ने पूछा) दुःख कैसे टरैगा ? (मुनि ने उत्तर दिया) हरि जू हरैंगे (क्योंकि हरि शब्द का अर्थ ही है हरने वाला)।

अलंकार—परिकरांकुर।

तरणिजा (मुनि)—
वरणिबो। वरण सो॥
जगत को। शरण सो॥ १२॥

शब्दार्थ—वरण=(वर्ण) अक्षर। शरण=रक्षा का स्थान।

भावार्थ—यद्यपि अक्षरों से वर्णन करने योग्य नहीं है तथापि (तेरे समझने के लिये) हम उस हरि का माहात्म्य अक्षरों (शब्दों) द्वारा वर्णन करेंगे। वह हरि संसार के लिये रक्षा का स्थान है।

प्रिया—सुख कंद है। रघुनन्दजू॥
जग यों कहै। जगवंद जू॥ १३॥

शब्दार्थ—कंद=मूल, जड़। रघुनन्द=रामचन्द्र।

भावार्थ—संसार तो यों कहता है कि श्रीरामचन्द्रजी सुख के मूल कारण हैं और संसार भर से वंदना किये जाने योग्य हैं।

सोमराजी—गुनी एक रूपी सुनो वेद गावैं।
महादेव जाको, सदा चित्त लावैं॥ १४॥

भावार्थ—सरल है।

कुमारललिता—विरंचि गुण देखै। गिरा गुणनि लेखै।
अनंत मुख गावै। विशेष हि न पावै॥ १५॥

शब्दार्थ - विरंचि=ब्रह्मा । गिरा=सरस्वती । अनंत=शेषनाग । विशेष=निर्णय, निश्चय ।

भावार्थ—ब्रह्मा जिसके गुणों को देखा करते हैं (पर पूर्णतया कह नहीं सकते) सरस्वती जिसके गुणों का लेखा किया करती हैं (पर ठीक गणना नहीं बता सकतीं), शेषनाग जिनके गुणों को हजार मुख से कहा करते हैं तो भी अन्त में निश्चय नहीं कर सकते कि उनके गुण कितने हैं ।

अलंकार—सम्बन्धातिशयोक्ति ।

नाग स्वरूपिणी - (मुनि)

भलो बुरो न तू गुनै । वृथा कथा कहै सुनै ।
न राम देव गाइहै । न देवलोक पाइहै ॥ १६ ॥

भावार्थ—तू भला बुरा नहीं विचारता-व्यर्थ बातें कहा-सुना करता है । यह बात निश्चय है कि जब तक रामदेव का गुण नहीं गावेगा, तब तक कदापि देवलोक (बैकुण्ठ) की प्राप्ति नहीं हो सकती ।

षटपद—बोलि न बोल्यो बोल दयो फिर ताहि न दीन्हों ।
मारि न मार्‌यो शत्रु क्रोध मन वृथा न कीन्हों ।
जुरि न मुरे संग्राम लोक की लीक न लोपी ।
दान सत्य सम्मान सुयश दिशि विदिशा ओपी ।
मन लोभ मोह मद काम वश भये न केशवदास भणि ।
सोई परब्रह्म श्रीराम हैं अवतारी अवतारमणि ॥ १७ ॥

शब्दार्थ—मुरे=मुड़े, पीछे हटे । संग्राम=युद्ध । लीक=प्रथा, रीति । ओपी—प्रकाशित हैं । भणि=कहता है । अवतारी=अवतार धारण किये हुए । अवतारमणि=ईश्वर के सब अवतारों में श्रेष्ठ ।

भावार्थ—एक बार जो कह दिया, फिर दोबारा उस विषय में कभी कुछ नहीं बोले (जो कहा सो कर डाला । वचन का हेर-फेर नहीं किया), जिसको एक बार दिया उसे फिर कुछ नहीं दिया । (पहली ही बार इतना दे दिया कि दोबारा देने की जरूरत न रही) । एक बार शत्रु को मार कर दोबारा फिर नहीं

मारा (एक ही वार में उसका वारा न्यारा कर दिया तथा जिसे एक बार मारा उसे मुक्तिपद दिया फिर उसको जन्म मरण की आवश्यकता न रही), और व्यर्थ कभी मन में क्रोध नहीं लाये । युद्ध में शत्रु के सामने होकर फिर हटे नहीं, और लोकाचार का कभी लोप नहीं किया। उनके दान, उनकी सत्यसन्धता, उनके सम्मान के यश से दिशा और विदिशायें प्रकाशित हो रही हैं। केशवदास कहते हैं कि जिनका मन कभी लोभ, मोह, मद और काम के वश में नहीं हुआ, वे श्रीरामजी साक्षात् परब्रह्म हैं और अवतार धारण किये हुए रूपों में सब से श्रेष्ट अवतार हैं।

दो०—मुनिपति यह उपदेश दै जबहीं भये अदृष्ट।
केशव दास तही करयो रामचन्द्र जू इष्ट ॥ १८ ॥

शब्दार्थ—मुनिपति=वाल्मीकि मुनि (जिन्होंने केशव को स्वप्न में दर्शन दिये थे) । उपदेश=शिक्षा । अदृष्ट=गायब । इष्ट=पूज्य देव ।

भावार्थ—सरल ही है।

गाहा – रामचन्द्र पद पद्मं, वृंदारक वृन्दाभिवंदनीयम् ।
केशवमति भूतनया, लोचनं चंचरीकायते ॥ १६ ॥

शब्दार्थ—वृन्दारक=देवता । अभिवंदनीयम्=भली प्रकार वंदन करने योग्य । भूतनया=(महिजा) सीता जी । चंचरीकायते=भौंरे का सा आचरण करते हैं ।

भावार्थ—देवताओं से भली भाँति वन्दना करने योग्य श्रीरामचन्द्रजी के चरण कमल में केशव की मतिरूपिणी सीता के नेत्र भौंरे का आचरण करते हैं (जैसे भौंरा कमल पर आसक्त होता है वैसे ही केशव की बुद्धि रामचरणों पर प्रेम करती है) ।

अलंकार—रूपक ।

चतुष्पदी* – जिनको यश हंसा, जगत प्रशंसा, मुनिजनमानस रंता।

---

*इसको चौपैया वा चौबोला भी कहते हैं।

लोचन अनुरूपिनि श्यामसरूपिनि अंजन अंजित संता ॥
कालत्रयदरशी निर्गुण-परशी होत विलंब न लागै।
तिनके गुण कहिहौं सब सुख लहिहौं पाप पुरातन भागै ॥ २० ॥

शब्दार्थ—मानस=(१) मन (२) मानसरोवर। रंता=अनुरक्त, प्रेमी। अनुरूप=योग्य, मौजूं। अंजित=अंजन लगाकर। पुरातन=प्राचीन।

भावार्थ—(मुनि का उपदेश सुनकर केशव की प्रतिज्ञा) जिनके यश रूपी हंस की संसार भर में बड़ाई होती है, जो यश रूपी हंस मुनियों के मनरूपी मानसरोवर से प्रेम रखता है, और जिनके श्यामस्वरूप रूपी अंजन को अपने नेत्रों के अनुसार आँखों में आँज कर सन्त लोग त्रिकाल-दर्शी और निर्गुण ब्रह्म को स्पर्श करने वाले (सायुज्यमुक्तिलब्ध) हो जाते हैं, मैं उन्हीं राम के गुण कहूँगा जिससे सब सुख पाऊँगा और प्राचीन (अनेक जन्मों के संचित) पाप छूट जायेंगे।

अलंकार—रूपक।

इति प्रस्तावना

अथ कथारम्भः

दो०—जागत जाकी ज्योति जग एकरूप स्वच्छन्द।
रामचन्द्र की चन्द्रिका वर्णत हौं बहु छन्द ॥ २१॥

शब्दार्थ—ज्योति=प्रकाश, रोशनी। एकरूप=सर्वदा एक सी। स्वच्छन्द=बिना किसी के सहारे। चन्द्रिका=चाँदनी, जोन्ह।

भावार्थ—जिसकी रोशनी सदा एक सी और बिना किसी के सहारे के (जैसे इस हमारे चन्द्रमा की रोशनी सूर्य के सहारे पर निर्भर है, ऐसी नहीं) सारे संसार में जगमगाता है, उस राम रूपी चन्द्रमा की चाँदनी (कीर्ति, यश) का अब मैं अनेक प्रकार के छन्दों में वर्णन करता हूँ।

रोला—शुभ सूरज कुल-कलस नृपति दशरथ भये भूपति।
तिन के सुत भये चारि चतुर चित चारु चारु मति।

रामचन्द्र भुवचन्द्र भरत भारत भुव भूषण।
लक्ष्मण अरु शत्रुघ्न दीह दानवदल-दूषण ॥ २२ ॥

शब्दार्थ—कलश=शिरोमणि। चारु=सुन्दर, पवित्र। भुव-चन्द्र=पृथ्वी के चन्द्रमा। भारत-भुव=भारतवर्ष, हिन्दुस्तान। दीह=दीर्घ, बड़ा। दूषण=विनाशक, संहारक।

भावार्थ—अच्छे सूर्यवंश के शिरोमणि राजा दसरथ जब राजा हुए, तब उनके चार पुत्र हुए जो बड़े चतुर, शुद्ध चित्त और अच्छे मति वाले थे। श्रीरामचन्द्र जी तो इस पृथ्वी के चन्द्रमा ही थे, भरत जी इस भारतवर्ष के भूषण थे और लक्ष्मण और शत्रुघ्न जी दानवों के बड़े बड़े दलों को विनाश करने वाले थे।

अलंकार—रूपक।

धत्ता—सरजू सरिता तट नगर बसै वर,
अवधनाम यशधाम धर।
अघओघ विनाशी सब पुरवासी,
अमरलोक मानहुँ नगर ॥ २३ ॥

शब्दार्थ—यशधाम=सुयश का घर। मशहूर=प्रसिद्ध। धर=धरा, पृथ्वी। अघ=पाप। ओघ=समूह।

भावार्थ—सरयू नदी के तीर पर एक सुन्दर नगर बसता था, जिसका नाम 'अवध' (अयोध्या) था। वह नगर पृथ्वी भर में प्रसिद्ध था (और है) यहाँ के सब पुरवासी लोग पापों के समूह को नाश करने वाले थे (पाप करते ही न थे) इसी कारण वह नगर देवलोक के समान था।

विश्वामित्र का अवधागमन

छप्पय—गाधिराज को पुत्र साधि सब मित्र शत्रु बल।
दान कृपान विधान वश्य कीन्हीं भुवमण्डल।

कै मन अपने हाथ जीति जग इन्द्रियगण अति।
तपवल याही देह भये क्षत्रिय तें ऋषिपति।
तेहि पुर प्रसिद्ध केशव सुमति काल अतीतागतनि गुनि।
तहँ अद्भुत गति पगु धारियो विश्वामित्र पवित्र मुनि ॥२४॥

शब्दार्थ—साधि=अपने काबू में करके। कृपान विधान=युद्ध। वश्य=वशीभूत। जग=चंचल। अतीतागतनि (अतीत – आगत – नि) =गतकाल और आगमकाल दोनों को। अद्भुतगति=शीघ्रतायुक्त। पगु धारियो=आये।

भावार्थ—राजा गाधि के लड़के (विश्वामित्र) ने अपने सब मित्रों और शत्रुओं के बल को अपने काबू में करके, मित्रों को कुछ देकर और वैरियों से युद्ध करके समस्त पृथ्वीमण्डल को अपने वश में कर लिया था। यहाँ तक कि तप से अपने मन और अति चंचल इन्द्रियों को भी जीत लिया था, और अपने तप के बल से इसी देह से (बिना जन्मान्तर) क्षत्री से ब्रह्मऋषि की पदवी को प्राप्त कर लिया था। वे ही पवित्र विश्वामित्र मुनि गत काल और आगम काल का ठीक-ठीक हिसाब लगा कर (अर्थात् यह हिसाब लगाकर कि रामचन्द्र जी इतने वर्ष के हो चुके और धनुर्भङ्ग, रावण वधादि को अब इतना समय और बाकी है) क्योंकि वे सुमति थे (त्रिकालज्ञ थे) इस हेतु बड़ी शीघ्रता से अवध को आये।

प्रज्झटिका*—पुनि आये सरयू सरित तीर।
तहँ देखे उज्ज्वल अमल नीर।
नव निरखि निरखि द्युति गति गँभीर।
कछु वर्णन लागे सुमति धीर ॥ २५ ॥

शब्दार्थ—उज्ज्वल=सफेद। अमल=स्वच्छ, साफ। नव=अनोखी। द्युति=चमक, कान्ति। गति=चाल, बहाव। गम्भीर=गहरी (यहाँ गहराई)। सुमति धीर=सुन्दर और धीर मति वाले (विश्वामित्र)।

---

* इसको पद्धरी वा पद्धटिका भी कहते हैं।

भावार्थ—सरल ही है।

सरजू का वर्णन

प्रज्झटिका—अति निपट कुटिल गति यदपि आप।
तउ देत शुद्ध गति छुवत आप।
कछु आपुन अध अधगति चलंति।
फल पतितन कहँ ऊरध फलंति॥ २६॥
मद मत्त यदपि मातंग संग।
अति तदपि पतित पावन तरंग।
वहु न्हाय न्हाय जेहि जल सनेह।
सब जात स्वर्ग सूकर सदेह॥ २७॥

शब्दार्थ—आप=स्वयं, खुद। आप=पानी, जल। आपुन=खुद। अध=नीची (नीचे की ओर)। पतितन=पापियों। ऊरध=ऊर्ध्वं, ऊँचा। मदमत्त=(१) मस्तक से बहते हुए मद के कारण मस्त, (२) शराब से मस्त। मातङ्ग=(१) हाथी, (२) चाण्डाल। सनेह=(१) सप्रेम (२) तेलयुक्त। सूकर=(१) अच्छे काम करने वाले, (२) सुअर। सदेह=शरीर सहित।

भावार्थ—यद्यपि आप स्वयं तो टेढ़ी चालवाली हैं (नदियों की टेढ़ी-मेढ़ी चाल होती है) तो भी औरों को पानी छूते ही (स्पर्श मात्र से) सूधी गति (अच्छी गति=स्वर्गवास इत्यादि) देती हैं। आप तो खुद नीचे की ओर को चलती हैं (नदी नीचे को बहती है) परन्तु पापियों को ऊँचे जाने का फल देती हैं (देवलोक भेजती हैं)।

यद्यपि मद से मस्त हाथियों को सङ्ग रखती है (मदमाते हाथी सरजू में नहाया करते हैं) तथापि इसकी लहर अत्यन्त पतितपावन है। बहुत से जीव इसके जल में सप्रेम स्नान करके, सब—यहाँ तक कि सुअर तक सदेह स्वर्ग को चले जाते हैं।

विशेष—इन दोनों छन्दों में विरोधाभास अलंकार है। इसी कारण विरोधाभास को स्पष्ट करने के लिये कुछ शब्दों के दोहरे अर्थ लिख दिये गये हैं।

राजा दशरथ के हाथियों का वर्णन

नवपदी—जहँ तहँ लसत महा मदमत्त ।
वर वारन वार न दल दत्त ।
अंग अंग चरचे अति चंदन ।
मुंडन भुरके देखिय वंदन ॥ २८ ॥

शब्दार्थ—वारन=हाथी । वार न=देर नहीं लगती । दत्त=दलते हुए, मारने में । चरचे=लगाये हुए । भुरके=छिड़के हुए । वन्दन=सेन्दुर ।

भावार्थ—जहाँ तहाँ बड़े मदमाते हाथी (गजशाला में बँधे हुए) शोभा देते हैं । वे ऐसे बली हाथी हैं जिन्हें सेना की सेना दलते हुए कुछ देर ही नहीं लगती । उनके सब अङ्गों में चन्दन लगा हुआ है और सिरों पर सिंदुर छिड़का हुआ देख पड़ता है ।

दो०—दीह दीह दिग्गजन के केशव मनहुँ कुमार ।
दीन्हें राजा दशरथहिं दिगपालन उपहार ॥ २९ ॥

शब्दार्थ—दीह दीह=बड़े बड़े । कुमार=पुत्र । उपहार=भेंट, नज़र ।

भावार्थ—केशव कवि कहते हैं कि वे हाथी बड़े-बड़े हैं, जान पड़ता है कि वे दिग्गजों के लड़के हैं और दिगपालों ने उन्हें राजा दशरथ को भेंट में दे डाला है ।

अलंकार—उत्प्रेक्षा ।

बाग-वर्णन

अरिल्ल—देखि बाग अनुराग उपज्जिय ।
बोलत कल ध्वनि कोकिल सज्जिय ।
राजति रति की सखी सुवेषनि ।
मनहुँ बहति मनमथ संदेशनि ॥ ३० ॥

शब्दार्थ—कल=मनोहर, मधुर । सुवेषनि=सुन्दर भेस वाली । बहति=पहुँचाती है । मनमथ=कामदेव ।

भावार्थ—बाग को देखकर आपसे आप अनुराग पैदा होता है। मधुर ध्वनि से कोयल बोलती हुई शोभा दे रही है। (अपने सुन्दर भेस के कारण, रति की सखी सी जान पड़ती है, (और मधुर स्वर से) ऐसा जान पड़ता है मानों लोगों को काम का सन्देशा सुना रही है।

विशेष—जिस समय विश्वामित्र अयोध्या में आये थे उस समय वसन्त ऋतु न थी। परन्तु यह काव्य-नियम है कि बाग के वर्णन में उनका ऐसा वर्णन किया जाता है मानो वसन्त वा वर्षा काल में देख-देख कर उसको छटा वर्णन कर रहे हों, क्योंकि इन्हीं दो ऋतुओं में बाग-वाटिकादि अपनी पूर्ण शोभा से सपन्न होते हैं।

अलंकार—उत्प्रेक्षा।

अरिल्ल—फूलि फूलि तरु फूल बढ़ावत।
मोदत महामोद उपजावत।
उड़त पराग न चित्त उड़ावत।
भ्रमर भ्रमत नहिं जीव भ्रमावत ॥ ३१ ॥

शब्दार्थ—फूल=हर्ष। मोदत=सुगन्ध फैलाते हुए। मोद=आनन्द। पराग=पुष्प धूलि। उड़ावत—उड़ते हैं। भ्रमावत=फिरते हैं।

भावार्थ—फूल फूल कर वृक्षगण बाग में सैर करने वालों के हर्ष को बढ़ाते हैं, और अपनी सुगन्ध फैला कर उनके हृदय में अत्यन्त आनन्द पैदा करते हैं। यह फूलों का पराग नहीं उड़ रहा है, वरन् लोगों के चित्त हैं जो उड़ रहे हैं। (ये) भ्रमर नहीं हैं जो भ्रम रहे हैं वरन् लोगों के जीव हैं जो भौंरे बनकर इधर उधर घूम रहे हैं।

अलंकार—शुद्धापन्हुति।

पादाकुलक*—सुभ सर शोभै। मुनि मन लोभै।
सरसिज फूलें। अलि रस भूले ॥ ३२ ॥

---

*इसको शशिवदना भी कहते हैं।

जल चर डोलैं। बहु खग बोलैं।
बरणी न जाहीं। डर उरझाहीं ॥३३॥

शब्दार्थ—सर=तालाब। सरसिज=कमल। अलि=भौंरा। रस=मकरन्द। जलचर=जल में रहने वाले जीव, मछली इत्यादि।

भावार्थ—(बाग के मध्य में) एक सुन्दर तालाब शोभा दे रहा है जो मुनियों के मन को भी लुभा लेता है। उसमें कमल फूले हुए हैं, जिनके मकरन्द पर भौंरे मस्त हो रहे हैं। मछलियाँ कलोल कर रही हैं, बहुत से जल पक्षी बोल रहे हैं जिनका वर्णन नहीं करते बनता, क्योंकि वे मन को खींच कर अपने में उलझा लेते हैं।

चतुष्पदी—

देखो बनवारी चंचल भारी तदपि तपोधन मानी।
अति तपमय लेखी गृहथित पेखी जगत दिगंबर जानी।
जग यदपि दिगंबर पुष्पवती नर निरखि निरखि मन मोहै।
पुनि पुष्पवती तन अति अति पावन गर्भ सहित सब सोहै ॥३४॥

विशेष इस छन्द में 'बनवारी' शब्द के दो अर्थ लेकर विरोध का आभास प्रदर्शित किया गया है। इस हेतु समझ लेना चाहिये कि (१) फुलवारी वा वाटिका के प्रसंग का अर्थ तो यथार्थ अर्थ है और (२) वनकन्या के प्रसंग का अर्थ केवल विरोधाभास अलंकार के लिये है।

शब्दार्थ—बनवारी=(१) फूलवाटिका (२) कोई बनवासिनी कन्या। चञ्चल=(१) जिसके पत्रादि डोलते हों (२) चंचलस्वभावा। तपोधन=(१) जाड़ा, गर्मी वर्षादि सहनेवाली (२) तपस्विनी। गृ थित=(१) परिखा से घिरी हुई (२) घर में रहते हुए। दिगम्बर=(१) खुली हुई (२) नंग, बेपरद। पुष्पवती=(१) फूल वाली, (२) रजोधर्म युक्त। पावन=(१) पवित्र (२) सुन्दर। गर्भ सहित=(१) फलनेवाली (२) सगर्भा, गर्भवती।

भावार्थ—विश्वामित्र जी ने राजा दशरथ की फुलवारी (कोई वनकन्या) देखी। उसके पत्र पुष्पादि (वायु से) हिल रहे हैं और वह तपस्विनियों की तरह

शीत, घाम और वर्षा सहती है। (कन्यापक्ष में—चंचल स्वभाव होने पर भी तपस्विनी के समान है—यही विरोध है—चंचल व्यक्ति तपस्वी नहीं हो सकता)। तपमय होने पर भी घर में स्थित है—चारों ओर परिखा वा चहारदीवारी से सुरक्षित है। (कन्यापक्ष में घर में रहते हुए भी तपस्विनी है यही विरोध है) जगत जानता है कि वह फुलवारी दिगम्बर (बेपरद) अर्थात् सब कोई उसे देख सकता है। (कन्यापक्ष में—नङ्गी रहना निर्लज्जता है)। (छोटी कन्यायें दिगम्बर रह सकती हैं) पर यह तो पुष्पवती—रजोधर्मा होने पर भी नङ्गी रहती है—यही विरोध है। वह फुलवारी दिगम्बरा है और बहुत फूलों वाली है जिसे देख कर मनुष्यों के मन मोहित होते हैं (कन्यापक्ष में—नरों को देख-देख कर अपने मन से उन पर आसक्त होती है यही विरोध है—दिगम्बरा कन्या (अल्पावस्था वाली) एक तो पुष्पवती नहीं होतीं दूसरे स्वयं कामवश होकर किसी पर आसक्त नहीं होतीं)। पुष्पवती होने पर (फुलवारी) अत्यन्त पवित्र है और फूलों के नीचे फलों के बीजांकुर सहित सब वृक्ष शोभा दे रहे हैं। कन्या पक्ष में पुष्पवती होने पर भी पवित्र तथा गर्भवती है—यही विरोध है।

चतुष्पदी—

पुनि गर्भ संयोगी रतिरस भोगी जग जन लीन कहावै।
गुणि जगजन लीना नगर प्रवीना अति पति के मन भावै।
अति पतिहिं रमावै चित्त भ्रमावै सौतिन प्रेम बढ़ावै।
अबयौ दिनरातिन अद्भुत भातिन कविकुल कीरति गावै ॥३५॥

शब्दार्थ—रतिरस=(१) प्रेम (२) स्त्री-पुरुष सम्भोग सुख। पति=(१) मालिक, राजा। (२) स्वपति अपना खाविन्द। रमावै=(२) चित्त को प्रसन्न करती है, (२) सम्भोग सुख देती है।

भावार्थ—वह फुलवारी फल गर्भा है और प्रेमी जनों से सदा भरी रहती है—अर्थात् सब लोग वहाँ सैर करने को जाते हैं। (कन्यापक्ष में गर्भवती होने पर भी अनेक जग जनों के सम्भोग-सुख में लीन रहती है—यही विरोध है)। संसार के गुणीजन और नगर के प्रवीन लोग उस फुलवारी में घूमते-

फिरते हैं और वह अपने मालिक (राजा दशरथ) के मन को भी खूब भाती है। (कन्या पक्ष में—संसार भर के गुणियों और नगर निवासियों के प्रेम में लीन रह कर भी अपने पति को प्यारी है—यही विरोध है)। राजा का चित्त इस फुलवारी में बहुत रमता है यहाँ तक कि यह वाटिका राजा के चित्त को भँवा डालती है—अर्थात् इस फुलवारी की उद्दीपक वस्तुओं को देख के राजा का मन कामवश होता है और वे कैकेई, सुमित्रादि रानियों से प्रेमालाप करने लगते हैं, इसी कारण वे रानियाँ (सौतिनें होने पर भी इस फुलवारी पर बड़ा प्रेम रखती हैं और राजा समेत इस फुलवारी में भ्रमण करने को आती हैं—और इस प्रकार यह फुलवारी अपनी सौतिनों के चित्त में भी प्रेम की मात्रा बढ़ाया करती है। (कन्या पक्ष में—पति को अपने में रमाना और सौतिनों का प्रेम बढ़ाना विरोध है) इसी प्रकार यह फुलवारी रात दिन अद्भुत कार्य किया करती है जिससे अनेक कवि इसका यश गाया करते हैं।

नोट—उपरोक्त छन्दों में विरोधाभास अलंकार है। अद्भुत का सहायक शृंगार रस है। इन दोनों छन्दों में शब्दों की शक्ति, अर्थों की गंभीरता, रोचकता और सरसता काव्य-प्रेमियों के लिये माननीय है।

चौबोला*—संग लिये ऋषि शिष्यन घने।
पावक से तपतेजनि सने।
देखत बाग तड़ागन भले।
देखन औधपुरी कहँ चले॥ ३६॥

शब्दार्थ—ऋषि=(यहाँ पर) विश्वामित्र जी। घने=बहुत से। पावक=अग्नि। तपतेजनि सने=तप तेज युक्त।

भावार्थ—सरल ही है।

---

*यह केशव का खास छन्द है। इसका प्रवाह चौबोला का सा है, पर है वर्णिक वृत्त। इसका रूप है तीन भगण और (लघु गुरु म भ म ल ग)।

अवधपुरी-नगर-वर्णन

मधुभार—ऊँचे अवास। बहु ध्वज प्रकास।
सोभा विलास। सोभै प्रकाश ॥३७॥

शब्दार्थ—अवास=(आवास) मकान, घर। ध्वज=पताका। सोभा विलास=सुन्दर-सुन्दर आरायश और सजावट की चीज़ें। सोभै=शोभा को।

भावार्थ—ऊँचे-ऊँचे घर हैं जिन पर अनेक भाँति की पताकायें फहरा रही हैं और (असंख्य) सजावट की चीज़ें (नगर की) शोभा को प्रकट कर रही हैं।

आभीर—अति सुन्दर अति साधु।
थिर न रहत पल आधु।
परम तपोमय मानि।
दण्डधारिणी जानि ॥ ३८ ॥

शब्दार्थ—साधु=सीधा, जो किसी को किसी प्रकार से दुःख न दे। तपोमय=तपस्विनी।

भावार्थ—(पताकायें कैसी हैं कि) अत्यन्त सुन्दर हैं और बहुत सीधी हैं। (परन्तु) आधा पल भी थिर नहीं रहतीं (उनके फुरेरे सदैव चलायमान रहते हैं) और अत्यन्त तपस्विनी हैं (क्योंकि एक पैर से रात दिन खड़ी रहती हैं) और दण्ड धारण करने वाली भी हैं (दण्ड धारण करना तपस्वी संन्यासियों का चिन्ह है। पताकाओं के बाँस दण्ड कहलाते हैं।

अलंकार—विरोधाभास, साधु में चंचलता विरोध है।

हरिगीत—शुभ द्रोण गिरि गण शिखर
ऊपर उदित ओषधि सो गनौ।
बहु वायु वश वारिद बहारहि
अरुझ दामिनि दुति मनौ।

अति किधौं रुचिर प्रताप
पावक प्रगट सुरपुर को चलो।
यह किधौं सरित सुदेश मेरी
करी दिवि खेलत भलो॥ ३९॥

शब्दार्थ—शिखर=चोटी। ओषधि=जड़ी बूटी। वारिद=बादल। बहोरहि=लौटा ले जाती हैं। सरित=नदी। सुदेश=सुन्दर। मेरी करी=मेरी बनाई हुई (विश्वामित्र कृत कौशिकी गंगा)। दिवि=आकाश।

भावार्थ—(लाल रंग के पताका-पट) अथवा द्रोणाचल पर्वत के शिखर पर मानों दिव्य जड़ी-बूटियों के प्रकाश चमक रहे हैं, अथवा बिजली की ज्योति जो ध्वजाओं के दण्डों से उलझ गई है उसी को, बादलों के वशवर्ती होने के कारण, हवा पुनः बादलों की तरफ लौटा रही है; वा रघुवंशियों के प्रचण्ड प्रताप की अग्नि (पृथ्वी पर न अट सकने के कारण) अब सुरपुर की ओर जा रही है। (और सफेद रंग के पताका-पट) अथवा यह मेरी बनाई हुई कौशिकी गंगा है जो आकाश में खेल रही है (इस छन्द से नगर के घरों का अति ऊँचा होना दर्शाया गया है)।

अलंकार—उत्प्रेक्षा, संबन्धातिशयोक्ति और संदेह।

दो०—जीति जीति कीरति लई शत्रुन की बहु भाँति।
पुर पर बाँधी शोभिजै मानौ तिनकी पाँति॥ ४०॥

भावार्थ—(सफ़ेद पताकापट) राजा दशरथ ने शत्रुओं को जीत-जीत कर उनकी कीर्तियाँ छीन ली हैं। मानों (ये श्वेत पताका) उन्हीं कीर्तियों की पंक्ति हैं जो नगर के ऊपर बँधी हुई शोभा दे रही हैं।

अलंकार—उत्प्रेक्षा।

त्रिभंगा—सम सब घर शोभैं मुनि मन लोभैं रिपु गण छोभैं देखि सबै।
बहु दुन्दुभि बाजै जनु घन गाजैं दिग्गज लाजैं सुनत जबै।
जहँ तहँ श्रुति पढ़हीं विघन न बढ़हीं जय यश मढ़हीं सकल दिशा।
सबई सब विधि छम बसत यथाक्रम देवपुरी सम दिवस निशा॥४१॥

शब्दार्थ—सम=बराबर ऊँचाई के। छोभैं=डरते हैं, ईर्ष्या करते हैं। श्रुति=वेद। मढ़ई=छा जाते हैं। छम=योग्य। यथाक्रम=सिलसिले से, यथोचित रीति से।

भावार्थ—अयोध्या के नगर के सब घर सम ऊँचाई से बने हैं, इससे ऐसा शोभा देते हैं जिसे देख कर औरों की तो बात ही क्या है मुनियों के भी मन मोहित हो जाते हैं (क्योंकि मुनि जन रागद्वेषहीन होते हैं और समता को पसन्द करते हैं) और जिस समता को देख कर शत्रुओं के चित्त में छोभ होता है। नगर में जहाँ-तहाँ (देवालयों में या बड़े लोगों के द्वार पर) बहुत से नगाड़े बजते हैं सो ऐसा जान पड़ता है मानो बादल गरजते हैं, जिस शब्द को सुन कर दिग्गज लज्जित होते हैं। जहाँ-तहाँ विप्रगण वेद पाठ करते हैं। (यज्ञ, पूजन, हवन में) जिससे विघ्न नहीं बढ़ने पाते (दुःख रोगादि नहीं होते) और सब ओर नगरनिवासियों का जैजैकार और यश छा जाता है। नगर के सब लोग सब ही प्रकार से योग्य हैं और सिलसिले से जहाँ जिसको बसना चाहिये वहीं वह बसता है जिससे सदैव यह नगर देवपुरी के समान जान पड़ता है।

त्रिभंगा—कविकुलविद्याधर, सकल कलाधर, राजराज वर वेश बने।
गणपति सुखदायक, पशुपति लायक, सूर सहायक कौन गनै।
सेनापति बुधजन, मंगलगुरुगण, धर्मराज मनबुद्धि धनी।
बहु शुभ मनसाकर, करुणामय अरु सुरत-रंगिनी शोभसनी॥४२॥

शब्दार्थ—विद्याधर=विद्वान्। कलाधर=कलाओं को जाननेवाले। राजराज=श्रेष्ठ छत्री। गणपति=एक एक समूह का प्रधान मनुष्य, अफ़सर, अधिकारी। पशुपति=अश्वशाला, गजशाला, गोशाला इत्यादि के अधिकारी। सूर=वीर, योद्धा। सेनापति=नायक, दफ़ेदार, हवलदार इत्यादि। बुधजन=बुद्धिमान लोग। मंगल=मांगलिक पाठ करनेवाले ब्राह्मण। गुरुगण=पाठशालाओं के शिक्षक, गुरु, मुदर्रिस, स्कूलमास्टर। धर्मराज=न्यायकर्ता, जज, मुंसिफ़, क़ाज़ी, मुफ़्ती इत्यादि। मनसाकर=मनवांछित फल

देनेवाला। करुणामय=दयावान्। सुरतरंगिनी=सरयू नदी। शोभसनी=शोभायुक्त।

विशेष—४१ वें छन्द में अयोध्या नगर को देवपुरी कह आये हैं। इस कारण मुद्रालंकार' से देवपुरी की वस्तुओं की सूचना इस छन्द में देते हैं। इस अलंकार को उर्दू में 'निराआतुलजार' कहते हैं। क्या उर्दू प्रेमी इतना अच्छा और इतना बड़ा वर्णन इस अलंकार का उर्दू-साहित्य में दिखला सकते हैं? * उर्दू में चार शब्द तक का निर्वाह देखा गया है। यहाँ १३ शब्द तक निर्वाह किया गया है। अलंकार द्वारा सूचना हेतु शब्दार्थ यों जानना चाहिये:—कवि=शुक्र। विद्याधर=देवविशेष। कलाधर=चन्द्रमा। राजराज=कुबेर। गणपति=गणेश। सुखदायक=इंद्र। पशुपति=महादेव। सूर=सूर्य। सेनापति=षडानन। बुधजन=बुद्ध। मंगल=ग्रह। गुरु=बृहस्पति। धर्मराज=यम। मनसाकर=कल्पवृक्ष, कामधेनु। करुणामय=विष्णु। सुरतरंगिनी=आकाशगंगा।

भावार्थ—(इस देवपुरी समान अयोध्या नगरी में) विद्वान्, कविगण, सब कलाओं के जानकार, अच्छे शिल्पकार और सुन्दर भव्य रूपवाले क्षत्री बसते हैं। सुख देनेवाले (मुलायम और प्रेम से काम लेनेवाले) अफ़सर हैं, योग्य अश्वपाल और गजपालादि हैं, और शूरवीर योद्धा और सहायता करने वाले अनेक हैं जिनकी गणना नहीं हो सकती। अच्छे अच्छे सेनानायक हैं, पंडित हैं, मंगलपाठी विप्र हैं, दीक्षक और शिक्षक हैं और बड़ी बुद्धिवाले न्यायाधीश (जज, मुंसिफादि) हैं। बहुत से ऐसे अच्छे दानी और दयावान् भी हैं जो याचक की इच्छा पूरी कर देते हैं, और (नगर के निकट) सुन्दर सरयू नदी भी बहती है।

अलंकार—मुद्रालंकार।

---

* उर्दू में इस अलंकार का एक बढ़िया उदाहरण यह है:—"नजर बदली जो देखा उस सनम की। नदी नाले ने फुरसत एक दम की।" इसमें बदली, नदी, और नाले तीन शब्द अलंकार सूचक हैं।

हीरक—पंडित गण मंडित गुण दंडित मति देखिये।
क्षत्रियवर धर्म प्रवर क्रुद्ध समर लेखिये।
वैश्य सहित सत्य रहित पाप प्रगट मानिये।
शूद्र सकति विप्र भगति जीव जगत जानिये ॥ ४३ ॥

शब्दार्थ—पंडित गण=ब्राह्मण लोग। गुण मंडित=गुणों से भूषित, गुणवान, विद्यावान्। दंडित मति=सुशासित बुद्धि। धर्म प्रवर=धर्म में प्रबल। समर=युद्ध। सकति=शाक्तिक, शक्ति के उपासक। जीव=मन, हृदय। जगत=जगती है।

भावार्थ—ब्राह्मण लोग सब गुणों से विभूषित हैं और उनकी बुद्धि शिक्षा से सुशासित देख पड़ती है। श्रेष्ठ क्षत्री गण क्षात्र धर्म में प्रबल हैं और समर ही में क्रोध करते हैं। वैश्य लोग सत्य सहित और पाप रहित व्यवहार करते हैं सो प्रकट ही है। शूद्र लोगों के मन में शक्ति जग रही है, (इस प्रकार चारो वर्ण के लोग अयोध्या में बसते हैं)।

सिंहविलोकित*—अति मुनि तन मन तहँ मोहि रह्यो।
कछु बुधि बल वचन न जाय कह्यो।
पशु पक्षि नारि नर निरखि तबै।
दिन रामचन्द्र गुण गनत सबै ॥ ४४ ॥

भावार्थ—(अयोध्या को देख कर) मुनि (विश्वामित्र) का तन मन मोहित हो रहा, बुद्धि बल से कुछ वचन नहीं कहा जाता (प्रशंसा नहीं करते बनती), तदनन्तर देखा कि वहाँ के स्त्री और पुरुष, पशु और पक्षी सब जीव नित्य प्रति रामगुण गान करते हैं।

मरहट्टा—अति उच्च अगारनि बनी पगारनि जनु चिंतामणि नारि।
बहु शत मख-धूमनि-धूपित अंगन हरि की सी अनुहारि।

---

* यह वर्णिक वृत्त भी केशव की ईजाद है।

चित्री बहु चित्रनि परम विचित्रन केशवदास निहारि।
जनु विश्वरूप को अमल आरसी रची विरंचि विचारि ॥ ४५ ॥

शब्दार्थ—पगार=छारदीवारी, सिरबंदी। नारि=समूह, खानि। बहुशत=सैकड़ों। मख-धूमनि-धूपित=यज्ञों के धुआँ से धूपित। अंगन=आँगन, सहन। हरि=विष्णु। अनुहारि=रूप की सदृश्यता। चित्रि=चित्रित, चित्रयुक्त। विश्वरूप=संसार। अमल=निर्मल। आरसी=आईना।

भावार्थ—बड़े ऊँचे मकानों पर (रत्नजटित) छारदीवारी बनी हैं मानों चिन्तामणियों का समूह है। घरों के आँगन सैकड़ों यज्ञों के धुआँ से सुगन्धित होकर विष्णु की तरह श्याम वर्ण के हो गये हैं (प्रत्येक घर में नित्य यज्ञ हवन हुआ करते हैं) और बहुत से घर अत्यन्त विचित्रि चित्रों से चित्रित हैं (चित्र बने हैं), केशवदास कहते हैं कि वे घर ऐसे दिखलाई पड़ते हैं मानों संसार भर को देखने के लिए ब्रह्मा ने विचार करके निर्मल आरसी रची है (संसार भर की सब वस्तुओं के चित्र बने हैं)।

अलंकार—उत्प्रेक्षा।

सो०—जग यशवन्त विशाल, राजा दशरथ की पुरी।
चन्द्र सहित सब काल, भालथली जनु ईश की ॥ ४६ ॥

शब्दार्थ—चन्द्र सहित=रामचन्द्र सहित। भालथली=मस्तक, ललाट। ईश=महादेव।

भावार्थ—राजा दशरथ की पुरी (अयोध्या) संसार में बड़े यश वाली है और (चूँकि) सदा चन्द्र सहित है (रामचन्द्र नित्य वहाँ रहते हैं) इसलिए ऐसी जान पड़ती है मानों महादेव जी का ललाट है (सरयू तट पर बसी हुई अयोध्या नगरी बालरूप रामचन्द्र सहित होने से ऐसी जान पड़ती है मानो द्वितीया के कलंकहीन चंद्र सहित महादेव का ललाट है)।

अलंकार—उत्प्रेक्षा।

कुंडलिया—पण्डित अति सिगरी पुरी मनहु गिरागति गूढ़।
सिंह चढ़ी जनु चण्डिका मोहति मूढ़ अमूढ़।

मोहति मूढ़ अमूढ़ देवसंगऽदिति ज्यौं सोहै।
सब शृंगार सदेह मनो रति मन्मथ मोहै।
सबै सिंगार सदेह सकल सुख सुखमा मंडित।
मनो शची विधि रची विविध विधि वर्णत पंडित ॥४७॥

शब्दार्थ — गिरा = सरस्वती। गूढ़ = गुप्त। चंडिका = दुर्गा। मूढ़ = मूर्ख। अमूढ़ = ज्ञानी। दिति = अदिति (यहाँ 'अ' का लोप है)। सदेह = देह सहित। मन्मथ = कामदेव। सुखमा = शोभा। मण्डित = विभूषित, युक्त। शची = इन्द्रानी।

भावार्थ—सब पुरी अत्यंत विद्वान् है मानों पुरी स्वयं सरस्वती है पर अपने रूप को छिपाये हुए है। (अथवा) सिंह पर आरूढ़ दुर्गा हैं जिसे देख कर ज्ञानी और अज्ञानी सब ही मोहित हो जाते हैं (ज्ञानी लोग भक्ति से, अज्ञानी लोग भय से)। (विद्वान् ब्राह्मणों के कारण सरस्वती रूप है, सिंह समान प्रबल पराक्रमी क्षत्रियों के कारण चंडिका है)। ज्ञानी और अज्ञानियों को मोहती हुई (अयोध्या पुरी) नगर निवासियों सहित ऐसी सोहती है जैसे (निज पुत्रों) देवताओं सहित अदिति (निर्मल चरित्र नगर-निवासी पुरी को माता समान जानते हैं) और ऐसी सुन्दर है मानों सब शृंगार किये हुए देह धारिणी रति काम को मोहती हो। सब शृंगार किये हुए और सदेह सकल सुखों और शोभाओं से युक्त है मानों ब्रह्मा की रची हुई इन्द्राणी है जिसकी प्रशंसा विद्वान् अनेक प्रकार से करते हैं।

अलंकार—उत्प्रेक्षा

काव्य*—मूलन ही की जहाँ अधोगति केशव गाइय।
होम हुताशन धूम नगर एकै मलिनाइय।
दुर्गति दुर्गन ही जु कुटिल गति सरितन ही में।
श्रीफल को अभिलाष प्रगट कवि कुल के जी में ॥ ४८ ॥

भावार्थ—मूलन = जड़ों। अधोगति – नीचे को गमन, नीचगति।

---

* इसी को रोला भी कहते हैं

हुताशन = अग्नि । मलिनाइय = मलीनता, मैलापन । दुर्गति = बुरी दशा, अपहुँचपन, दुर्गमत्व । दुर्गन = गढ़ों, किलों । कुटिल गति = टेढ़ी चाल । सरितन = नदियाँ । श्रीफल = द्रव्य, बेल का फल (उपमान होने के कारण यहाँ 'कुच' का अर्थ है)

भावार्थ—(परिसंख्या अलंकार समझकर इसका अर्थ समझिये तो मजा आ जाय) केशव कहते हैं कि अयोध्या में किसी की अधोगति नहीं होती, यदि किसी की अधोगति होती है तो केवल वृक्षों की जड़ों ही की होती है। नगर में किसी प्रकार की मलिनता है ही नहीं, यदि है तो केवल होमाग्नि के धुआँ ही की है। दुर्गति किसी को नहीं, यदि है तो केवल दुर्गों ही की दुर्गति है अर्थात् दुर्गों के रास्ते ऐसे कठिन हैं कि शत्रु भीतर नहीं जा सकता, और अयोध्या में किसी की भी टेढ़ी चाल नहीं है, यदि है तो केवल नदियों की। श्रीफल (धन) की अभिलाषा किसी को नहीं है (सब सहज ही अति धनी हैं), यदि नाम मात्र को किसी को श्रीफल की अभिलाषा है तो केवल कवियों को है (अर्थात् शृंगार वर्णन में कभी-कभी कवि लोग कुचों की उपमा श्रीफल से देते हैं)

दो०—अति चंचल जहँ चलदलै विधवा बनी न नारि।
मन मोह्यो ऋषिराज को अद्भुत नगर निहारि ॥ ४६ ॥

शब्दार्थ—चंचल = चलायमान, डोलनेवाला । चलदल = पीपल का पत्ता। विधवा = (१) पतिहीना, राँड़ (२) धवा नामक वृक्ष से हीन। बनी = वाटिका।

भावार्थ—जहाँ केवल पीपल के पत्ते ही चंचल हैं (और कोई व्यक्ति चंचल प्रकृति का नहीं है) और जहाँ कोई नारि विधवा (राँड) नहीं है, यदि नाम मात्र को कोई विधवा (धवा नाम वृक्ष से हीन) है तो केवल बन (वाटिका) ही है। ऐसा अद्भुत नगर देख कर विश्वामित्र का मन मोहित हो गया।

अलंकार—परिसंख्या।

सो०—नागर नगर अपार, महामोह तम मित्र से।
तृष्णा लता कुठार, लोभ समुद्र अगस्त्य से ॥ ५० ॥

शब्दार्थ—नागर=चतुर, विद्वान्। तम=अंधकार। मित्र=सूर्य।

भावार्थ—अयोध्या में असंख्य ऐसे विद्वान् और चतुर मनुष्य हैं जो महामोह रूपी अंधकार के लिये सूर्य के समान, तृष्णा रूपी लता को काटने के लिये कुठार के समान, और लोभ रूपी समुद्र को सोखने के लिये अगस्त्य के समान हैं।

अलंकार—इसमें रूपक और उल्लेख का संकर है।

दो०—विश्वामित्र पवित्र मुनि केशव बुद्धि उदार।
देखत शोभा नगर की गये राजदरबार ॥ ५१ ॥

भावार्थ—केशव कवि कहते हैं कि इस प्रकार पवित्र चित्त और उदार बुद्धि वाले विश्वामित्र मुनि नगर की शोभा देखते हुए राजा दशरथ के दरबार तक जा पहुँचे।

पहिला प्रकाश समाप्त।

दूसरा प्रकाश

या द्वितीय प्रकाश में, मुनि आगमन प्रकास।
राजा सों रचना बचन, राघव चलन विलास ॥

भावार्थ—इस दूसरे प्रकाश में विश्वामित्र मुनि का अयोध्या आना, प्रकट होना, राजा दशरथ से बातचीत होना और राम जी का विश्वामित्र जी के साथ जाना वर्णित है।

हंस—आवत जाता। राज के लोगा।
मूरति धारी। मानहु भोगा ॥ १ ॥

भावार्थ—प्रजा गण दरबार में आ-जा रहे हैं, मानो मूर्तिधारी भोग विलास ही हैं (अर्थात् सब लोग अत्यन्त सुखी और रूपवंत देख पड़ते हैं)।

अलंकार – उत्प्रेक्षा।

मालती*—तहँ दरबारी। सब सुखकारी।
कृतयुग कैसे। जनु जन बैसे॥ २॥

शब्दार्थ – दरबारी=दरबार के लोग, राजकर्मचारी, दरबार के अमला अफसर लोग। कृतयुग=सतयुग। बैसे=बैठे हैं।

भावार्थ –राज दरबार के राजकर्मचारी लोग सबको न्याययुक्त सुख देने वाले हैं। वे दरबार में अपने स्थान पर इस प्रकार बैठे हैं मानो सतयुग के लोग हों (अर्थात् बहुत वृद्ध, बुद्धिमान, और न्यायपरायण हैं)।

दो०—महिष मेष मृग वृषभ कहुँ भिरत मल्ल गजराज।
लरत कहूँ पायक सुभट कहुँ निर्तत नटराज॥ ३॥

भावार्थ—(राजमहल के आगे वाले मैदान में) कहीं भैंसों, कहीं मेढ़ों, मृगों, बैलों, कहीं मल्ल लोगों और कहीं हाथियों के युद्ध हो रहे हैं (लड़-भिड़ रहे हैं), कहीं पायक (पटेबाज) और कहीं सैनिक योद्धा लड़ रहे हैं। (दैनिक परेड कर रहे हैं) और कहीं अच्छे-अच्छे नट लोग नाट्यकला कर रहे हैं।

समानिका—देखी कै सभा। विप्र मोहियो प्रभा॥
राजमंडली लसै। देवलोक को हँसै॥ ४॥

भावार्थ—राजा दशरथ की सभा की प्रभा (शोभा) देख-देख कर ब्रह्मचारी (विश्वामित्र) मोह गए। राजमंडली ऐसी शोभा देती है कि देवलोक को हँसती है (लज्जित करती है)।

अलंकार—ललितोपमा।

मदनमल्लिका†—देश देश के नरेश। शोभिजै सबै सुवेश।
जानिये न आदि अंत। कौन दास कौन संत॥५॥

---

*आदि नगण पुनि यगण दै रचहु मालती छंद।

†अस्ट वरण शुभ सहित क्रम गुरु लघु केशवदास। मदनमल्लिका नाम यह कीजै छंद प्रकास।

शब्दार्थ—सुबेश=सुन्दर भेष से। आदि=सभा का प्रधान व्यक्ति (राजा दशरथ)। अंत=सभा का सर्वलघु सभासद (कोई छोटा करद राजा)। दास=सेवक, कर्मचारी। संत=मालिक, सेव्य व्यक्ति।

भावार्थ—देश-देश के राजा सुन्दर राजसी ठाट से सभा में बैठे शोभा दे रहे हैं, न तो यह जान पड़ता है कि सभा का आदि व्यक्ति (प्रधान वा सभापति अर्थात् राजा दशरथ) कौन है, न यह जान पड़ता है कि सभा का अंत (सर्व लघु करद राजा) कौन है—अर्थात् सभी सभासद बड़े वैभवशाली हैं, और यह भी नहीं लख पड़ता कि कौन सेवक है और कौन मालिक—अर्थात् दरबार के कर्मचारी भी ऐसी पोशाकें पहने हैं कि सब कोई राजा से जान पड़ते हैं। (इससे राजा दशरथ का वैभव सूचित होता है)।

दो०—शोभत बैठे तेहि सभा सात द्वीप के भूप।
तहँ राजा दशरथ लसै देवदेव अनुरूप ॥ ६ ॥

शब्दार्थ—देवदेव=इन्द्र। अनुरूप=सम, तुल्य, समान।

दो०—देखि तिन्हें तब दूरि ते, गुदरानो प्रतिहार।
आये विश्वामित्र जी, जनु दूजो करतार ॥ ७ ॥

शब्दार्थ—तिन्हें=विश्वामित्र को। गुदरानो=राजा दशरथ से निवेदन किया। प्रतिहार=नकीब, चोबदार। करतार=ब्रह्मा।

भावार्थ—तब विश्वामित्र को दूर पर आते हुए देख कर दरबार के चोबदार ने राजा से निवेदन किया कि हे राजन्, विश्वामित्र जी (मिलने के लिये) आये हैं जो ऐसे भव्य और गम्भीर देख पड़ते हैं मानो दूसरे ब्रह्मा हैं।

अलंकार—उत्प्रेक्षा और समतद्रूप रूपक का संकर।

दो०—उठि दौरे नृप सुनत ही, जाय गहे तब पाइ।
लै आये भीतर भवन, ज्यों सुर गुरु सुरराइ ॥ ८ ॥

भावार्थ—विश्वामित्र के आगमन की खबर सुनते ही राजा सिंहासन से उठ कर दौड़े और विश्वामित्र के चरणों पर जा गिरे, तदनंतर बड़े आदर से

सभा-भवन के भीतर लिवा ले गये जैसे इन्द्र बृहस्पति को (लिवा ले जाते हैं)।

सो०—सभा मध्य वैताल, ताहि समय सो पढ़ि उठो।
केशव बौद्धि विशाल, सुन्दर सूरो भूप सो ॥ ६ ॥

शब्दार्थ—बैताल = भाट, बंदीजन, चारण। पढ़ि उठो = बोल उठा, पद्य में प्रशंसा की। विशाल = बड़ी। सूरो = शूरवीर। भूप = राजा।

भावार्थ—केशव कहते हैं कि उसी समय बड़ी बुद्धि वाला, सुन्दर तन वाला, और राजा के समान शूरवीर बंदीजन सभा के बीच में बोल उठा।

वैताल घनाक्षरी—विधि के समान हैं विमानीकृत राजहंस,
विविध विबुध युत मेरु सो अचल हैं।
दीपति दिपति अति सातो दीपि दीपियतु,
दूसरो दिलीप सो सुदक्षिणा का बल है।
सागर उजागर का बहु वाहिनी को पति,
छनदान प्रिय किधौं सूरज अमल है।
सब विधि समरथ राजै राजा दशरथ,
भगीरथ-पथगामी गंगा कैसो जल है ॥ १० ॥

शब्दार्थ—विमानी कृत = विमान बनाये हुये हैं, सवारी किये हुये हैं। राजहंस = (१) हंस पक्षी (२) राजाओं के जीव। विबुध = (१) देवता (२) विशेषज्ञ पंडित गण। दीपति = दीप्ति। दिपति = दीप्तमान होती है। दीपियतु = प्रकाशित हो जाते हैं। सुदक्षिणा = (१) दिलीप की स्त्री का नाम (२) सुन्दर दक्षिणा। उजागर = प्रसिद्ध। की = कि, किधौं, या, अथवा। वाहिनी = (१) नदी (२) सेना। छन = (क्षण) आनन्द उत्सव। छन दान प्रिय = (१) आनन्द देना प्रिय है जिसको (२) प्रतिक्षण दान करना प्रिय है जिसे। भगीरथ-पथगामी = भगीरथ के पथ पर चलने वाला, भगीरथ की रीति-नीति का अनुगामी।

भावार्थ—राजा दशरथ ब्रह्मा के समान हैं, क्योंकि जैसे ब्रह्मा राजहंस

पर सवारी करते हैं, वैसे ही राजा दशरथ अनेक राजाओं के जीवों पर सवारी किये हुए हैं (सब राजाओं के चित्त पर चढ़े रहते हैं)। और राजा दशरथ मेरु पर्वत के समान हैं, क्योंकि मेरु पर जैसे अनेक देवता रहते हैं वैसे ही राजा दशरथ अनेक विशेषज्ञ पण्डितों से युक्त हैं (जिनके दरबार में बहुत से विज्ञ पंडित रहते हैं)। राजा दशरथ के यश का प्रकाश इतना अधिक है कि उससे सातो द्वीप प्रकाशित हो उठे हैं और राजा दशरथ मानो दूसरे दिलीप हैं, क्योंकि जैसे उन दिलीप को अपनी पतिव्रता रानी सुदक्षिणा के पतिव्रत का बल था, वैसे ही राजा दशरथ को सुन्दर दक्षिणा का बल है अथवा राजा दशरथ प्रत्यक्ष ही सागर हैं, क्योंकि जैसे समुद्र अनेक नदियों का पति है वैसे ही राजा दशरथ भी अनेक सेनाओं के स्वामी हैं, अथवा राजा दशरथ निर्मल सूर्य हैं, क्योंकि जैसे सूर्य सब को (प्राणी मात्र को) आनन्द देते हैं, वैसे ही राजा दशरथ प्रतिक्षण दान करने को प्रिय कार्य समझते हैं। राजा दशरथ सब प्रकार से समर्थ हैं और अपने पूर्व पुरुषों की रीति-नीति के वैसे ही अनुगामी हैं जैसे गंगा का जल भगीरथ के दिखलाये हुए रास्ते पर आज तक चला जाता है।

नोट—इस छंद में केशव ने कमाल कर दिखाया है। बैताल के मुख से राजा को सूचना मिलती है कि विश्वामित्र कुछ माँगने आये हैं और विश्वामित्र को सूचना मिलती है कि राजा बड़े दानी हैं तुम्हें अवश्य मनमाना दान मिलेगा। पाठक को सूचना मिलती है कि जिस राजा की सभा का भाट इतना चतुर और दूरदर्शी है तो वह राजा और उसकी सभा के पंडित कैसे विद्वान् होंगे।

अलंकार—इस छन्द में उल्लेख अलंकार मुख्य है और उपमा, रूपक, संदेह तथा श्लेष इसके अंगीभूत हैं।

दो०—यद्यपि ईंधन जरि गये, अरिगण केशवदास।
तदपि प्रतापानलन के, पल पल बढ़त प्रकाश॥ ११॥

भावार्थ—केशवदास कहते हैं कि यद्यपि दशरथ के शत्रुगण ईंधन

रूप होकर जल चुके हैं, तो भी प्रताप रूपी लपटों का प्रकाश प्रति क्षण बढ़ता ही जाता है।

अलंकार—विभावना मुख्य है और रूपक अंगीभूत है।

तोमर[1]—बहुभाँति पूजि सुराय। कर जोरि कै परि पाय।
हँसिकै कह्यौ ऋषि मित्र। अब बैठु राज पवित्र॥ १२॥

शब्दार्थ—ऋषिमित्र = ऋषियों में सूर्यवत् प्रतापवान, ऋषि विश्वामित्र।

भावार्थ—राजा दशरथ ने विश्वामित्र की अनेक भाँति से पूजा की और हाथ जोड़ कर पैरों पड़े तब विश्वामित्र ने हँस कर (प्रसन्न होकर) कहा कि हे पवित्र राजा! अब सिंहासन पर बैठो।

(मुनि) तोमर—सुनि दान-मानस-हंस। रघुवंश के अवतंस।
मन माँह जो अति नेहु। यक वस्तु माँगहि देहु॥ १३॥

भावार्थ—(विश्वामित्र कहते हैं) हे दान रूपी मानसरोवर के हंस, हे रघुवंश के शिरोमणि राजा दशरथ जी! यदि तुम सचमुच हमसे दिली प्रेम रखते हो तो हम एक वस्तु माँगते हैं, वह हमें दीजिये।

(राजा) अमृतगति[2]—सुमति महामुनि सुनिये। तन धन कै मन गुनिये।
मन महँ होय सु कहिये। धनि सु जु आपुन लहिये॥ १४॥

शब्दार्थ—सु = सो। जु = जो। आपुन = आप।

भावार्थ—(राजा दशरथ कहते हैं) हे सुन्दर मतिवाले महामुनि, सुनो, मेरे पास तन है, धन है और मन है सो विचार लीजिये। और विचार के उपरान्त जो वस्तु तुम्हें पसंद आवे वह माँग लो। धन्य है वह वस्तु जो आप पावैं (आप के काम आवै)।

१—सगण आदि पुनि द्वै जगण धरिये बहुसुख कंद।
चरण चारि नव बरणमय प्रगटत तोमर छंद॥

२—नगण जगण पुनि नगन दै देहु एक गुरु अंत।
तब प्रगटत है अमृतगति छंद महा छबिवंत॥

(ऋषि) दोधक—राम गये जब ते वन माहीं।
राकस बैर करैं बहुधा हीं।
रामकुमार हमैं नृप दीजै।
तौ परिपूरन यज्ञ करीजै ॥ १५ ॥

शब्दार्थ—राम = परशुराम जी। राकस = राक्षस। करीजै = करैं।

भावार्थ—जब से परशुराम जी (तप करने के लिये) वन को चले गये हैं, तब से राक्षस लोग (मुनियों से) बहुधा बैर-विरोध किया करते हैं—(अर्थात् परशुराम जी जब ब्रह्मचारी थे और आश्रम के निकट रहा करते थे तब उनके डर से राक्षस हम लोगों से बैर-विरोध न करते थे, अब उनके चले जाने से वे लोग हमारे कार्यों में विघ्न डालते हैं) इस हेतु हे राजन्! आप हमें अपने राम नामक राजकुमार को दीजिये, तो हम (उनकी रक्षा में) अपना यज्ञ पूर्ण कर लें।

तोटक*—यह बात सुनी नृपनाथ जबै।
सर से लगे आखर चित्त सबै।
मुख से कछु बात न जाय कहा।
अपराध बिना ऋषि देह दहा ॥ १६ ॥

भावार्थ—अति सरल है।

अलंकार—दूसरे चरण में पूर्णोपमा और चौथे में विभावना।

(राजा) तोटक—अति कोमल केशव बालकता।
बहु दुस्कर राकस घालकता।
हम हौं चलिहैं ऋषि संग अबै।
सजि सैन चलै चतुरंग सबै ॥ १७ ॥

शब्दार्थ—बालकता = लड़कपन। दुष्कर = (दुस्कर) जो न की जा सके,

दो०—*प्रति पद बारह बरण दै केशवदास सुजान।
चारि सगण की चारुमति तोटक छंद बखान ॥

अति कठिन। राकस घालकता = राक्षसों का वध। चतुरंग सेना = वह सेना जिसमें रथ, हाथी, घोड़े और पैदल हों।

भावार्थ—(राजा दशरथ विश्वामित्र से कहते हैं) राम जी का लड़कपन अभी अति कोमल है (अति अल्पवयस्क हैं), उनके लिये राक्षसों का मारना बड़ा कठिन काम है। इसलिये हे ऋषि जी, हम ही सब चतुरंगिणी सेना साथ लेकर अभी (तत्काल) चलेंगे।

(विश्वामित्र) षट्पद—

> जिन हाथन हठि हरपि हनत हरनी रिपुनंदन।
> तिन न करत संहार कहा मदमत्त गयंदन ?
> जिन वेधत सुख लक्ष लक्ष नृपकुँवर कुँवरमनि।
> तिन बानन वाराह बाघ मारत नहिं सिंहनि।
> नृपनाथ-नाथ दशरत्थ यह अकथ कथा नहिं मानिये।
> मृगराज-राज-कुल-कमल कहँ बालक वृद्ध न जानिये॥ १८॥

शब्दार्थ – रिपुनन्दन = (हरिनी शब्द के साहचर्य से) सिंह का बच्चा। सुख = सहज ही में। लक्ष = लाखों। लक्ष = निशाना। नृपकुँवर = राजकुमार। कुँवरमनि = कुमारों में श्रेष्ठ, जेठा राजकुमार। बाराह = सुअर। अकथ = न कहने योग्य, झूठ। कथा = कथन। मृगराज कुल कमल = सिंह का श्रेष्ठ बच्चा। राज-कुल-कमल = राजा का प्रतापी बालक। बालक वृद्ध = बालक नहीं बड़ा ही समझना चाहिये। न जानिये = क्या आप यह बात नहीं वरन् जानते ?

भावार्थ—(विश्वामित्र राजा दशरथ से कहते हैं) हे राजन ! जिन हाथों से सिंह का बच्चा हठ करके आनन्द से (बिना परिश्रम) किसी मृगी को मारता है. क्या उन्हीं हाथों से वह मदमस्त हाथियों को नहीं मारता ? (अर्थात् मारता है), (और) जिन हाथों से कुमारश्रेष्ठ कोई राजकुमार सहज ही में लाखों निशाने वेध डालता है, क्या उन्हीं हाथों से अपने बाणों द्वारा वह सुअर, बाघ और सिंहों को नहीं मारता ? (अर्थात् मारता है इसलिये हे राजराजेश्वर महाराजा दशरथ, मेरे इस कथन को

झूठा मत मानिये। मैं कहता हूँ कि सिंह के और राजवंश के किसी बच्चे को बालक नहीं वरन् बड़ा समझना चाहिये। क्या आप यह बात नहीं समझते ?

(विश्वामित्र) सुन्दरी*—राजन में तुम राज बड़े अति।
मैं मुख माँगों सुदेहु महामति।
देव-सहायक हो नृपनायक।
है यह कारज रामहि लायक ॥ १९ ॥

भावार्थ—राजाओं में तुम बहुत बड़े राजा हो। हे महामति, मैंने जो माँगा है सो मुझे दीजिए (और जो आप स्वयं मेरे साथ चलने को कहते हैं उसका उत्तर यह है कि) आप देवताओं के सहायक और राजाओं के नायक हैं अर्थात् जब देवताओं और राजाओं पर कष्ट पड़े, तब आप सहायतार्थ जायँ। आप देवताओं और राजाओं का काम कर सकते हैं, (ऋषियों का नहीं) यह काम (अर्थात् ऋषियों के यज्ञ की रक्षा) राम ही करने योग्य है।

(राजा) सुन्दरी—जु कह्यौ ऋषि देन सु लीजिय।
काज करो हठ भूलि न कीजिय।
प्राण दिये धन जाहि दिये सब।
केशव राम न जाहि दिये अब ॥ २० ॥

(ऋषि)—राज तज्यो धन धाम तज्यो सब।
नारि तजी सुत सोच तज्यो तब।
आपनपौ तु तज्यो जगवंद है।
सत्य न एक तज्यो हरिश्चन्द्र है ॥ २१ ॥

शब्दार्थ—आपनपौ = अहंकार। जगवंद है = (जगद्वन्द्य) जिसे सारा संसार अच्छा समझता है।

---

* चारि भगण को सुन्दरी छन्द छबीलो होय।
प्रति पद बारह वरण धरि रचौ याहि सब कोय ॥

भावार्थ—छन्द नं० २० तथा २१ का अर्थ सरल ही है।

(ऋषि) सुन्दरी—राज वहै वह साज वहै पुरु।
नाम वहै वह धाम वहै गुरु।
झूठे सो झूठहि बाँधत हौ मन।
छोड़त हौ नृप सत्य सनातन ॥२२॥

भावार्थ—बहुत सरल और स्पष्ट है।

दो०—जान्यो विश्वामित्र के, कोप बढ्यो उर आय।
राजा दशरथ सों कह्यो, बचन वशिष्ठ बनाय ॥२३॥

भावार्थ—स्पष्ट और सरल ही है।

(वशिष्ठ) षट्पद—
इन ही के तपतेज यज्ञ की रक्षा करिहैं।
इन ही के तपतेज सकल राक्षस बल हरिहैं।
इन ही के तपतेज तेज बढ़िहै तन तूरण।
इन ही के तपतेज होहिंगे मंगल पूरण।
कहि केशव जययुत आइहैं इन ही के तपतेज घर।
नृप बेगि राम लछिमन दोऊ सौंपौ विश्वामित्र कर ॥२४॥

शब्दार्थ—तपतेज = तपस्या के तेज से। तूरण = (तूर्ण) शीघ्र। मंगल = विवाहादि शुभकार्य।

भावार्थ—स्पष्ट और सरल ही है।

(वशिष्ठ) सो०—राजा और न मित्र, जानहु विश्वामित्र से।
जिनको अमित चरित्र, रामचन्द्रमय जानिये ॥२५॥

शब्दार्थ—हे राजन्! विश्वामित्र के समान तुम्हारा और कोई भी मित्र नहीं है, क्योंकि इनका अपार चरित्र सब रामचन्द्रमय है। तात्पर्य यह कि विश्वामित्र जितने काम करेंगे वे सब रामचन्द्र ही की भलाई के लिये होंगे।

दो०—नृप पै बचन वशिष्ठ को, कैसे मेटो जाय।
सौंप्यो विश्वामित्र कर, रामचन्द्र अकुलाय ॥२६॥

भावार्थ—सरल और स्पष्ट है।

पंकज वाटिका*—राम चलत नृप के युग लोचन।
वारि भरित भये वारिद रोचन॥
पायन परि ऋषि के सजि मौनहिं।
केशव उठि गये भीतर भौनहिं॥२७॥

भावार्थ—रामचंद्र के चलते समय राजा दशरथ के दोनों नेत्र ऐसे हो गये जैसे पानी में भरा हुआ लाल बादल (आँखें लाल हो गईं और आँसू आ गये)। विश्वामित्र के चरण छूकर चुपचाप उठकर महलों के अन्दर चले गये।

चामर—वेद मन्त्र तंत्र शोधि अस्त्र-शस्त्र दै भले।
रामचन्द्र लक्खनै सु विप्र छिप्र लै चले।
लोभ छोभ मोह गर्व काम कामना हई।
नींद भूख प्यास त्रास वासना सबै गई।॥२८॥

शब्दार्थ—अस्त्र=वे हथियार जो फेंक कर घाले जाते हैं (जैसे तीर, चक्र, बंदूक आदि)। शस्त्र=वे हथियार जो हाथ में पकड़े हुए ही शत्रु पर घाले जाते हैं (जैसे तलवार, कटार, गदा इत्यादि)। लक्खनै=लक्ष्मण जी को। विप्र=विश्वामित्र। छिप्र=शीघ्र, जल्दी। छोभ=क्रोध। हई=(हनी) नष्ट कर दी गई।

भावार्थ—वेद और तंत्रशास्त्र के मंत्रों से अभिमंत्रित करके राम-लक्ष्मण को अच्छे-अच्छे अस्त्र दिये गये (अर्थात् वशिष्ठ जी और विश्वामित्र जी ने मिलकर सब प्रकार के हथियारों के घालने की विधि वा युक्ति बताई), तदनन्तर विश्वामित्र जी शीघ्र ही राम-लक्ष्मण को अपने आश्रम को ले चले। (चलते समय) विश्वामित्र ने राम लक्ष्मण को बला और अतिबला विद्या

---

*आदि भगण पुनि नगण धरि, बहुरि जगण द्वै आन।
अंतहिं लघु दै छंद रचु तेरह वरण सुजान॥

पढ़ाई जिसके प्रभाव से लोभ, क्रोध, मोह, अहङ्कार और कामेच्छा नष्ट हो गई और नींद, भूख, प्यास, डर और सब प्रकार की अनिष्टकारिणी वासनायें जाती रहीं।

विशेष—इस छन्द के अंतिम दो चरणों से स्पष्ट विदित है, कि जब किसी नवयुवक को किसी महान् कार्य के लिये विदेश जाना पड़े, तब उसे चाहिये कि वह लोभ, मोहादि अनिष्टकारिणी मनोवृत्तियों के वशीभूत न रहे।

निशिपालिका—

कामवन राम सब वास तरु देखियो।
नैन सुखदैन मन मैनमय लेखियो।
ईश जहँ कामतनु कै अतनु डारियो।
छोड़ि वह यज्ञथल केशव निहारियो ॥२६॥

शब्दार्थ—कामवन = वह वन जहाँ महादेव ने काम को जलाया था। बास = मुनियों के निवास-स्थान। नैनसुख दैन = नेत्रों के सुख देने वाले। मन मैनमय = मन में कामेच्छा उपजानेवाले अर्थात् अत्यन्त सुन्दर। ईश = महादेवजी।

भावार्थ—राम ने कामवन में पहुँचकर वहाँ के रहनेवाले मुनियों के निवास-स्थानों और वृक्षों को देखा जो ऐसे सुन्दर थे कि उन्हें देख कर आँखों को सुख मिलता था और मन कामनामय हो उठता था, जिस वन में महादेव जी ने काम को जला कर बिना देह का कर दिया। (पुनः) उस वन को छोड़ कर (और आगे जाकर) विश्वामित्र का यज्ञस्थल देखा।

दो०—रामचन्द्र लक्ष्मण सहित तन मन अति सुख पाय।
देख्यौ विश्वामित्र को परम तपोवन जाय ॥ ३० ॥

भावार्थ—सरल और स्पष्ट ही है।

॥ दूसरा प्रकाश समाप्त ॥

—:०:—

तीसरा प्रकाश

दो० — कथा तृतीय प्रकाश में वन वर्णन शुभ जानि।
रक्षण यज्ञ मुनीश को श्रवण स्वयम्बर मानि ॥

(वन-वर्णन)

षट्पद — तरु तालीस ताल तमाल हिंताल मनोहर;
मंजुल वंजुल लकुच केर नारियर।
एला ललित लवंग संग पुंगीफल सोहै।
सारी शुककुल कलित चित्त कोकिल अलि मोहै।
शुक राजहंस कलहंस कुल नाचत मत्त मयूर गन।
अति प्रफुलित फलित सदा रहै केशवदास विचित्र वन ॥ १ ॥

शब्दार्थ—हिंताल = एक प्रकार का छोटा ताड़ वृक्ष जो जलाशयों के तट पर उगता है। वंजुल = अशोक। लकुच = बड़हर। बकुल = मौलसिरी। केर = केला। एला = लाची। सारी = शारिका, मैना पक्षी। कलित = सुन्दर। अलि = भौंरा। राजहंस = वह हंस जिसका चोंच और पैर लाल होते हैं। कलहंस = बत्तक। मयूर = मोर।

भावार्थ—सरल और स्पष्ट है।

सूचना—एला, लवंग पुङ्गफल और राजहंस का बिहार के जंगलों में होना असंभव है, परन्तु कविप्रणाली के अनुसार वन-वर्णन में इनका वर्णन होना ही चाहिये, इसलिये केशव ने इनका वर्णन किया है।

सुप्रिया* — कहुँ द्विजगण मिलि सुख श्रुति पढ़हीं।
कहुँ मृगपति मृगशिशु पय पियहीं।
कहुँ हरि हरि हर हर रट रटहीं।
कहुँ मुनिगण चितवत हरि हिय हीं ॥ २ ॥

---

* समुझ सबै लघु अंत गुरु सुप्रिया छन्द प्रकाश।
अक्षर प्रति पद पञ्चदश वरणत केशवदास ॥

शब्दार्थ—सुख = स्वाभाविक रीति से। श्रुति = वेद। मृगपति = सिंह। पय = पानी। मृगपति मृगशिशु पय = मृग के बच्चे और सिंह एक साथ पानी पीते हैं। कहुँ मुनिगण चितवत हरि हियहीं = कहीं मुनि लोग अपने हृदय ही में ईश्वर को देखते हैं अर्थात् ध्यानावस्थित होते हैं।

भावार्थ—अति सरल और स्पष्ट है।

नराच* – विचारमान ब्रह्म देव अर्चमान मानिये।
अदीयमान दुःख, सुख दीयमान जानिये।
अदंडमान दीन, गर्ब दंडमान भेदवै।
अपठ्यमान पापग्रंथ, पठ्यमान वेदवै ॥ ३ ॥

शब्दार्थ—विचारमान = विचारने योग्य। अर्चमान = पूजने योग्य। अदीयमान = न देने योग्य। अदंडमान = अदण्डनीय, दंड न देने योग्य। दंडमान = दंडनीय, दंड देने योग्य। भेद = भेदभाव (समदृष्टि का अभाव)। अपठ्यमान = न पढ़ने योग्य। वै = निश्चय ही।

भावार्थ—(विश्वामित्र के आश्रम में जितने लोग रहते हैं उनके लिये और कोई वस्तु तो विचारने योग्य है नहीं) विचारने योग्य केवल ब्रह्म ही है, पूजने योग्य केवल देवता ही हैं (अन्य किसी की पूजा नहीं करते), न देने योग्य केवल दुःख ही है (अर्थात् इतने उदार हैं कि सब को सब कुछ देते हैं, केवल दुःख किसी को नहीं देते); सुख ही देने योग्य पदार्थ है (सब लोग यही चाहते हैं कि हम सब को सुख ही दिया करें), दीन जीव ही अदण्डनीय हैं (दीन जीवों को दंड नहीं दिया जाता), दंड देने योग्य गर्व और भेद-भाव ही हैं (जो गर्व करते हैं वा भेदभाव रखते हैं उन्हीं को दंड दिया जाता है अन्य को नहीं), पाप सिखाने वाले ग्रंथ ही अपाठ्य समझे जाते हैं (अन्य सब ग्रंथ पढ़े जाते हैं) और वेद ही पढ़ने योग्य ग्रंथ है (जो पढ़ता है सो वेद ही पढ़ता है)।

---

* लघु गुरु क्रम ही देव पद पोड्स वरण प्रमान।
छंद नराच बखानिये केशवदास सुजान ॥

अलंकार—परिसंख्या।

विशेषक†—साधु कथा कथिये दिन केशवदास जहाँ।
निग्रह केवल है मन को दिन मान तहाँ।
पावन वास सदा ऋषि को सुख को बरषै।
को बरणै कवि ताहि विलोकत जी हरषै॥ ४॥

शब्दार्थ—दिन=प्रतिदिन। निग्रह=दमन करना, दबाना। मान=(१) अहंकार, (२) परिमाण। वास=निवासस्थान। विलोकत=देखते ही।

भावार्थ—प्रतिदिन जहाँ केवल साधु-कथा (उत्तम वार्ता) ही कही जाती है (सिवाय उत्तम कथा वार्ता के और कोई वार्ता होती ही नहीं), वहाँ केवल मन ही का दमन किया जाता है (अन्य किसी का नहीं), मान (अहंकार) किसी में नहीं है, केवल 'दिनमान' शब्द में नाममात्र के लिये 'मान' शब्द (बोलचाल में सुनाई पड़ता) है। यह विश्वामित्र का पवित्र आश्रम जो सदा सुख की वर्षा किया करता है (वहाँ सब जीव सुखी ही रहते हैं) उसका माहात्म्य कौन कवि वर्णन कर सकता है, केवल दर्शन मात्र से मन हर्षित हो जाता है।

अलंकार—परिसंख्या और संबंधातिशयोक्ति।

(यज्ञ-रक्षण)

चंचलता*—रक्षिबे को यज्ञ कूल बैठ वीर सावधान।
होन लाग होमके जहाँ तहाँ सबै विधान।
भीम भाँति ताड़का सुभंग लागि कर्न आय।
बान तानि राम पै न नारि जानि छाँड़ि जाय॥ ५॥

---

†पंच भगण धरि अन्त गुरु षोडस वरण सुजान।
प्रगटत छंद विशेषका कह केशव कविराज॥

*क्रम ही गुरु लघु दीजिये प्रति पद षोडस वर्ण।
चारु छंद यह चंचला प्रगटत कवि मन हर्ण॥

शब्दार्थ—कूल = निकट, किनारे। सावधान = सजग होकर। विधान = क्रिया-विधि। होम = हवन। भीम भाँति = बड़े भयंकर ढंग से। भंग लागि कर्न आय = आकर यज्ञ भंग करने लगी।

भावार्थ—राम और लक्ष्मण दोनो वीर भ्राता सजग होकर यज्ञ की रक्षा के लिये यज्ञस्थल के निकट बैठे और जहाँ-तहाँ हवन (यज्ञ) की क्रिया विधि होने लगी। (हवन होता हुआ देख कर) ताड़का नाम्नी राक्षसी ने आकर भयंकर ढंग से यज्ञ को भंग करना आरंभ कर दिया। राम जी ने बाण तो ताना परन्तु ताड़का को स्त्री समझ कर वह बाण उस पर छोड़ा नहीं जाता (स्त्री पर आघात करना वीरधर्म विरुद्ध बात है)।

(ऋषि) सो०—कर्म करति यह घोर, विप्रन को दसहू दिसा।
मत्त सहस गज जोम नारी जानि न छाँड़िये॥ ६॥

भावार्थ—(राम जी को संकोच में पड़ा हुआ देखकर विश्वामित्र जी कहते हैं कि) हे राम! यह ताड़का सब ओर ब्राह्मणों को सताने के लिये घोर पाप कर्म किया करती है। एक हजार मस्त हाथियों का बल इसमें है, इसे स्त्री (अबला) जान कर छोड़िये मत।

(राम) शशिवंदना—सुनि मुनि राई। जग सुख दाई॥
कहि अब सोई। जेहि यश होई॥ ७॥

भावार्थ—(राम जी ने कहा) हे जगत को सुख देनेवाले मुनिराज! सुनिये, मुझसे अब वह बात कहिये, जिससे मेरा यश हो (अर्थात् कोई ऐसा उदाहरण बतलाइये जिससे अगर मैं इस स्त्री को मारूँ तो मुझे लोग स्त्रीवध का अपयश न दे सकें)।

(ऋषि) कुंडलिया—सुता विरोचन की हुती दीरघजिह्वा नाम।
सुरनायक सों संहरी परम पापिनी बाम।
परम पापिनी बाम बहुरि उपजी कविमाता।
नारायण सों हती चक्र चिन्तामणि दाता।

नारायण सों हती सकल द्विज दूषण संयुत।
त्यौं अब त्रिभुवननाथ ताड़का मारो सह सुत ॥ ८ ॥

शब्दार्थ—सुरनायक=इन्द्र। संहरी=मारी। कवि=शुक्राचार्य। हती =मारी। नारायण सों=नारायण की कसम खाकर कहता हूँ। हती=थी। सकल द्विज दूषण संयुत=सब ब्राह्मणों के लिये जो कार्य दूषणवत् था उसी दूषण से वह संयुक्त थी। त्यौं=उसी प्रकार यह ताड़का भी द्विजद्वेषिणी है।

भावार्थ—दैत्यराज विरोचन की पुत्री, जिसका नाम दीर्घजिह्वा था, बड़ी पापिनी स्त्री थी। उसे इन्द्र ने मारा था। उसके बाद शुक्राचार्य की माता बड़ी पापिनी हुई, उसे नारायण ने (जो चिंतामणि के समान सेवकों को मनोवांछित फल देनेवाले हैं, इन्द्र के कहने से) अपने निज चक्र से मारा। मैं नारायण की सौगंध खाकर कहता हूँ कि जैसे वह (कविमाता) सब ब्राह्मणों (देवताओं) की द्वेषिणी थी, वैसे ही यह ताड़का भी है, इसलिये हे त्रिभुवननाथ (रामचन्द्र), तुम इसे पुत्रों सहित मार डालो।

अलंकार—इस छन्द में 'परम पापिनी वाम' और 'नारायण सों हती' की आवृत्ति से यमक अलंकार सिद्ध होता है।

सूचना—यदि "नारायण सों हती" में यमक न माना जायगा तो पुनरुक्ति दोष आ जायगा, जो केशव ऐसे महाकवि के महाकाव्य में हो नहीं सकता है।

(ऋषि) दो०—द्विज दोषी न विचारिये कहा पुरुष कह नारि।
राम विराम न कीजिये वाम ताड़का तारि ॥ ९ ॥

भावार्थ—विप्रद्रोही के मारने में सोच-विचार न करना चाहिये, क्या पुरुष और क्या स्त्री (यदि वह विप्रद्रोही हो तो उसे निश्चय मार देना चाहिये) हे राम! अब देर मत करो, इस दुष्टा स्त्री ताड़का को तारो (अपने हाथों मारकर सुगति दो)।

मरहट्टा—यह सुनि गुरु बानी, धनु-गुन तानी, जानी द्विज दुखदानि।
ताड़का संहारी, दारुण भारी, नारी अति बल जानि।

मारीच विडारथो, जलधि उतारथो, मारथो सबल सुबाहु।
देवन गुण परख्यों पुष्पन बरख्यों, हर्ष्यो अति सुरनाहु ॥ १० ॥

शब्दार्थ—धनु गुन = धनुष का रोदा। दारुण = कठिन। अति बल = प्रबल। विडारथौ = भगा दिया। देवन गुण पर्ख्यों = देवताओं ने रामचन्द्र के गुण को परख लिया। सुरनाहु = इन्द्र। हर्ष्यो = (इस हेतु कि इन्द्र को निश्चय हो गया कि ईश्वरावतार हो गया, अब रावण मारा जायगा)।

भावार्थ—सरल और स्पष्ट है।

दो०—पूरण यज्ञ भयो जहीं जान्यो विश्वामित्र।
धनुषयज्ञ की शुभ कथा लागे सुनन विचित्र ॥ ११ ॥

शब्दार्थ—सरल और स्पष्ट ही है।

अलंकार—यज्ञ और धनुषयज्ञ में 'यज्ञ' की आवृत्ति से लाटानुप्रास है।

चंचरी*—आइयो तेहि काल ब्राह्मण यज्ञ को थल देखि कै।
ताहि पूँछत बोलि कै ऋषि भाँति भाँति विशेष कै ॥
संग सुन्दर राम लक्ष्मण देखि देखि सु हर्षई।
बैठि कै सोइ राज मंडल वर्णई सुख वर्षई ॥ १२ ॥

भावार्थ—सरल ही है।

(ब्राह्मण) शार्दूलविक्रीड़ित—
सीता शोभन ब्याह उत्सव सभा संभार संभावना।
तत्तत्कार्य समग्र व्यग्र मिथिलावासी जना शोभना ॥
राजा राज पुरोहितादि सुहृदा मंत्री महामंत्रदा।
नाना देश समागता नृपगणा पूज्यापरा सर्वदा ॥ १३ ॥

शब्दार्थ—शोभन = सुन्दर। संभार = प्रबंध। संभावना = विचार। तत्तत्कार्य = अपने-अपने काम में। समग्र = सब। व्यग्र = चित्त से लगे हुए। समागता = आए हैं। पूज्यापरा = दूसरों से पूजे जाने योग्य।

---

*इसे चर्चरी विबुध प्रिया और चंचली छंद भी कहते हैं।

सूचना—जनकपुर से आया हुआ एक ब्राह्मण पथिक विश्वामित्र के यज्ञ में यह कथा वर्णन करता है। यहाँ से लेकर पाँचवें प्रकाश के दूसरे छंद तक सब वाक्य उसी ब्राह्मण के समझने चाहिये।

भावार्थ—नाना देशों से आये हुए सम्माननीय राजागण जनकपुर में एकत्रित हैं, राजा जनक और राजपुरोहित (सतानंदादि) तथा उनके मित्र और सुमंत्र देनेवाले मंत्री गण, तथा मिथिलापुर के सबही सुन्दर पुरवासी जन, सब अपने अपने काम में चित्त से लगे हुए हैं, क्योंकि सीता के सुन्दर विवाहोत्सव (स्वयंवर सभा) की सामग्री तथा प्रबंध का विचार सब ही के चित्त में चढ़ा हुआ है।

दो०—खण्डपरशु को शोभिजै सभा मध्य कोदण्ड।
मानहु शेष अशेषधर-धरनहार बरिबंड ॥ १४ ॥

शब्दार्थ—खण्डपरशु = महादेव । अशेष = समस्त । धर = धरती, पृथ्वी। बरिबंड = प्रबल।

भावार्थ—सभा के बीच में महादेव का धनुष रक्खा हुआ ऐसा शोभायमान है मानों सारी पृथ्वी को धारण करनेवाला प्रबल शेषनाग है।

अलंकार—उक्तविषया वस्तूत्प्रेक्षालंकार।

सवैया—शोभित मंचन की अवली गजदन्तमय छवि उज्ज्वल छाई।
ईश मनो वसुधा में सुधारि सुधाधर-मंडल मंडि जोन्हाई॥
तामहँ केशवदास विराजत राजकुमार सबै सुखदाई।
देवन स्यौं जनु देवसभा शुभ सीयस्वयंवर देखन आई ॥१५॥

शब्दार्थ—ईश = ब्रह्मा। सुधाधर मंडल = चंद्रमा का परिवेष (वर्षाऋतु में जो कभी-कभी चंद्रमा के इर्दगिर्द गोल घेरा सा दिखाई पड़ता है)। स्यौं = सहित, समेत।

भावार्थ—हाथीदाँत की बनी हुई सुन्दर उज्ज्वल छवि वाली मचानों की ऐसी पंक्तियाँ शोभा दे रही हैं, मानों ब्रह्मा ने चंद्रमा के परिवेष की ज्योति

को पृथ्वी पर सुधार के रख दिया है। उसी पर सब सुन्दर राजकुमार बैठे हुए हैं। सो वह समाज कैसी शोभित होती है, मानो देवताओं सहित देवसभा ही सीता के स्वयंवर को देखने के लिये आई हो।

अलंकार—उक्तविषया वस्तूत्प्रेक्षा।

दो०—नचति मंच-पंचालिका, कर संकलित अपार।
नाचति है जनु नृपन की, चित्त-वृत्ति सुकुमार ॥१६॥

शब्दार्थ—पंचालिका = (१) नटी, (२) पाँचों पंक्तिया। कर = हाथ, हस्तक। संकलित = युक्त। मंच-पंचालिका = मंचों की पाँचों पंक्तियाँ।

भावार्थ—(राजा लोग पंचावली पर बैठे हुए हाथ उठा-उठा कर एक दूसरे से बातें करते हैं वा परस्पर प्रचारते हैं, उसी की उत्प्रेक्षा है, कि) मंच-पंचावली रूपी वेश्या हाथ उठा-उठा कर अर्थात् हस्तक के अनेक भाव बता-बता कर नाचती है, (अर्थात् कभी झुकती है कभी पुनः ऊपर को उठती है) मानो राजाओं की सुकोमल चित्तवृत्ति नाचती है (अर्थात् सब राजा अपने-अपने अनेक प्रकार के विचार हाथ उठा कर प्रकट करते हैं।

अलंकार—उक्तविषया वस्तूत्प्रेक्षा।

सो०—सभा मध्य गुण ग्राम, वंदी सुत द्वै शोभहीं।
सुमति विमति यहि नाम, राजन को वर्णन करहिं ॥१७॥

शब्दार्थ—गुणग्राम = गुणों के समूह अर्थात् बड़े गुणी।

भावार्थ—उस सभा में बड़े गुणी (अच्छे जानकार, जो सब राजाओं को अच्छी तरह जानते थे) दो वंदीजन (भाट) शोभायमान हैं। एक का नाम सुमति दूसरे का नाम विमति है। वे ही दोनों सब राजाओं का परिचय वर्णन करते हैं। (सुमति प्रश्न करते प्रत्येक राजा का परिचय पूछता जाता है, और विमति बड़ी चतुराई से उत्तर देता है। सुमति विमति की इस बात-चीत में 'श्लेष' अलंकार की अच्छी गंभीर छटा दिखाई गई है।)

(सुमति) दो०—को यह निरखत आपनी, पुलकित बाहु विसाल।
सुरभि स्वयंवर जनु करी मुकुलित शाख रसाल ॥१८॥

शब्दार्थ—सुरभि = वसन्त ऋतु । मुकुलित = मंजरीयुक्त । रसाल = आम ।

भावार्थ—सुमति पूछता है—यह कौन राजा है जो अपनी रोमांचित विशाल भुजा को देख रहा है, मानों स्वयंवर रूपी वसन्त ऋतु ने आम की शाखा को मंजरीयुक्त कर दिया है ।

अलंकार—उत्प्रेक्षा ।

(विमति)सो०—

जेहि यश परिमल मत्त, चंचरीक चारण फिरत ।
दिशि विदिशन अनुरक्त, सु तौ मल्लिकापीड़ नृप ॥१६॥

शब्दार्थ—परिमल = सुगंध । चंचरीक = भँवर । चारण = वंदीगण । अनुरक्त = अनुरागयुक्त । मल्लिकापीड़ = (१) मल्लिक नामक पहाड़ी देश का शिरोभूषण (राजा), (२) चमेली की माला ।

भावार्थ—(विमति उत्तर देता है) जिसके यश रूपी सुगंध से मस्त होकर भौंर रूपी बंदीजन अनुरागयुक्त होकर चारों ओर घूमते-फिरते हैं, यह वही मल्लिक नामक पार्वत्य प्रदेश का राजा है ।

अलंकार—इसमें चमेली की माला और राजा का समअभेद रूपक है ।

सूचना—श्लेष से इसका अर्थ चमेली की माला पर भी घटित हो सकता है ।

(सुमति) दो०—

जाके सुख मुखबास ते, वासित होत दिगंत ।
सो पुनि कहि यह कौन नृप, शोभित शोभ अनंत ॥ २० ॥

शब्दार्थ—सुख = सहज, स्वाभाविक । शोभ = शोभा ।

भावार्थ—(सुमति पूछता है) जिसके तन की स्वाभाविक सुगंध से सब दिशायें सुवासित हो रही हैं, जो अनन्त शोभा से शोभित हो रहा है, वह कौन राजा है, सो पुनः मुझ से कहो ।

(विमति) सो०—राजराजदिग वाम-भाल, लाल लोभी सदा ।
अति प्रसिद्ध जग नाम, काशमीर की तिलक यह ॥२१॥

भावार्थ—राजराज = कुबेर। राजराजदिग = उतर दिशा।

शब्दार्थ—उत्तर दिशा रूपी स्त्री के मस्तक के लाल (माणिक जटित वेना) का सदैव लोभ रखनेवाला, जिसका नाम संसार में अति प्रसिद्ध है, यह काशमीर देश का राजा है।

सूचना—इनके श्लेष से और अर्थ हो सकते हैं।

(सुमति) दो०—

निज प्रताप दिनकर करत, लोचन कमल विकास।
पान खात मुसुकात मृदु, को यह केशवदास ॥२२॥

भावार्थ—जो अपने प्रतापरूपी सूर्य के द्वारा सबके कमलरूपी नेत्रों को विकसित कर रहा है (जिसे सब लोग आँखें फाड़ फाड़ कर देख रहे हैं) और पान खाये हुए मुसकुरा रहा है यह कौन राजा है ?

(बिमति) सो०—नृप माणिक्य सुदेश, दक्षिण तिय जिय भावतो।
कटिपट सुपट सुवेश, कल कांची सुभ मंडई ॥२३॥

भावार्थ—राजाओं में माणिक्यवत् (लालवत् = बड़ा रागी, अत्यंत प्रेमी) और सुन्दर, तथा दक्षिण दिशा रूपी स्त्री का मनभाया हुआ (प्रेमी नायक) जिसकी कमर में सुन्दर वस्त्र पड़ा हुआ है, यह राजा सुन्दर और शुभ कांचीपुरी को मंडित करनेवाला है (कांचीपुरी का राजा है)।

(सुमति) दो०—कुण्डल परसन मिस कहत कहौ कौन यह राज।
शंभु सरासनगुण करौ करणा लंबित आज ॥२४॥

भावार्थ—सुमति पूछता है कहो विमति, यह कौन राजा है, जो कुंडल छूने के बहाने से (मानो) यह कह रहा है कि आज मैं शम्भु के धनुष की डोरी अवश्य कान तक खींचूँगा।

(बिमति) सो०—जानहि बुद्धि निधान; मत्स्यराज यहि राज को।
समर समुद्र समान, जानत सब अवगाहि कै ॥२५॥

भावार्थ—(विमति कहता है) हे बुद्धिनिधान सुमति ! इस राजा को तुम मत्स्यराज (मत्स्यदेश का राजा) समझो। यह राजा समर को समुद्र

की तरह मथ डालना भली प्रकार जानता है। (श्लेष से इसका अर्थ किसी बड़े मच्छ पर भी घटित हो सकता है)।

(सुमति) दो०—अंगराग रंजित रुचिर भूषण भूपित देह।
कहत विदूषक सों कछु सो पुनि को नृप एह ॥२६॥

भावार्थ—(सुमति पूछता है) जिसका शरीर चन्दन, केशर आदि के लेप से रंजित (रंगा हुआ) और सुन्दर है तथा जिसका शरीर सुन्दर भूषणों से विभूषित है, और जो विदूषक से कुछ कह रहा है, वह कौन राजा है, सो पुनः मुझे बतलाओ।

(विमति) सो०—चन्दन चित्र तरंग, सिंधुराज यह जानिये।
वहुत वाहिनी संग, मुकुतामाल विशाल उर ॥२७॥

भावार्थ—जिसके शरीर पर चन्दन की विचित्र तरंगें सी देख पड़ती हैं, वहुत सी सेना जिसके साथ है और जिसके विशाल हृदय पर मोतियों की माला है, वह सिंधु देश का राजा है। (श्लेष से इसका अर्थ समुद्र पर घटित हो सकता है।

दो०—सिगरे राज समाज के कहे गोत गुणग्राम।
देश स्वभाव प्रभाव अरु कछु वल विक्रम नाम ॥२८॥

भावार्थ—स्पष्ट है।

घनाक्षरी—पावक पवन, मणि पन्नग पतंग पितृ।
जेते जोतिवंत जग ज्योतिषिन गाये हैं।
असुर प्रसिद्ध सिद्ध तीरथ सहित सिन्धु,
केशव चराचर जे वेदन वताये हैं।
अजर अमर अज अंगी औ अनंगी सव,
वरणि सुनावै ऐसे कौने गुण पाये हैं।
सीता के स्वयंबर को रूप अवलोकिवे को,
भूपन को रूप धरि विश्वरूप आये हैं ॥२९॥

शब्दार्थ—मणिपन्नग = बड़े-बड़े पन्नग अर्थात् शेष, वासुकी इत्यादि। पतंग = पच्छी। पितृ = पितृलोक निवासी। जोतिवंत = प्रतापी (चन्द्र सूर्यादि)। विश्वरूप = विश्व भर के रूपधारी लोग।

भावार्थ—सरल ही है।

सो०—कह्यौ विमति यह टेरि, सकल सभाहि सुनायकै।
चहूँ ओर कर फेरि, सब ही को समुझाय कै॥ ३०॥

गीतिका—

कोउ आजु राज समाज में बल शंभु को धनु कर्पि है।
पुनि श्रोण के परिमाण तानि सो चित्त में अति हर्पि है।
वह राज होइ कि रंक केशवदास सो सुख पाइ है।
नृपकन्यका यह तासु के उर पुष्पमालहि नाइ है॥ ३१॥

दो०—नेक शरासन आसनै, तजै न केशवदास।
उद्यम कै थाक्यौं सबै, राज समाज प्रकाश॥ ३२॥

भावार्थ—छंद न० ३०, ३१, तथा ३२ का भावार्थ सरल ही है।

सुन्दरी—शक्ति करी नहि भक्ति करी अब।
सो न नयो तिल शीश नये सब।
देख्यों मैं राजकुमारन के बर।
चाप चढ़्यो नहिं आप चढ़े खर॥ ३३॥

शब्दार्थ—शक्ति = बल। तिल = तिलभर भी। बर = बल। खर = गदहा।

भावार्थ—(विमति कहता है) इस समय राजाओं ने अपना-अपना बल नहीं लगाया, बरन् शिव जी का धनुष जान कर उस पर अपनी भक्ति दर्शाई है (केवल उसे छूकर भक्ति से शीश नवाया है), धनुष तो तिलमात्र भी नहीं नया वरन् सब के सिर झुक गये। मैं राजकुमारों का बल देख चुका। धनुष तो किसी से न चढ़ा, (धनुष की प्रत्यंचा कोई न चढ़ा सका) वरन् सब राजकुमार स्वयं ही गदहे पर सवार हुए (अपनी प्रतिष्ठा खोई)।

अलंकार—परिसंख्या।

मल्ली—दिगपालन की भुवपालन की,
लोकपालन की किन मातु गई च्वै।
कत भाँड़ भये उठि आसन तें
कहि केशव शंभु सरासन को छ्वै।
अरु काहू चढ़ायो न काहू नवायो,
न काहू उठायो न आंगुरहू द्वै।
कछु स्वारथ भो न भयो परमारथ,
आये ह्वै वीर चले वनिता ह्वै॥ ३४॥

शब्दार्थ—किन मातु गई च्वै=माता का गर्भ क्यों न गिर गया। भाँड़ भये=अपने हाथों अपनी अप्रतिष्ठा कराई।

भावार्थ—सरल और स्पष्ट है।

अलंकार—तृतीय विषम।

(इति तीसरा प्रकाश)

—:०:—

चौथा प्रकाश

दो०—कथा चतुर्थ प्रकाश में, वाणासुर संवाद।
रावण सों, अरु धनुष सों, दशमुख वाण विषाद॥
सबही को समझो सबन, बल विक्रम परिमाण।
सभा मध्य ताही समय, आये रावण वाण॥ १॥

शब्दार्थ—विक्रम=करतूत। परिमाण=मात्रा। बाण=बाणासुर।

भावार्थ—स्पष्ट और सरल ही है।

डिल्ला—नर नारि सबै। भय भीत तबै।
अचरज्जु यहै। सब देखि कहै॥ २॥

भावार्थ—रावण और बाणासुर को आया हुआ देख कर, सब नरनारी भयभीत हुए और सब ने यही कहा कि यह तो बड़े आश्चर्य की बात है।

दो०—हैं राकस दशशीश को, दैयत बाहु हजार।
किये सबन के चित्त रस, अद्भुत भय संचार॥ ३॥

भावार्थ—यह दस मूँड़ वाला राक्षस कौन है? और यह हजार भुजा वाला दैत्य कौन है? (इन दोनों की अद्भुत आकृतियाँ और भयंकर वेष देख कर) सबों के चित्त में अद्भुत और भयानक रस ने संचार किया (सब को आश्चर्य हुआ और सब डर गये)।

अलंकार—'को हैं' शब्द में देहरी दीपक अलंकार है।

(रावण) विजोहा—शंभु कोदंड दै। राजपुत्री कितै॥
टुक द्वै तीन कै। जाहूँ लंकाहि लै॥ ४॥

भावार्थ—रावण सुमति से कहता है महादेव का धनुष मुझे दो और बताओ कि राजपुत्री कहाँ है? धनुष को तोड़ कर तीन खंड कर डालूँ और उसे लंका को ले जाऊँ।

(विमति) शशिवंदना—दसशिर आओ। धनुष उठाओ।
कछु बल कीजै। जग जस लीजै॥ ५॥

भावार्थ—(बिमति उत्तर देता है) हे दसशिर आइये और धनुष को उठाइये कुछ बल कीजिये और जगत में यश लीजिये।

(बाण) गीतिका—

दशकंठ रे शठ छाँड़ि दे हठ वार वार न बोलिये।
अब आजु राज समाज में बल साजु चित्त न डोलिये।
गिरराज ते गुरु जानिये सुरराज को धनु हाथ लै।
सुख पाय ताहि चढ़ायकै घर जाहि रे यश साथ लै॥ ६॥

शब्दार्थ—बल साजु=पराक्रम करो। चित्त न डोलिये=साहस न हारो। सुरराज=महादेव।

भावार्थ—सरल और स्पष्ट है।

मंथना*—बाणी कही बान कीन्ही न सो कान ॥
अद्यापि आनी न। रे बंदि कानीन ॥ ७ ॥

शब्दार्थ—कीन्ही न सो कान=सुनी अनसुनी कर गया, सुन कर भी ऐसा भाव जताया मानो सुना ही नहीं। अद्यापि=अभी तक। आनी न=नहीं लाया (सीता को)। कानीन=कन्या से उत्पन्न (क्षुद्र, चाट्टी का)।

भावार्थ—सरल है।

(बाण) मालती†—जपै जिय जोर। तजौ सब शोर।
सरासन तोरि। लहौ सुख कोरि॥ ८॥

शब्दार्थ और भावार्थ सरल है।

(रावण) दंडक—बज्रको अखर्व गर्व गंज्यो जेहि पर्वतारि,
जीत्यो है सुपर्व सर्व भाजे लै लै अंगना।
खंडित अखंड आशु कीन्हों है जलेश पाशु,
चंदन सी चंद्रिका सों कीन्हीं चन्द वंदना।
दंडक में कीन्हा कालदंड हू का मान खंड,
माना कीन्ही काल ही की कालखंड खंडना।
केशव कोदंड विषदंड ऐसो खंडै अब,
मेरे भुजदंडन की बड़ी है बिडंबना॥ ९॥

शब्दार्थ—अखर्ब=बहुत बड़ा। पर्वतारि=इन्द्र। सुपर्व=देवता। अंगना=स्त्री। आशु=शीघ्र ही। जलेश=वरुणदेव। पाशु=फाँसी, कमंद। दंडक=एक दंड में। कालदंड=यमराज की गदा। कालखंड=(कालको खंडन करने वाला) ईश्वर। कोदंड=धनुष। विषदंड=कमल की नाल, पौनार। बिडंबना=लज्जा की बात।

भावार्थ—(रावण कहता है)—मेरे जिन भुजदंडों ने वज्र का भारी

---

* तगण दोय पट वरणयुत रचहु मथना छंद।
† जगण दोय पट वरण युत रचहु मालती छंद।

गर्व गंजन कर डाला (वज्र भी जिन्हें नहीं काट सका), जिन्होंने इन्द्र को जीत लिया, जिनके डर से सब देवता अपनी-अपनी स्त्रियाँ ले-ले कर भाग गये, वरुण के अखण्ड फाँस को जिन्होंने शीघ्र ही तोड़ डाला और चन्द्रमा ने भी (न लड़ सकने के कारण) जिन भुजदंडों की चंदन समान शीतल चन्द्रिका से पूजा की, एक घड़ीमात्र में जिन्होंने कालदंड का भी मान ऐसे खंडित कर डाला जैसे स्वयं परब्रह्म परमेश्वर काल ही को खंडित कर डालते हैं। भला वही मेरे प्रबल भुजदंड अब इस कमलनाल की भाँति (अत्यन्त कमजोर) धनुष को तोड़ें, यह काम मेरे भुजदंडों के लिये बड़ी लज्जा की बात है!

(रावण बहाने से धनुष उठाने तथा तोड़ने से इनकार करता है)।

अलंकार—अत्युक्ति।

तुरंगम (बाण)*—बहुत बदन जाके। विविध वचन ताके।
(रावण)—बहुभुज युत जोई। सबल कहिय सोई॥ १०॥

शब्दार्थ—बदन = मुख। विविध = अनेक प्रकार के (असत्य, छलयुक्त इत्यादि)।

भावार्थ—(बाणासुर कहता है)—हाँ ठीक है! जिसके बहुत से मुख होते हैं उसके वचन भी अनेक प्रकार के होते हैं। (अर्थात् असत्य बोलता है, छल-कपट युक्त वचन बोलता है)। (रावण जवाब देता है) हाँ ठीक है! जिसके बहुत सी भुजायें होती हैं वही तो बली कहलाता है (अर्थात् कहलाता ही भर है, वास्तव में बली होता नहीं)।

अलंकार—काकुवक्रोक्ति।

दो० (रावण)—अति असार भुज भार ही, बली होहुगे बाण।
(बाण)—मम बाहुन को जगत में, सुनु दसकंठ विधान॥ ११॥

---

*नगन दै गुरु अंत दै रचहु तुरंगम छंद।

भावार्थ—(रावण कहता है) बाण, इन अत्यन्त बलहीन भुजाओं के बोझ के बल से ही बली कहलाना चाहते हो ? (बाणासुर कहता है) हे रावण, मेरी भुजाओं ने संसार में जो काम किया है उसे सुनो।

(बाण) सवैया—

हौं जब ही जब पूजन जात पितापद पावन पाप प्रणासी।
देखि फिरौं तबही तब रावण सातो रसातल के जे विलासी।
लै अपने भुजदंड अखंड करौं छितिमंडल छत्र प्रभा सी।
जानै को केशव केतिक बार मैं सेस के सीसन दीन्ह उसासी ॥१२॥

शब्दार्थ—हौं=मैं। पापप्रणासी=पापविनाशक। विलासी=रहने वाले। अखंड=सम्पूर्ण। छितिमंडल=पृथ्वी। छत्र प्रभासी=छत्र के समान। उसासी=दम लेने की फुरसत, आराम, छुटकारा।

भावार्थ—(बाणासुर कहता है) जब-जब मैं अपने पिता जी के पवित्र और पापनाशी चरणों की वंदना करने के लिये (पाताल में रहनेवाले राजा बलि बाणासुर के पिता हैं) जाता हूँ, तब-तब मैं सातो रसातलों के निवासियों को देखता हूँ (उनमें से कोई भी मेरे समान बली नहीं है)। मैं समस्त पृथ्वीमंडल को अपने भुजदंडों पर छाता के समान तान लेता हूँ। न जाने कितनी बार मैंने शेषनाग के फनों को (पृथ्वीमंडल को अपने हाथों से थाम कर) दम लेने की फुरसत दी है। अर्थात् जब मैं पृथ्वी को उठा लिया तब इस धनुष को उठाना कौन बड़ी बात है)।

अलंकार—काव्यार्थापत्तिगर्भित अत्युक्ति।

कमला*रावण—तुम प्रबल जो हुते। भुजबलनि संयुते ॥
पितहि भुव ल्यावते। जगत यश पावते ॥ १३ ॥

भावार्थ—(रावण बाणासुर से कहता है) यदि तुम बली थे और

---

*नगन आदि दै सगन पुनि लघु गुरु दीजै अंत।
आठ वरण प्रतिपद लखौ कमला छंद कहंत।

तुम्हारी भुजायें बलसंयुक्त थीं तो आप को इस भूमिलोक में लाते और संसार में यश लेते।

तोमर(बाण)—पितु आनिये केहि ओक। दिय दक्षिणा सब लोक॥
यह जानु रावन दीन। पितु ब्रह्म के रस लीन॥१४॥

शब्दार्थ—ओक=घर, निवासस्थान। दीन=बलहीन (ब्राह्मण)। रस=आनन्द।

भावार्थ—(बाणासुर कहता है) पिता को भूलोक में लाकर किस स्थान पर बैठालें उन्होंने तो सब पृथ्वी दान कर दी है (दान की वस्तु पुनः ग्रहण करना पाप है)। हे दीन (ब्राह्मण) रावण! तुझे जानना चाहिये कि हमारे पिता ब्रह्मानन्द में मग्न हैं (तेरी तरह विषयानन्द के लिये दौड़े नहीं फिरते।)

सवैया—

कैटभ सो नरकासुर सो पल में मधु सो मुर सो जेइ मार्‍यो।
लोक चतुर्दश रक्षक केशव पूरण वेद पुराण विचार्‍यो।
श्री कमला कुच कुंकुम मंडन पंडित देव अदेव निहार्‍यो।
सो कर माँगन को बलि पै करतारहु को करतार पसार्‍यो॥१५॥

शब्दार्थ—श्रीकमला कुच-कुंकुम-मंडन-पंडित=श्री लक्ष्मी जी के कुचों पर केशरचन्दनादि की मकरकादि चित्र रचना बनाने में चतुर पंडित। केशर-चंदनादि की मकरकादिचित्र रचना बनाने में चतुर पंडित। अदेव=दानव। करतार हु को करतार=ब्रह्मा के भी बनानेवाले (विष्णु)।

भावार्थ—(बाणासुर अपने पिता बलि की बड़ाई करता है) जिस हाथ ने एक पल मात्र में कैटभ, नरकासुर, मधु और मुर नामक दैत्यों को मार डाला (अर्थात् अत्यंत बली थे), जो चौदहों लोकों का रक्षक है, सर्वत्र व्याप्त है (पूरण) और जिसके गुणों का बखान वेद और पुराण करते हैं, जो श्री लक्ष्मी जी के कुचों पर केशर की रचना करने में चतुर पंडित है (अर्थात् साक्षात् लक्ष्मी ही जिसकी स्त्री हैं), जिसको देवताओं और दैत्यों

सबों ने देखा है, ब्रह्मा के भी बनाने वाले विष्णु ने बलि के सामने भिक्षा माँगने के लिये वही हाथ फैलाया था (इसमें मधुकैटभादिक के मारने वाले कहकर विष्णु की संहारक शक्ति का पता दिया, लक्ष्मीपति जताकर विष्णु की पालनशक्ति का अनुमान कराया और 'ब्रह्मा के भी रचयिता' कहकर सृष्टिकरण शक्ति का परिचय दिया। ऐसे विष्णु भी जिस बलि के सामने भीख माँगने के सिवा और कुछ न कर सके; वह बलि कैसा प्रबल प्रतापी होगा इसका अनुमान सहज ही में हो सकता है। व्यंग से यह बात निकली कि ऐसे पिता का पुत्र मैं हूँ तो मेरे बल और प्रताप का भी कुछ अनुमान कर लो, क्योंकि पुत्र में पिता के गुण होते ही हैं)।

सूचना—इस छंद में जितने विशेषण वाक्य हैं वे विष्णु के अलावा 'कर' पर भी लग सकते हैं। दोनों दशाओं में छन्द के तात्पर्य में कुछ अन्तर नहीं आता।

अलंकार—प्रथम निदर्शन।

दो० (रावण)—हमहिं तुमहिं नहि बूझिये, विक्रमवाद अखंड।
अब ही यह कहि देहगो, मदनकदन-कोदन्ड ॥ १६ ॥

भावार्थ—रावण कहता है अपने अपने बल पराक्रम के विषय में हमको तुमको बड़ा झगड़ा न करना चाहिये। अभी शंकर का धनुष ही इसका फैसला कर देगा अर्थात् हम तुम दोनों धनुष को उठावें। जो उठा लेगा वही अधिक बली समझा जायगा।

संयुता—

वृतबाण रावण को सुन्यो। सिर राज मंडल में धुन्यो।
(विमति) जगदीश अब रक्षा करो। विपरीत बात सबै हरो॥ १७ ॥

भावार्थ—जब रावण और बाणासुर की ऐसी वार्ता (विमति ने) सुनी, तब उसी समय उसी राजमंडल में वह अपना सिर पीटने लगा (व्याकुल हो उठा) और बोला कि हे जगदीश (महादेव) अब हमारी रक्षा करो और जो अमंगल होता दिखाई देता है उसे हरो (क्योंकि तुम्हारा नाम 'हर' है)।

दो०—रावण वाण महाबली जानत सब संसार।
जो दोऊ धन करषिहैं, ताको कहा विचार ॥ १८ ॥

भावार्थ—रावण और बाणासुर दोनों बड़े बलवान हैं, यह बात सारा संसार जानता है यदि दोनों धनुष चढ़ावेंगे तो फिर क्या होगा? (अर्थात् यदि दोनों धनुष को उठा लिया तो सीता किसको ब्याही जायगी!)

सवैया (वणासुर)—

केशव और ते और भई गति जानि न जाय कछू करतारी।
सूरन के मिलिवे कहँ आय मिल्यो दसकंठ सदा अविचारी।
वाढ़ि गयो बकवाद वृथा यह भूलि न भाट सुनावहि गारी।
चाप चढ़ाइहैं कीरति को यह राज करै तेरी राजकुमारी ॥१६॥

भावार्थ—(बाणासुर कहता है)—दशा कुछ की कुछ हो गई। ईश्वर की करनी जानी नहीं जाती। मैं तो शूरवीर पुरुषों से भेंट करने को आया था (धनुष उठाने को नहीं), परन्तु यहाँ आने पर सदैव के अविचारी रावण से भेंट हो गई और व्यर्थ विवाद बढ़ गया। हे भाट (विपति) भूल करके भी मुझे यह गाली न दे (कि बाणासुर ब्याह करने के निमित्त धनुप उठाना चाहता है)। मैं तो इस धनुप को केवल अपनी कीर्ति के वास्ते उठाता हूँ। तेरी राजकुमारी अपना मनमाना राज्य करे (जिसके साथ चाहे अपना विवाह करे)।

(रावण)—मधु

मोकहँ रोकि सकै कहु को रे। युद्ध जुरे यम हू कर जोरे।
राजसभा तिनुका करि लेखौं। देखि के राज सुता धनु देखौं ॥२०॥

भावार्थ—(रावण कहता है)—मुझको विवाह करने से कौन रोक सकता है। युद्ध में यमराज भी सामने आकर हाथ जोड़ने लगता है। इस सभा के राजाओं को मैं तृण के समान समझता हूँ। परन्तु पहले राजकुमारी को देखलूँ (कि कैसी सुन्दर है) तब धनुष को देखूँगा।

सवैया (वाण)—

वेगि कह्यौ तव रावण सों अव वेगि चढ़ाउ शरासन को।
वातैं वनाइ वनाइ कहा कहै छोड़ि दे आसन वासन को।
जानत है किधौं जानत नाहिन तू अपने मदनासन को।
ऐसेहि कैसे मनोरथ पूजत पूजे विना नृपशासन को॥ २१॥

शब्दार्थ—आसन = बिछौना। वासन = वस्त्र (राजोचित्त वस्त्र)। मदनासन—घमंड तोड़ने वाला (मैं बाणासुर)। नृपशासन = राजा जनक की आज्ञा अर्थात् धनुष को तोड़ने की शर्त।

भावार्थ—(बाणासुर ने रावण से कहा कि) अब तू शीघ्र ही धनुष को चढ़ा, बातें क्यों बनाता है। सिंहासन छोड़ राजोचित वस्त्राभूषण उतार, काछा कस, मल्ल रूप से तैयार हो जा। तू अपने अहंकार तोड़ने वाले को (मुझको) जानता है कि नहीं? बिना राजा की आज्ञा पूरी किये हुए वैसे ही तेरा मनोरथ कैसे पूरा हो सकेगा (अर्थात् मेरे रहते तू बिना धनुष तोड़े ही सीता को कैसे विवाह लेगा)।

वंधु (रावण)—वाण न वात तुम्हैं कहि आवै।
(वाण)—सोई कहौ जिय तोहि जो भावै?
(रावण)—का करिहौ हम यौंहीं वरैंगे?
(वाण)—हैहयराज करी सों करैंगे॥ २२॥

भावार्थ—(रावण) हे बाण, तुम्हें बात करने तक का शऊर नहीं है। (बाण) तो क्या मैं तुम्हारी चितचाही बात कह दिया करूँ तब तुम समझोगे कि मुझे बात करने का शहूर है? (रावण) अच्छा यदि बिना धनुष हम तोड़े ही सीता को विवाह लें तो तुम क्या करोगे? (बाण) बस वही करेंगे जो सहस्त्रार्जुन ने किया था।

विशेष—सहस्रार्जुन ने एक समय रावण को विलक्षण जंतु समझ कर पकड़ लिया था और अगाड़ी पिछाड़ी लगा कर घोड़े की तरह अस्तबल में बाँध रक्खा था, पुनः दसो सिरों पर दीपक रख कर दीवट की तरह नृत्यशाला में खड़ा कर रक्खा था।

दंडक—(रावण) भौंर ज्यौं भँवत भूत वासकी गणेशयुत
मानो मकरंद बुंद माल गंगा जल की।
उड़त पराग पट नाल सी विशाल वाहु,
कहा कहौं केशोदास शोभा पल पल की।
आयुध सघन सर्व मंगला समेत शर्व
पर्वत उठाय गति कीन्ही है कमल की।
जानत सकल लोक लोकपाल दिगपाल
जानत न वाण वात मेरे वाहुवल की॥ २३॥

शव्दार्थ—भूत=शंकर के गण। वासुकी =शेषनागादि। पट=पार्वतीजी के वस्त्र। नाल=कमल की दण्डी। आयुध=महादेव जी, पार्वती, गणेशादि के अस्त्रादि अर्थात् त्रिशूल, पिनाक, खड्ग, अंकुश इत्यादि। सघन=अनेक। सर्वमंगला=पार्वती। शर्व =शिव। गति कीन्ही है कमल की=कमल का आकार बना दिया।

भावार्थ—हे वाणासुर! जब सर्वलोकपाल और समस्त दिक्पाल मेरे वाहुवल की बात जानते हैं तब एक तूही यदि नहीं जानता तो क्या हुआ? मैंने जिस समय कैलाश को उठाया था उस समय शंकर के समस्त गण, वासुकी और गणेशादि इस तरह मंडराते फिरते थे मानो भँवर हों, और गंगाजल मानो मकरंद था, पार्वतीजी का पट (वस्त्र) फहरा उठा था वहीं मानो पराग था और मेरी विशाल वाहु नाल के समान थी, उस समय की पलपल की शोभा मुझ से नहीं कही जाती। अनेक अस्त्र-शस्त्र, पार्वती और महादेव सहित कैलाश को उठा कर कमल के आकार का दृश्य बना दिया था (जैसे पुष्प का भार नाल को नहीं अखरता, वैसे ही मुझे तनिक भी भार नहीं जान पड़ा था)—तात्पर्य यह कि मैंने इस धनुष सहित सारा कैलाश ही उठा लिया था।

अलंकार—उपमा और उत्प्रेक्षा से पुष्ट रूपक और उस रूपक से पुष्ट संबंधातिशयोक्ति।

मधुभार—तजि कै सुरारि। रिस चित्त मारि।
दशकंठ आनि। धनु छुयो पानि॥ २४॥

भावार्थ—यह झगड़ा छोड़ कर क्रोध को चित्त में ही दबा कर, निकट आकर रावण ने धनुष में हाथ लगाया। (ज्यों ही रावण को हाथ लगाते देखा त्यों ही विमति बंदी बोला)।

मधुभार—तुम बलनिधान। धनु अति पुरान।
पीसजहु अंग। नहीं होहि भंग॥२५॥

भावार्थ—हे रावण, तुम बली हो और धनुष अति पुराना है। तो भी चाहे तुम अपने अंगों को उठाने के उद्योग में पीस ही क्यों न डालो, पर धनुष टूटेगा नहीं। (यह सुनकर रावण हट गया)।

अलंकार—विशेषोक्ति।

सवैया—खंडित मान भयो सब को,
नृपमण्डल हारि रह्यो जगती को।
व्याकुल बाहु निराकुल बुद्धि
थक्यो बल विक्रम लंकपती को।
कोटि उपाय किये कहि केशव,
केहूँ न छाड़त भूमि रती को।
भूरि विभूति प्रभाव सुभावहि,
ज्यों न चलै चित योग-यती को॥२६॥

भावार्थ—जगती=संसार। निराकुल=बहुत घबड़ाई। लंकपति=रावण। विक्रम=उपाय। केहूँ=किसी प्रकार। रती को=एक रती भर। विभूति=सम्पति। योग-यती=योगी।

भावार्थ—सब का मान खंडित हो गया (बल का गर्व जाता रहा)। संसार के सब राजा हार गये। रावण की भुजायें व्याकुल हो गईं, बुद्धि घबड़ा गईं, और शारीरिक बल और उपाय थक गये। केशव कवि कहता है कि करोड़ उपाय करने पर भी किसी प्रकार वह धनुष एक रती भर भी वैसे ही

भूमि नहीं छोड़ता जैसे अद्भुत संपत्ति के प्रभाव से (लालच से) योगी का मन सहज ही नहीं डिगता।

अलंकार—उदाहरण।

पद्धटिका—धनु अति पुरान लंकेश जानि।
यह बात बाण सों कही आनि।
हैं पलक माहिं लेहौं चढ़ाय।
कछु तुमहूँ तो देखो उठाय ॥ २७ ॥

भावार्थ—रावण ने धनुष को अति पुराना समझ कर, बाणासुर के पास आकर यह बात कही कि मैं तो उस धनुष को एक पलमात्र में उठा लूँगा, भला जरा तुम भी तो उठा देखो (अंदाज कर लो कि तुमसे उठेगा कि नहीं।

दो० (बाण)—मेरे गुरु को धनुष यह, सीता मेरी माय।
दुहू भाँति असमंजसै, बाण चले सुख पाय ॥ २८ ॥

भावार्थ—बाणासुर ने कहा कि यह धनुष तो मेरे गुरु शिवजी का है और सीता मेरी माता हैं। दोनों प्रकार से यह कार्य मेरे लिये अड़चन का है। यह कह कर बाणासुर तो सहर्ष चला गया।

तोटक (रावण)—अब सीय लिये बिन हौं न टरौं।
कहुँ जाहुँ न तो लगि नेम धरौं।
जब लौं न सुनौं अपने जन को।
अति आरत शब्द हते तन को ॥२९॥

शब्दार्थ—नेम धरौं=प्रतिज्ञा करता हूँ। जन=सेवक। हते तन को=(तन में हते को) शरीर में चोट लगने की सी पुकार।

भावार्थ—रावण ने कहा कि मैं तो बिना सीता को लिये हुए यहाँ से न हटूँगा। मैं प्रतिज्ञा करता हूँ कि मैं यहाँ से तब तक न हटूँगा जब तक मैं अपने किसी सेवक की आर्त पुकार न सुनूँगा कि "दौड़ो नाथ, शत्रु ने मुझे मार डाला"।

मोदक (ब्राह्मण)—काहू कहूँ सर आसर मारयो।
आरत शब्द अकाश पुकारयो।
रावण के वह कान परयो जव।
छोड़ि स्वयम्वर जात भयो तव ॥३०॥

शब्दार्थ—सर=बाण। आसर=असुर। आरत शब्द=दुःखपूर्ण शब्द से।

भावार्थ—(जनकपुर से आया हुआ ब्राह्मण कहता है) हे विश्वामित्र जी इतने ही में कहीं किसी ने किसी असुर को बाण मारा और उसने आकाश में दुःखपूर्ण वचन से गुहार मचाई, वह शब्द जब रावण ने सुना, तब स्वयम्बर भूमि छोड़ कर वह चला गया।

दो०—जब जान्यो सब का भयो, सब ही विधि व्रत भंग।
धनुष धरयो लै भवन में, राजा जनक अनंग ॥३१॥

शब्दार्थ—अनंग=विदेह।

चतुर्थ प्रकाश समाप्त।

पाँचवाँ प्रकाश

दो०—यह प्रकाश पंचम कथा, राम गवन मिथिलाहि।
उद्धारण गौतम-घरणि स्तुति अरुणोदय आहि॥
मिथिलापति के वचन अरु धनु भंजन उर धार।
जैमाला दुंदुभि अमर वर्षन फूल अपार॥

तारक (ब्राह्मण)—जब आनि भई सब को दुचिताई।
कहि केशव काहू पै मेटि न जाई।
सिय संग लिये ऋषि की तिय आई।
इक राजकुमार महासुखदाई॥ १॥

शब्दार्थ—दुचिताई=सन्देह (कि सीता का विवाह होगा कि नहीं)।

भावार्थ—जब सब को ऐसा संदेह होने लगा कि अब सीता का विवाह

होगा कि नहीं और यह संदेह किसी से मिटाया नहीं जा सकता था (कोई नहीं कह सकता था कि क्या होगा) तब अनायास एक त्रिकालदर्शी ऋषि-पत्नी आई। वह एक चित्र लिए हुए थी जिसमें सीता के चित्र के साथ एक अति सुन्दर राजकुमार का चित्र था (उस चित्र में लिखा राजकुमार कैसा था सो आगे छन्द में देखिये।)

मोहन—सुन्दर वपु अति स्यामल सोहै।
देखत सुर नर को मन मोहै।
लिखि लाई सिय को वरु ऐसो।
राजकुमार हि देखिय जैसो ॥ २ ॥

भावार्थ—वह ऋषिपत्नी सीता का वर चित्र में ऐसे ही रूप का लिख लाई थी जिस रूप का कि मैं इस (राम की ओर इशारा करके) राजकुमार को देखता हूँ।

तोटक—ऋषिराज सुनी यह बात जहीं।
सुख पाइ चले मिथिला हि तहीं।
वन राम शिला दरशी जब हीं।
तिय सुन्दर रूप भई तब हीं ॥ ३ ॥

शब्दार्थ—ऋषिराज = विश्वामित्र। शिला = शिला रूप में अहल्या। दरसी = देखी।

भावार्थ—ऋषिराज विश्वामित्र ने ज्योंहीं ब्राह्मण के मुख से यह बात सुनी त्योंही आनन्दित होकर मिथिला को चल पड़े। रास्ता चलने में एक वन में ज्योंही राम ने एक शिला देखी त्योंही (दृष्टि पड़ते ही) वह शिला सुन्दर रूपवाली स्त्री हो गई।

अलंकार—चपलातिशयोक्ति।

दो०—पूछी विश्वामित्र सों, रामचन्द्र अकुलाइ।
पाहन तें तिय क्यों भई, कहिय मोहिं समुझाइ ॥ ४ ॥

सोरठा (विश्वामित्र)—

गौतम को यह नारि, इन्द्र दोष दुर्गति गई।
देखि तुम्हें नरकारि, परम पतित पावन भई ॥ ५ ॥

शब्दार्थ—इन्द्र दोष दुर्गति गई=इन्द्र द्वारा दूषित किये जाने पर गौतम के शाप से बुरी गति को प्राप्त हुई (पत्थर हो गई थी)। नरकारि=नरकासुर के शत्रु अथवा नरक के शत्रु (मुक्तिदाता) श्रीरामजी।

कुसुम-विचित्रा—तेहि अति रूरे रघुपति देखे।
सब गुण पूरे तन मन लेखे।
यह वरु माँग्यो दया न काहू।
तुम मो मन ते कतहुँ न जाहू ॥ ६ ॥

भावार्थ—सुगम ही है।

कलहंस—तहँ ताहि दै वरु को चले रघुनाथ जू।
अति सूर सुन्दर यों लसैं ऋषि साथ जू ॥
जनु सिंह के सुत दोउ सिद्धि श्री रये।
बन जीव देखत यों सबैं मिथिला गये ॥ ७ ॥

शब्दार्थ—वरु=वरदान। सूर=शूरवीर। सिद्धि=विश्वामित्र की तपस्या की सिद्धि। श्री=शोभा। रये=रँगे। सिद्धिश्री रये=तपस्या की सिद्धि से रँगे हुए। जनु सिंह के सुत दोउ श्रीरये=मानों दोनों सिंह पुत्र हैं और विश्वामित्र की तपस्या के बल से उनके वशीभूत हैं।

अलंकार—उत्प्रेक्षा।

दो०—काहू की न भयो कहूँ, ऐसो सगुन न होत।
पुर पैठत श्रीराम के, भयो मित्र उद्दोत ॥ ८ ॥

शब्दार्थ—सगुन=शुभ सूचक घटना। मित्र=सूर्य। उद्दोत=उदित।

भावार्थ—न कभी किसी को ऐसा सगुन हुआ न होता ही है ज्योंही श्रीराम जी ने मुनिमंडली सहित जनकपुर की सीमा में प्रवेश किया, त्योंही सूर्योदय हुआ।

(सूर्योदय वर्णन)

(राम)—चौपाई

कछु राजत सूरज अरुन खरे। जनु लक्ष्मण के अनुराग भरे।
चितवत चित्त कुमुदिनी त्रसे। चोर चकोर चिता सी लसै ॥६॥

शब्दार्थ—अरुन खरे=(खरे अरुण) खूब लाल। अनुराग=प्रेम। कुमुदिनी=कोई, कोकावेली।

भावार्थ—(श्रीराम जी कहने लगे) लाल सूर्य खूब शोभा देते हैं, कुछ ऐसा जान पड़ता है कि मानों वे लक्ष्मण के अनुराग से भरे हुए हैं। सूर्य को देखते ही कोई अपने चित्त में डरती है (कि कहीं यह सूर्य अपने कर से मुझे छू न ले) और चारों ओर चकोर के लिये तो चिता ही के समान है (दुखदायक वा सुखनाशक है)।

अलंकार—उत्प्रेक्षा और उपमा।

नोट—यह छंद लक्षण से नहीं मिलता।

(लक्ष्मण)—षट्पद—

अरुन गात अतिप्रात पद्मिनी-प्राणनाथ भय।
मानहु केशवदास कोकनद कोक प्रेममय॥
परि पूरण सिंदूर पूर कैधौं मंगल घट।
किधौं शक्र को छत्र मढ्यो माणिक मयूख पट।
कै श्रोणित कलित कपाल यह किल कापालिक काल को।
यह ललित लाल कैधौं लसत दिगभामिनि के भाल को ॥१०॥

शब्दार्थ—अरुण=लाल। पद्मिनी प्राणनाथ=सूर्य। भय=(भये) हुए। कोकनद=कमल। कोक=चक्रवाक। परिपूरण=समस्त। सिंदूरपूर=सिंदूर से रँगा हुआ। मंगल घट=विवाहादि का घट। शक्र=इन्द्र। माणिक-मयूख पट=माणिक की किरणों से बुना हुआ वस्त्र। श्रोणित-कलित=रक्त भरा। किल=निश्चय। कापालिक=शैवमतावलंबी तांत्रिक साधु जो मद्यमांस

खाते हैं और काली को वा भैरव को बलि चढ़ाते हैं। ये लोग प्रायः मनुष्य की खोपड़ी के पात्र में भोजन पान करते हैं। लाल=माणिक। दिगभामिनि=पूर्वदिशा-रूपो स्त्री। भाल=कपाल।

भावार्थ—सूर्य प्रातःकाल अति लाल होकर उदय हुए हैं मानों कमल और चक्रवाक का प्रेम जो उनके हृदय में है बाहर उछर आया है। या कोई मंगल-घट है जो सबका सब सिंदूर से रँगा हुआ है। या इन्द्र का छत्र है जो माणिक की किरणों से बुने हुए कपड़े से बनाया गया है। या निश्चय पूर्वक कालरूपी कापालिक के हाथ में यह किसी का रक्त भरा सिर है (जिसे उसने अभी बलि चढ़ाने के लिये काटा है) अथवा पूर्वदिशारूपी स्त्री के मस्तक का माणिक है।

अलंकार—रूपक और संदेह से पुष्ट उत्प्रेक्षा।

तोटक—पसरे कर कुमुदिनी काज मनो।
किधौं पद्मिनी की सुख देन घनो॥
जनु ऋक्ष सबै यहि त्रास भगे।
जिय जानि चकोर फँदानि ठगे॥ ११॥

भावार्थ—कर=किरण (हाथ)। कुमुदिनो काज=कुमुदिनी के पकड़ने के लिये। पद्मिनी=कमलिनी। ऋक्ष=नक्षत्र (तारे)।

शब्दार्थ—सूर्य की किरणें फैली हैं सो मानों सूर्य के हाथ हैं जो कुमुदिनी को पकड़ने के लिये फैले हैं, या कमलिनी को (स्पर्श से) अति सुख देने के लिये फैले हैं। तारे अस्त हो गये हैं, सो मानो इस डर से भाग गये हैं कि कहीं सूर्य की किरणों के फन्दे में फँस न जायँ। और चकोर भी फंदा ही समझ कर ठगा सा हो रहा है।

अलंकार—उत्प्रेक्षा और सन्देह।

(राम) चंचरी—व्योम में मुनि देखि के अति लालश्री मुख साजहीं।
सिंधु में बड़वाग्नि की जनु ज्वालमाल बिराजहीं।

पद्मरागनि की किधौं दिवि धूरि पूरित सी भई।
सूर-बाजिन की खुरी अति तिक्षता तिनकी हई ॥ १२ ॥

शब्दार्थ—व्योम=आकाश। मुनि=विश्वामित्र (सम्बोधन है)। लालश्रीमुख=लालरंग वाले सूर्य। पद्मराग=माणिक। दिवि=आकाश। सूर-बाजि=सूर्य के रथ के घोड़े। खुरी=सुम। तिक्षता=तीक्ष्णता, चोखापन। हई=मारी हुई, चूर्ण की हुई।

भावार्थ—श्रीराम जी कहते हैं कि हे मुनि जी ! देखिये लाल मुखश्री वाले सूर्य आकाश में कैसे शोभा दे रहे हैं, मानो समुद्र में बड़वाग्नि की ज्वालाओं का समूह एकत्र होकर विराज रहा हो ! अथवा सूर्य के घोड़े के अति तीक्ष्ण सुमों से चूर्ण की हुई पद्मराग मणियों के धूल से सारा आकाश पूरित सा हो गया हो।

अलंकार—संदेह और उत्प्रेक्षा।

(विश्वामित्र)सोरठा—

चढ़ोगगन तरु धाय, दिनकर बानर अरुन मुख।
कीन्हों झुकि झहराय, सकल तारका कुसुम बिन ॥ १३ ॥

शब्दार्थ—दिनकर=सूर्य। अरुनमुख=लाल मुखवाला। झुकि=खींचकर, क्रुद्ध होकर। झहराय=हिलाकर। तारका=तरैयाँ।

भावार्थ—सूर्यरूपी लाल मुखवाला बंदर आकाशरूपी वृक्ष पर दौड़ कर चढ़ गया है और क्रुद्ध होकर उस वृक्ष को हिलाकर उसे समस्त तारेरूपी फूलों से रहित कर डाला है।

अलंकार—रूपक।

(लक्ष्मण) दो०—

जहीं वारुणी की करी, रंचक रुचि द्विजराज।
तहीं कियो भगवंत बिन, संपति शोभा साज ॥ १४ ॥

शब्दार्थ—जहीं=ज्योंहीं। वारुणी=(१) पश्चिमदिशा, (२) शराब। द्विजराज=(१) चंद्रमा (२) ब्राह्मण। तहीं=त्योंहीं। भगवंत=(१)सूर्य, (२) भगवान्

भावार्थ—(१) ज्योंही चंद्रमा पश्चिम की ओर जाने की तनिक भी इच्छा करता है, त्योंही सूर्य उसे बिना सम्पत्ति का और शोभा के सामान से हीन कर देता है (२) ज्योंही कोई ब्राह्मण जरा भी मदिरा की इच्छा करता है, त्योंही (तुरन्त) भगवान् उसकी सम्पत्ति और कान्ति हर लेते हैं।

अलंकार—श्लेष।

तोमर—

चहुँ भाग बाग तड़ाग। अब देखिये बड़ भाग।
फल फूल सों संयुक्त। अलि यों रमैं जनु मुक्त॥ १५॥

शब्दार्थ—चहुँ भाग=चारों ओर। बड़ भाग=बड़े भाग्यशाली (राम जी के लिए सम्बोधन है)। मुक्त=स्वच्छन्दचारी साधु।

भावार्थ—हे भाग्यशाली, (रामचन्द्र जी) अब यह दृश्य देखिये कि जनक नगर के चारों ओर बाग और तालाब भी बहुत से हैं। सब बाग फल और फूलों से परिपूर्ण हैं और उनमें भौंरे इस प्रकार फिरते हैं मानों स्वच्छन्दचारी साधु हैं।

अलंकार—उत्प्रेक्षा।

(राम) दो०—

ति न नगरी ति न नागरी प्रति पद हंसक हीन।
जलज हार शोभित न जहँ प्रगट पयोधर पीन॥ १६॥

शब्दार्थ—ति=ते, वे। नगरी=बस्ती। नागरी=चतुर स्त्री। प्रतिपद=(१) हर एक पैर में, (२) पद पद पर। हंसक=(१) बिछुवा, (२) हंस+क=हंस और जल। जलज=(१) मोती, (२) कमल। पयोधर=(१) कुच, (२) जलाशय (कूप, वापी तड़ागादि)। पीन=(१) पुष्ट, (२) बड़े-बड़े।

अन्वय—(१) ते नगरी न, (जो) प्रतिपद हंस (और) क हीन (हों) जहाँ जलजहार शोभित न, जहाँ प्रगट पीन पयोधर न। (२) ते नागरी न, (जो) प्रतिपद हंसक हीन (हों) जहाँ जलजहार शोभित न, (जिनके) पीन पयोधर प्रगट न।

भावार्थ—(रामजी कहते हैं कि) जनक के देश में ऐसी नगरी नहीं है जो पग पग पर हंसों, जल और कमलसमूह से भरे हुए बड़े-बड़े सरोवरों से हीन हो (अर्थात् जनक के देश भर में सर्वत्र ही सब नगरों में बड़े-बड़े जलाशय हैं जो जल से परिपूर्ण हैं और जिनमें हंस और कमल अधिकता से पाये जाते हैं) और जनक के देश में ऐसी नागरी (स्त्री) नहीं है जिनका प्रतिगत (प्रत्येक पैर) नूपुरों से हीन हो, जिनके उत्तुंग कुचों पर मोती की मालायें शोभित न हों अर्थात् जनक के देश भर में सब ऐसी स्त्री हैं जो प्रति पग में बिछुवा पहने हैं (कोई विधवा नहीं है) और जिनके बड़े-बड़े पुष्ट कुचों पर मोतियों की मालायें शोभित हैं (अर्थात् सब स्त्रियाँ सधवा, हृष्ट, पुष्ट और सम्पन्न हैं)।

नोट—प्राचीन लिपि प्रथा में 'ते' को 'ति' लिखते थे। यहाँ भी केशव ने उसी प्रथा से काम लिया है।

अलंकार—श्लेष, वक्रोक्ति, व्याजस्तुति (दूसरी), अनुप्रास।

सवैया—

सातहु दीपन के अवनीपति हारि रहे जिय में जब जाने।
बीस बिसे व्रत भंग भयो सु कहौ अब केशव को धनु ताने॥
शोक की आग लगी परिपूरण आइ गये घनश्याम बिहाने।
जानकि के जनकादिक के सब फूलि उठे तरुपुण्य पुराने॥१७॥

शब्दार्थ - अवनीपति=राजा। बीसबिसे=(बीस बिस्वा) निश्चय। व्रत=प्रतिज्ञा। घनश्याम=(१) रामजी, (२) काले बादल। बिहाने= प्रातःकाल। तरुपुण्य पुराने=पूर्वकालीन पुण्य रूपी तरु।

भावार्थ—जब राजा जनक ने यह जान लिया कि समस्त पृथ्वीतल के राजा जोर लगा कर हार गये हैं, अब तो मेरी प्रतिज्ञा निश्चय ही भंग हुई, अब कौन धनुष को चढ़ा सकता है (इस प्रकार जब राजा जनक नितान्त निराश हो गये थे) और पूर्णरूप से उनके हृदय में शोक की अग्नि लगी हुई थी कि अचानक प्रातःकाल के समय में घनवत् श्याम रंग वाले (रामजी)

जनकपुर में आगये (जिस आगमन के प्रभाव से) जिससे जानकी जी और जनकादि के पुराने पुण्य के वृक्ष पुनः प्रफुल्लित हो उठे।

अलंकार—समाधि, परिकरांकुर (घनश्याम में) और रूपक।

दोधक—

आय गये ऋषि राजहिं लीने। मुख्य सतानन्द विप्र प्रवीने।
देखि दुऊ भये पायन लीने। आशिष शीरष वासु लै दीने ॥१८॥

शब्दार्थ—ऋषी=याज्ञवल्क्य ऋषि। राजहि लीने=राजा जनक को साथ लिये हुए। प्रवीने=पुरोहित कार्य में निपुण। दुऊ=दोनों। (राजा जनक और सतानंद)। आशिष=आशीर्वाद। शीरष वासु लै=सिर सूँघकर।

नोट—प्राचीन काल में सिर सूँघकर आशीर्वाद देने की रीति थी। ऐसा वर्णन कई स्थलों पर आया है।

भावार्थ—विश्वामित्र का आगमन सुनकर जनक-राज्यनिवासी ऋषि याज्ञवल्क्य जी राजा जनक और मुख्य मुख्य ब्राह्मणों तथा कर्मकांड-निपुण सतानन्द को साथ लिये हुए विश्वामित्र की अगवानी को आये। विश्वामित्र को देखकर दोनों—अर्थात् राजा जनक और सतानन्द ऋषि—विश्वामित्र के चरणों में गिरे (दण्डवत प्रणाम किया), तब विश्वामित्र ने दोनों को उठाकर और सिर सूँघकर आशीर्वाद दिया। (अथवा) दोनों ने (अर्थात् राम और लछमण) ऋषि याज्ञवल्क्य और सतानन्द को दंडवत प्रणाम किया और उन्होंने सिर सूँघ कर आशीर्वाद दिया। (अथवा) सतानन्दादि मुख्य और प्रवीण ब्राह्मण राजर्षि (ऋषिराज=राजऋषि=राजर्षि) जनक को साथ लिये आगये।

अलंकार—स्वभावोक्ति और परिवृत।

(विश्वामित्र) सवैया—

केशव ये मिथिलाधिप हैं जग में जिन कीरति वेलि वई है।
दान-कृपान विधानन सों सिगरी वसुधा जिन हाथ लई है।

अंग छ सातक आठक सों भव तीनिहु लोक में सिद्धि भई है।
वेदत्रयी अरु राज सिरी परिपूरणता शुभ योग भई है ॥१६॥

शब्दार्थ—केशव=(सम्बोधन) हे रामचन्द्र जी। दान विधानन सों=दान देकर। कृपान विधानन सों=युद्ध करके। सिगरी=सब। वसुधा=पृथ्वी। हाथ लई है=अपने वश में कर ली है। अंगछः=षडंग वेद—१—शिक्षा। २—कल्प। ३—व्याकरण। ४—निरुक्ति। ५—ज्योतिष। ६—छन्द। (शिक्षा, ज्योतिष, व्याकरण, कल्प, निरुक्ति, छन्द)। अंग सातक=राज्य के सात अंग—१—राजा। २—मंत्री। ३—मन्त्र। ४—खजाना। ५—देश। ६—दुर्ग। ७—सेना। (राजा, मंत्री, निधि, देश दुर्ग, अरु सैन), अंग आठक=योग के आठ अंग*—१—यम। २—नियम। ३—आसन ४—प्राणायाम। ५—प्रत्याहार। ६—धारणा। ७—ध्यान। ८—समाधि। भव=उत्पन्न। अंग छ सातक आठक सों भव=वेद के छः, राज्य के सात और योग के आठ अंगों से उत्पन्न सिद्धि। कार्य सिद्ध! वेदत्रयी=ऋग्, यजुर और साम। राज सिरी=(राज्यश्री) राजापन, राजसी वैभव और भोग। शुभ योग भय=अच्छा जोड़ मिल गया है (जैसा अन्य राजों में नहीं है।)

भावार्थ—हे (केशव) रामचन्द्र! देखो ये मिथिला नरेश हैं, जिन्होंने संसार में अपनी कीर्ति की बेल लगाई है (संसार भर में जिनकी नेकनामी फैली है) दान और युद्धवीरता द्वारा जिन्होंने सारी पृथ्वी को अपने वश में कर लिया है। वेद के छः, राज्य के सात और योग के आठ अंगों से उत्पन्न की हुई सिद्धि द्वारा जिन्होंने तीनों लोकों में अपना कार्य सिद्ध कर लिया है। (तीनों लोकों के भोग भोगते हैं) इनमें वेदत्रयी राज्यश्री की परिपूर्णता का अच्छा योग जुड़ा है (अच्छे विद्वान् और नीति-निपुण राजा हैं) तात्पर्य यह कि राजा में जितने गुण होने चाहिए वे सब इनमें हैं वरन् कुछ अधिक हैं अर्थात् ये राजा होते हुए भी पक्के योगी हैं।

---

*दो०—आठ अंग हैं योग के, यम नियमासन नाधि।
प्राणायाम प्रतिहार पुनि, धारण ध्यान समाधि॥

अलंकार—रूपक (कीर्त्ति बेलि में)

(जनक) सो०—

जिन अपनों तन स्वर्ण, मेलि तपोमय अग्नि में।
कीन्हों उत्तम वर्ण, तेई विश्वामित्र ये ॥ २० ॥

शब्दार्थ—मेलि=डाल कर। वर्ण=(१) रंग, (२) जाति।

भावार्थ—राजा जनक अपनी ओर के लोगों से कहते हैं कि देखो ये ही वे विश्वामित्र जी हैं जिन्होंने अपने शरीर रूपी सोने को तपरूपी अग्नि में डाल कर और तपा कर उस शरीर का वर्ण उत्तम किया है (तप करके क्षत्री से ब्राह्मण हुए हैं)।

अलंकार—श्लेष से पुष्ट रूपक।

(लक्ष्मण)—मोहन—जन राजवंत। जग योगवंत ॥
तिनको उद्दोत। केहि भाँति होत ॥२१॥

भावार्थ—(यह सुन कर कि राजा जनक अच्छे योगी भी हैं, लक्ष्मण जी को संदेह हुआ कि यह कैसे हो सकता है, इसलिए पूछते हैं कि) जो राजा जग में योग भी करते हैं उनका अभ्युदय कैसे होता है ? क्योंकि दोनों कर्म परस्पर विरुद्ध हैं।

(श्रीराम) विजय—

सब छविन आदि तै काहू छुई न छुए बिजनादिक बात डगै।
न घटै न बढ़ै निशि वासर केशव लोकन को तम तेज भगै॥
भवभूषण भूषित होत नहीं मदमत्त गजादि मसी न लगै।
जलहू थलहू परिपूरण श्री निमि के कुल अद्भुत जोति जगै ॥२२॥

शब्दार्थ—बिजना=पंखा। बात=हवा। डगै=हिलती है। तम तेज=घना अंधकार। भवभूषण=राख (दिया के गुल की भस्म) मसी=कालिख (काजल)।

भावार्थ—हे लक्ष्मण, निमिवंश में अद्भुत ज्योति जागती है जिसकी

शोभा (श्री) जल और स्थल में परिपूर्ण हो रही है। (वह ज्योति कैसी है कि) समस्त क्षत्रियों में से किसी ने भी उसको छू तक नहीं पाया, और न वह ज्योति पंखे की हवा से डगमगाती है। रातों दिन एक सी रहती है—घटती बढ़ती नहीं, उसके प्रकाश से लोकों का घना अंधकार भाग जाता है। वह ज्योति राख से भूषित नहीं होती (उस चिराग में गुल नहीं पड़ता)—(श्लेष से) सांसारिक अलंकारों से निमिवंश की वह ज्ञानज्योति नहीं ढकने पाती—उस ज्योति में मस्त हाथियों की कजरी नहीं लगती (हाथी, घोड़े इत्यादि रखने का घमंड निमिवंशियों को ज़रा भी अहंकारी नहीं बना सकता)—निमिवंश की ज्ञानज्योति ऐसी अद्भुत है कि राज-वैभव उसमें कभी विघ्न बाधा नहीं उपस्थित कर सका।

अलंकार—व्यतिरेक।

(जनक) तारक—यह कीरति और नरेशन सोहै।
मुनि देव अदेवन को मन मोहै।
हय को वपुरा सुनिये ऋषिराई।
सब गाँऊँ छ सातक की ठकुराई ॥२३॥

शब्दार्थ—कीरति=(कीर्ति) बड़ाई। अदेव=असुर। वपुरा=दीन-हीन ठकुराई=राज्य।

भावार्थ—सरल ही है।

अलंकार—लोकोक्ति।

(विश्वामित्र) विजय—

आपने आपने ठौरनि तो भुवपाला सबै भुव पालै सदाई।
केवल नामहि के भुवपाल कहावत हैं भुव पालि न जाई॥
भूपन की तुम ही धरि देह विदेहन में कल कीरति गाई।
केशव भूषण की भवि भूषण भू-तनते तनया उपजाई॥ २४॥

शब्दार्थ—भुव= (भू) पृथ्वी। विदेह=जीवनमुक्त। कल=निर्मल।

भूषण की भवि भूषण=भूषणों के लिये भी भव्य भूषण अर्थात् अलंकारों को भी अलंकृत करनेवाली (अत्यन्त रूपवती) भू-तनते=पृथ्वी के शरीर से। तनया=कन्या।

भावार्थ—हे जनक ! अपने-अपने स्थान पर तो सभी राजा सदैव ही भूमि का पालन करते हैं, पर वे केवल नाम ही के भूमिपाल हैं, वास्तव में वे 'भूपति' नहीं हैं, क्योंकि उनसे भूमि का पालन यथार्थ (पतिवत्) नहीं हो सकता। केवल आप ही एक ऐसे व्यक्ति हैं जो शरीर तो राजाओं का धारण किये हुए हैं, पर हैं ऐसे कि विदेहों (जीवनमुक्त लोगों) में आपकी निर्मल कीर्ति गाई जाती है। ऐसे विदेह होकर भी आप सच्चे 'भूपति' हैं, क्योंकि आपने पृथ्वी के गर्भ से अत्यन्त सुन्दर कन्या पैदा कर ली (पति वही है जो स्त्री से संतान पैदा करे) है।

अलंकार—विधि और विरोधाभास।

(जनक) दो०—

इहि विधि की चित चातुरी, तिनको कहा अकत्थ।
लोकन की रचना रुचिर, रचिबे को समरत्थ ॥ २५ ॥

शब्दार्थ—अकत्थ=अकथनीय, कठिन। समरत्थ=शक्तिमान्।
भावार्थ—सरल है।

(जनक सवैया—
लोकन की रचना रचिबे को जहीं परिपूरण बुद्धि विचारी।
ह्वै गए केशवदास तहीं सब भूमि आकाश प्रकाशित भारी ॥
शुद्ध सलाक समान लसी अति रोषमयी दृग दीठि तिहारी।
होत भये तब सूर सुधाधर पावक शुभ्र सुधारँ गधारी ॥ २६ ॥

शब्दार्थ—परिपूरण बुद्धि विचारी=सोच विचार कर निश्चय कर लिया। सलाक=बाण। सूर=सूर्य। सुधाधर=चन्द्रमा। सुधा=चूना।

भावार्थ—ज्योंही आपने नवीन लोकों की रचना करने का निश्चय कर

लिया, त्योंही (केशव कहते हैं कि) भूमि और आकाश सब अति प्रकाशित हो गये (अर्थात् तुम्हें विदित हो गया कि कहाँ पर कौन सी रचना करनी चाहिये)। जिस समय तुम्हारी क्रोधयुक्त दृष्टि तीक्ष्ण बाण के समान (ब्रह्मा की रचना को मिटाने के लिये) सन्नद्ध हुई, उसी समय (भय के मारे) सूर्य तो चंद्रमा सम सफेद हो गये और अग्नि भी चूना के रंग की हो गई अर्थात् भय से इन तेजधारियों का रंग फीका पड़ गया।

अलंकार—प्रथम हेतु।

दो०—केशव विश्वामि के रोषमयी दृग जानि।
संध्या सी तिहुँ लोक के, किहिनि उपासी आनि ॥ २७ ॥

शब्दार्थ—उपासी=उपासना (सेवा, स्तुति, वंदना)।

भावार्थ—केशव कहते हैं कि जब विश्वामित्र के क्रोधयुक्त नेत्रों को संध्या सम अरुण देखा, तब तीनों लोक के जन (नर, नाग, देवादि) उनके निकट आकर (संध्योपासना की तरह) उनकी उपासना करने लगे अर्थात् भय से उनकी सेवा वा स्तुति करने लगे।

अलंकार—धर्मलुप्तोपमा (संध्या सम-अरुण रोषमयी दृष्टि)।

(जनक) दोधक—ये सुत कौन के शोभहिं साजे।
सुन्दर श्यामल गौर विराजे ॥
जानत हौं जिय सोदर दोऊ।
कै कमला विमलापति कोऊ ॥ २८ ॥

शब्दार्थ—सोदर=सगे भाई। कमलापति=विष्णु। विमलापति=ब्रह्मा।

भावार्थ—(जनक पूछते हैं कि हे विश्वामित्र जी) ये शोभायुक्त सुन्दर श्याम और गौर कान्ति वाले दोनों व्यक्ति किसके पुत्र हैं ? मेरी समझ में तो ऐसा आता है कि ये दोनों सगे भाई हैं या विष्णु और ब्रह्मा के अवतार हैं। (अर्थात् इनमें विष्णु और ब्रह्मा का सा तेज, सौंदर्य और गुणादि लक्षित हैं)।

अलंकार—सन्देह।

(विश्वामित्र) चौपाई—

सुन्दर श्यामल राम सु जानो। गौर सु लक्ष्मण नाम बखानो।
आशिष देहु इन्हें सब कोऊ। सूरज के कुलमंडन दोऊ॥२९॥

दो०—नृपमणि दशरथ नृपति के, प्रगटे चारि कुमार।
राम भरत लक्ष्मण ललित, अरु शत्रुघ्न उदार॥ ३०॥

शब्दार्थ—कुलमंडन=वंश की शोभा बढ़ाने वाले।

भावार्थ—सरल ही है।

अलंकार—(चौपाई में) हेतु।

(विश्वामित्र) घनाक्षरी—

दानिन के शील पर दान के प्रहारी दिन,
दानवारि ज्यों निदान देखिये सुभाय के।
द्वीप दीप हू के अवनीपन के अवनीप,
पृथु सम केशोदास दास द्विज गाय के।
आनंद के कंद सुरपालक से बालक ये,
परदार प्रिय साधु मन वच काय के।
देह धर्मधारी पै विदेहराज जू से राज,
राजत कुमार ऐसे दशरथ राय के॥ ३१॥

शब्दार्थ—दानिन के शील=दानियों का सा स्वभाव है। पर दान के प्रहारी दिन=प्रतिदिन शत्रुओं से दंडरूप दान लेने वाले। दानवारि=विष्णु। निदान=अंततः। अवनीप=राजा। कंद=बादल। परदार=लक्ष्मी वा पृथ्वी।

भावार्थ—बड़े-बड़े दानियों (शिवि, दधीचि, हरिश्चन्द्रादि) के से स्वभाव वाले हैं, सदैव शत्रुओं से दंडस्वरूप धन—दान लेने वाले हैं, और अंततः (विचारपूर्वक देखने से) विष्णु के से स्वभाव वाले हैं, समस्त द्वीपों के राजों के भी राजा हैं, राजा पृथु के समान चक्रवर्ती हैं, पर तो भी ब्राह्मण

और गाय के दास हैं। (सेवक हैं) आनन्द वारि बरसानेवाले बादल हैं, ये बालक देवताओं के पालक से (इन्द्र सम) हैं, लक्ष्मी के वल्लभ हैं, पर मन, वचन, कर्म से शुद्ध हैं, देहधारी हैं, पर विदेह समान हैं। हे राजन्! ऐसे गुणवाले ये बालक अयोध्यानरेश राजा दशरथ के पुत्र हैं (ध्वनि से विश्वामित्र ने यह बतला दिया कि ये विष्णु के अवतार हैं)।

अलंकार—विरोधाभास।

सो०—जब तें बैठे राज, राजा दशरथ भूमि में।
सुख सोयो सुरराज ता दिन ते सुरलोक में॥ ३२॥

भावार्थ—सरल है।

अलंकार—असंगति।

स्वागत—

राजराज दशरत्थ तनै जू। रामचन्द्र भुवचन्द्र बने जू॥
त्यों विदेह तुम हू अरु सीता। ज्यौं चकोर तनया शुभ गीता॥३३॥

शब्दार्थ—राजराज = राजाओं के राजा (चक्रवर्ती राजा)। भुव चंद्र = भूमि के चन्द्रमा। शुभगीता = सब प्रशंसिता, जिसकी प्रशंसा सब जन करते हों।

भावार्थ—(विश्वामित्र जी कहते हैं) हे मिथिलेश! जैसे राजा दशरथ चक्रवर्ती राजा हैं, वैसे ही उनके पुत्र रामचन्द्र भी भूमि के चन्द्रमा हैं (सब को सुखद और यश से प्रकाशित हैं) अर्थात् ऐश्वर्यशाली पिता के सौन्दर्य-शाली पुत्र हैं। इसी प्रकार हे विदेहराज! आप भी ऐश्वर्यशाली राजा हो और तुम्हारी पुत्री सुभगीता सीता भी चकोर पुत्रवत् सौन्दर्य, और प्रेमपात्री हैं। अर्थात् तुम्हारा और इनका कुल, शील, ऐश्वर्य, सौन्दर्य, यश इत्यादि सम है। (व्यंग यह कि चकोरी का प्रेम चन्द्र पर ही उचित है, अतः सीता का विवाह इन्हीं से होना उचित है।

अलंकार—सम।

(विश्वामित्र) तारक—

रघुनाथ शरासन चाहत देख्यो।
अति दुष्कर राज समाजनि लेख्यो॥

(जनक)—ऋषि है वह मन्दिर माँझ मँगाऊँ।
गहि ल्यावहिं हौं जन यूथ बुलाऊँ॥ ३४॥

पद्धटिका—

अब लोग कहा करिवे अपार। ऋषिराज कही यह बार बार।
इन राजकुमार हि देहु जान। सब जानत हैं वल के निधान॥३५॥

सूचना—छंद ३४ और ३५ के शब्दार्थ और भावार्थ सरल ही है।

(जनक) दंडक—

वज्र ते कठोर है कैलास ते विशाल काल,
दंड ते कराल सब काल काल गावई।
केशव त्रिलोक के विलोक हारे देव सब,
छोड़ि चन्द्रचूड़ एक और को चढ़ावई॥
पन्नग प्रचंडपति प्रभु की पनच पीन,
पर्वतारि पर्वतप्रभा न मान पावई।
विनायक एक हू पे आवै ना पिनाक ताहि,
कोमल कमलपाणि राम कैसे ल्यावई॥ ३६॥

शब्दार्थ—कालकाल=काल का भी काल। चंद्रचूड़=महादेव। पन्नगपति-प्रभु=बड़े-बड़े सर्पों के राजा अर्थात् वासुकी। पनच=प्रत्यंचा। पीन=पुष्ट, मोटी। पर्वतारि=इंद्र। पर्वतप्रभा=दैत्य। मान=गरुवाई का अंदाज। विनायक एक=मुख्य विनायक (गणेशजी)।

भावार्थ—(जनक जी कहते हैं)—जो धनुष वज्र से भी अधिक कठोर है, कैलाश से भी अधिक बड़ा है, कालदण्ड से भी अधिक भयंकर है, जिसे सब लोग काल का भी काल बताते हैं, त्रिलोक के माननीय लोग जिसे देख कर हिम्मत हार गये, एक महादेव को छोड़कर जिसे कोई दूसरा चढ़ा नहीं सकता,

प्रचण्ड वासुकी की जिसमें पुष्ट प्रत्यंचा लगती है, इंद्र और दैत्यादि भी जिसकी गरुवाई का अन्दाज नहीं पाते, जिसको गणेश भी यहाँ तक नहीं उठा ला सकते, ऐसे पिनाक को कमल सम कोमल हाथों वाले राम कैसे उठा लावेंगे ?

अलंकार—वाचकलुप्तोपमा (कोमल कमलपाणि)।

(विश्वामित्र) दोहा—

राम हत्यो मारीच जेहि, अरु ताड़का सुबाहु।
लक्ष्मण को यह धनुष दै, तुम पिनाक को जाहु॥ ३७॥

भावार्थ—हे राम ! जिस धनुष से तुमने मारीच, ताड़का और सुबाहु को मारा है, वह धनुष लक्ष्मण को देकर तुम पिनाक लाने के लिए जाओ।

विशेष—इस दोहे मे व्यंग यह है कि ऊपर के छन्द में जनकजी राम को 'कोमलपाणि' कहते है। इस दोहे से मुनि जी उन्हें 'कठोरपाणि' जताते हैं।

अलंकार—निदर्शना।

(जनक)—त्रिभंगी।

सिगरे नर नायक असुर-विनायक राक्षसपति हिय हारि गये।
काहू न उठायो थल न छोड़ायो टर्‌यो न टारो भीत भये।
इन राजकुमारनि अति सुकुमारनि लै आये हौ पैज करे।
व्रत भंग हमारो भयो तुम्हारो ऋषि तप तेज न जानि परै॥ ३८॥

शब्दार्थ—नरनायक = राजा। असुरविनायक = असुरों में मुख्य, बाणासुर राक्षसपति = रावण। पैज = प्रतिज्ञा।

भावार्थ—(जनक कहते हैं) सब राजे, बाणासुर, रावण इत्यादि महाबली भट कोशिश करके हिम्मत हार गये तिस पर भी कोई उठा न सका, (उठाने की तो बात क्या) कोई उसे स्थान से भी न हटा सका, जब वह नहीं टसका तब सब लोग भयभीत हुए (कि अब क्या होगा)। ऐसे कठिन धनुष को तुड़वाने के लिये आप प्रतिज्ञा करके इन सुकुमार राजकुमारों को अपने साथ लाये हैं। हमारा व्रत तो भंग हो ही चुका है, पर हे ऋषि आपके तप

तेज का प्रभाव नहीं जाने जा सकते (अर्थात् शायद आपके तप के प्रभाव से ये राजकुमार धनुष को उठालें पर मुझे आशंका होती है कि कहीं आपकी भी प्रतिज्ञा न भंग हो जाय)।

विश्वामित्र तोमर—

सुनि रामचन्द्र कुमार। धनु आनिये इकवार।
पुनि वेगि ताहिं चढ़ाउ। जसलोक लोक बढ़ाउ॥ ३९॥

शब्दार्थ—इक बार = एक ही बार में (जनक के महल से रंगभूमि तक एक ही बार में—बीच में सुस्ताने के लिये कहीं रख मत देना)।

भावार्थ—विश्वामित्रजी रामजी को (आशीर्वादात्मक) आज्ञा देते हैं:— "हे कुमार रामचन्द्र जी, मेरी आज्ञा सुनो। तुम जनक के महल में चले जाओ और धनुष को उठाकर एक ही बार में यहाँ तक ले आओ (बीच में दो एक बार भूमि में रख कर सुस्ताना मत) फिर उसको जल्दी से चढ़ाकर अपना यश सब लोकों में बढ़ाओ।

दो०—ऋषिहि देखि हरषै हियो राम देखि कुम्हिलाय।
धनुष देखि डरपै महा, चिन्ता चित्त डोलाय॥४०॥

भावार्थ—(राजा जनक की ऐसी दशा हो रही है कि) विश्वामित्र ऋषि की ओर देख कर और उनके तपबल को स्मरण करके राजा हर्षित होते हैं, रामजी को देखकर और उनकी सुकुमारता का ख्याल करके उनका हृदय निराश हो जाता है, तथा धनुष को देखकर भयभीत हो जाते हैं, इस प्रकार चिन्ता उनके चित्त को चंचल कर रही है।

अलंकार—पर्याय—(क्रम ही सों जहँ एक में आवैं वस्तु अनेक)।

स्वागता—

रामचन्द्र कटिसो पटु बाँध्यो। लीलैव हर को धनु साँध्यो।
नेकु ताहि कर पल्लव सों छ्वै। फूल मूल जिमि टूक कर्यो द्वै॥४१॥

शब्दार्थ—लीलैव = (लीला ही में) खेल सा करते हुए, क्रीड़ावत्

सहज ही में। साँध्यो=संधान किया, उठाकर प्रत्यंचा चढ़ा दी। फूलमूल= फूल की डंडी। कटिसों=कटि में।

भावार्थ—सरल ही है।

अलंकार—विभावना से पुष्ट पूर्णोपमा।

सूचना—कटि सों पटु बाँधो—बुंदेलखण्डी मुहावरा है।

सवैया—

उत्तमगाथ सनाथ जबै धनु श्रीरघुनाथ जू हाथ कै लीनो।
निर्गुण ते गुणवंत कियो सुख केशव संत अनंतन दीनो॥
ऐंच्यो जहीं तब ही कियो संयुत तिच्छ कटाच्छ नराच नवीनो।
राजकुमार निहारि सनेह सों शंभु को साँचो शरासन कीनो॥४३॥

शब्दार्थ—उत्तमगाथ=सर्व प्रशंसित व्यक्ति अर्थात् वह शिव का धनुष। हाथ कै लीनो=हाथ से उठा लिया (यह भी बुन्देलखंडी मुहावरा है)। निर्गुण ते गुणवंत कियो=पहले जिसकी प्रत्यंचा नहीं चढ़ी थी उसकी प्रत्यंचा चढ़ा दी अथवा उस गुण-हीन धनुष को गुण विशिष्ट कर दिया। नराच=बाण।

भावार्थ—(आज तक जिस धनुप को हाथ में लेकर किसी ने शरसंधान नहीं किया था) उस उत्तम गाथ धनुष को जब रामजी ने उठा लिया तब वह सनाथ हो गया (धनुष को हर्ष हुआ)। जब प्रत्यंचा चढ़ा दी तब असंख्य सन्तों को (जिनमें विश्वामित्र, मुनि मण्डली, जनक सतानन्दादि भी थे) सुख हुआ। जब उसे ताना, तब अपने नवीन तीक्ष्ण कटाक्ष का बाण उस पर रख दिया (धनुप की प्रत्यंचा खींचते समय स्वाभाविक रीति से दृष्टि-सूत्र भी तीर की तरह उस पर पड़ता है) इस प्रकार राजकुमार श्रीरामजी ने प्रेमदृष्टि से देख कर उस शंभु-धनु को सच्चा शरासन बना दिया अर्थात् आज उसका 'शरासन' नाम सार्थक हुआ, क्योकि रामजी ने कटाक्षरूपी बाण उस पर संधान किया है।

अलंकार—विधि।

विजया—प्रथम टंकोर झुकि झारि संसार मद,
चंड कोदण्ड रह्यो मण्डि नवखण्ड को।

चालि अचला अचल घालि दिगपाल बल,
पालि ऋषिराज के वचन परचंड को।
सोधु दै ईश को बाधु जगदीश को,
क्रोध उपजाय भृगुनंद बारि-बएड को।
बाधि बर स्वर्ग को साधि अपवर्ग,
धनुभंग को शब्द गयो भेद ब्रह्मण्ड को ॥४३॥

शब्दार्थ—झुकि=क्रुद्ध होकर। चएड कोदण्ड=कठोर धनुष। मण्डि रह्यो=भर गया (इसका 'कर्त्ता' है 'टंकोर' 'चण्ड कोदण्ड' नहीं)। नवखण्ड=इला, रमणक, हिरण्य, कुरु, हरि, वृष, किंपुरुष, केतुमाल और भारत। अचला=पृथ्वी। घालि=तोड़कर। दिग्पाल=इन्द्र, वरुण, कुबेरादि। ऋषिराज=विश्वामित्र। ईश=महादेव। जगदीश=विष्णु। भृगुनंद=परशुराम। बरिबण्ड=बली। स्वर्ग को बाधि=स्वर्ग लोक के निवासियों के कार्य में बाधा डालकर अर्थात् उनको भी चौंका कर, उनकी शान्ति भंग करके। साधि अपवर्ग=यह धनुष राजा दधीचि की हड्डियों का बना था, अतः उनको मुक्ति दिलाकर।

भावार्थ—उस प्रचण्ड धनुष की प्रथम ही टंकोर ने क्रुद्ध हो कर सारे संसार का मद हटा दिया और नवों खण्डों में गूँज उठी, सुदृढ़ पृथ्वी को कंपायमान करके, समस्त दिग्पालों का बल तोड़कर, विश्वामित्र के शानदार वचनों का पालन करके (उनकी बात रखकर) महादेव को खबर देकर, विष्णु को यह बोध देकर कि आपकी इच्छा के अनुसार संसार का कार्य हो रहा है, बली परशुराम जी को क्रोध दिलाकर, स्वर्ग निवासियों के कार्य में बाधा डालकर—उनको आश्चर्यान्वित करके, राजा दधीचि को मुक्तिपद दिलाकर धनुर्भङ्ग का शब्द समस्त ब्रह्मांड को भेदन कर के उसके आगे अन्तरिक्ष में चला गया।

अलंकार—सहोक्ति।

(जनक)—

दो०—सतानंद आनंदमति, तुम जु हुते उन साथ।
बरज्यो काहे न धनुष जब, तोरयो श्रीरघुनाथ ॥४४॥

शब्दार्थ और भावार्थ सरल ही है।

(सतानंद)—

तोमर—सुनि राजराज विदेह। जब हौं गयो वहि गेह।
कछु मैं न जानी बात। तोरियो धनु लात॥ ४५॥

शब्दार्थ और भावार्थ सरल ही है।

दो०—सीता जू रघुनाथ को, अमल कमल की माल।
पहिराई जनु सबन की, हृदयावलि भूपाल॥ ४६॥

अर्थ—धनुभंग हो जाने पर सीता जी ने रघुनाथ जी को सुन्दर स्वच्छ कमलों की माला पहना दी। वह माला ऐसी जान पड़ती है मानों सब राजाओं की हृदयावली हो। (अत्यंत उचित उत्प्रेक्षा है, क्योंकि हृदय का आकार भी कमलवत् होता है)।

अलंकार—उत्प्रेक्षा।

चित्रपदा—सीय जहीं पहिराई। रामहिं माल सोहाई।
दुन्दुभि देव बजाये। फूल तहीं बरसाये॥ ४७॥

अर्थ—ज्योंही सीता ने रामजी को माला पहनाई त्योंही देवताओं ने नगाड़े बजाये और फूल बरसाये।

पाँचवाँ प्रकाश समाप्त

छठाँ प्रकाश

दो०—छठे प्रकाश कथा रुचिर, दशरथ आगम जान।
लगनोत्सव श्रीराम को, ब्याह विधान बखान॥

(सतानन्द)—

तोटक—विनती ऋषि, राज की चित्त धरो।
चहुँ भैयन के अब व्याह करो।
अब बोलहु वेगि बरात सबै।
दुहिता समदौ सुख पाय अबै॥ १॥

शब्दार्थ—बोलहु = बुलवाओ। दुहिता = कन्या। समदौ = विवाहो।

भावार्थ—(विश्वामित्र के मुख से दशरथ के वैभव का वर्णन तथा चार पुत्रों का होना सुनकर, एवं दो पुत्रों का बल और सौंदर्य देखकर जनक ने चारों के विवाह के लिये निवेदन किया है। इस पर सतानन्द जी सिफ़ारिश करते हैं) हे ऋषि (विश्वामित्र), 'राजा की विनती को स्वीकार कीजिये अब इन्हीं के परिवार में चारो भाइयों का विवाह कीजिये। अब सब बरातों को (चारो भाइयों की चार बरातें) शीघ्र बुलवाइये और सुखपूर्वक कन्याओं को अभी (तुरंत) विवाहिये।

दो०—पठई तबही लगन लिखि, अवधपुरी सब बात।
राजा दशरथ सुनत ही, चारयो चलीं बरात ॥ २ ॥

मोटनक—
आये दशरत्थ बरात सजे। दिगपाल गयंदनि देखि लजे।
चारयो दल दूलह चारु बने। मोहे सुर औरनि कौन गने ॥ ३ ॥

तारक—बनि चारि बरात चहूँदिस आई।
नृप चारि चमू अगवान पठाई।
जनु सागर को सरिता पगुधारी।
तिनके मिलबे कहँ बाँह पसारी ॥ ४ ॥

शब्दार्थ—चमू = टुकड़ी। अगवान = स्वागत करने के लिये।

अर्थ—सरल है।

विशेष—चारों दिशाओं से बरातें आईं जिससे महल के चारों फाटकों पर अलग-अलग मुहूर्त से सब काम हो जाय। जनकपुर समुद्र, बारातें नदियाँ और अगवानी लेनेवाली चारों चमू बाहें हैं।

अलंकार—उत्प्रेक्षा।

दो०—बारोठे को चार करि, कहि केशव अनुरूप।
द्विज दूलह पहिराइयों, पहिराये सब भूप ॥ ५ ॥

शब्दार्थ—बारोठे को चार = दरवाजा चार, द्वारपूजन (दरवाजे पर लाकर वर का धन और वस्त्र से सत्कार करने का कृत्य)। अनुरूप = यथायोग्य।

अर्थ—यथायोग्य दरवाजा चार करके राजा जनक ने ब्राह्मणों और

दूलहों तथा बरात में आये हुए सब राजाओं को पहिरावन दिये (पहनने के लिए अपने यहाँ से नवीन वस्त्र दिये)।

अलङ्कार—पदार्थावृत्त दीपक।

त्रिभंगी—

दशरत्थ सँघाती सकल बराती बनि बनि मंडप माँह गये।
आकाशविलासी प्रभा प्रकासी जलजगुच्छ जनु नखत नये।
अति सुन्दर नारी सब सुखकारी मंगलगारी देन लगीं।
बाजे बहु बाजत जनु घन गाजत जहाँ तहाँ शुभ शोभ जगीं॥ ६॥

शब्दार्थ—सँघाती=साथ में आये हुए राजा। मंडप=विवाह-मंडप। आकाशविलासी=(मंडप का विशेषण है) बहुत ऊँचा और विस्तृत है। प्रभा प्रकासी=रोशनी से खूब जगमग हो रहा है। जलजगुच्छ=मोतियों के गुच्छे। नखत=नक्षत्र। शुभ शोभ जगीं=अत्यन्त शोभा युक्त हैं।

भावार्थ—(दरवाज़ा चार करके सब बराती जनवासे को गये, यह वर्णन कवि ने छोड़ दिया है) जनवासे से राजा दशरथ के साथ आये हुए सब बराती लोग सज-धज कर भाँवरों के लिये मंडप को गये। वह मंडप बहुत ऊँचा और विस्तृत है, रोशनी से खूब जगमगा रहा है, मोतियों के गुच्छे (वंदनवार में) मानों नवीन नक्षत्र हैं। सुन्दर स्त्रियाँ मंगलगान करने लगीं, बहुत से जो बाजन बज रहे हैं वे मानो मंद-मंद ध्वनि से बादल गरज रहे हैं, जहाँ देखिये वहाँ अत्यन्त शोभा से मंडप स्थान परिपूर्ण है।

अलंकार—उत्प्रेक्षा।

दो०—रामचन्द्र सीता सहित, शोभत हैं तेहि ठौर।
सुबरणमय मणिमय खचित शुभ सुन्दर सिरमौर॥७॥

शब्दार्थ—सुबरणमय=सोने की बनी हुई मणिमय। खचित=चित्रित। मौर=दूलह दुलहिन के विवाह-मुकुट।

अर्थ—सरल है।

नोट—इस छन्द में राम जी को 'रामचन्द्र' कहने में बड़ा ही मज़ा है। मंडप को आकाशवत माना, मोती के गुच्छों को नक्षत्र कहा, तो वहाँ 'चन्द्र' का होना अत्यन्त उचित है। 'सीता' शब्द भी कम प्रभावोत्पादक नहीं। जहाँ चन्द्र होगा वहाँ शीत होगी ही।

अलंकार—परिकरांकुर।

छप्पय—बैठे मागध सूत विविध विद्याधर चारण।
केशव दास प्रसिद्ध सिद्ध सब अशुभ निवारण।
भारद्वाज जावालि अत्रि गौतम कश्यप मुनि।
विश्वामित्र पवित्र चित्रमति वामदेव पुनि।
सब भाँति प्रतिष्ठित निष्ठमति तहँ बशिष्ठ पूजत कलस।
शुभ सतानन्द मिलि उच्चरत शाखोच्चार सबै सरस॥ ८॥

शब्दार्थ—मागध=वंश-विरद वर्णन करने वाले। सूत=स्तुति करने वाले। विद्याधर=विद्वान्। चारण=वंशावली बतानेवाले भाट। सिद्ध=सिद्धि प्राप्त योगी जन। सब अशुभ निवारण=सब प्रकार की बाधाओं को निवारण करनेवाले। चित्रमति=विचित्र बुद्धि वाले। निष्ठमति=उत्तम बुद्धि वाले। शाखोच्चार=विवाह समय में वर-बधू की वंशावली तथा गोत्रादि का परिचय।

अर्थ—सरल है।

अनुकूला—

पावक पूज्यो समिध सुधारी। आहुत दीनी सब सुखकारी।
दै तब कन्या बहु धन दीन्हों। भाँवरि पारि जगत जस लीन्हों॥९॥

शब्दार्थ—समिध=हवन की लकड़ी (पलाश वा आम्रादि की)। भाँवरि पारि=अग्निपरिक्रमा कराके (यही आचार विवाह का पूरक है)।

अर्थ—सरल ही है।

स्वागता—

राज पुत्रिकनि स्यों छवि जाये। राजराज सब डेरहि आये।
हीर चीर गज बाजि लुटाये॥ सुन्दरीन बहु मंगल गाये॥ १०॥

शब्दार्थ—स्यों=सहित। राज राज सब=राजाओं सहित राजा दशरथ। डेरा=जनवासा। हीर=हीरे।

अर्थ— सरल है।

विशेष—इस रीति को बुन्देलखंड में 'रहसबधावा' कहते हैं।

[शिष्टाचार-रीति वर्णन]

सो०—बासर चौथे जाम, सतानन्द आगू दिये।
दशरथ नृप के धाम, आये सकल विदेह बनि॥ ११॥

भुजंगप्रयात—

कहूँ शोभना दुन्दुभी दीह बाजै। कहूँ भीम झंकार कर्नाल साजैं॥
कहूँ सुन्दरी बनु बीना बजावैं। कहूँ किन्नरी किन्नरी लै सुगावैं॥१२॥
कहूँ नृत्यकारी नचैं शोभ साजैं। कहूँ भाट बोलैं कहूँ मल्ल गाजैं॥
कहूँ भाँड़ भाँड़्यो करैं मान पावैं। कहूँ लोलिनी बेड़िनी गीत गावैं॥१३॥
कहूँ बैल भैंसा भिरैं भीम भारे। कहूँ एण एणीन के हेतकारे॥
कहूँ बोक बाँके कहूँ मेष सूरे। कहूँ मत्त दंती लरैं लोह पूरे॥१४॥

शब्दार्थ—(११) आगू दिये=आगे किये हुए, मुखिया बनाये हुए। धाम=डेरा, जनवासा। विदेह बनि=मारे आनन्द के देह की सुधि भूले हुए, (अथवा विदेह कुल के सब लोग सज धज कर आये) (१२) शोभना=सुन्दर। दुन्दुभी दीह=बड़े बड़े नगारे। भीम झंकार=भयंकर शब्द। कर्नाल=बड़ी-बड़ी तोपें। कहूँ भीम साजैं=कहीं बड़ी-बड़ी तोपें भयंकर शब्द करती हैं। किन्नरी=किन्नरों की स्त्रियाँ। किन्नरी=सारंगी। (१३) मल्ल गाजैं=पहलवान परस्पर ललकारते और कुश्ती करते हैं। भाँड़्यो करैं=भँड़ौवा करते हैं। नक़ल वा स्वाँग करते हैं। लोलिनी=चंचल प्रकृति वाली। बेड़िनी=वेश्याएँ। (१४) एण=हरिन। एणी=हरिणी। कहूँ एण...हेतकारे=कहीं हरिन हरनियां के प्रति प्रेम करते हैं। बोक=बकरे। मेष=मेढ़ा। दंती=हाथी। लोह पूरे=जिनके पैरों में लोहलंगर पड़े हुए हैं, लोह की भारी जंजीरें जिनके पैरों में पड़ी हैं।

अर्थ—सरल है।

नोट—जिस समय राजा जनक समाज सहित राजा दशरथ के डेरे पर पहुँचे उस समय वहाँ ऐसे कौतुक हो रहे थे।

दो०—आगे ह्वै दशरथ लियो, भूपति आवत देखि।
राज राज मिलि बैठियो, ब्रह्म ब्रह्म ऋषि लेखि॥ १५॥

भावार्थ—राजा जनक को आते देख राजा दशरथ ने कुछ दूर तक चल

कर उनका स्वागत किया और पुनः क्षत्रियों की समाज क्षत्रियों से मिलकर और ब्रह्मऋषियों की समाज ब्रह्मऋषियों से मिलकर बैठी (यथा योग्य आसनों पर विराज गये)।

अलंकार—सम।

(सतानंद) शोभना—

सुनि भरद्वाज वशिष्ठ अरु जावालि विश्वामित्र।
सबै हौ तुम ब्रह्मऋषि संसार शुद्ध चरित्र॥
कीन्हों जु तुम या वंश पै कहि एक अंश न जाय।
स्वाद कहिबे को समर्थ न गूँग ज्यों गुर खाय॥ १६॥

भावार्थ—हे भरद्वाज वशिष्ट, जाबालि, तथा विश्वामित्र मेरी विनय सुनिये आप सब ब्रह्मऋषि हैं, आप लोगों के चरित्र ऐसे हैं जिनको कह सुन कर संसार शुद्ध हो जाय। आप लोगों ने जो कृपा इस वंश (निमि वंश) पर की है उससे एक अंश का भी वर्णन नहीं हो सकता, मैं उसके कथन करने में वैसा ही असमर्थ हूं जैसे गूँगा मनुष्य गुड़ खाकर उसका स्वाद कथन करने में होता है।

अलंकार—उदाहरण, कोई-कोई दृष्टान्त मानते हैं।

सुखदा – ज्यौं अति प्यासो माँगि नीर लहै गंग जलु।
प्यास न एक बुझाइ, बुझै त्रै ताप बलु॥
त्यों तुम तें हमको न भयो कछु एक सुख।
पूजे मन के काम, जु देख्यो राम मुख॥ १७॥

शब्दार्थ—त्रै ताप=दैहिक. दैविक और भौतिक (तीन प्रकार के दुख)। पूजे मन के काम=मन की सब कामनायें पूर्ण हो चुकीं।

भावार्थ—(हे महानुभावगण) जैसे प्यासा पानी माँगने पर गंगा जल पा जाय, तो केवल उसकी प्यास ही न बुझेगी वरन् त्रिताप का बल नष्ट हो जायगा, वैसे ही आपकी कृपा से जब हमको श्रीराम जी के दर्शन प्राप्त हो गये त हमें केवल एक ही सुख (रूप से नेत्रों की तृप्ति) नहीं हुआ वरन् सब ही कामनायें पूर्ण हो चुकीं अर्थात् हम सब मोक्ष के भी अधिकारी हो चुके।

अलंकार—(द्वितीय) प्रहर्षण।

(जनक) सवैया—

सिद्धि समाधि सजै अजहूँ न कहूँ जग जोगिन देखन पाई।
रुद्र के चित्त-समुद्र बसै तित ब्रह्महु पै बरनी नहिं जाई।
रूप न रंग न रेख बिसेप अनादि अनन्त जु वेदन गाई।
केशव गाधि के नन्द हमैं वह ज्योति सो मूरतिवन्त दिखाई॥१८॥

शब्दार्थ—सिद्धि समाधि सजैं अजहूँ=जिसको देखने के लिये अब भी सिद्ध लोग समाधि लगाते हैं। रुद्र=महादेव। गाधि के नंद=विश्वामित्र जी।

भावार्थ—(जनक जी कहते हैं कि) विश्वामित्र जी ने हम सबको वही ज्योति साक्षात् दिखला दी, जिसको देखने के लिये अब भी सिद्धलोग समाधि लगाते हैं, जिसे जग में योगियों ने कभी नहीं देखा, जो सदैव महादेव जी के मन रूपी समुद्र में बसती है, जिसका ठीक वर्णन ब्रह्मा से भी नहीं हो सकता, जिसका न रूप है न रंग है और न विशेष कोई चिह्न है, और जिसको वेदों ने अनादि और अनन्त कहके गाया है।

सूचना—यह राम जी की प्रशंसा है आगे के छन्दों में दशरथ जी की प्रशंसा है।

अलंकार—निदर्शना।

(पुनः जनक) तारक—

जिनके पुरिषा भुव गंगहि लाये। नगरी शुभ स्वर्ग सदेह सिधाये।
जिनके सुत पाहन ते तिय कीनी। हर को धनुभंग भ्रमे पुर तीनी।१९।
जिन आपु अदेव अनेक संहारे। सब काल पुरन्दर के रखवारे।
जिनकी महिमाहि अनन्त न पायो। हमको बपुरा यश देवन गायो॥२०॥

शब्दार्थ—भुव गंगहि लाये=राजा भागीरथी। नगरी ...सिधाये=राजा हरिश्चन्द्र, प्रसिद्ध दानवीर। पाहन ते तिय कीनी=रामचन्द्र जी। अदेव=असुर। पुरन्दर=इन्द्र। अनंत=शेष। बपुरा=बेचारा, निकम्मा।

भावार्थ—(राजा जनक राजा दशरथ की प्रशंसा में कहते हैं कि) हे महराज! आप ऐसे वैभवशाली कुल के हैं कि आपके पूर्वजों में से भागीरथी जी गंगा को पृथ्वी पर लाये और हरिश्चन्द्र जी नगरी समेत सदेह स्वर्ग को चले गये (अर्थात् असम्भव को संभव करने वाले हुए)। जिनके पुत्र ने पत्थर को सजीव स्त्री बना दिया और शिव का धनुष तोड़ डाला, जिससे

तीनों लोकों के निवासियों को भारी भ्रम हो रहा है (कि ये कौन हैं) और आपने स्वयं अनेक असुरों को मारा है, आप सदा इन्द्र की रक्षा करते रहे हैं जिनकी (आपकी) बड़ाई शेष भी नहीं कर सकते। हमारी तो कोई गिनती ही नहीं, आपका यश तो देवताओं ने गाया है। (अतः मेरी एक विनती सुनिये)।

तारक—विनती करिये जन जो जिय लेखो।
दुख देख्यो ज्यों काल्हि त्यों आजहु देखो।
यह जानि हिये ढिठई मुख भाषी।
हम है चरणोदक के अभिलाषी ॥२१॥

शब्दार्थ—जन जो जिय लेखो=जो आप मुझे हृदय से अपना दास समझते हों। ढिठई=ढिठाई, धृष्टता।

भावार्थ—(राजा जनक भोजन के लिये निमंत्रण देते हैं) यदि आप मुझे हृदय से अपना दास समझते हों तो मैं निवेदन करता हूँ कि जिस प्रकार आपने कल कष्ट उठाया है (कृपा कर मेरे महल तक गये हैं) उसी प्रकार आज भी उठाइये। (आप अवश्य कृपा करेंगे) ऐसा समझ कर ही मैंने यह ढिठाई की है; हम लोग (परिवार समेत) आपका चरणोदक लेना चाहते हैं।

अलंकार—पर्यायोक्ति—(उत्तम व्यंग है)।

तामरस—

जब ऋषिराज विनै कर लीनो। सुनि सबके करुणा रस भीनो।
दशरथ राय यहै जिय मानी। यह वह एक भई रजधानी ॥२२॥

शब्दार्थ—ऋषि=सतानंद जी। राज=राजा जनक।

भावार्थ—जब ऋषि सतानन्द और राजा जनक इस प्रकार विनती कर चुके तब उनकी विनती सुनकर सब के चित्त करुण रस से आर्द्र हो गये (विदेहराज राजा जनक की इतनी नम्रता देख सब के हृदय करुणा से परिपूर्ण हो गये) और राजा दशरथ ने तो यही समझ लिया कि यह और वह मिथिला और अयोध्या दोनों राज्य अब एक हो गये।

(दशरथ) दो०—

हमको तुमसे नृपति की, दासी दुर्लभ आज।
पुनि तुम दीन्हीं कन्यका, त्रिभुवन की सिरताज ॥२३॥

भावार्थ—(राजा दशरथ कहते हैं कि) हे राजा जनक ! हमको तो आप सरीखे राजा की दासी भी मिलना कठिन था, सो आपने हमारे ऊपर कृपा करके त्रिभुवन शिरोमणि अपनी कन्या दे दी—कन्या देकर आपने हमारी प्रतिष्ठा बढ़ाई, आपके बनाने से हम आज से बड़े हुए।

(भरद्वाज) तामरस—

सुख दुख आदि सबै तुम जीते। सुर नर को बपुरे बलरीते।
कुल मह होइ बड़ो लघु कोई। प्रतिपुरषान बड़ा सु बड़ोई ॥२४॥

शब्दार्थ—बपुरे=बेचारे। बलरीते=बलहीन। प्रति पुरुषान बड़ो=कई पीढ़ियों में जिसके पूर्वज यश प्रतापादि में बड़े मान्य होते आए हों।

भावार्थ—हे राजन् ! तुमने सुख दुःख, काम-क्रोधादि को जीत लिया है। आपके सामने विचारे शक्तिहीन सुर नर क्या वस्तु हैं। किसी भी प्रतिष्ठित वंश में छोटा-बड़ा (उम्र के विचार से) कोई भी हो, यदि उसके पूर्वज (पिता, दादा, परदादा आदि) यश प्रतापादि में प्रसिद्ध और सर्वमान्य होते आये हैं तो वह भी बड़ा (मान्य) है।

अलंकार—उल्लास और स्वभावोक्ति।

(वशिष्ठ) मत्तगयंद सवैया—

एक सुखी यहि लोक विलोकिय है वहि लोक निरै पगुधारी।
एक यहाँ दुख देखत केशव होत वहाँ सुरलोक विहारी॥
एक इहाँ ऊ उहाँ अति दीन सु देत दुहूँ दिसि के जन गारी।
एकहि भाँति सदा सब लोकनि है प्रभुता मिथिलेस तिहारी ॥२५॥

भावार्थ—निरै पगुधारी—नरक में जाने वाला।

भावार्थ—सुगम ही है।

(जाबालि) सवैया—

ज्यों मणिमें अति जोति हुती रवि तें कछु और महा छबि छाई।
चंद्रहि वंदत हैं सब केशव ईश ते वंदनता अति पाई।
भागीरथी हुतियै अति पावन बावन ते अति पावनताई।
त्यों निमिवंश बड़ोई हुत्यो भई सीय सँजोग बड़ैये बड़ाई ॥२६॥

शब्दार्थ—ईश=महादेव। बंदनता=बंदनीयता, सम्मान। भागीरथी=गंगा। हुतियै=थी ही। पावनताई=पवित्रता। हुत्यौ=था।

भावार्थ—सुगम है।

अलंकार—अनुगुण

(विश्वामित्र) मालिनी—

गुण गण मणिमाला चित्त चातुर्यशाला।
जनक सुखद गीता पुत्रिका पाय सीता।
अखिल भुवन भर्ता ब्रह्म रुद्रादि कर्ता।
थिर चर अभिरामी कीय जामातु नामी ॥२७॥

शब्दार्थ—चातुर्यशाला=चतुराई का धाम। सुखदगीता=अति प्रशंसित। पुत्रिका=लड़की। अखिल=सब। अभिरामी=बसनेवाला। जामातु=दामाद (पुत्रीपति)। नामी=प्रसिद्ध, यशवान्।

भावार्थ—(विश्वामित्र जी राजा जनक की प्रशंसा करते हैं। हे राजन्! आपमें तो सर्वगुणों का समूह पाया जाता है,) आपका चित्त चतुराई का धाम ही है। हे जनक, तुमने इसी से सर्व प्रशंसित सीता समान पुत्री पाई है और समस्त भुवनों के पालन-पोषण कर्ता और ब्रह्मा रुद्रादि के तथा अचर चर जीवों में बसनेवाले (राम जी) नामी पुरुष को दामाद बना लिया है (व्यङ्ग यह कि सीता साक्षात् लक्ष्मी हैं, राम जो विष्णु हैं, इस संबंध से तुम्हारे समान भाग्यवान् दूसरा नहीं है)।

विशेष—इस छन्द से ज्ञात होता है कि केशव जी तुकान्तरहित कविता को बुरी नहीं समझते थे।

दो०—पूजि राजऋषि ब्रह्मऋषि, दुन्दुभि दीह बजाय।
जनक कनकमन्दिर गये गुरु समेत सुख पाय ॥ २८ ॥

शब्दार्थ—राजऋषि=राजा दशरथ तथा अन्य नृपतिगण। ब्रह्मऋषि=वशिष्ठ, जाबालि, वामदेवादि। दीह=(दीर्घ) बड़े-बड़े। कनकमंदिर=राजा जनक के महल का नाम 'कनक भवन' था। गुरु=शतानन्द।

भावार्थ—सुगम है।

(जेंवनार वर्णन)

चामर—आसमुद्र के छितीस और जाति को गनै।
राजभौन भोज को सबै जने गये बनै ॥

भाँति भाँति अन्न पान व्यंजनादि जेंवही।
देत नारि गारि पूरि भूरि भूरि भेवही॥ २६॥

शब्दार्थ—आसमुद्र के=समुद्र पर्यन्त के (समस्त पृथ्वी भर के)। छितीस=(छिति+ईश) राजा। व्यंजन=षट्रस के भोज्य पदार्थ। पूरि भूरि भूरि भेवही=अनेक प्रकार के मर्म से पूर्ण (मर्मभेदी व्यंग से परिपूर्ण)। भेव=भेद, मर्म।

नोट—छप्पन प्रकार तथा षट्रस युक्त व्यंजनों का वर्णन ३० वें प्रकाश में छन्द ३० से ३३ तक की टीका देखिये।

भावार्थ—समस्त पृथ्वी के राजा लोग (जो बरात में आये थे) और अगणित अन्य जातियां (वैश्य शूद्रादि) के लोग सज धज कर भोजन करने के हेतु राजा जनक के घर गये, भाँति भाँति के षट्रस व्यंजन खाते हैं और स्त्रियाँ अनेक प्रकार से व्यंगमय गारियाँ देती हैं (गारी गाती हैं)।

हरिगीत -

अव गारि तुम कहँ देहिं हम कहि कहा दूलह राम जू।
कछु बाप प्रिय परदार सुनियत करी कहत कुवाम जू।
को गनै कितने पुरुप कीन्हें कहत सब संसार जू।
सुनि कुंवर चित दै वरणि ताको कहिय सब ब्यौंहार जू॥ ३०॥

शब्दार्थ—परदार प्रिय=पर स्त्री के प्रेमी। करी=कर ली है, रख ली है। कुवाम=(१) बुरी स्त्री (२) (कु=पृथ्वी+वाम=स्त्री) पृथ्वी रूपी स्त्री। ब्यौहार=आचरण।

नोट—ऐसी किम्बदन्ती है कि यहि "सप्त छन्दमय गारी" केशव ने अपनी शिष्या प्रवीणराय पातुर से बनवाकर निज ग्रन्थ में रखी है। इन सात छन्दों में केशव ने अपना उपनाम नहीं रखा है। ३० से ३६ तक एक ही छन्द है। ऐसा करना केशव की प्रकृति के विरुद्ध है। अतः किम्बदन्ती में कुछ सत्यता अवश्य है।

भावार्थ—हे दूलह राम जी, तुम्हें हम क्या कह के गाली दें, (तुम गाली देने योग्य तो नहीं हो पर संसारी रीति के निर्वाह के लिये कुछ कहना ही चाहिये) सुनती हैं कि तुम्हारे पिताजी कुछ पर-स्त्री प्रेमी हैं और एक बुरी स्त्री (पुंश्चली औरत) कर ली है। (पृथ्वी को स्त्री बनाया है, भूपति हैं)। उस

कुग्राम पुरी स्त्री वा पृथ्वी-स्त्री ने आज तक न जाने कितने पुरुष किये हैं। सारा संसार यही बात कहता है (हमीं अकेली नहीं)। सो हे कुँवर जी! उसका व्यवहार (आचरण) सुनिये हम वर्णन करती हैं।

अलंकार—श्लेष।

बहु रूप स्यों नवयौवना बहु रत्नमय वपु मानिये।
पुनि बसन रत्नाकर बन्यो अति चित्त चंचल जानिये।
सुभ सेस-फन-मनिमाल पलिका पौढ़ि पढ़ति प्रबंध जू।
करि सीस पच्छिम पाँय पूरब गात सहज सुगन्ध जू ॥३१॥

शब्दार्थ—रूप=सौंदर्य। स्यों=सहित। रत्नाकर=(१) समुद्र (२) बहुत रत्नयुक्त। पलिका=पलंग। पढ़ति प्रबन्ध=काव्यादि रसीले वाक्य पढ़ती है। गात=शरीर। सहज सुगन्ध=पृथ्वी में सहज ही सुगन्ध गुण है।

भावार्थ—(वह आपके बाप की रखनी कुग्राम) बड़ी रूपवती और नवयौवना है, उसके शरीर पर बहुत से रत्न हैं—रत्नजटित आभूषणों से सुसज्जित है। (पृथ्वी रत्नमय है ही) फिर उसकी साड़ी भी रत्नों से परिपूर्ण है (समुद्र से वेष्ठित पृथ्वी है) और उसका चित्त बड़ा चंचल है (पृथ्वी अति चंचल है ही) शेषनाग के फनों की मणियों से जटित पलंग पर लेट कर सुन्दर रसीली कविता पढ़ती है। बड़े शानदार पलंग पर लेटती है और राग भी गाती है। (पृथ्वी शेष के सिर पर है ही, और सायस ऐसा कहता है कि पृथ्वी से एक प्रकार का राग सा निकलता है) लेटने में सिरहाना पश्चिम को और पैताना पूर्व को करती है, और उसके शरीर में सुगन्ध तो स्वाभाविक ही है। (सुगन्ध लगाने की जरूरत नहीं)।

नोट—यह वर्णन एक सुन्दर ऐयाश युवती का रूपक है जो एक पुंश्चली स्त्री के लिये जरूरी है।

अलंकार—श्लेष से पुष्ट समासोक्ति।

मूल—वह हरी हठिं हिरनाच्छ दैयत देखि सुन्दर देह सों।
वर वीर यज्ञ वराह बरही लई छीन सनेह सों।
ह्वै गई बिह्वल अंग पृथु फिर सजे सकल सिंगार जू।
पुनि कछुक दिन बस भई ताके लियो सरवसु सार जू ॥३२॥

शब्दार्थ—हरिनाच्छ दैयत=हिरण्याक्ष दैत्य। यज्ञवराह=वाराह भग-

वान्। वरही=(वल ही) वल पूर्वक, जबरदस्ती। विह्वल अंग=शिथिलाङ्ग।

भावार्थ—फिर उस कुवाम (पृथ्वीरूपी स्त्री) को सुन्दर देख कर हिरण्याक्ष दैत्य ने हठपूर्वक हरण किया। उस दैत्य से श्रेष्ठ वाराह भगवान् बलपूर्वक छीन लिया, क्योंकि वे उस पर स्नेह रखते थे। उनके साथ रहते रहते जब वह अत्यन्त शिथिल अंग हो गई, तब राजा पृथु ने फिर से उसे सजाया। फिर कुछ दिन पृथु की वशवर्तिनी होकर रही और उन्होंने उसका सर्वस्व सार निकाल लिया।

नोट—इस छन्द में पृथ्वी का इतिहास पुंश्चली स्त्री के रूपक में कहा जा रहा है।

अलंकार—पर्याय।

> वह गयो प्रभु परलोक कीन्हों हिरणकश्यप नाथ जू।
> तेहि भाँति भाँतिन भोगियो भ्रमि पल न छोड़्यो साथ जू।
> वह असुर श्रीनरसिंह मार्‌यो लई प्रवल छँड़ाई कै।
> लै दई हरि हरिचंद राजहिं बहुत जिय सुख पाइ कै॥३३॥

शब्दार्थ—प्रभु=पति। नाथ=पति। भ्रमि=भूल कर भी। प्रबल=बल से। लई छँड़ाइकै=छीन ली।

भावार्थ—जब वह पति परलोकगत हो गया तब उस कुवाम ने हिरण्यकश्यप को अपना पति बनाया। उसने अनेक भाँति से उसे भोगा और भूल कर भी एक पलमात्र को साथ न छोड़ा। उस असुर को श्रीनरसिंह जी ने मार कर जबरदस्ती वह कुवाम छीन ली। उसको लेकर श्रीहरि ने अति प्रसन्न होकर राजा हरिश्चन्द्र को दिया।

> मूल—हरिचंद्र विश्वामित्र को दई दुष्टता जिय जानि कै।
> तेहि वरो वलि वरिवंड वर ही विप्र तपसी मानि कै।
> वलि बाँधि छल बल लई वामन दई इन्द्रहि आन कै।
> तेहि इन्द्र तजि पति कर्‌यो अर्जुन सहस भुज पहिचान कै॥३४॥

शब्दार्थ—वरो=वरण किया। वरिवंड=बलवान। बर ही=बल से, जबरदस्ती।

भावार्थ—राजा हरिश्चन्द्र ने उसे दुष्टा (पुंश्चली) समझ कर विश्वामित्र को दे दिया, परन्तु उस दुष्टा ने विश्वामित्र को केवल तपस्वी ब्राह्मण समझ

कर अपनी जबरई बलवान् बलि के साथ विवाह कर लिया। राजा बलि को छल से बाँध कर वामन जी ने उसे लाकर इन्द्र को दिया। तब उस दुष्टा ने इन्द्र को छोड़ कर हजार भुजावाले अर्जुन को अपना पति बनाया।

मूल—तब तासु छवि मद छक्यो अर्जुन हत्यो ऋषि जमदग्नि जू।
परशुराम सो सकुल जारयो प्रबल बल की अग्नि जू।
तेहि बैर तब तिन सकल छत्रिन मारि मारि बनाइ कै।
इक बीस बेरा दई विप्रन रुधिरजल अन्हवाइ कै ॥३५॥

शब्दार्थ—बनाइ कै=खूब अच्छी तरह से।

भावार्थ—तब उसके छविमद से मस्त होकर सहस्रार्जुन ने जमदग्नि ऋषि की हत्या कर डाली। तब परशुराम ने अपने प्रचंड बल की अग्नि से उसे सपरिवार जला डाला और उसी शत्रुता के कारण उन्होंने सब क्षत्रियों को अच्छी तरह से मार-मार कर इक्कीस बार रुधिर से स्नान करा कर ब्राह्मणों को दिया।

मूल—वह रावरे पितु करी पत्नी तजी विप्रन थूँकि कै।
अरु कहत हैं सब रावणादिक रहे ताकहँ ढूँकि कै।
यह लाज मरियत ताहिं तुमसों भयो नातो नाथ जू।
अब और मुख निरखै न ज्यों त्यों राखिये रघुनाथ जू ॥३६॥

शब्दार्थ—तजी विप्रन थूँकि कै=अपवित्र और तुच्छ समझकर छोड़ दिया। रहे ताकह ढूँकि कै=उसको लेने की अभिलाषा से छिपे-छिपे उसकी ओर ताक रहे हैं।

भावार्थ—ऐसी कुवाम को जिसे ब्राह्मणों ने थूँककर छोड़ दिया है, आपके पिता जी ने अपनी पत्नी बनाया है और सब लोग ऐसा भी कहते हैं कि रावणादि राक्षस उसकी ओर अभिलाषा भरी दृष्टि से ताक रहे हैं (उसे अपनाना चाहते हैं) हम इस लज्जा से अत्यन्त लज्जित हैं कि अब तो उसका नाता आपसे हो गया (आपकी माता हो चुकी) अतः हे नाथ ! अब उसे इस प्रकार रखिये कि अन्य पुरुष का मुँह न देखना पड़े।

नोट—बड़ा ही मार्मिक व्यंग है। ऐसे ही व्यंग को उत्तम काव्य कहते हैं।

विशेष—जेंवनार के बाद बरात जनवासे गई। तदनन्तर दूसरे दिन का आचार आरंभ हुआ।

(पलकाचार वर्णन*)

सो०—प्रात भये सब भूप, बनि बनि मंडप में गये।
जहाँ रूप अनरूप, ठौर ठौर सब सोभिजैं ॥ ३७ ॥

शब्दार्थ—रूप अनुरूप=अपने अपने दर्जे के मुताबिक। सोभिजैं=शोभित हुए, बैठे।

नराच—रची विरंचि वास सी निथम्भराजिका भली।
जहाँ तहाँ बिछावने बने घने थली थली।
वितान सेत स्याम पीत लाल नील के रँगे।
मनो दुहूँ दिसान के समान बिम्ब से जगे ॥ ३८ ॥

शब्दार्थ—विरंचि वास=ब्रह्मा का निवास। निथम्भराजिका=खंभ की पंक्ति। थली थली=जगह जगह पर। वितान=तंबू। बिंब=प्रतिबिंब।

भावार्थ—(उस मंडप में) ब्रह्मलोक की सी खंभों की पंक्ति रची गई है। सब स्थानों पर खूब बिछौने बिछे हैं। (बिछौनों के ऊपर) सफेद, श्याम, पीले, लाल, नीले तंबू तने हैं, वे ऐसे जान पड़ते हैं मानों तंबुओं का प्रतिबिंब बिछौनों पर पड़ता है और बिछौनों का प्रतिबिम्ब तंबुओं पर पड़ता है—अर्थात् जो तंबू जिस रंग का है, उसके नीचे उसी रंग का बिछावन है।

अलंकार—उत्प्रेक्षा।

पद्धटिका—
गजमोतिन की अवली अपार। तहँ कलसन पर उरमति सुढार।
सुभ पूरित रति जनु रुचिर धार। जहँ तहँ अकाशगङ्गा उदार।३९।

शब्दार्थ—उरमति=लटकती है। सुढार=सुन्दर। रति=प्रीति।

भावार्थ—गजमोतियों की बहुत सी मालायें वहाँ मंडप की कलसियों पर लटकती हैं; वे ऐसी जान पड़ती हैं मानों मंडप की प्रीति से परिपूर्ण होकर सुन्दर आकाशगंगा ही अनेक धारा हो हर मंडप पर आ विराजी हैं।

---

*बुन्देलखण्ड में यह रीति प्रचलित है। वर अपने सखाओं सहित मण्डप में जाता है। वहां वर-वधू को एक पलंग पर बैठा वधू की सखी-सहेलियाँ कुछ हास-विलास करती हैं। नगर की सब स्त्रियों को भी सुअवसर मिलता है कि वे वर को अच्छी तरह देखें।

अलंकार—उक्तविषया वस्तूत्प्रेक्षा।

गजदन्तन की अवली सुदेश।
तहँ कुसुमराज राजत सुवेस।
सुभ नृपकुमारिका करत गान।
जनु देविन के पुष्पक विमान॥ ४०॥

शब्दार्थ—गजदंत = टोड़ा (जिनपर छज्जा बनता है)। कुसुमराजि= फूलमालाएँ।

भावार्थ—(आँगन के चारों ओर) टोड़ों की सुन्दर रौस बनी है (जिन पर छज्जे बने हैं) वहाँ सुन्दर फूलमालाएँ लटकती हुई शोभा दे रही हैं। (उन छज्जों पर बैठी हुई) राजकुमारियाँ गान कर रही हैं। (वे छज्जे) ऐसे जान पड़ते हैं मानों देवियों के पुष्पक विमान हैं (जिन पर चढ़कर देवियाँ राम जी के दर्शन करने को आई हैं)।

अलंकार—उत्प्रेक्षा।

तामरस—

इत उत सोभित सुन्दरि डोलैं। अरथ अनेकनि बोलनि बोलैं।
सुख मुख मण्डल चित्तनि मोहैं। मनहु अनेक कलानिधि सोहैं॥४१॥
भृकुटि बिलास प्रकाशित देखे। धनुप मनोज मनोमय लेखे।
चरचित हास चन्द्रिकनि मानो। सुख मुख बासनि बासित जानो॥४२॥

शब्दार्थ—डोलैं = फिरती हैं। अरथ...बोलैं = अनेक अर्थ वाले वचन बोलती हैं अर्थात् श्लेष से व्यंगपूर्ण वचन कहती हैं। सुख = स्वाभाविक। कलानिधि = चंद्रमा। भृकुटि बिलास = भौंहों की शोभा। मनोज-मनोमय = काम ही के मन का बना हुआ (अत्यन्त सुन्दर)। लेखे = समझे। चरचित = युक्त। चंद्रिका = चंद-चाँदनी, चन्द्रकिरण। सुख = स्वाभाविक रीति से, सहज ही।

भावार्थ—(छज्जों पर) इधर-उधर सुन्दरी स्त्रियाँ आती-जाती हैं। अनेक प्रकार के श्लेषपूर्ण व्यंग वचन बोलती हैं (परस्पर हँसी-मज़ाक करती हैं)। अपने मुख मंडलों की शोभा से सहज ही पुरुषों के चित्तों को मोहती हैं, उनके मुखमंडल ऐसे जान पड़ते हैं मानों अनेक चंद्रमा ही शोभा दे रहे हैं। उनकी भौहें देखने से प्रत्यक्ष ऐसी मालूम होती हैं, मानों अत्यन्त सुन्दर काम

के मन के चने हुए धनुष हैं। उनका हास्य मानो चंद्र-चाँदनी से युक्त है (चन्द्र किरण ही है), उनके मुख सहज ही सुगन्ध से सुवासित हैं।

अलंकार—उत्प्रेक्षा।

दो०—अमल कपोलै आरसी, बाहुइ चंपकमार।
अवलोकनै विलोकिये, मृगमदमय घनसार ॥४३॥

शब्दार्थ—अमल = निर्मल, स्वच्छ कांतियुक्त। बाहुइ = (बाहु) भुज। चंपकमार = चम्पे की माला। अवलोकनै = चितवन। मृगमद = कस्तूरी। घनसार = कपूर।

अन्वय—अमल कपोलै आरसीमय विलोकिये, बाहुइ चंपकमारमय बिलोकिये, और अवलोकनै मृगमद तथा घनसारमय बिलोकिये।

भावार्थ—उन स्त्रियों के सुन्दर स्वच्छ कपोल आरसीमय देख पड़ते हैं (मानो आरसी ही हैं), उनके बाहु चंपकमालमय (चंपे की माला सम) ही देख पड़ते हैं। और उनकी दृष्टि (यहाँ पर आँखें) कस्तूरी और कपूरमय देख पड़ती हैं—अर्थात् काली पुतली और आँख की सफेदी ऐसी जान पड़ती है मानों कस्तूरी और कपूर ही हों।

अलंकार—उपमा रूपक और उत्प्रेक्षा का संदेह संकर है।

दो०—गति को भारु महाउरै आँगि अंग को भारु।
केशव नख सिख शोभिजै सोभाई सिंगारु ॥४४॥

शब्दार्थ—आँगि = अंगिया, चोली। अंग = शरीर।

भावार्थ—(वे स्त्रियाँ इतनी सुकुमारी हैं कि) चलते समय उन्हें महावर ही भार सा जान पड़ता है, अँगिया ही शरीर का भार जान पड़ता है (महावर और अँगियाँ जो सिंगार की वस्तुएँ हैं वे भी उनको भार समान जान पड़ती हैं)। केशव कहते हैं कि वे नखशिख से शोभित हैं। अतः शोभा ही उनके लिये शृंगार है। (अन्य शृंगारों की जरूरत नहीं)।

सवैया—

बैठे जराय जरे पलिका पर राम सिया सब को मन मोहैं।
ज्योति समूह रह्यो मढ़िकै सुर भूलि रहे बपुरो नर को हैं॥
केशव तीनहु लोकन की अवलोकि वृथा उपमा कवि टोहैं।
सोभन सूरज मंडल माँझ मनो कमला कमलापति सोहैं॥ ४५॥

शब्दार्थ—जराय जरे पलिका=जड़ाऊ पलंग। ज्योति समूह रहे मढ़िकै =चारों ओर से एक ज्योति समूह ने उन्हें घेर लिया है। बपुरा=बेचारा। टोहैं=तालाश करते हैं। सोभन=सुन्दर।

भावार्थ–(राजमंदिर के आँगन और ऐसी स्त्रियों के मध्य में) श्री-सीताराम जी जड़ाऊ पलंग पर बैठे हुए सब के मनों को मुग्ध कर रहे हैं। चारों ओर से एक ज्योतिमंडल (सुन्दर और कान्तिमयी स्त्रियों की मंडली) उन्हें घेरे हुए है। इस शोभा को देखकर देवता तक भ्रम में पड़ जाते हैं। बेचारे मनुष्य तो किसी गिनती ही में नहीं हैं। केशव कहते हैं कि तीनों लोकों में कविगण वृथा ही चाहे उपमा तलाश करते रहें, पर मुझे तो ऐसा जान पड़ता है कि मानो सुन्दर सूर्यमंडल में लक्ष्मीनारायण विराजे हैं।

अलंकार—उत्प्रेक्षा।

(राम नखशिख वर्णन)

दो०—गंगाजल की पाग सिर, सोहत श्रीरघुनाथ।
शिव सिर गंगाजल किधौं, चंद्रचंद्रिका साथ॥ ४६॥

शब्दार्थ—गंगाजल=एक प्रकार का सफेद चमकीला रेशमी कपड़ा।

भावार्थ—श्रीरघुनाथ जी के सिर पर यह गंगाजल की पगड़ी है, या शिवजी के सिर पर सचमुच गंगाजल ही है जिसमें चंद्रमा की किरणों की छटा भी संयुक्त है—(चन्द्र किरण द्वारा चमकता हुआ गंगाजल ही है)।

अलंकार—संदेह।

नोट—पलकाचार समय पीली पाग का होना जरूरी नहीं, अतः सफेद पाग वर्णन की गई।

तोमर—कछु भ्रकुटि कुटिल सुवेश। अति अमल सुमिल सुदेश।
विधि लिख्यो शोधि सुतंत्र। जनु जयाजय के मंत्र॥४७॥

शब्दार्थ—कुटिल=टेढ़ी। सुवेश=सुन्दर। सुमिल=सचिक्कण। सुदेश =उचित और बराबर लंबाई चौड़ाई की। सुतंत्र=स्वच्छन्दतापूर्वक। जयाजय के मंत्र=(जय+अजय के मंत्र) दूसरों को जीतने (वश में करने) तथा स्वयं अजित रहने के मंत्र।

भावार्थ—श्रीराम जी की भौंहें किंचित टेढ़ी, सुन्दर, निर्मल, सचिक्कन

तथा उचित और बराबर लंबाई-चौड़ाई की हैं। वे ऐसी जान पड़ती हैं मानों ब्रह्मा ने स्वच्छन्दतापूर्वक संशोधित करके अपने हाथ से दूसरों को जीतने और स्वयं अजित रहने के मंत्र लिख दिये हैं।

अलंकार—उत्प्रेक्षा।

दो०—जदपि भ्रकुटि रघुनाथ की, कुटिल देखियत ज्योति।
तदपि सुरासुर नरन की, निरखि शुद्ध गति होति ॥४८॥

भावार्थ—यद्यपि रघुनाथ जी की भृकुटी की छवि देखने में टेढ़ी है, तो भी उसे देखकर सुर, असुर मनुष्यों को शुद्ध गति (मोक्ष) प्राप्त होती है।

अलंकार—विरोधाभास।

दो०—श्रवण मकर-कुंडल लसत, मुख सुखमा एकत्र।
शशि समीप सोहत मनो, श्रवण मकर नक्षत्र ॥ ४९ ॥

शब्दार्थ—श्रवण = कान। मकरकुंडल = मकराकृति कुंडल। सुखमा = (सुषमा) शोभा। श्रवण = नक्षत्र। मकर = मकर नाम की राशि।

विशेष—उत्तराषाढ़, श्रवण और धनिष्ठा के कुछ अंश मकर राशि में पड़ते हैं। केशव की विचित्र सूझ है और उनके ज्योतिष-ज्ञान की सूचक है।

भावार्थ—रघुनाथ जी के कानों में मकराकृति (मछली की शक्ल के) कुंडल शोभा दे रहे हैं और मुख की शोभा भी वहीं एकत्र हो रही है। यह ऐसा मालूम होता है मानो मकर राशि के अन्तर्गत श्रवण नक्षत्र में चन्द्रमा शोभा दे रहा हो।

अलंकार—उत्प्रेक्षा।

पद्धटिका—

अति बदन शोभ सरसी सुरंग। तहँ कमल नैन नासा तरंग।
जनु युवति चित्त विभ्रम विलास। तेइ भ्रमर भँवत रसरूप आस॥५०॥

शब्दार्थ—शोभ = शोभा। सरसी = पोखरी, तलैया। सुरंग = निर्मल। चित्त विभ्रम विलास = चित्तों के भ्रमित होने का कौतुक।

भावार्थ—श्री रघुनाथ जी के मुख की शोभा एक अत्यंत निर्मल पुष्करिणी है। उसमें नेत्र ही कमल हैं और नासिका ही तरंगे हैं और उस शोभा-पुष्करिणी पर युवतिजनों के जो चित्त कौतुक से भ्रमण करते हैं (कौतूहल से बार बार देखती और मोहित होती हैं) वे ही रूप रूपी मकरंद की आशा से मँडराते हुए

भँवर हैं। तात्पर्य यह कि जैसे मकरंद की आशा से कमलों पर भँवर भ्रमते हैं, वैसे ही सुन्दर रूपरस-पान की आशा से युवतियों के चित्त श्रीराम जी के नेत्रों पर घूमते हैं।

अलंकार—रूपक (सांग)।

निशिपालिका—सोभिजति दंत रुचि सुभ्र उर आनिये।
सत्य जनु रूप अनुरूपक बखानिये।
ओठ रुचि रेख सविसेष सुभ श्रीरये।
सोधि जनु ईश सुभ लच्छण सबै दये ॥५१॥

शब्दार्थ—रुचि=कान्ति। शुभ=सफेद। अनुरूपक=प्रतिमा। रेखा सविशेष=एक विशेष प्रकार की रेखा के समान (अर्थात् बहुत पतले—ओठों का पतला होना ही शुभ लच्छण है)। श्रीरये=शोभा से रंजित। ईश=ब्रह्मा रचयिता)। सोधि=ढूँढ ढूँढकर।

भावार्थ—दाँतों की कान्ति उज्ज्वल शोभा देती है। जब हृदय में लाकर उस पर विचार करता हूँ तो ज्ञात होता है मानो वह (दाँतों की शोभा) सत्य के रूप की प्रतिमा ही है। ओठों की कान्ति एक विशेष रेखा सी दीखती है जो शुभ शोभा से रंजित है और ऐसा जान पड़ता है मानों विधाता ने ढूँढ-ढूँढ कर समस्त शुभ लच्छण इन्हीं ओटों को दे दिये हैं।

अलंकार—उत्प्रेक्षा।

दो०—ग्रीवा श्रीरघुनाथ की, लसति कंबु वर वेष।
साधु मनो बच काय की, मानो लिखी त्रिरेख ॥५२॥

शब्दार्थ—ग्रीवा=गला। कंबु=शंख।

भावार्थ—श्रीरघुनाथ जी का गला, श्रेष्ठ शंख की आकृति की शोभा देता है (अर्थात् शंख की भाँति उसमें भी तीन बलियाँ हैं)। मन, वचन, कर्म, तीनों से वह गला साधु है। अतः मानो इसी बात के प्रमाण स्वरूप उसमें ब्रह्मा ने तीन रेखायें कर दी हैं।

अलंकार—उत्प्रेक्षा।

सुन्दरी—

सोभन दीरघ बाहु विराजत। देव सिहात अदेवत लाजत।
बैरिन को अहिराज बखानहु। है हितकारिन की धुजमानहु ॥५३॥

यों उरमें भृगुलात बखानहुँ। श्रीकर को सरसीरुह मानहु।
सोहत है उर में मणि यों जनु। जानकि की अनुरागि रह्यो मनु॥५४॥

शब्दार्थ—सोभन=सुन्दर। सिहात=डाह करते हैं (कि ऐसी भुजाएँ हमारी न हुईं) अदेवत—(अदेवता) असुर गण। लाजत=लज्जित होते हैं (कि इन्हीं भुजाओं से हम पराजित हुए हैं)। अहिराज=बड़ा विषधर सर्प। धुज=ध्वजा। भृगुलात=भृगु जी के चरण का चिन्ह। सरसीरुह=कमल। मणि=पदक (एक भूषण विशेष जिसमें एक बड़ा रत्न जड़ा रहता है, और वह वक्षस्थल पर पहना जाता है)।

नोट—यहाँ प्रसंग से ऐसा जान पड़ता है कि वह मणि लाल रंग की थी, क्योंकि अनुराग का रंग लाल माना गया है।

भावार्थ—(श्रीरामजी की) सुन्दर लंबी-लंबी भुजाएँ शोभा दे रही हैं जिन्हें देख कर देवगण डाह करते हैं और असुरगण लज्जित होते हैं। शत्रुओ के लिये उन्हें बड़ा विषधर सर्प ही कहना चाहिये और मित्रों के लिये ध्वजा ही मानना चाहिये—अर्थात् वैरियों की विनाशिका हैं और मित्रों का यश और वैभव सूचन करती हैं। (५३)

अलंकार—उल्लेख।

भावार्थ—(श्रीरामजी के वक्षस्थल पर भृगुचरण-चिन्ह ऐसा है मानो हृदयनिवासिनी) श्री लक्ष्मी जी के हाथ का कमल हो। हृदय पर पदक ऐसा शोभायमान है, मानो श्री जानकी जी का मन अनुराग युक्त होकर वहीं वक्षस्थल पर टिक रहा है। (५४)

अलंकार—उत्प्रेक्षा।

दो०—सोहत जनरत राम उर, देखत तिनको भाग।
आय गयो ऊपर मनो, अन्तर को अनुराग॥५५॥

शब्दार्थ—जनरत=भक्त-वत्सल। अन्तर=हृदय का भीतरी भाग।

भावार्थ—(वह पदकमणि) भक्त-वत्सल श्री रामजी के उर पर शोभायमान है, उस शोभा को जो लोग देख रहे हैं उनका तो बड़ा सौभाग्य है। केशव कहते हैं कि मुझे तो ऐसा जान पड़ता है मानो हृदय के भीतर का अनुराग (भक्तवत्सलता) ही ऊपर आ गया है।

अलंकार—उत्प्रेक्षा।

पद्धटिका—

शुभ मोतिन की दुलरी सुदेश। जनु वेदन के आपर सुवेश।
गज मोतिन की माला विशाल। मन;मानहु संतन के रसाल ॥५६॥

शब्दार्थ—शुभ=दोषरहित। दुलरी=दो लड़ों की माला। सुदेश=सुन्दर। आपर=अक्षर। सुवेश=सुन्दर। रसाल=शांतरस से परिपूर्ण।

भावार्थ—दोष रहित मोतियों की दोलड़ी माला श्रीराम जी पहने हैं, वह ऐसी हैं मानो वेदों के सुन्दर अक्षर हैं। बड़े-बड़े गजमोतियां की भी माला पहने हैं वे गज-मुक्ता ऐसे जान पड़ते हैं मानों सन्तों के रसाल (शांत-रसपूर्ण) मन हैं।

अलंकार—उत्प्रेक्षा

विशेषक—श्याम दुऊ पग लाल लस दुति यों तल की।
मानहु सेवति जोति गिरा जमुनाजल की।
पाट जटी अति संत सुहीरन की अवली।
देवनरी-कन मानहु सेवत भाँति भली ॥५७॥

भावार्थ—दुति=आभा। तल=तलवा। गिरा=सरस्वती। पाट=रेशम। देवनदी=गंगा। कन=(कण) जल विंदु।

विशेष—इस छंद में जूतो पहने हुए चरण का वर्णन है।

भावार्थ—दोनों पैरों के ऊपरी भाग तो श्याम रंग के हैं और तलवों की आभा लाल है। ऐसा मालूम होता है मानो सरस्वती की ज्योति जमुना जल की ज्योति का सेवन कर रही है—जमुना में सरस्वती आ मिली है (और जूतियों में) रेशम में गुँथी हुई हीरों की अति सफेद पंक्ति भी है। यह संयोग ऐसा जान पड़ता है मानो गंगाजल के कणिका भी उस संगम का सेवन भली भाँति कर रहे हैं—गंगा भी वहाँ मौजूद हैं। तात्पर्य यह कि त्रिवेणी ही राम चरणों का सेवन कर रही है अतः श्रीराम जी के चरण अति पवित्र और पतित-पावन हैं।

अलंकार—उत्प्रेक्षा।

दो०—को बरणै रघुनाथ छबि, केशव बुद्धि उदार।
जाकी किरपा सोभिजति, सोभा सब संसार ॥५८॥

भावार्थ—केशवदास कहते हैं कि किसकी ऐसी उदार (बड़ी) बुद्धि

है कि श्रीरघुनाथ जी की शोभा वर्णन कर सके, जिन रघुनाथ जी की कृपा से ही समस्त संसार की शोभा शोभायमान होती है।

अलंकार—सम्बन्धातिशयोक्ति।

(सीता स्वरूप वर्णन)

दण्डक—को है दमयंती इन्दुमती रति रातिदिन,
होहिं न छबीली छनछवि जो सिगारिये।
केशव लजात जलजात जातवेद ओप,
जातरूप बापुरो विरूप सो निहारिये।
मदन निरूपम निरूपन निरूप भयो,
चन्द बहुरूप अनुरूप कै विचारिये।
सीता जी के रूप पर देवता कुरूप को हैं,
रूप ही के रूपक तो वारि वारि डारिये ॥५६॥

शब्दार्थ—दमयन्ती=राजा नल की स्त्री (रूपवती स्त्रियों में प्रसिद्ध) इन्दुमती=राजा अज की स्त्री (श्रीरामचन्द्र जी की दादी जो रूपवतियों में प्रसिद्ध थीं)। छनछवि=बिजली। जलजात=कमल। जातवेद=अग्नि। जातरूप=सोना। विरूप=बदसूरत, असुन्दर। मदन=काम। निरूप=अदेह बहुरूप=(अनेक रूप धारण करने वाला) बहुरूपिया, स्वाँग भरने वाला। अनुरूपक=प्रतिमा। देवता=देवियाँ, देवनारियाँ (सची, ब्राह्मणी, कुबेरपत्नी इत्यादि) वारि वारि डालना=निछावर करना।

विशेष—देवता शब्द का प्रयोग केशव ने इसी ग्रंथ में स्त्रीलिंग में कई बार किया है, 'मदन' का उपमा निरूपण में केशव ने उपमा के नियम को भंग किया है। स्त्रियों की शोभा की उपमा पुरुषों की शोभा से देना उचित नहीं।

भावार्थ—दमयन्ती, इन्दुमती और रति (सीता के मुकाबिले) क्या हैं (तुच्छ हैं) इन्हें जो रातो दिन बिजली से सिंगारते रहिये तब भी उतनी छबीली न होंगी (जितनी सीता जी हैं)। केशव कहते हैं कि सीता के रूप के सामने कमल और अग्नि की आभा लज्जित होती है और सोना बिचारा तो बदसूरत देख पड़ता है। अनुपम कामदेव भी उपमानिरूपण करते समय अदेह होने के कारण कुछ न जँचा, और अनेक रूपधारी चन्द्रमा तो बहु-

रूपिया की प्रतिमा ही (स्वाँगी) विचार में आया। सीता के रूप के सामने कुरूप देवनारियाँ क्या हैं ? उनका ऐसा रूप है कि सौन्दर्य की जितनी उपमाएँ हैं वे सब उनके रूप पर निछावर कर डालना चाहिये।

अलंकार—काकूक्ति से पुष्ट सम्बन्धातिशयोक्ति अथवा प्रतीप।

गीतिका*—

तहँ सोभिजैं सखि सुन्दरी जनु दामिनी वपु मण्डि कै।
घनश्याम को तनु सेवहीं जड़ मेघ ओघन छण्डि कै॥
यक अंग चर्चित चारु चंदन चन्द्रिका तजि चन्द को।
जनु राहु के भय सेवहीं रघुनाथ आनंद-कंद को॥ ६० ॥

शब्दार्थ—वपु मण्डि कै=शरीर धर के। ओघन=समूह। चर्चित=लगाये हुए। चन्द्रिका=चन्द्र-किरण। आनंदकंद=आनंदरूप जल देने वाले बादल।

भावार्थ—वहाँ सीता जी की सुन्दरी सखियाँ शोभित हैं, मानो बिजली ही अनेक देह धारण करके जड़ मेघ-समूह को छोड़ कर चैतन्य शरीर धर (मेघवत् श्याम) श्री राम जी का सेवन करती हैं। कोई सखी अपने शरीर में सुन्दर (कपूर युक्त) चंदन लगाये है, वह ऐसी जान पड़ती है मानो राहु के डर चन्द्र किरण चन्द्रमा को छोड़ कर आनंद बरसाने वाले रघुनाथ जी की सेवा कर रही हो।

अलंकार—उत्प्रेक्षा।

गीतिका—

मुख एक है नत लोक-लोचन लोल लोचन कै हरै।
जनु जानकी संग सोभिजै शुभ लाज देहहिं को धरै॥
तहँ एक फूलन के विभूषन एक मोतिन के क्रिये।
जनु छीर सागर देवता तन छीर छीटन को छिये॥ ६१ ॥

शब्दार्थ—लोक लोचन=लोगों के नेत्र। लोल=चंचल। देवता=देवी। (यहाँ भी 'देवता' शब्द स्त्रीलिंग में है)। छिए=छुए हुए।

---

* यह वर्णिक गीतिका है।

नोट—बुन्देलखंड में 'छूना' को 'छीना' और 'छूत्र' को 'छीत्र' बोलते हैं।

भावार्थ—कोई सखी लज्जा की अधिकता से मुख नीचे को किये है, पर अपने नेत्रों को चंचल करके (इधर उधर कनखियों से देख कर) लोगों के नेत्रों को हरती है। (अपनी ओर खींचती है), वह ऐसी जान पड़ती है मानो शुभ लज्जा ही शरीर धारण किये जानकी के संग में शोभा दे रही है। वहाँ कोई-कोई सखी फूलों के और कोई मोतियों के आभूषण पहने हैं, वे ऐसी मालूम होती हैं मानों क्षीर-सागर निवासिनी देवियाँ (लक्ष्मियाँ) हैं जिनके शरीर में दूध के छींटें अब तक लगे हुए हैं।

अलंकार—उत्प्रेक्षा।

सो०—पहिरे वसन सुरंग, पावकयुत स्वाहा मनो॥
सहज सुगंधित अंग, मानहु देवी मलय की॥ ६२॥

शब्दार्थ—पावक = अग्निदेव। स्वाहा = अग्निदेव की स्त्री।

भावार्थ = कोई सखी लाल वस्त्र पहिने हुए है, वह ऐसी मालूम होती है मानो अग्नि समेत स्वाहा है। किसी का अंग सहज ही इतना सुगंधित है, मानो वह मलयागिरि-निवासिनी कोई देवी है।

अलंकार—उत्प्रेक्षा।

चामर—मत्त दंतिराज राजि वाजिराज राजि कै।
हेम हीर हार मुक्त चीर चारु साजि कै॥
वेष-वेष वाहिनी असेष वस्तु सोधियो।
दायजो विदेहराज भाँति-भाँति को दियो॥ ६३॥

शब्दार्थ—दन्तिराज राजि = बड़े हाथियों का समूह। वाजिराज राजि = बड़े घोड़ों का समूह। कै = को। हेम = सुवर्ण। हीर = जवाहिरात। मुक्त = मोती। वाहिनी = सेवक समूह। असेष = सब। सोधियो = तलाश करवाई। दायजो = यौतुक, दहेज। विदेहराज = जनक जी।

भावार्थ—बड़े-बड़े मस्त हाथियों के समूहों और बड़े-बड़े घोड़ों के समूहों को सुवर्ण के आभूषणों, हीरे मोतियों के हारों और सुन्दर वस्त्रों से सजा कर

और तरह-तरह के सेवक-समूहों से सब देने योग्य वस्तुओं को तलाश करा के राजा जनक ने भाँति-भाँति के दहेज श्रीराम जी को दिए।

अलंकार—उदात्त।

चामर—वस्त्र-भौन स्यों वितान आसने बिछावने।
अस्त्र सस्त्र अंगत्रान भाजनादि को गने॥
दासि दासि वासि वास रोम पाट को कियो।
दायजो विदेहराज भाँति-भाँति को दियो॥ ६४॥

शब्दार्थ—वस्त्रभौन=वस्त्र के बने हुए घर (तम्बू, रावटी, कनात इत्यादि)। स्यों=सहित। वितान=शामियाने। अंगत्रान=कवच, जिरहबख्तर। भाजन=भोजन पान के पात्र (लोटा, थारी, गिलास, सुराही, कलस, परात, कोपरादि)। वासि वास=छोटे बड़े कपड़े। रोम पाट को कियो=ऊन और रेशम के बने हुए (कम्बल, दुशाले पीताम्बरादि)।

भावार्थ—सरल ही है।

दो०—जनकराय पहिराइयो, राजा दशरथ साथ।
छत्र चमर गज बाजि दै, आसमुद्र छितिनाथ॥ ६५॥

भावार्थ—राजा दशरथ के साथ ही साथ, राजा जनक ने तमाम पृथ्वी भर से आये हुए राजों को छत्र, चमर, घोड़े, हाथी देकर यथोचित् सत्कार से वस्त्राभूषण पहिनाये।

नोट—इस रीति को बरतौनी कहते हैं।

अलंकार—उदात्त।

निशिपालिका—दान दिय राय दशरत्थ सुख पाय कै।
सोधि ऋषि ब्रह्म ऋषि राजन बुलाय कै॥
तोषि जाँचक सकल दादुर मयूर से।
मेघ जिमि वर्षि गज बाजि पयपूर से॥ ६६॥

शब्दार्थ—सोधि=तलाश कराके। दादुर=मेंढक। मयूर=मोर। पयपूर=वारिधारा।

भावार्थ—(दहेज पाकर) राजा दशरथ ने भी प्रसन्न होकर ब्रह्मऋषि और राजाओं को ढूँढ-ढूँढ कर बुला कर सब को यथोचित दान दिया। सब

याचकों को हाथी घोड़ों की वर्षाधारा बरसा कर वैसे ही संतुष्ट कर दिया जैसे मेघ वारिधारा बरसा कर मेंढकों और मोरों को संतुष्ट कर देता है।

अलंकार—पूर्णोपमा।

छठाँ प्रकाश समाप्त

सातवाँ प्रकाश

दो०—या प्रकाश सप्तम कथा, परशुराम संवाद।
रघुवर सों अरु रोप तेहि, भंजन मान विपाद॥

दो०—विश्वामित्र विदा भये, जनक फिरे पहुँचाय।
मिले आगिली फौज को, परशुराम अकुलाय॥ १॥

चंचरी—

मत्तदंति अमत्त ह्वै गये देखि-देखि न गज्जहीं।
ठौर-ठौर सुदेश केशव दुंदुभी नहि बज्जहीं॥
डारि-डारि हथ्यार सूरज जीव लै लय भज्जहीं।
काटि कै तन त्रान एकहि नारि भेषन सज्जहीं॥ २॥

शब्दार्थ—मत्त=मस्त। दन्ती=हाथी। अमत्त=मदहीन। सुदेश=सुन्दर। सूरज=शूरों के पुत्र (पीढ़ियों के शूर)। तनत्रान=कवच।

भावार्थ—(परशुराम के आते ही) मस्त हाथियों का मद उतर गया। अब वे एक दूसरे को देख कर गरजते नहीं, ठौर-ठौर पर सुन्दर (गंभीर ध्वनि से) नगाड़े नहीं बजते। पीढ़ियों के शूरवीर लोग अस्त्र-शस्त्र फेंक-फेंक कर अपने-अपने जीव ले ले भागते हैं और कोई-कोई तो कवचादि काट-काट कर (फेंक कर) स्त्री का वेश धारण कर लेते हैं।

नोट—इस छन्द में परशुराम के आतंक का अच्छा वर्णन है।

अलंकार—अत्युक्ति (शूरता की)।

दो०—वामदेव ऋषि सों कह्यौ, परशुराम रणधीर।
महादेव को धनुष यह, को तोरयो बल बीर॥ ३॥

शब्दार्थ—वामदेव=राजा दशरथ के एक मंत्री।

भावार्थ—सरल ही है।

(बामदेव) दो०—महादेव को धनुष यह, परशुराम ऋषिराज।
तोरयो 'रा' यह कहत ही, समुझयो रावण राज ॥४॥

भावार्थ—बामदेव ने उत्तर में कहना चाहा कि हे ऋषिराज परशुराम जी, महादेव के धनुष को 'रा' (म ने तोड़ा है), पर 'रा' अक्षर मात्र के उच्चारण से परशुराम जी ने 'रावण' समझा और अति क्रुद्ध होकर बामदेव की बात काट कर बोल उठे कि :—

(परशुराम) दो०—

अति कोमल नृप सुतन की, ग्रीवा दलीं अपार।
अब कठोर दशकंठ के, काटहु कंठ कुठार ॥ ५ ॥

भावार्थ—(परशुराम जी क्रुद्ध होकर अपने कुठार को सम्बोधित करते हैं) हे कुठार ! तूने असंख्य अति सुकुमार राजकुमारों की गर्दनें काटी हैं (पर यह कोई बड़ी बहादुरी का काम नहीं था) अब रावण के कठोर कण्ठ काट (तो जानें कि तू वीर है)। फिर विचार कर कहते हैं :—

(परशुराम) मत्तगयंद सवैया—

बाँधि कै बाँध्यो जु बालि बली पलना पर लै सुत के हित ठाटे।
हैहयराज लियो गहि केशव आयो हो छुद्र जु छिद्रहि डाटे ॥
बाहर काढ़ि दियो बलिदासिनि जाय पर्यो जु पताल के बाटे।
तोहि कुठार बड़ाई कहा कहि ता दसकंठ के कंठहि काटे ॥६॥

शब्दार्थ—बाँधि कै=रोक कर। सुत के हित ठाटे=पुत्र का हित किया, (जो पुत्र चाहता था वही किया)। हैहयराज=सहस्रार्जुन, कार्तवीर्य। आयो हो=आया था। छिद्रहि डाटे=कुअवसर देखकर। बाटे=रास्ते में।

भावार्थ—जिस रावण को बालि ने रोक कर बांध लिया था और पलना में खिलोना की तरह उलटा लटका कर अपने पुत्र का हित साधन किया था (पुत्रको खुश किया था) और जिस रावण को हैहयराज ने पकड़ लिया था जब वह क्षुद्र कुअवसर देखकर उसके निकट गया था। (स्त्रियों सहित जलक्रीड़ा करते समय रावण हैहयराज के पास गया था) और जिस रावण को बलि की दासियों ने बाहर निकाल दिया था जब वह पाताल के मार्ग

जा पड़ा था (जब पाताल गया था) उस ऐसे बलहीन रावण के कंठों को काटने से हे कुठार! तूही कह तुझे क्या बड़ाई मिलेगी? (अर्थात् कुछ भी नहीं)।

नोट—बालि, हैहयराज और बलि की दासियों द्वारा रावण के अपमान की कथाएँ ग्रन्थान्तर से समझ लो।

सो०—जदपि है अति दीन, माहि तऊ खल मारने।
गुरु अपराधहि लीन, केशव क्योंकर छोड़िये ॥ ७ ॥

भावार्थ—यद्यपि रावण मेरे कुठार के लिये अति तुच्छ बलि है, तथापि मुझे उस खल को मारना ही पड़ेगा, क्योंकि जो गुरुजी के अपराध में लीन है उसे कैसे छोड़ सकता हूँ।

चन्द्रकला सवैया—

बर बाण शिखीन अशेष समुद्रहि सोखि सखा सुखही तरिहौं।
अरु लंकहि औटि कलंकित की पुनि पंक कनंकहि को भरिहौं ॥
भल भूँजि कै राख सुखै करिकै दुख दीरघ देवन के हरिहौं।
सितकंठ के कंठहि को कठुला दसकंठ के कंठन को करिहौं ॥ ८ ॥

शब्दार्थ—बाण शिखीन=(शिखी बाणन) अग्नि बाणों से। अशेष= सब। सखा=हे सखा (कुठार प्रति संबोधन)। सुखही=सहज में। औटि= पिघला कर। कलंकित की=कलंकी रावण की। कनक=सोना। सुखै= सहज ही। सितकंठ=महादेव। कठुला=माला। कंठ=गला (यहाँ) मस्तक।

भावार्थ—हे सखा, (कुठार) मैं अग्निबाणों से समस्त समुद्र को सुखा-कर सहज में उस पार चला जाऊँगा और उस कलंकी (अपराधी) रावण की लंका को पिघला कर पुनः समुद्र को सोने की कीच से भर दूँगा। पुनः लंका को अच्छी तरह जलाकर सहज ही में राख करके देवों के दीर्घ दुःख दूर कर दूँगा, और दशानन के दशों मस्तकों की माला बना कर महादेव के कंठ में पहनाऊँगा।

अलंकार—अनुप्रास।

संयुक्ता—(परशुराम)—यह कौन को दल देखिये?
(बामदेव)—यह राम को प्रभु लेखिये।

(परशुराम)—कहि कौन राम न जनियो ?
(वामदेव)—सर ताड़का जिन मारियो ॥ ९ ॥

भावार्थ—सरल ही है।

अलंकार—गूढ़ोत्तर।

त्रिभंगी—

(परशुराम)—ताड़का सँहारी, तिय न बिचारी, कौन बड़ाई ताहि हने।
(वामदेव)—मारीच हुतो सँग, प्रवल सकल खल, अरु सुबाहु काहू न गने॥
करि क्रतु रखवारी, गुरु सुखकारी, गौतम की तिय शुद्ध करी।
जिन हर-धनु खंड्यो जगयश मंड्यो सीय स्वयम्वर माँझवरी॥१०॥

शब्दार्थ—क्रतु=यज्ञ। गौतम की तिय=अहल्या। जग यश मंड्यो=संसार को अपने यश से शोभित किया।

भावार्थ—सुगम ही है।

अलंकार—गूढ़ोत्तर।

नोट—जहाँ यह अलंकार होता है वह पद्य बड़े गूढ़ व्यंग से परिपूर्ण होता है। पाठकों को इन छंदों के व्यंगार्थ समझने की कोशिश करनी चाहिये।

(परशुराम मन में) दो०—

हरहू होतो दंड द्वै, धनुप चढ़ावत कष्ट।
देखौ महिमा काल की, कियो सो नरसिसु नष्ट॥११॥

भावार्थ—अहा! यह काल की महिमा (समय का हेर-फेर) तो देखो कि जिस धनुष के चढ़ाने में महादेव जी को भी दो दंड तक कष्ट होता था, उसी धनुष को मनुष्यजाति ने नष्ट कर दिया (तोड़ डाला)।

अलंकार—असंभव।

(परशुराम, प्रकट) किरीट सवैया—

बोरों सबै रघुवंश कुठार की धार में बारन बाजि सरत्थहिं।
बान की वायु उड़ाय के लच्छमन लच्छ करों अरिहा समरत्थहिं॥
रामहिं बाम समेत पठै वन कोप के भार में भूंजौ भरत्थहिं।
जो धनु हाथ धरै रघुनाथ तो आजु अनाथ करौं दसरत्थहिं॥१२॥

शब्दार्थ—बारन=हाथी। लच्छन=लछमण। लच्छ=(लक्ष्य) निशाना। अरिहा=शत्रुघ्न। रघुनाथ=राम।

भावार्थ—(परशुराम जी क्रुद्ध होकर कहते हैं) आज हाथी, घोड़े और रथ समेत समस्त रघुवंशियों को कुठार की धारा में डुबा दूँगा (मार डालूँगा), बाणों की वायु से लक्ष्मण को उड़ाकर समर्थ शत्रुघ्न को निशाने की तरह बेध दूँगा। राम को स्त्री सहित वन को भगाकर कोप के भाड़ में भरत को भूनूँगा और यदि राम धनुष उठाकर लड़ेगा तो आज दशरथ को अनाथ कर दूँगा अर्थात् वंशनाश कर दूँगा।

अलंकार—स्वभावोक्ति (प्रतिज्ञाबद्ध)।

सो०—राम देखि रघुनाथ, रथ ते उतरे बेगि दै।
गहे भरथ को हाथ, आवत राम विलोकियो ॥ १३ ॥

शब्दार्थ—राम = परशुराम। रघुनाथ = श्रीरामचन्द्र। बेगिदै = शीघ्रता से।

भावार्थ—सुगम।

(परशुराम) दण्डक—

अमल सजल घनस्याम वपु केशोदास,
चन्द्रहू तें चारु मुख सुषमा को ग्राम है।
कोमल कमल दल दीरघ विलोचननि,
सोदर समान रूप न्यारो-न्यरो नाम है॥
बालक विलोकियत पूरण पुरुष, गुन,
मेरो मन मोहियत ऐसो रूप धाम है।
वैर जिय मानि बामदेव को धनुष तोरो,
जानत हौं बीस बिसै राम भेस काम है ॥ १४ ॥

शब्दार्थ—अमल = निर्मल, सकान्ति। वपु = शरीर। चारु = सुन्दर। पूरण पुरुष गुण = विष्णु के गुणों से युक्त। मोहियत = मोहित करता है। बीस बिसै = (बीसो बिस्वा) निश्चय।

भावार्थ—(राम का रूप देखकर परशुराम जी मन में विचार करते हैं) कैसा निर्मल जलपूर्ण काले बादल के समान सुन्दर शरीर है, और मुख चंद्रमा से भी अधिक शोभा तथा कान्ति का समूह है। कोमल कमल दल से (करुणापूर्ण) बड़े-बड़े नेत्र हैं, दोनों सहोदर भ्राता (राम और भरत) एक रूप हैं, पर नाम न्यारे-न्यारे हैं। इस बालक में तो विष्णु के गुण दिखलाई पड़ते हैं, यह इतना रूपवान है कि मेरा भी मन (सहज विरक्त) इसको

देखकर मोहित होता है, अतः निश्चय जान पड़ता है कि यह राम के भेष में कामदेव है और इसी कारण पुराना बैर स्मरण करके इसने महादेव का धनुष तोड़ा है।

अलंकार—भ्रम और अनुमान संकर।

(भरत) गीतिकावृत्त—

कुशमुद्रिका समिधैं श्रुवा कुश औ कमंडल को लिये।
कटिमूल श्रोननि तर्कसी भृगु लात सी दरसे हिये।
धनु बान तिच्छ कुठार केशव मेखला मृगचर्म स्यों।
रघुबीर को यह देखिये रस वीर सात्विक धर्म स्यों॥ १५॥

शब्दार्थ—कुशमुद्रिका=पवित्र (पैंती)। समिधैं=हवन काष्ठ, होम की लकड़ी। श्रुवा=हवन कुण्ड में घी डालने का पात्र (चम्मच के आकार का)। कटिमूल श्रोननि=कमर से कानों तक लंबी। तर्कसी=तूणीर, बाण-पात्र। तिच्छ=तीक्ष्ण। स्यों=सहित।

भावार्थ—(भरत जी परशुराम का रूप देख कर श्रीराम जी से पूछते हैं) पैंती, हवन काष्ठ, श्रुवा, कुश और कमण्डल को लिये हुए, कमर से कान तक लंबा तूणीर बांधे, जिसकी छाती पर भृगुचरण चिह्न सा कुछ दिखाई देता है, धनुष बाण और तीक्ष्ण कुठार लिये हुए तथा मेखला और मृगछाला सहित, हे रघुवीर यह कौन व्यक्ति है? जिसे मैं सामने देख रहा हूँ यह सात्विक धर्म सहित वीर रस ही तो नहीं है?

अलंकार—भ्रम और अनुमान संकर।

(राम) नाराच—

प्रचंड हैहयाधिराज दण्डमान जानिये।
अखंड कीर्ति लेय भूमि देयमान मानिये॥
अदेव देव जेय भीत रक्षमान लेखिये।
अमेय तेज भर्ग भक्त भार्गवेश देखिये॥ १६॥

शब्दार्थ—हैहयाधिराज=सहस्रार्जुन। दण्डमान=दंड देने वाले। लेय=(लेयमान) लेने वाले। देयमान*=देने वाले। जेय=(जेयमान) जीतने वाले। रक्षमान=रक्षणकर्ता। अमेय=अतुल। भर्ग=शंकर।

* ये शब्द केशव के गढ़े हुए हैं।

भावार्थ—(श्री राम जी भरत के प्रश्न का उत्तर देते हैं) हे भरत ! इन्हें प्रबल पराक्रमी सहस्रार्जुन को दंड देने वाला जानो, और अखंड कीर्ति के लेने वाले तथा अखंड भूमि के दान करने वाले मानो, असुरों और देवताओं को जीतने वाले, भयभीत जनों की रक्षा करने वाले समझिये, और अतुल तेजधारी शंकरभक्त भृगुवंश में श्रेष्ठ श्री परशुराम जी को तुम देख रहे हो। (भृगुवंशावतंश परशुराम जी हैं)।

अलंकार—उल्लेख।

तोमर—सह भरत लक्ष्मण राम।
चहुँ किये आनि प्रणाम॥
भृगुनंद आसिप दीन।
रण होहु अजय प्रवीण॥ १७॥

शब्दार्थ भावार्थ—सुगम ही है।

(परशुराम)—सुनि रामचन्द्र कुमार।
मन वचन कीर्ति उदार॥
(रामचन्द्र)—भृगुवंश के अवतंश।
मनवृत्ति है केहि अंस॥ १८॥

भावार्थ—(परशुराम ने श्रीरामचन्द्र को संबोधित करते हुए कहा)—मन और वचन से उदार और बड़ी कीर्ति वाले कुमार रामचन्द्र, हमारी बात सुनो—(कुछ और कहना चाहते थे कि रामजी बात काट कर बोल उठे) हे भृगुवंश के भूषण ! तुम्हारी मनोवृत्ति किस अंश पर है। अर्थात् क्या कहना चाहते हो, कहो।

अलंकार—गूढ़ोत्तर।

(परशुराम) मदिरा—
तोरि सरासन संकर को सुभ सीय स्वयम्बर माझ बरी।
ताते बढ्यो अभिमान महा मन मेरियो नेक न संक करी॥
(राम)—
सो अपराध परो हमसों अब क्यों सुधरै तुमही तो कहौ।
(परशुराम)—
बाहु दै दोऊ कुठारहि केशव आपने धाम को पंथ गहौ॥ १९॥

भावार्थ—(पहले नरमी से मामला तय करना चाहते थे, पर जब राम जी ने बात काट कर और चिढ़ा दिया तब परशुराम कहने लगे कि) शंकर का धनुष तोड़ कर स्वयम्वर में सीता को विवाहा है, इससे तुम्हारे मन में अभिमान अधिक बढ़ गया है। भला यह बताओ कि धनुष तोड़ते समय तुमने मेरा भी तनिक भय न किया सो क्यों? (तब राम ने कहा कि) हाँ, यह अपराध तो बेशक मुझसे हो गया, अब आप ही बतलाइये कि किस दंड से इस अपराध का प्रायश्चित होगा। (तब परशुराम बोले) अपने दोनों हाथ कुठार को देकर अपने घर का रास्ता लो—अर्थात् हम तुम्हारे दोनों हाथ काट लेंगे तब घर जाने देंगे।

अलंकार—गूढ़ोत्तर। (राम) कुंडलिया—

टूटै टूटनहार तरु वायुहिं दीजत दोष।
त्यों अब हर के धनुष को हम पर कीजत रोष।
हम पर कीजत रोष काल गति जानि न जाई।
होनहार ह्वै रहै मिटै मेटी न मिटाई॥
होनहार ह्वै रहै मोह मद सब का छूटै॥
होय तिनूका बज्र-बज्र तिनुका ह्वै टूटै॥ २०॥

अलंकार—लोकोक्ति से पुष्ट गूढ़ोत्तर।

नोट—इस काव्य में व्यंगार्थ यह है कि राम जी परशुराम को सूचित करते हैं कि आप का समय गया, अब रामावतार का समय आया है, अतः आपका बज्रवत् बल मेरे सामने तिनका के समान टूट जायगा, आप चाहे हमें कुमार ही समझते रहिये। देखो छंद नं० १८)।

(परशुराम—कुठार प्रति मत्तगयंद सवैया—)

केशव हैहयराज को मास हलाहल कौरन खाय लियो रे।
तालगि मेद महीपन को घृत घोरि दियो न सिरानो हियो रे॥
मेरो कह्यो करि मित्र कुठार जो चाहत है बहुकाल जियो रे।
तो लौं नहीं सुख जौं लग तू रघुवीर को श्रोण सुधा न पियो रे॥२१॥

शब्दार्थ—मेद=चर्बी। सिरानो=ठंडा हुआ। श्रोण=रक्त।

भावार्थ—(परशुराम की शक्ति क्षीण होती जाती थी। परशु प्रति कहते हैं) हे कुठार! तू ने हैहयराज सहस्रार्जुन का मांस काटा है सो मानो

तू ने हलाहल विष के कौर खा लिये हैं। उस विष की शान्ति के लिये मैंने तुझको अनेक राजाओं की चर्बी घी की तरह घोल कर पिलाई, पर तब भी तेरा हृदय ठंडा न हुआ। अतः हे मित्र कुठार! जो तू बहुत दिनों तक जीना चाहता है तो मेरा कहना मान ले। तुमको तब तक सुख न मिलेगा जब तक तू रघुवीर के रक्तरूपी सुधा को न पियेगा।

अलंकार—रूपक।

नोट—वास्तव में विष खाये हुए व्यक्ति का उपचार भी केशव ने अच्छा बताया है कि घी पिलाना चाहिये, ताजा खून पिलाना चाहिये और सुधा (चूने का पानी) पिलाना चाहिये। इस से प्रकट है कि केशव वैद्यक भी अच्छी तरह जानते थे। हमारा अनुभव है कि संखिया के विष का प्रभाव चूने के पानी से शीघ्र नष्ट होता है।

विशेष—महात्मा जानकी प्रसाद ने इस छंद में सरस्वती उक्तार्थ* यों लगाया है:—हे कुठार, तुझ को तब तक सुख न प्राप्त होगा जब तक तू (रघुवीर का सुधा श्रीन न पिया) श्रीराम जी के सुधा सम मधुर वचन कान से न पियेगा।—अर्थात् राम जी के क्षमा के वचन जब तक न सुन लेगा।

(भरत) तन्वी—

बोलत कैसे, भृगुपति सुनिये, सो कहिये तन मन बनि आवै।
आदि बड़े हौ, बड़पन रखिये, जा हित तूँ सब जग जस पावै।
चंदन हू में, अति तन घसिये, आगि उठै यह गुनि सब लीजै।
हैहय मारो, नृप जन सँहरे, सो यश लै किन युग-युग जीजै ॥२२॥

शब्दार्थ—सो कहिये तन मन बनि आवै=ऐसी बात कहो जो तन से अथवा मन से भी हो सके—तात्पर्य यह कि जो तुम कहते हो उसे तन से तो क्या मन से भी नहीं कर सकते। आदि हौ=आदिवर्ण अर्थात् ब्राह्मणवर्ण होने से अवध्य हो।

भावार्थ—हे भृगुपति, कैसी बात कहते हो (ऐसा कहना उचित नहीं), ऐसी बात कहो जिसे तुम तन से वा मन से पूर्ण कर सको, तुम ब्राह्मण हो,

---

*जब कवि प्रसङ्गवश कोई ऐसी बात कहता है जिसे टीकाकार अपनी भक्ति के कारण अकथनीय समझता है, तब वह निज बुद्धि बल से उसका कोई दूसरा अर्थ करता है ऐसे अर्थ को सरस्वती उक्तार्थ, कहते हैं। देखो इसी प्रकाश का छन्द नं० ३१।

अतः हमसे बड़े हो, सो अपना बड़प्पन रखे रहो, जिससे तुम समस्त जग में यश पाओ। नहीं तो यह बात अच्छी तरह समझ लीजिये कि अति रगड़ से चंदन में भी आग लग उठती है। आपने हैहयराज को और अन्य अनेक क्षत्री राजाओं का संहार किया, वही यश लेकर संसार में क्यों नहीं युगयुगान्तर तक अमर बने रहते हो (तात्पर्य यह कि यदि हमसे लड़ोगे तो हम तुम्हें अवश्य पराजित करेंगे तो तुम्हारा विजयी यश लुप्त हो जायगा)।

सूचना—पिंगल के अनुसार तो इस छन्द का ढाँचा शुद्ध है, पर व्याकरण के अनुसार दूसरे चरण में यह अशुद्धि जान पड़ती है कि 'बड़े हौ' आदर है और 'तूँ' निरादर सूचक है। ऐसा न होना चाहिये था। चौथे चरण में 'सँहरे' शब्द 'संहारे' का अर्थ देता है। यह भी ठीक नहीं जँचता। समझ में नहीं आता कि केशव से ऐसी भूल क्यों हुई।

(परशुराम) नाराच—

भली कही भरत्थ तैं उठाय आगि अंग तें।
चढ़ाउ चोपि चाप आप बान लै निषंग तें॥
प्रभाउ आपनो दिखाउ छोड़ि बाल भाइ कै।
रिझाउ राजपुत्र मोहिं राम लै छड़ाइ कै॥ २३॥

भावार्थ—(परशुधर कहते हैं) हे भरथ, तू ने अच्छी कही, अच्छा लो अब अपने अंग से आग उठा (भरत ने कहा है कि अति रगड़ से चन्दन से भी आग निकलती है, उसी पर यह कथन है) और तूणीर से बाण लेकर शौक से धनुष पर चढ़ा, अपना प्रभाव दिखला, बालभाव को छोड़ दे। हे राजपुत्र, युद्ध करके मुझे प्रसन्न कर और राम को छुड़ा ले (तब जानूँ कि तू बड़ा वीर है)।

सो०—लियो चाप जब हाथ, तीनिहु भैयन रोष करि।
बरज्यो श्रीरघुनाथ, तुम बालक जानत कहा॥ २४॥

शब्दार्थ—तीनहु भैयन=भरत, लक्ष्मण और शत्रुघ्न।

भावार्थ—सरल है।

(राम) दो०—भगवन्त सो जीतिये, कबहुँ न कीन्हें शक्ति।
जीतिय एकै बात तें, केवल कीन्हें भक्ति॥ २५॥

भावार्थ—राम जी अपने भाइयों को समझाते हैं कि भगवंतों से शक्ति

द्वारा कोई नहीं जीतता । केवल उनकी भक्ति करने से ही वे जीते जा सकते हैं ।

नोट—परशुराम की गणना 'भगवानों' में है । भगवान वह व्यक्ति कहलाता है जिसमें ऐश्वर्य, धर्म, यश, श्री, विराग और विज्ञान ये छः शक्तियाँ हों ।

हरिगीतिका—

जब हयो हैहयराज इन बिन छत्र छिति मंडल करयो ।
गिरि बेध षट मुख जीति तारकनन्द को जब ज्यों हरयो ॥
सुत में न जायो राम सो यह कह्यो पर्वतनन्दिनी ।
वह रेणुका तिय धन्य धरणी में भई जग वन्दिनी ॥२६॥

शब्दार्थ—बिनछत्र=बिना राजा का । छिति मंडल=समस्त पृथ्वी । गिरि बेध षटमुख=क्रौंच नामी पहाड़ को तोड़ने वाले स्वामी कार्तिक । तारकनन्द=तारक नामक असुर का पुत्र । राम=परशुराम । पर्वत-नन्दिनी=पार्वती । रेणुका=परशुराम की माता । जगबंदिनी=समस्त संसार से बंदनीय, सर्वपूज्य ।

भावार्थ—(राम जी कहते हैं) जब इन्होंने हैहयराज को मारा था तब समस्त पृथ्वी को बिना राजा के कर दिया था, और क्रौंच पहाड़ को तोड़ने वाले कार्तिकेय को जीत कर जब तारक के पुत्र को मारा था, तब पार्वती ने कहा था कि मैंने परशुराम सा पुत्र न पैदा किया, धन्य है वह रेणुका जो ऐसा वीर पुत्र पैदा करके इस पृथ्वी पर बंदनीय हुई । तात्पर्य यह है कि इनकी वीरता वीरमाता पार्वती द्वारा प्रशंसित है । अतः ये बड़े वीर हैं ।

(परशुराम) तोमर—

सुनि राम शील समुद्र ।
तव बंधु हैं अति क्षुद्र ॥
मम बाड़वानल कोप ।
अब कियो चाहत लोप ॥ २७ ॥

भावार्थ—हे शीलसागर राम, सुनो । तुम्हारे ये तीनों भाई बड़े क्षुद्र हैं

अतः अब मेरा क्रोध बड़वानल इनको नष्ट करना चाहता है (तुम कुशल चाहो तो इन्हें हटा दो)।

अलंकार—रूपक।

(शत्रुघ्न) दोधक—हौ भृगुनन्द बली जगमाहीं।
राम बिदा करिये घर जाहीं॥
हौं तुमसों फिर युद्धहि मांड़ौं।
क्षत्रिय वंश को वैर लै छाड़ौं॥ २८॥

भावार्थ—हे भृगुनन्द! सचमुच आप संसार में बड़े बली हैं (तात्पर्य यह कि तुम्हारा बल संसारी जीवों पर चलेगा, हम लोग साधारण संसारी जीव नहीं हैं) अतः राम को तो बिदा कीजिये वे घर को जायें उनके जाने पर मैं तुमसे युद्ध करूँगा और समस्त क्षत्री वंश भर का बदला तुमसे चुका लूँगा।

अलंकार—स्वभावोक्ति (प्रतिज्ञाबद्ध)।

तोटक—
यह बात सुनी भृगुनाथ जबै। कहि रामहि लै घर जाहु अबै।
इनपै जग जीवत जो बचिहौं। रण हौं तुम सौं फिर कै रचिहौं॥ २९॥

भावार्थ—जब परशुराम ने शत्रुघ्न का यह कथन सुना तो भरत से कहा कि तुम राम को लेकर अभी घर जाओ। यदि इनसे जीता बच जाऊँगा तो तुमसे फिर युद्ध करूँगा (व्यंग यह कि बड़े मियाँ तो बड़े मियाँ छोटे मियाँ सुभानल्लाह हैं, बड़ा भाई तो अपनी नम्रता दिखाता है, सबसे छोटा भाई हमें ललकारता है)।

दो०—निज अपराधी क्यों हतौं, गुरु अपराधी छाँड़ि।
ताते कठिन कुठार अब, रामहिं सों रण माँड़ि॥ ३०॥

भावार्थ—(पुनः परशुराम मन में विचार कर परशु प्रति कहते हैं) गुरुदोषी को छोड़कर निजदोषी को क्या मारूँ, अतः हे कठिन कुठार! अब तू राम ही से युद्ध कर।

(परशुधर) मत्तगयन्द सवैया—
भूतल के सब भूपन को मद भोजन तो बहु भाँति कियोई।
मोद सों तारकनंद को मेद पछ्यावरि पान सिरायो हियोई॥

खीर षडानन को मद केशव सो पल में करि पान लियोई।
राम तिहारेइ कंठ को श्रोनित पान को चाहै कुठार पियोई ॥३१॥

भावार्थ—पछ्यावरि=छाँछ से बना हुआ एक पेय पदार्थ जो भोजनान्त में परोसा जाता है। इसके प्रभाव से भोजन शीघ्र पचता है। खीर=(क्षीर) दूध। श्रोनित=(१) रक्त (२) श्रो=श्रवितपदार्थ+नित=नित्य।

भावार्थ—(परशुराम जी श्रीरामचन्द्र प्रति कहते हैं) मेरे इस कुठार ने संसार के सब राजाओं के मद का भोजन तो कर लिया है, और बड़े आनन्द के साथ तारकपुत्र की चरबी को पछ्यावर पीकर अपना हृदय ठंडा कर चुका है। षडानन के मद को भी दूध की तरह एक पलमात्र में पी डाला ही है, हे राम! अब यह मेरा कुठार तुम्हारे ही गले का खून पीना चाहता है।

विशेष—महात्मा जानकी प्रसाद जी ने इस छन्द के अंतिम चरण का सरस्वती उत्कार्थ यों किया है—हे राम! तिहारे ही कठ से श्रवित (मधुर स्वरयुक्त परम हितकर उपदेशामृत) यह कुठार नित्य पान करना चाहता है। तात्पर्य यह कि अब इस कुठार से अपनी दुष्टदलनी शक्ति खींच लो जिससे यह हत्या करना छोड़ दे और मैं ब्राह्मण की तरह शान्त हो कर तप में निरत रहूँ। देखो फुट नोट छन्द नं० २१।

(लक्ष्मण) तोटक—जिनको सुअनुग्रह वृद्धि करै।
तिनको किमि निग्रह चित्त परै॥
जिनके जग अच्छत सीस धरै।
तिनको तन सच्छत कौन करै॥ ३२॥

शब्दार्थ—सुअनुग्रह=सुकृपा। निग्रह=दंड। चित्त परै=चित्त में आ सकता है। अच्छत सीस धरै=पूजन करता है। सच्छत=(सक्षत) जख़मी, घावयुक्त।

भावार्थ—जिन ब्राह्मणों की कृपा सबके मंगल की वृद्धि करती है, उनको दंड देने की बात चित्त में कैसे आ सकती है। जिनको ससार अच्छत पुष्पादि से पूजता है, उनके शरीर को कौन सक्षत (जख़मी) करेगा—अर्थात् तुम ब्राह्मण हो अतः अवध्य हो, नहीं तो समझ लेते, जाओ तुम्हारा दोष क्षमा करते हैं। (उत्तम व्यंग है)।

अलंकार—विरोधाभास।

(राम) मदिरा—

कंठ कुठार परै अब हार कि, फूलै असोक कि सोक समूरो।
कै चितसारि छढ़ै कि चिता, तन चंदन चर्चि कि पावक पूरो।
लोक में लोक बड़ो अपलोक, सु केशवदास जु होउ सु होऊ।
विप्रन के कुल को भृगुनन्दन! सूर न सूरज के कुल कोऊ॥ ३३॥

शब्दार्थ—असोक = (अशोक—शोक का विरोधी भाव) सुख। सोक = (शोक) दुःख। समूरो = समूल (पूरा) चितसारि = चित्रसारी (रंगमहल)। लोक = यश। अपलोक = कुयश, बदनामी, निंदा।

भावार्थ—(राम जी परशुराम प्रति कहते हैं)—चाहे अब मेरे कंठ पर कुठार पड़े अथवा हार; चाहे सुख हो अथवा अत्यन्त दुःख भोगना पड़े; चाहे यह शरीर चित्रसारी में आनेन्द करे अथवा चिता में जलाया जाय; चाहे यह चंदन से चर्चित हो अथवा आग में झोंक दिया जाय; चाहे संसार में बड़ा यश मिले अथवा बड़ा अपयश हो; जो कुछ होना हो सो हो, पर हे भृगुनन्दन! ब्राह्मणों से लड़ने के लिये सूर्यवंश मे कोई भी तैयार नहीं—अर्थात् आप ब्राह्मण हैं, अतः अवध्य हैं, हम आप पर हाथ न घालेंगे, आपकी जो इच्छा हो सो करें। व्यंग से रघुनाथ जी यह जनाते हैं कि अब आप केवल ब्राह्मण मात्र रह गये हैं, विष्णु का वह अंश निकल गया, जिसके द्वारा आपने बड़े-बड़े दुष्ट क्षत्रियों का विनाश किया है।

अलंकार—विकल्प से पुष्ट स्वभावोक्ति-(कुल-स्वभाव वर्णन है)

(परशुराम) विशेषक—

हाथ धरे हथियार सबै तुम सोभत हौ।
मारनहारहि देखि कहा मन छोभत हौ॥
छत्रिय के कुल ह्वै किमि बैन न दीन रचौ।
कोटि करो उपचार न कैसहू मीचु बचौ॥ ३४॥

शब्दार्थ—छोभत हौ = डरते हो। किमि बैन न दीन रचौ = दीन वचन क्यों न बोलो (बोलना ही चाहिए—उत्तम क्षत्री ब्राह्मणों से सदा दीन ही वचन बोलते हैं)। उपचार = उपाय।

भावार्थ—तुम सब लोग हथियार लिये हो, फिर मारने वाले को देखकर

मन में डरते क्यों हो ? तुम क्षत्री वंशजात हो, अतः ब्राह्मण के सामने दीन वचन बोलना तुम्हें उचित ही है (क्योंकि उत्तम कुलीन क्षत्रियों का कुलाचार ही ऐसा होता है), परन्तु इस प्रकार के कोटि उपाय करने से भी मृत्यु से नहीं बचोगे (हम तुम्हें मारेंगे अवश्य) ।

(लक्ष्मण) विशेषक—

> क्षत्रिय हैं गुरु लोगन को प्रतिपाल करैं ;
> भूलिहु तो तिनके गुन औगुन जी न धरैं ॥
> तो हमको गुरुदोष नहीं अब एक रती ।
> जो अपनी जननी तुम ही सुख पाय हती ॥ ३५ ॥

भावार्थ—(लक्ष्मण जी परशुधर से कहते हैं)—क्षत्री होकर हम लोग गुरु लोगों का प्रतिपालन करते हैं और भूलकर भी कभी उनके गुणावगुण की ओर ध्यान नहीं देते । परन्तु जब आपने अपनी माता को आनन्दित होकर मार डाला, तो अब हमको भी तनिक भी गुरु-हत्या का पाप न लगेगा यदि हम आपको मार डालें ।

सूचना—परशुराम ने श्री रामचन्द्र जी को गुरुद्रोही ठहराया है, अतः लक्ष्मण जी भी स्त्रीबध और मातृबध दिखलाकर परशुधर को गुरुदोषी ठहराते हैं ।

(परशुराम) मदिरा—

> लक्ष्मण के पुरिखान कियो पुरुषारथ सो न कह्यो परई ।
> वेष बनाय कियो बनितान को देखत केशव ह्यो हरई ।
> क्रूर कुठार निहारि तजो फल ताको यहै जु हियो जरई ।
> आजु ते तोकहँ बंधु महा धिक क्षत्रिन पै जु दया करई ॥३६॥

शब्दार्थ—लक्ष्मण के पुरिधान=(यहाँ ठीक लक्ष्मण के पुरुषाओं से ही तात्पर्य नहीं है, वरन् वर्ण मात्र से तात्पर्य है) क्षत्रियों के पुरुषों ने । पुरुषारथ=पौरुष । वेष बनाय''हरई=सुन्दर स्त्रियों का भेष बना लिया था—(जब परशुराम जी ढूँढ़-ढूँढ़ कर क्षत्रियों का बध करते थे उस समय अनेक वीर क्षत्रियों ने स्त्री रूप धारण करके दया-प्रार्थना द्वारा प्राण बचाये थे, अथवा इसी प्रकाश में परशुराम के आगमन-समय का देखो छंद नं०२) । ह्यो=हिया, हृदय । बन्धु=कुठार का संबोधन है ।

भावार्थ—(कुठार प्रति परशुराम जी कहते हैं) लक्ष्मण के पुरुषों ने जो पुरुषार्थ किया है वह कहा नहीं जा सकता, अपना रूप बदल कर स्त्रियों का सा रूप कर लिया जिसे देखकर मन मोहित होता है। हे क्रूरकर्मा कुठार ! उन स्त्री भेसधारी क्षत्रियों को देखकर भी जो तूने छोड़ दिया उसी का यह फल है जो इस समय जी जलता है। हे बन्धु ! आज से तुझको महाधिक्कार है जो तू क्षत्रियों पर दया करे अर्थात् जैसे उनको स्त्री भेस में देखकर छोड़ दिया वैसे ही इनको बालभेस में देखकर भी छोड़ दे तो तुझे धिक्कार है। यह बात आगे के छंद में स्पष्ट कही है।

नोट—इस छन्द का सरस्वती-उक्तार्थ यों समझिये:—लक्ष्मण के बड़ों ने अर्थात् श्रीरामचन्द्र जी ने जो पुरुषार्थ किया है वह कहा नहीं जा सकता ! वह कृत्य यह है कि उन्होंने स्त्री का ऐसा सुन्दर रूप बना दिया जिसे देख मन मोहित होता है। (गौतमपत्नी अहल्या का चरित्र)। हे क्रूरकर्मा कुठार ! ऐसे अद्भुतकर्ता को देख (और उनकी शरण ले, तो तेरी भी जड़ता दूर हो जायगी) और यदि उनकी शरण को त्यागेगा तो इसका फल यह होगा कि पापों के संताप से तेरा हृदय सदा जला करेगा और हे बंधु, आज से मैं भी तुझे धिक्कारूँगा (यदि तू यह सोचे कि मुझ पापी को ये अपनी शरण में लेंगे या नहीं, तो मैं तुझे विश्वास दिलाता हूँ कि अवश्य लेंगे, क्योंकि) क्षत्रियों की यह पैज (प्रतिज्ञा) होती है कि शरण में आये हुए पर सच्चा क्षत्री दया करता ही है।

(परशुराम) गीतिका—

तब एक विंशति बेर मैं बिन छत्र की पृथिवी रची।
बहु कुंड शोनित सों भरे पितु-तर्पणादि क्रिया सची॥
उबरे जु छत्रिय छुद्र भूतल सोधि-सोधि सँहारिहौं।
अब बाल बृद्ध न ज्वान छाँड़हुँ धर्म निर्दय पारिहौं॥३७॥

शब्दार्थ—एकविंशति=इक्कीस। शोनित=रक्त। सची=की। सोधि-सोधि=खोज-खोज कर। पारिहौं=(पालिहौं) पालन करूँगा।

भावार्थ—तब तो मैंने इक्कीस बार पृथ्वी को निछत्र (राजाहीन) कर दिया, राजाओं को मार-मार कर उनके रक्त से कुण्ड भरे और उसी से पितरों के हेतु तर्पणादि क्रिया की (उस समय कभी-कभी कुछ दया भी करता था, परन्तु अब) इस भूतल में बचे हुए क्षुद्र स्वभाव क्षत्रियों को खोज-खोज कर

मारूँगा और इस धर्म को इतनी निर्दयता से पालूँगा कि बालक, बूढ़ा, अथवा युवा कोई हो, एक को भी न छोड़ूँगा। (यह परशुराम जी की बँदर-घुड़की है)।

(राम) दोहा—

भृगुकुल कमल दिनेश सुनि, जीति सकल संसार।
क्यों चहिहै इन सिसुन पै, डारत हौं यश-भार॥ ३८॥

भावार्थ—(राम जी कहते हैं) हे भृगुवंश रूपी कमल को प्रफुल्लित करने वाले सूर्य, (परशुराम जी) सुनिये, सारे संसार को जीत कर जो विजय-यश आपने पाया है उस यश का भार इन बालकों पर क्यों लादते हैं, वह भार इनसे कैसे चलेगा (क्यों ऐसा करते हो कि ये बालक तुमसे लड़ बैठें और तुम्हें पराजित करके स्वयं विश्वविजयी-विजेता का यश पावें)।

अलंकार—अप्रस्तुतप्रशंसा—(कारजनिबन्धना) और प्रथम चरण में परम्परित रूपक।

(सोरठा) परशुराम—

राम सुबंधु सँभारि, छोड़त हौं सर प्राण हर।
देह हथ्यारन डारि, हाथ समेतन बेगिदै॥ ३९॥

शब्दार्थ—सुबंधु = (स्वबंधु) अपने भाइयों को। हाथ समेतिन = हाथों सहित। बेगिदै = शीघ्रता से।

भावार्थ—हे राम, अपने भाइयों को सँभालो (बचाना चाहते हो तो हटको हमारा अपमान न करें) शीघ्र ही हाथों समेत हथियार फेंक दो नहीं तो मैं प्राणहर बाण छोड़ता हूँ—अर्थात् हथियार रख दो तो केवल हाथ ही काट कर छोड़ दूँगा, यदि ऐसा न करोगे तो मारूँगा।

अलंकार—सहोक्ति।

नोट—इसका सरस्वती उक्तार्थ यों होगाः—परशुराम जी अपने इष्टदेव जी को सहायतार्थ स्मरण करते हैं) हे हर! अपने सुबंधु राम को सँभालो—ये आप ही के मना करने से मानेंगे—इनके बाण से अब मैं प्राण छोड़ता हूँ अर्थात् अब ये मुझे मारना ही चाहते हैं। हे इष्टदेव शंकर! ऐसा करो कि शीघ्र ही इनके हथियार सहित हाथों से हथियार गिर जायँ, जब तक ये सशस्त्र रहेंगे तब तक मुझे भय बना ही रहेगा, अतः इनका कोप शांत करा के हथियार उतरवा

दो (इस प्रार्थना के अनुसार महादेव का आना केशव ने छन्द नम्बर ४३ में आगे वर्णन भी किया है)।

(राम) पद्धटिका—सुनि सकल लोक गुरु जामदग्नि।
तपविशिष अनेकन की जु अग्नि।
सब विशिष छाँड़ि सहिहौं अखंड।
हर धनुष करथो जिन खंड-खंड ॥ ४० ॥

शब्दार्थ—जमदग्नि=जामदग्नि के पुत्र (परशुराम)। तप विशिष= तपस्या के बाण (शाप)। सब विशिष=एक नहीं जितने बाण आपके पास हों।

भावार्थ—हे सर्वलोक गुरु परशुराम जी सुनिये, एक नहीं जितने बाण आपके पास होंगे सब, और समस्त शापों के बाणों की अग्नि, सब एक ही बार हमारे ऊपर छोड़ो। मैं शम्भु धनु भंजनकारी, आपके सब बाणों की अखंडधारा सहन करूँगा—अर्थात् जब मैंने शिवधनु भंग किया है तब मैं दोषी ही हूँ, आप मारिये अथवा शाप दीजिये सब सहना ही होगा, पर मैं आप पर हाथ न उठाऊँगा क्योंकि आप सर्वपूज्य ब्राह्मण हैं। (सरस्वती उक्तार्थ)—जिसने तुम्हारे गुरु हर का धनुष खंडन कर दिया उस पर तुम्हारे समस्त बाणों और शापों का प्रभाव पड़ ही नहीं सकता। इस कथन से राम ने यह जनाया कि तुम्हारे गुरु भी हमारा कुछ नहीं कर सकते तब तुम्हारे बाणों से हमें क्या भय है, तुम बाण चलाओ वे सब निष्फल होंगे।

(परशुराम) मत्तगयन्द सवैया—

बाण हमारेन के तनत्राण विचारि विचारि विरंच करे हैं।
गोकुल, ब्राह्मण, नारि, नपुंसक जे जग दीन स्वभाव भरे हैं॥
राम कहा करिहौ तिनको तुम बालक देव अदेव डरे हैं।
गाधि के नंद तिहारे गुरू जिनते ऋषि वेष किये उबरे हैं ॥४१॥

शब्दार्थ—तनत्राण=कवच, अभेद्य व्यक्ति (जिन पर बाण कुछ प्रभाव नहीं कर सकते)। विचारि=विशेष चार व्यक्ति। गोकुल=गउएँ। नपुंसक= नामरद। अदेव=असुर (राक्षस वा दैत्य)। गाधि के नन्द—विश्वामित्र।

भावार्थ—(परशुधर सगर्व कहते हैं।) हमारे बाणों से अभेद्य रहें ऐसे व्यक्ति तो ब्रह्मा ने विचार कर केवल चार ही बनाये हैं अर्थात् गऊ, ब्राह्मण,

स्त्री और नपुंसक जो इस संसार में अत्यन्त दीन स्वभाव वाले हैं। हे राम! तुम उनसे बचने का क्या उपाय कर सकते हो, मेरे बाणों से सब सुरासुर डरते हैं तुम तो अभी बालक हो (तुम उन्हें किसी प्रकार नहीं सह सकते) यहाँ तक की तुम्हारे गुरु विश्वामित्र ऋषि होने के कारण बच गये हैं।

सूचना—इस गुरुनिंदा श्रीरामजी से सहन न हो सकी, तब परशुराम को पुनः सचेत करने को बोले :—

(राम) छप्पय—

भगन कियो भवधनुप साल तुमको अब सालौं।
नष्ट करौं विधि सृष्टि ईश आसन ते चालौं॥
सकल लोक संहरहुँ सेस सिरते धर डारों।
सप्त सिंधु मिलि जाहि होइ सबही तम भारों॥
अति अमल जोति नारायणी कह केशव बुझि जाय बर।
भृगुनंद सँभारु कुठार मैं कियो सरासन युक्त सर॥ ४२॥

शब्दार्थ—भव धनुष=महादेव का धनुष (पिनाक जिसकी गणना वज्रों में है)। ईश=महादेव। आसन से चालौं=योगासन से डिगा दूँ। धर (धरा)=पृथ्वी। सबही=सर्वत्र। तम=अंधकार। भारो=बड़ी। नारायणीजोति=नारायण का वह अंश जो परशुराम में था। बर=श्रेष्ठ।

विशेष—राम रूप देख कर परशुराम मोहित हो ही चुके थे (देखो छंद नं १८)। जब व्यंग वचनों से परशुराम न समझ सके कि रामावतार हो चुका और उनका समय बीत चुका तब राम जी ने स्पष्ट वचनों का सहारा लिया।

भावार्थ—(रामजी ने कहा कि हे परशुराम, जब बार-बार हम तुमको 'केवल ब्राह्मण' कहते हैं और जताते हैं कि अब तुम में से नारायणी अंश चला गया, तब भी तुम नहीं समझते, तो लो स्पष्ट सुनो) जब मैंने शिवधनु भंग किया, तब भी तुम नहीं समझे अब तुमको दुःख देता हूँ। तब भी नहीं समझ रहे हो (तुम्हें ये बालक चिढ़ा रहे हैं और तुम्हारा परशु नहीं चलता) तो लो सुनो, मैं वह व्यक्ति हूँ कि ब्रह्मा की सृष्टि नष्ट कर दूँ, महादेव को (तुम्हारे गुरु को) योगासन से डिगा दूँ, चौदहों लोकों का संहार कर दूँ, शेष के सिर से पृथ्वी को गिरा दूँ, सात समुद्र मेरी आज्ञा से मिल कर एक हो जायँ (प्रलय का दृश्य उपस्थित कर दूँ,) सर्वत्र भारी अंधकार

हो जाय (यह भी प्रलय का एक दृश्य है)। श्रेष्ठ नारायणावतारी अंश तो तुम में से चला ही गया है, चाहूँ तो तुम में से उस अमल ज्योति का (जो केवल प्राणमात्र के रूप में मौजूद है) अत्यन्ताभाव कर दूं (तुम्हारे प्राण भी खींच लूँ)। हे भृगुनन्द ! अब अपना कुठार सँभालो (ब्राह्मण रूप से जङ्गलों से हवन के लिये केवल लकड़ी काट लिया करो अब तुम्हारे कुठार में दुष्टदलनी शक्ति नहीं रह गई) अब मेरे अवतार का समय है और दुष्ट-दलन कार्य के लिये मैंने धनुष को शरयुक्त किया है—अर्थात् अब दुष्टदलन की जिम्मेदारी मेरे सिर है आप ब्राह्मण की तरह तप में निरत हूजिये।

नोट—स्मरण रखना चाहिये कि इस प्रसंग में राम जी ने परशुराम को भृगुनन्दन, भार्गव, जामदग्न्य इत्यादि शब्दों से ही सम्बोधित किया है जिसका व्यंग यही है कि अब तुम केवल ब्राह्मण हो, नारायणावतार नहीं रहे। अतः उन सब छन्दों में साभिप्राय संज्ञा होने से परिकरांकुर अलंकार मानना अनुचित न होगा।

स्वागत—राम-राम जब कोप करयो जू।
लोक-लोक भय भूरि भरयो जू।
वामदेव तब आपुन आये।
रामदेव दोउन समझाये ॥ ४३ ॥

शब्दार्थ—भूरि = अत्यन्त। वामदेव = श्रीमहादेव जी। राम = श्रीरामचन्द्र जी और श्रीपरशुरामजी।

भावार्थ—जब श्रीरामचन्द्र जी और श्री परशुराम जी दोनों परस्पर क्रुद्ध हुए तो समस्त लोक अत्यन्त भय से परिपूर्ण हो गये (कि अब क्या होगा, इन दोनों के क्रोध से प्रलय तो न हो जायगा), यह दशा देख महादेव जी स्वयं आ उपस्थित हुए और दोनों रामदेवों को समझा बुझाकर शांत किया।

दो०—महादेव को देखि कै, दोऊ राम विशेष।
कीन्हों परम प्रणाम उन, आशिष दीन अशेष ॥४४॥

शब्दार्थ—परम प्रणाम = साष्टांग प्रणाम, ऐसा प्रणाम जैसा शास्त्ररीति से उचित था। अशेष आशिष = उचित आशीर्वाद जैसा आशीर्वाद परशुराम को चेले की हैसियत से उचित था वैसा उनको और जैसा क्षत्रिय राजकुमार की हैसियत से रामचन्द्र को उचित था वैसा उनको।

भावार्थ—सरल ही है।

अलंकार—सम (प्रथम)

(महादेव) चतुष्पदी—

भृगुनंदन सुनिये, मन महँ गुनिये, रघुनंदन निरदोपी।
निजु ये अविकारी, सब सुखकारी, सबही विधि सन्तोपी॥
एकै तुम दोऊ, और न कोऊ, एकै नाम कहाये।
आयुर्बल खूट्यो, धनुप जु टूट्यो मैं तन मन सुख पाये॥ ४५॥

शब्दार्थ—निजु = निश्चय। अविकारी = मायाकृत विकार से रहित अर्थात् ईश्वर। संतोपी = इच्छारहित (यह भी एक ईश्वरीय गुण है)। आयुर्बल खूट्यो = विष्णु के अंशावतार होने का समय (तुम्हारे लिये) व्यतीत हो चुका (अब इस समय से तुम विष्णु के अंशावतार नहीं रहे, अब तुम केवल एक ब्राह्मण मात्र रह गये, ईश्वरांश की समस्त शक्तियाँ श्रीरामचन्द्रजी में केन्द्रीभूत हो गईं)।

भावार्थ—हे भृगुनन्दन! सुनो और मेरे कथन का तात्पर्य मन में अच्छी तरह समझो। इस विपय में श्रीरामजी नितान्त दोषरहित हैं (उन्होंने तुम्हारा या मेरा अपमान करने के लिये धनुप नहीं तोड़ा)। ये निश्चय ईश्वर हैं, सब को सुख देने वाले हैं, सर्व प्रकार इच्छारहित हैं तुम और ये दोनों एक ही हो, कोई दूसरे नहीं, अतः नाम भी एक ही है। अब तुम्हारा समय व्यतीत हो गया (अब तुम अपने को ईश्वरावतार या ईश्वरांशधारी मत समझो वरन् इनको ईश्वरावतार मानो), धनुष के टूटने से मैं अप्रसन्न नहीं वरन् तन मन से सुखी हुआ हूँ (तन से इसलिये सुखी हुआ कि अब पिनाक का भार ढोने से छूटा और मन से इसलिये कि ये ही रामजी मेरे इष्टदेव हैं)।

(महादेव) पद्धटिका—

तुम अमल अनंत अनादि देव,
नहिं वेद बखानत सकल भेव।
सब को समान नहिं वैर नेह,
सब भक्तन कारन धरत देह॥ ४६॥

शब्दार्थ—तुम=परशुराम और श्रीरामचन्द्र दोनों के प्रति संबोधन है—नम्बर ४५ में कहा है "एकै तुम दोऊ"।

भावार्थ—सुगम है।

अलंकार—अतिशयोक्ति और उल्लेख।

मूल—अब आपनपौ पहिचानि विप्र,
सब करहु आगिलो काज छिप्र।
तब नारायण को धनुष जानि,
भृगुनाथ दियो रघुनाथ पानि॥ ४७॥

शब्दार्थ—आपनपौ=यह भाव कि "हम और ये एक ही हैं"। आगिल काज=रामावतार के कर्त्तव्य—वनगमन, सीतावियोग, सिंधु-बंधन, रावणादि-वध। छिप्र=शीघ्र।

भावार्थ—हे विप्र! अब यह जान कर कि तुम दोनों एक ही हो और अब आगे दुष्टों का दमन रामचन्द्र द्वारा होगा (तुम्हारे शरीर द्वारा नहीं) शीघ्र ही आगे का कार्य आरंभ करो (झगड़ा छोड़ो आगे का काम होने दो) ऐसा सुन कर परशुराम जी ने नारायण का धनुष (जो उनके पास था) श्रीरामजी के हाथों में दे दिया (एक तो इसलिए कि दुष्ट-दमन की जिम्मेदारी उनके सिपुर्द कर दो, दूसरे यह कि निश्चय हो जाय कि ये नारायणावतार हैं या नहीं)।

मोटनक—

नारायण को धनु बाण लियो। ऐंच्यो हँसि देवन मोद कियो॥
रघुनाथ कह्यौ अब काहि हनों। त्रयलोक कँप्यों भय मानि घनों॥
दिग्देव दहे बहु बात बहे। भूकम्प भये गिरिराज ढहे॥
आकाश विमान अमान छये। हा-हा सब ही यह शब्द रये॥४८॥

शब्दार्थ—घनो=बहुत अधिक। दिग्देव=दिग्पाल। बात बहे=(व्याकरण से अशुद्ध है) हवा चली। अमान=बे प्रमाण, बहुत से। रये=(रव किया) उच्चारित किया।

भावार्थ—परशुराम के हाथ से श्रीरामचन्द्र ने नारायणी धनुष बाण ले लिये और परशुराम का (परीक्षा का) अभिप्राय समझ कर धनुष पर बाण चढ़ाकर मुस्काते हुए उसे खींचा। यह देख देवगण आनन्दित हुए। (विश्वास

हो गया कि राम नारायणावतार हैं और अब ये रावण को अवश्य मारेंगे)। खींचने के बाद राम जी ने परशुराम से पूछा—कहो किसे मारूँ ? यह देख बड़े भय से त्रिलोक काँप उठा, दिग्दाह होने लगा जिससे दिग्पाल जलने लगे, हवा तेजी से बहने लगी (तूफान सा आ गया), भूकंप हुआ, बड़े-बड़े पर्वत थहरा कर गिर गये, आकाश में असंख्य देवविमान आ कर छा गये और सब के मुख से हाहाकार का शब्द निकलने लगा।

नोट—"मुसकाते हुए खींचा" इसके तीन भाव हैं। एक यह कि बिना परिश्रम ही हँसते-हँसते खींचा। दूसरे यह कि शंकर के वचनों का भी विश्वास न करके तुम हमारी परीक्षा लेते हो अतः तुम्हारी बुद्धि हास्यास्पद है। तीसरे यह कि जिसकी ओर देख श्रीरामजी मुसका देते हैं वह माया में फँस जाता है और उसका सारा ईदिव्य ज्ञान मारा जाता है, ज्ञान मारे जाने से सारी शक्ति लुप्त हो जाती है। रामजी की हँसी को 'तुलसीदास' ने माया रूप ही माना है—जैसे, "माया हास बाहु दिगपाला"—(रामायण—लंका कांड)।

अलंकार—दीपित।

(परशुराम)—शशिवदना—

जगगुरु जान्यो। त्रिभुवन मान्यो।
मम गति मारो। समय विचारो ॥ ४९ ॥

शब्दार्थ—त्रिभुवन मान्यो=त्रिभुवन-पूज्य (यह शब्द 'जगगुरु' का विशेषण है)। गति=शक्ति।

भावार्थ—(परशुराम कहते हैं) हे राम! अब मैंने जाना कि तुम त्रिभुवन-पूज्य जगद्गुरु हो अर्थात् ईश्वरावतार हो। अतः समय का विचार करके (इस समय आपके हाथ से मारकाट का काम होना उचित नहीं क्योंकि आप दूलह वेश में हैं और दूलह के हाथों मारकाट का अमांगलिक कार्य होना उचित नहीं) इस बाण से मेरी ही शक्ति को मारो (मेरा जो यह अहंकार है कि मैं सर्वश्रेष्ठ वीर हूँ इसे ही नष्ट कर दो, जिससे अब मैं निरहंकार ब्राह्मण होकर शांतियुक्त भजन करूँ)।

दो०—विषयी की ज्यों पुष्पशर, गति को हनत अनंग।
रामदेव त्योंही करी, परशुराम गति भंग ॥ ५० ॥

शब्दार्थ—विषयी=लंपट। पुष्पशर=फूल के बाण से। अनङ्ग=कामदेव।

भावार्थ—जैसे विषय लंपट पुरुष की गति को कामदेव फूल के बाण से मार देता है (अर्थात् चोट नहीं दिखाई देती पर उसकी ज्ञानशक्ति नष्ट हो जाती है) उसी तरह उस नारायणी बाण से श्री रामचन्द्र जी ने परशुराम की गति को भंग कर दिया (परशुराम जी का वीरदर्प और ईश्वरांशावतारी होने का ज्ञान दूर कर दिया)।

अलंकार—उदाहरण (देखो, अलंकार मंजूषा' पन्ना १०७। पुष्पशर और अनङ्ग शब्दों के प्रयोग से पुनरुक्तिवदाभास अलंकार स्पष्ट है।

चवपैया—

सुरपति गति भानी, सासन मानी, भृगुपति को सुख भारो।
आसिष रस भीने, सब सुख दीने, अब दसकंठहि मारो॥
अति अमल भये रवि, गगन बढ़ी छबि, देवन मंगल गाये।
सुरपुर सब हरषेहु, पुहुपन बरषे दुंदुभि दीह बजाये॥५१॥

शब्दार्थ—सुरपति=विष्णु। भानी=भंग कर दी। सासन (शासन)=आज्ञा।

भावार्थ—जब श्री रामचन्द्र ने परशुराम जी की आज्ञा मान कर उनकी वैष्णवीगति (विष्णु के अंशावतार की शक्ति) भंग कर दी, तब परशुराम को बड़ा सुख हुआ (इस विचार से कि अब हम दुष्टदलन की जिम्मेदारी से छूटे और इस कार्य का भार रामजी के सिर जा पड़ा) तब राम को आशीर्वाद देकर कहने लगे कि तुमने हमें सब प्रकार से सुखी कर दिया (हमारी जिम्मेदारी अपने सिर लेकर)। अब रावण को आप मारिये (यह काम आप के ही हाथों होना है, हमारे हाथों नहीं) इतनी वार्ता हो जाने पर, सूर्य निर्मल होकर निकल आये, आकाश शोभा युक्त हो गया, देवताओं ने मंगलगान किये, सुरपुर निवासी हर्षित हो उठे, फूल बरसाने लगे और बड़े-बड़े नगारे बजने लगे। (छंद नं० ४८, ४९ में वर्णित अवस्था दूर हो गई)।

दो०—सोवत सीतानाथ के, भृगुमुनि दीन्ही लात।
भृगुकुलपति की गति हरी, मनो सुमिरि वह बात॥५२॥

शब्दार्थ—सीतानाथ=रामजी । (यहाँ) नारायण, भगवान । लात दीन्ही=लात मारी थी । भृगुकुलपति=भृगुकुल में श्रेष्ठ परशुराम । सुमिरि= स्मरण करके । गति हरी=पंग कर दिया ।

भावार्थ—भृगुमुनि ने सोते समय में नारायण को लात मारी थी उसी का स्मरण करके मानो नारायणावतार श्री रामजी ने भृगुकुल में श्रेष्ठ परशुराम जी की गति हरण कर ली (पंगु कर दिया)।

अलंकार—स्मरण, उत्प्रेक्षा, प्रत्यनीक की छटा देखने योग्य है ।

नोट—जो पूज्य को लात मारे उसका पैर तोड़ देना चाहिए । यह शास्त्रोक्त दंड है । रामजी ने मर्यादा रक्षणार्थ भृगुमुनि से अपराध का दंड उनके वंशज परशुराम को दिया ।

मधुभार—दशरथ जगाइ । संभ्रम भगाइ ।
चले रामराइ । दुँदुभि बजाइ ॥५३॥

शब्दार्थ—संभ्रम=संपूर्ण भ्रम ।

भावार्थ—महाराज दशरथ को मूर्छा से जगाकर (परशुराम के आगमन और उनके क्रुद्ध होने से राजा दशरथ मूर्च्छित हो गये थे) और उनका संपूर्ण भ्रम भगाकर (यह कह कर कि परशुराम जी हम से हार गये) नगाड़े बजवा कर श्रीरामजी जी आगे चले ।

सवैया (मत्तगयन्द)—

ताड़का तारि सुबाहु सँहारि कै गौतम नारि के पातक टारे ।
चाँप हत्यो हर को हठि केशव देव अदेव हुते सब हारे ।
सीतहि ब्याहि अभीत चले गिरगर्व चढ़े भृगुनन्द उतारे ।
श्रीगरुडध्वज को धनु लै रघुनन्दन औधपुरी पगुधारे ॥५४॥

शब्दार्थ—गौतमनारि=अहिल्या । हत्यो=तोड़ा । हठि=हठ करके (राजा जनक के मना करते रहने पर) । अदेव=असुर, राक्षसादि । अभीत= निडर होकर । गिरि गर्व चढ़े भृगुनन्द उतारे=परशुराम का घमंड दूर करके । गरुडध्वज=विष्णु ।

भावार्थ—सरल ही है ।

सातवाँ प्रकाश समाप्त

आठवाँ प्रकाश

दो०—या प्रकाश अष्टम कथा, अवध प्रवेश बखानि।
सीता बरन्यो दशरथहि, और बन्धुजन मानि॥

सुमुखी छंद—

सब नगरी बहु सोभ रये। जहँ तहँ मंगलचार ठये।
बरनत हैं कविराज बने। तन मन बुद्धि विवेक सने॥ १॥

शब्दार्थ—रये = रँजित, रंगे हुए। मंगलचार = हर्षसूचक आचार (देखो छन्द न० २, ६, ७)। ठये = ठाने, किये। विवेक सने = विचार-युक्त।

भावार्थ—अयोध्या नगरी के सब स्थान अति शोभा से रंजित हैं (सजावट से सजाये हुए हैं) जहाँ तहाँ हर्षसूचक चिन्ह बनाये गये हैं (तोरण बंदनवार, कदली खंभ, चौक और कलशादि सजाये हैं)। सब लोग नगर की शोभा कविवत् वर्णन कर रहे हैं। सब नगरवासियों के तन, मन और बुद्धि विचार संयुक्त हैं (तन यथोचित वस्त्राभूषण से सुसज्जित हैं, मन उचित हर्ष से प्रफुल्लित हैं, और बुद्धि विवेकयुक्त हैं)।

मोटनक छंद—

ऊँची बहुबर्ण पताक लसैं। मानो पुर दीपति सी दरसैं।
देवी गण व्योम बिमान लसैं। सोभैं तिनके मुख अंचल सैं॥२॥

शब्दार्थ—पताक = पताकाएँ। दीपति = (दीप्ति) छबिछटा। मुख-अंचल = घूँघट।

भावार्थ—नगर के मकानों के ऊपर बहुत ऊँची और अनेक रंगों की पताकाएँ चढ़ाई गई हैं, वे ऐसी शोभा देती हैं मानो नगर की छबि-छटा ही देख पड़ती है अथवा आकाश-विमानों में चढ़कर जो देव स्त्रियाँ आई हैं उनके घूँघटों के समान शोभा देती हैं।

अलंकार—उत्प्रेक्षा।

दो०—कलभन लीन्हें कोट पर, खेलत सिसु चहुँओर।
अमल कमल ऊपर मनो, चंचरीक चितचोर ॥३॥

शब्दार्थ—कलभन = हाथियों के बच्चे। कोट = शहरपनाह की ऊँची दीवार। चंचरीक = भौंरे। चितचोर = मनोहर।

भावार्थ—कोट पर चारों ओर नगर के बालक हाथियों के बच्चों को लिए खेलते हैं। वे हाथी के बच्चे कोट पर ऐसे जान पड़ते हैं मानो मनोहर भौंरे हैं।

अलंकार—उत्प्रेक्षा।

कलहंस—

पुर आठ-आठ दरबार विराजैं। युत आठ-आठ सेना बल साजैं॥
रह चार-चार घटिका परिमानैं। घर जात और जब आवत जानैं॥ ४॥

विशेष—प्राचीन ग्रन्थों में आठ प्रकार के कोट कहे गये हैं। प्रत्येक राजधानी इन आठ कोटों से वेष्ठित रहती थी जिससे शत्रु के आक्रमण से रक्षा होती थी। उनके नाम ये हैं:—(१) अतिदुर्ग, (२) कालधर्म, (३) चक्रावर्त, (४) डिंबुर, (५) तटावर्त, (६) पद्माख्य, (७) यचन्द्र, (८) सार्वर। कालिंजर के किले में अभी इस प्रकार का कुछ-कुछ आभास मिलता है।

शब्दार्थ—पुर आठ = नगर के आठों कोटों में। दरबार = द्वार, फाटक सेनाबल = सिपाही, रक्षक।

भावार्थ—नगर के आठों कोटों में आठों दिशाओं पर फाटक हैं, प्रत्येक फाटक पर आठ-आठ रक्षक हैं जो चार-चार घड़ी वहाँ रहते हैं और जब अन्य रक्षकों को आया हुआ जान लेते हैं तब वे आठ अपने घर जाते हैं। इस प्रकार हिसाब लगाने से अयोध्या नगर के फाटकों के रक्षक ८×८×८×१५ = ७६८० होते हैं।

दो०—आठो दिशि के शील गुण, भाषा भेष विचार।
वाहन बसन विलोकिये, केशव एकहिं वार॥ ५॥

शब्दार्थ—वार = दरवाजा, फाटक (कोट का द्वार)।

भावार्थ—आठों दिशाओं के रक्षकों के स्वभाव, गुण, भाषा, भेष, विचार, वाहन और वस्त्र एक फाटक पर ही देखे जाते थे अर्थात् जैसे सुभाव, गुण

भेष और विचारादि वाले सिपाही एक फाटक पर रहते थे वैसे ही सब फाटकों पर सब की वर्दी, सबके स्वभाव और गुण एक से थे।

कुसुमविचित्रा *—

अति सुभ वीथी रज परिहरे। मलयज लीपी पुह्पन धरे।
दुहु दिसि दीसैं सुबरन मये। कलस बिराजैं मनिमय नये॥ ६॥

शब्दार्थ—वीथी = गलियाँ, रास्ते। रज परिहरे = धूल रहित, स्वच्छ। मलयज = चन्दन। पुह्पन = (पुष्पन) फूल।

भावार्थ—अत्यन्त सुन्दर स्वच्छ धूलरहित गलियाँ हैं वे चन्दन से लीपी हैं और जहाँ तहाँ फूल छीटे हुए हैं। गलियों के दोनों ओर रत्न जटित नवीन सुवर्ण कलश शोभा देते हुए देख पड़ते हैं।

तामरस--

घर-घर घंटन के रव वाजैं। बिच-बिच शंख जु झालरि साजैं॥
पटह पखाउज आउझ सोहैं। मिलि सहनाइन सों मन मोहैं॥ ७॥

शब्दार्थ—झालरि = विजयघंट। पटह = युद्ध का नगाड़ा। पखाउज = मृदङ्ग। आउझ = ताशा।

भावार्थ—सरल ही है।

हरी—सुन्दरि सब सुन्दर प्रति मंदिर पुर यों बनी।
मोहनगिरि शृंगन पर मानहु महि मोहनी॥
भूषनगन भूषित नत भूरि चितन चोरहीं।
देखत जनु रेखत तन बान-नयन कोर हीं॥८॥

शब्दार्थ—रेखत = रेखा करती हैं, खरोंचती हैं अर्थात् घाव करती हैं। नयन कोर = नेत्र की अनी (कटाक्ष)।

भावार्थ—(नगर की स्त्रियाँ आती हुई बरात का जुलूस देखने के लिये अटारियों पर चढ़ी हैं) पुर में प्रति मंदिर पर सुन्दरी स्त्रियाँ अटारियों पर चढ़ी हैं वे ऐसी बनी-ठनी हैं मानो मोहनगिरि पर्वत की चोटियों पर महि-मोहनी देवियाँ हैं (नगर को 'मोहन गिरि' और स्त्रियों को 'महिमोहनी'

---

* कुसुम विचित्रा छन्द का ११ वाँ अक्षर दीर्घ होना चाहिये, पर दसम लघु है। कारण ज्ञात नहीं।

कहकर नगर और स्त्रियों की अति सुन्दरता सूचित की है)। अनेक आभूषणों से उनके शरीर सुसज्जित हैं (इससे उनका धन-सम्पन्न होना सूचित किया) और इतनी सुन्दर हैं कि अनेक जनों के चित्तों को चुरा लेती हैं (मोहित करती हैं) वे जिसकी ओर देख देती हैं मानो कटाक्ष—वाणसम नेत्रों की अनी से—उसके शरीर पर रेखा सी करती हैं। (घाव करती हैं)

अलंकार—उत्प्रेक्षा।

सुन्दरी—संकर-सैल चढ़ी मन मोहति।
सिद्धन की तनया जनु सोहति॥
पद्मन ऊपर पद्मिनि मानहु।
रूपन ऊपर दीपति जानहु॥ ६॥
कीरति श्री जयसंयुत सोहति।
श्रीपति मंदिर को मनमोहति॥
ऊपर मेरु मनो मन रोचन।
स्वर्णलता जनु रोचति लोचन॥ १०॥

शब्दार्थ—संकर सैल = कैलाश पर्वत। पद्मिनि = लक्ष्मी। श्रीपतिमंदिर = वैकुंठ। मनरोचन = मनोहर। रोचति = सुहावनी लगती है।

भावार्थ—(अटारियों पर चढ़ी हुई स्त्रियों के लिये केशव जी उत्प्रेक्षा माला लिखते हैं) वे स्त्रियाँ कैसी शोभती हैं मानो कैलाश पर चढ़ी हुई सिद्ध-कन्यायें (शंकर का) तन मोहित कर रही हैं (अथवा) मानो कमलों पर लक्ष्मियाँ हैं, वा रूप पर छटायें हैं ॥६॥ या कीर्तिश्री जयश्री के साथ हैं जो वैकुंठ का भी मन मोहती हैं, या मनोहर मेरु पर्वत पर मानो नेत्रानंददायिनी सुवर्ण लताएँ हैं ॥१०॥

अलंकार—उत्प्रेक्षामाला।

विशेषक (इसे 'नील' और 'अश्वगति', भी कहते हैं)—
एक लिए कर दर्पण चंदन चित्र करे।
मोहति है मन मानहु चाँदनि चंद धरे॥
नैन विशालनि अम्बर लालनि ज्योति जगी।
मानहु रागिनि राजति है अनुराग रँगी॥ ११॥

नील निचोलन को पहिरे यक चित्त हरै।
मेघन की दुति मानहु दामिनी देह धरै ॥
एकन के तत सूछम सारि जराय जरी।
सूर करावलि सी जनु पद्मिनि देह धरी ॥ १२ ॥

शब्दार्थ—अंबर=वस्त्र। अनुराग=प्रेम (इसका रंग लाल माना गया है)। निचोलन=वस्त्र। दुति=कान्ति। सूछम=बारीक, महीन। सारि=साड़ी जराय=जरी जरदोजी काम की (जिस पर सल्मे, सितारे का काम हो)। सूर करावलि=सूर्य की किरणों का समूह। पद्मिनी=कमलिनी।

भावार्थ—(अटारी पर चढ़ी हुई स्त्रियों में से) कोई हाथ में दर्पण लिए हुए और अपने शरीर में चंदन लगाए हुए है वह ऐसी जान पड़ती है मानों चाँदनी चन्द्रमा को हाथ में लिये हुए देखने वालों के मन को मोहित कर रही है (चाँदनी सम स्त्री, चन्द्रमा सा दर्पण, सफेद वस्त्र धारण किये हुए स्त्री का वर्णन है)। कोई स्त्री बड़े नेत्रों और लाल वस्त्रों की ज्योति से जगमगा रही है, मानों अनुराग से रंगी हुई कई रागिनी ही शोभित है ॥११॥ कोई स्त्री नीलाम्बर धारण किए हुए मन को मोहती है, मानों बिजली ही ने मेघकान्ति को अपने शरीर पर धारण किया है। किसी स्त्री के तन पर जरी की बारीक साड़ी है, वह ऐसी शोभा देती है मानों कमलिनी ने सूर्य-किरण-समूह को शरीर पर धारण किया हो ॥ १२ ॥

अलंकार—उत्प्रेक्षा।

तोटक—

वरषै कुसुमावलि एक घनी। सुभ-सोभन कामलता सी वनी ॥
वरषा फल फूलन लायक की। जनु हैं तरुनी रतिनायक की ॥१३॥

शब्दार्थ—एक=कोई स्त्री। सुभ-सोभन=अत्यन्त रूपवती। कामलता=अत्यन्त सुन्दर लता।। फल=पुंगी फलादि। लायक (लाजत)=लावा (मखाने के अथवा धान का लावा) रतिनायक=कामदेव।

भावार्थ—कोई स्त्री अत्यन्त सुन्दर कामलता सी बनी पुष्प वर्षा कर रही है। कोई फल फूल और लावों की वर्षा कर रही है, वह ऐसी सुन्दर है मानों कामदेव की स्त्री (रति) ही हो। तात्पर्य यह कि अटारी पर चढ़ी हुई सुन्दर स्त्रियाँ फल, लावा इत्यादि मंगल सूचक वस्तुओं की वर्षा कर रही हैं।

अलंकार उत्प्रेक्षा।

दो०—भीर भये गज पर चढ़े, श्री रघुनाथ विचारि।
तिनहि देखि बरनत सबै, नगर नागरी नारि ॥१४॥

शब्दार्थ—नागरी = चतुर।

भावार्थ—सरल ही है।

तोटक—

तमपुंज लियो गहि भानु मानो। गिरि अंजन ऊपर सोम भनो॥
मनमत्थ विराजत सोभ तरे। जनु भासत दानहि लोभ धरे॥१५॥

शब्दार्थ—गिरिअंजन = कज्जलगिरि। सोम = चन्द्रमा। मनमत्थ = कामदेव। शोभ = शोभा। तरे = नीचे। धरे = धारण किये हुए, सिर पर लिये हुए।

भावार्थ—(भीड़ अधिक होने से जब श्रीरामजी हाथी पर चढ़ कर चले तब हाथी पर सवार श्रीराम जी का वर्णन वे स्त्रियाँ यों करने लगीं)। मानों तम समूह ने सूर्य को पकड़ लिया हो। (रामजी सूर्य, तमपुंज हाथी)। अथवा कज्जलगिरि पर चन्द्रमा है ऐसा कहिए (राम जी चन्द्र कज्जलगिरि हाथी) अथवा लोभ दान को मस्तक पर धारण किए हुए देख पड़ता है (हाथी काला होने से लोभ सम, और श्री राम जी सुन्दर होने से दान सम हैं)।

अलंकार—उत्प्रेक्षा माला।

मरहट्टा—

आनन्द प्रकाशी सब पुरवासी करत ते दौरादौरी।
आरती उतारैं सरवसु वारैं अपनी अपनी पौरी॥
पढ़ि मन्त्र अशेषनि करि अभिषेकनि आशिष दै सविशेषै।
कुंकुम करपूरनि मृगमद चूरनि बर्षति वर्षा वेषै॥१६॥

शब्दार्थ—आनन्द प्रकाशी = आनन्द प्रकाशित करनेवाले। पौरी = दरवाजा। अशेषनि (अशेष) = समस्त सब प्रकार के। अभिषेकनि = मन्त्रों द्वारा जल छिड़कना। आशिष = असीस, दुआ। सविशेषै = विशेष रीति से, बड़े प्रेमभाव से। कुंकुम = केसर। करपूर = कपूर। मृगमद = कस्तूरी। चूर = चूर्ण।

भावार्थ—आनन्द प्रकाशित करने वाले समस्त पुरवासी जन इधर उधर दौड़ धूप कर रहे हैं। अपने-अपने द्वार पर पहुँचने पर वे श्रीराम जी की आरती करते हैं और अपना सर्वस्व (तन, मन धन) निछावर कर डालते हैं। समस्त मंत्र पढ़ कर शुभकामना सूचक मंत्रजल से अभिषेक करते हैं और बड़े प्रेम से आशीर्वाद देते हैं; केसर, कपूर और कस्तूरी का चूर्ण वर्षा की तरह बरसाते हैं।

अलंकार—अत्युक्ति।

आभीर—यहि विधि श्रीरघुनाथ। गहे भरत को हाथ॥
पूजित लोक अपार। गये राज-दरबार॥१७॥
गये एक ही बार। चारो राज-कुमार॥
सहित वधून सनेह। कौशल्या के गेह॥१८॥

शब्दार्थ—पूजित लोक अपार=अनेक लोगों से पूजित होते हुए। दरबार=द्वार। सहित वधून=दुलहिनों सहित। सनेह=(स+नेह) प्रेम पूर्वक।

भावार्थ—सुगम ही है।

पद्मावती—

बाजे बहु बाजैं, तारनि साजैं सुनि सुर लाजैं दुख भाजैं।
नाचैं नवनारी, सुमन सिंगारी, गति मनुहारी, सुख साजैं॥
बीनानि बजावैं, गीतनि गावैं, मुनिन रिझावैं मन भावैं।
भूषन पट दीजै, सब रस भीजै, देखत जीजै, छवि छावैं॥१९॥

शब्दार्थ—तार=उच्चस्वर। तारनि साजैं=उच्चस्वर से गाते हैं। भूषण पट दीजै=भूषण और वस्त्र देते हैं। सब रस भीजै=सब पुरवासी लोग प्रेमयुक्त होकर। देखत जीजै=जिनको देख-देख कर लोग जीते हैं (ऐसे सुन्दर हैं जिनको देखने के लिये लोग कुछ दिन और जीवित रहना चाहते हैं)। भूषणपट......छावैं=वे नाचने गाने वाली नटिनियाँ चेड़िनियाँ ऐसी सुन्दर हैं कि लोग उनको देख-देख कर जीते हैं और प्रेमयुक्त होकर उन्हें भूषण और वस्त्र पुरस्कार में देते हैं।

भावार्थ—सुगम ही है।

सो०—रघुपति पूरण चन्द, देखि देखि सब सुख मढ़ैं।
दिन दूने आनन्द, ता दिन ते तेहिं पुर बढ़ैं ॥२०॥

शब्दार्थ—दिन = प्रतिदिन।

विशेष—तुलसीदास ने भी ऐसा ही कहा है : जबतें राम ब्याहि घर आये। नित नव मंगल मोद बधाये।

(आठवाँ प्रकाश समाप्त)

बालकाण्ड की कथा सम्पूर्ण।

नवाँ प्रकाश

(अयोध्याकांड)

दो०—यह प्रकाश नवमें कथा, राम गमन बन जानि।
जनकनंदिनी को सुकृत, बरनन रूप बखानि॥
रामचन्द्र लछिमन सहित, घर राखे दशरत्थ।
विदा कियो ननसार को, सँग शत्रुघ्न भरत्थ॥१॥

शब्दार्थ—ननसार=(नान-शाला) ननिहाल, ननिऔरा।

भावार्थ—सरल ही है

तोटक—

दसरत्थ महा मन मोद रये। तिन बोलि वशिष्ठ सों मंत्र लये।
दिन एक कहो सुभ सोभ रयो। हम चाहत रामहिं राज दयो॥२॥

शब्दार्थ—मोद रये=मोद से रंजित, मुदित। मंत्र लये=सलाह की। सोभ रयो=सुन्दर।

भावार्थ—सरल ही है।

मूल—

यह बात भरत्थ की मातु सुनी। पठऊँ बन रामहिं बुद्धि गुनी॥
तेहि मंदिर मों नृप सों बिनयो। वर देहु हुतो हमको जु दियो॥३॥
नृप बात कही हँसि हेरि हियो। वर माँगि सुलोचनि मैंजु दयो॥
(कैकेयी) नृपता सु विसेस भरत्थ लहैं। बरषैं बन चौदह राम रहैं॥४॥

शब्दार्थ—हेरि हियो=गौर करके, अपने दिए हुए वचन को स्मरण करके।

भावार्थ—सरल ही है।

पद्धटिका—यह बात लगी उर वज्र तूल।
हिय फाट्यो ज्यौं जीरन दुकूल॥
उठि चले विपिन कहँ सुनत राम।
तजि तात मातु तिय बन्धु धाम॥ ५॥

शब्दार्थ—तूल=तुल्य, समान। जीरन दुकूल=पुराना कपड़ा। विपिन=वन।

भावार्थ—सरल ही है।

वसंततिलका—छूटे सबै सबनि के सुख छुत्पिपास।
विद्वद्विनोद गुण, गीत बिधान, बास॥
ब्रह्मादि अंत्यजन अंत अनंत लोग।
भूले अशेष सविशेषनि राग भोग॥ ६॥

शब्दार्थ—क्षुत्पिपास=भूख-प्यास। विद्वद्विनोद=विद्याविनोद, शास्त्रार्थ इत्यादि। गुण=विद्या का अभ्यास। गीत बिधान=गाना बजाना, नृत्य इत्यादि। बास=घर। ब्रह्मादि अंत्यजन अंत=ब्राह्मणों से लेकर पतित शूद्रों तक। अशेष=सब। सविशेषनि=विशेष रूप से, बिल्कुल, अत्यंत। राग=प्रेम। भोग=सुख भोग इत्यादि।

भावार्थ—(राम के वन गमन की खबर सुन कर) सब लोगों को सब प्रकार के सुख भोग भूल गये, भूख प्यास भी जाती रही, पण्डित लोगों को शास्त्रार्थ विनोद, विद्याभ्यास (पठन-पाठन) भूल गया। गायक लोग गान वाद्यादि का व्यसन भूल गये, यहाँ तक कि लोगों को अपने-अपने घर-द्वार की भी सुधि भूल गई। ब्राह्मणों से लेकर पतित शूद्रों तक असंख्य लोगों को सब प्रकार के सुख और आनन्दप्रद भोगविलास अत्यन्त भूल गये—अर्थात् सब लोग दुखी हो उठे कि यह क्या हुआ।

मोतियदाम—गये तहँ राम जहाँ निज मात।
कही यह बात कि हौं वन जात॥

कछू जनि जी दुख पावहु माइ।
सुदेहु असीस मिलौं फिरि आइ ॥ ७ ॥
(कौशल्या)—रहौ चुप ह्वै सुत क्यों बन जाहु।
न देखि सकैं तिनके उर दाहु ॥
लगी अब बाप तुम्हारेहि वाय।
करैं उलटी विधि क्यों कहि जाय ॥ ८ ॥

शब्दार्थ—न देखि...दाहु=जो तुम्हें सुखी नहीं देख सकते (तुम्हारा राज्याभिषेक जिन्हें न भावे) ईश्वर उनके हृदय जला दे तो अच्छा हो। लगी......वाय=तुम्हारे पिता जी अब (इस अवस्था में) बावले हो गये हैं अर्थात् सठिया गये हैं—उनके वचन प्रामाणिक नहीं। विधि=रीति, कार्य।

भावार्थ—सरल ही है।

(पुत्र-धर्म वर्णन)

(राम) ब्रह्मरूपक* —

अन्न देइ सीख देइ राखि लेइ प्राण जात।
राज बाप मोल लै करै जु पोपि दाह गात ॥
दास होय पुत्र होय शिष्य होइ कोइ माइ।
सासना न मानई तो कोटि जन्म नर्क जाइ ॥ ९ ॥

शब्दार्थ—सासना=(शासन) आज्ञा। नर्क=नरक।

भावार्थ—सरल ही है।

(कौशल्या) सारवती—

मोहि चलौ बन संग लिये। पुत्र तुम्हैं हम देखि जिये।
औधपुरी महँ गाज परै। कै अब राज्य भरत्थ करै ॥१०॥

(नारि-धर्म वर्णन)

(राम) तोमर—

तुम क्यों चलौ बन आजु। जिन सीस राजत राजु ॥
जिय जानिये पतिदेव। करि सर्व भाँतिन सेव ॥ ११ ॥

*हाल के पिंगलों में इसका नाम 'चंचला' है।

पति देइ जो अति दुःख। मन मानि लीजै सुक्ख ॥
सब जगत जानि अमित्र। पति जानि केवल मित्र ॥१२॥

अमृतगति—

नित पति पंथहि चलिये। दुख सुख का दलु दलिये।
तन मन सेवहु पति को। तब लहिये सुभ गति को ॥१३॥

स्वागता—(यह छन्द एक प्रकार की 'चौपाई' है)

जोग जाग व्रत आदि जु कीजै। न्हान, गानगुन, दान जु दीजै ॥
धर्म कर्म सब निष्फल देवा। होहि एक फल कै पति सेवा ॥१४॥
तात मातु जन सोदर जानौ। देव जेठ सब संगिहु मानौ ॥
पुत्र पुत्रसुत श्री छवि छाई। हैं विहीन भरता दुख दाई ॥१५॥

शब्दार्थ—(छन्द १२) अमित्र=अहितु। मित्र=हितैषी। (छन्द १४) गानगुन=गुणगान (ईश्वर भजन)। देवा=देव पूजन। (छन्द १५) देव=देवर। पुत्रसुत=पौत्र। विहीन=बिना।

भावार्थ—छन्द ११ से १५ तक का अर्थ सरल ही है।

कुंडलिया—

नारी तजै न आपनो सपने हू भरतार।
पंगु गुंग बौरा बधिर अंध अनाथ अपार ॥
अंध अनाथ अपार वृद्ध बावन अति रोगी।
बालक पंडु कुरूप सदा कुबचन जड़ जोगी ॥
कलही कोढ़ी भीरु चोर ज्वारी व्यभिचारी।
अधम अभागी कुटिल कुमति पति तजै न नारी ॥१६॥

शब्दार्थ—और भावार्थ—सरल ही है

पंकजवाटिका—(यह भी चौपाई ही है)

नारि न तजहिं मरे भरतारहिं। ता सँग सहहि धनंजय झारहिं।
जो केहु विधि करतार जियावहिं। तो केहि कहँ यह बात बतावहिं ॥१७॥

शब्दार्थ—धनंजय=अग्नि। करतार=ईश्वर। बात=आचार-शिक्षा।

भावार्थ—स्त्री को चाहिये कि वह मर जाने पर भी अपने पति को न छोड़े। उसी के साथ अग्नि की झार सहन करे (सती हो जाय)। यदि किसी

कारणवश ईश्वर ऐसा संयोग ला दे कि पति की मृत्यु के बाद भी उसे जीवित रहना पड़े (किसी धर्मकृत्य के अनुरोध से—यथा पति का अंतिम संस्कार करना वा पुत्रपालन इत्यादि) तो उसके लिये यह आचार-शिक्षा बतलाई गई है।

अलंकार—मुद्रा।

नोट—आगे होने वाली बात का आभास चतुर कवि पहले से श्रीराम के मुख से दिलाता है। यह केशव का कौशल है।

(विधवा धर्म-वर्णन)

(राम) निशिपालिका—

गान बिन मान बिन हास्य बिन जीवहीं।
तप्त नहिं खाय जल सीत नहिं पीवहीं॥
तेल तजि खेल तजि खाट तजि सोवहीं।
सीत जल न्हाय नहिं उष्ण जल जोवहीं॥ १८॥
खाय मधुरान्न नहिं पाय पनही धरैं।
काय मन वाच सब धर्म करिबो करैं॥
कृच्छ्र उपवास सब इन्द्रियन जीतहीं।
पुत्र सिख लीन तन जौंलगि अतीतहीं॥ १९॥

शब्दार्थ—मधुरान्न=मिठाई। पनही=पादत्राण। कृच्छ्र उपवास= चांद्रायण व्रत इत्यादि, शरीर को कृश करने वाले वा कष्ट देने वाले उपवास। ऐसे व्रतों में एक दिन पहिले पंचगव्य का प्राशन किया जाता है, दूसरे दिन व्रत किया जाना है। पुत्र सिख लीन=पुत्र की आज्ञा के अनुसार रहते हुए। अतीतहीं=छोड़े, त्याग करे।

भावार्थ—न स्वयं गावे न गान सुने, किसी से सम्मान पाने की इच्छा न करे, किसी से परिहास न करे, गर्म वस्तु न खाय, पानी को ठंडा कर न पिये (जैसा मिल जाय वैसा ही पिये), तेल न लगावे, किसी क्रीड़ा में सम्मिलित न हो, खटिया पर न सोवे, ठंडे पानी से स्नान करे, गर्म जल की तलाश न करे॥ १८॥ मीठा भोजन न करे, पैर में पनही न पहिने। मन, वचन, कर्म से धर्म-कार्य ही किया करे। शरीर को कष्ट देने वाले व्रत करके इन्द्रियों को

जीते। पुत्र की आशा में रहें, जब तक शरीर न छूटे तब तक इस प्रकार जीवन व्यतीत करे ॥ १६ ॥

दो०—पति हित पितु पर तनु तज्यो, सती साखि दै देव।
लोक लोक पूजित भई, तुलसी पति की सेव ॥२०॥
मनसा वाचा कर्मणा, हमसों छाड़हु नेहु।
राजा को विपदा परी, तुम तिनकी सुधि लेहु ॥ २१ ॥

नोट—सती (दक्षकन्या) और तुलसी (वृन्दा) कथाएँ प्रसिद्ध हैं।

शब्दार्थ—विपदा=आफत, कष्ट। सुधि लेहु=सारसँभार करो।

भावार्थ—सरल ही है।

(राम-जानकी-संवाद)

पद्धटिका—

उठि रामचन्द्र लक्ष्मण समेत। तब गये जनक-तनया निकेत ॥
सुनि राजपुत्रिके एक बात। हम बन पठये हैं नृपति तात ॥२२॥
तुम जननि सेव कहँ रहहु वाम। कै जाहु आजु ही जनक धाम ॥
सुनि चन्द्रवदनि गजगमनि एनि। मन रुचै सो कीजै जलजनैनि ॥२३॥

शब्दार्थ—एनि = (एणी) कस्तूरी-मृगी (यह मृगी बहुत सुन्दर होती है। कद छोटा, पर आँखें बहुत बड़ी-बड़ी और सुन्दर होने से बहुत प्यारी सूरत की होती है अतः यहाँ पर अर्थ होगा) सुन्दरी, प्यारी।

भावार्थ—सरल ही है।

(सीता) नराच—

न हौं रहौं न जाँहु जू बिदेह धाम को अबै।
कही जु बात मातु पै सु आजु मैं सुनी सबै ॥
लगै छुधाहि माँ भली विपत्ति माँझ नारिये।
पियास-त्रास नीर बीर युद्ध में सँभारिये ॥ २६ ॥

शब्दार्थ—विदेह-धाम=जनकपुर। छुधाहि = भूख में। माँ=माता। पियास-त्रास=पियास की त्रास। बीर=योद्धा या भाई।

भावार्थ—(सीता जी कहती हैं) न तो मैं अयोध्या में रहूँगी, न अभी मैं जनकपुर जाऊँगी। जो बात अभी आपने माता जी से कही है वह मैंने

सत्र सुनी है। भूख के समय माता ही अच्छी लगती है, विपत्ति में स्त्री ही अच्छी सेवा-शुश्रूषा करती है, पियास में पानी ही अच्छा काम देता है और युद्ध के समय भाई ही (या योद्धा) काम आता है, अतः ऐसे समयों के लिये इन्हीं व्यक्तियों को सँभाल कर साथ रखना चाहिये।

नोट—भावी राम-रावण-युद्ध का तथा लक्ष्मण द्वारा अच्छी सहायता प्राप्त होने का आभास यहीं से कुशल कवि ने सीता जी के मुख से दिला दिया :—

"विपत्ति माँझ नारिये"—"नारिये माँझ विपत्ति" शब्द भी आगे की लीला का आभास दे रहे हैं। केकई द्वारा वनगमन की विपत्ति पड़ी, आगे सूर्पणखा और सीता द्वारा विपत्तियाँ आवेंगी। विपत्ति से उद्धार पाने के उद्योग में नारियाँ ही (सुरसा, सिंहिका, लंका इत्यादि) बाधा डालेंगी। आगे स्त्री ही द्वारा विपत्ति हटेगी अर्थात् कपियों द्वारा मंदोदरी के केशकर्षण को देख कर रावण का यज्ञ भंग होगा जिससे रावण मारा जायगा और विपत्ति हटेगी। फिर सीतात्याग द्वारा पुनः विपत्ति आवेगी, इत्यादि कथाओं का आभास इन तीन शब्दों में भरा है।

'हैमलेट' और 'शकुन्तला' में इसी प्रकार के आभासों के लिए शेक्सपियर और कालिदास की कुशलता की प्रशंसा करते हुए अनेक अँगरेजी आलोचकों की जबान घिस गई। वे लोग देखें कि हिन्दी कवियों में भी वही योग्यता मौजूद है और बहुत अधिक मात्रा में है। हमारे चतुर साहित्यकारों ने इस कुशलता के प्रदर्शन के लिए अलंकार शास्त्र में 'मुद्रा' नामक अलकार की रचना आदि काल से कर रखी है।

अलंकार—मुद्रा।

(लक्ष्मण) सुप्रिया वा शशिकला—

वन महँ विकट विविध दुख सुनिये।
गिरि गह्वर मग अगमहिं गुनिये॥
कहुँ अहि हरि कहुँ निशिचर चरहीं।
कहुँ दव दहन दुसह दुखसरहीं॥ २५॥

शब्दार्थ—गह्वर = अंधकारमय गूढ़ स्थान। हरि = सिंह, बाघ, बंदर। दव-दहन = दावाग्नि। शर = मूँज, सरकंडा, सरपत (मुँज, वन)।

भावार्थ—(लक्ष्मण जी सीताजी को वन के दुःख बतलाते हैं) हे वैदेही! सुनिये, वन में विविध प्रकार के कठिन दुःख होते हैं। कहीं पर्वत हैं, कहीं तमावृत्त गहरे गड्ढे हैं जहाँ चलना अगम ही है, इस बात को आप भली भाँति समझ लीजिये। कहीं सर्प, कहीं सिंह, कहीं निशिचर (चोर) विचरते हैं। कहीं दावाग्नि लगती है, कहीं मुँज वन में दुसह दुःख सहने पड़ते हैं (उसे पार करते समय शरपत्र से शरीर चिर जाता है।)

नोट—इसमें भी हरि (बंदर) और निशिचर शब्दों से भावी घटनाओं का आभास मिलता है।

अलंकार—स्वभावोक्ति।

(सीता) दंडक—

केसौदास नींद भूख प्यास उपहास त्रास,
दुख को निवास विप मुखहू गह्यौ परै।
वायु को वहन दिन दावा को दहन,
वड़ी बाड़वा अनल ज्वालजाल में रह्यौ परै।
जीरन जनमजात जोर जुर घोर परि-पूरन,
प्रगट परिताप क्यौं कह्यौ परै,
सहिहौं तपन ताप पर के प्रताप रघुवीर,
को विरह बीर! मो सौं न सह्यौ परै॥ २६॥

शब्दार्थ—उपहास=निन्दामय हँसी (अन्य जनों की)। वहन=झोंका। दिन=प्रतिदिन। दहन=जलन (ताप)। जीरन जोर जुर घोर=अत्यन्त जोरदार और भयंकर ज्वर। जनम जात जोर जुर घोर=आजीवन रहने वाला कठिन और भयंकर ज्वर। ('जोर और जुर' का अन्वय 'जीरन' और 'जनमजात' दोनों श दों के साथ करना चाहिये)। परि पूरन......परै=जिनका पूरा दुःख किसी तरह कहा नहीं जा सकता—अत्यन्त कठिन और भयंकर। तपनताप=सूर्य की धूप। पर के प्रताप=शत्रु द्वारा दिये गये कठिन दुःख। बीर=भाई।

नोट—इस छन्द के तीसरे तथा चौथे चरणों में विरति भंग दोष स्पष्ट है।

भावार्थ—(सीता जी लक्ष्मण के प्रति कहती हैं) मैं नींद, भूख, प्यास, निंदासूचक (अन्य जनों की) हँसी, त्रास सह सकूँगी, यहाँ तक कि सर्व दुःखदायी विष भी खा सकती हूँ। वायु के कठिन झोंके, दावानल की लपटें सह लूँगी, यहाँ तक कि अगर बड़वानल की ज्वालाओं में रहना पड़े तो रह सकूँगी। अत्यन्त कठिन और भयंकर तथा आजीवन रहने वाले जीर्ण ज्वर जिसका पूर्ण भयंकर प्रभाव कहा नहीं जा सकता, सह लूँगी। सूर्य की गर्म धूप और शत्रुकृत अपकार दुःख सह लूँगी, पर हे वीर ! श्रीरघुवीर का विरह मुझसे नहीं सहा जा सकता।

नोट—इसमें 'रघुवीर' और 'वीर', शब्द बड़ा मजा दे रहे हैं। भाव यह है कि मैं एक वीर की पत्नी और एक वीर की भौजाई हूँ। मुझे तुम वन के दुःखों से डरवाना चाहते हो, अगर मैं डर जाऊँ तो तुम्हारी वीरता में कलंक लग जायगा, अतः मेरा साथ चलना ही अच्छा है। मैं इतने कष्ट सहन कर सकती हूँ, मुझे तुमने समझ क्या रक्खा है ?

अलंकार—अनुप्रास, परिकर।

(राम-लक्ष्मण संवाद)

(राम) विशेषक—

धाम रहो तुम लक्ष्मण राज की सेव करो।
मातन के सुनि तात ! सुदीरघ दुःख हरो॥
आय भरत्थ कहाँ धौं करैं जिय भाय गुनो।
जो दुख देयँ तो लै उर गौं यह सीख सुनो॥ २७॥

शब्दार्थ—सेव=सेवा। भाय=भाव। गुनो=खूब ध्यान से समझो। लै उर गौं= गौं से उसे हृदय पर ले लो (सहन कर लो)।

भावार्थ—(राम जी लक्ष्मण के प्रति कहते हैं) हे लक्ष्मण ! (हम तो वन को जाते हैं) तुम घर पर रहो, और राजा (दशरथ) की सेवा करो (वे इस समय बीमार हैं और दोनों लघु भ्राता भी यहाँ मौजूद नहीं हैं।) और हे तात ! सुनो, माताओं के दीर्घ दुःख भी हरना (किसी माता को दुःख न होने पावे) न जाने भरत आकर (और राज्य पाकर) क्या करें। पर जो कुछ वे करें उसका भाव खूब गौर से समझते जाना। जो माताओं को, राज्य

को वा तुमको दुःख दें, तो भी तुम गौं से (चुपचाप) सह लेना; यही हमारी शिक्षा है—इसे ध्यान में रखना।

नोट—श्रीराम जी लक्ष्मण के उग्र स्वाभाव को खूब जानते थे। अतः यही उचित शिक्षा दी, जिससे भाइयों में बैर-विरोध न हो।

(लक्ष्मण) दो०—

शासन मेटो जाय क्यों, जीवन मेरे हाथ।
ऐसी कैसे बूझिये, घर सेवन वन नाथ॥ २८॥

भावार्थ—(लक्ष्मण जी राम जी से कहते हैं कि) बहुत अच्छा ! आप की आज्ञा कैसे भंग की जा सकती है (आप की आज्ञा से घर पर रह जाता हूँ) पर जीना या न जीना यह तो मेरे हाथ है, क्यों यह कैसे उचित समझा जा सकता है कि सेवक तो घर में रह कर आनन्द उड़ावै और मालिक वन-वन भटकता फिरे। भाव यह कि यदि आप आज्ञा के बल मुझे घर पर ही रखेंगे तो मैं आत्महत्या करूँगा और अपने प्राणों को आप की सेवा में रखूँगा।

(वन-गमन वर्णन)

द्रुतविलंबित—विपिन मारग राम विराजहीं।
सुखद सुन्दरि सोदर भ्राजहीं॥
विविध श्रीफल सिद्ध मनों फलो।
सकल साधन सिद्धिहि लै चलो॥२९॥

शब्दार्थ—श्री=शोभा। फल=तपस्या के फल, साधन=संयम, नियम, ध्यानादि सिद्धजनों के कर्तव्य। सिद्ध=अष्ट सिद्धियाँ (अणिमा, महिमा, गरिमा, लघिमा, प्राप्ति, प्राकाम्य, इशित्व और वशित्व)।

भावार्थ—राम जी वन मार्ग से जाते हुए शोभा पा रहे हैं, साथ में सुखप्रद पत्नी (सीता) और भाई लक्ष्मण भी शोभा दे रहे हैं। ऐसा जान पड़ता है मानो कोई सिद्धपुरुष (महात्मा योगी) अपनी तपस्या में सफल होकर शोभा पा रहा है और अपने सब साधनों और प्राप्त सिद्धियों को समेट कर अपने घर जा रहा है (राम जी सिद्ध हैं, लक्ष्मण साधन हैं, सीता जी एकत्रभूत सिद्धियाँ हैं)।

अलंकार—उत्प्रेक्षा।

दो०—राम चलत सब पुर चल्यो, जहँ तहँ सहित उछाह।
मनों भगीरथ पथ चल्यो, भागीरथी प्रवाह ॥३०॥

भावार्थ—राम के चलते ही जहाँ-तहाँ से समस्त पुरवासी जन भी बड़े उत्साह से नगर छोड़कर उनके पीछे चले मानो राजा भगीरथ के पीछे गंगा की धारा बह चली हो।

अलंकार—उत्प्रेक्षा।

चंचला—रामचन्द्र धाम तें चले सुने जबै नृपाल।
बात को कहै सुने सु ह्वै गये महा बिहाल ॥
ब्रह्मरंध्र फोरि जीव यों मिल्यो जुलोक जाय।
गेह तूरि ज्यों चकोर चन्द्र में मिलै उड़ाय ॥३१॥

शब्दार्थ—नृपाल=राजा दशरथ। बिहाल=व्याकुल। ब्रह्मरंध्र=मस्तक पर का वायु ब्रह्मांड, नवमद्वार। जुलोक (द्युलोक)=सुरलोक, बैकुन्ठ। गेह=पिंजरा।

भावार्थ—जब राजा ने सुना कि रामजी घर से वन को प्रस्थान कर गये, तब इतने व्याकुल हो गये कि उन्हें किसी से कुछ बातचीत करने की शक्ति न रही। तदनन्तर ब्रह्मांड फोड़कर उनके प्राण सुरलोक को इस प्रकार चले गये जैसे पिंजरा तोड़कर चकोर उड़कर चन्द्रमा से जा मिलता है।

अलंकार—उदाहरण।

चित्रपदा - रूपहिं देखत मोहैं ईश! कहो नर को हैं?
संभ्रम चित्त अरूझैं! रामहि यों सब बूझैं ॥३२॥

भावार्थ—(पंथ में जाते हुए) राम, लक्ष्मण, सीता को देख कर लोग मोहित होते हैं। मन में विचार करते हैं कि हे भगवान्! ये कौन नर हैं (कहाँ के रहने वाले और किसके पुत्र हैं) जब कुछ निश्चित नहीं कर सकते और चित्त भारी भ्रम में उलझ जाता है, तब सब लोग रामजी से यों पूछते हैं।

चंचरी—कौन हो कित तें चले कित जात हो केहि काम जू
कौन की दुहिता बहू कहि कौन की यह बाम जू॥
एक गाँउ रहा कि साजन मित्र बंधु बखानिये।
देश के पर देश के किधौं पंथ की पहिचानिये ॥३३॥

शब्दार्थ—दुहिता=पुत्री। बहू=पुत्रवधू। बाम=स्त्री। साजन=आदरणीय सज्जन। किधौं पंथ की पहिचानिये=या तुम में सिर्फ रास्ते ही भर की जान-पहचान है, पंथ के साथी ही हो। तात्पर्य यह कि तुम तीनों एक गाँव के हो, एक कुल के हो या केवल मार्ग ही के साथी-संगी हो।

भावार्थ—सरल है।

अलंकार—सन्देह।

दन्डक—किधौं यह राजपुत्री वरही वरी है।
किधौं उपदि वर्यो है यह सोभा अभिरत हौ।
किधौं रतिनाथ जस साथ केसोदास।
जात तपोवन सिव बैर सुमिरत हौ॥
किधौं मुनि साप हत किधौं ब्रह्मदोपरत।
किधौं सिद्धि युत सिद्ध परम विरत हौ।
किधौं कोऊ ठग हौ ठगौरी लीन्हें किधौं तुम।
हर हरि श्री हौ सिवा चाहत फिरत हौ॥३४॥

शब्दार्थ—वरही=बलही से, बलपूर्वक, जबरदस्ती। वरी है=विवाही है। उपदि=अपनी इच्छा से। उपदि बर्यो है यह=इस राजकुमारी ने अपनी इच्छा से चुनकर तुम्हें वरण किया है। सोभा अभिरत हौ=ऐसी सुन्दरता से युक्त हो, तुम ऐसे सुन्दर हो। जस=सुयश। विरत=वैराग्य-युक्त। श्री=लक्ष्मी। सिवा=(शिव) पार्वती। चाहत फिरत हौ=खोजते फिरते हो।

भावार्थ—(लोग पूछते हैं) या तो तुमने इस राजपुत्री को ज़बरदस्ती विवाहा है, या इसने ही माता-पिता की इच्छा के विरुद्ध केवल अपनी इच्छा से तुम को वरा है (इसी से डर कर वन-वन छिपे फिरते हो), तुम ऐसे सुन्दर हो (कि क्या कहें)। केशवदास कहते हैं कि या तो तुम तीनों (रति, काम और संसार विजयी होने का) सुयश हो—(लक्ष्मण जी सुयश रूप हैं) और शिव का बैर स्मरण करके वन में एकान्तवास करने जा रहे हो। या किसी मुनि द्वारा शापित व्यक्ति हो, या किसी ब्राह्मण का कुछ दोष करने में मन लगाये हो (अतः रूप बदले वन में फिर रहे हो घात पाकर हत्या करोगे या सिद्धि प्राप्त कोई परम विरागी सिद्ध पुरुष हो या तुम दोनों पुरुष राम और

लक्ष्मण) विष्णु और शिव हो जिनके साथ लक्ष्मी तो हैं पर (खोई हुई) पार्वती को खोजते फिरते हो (बतलाओ तुम हो कौन ?) ।

अलंकार—संदेह

मत्तमातंगलीलाकरण दंडक—

मेघ मंदाकिनी चारु सौदामिनी रूप रूरे लसैं देहधारी मनो ।
भूरि भागीरथी भारती हंसजा अंश के हैं मनो, भोग भारे भनो ।
देवराजा लिये देवरानी मनो पुत्र संयुक्त भूलोक में सोहिये ।
पक्ष दूसंधि संध्या सँधी हैं मनों लक्षिये स्वच्छ प्रत्यक्ष ही मोहिये ॥३५॥

शब्दार्थ—मंदाकिनी=आकाश गंगा । सौदामिनी=बिजली । रूरे=सुन्दर । भागीरथी=गंगा । भारती=सरस्वती (नदी) । हंसजा=सूर्यकन्या, यमुना । पक्ष दू=दोनों पक्ष (कृष्ण और शुक्ल) । सँधी हैं=परस्पर संधित हैं (एक दूसरे से जुड़ी हुई एकत्र हैं) । लक्षिये=लखते हैं, देखते हैं । स्वच्छ=अति निर्मल । प्रत्यक्ष ही=इन्हीं चर्मचक्षुओं से (देखते हैं) ।

नोट—राम, सीता, लक्ष्मण तीनों आगे-पीछे मार्ग में चल रहे हैं । वन के कारण तीनों की स्थिति अति सन्निकट की है, अर्थात् सटे हुये से चलते हैं—इसी स्थिति पर केशव जी उत्प्रेक्षा द्वारा अपनी प्रतिभा प्रकट करते हैं—कहते हैं कि :—

भावार्थ—(राम, सीता, लक्ष्मण मार्ग में चलते हुए कैसे मालूम होते हैं) मानो मेघ, आकाशगंगा और बिजली ही देहधारी होकर सुन्दर रूप से शोभा दे रहे हैं—राम मेघ हैं, जानकी आकाशगंगा हैं और लक्ष्मण बिजली हैं । या यों कहो कि अनेक गंगा, सरस्वती और यमुना के देहधारी अंशों रूप हैं; जो इनके दर्शन कर रहे हैं उनका बड़ा सौभाग्य है (इनके दर्शन अनेक तीर्थराज प्रयाग के समान पुण्यप्रद हैं) अथवा मानो इन्द्र महाराज इन्द्राणी और अपने पुत्र जयंत को लिए हुए भूलोक की शोभा बढ़ा रहे हैं । या मानो दोनों पक्षों की संधि (पूर्णमासी या अमावस) की तीनों संध्यायें सन्निकट होकर एकत्र हो गई हैं जिन्हें प्रत्यक्ष ही अत्यन्त निर्मल देख कर मन मोहित होता है ।

सूचना—सामवेदी संध्या में यह प्रमाण है कि प्रातः संध्या का रंग लाल, मध्यान्ह संध्या का रंग श्वेत तथा सायं संध्या का रंग श्याम है । इस

उक्ति से यह भी लक्षित होता है कि केशवदास जी सामवेदी संध्या ही किया करते थे (अर्थात् सामवेदी सनौढिया ब्राह्मण थे)।

अलंकार—उत्प्रेक्षा।

अनंगशेखर दंडक—

तड़ाग नीरहीन ते सनीर होत केशोदास,
पुंडरीक झुंड भौंर मंडलीन मंडही।
तमाल वल्लरी समेत सूखि सूखि कै रहे,
ते बाग फूलि फूलि कै समूल सूल खंड ही।
चितै चकोरिनी चकोर मोर मोरनी समेत
हंस हंसिनी सुकादि सारिका सबै पढ़ैं।
जहीं जहीं विराम लेत राम जू तहीं तहीं,
अनेक भाँति के अनेक भोग भाग सों बढ़ैं ॥३६॥

शब्दार्थ—पुंडरीक = कमल। बल्लरी = लता। सूल = दुःख। विराम लेत = ठहर कर सुस्ताते हैं, ठहरते हैं।

भावार्थ—सरल ही है।

मोदक—घाम को राम समीप महाबल।
सीतहिं लागत है अति सीतल॥
ज्यों घन संयुत दामिनि के तनु।
होत है पूषन के कर भूषन ॥३७॥
मारग की रज तापित है अति।
केशव सीतहिं सीतल लागति॥
प्यौ पद पंकज ऊपर पायनि।
दैजु चले तेहि ते सुख दायनि ॥३८॥

शब्दार्थ—पूषन के कर – सुर्य की किरणें। प्यौ – पति।

भावार्थ—सरल है।

दो०—प्रतिपुर औ प्रति ग्राम की, प्रति नगरन की नारि।
सीता जू कौ देखि कै, बरनत हैं सुखकारि ॥३९॥

भावार्थ—सरल ही है।

(सीता मुख वर्णन)

दंडक—वासों मृग अंग कहैं तोसों मृगनैनी सब,
वह सुधाधर तुहूँ सुधाधर मानिये।
वह द्विजराज तेरे द्विजराजि राजै,
वह कलानिधि तहूँ कलाकलित बखानिये।
रत्नाकर के हैं दोऊ केशव प्रकाशकर,
अंबर विलास कुवलय हितु मानिये।।
वाके अति सीत कर तुहूँ सीता सीतकर,
चन्द्रमा सी चन्द्रमुखी सब जग जानिये ।।४०।।

शब्दार्थ—सुधाधर = सुधा है अधर में जिसके। द्विजराजि = दाँतों की पंक्ति। कलाकलित = चौंसठ कलाओं को जानने वाला। रत्नाकर = (१) समुद्र (२) रत्नसमूह, रत्न जटित आभूषण। अंबर विलास = (१) आकाश में हैं विलास जिसका (२) जो सुन्दर वस्त्रों से शोभित है। कुवलय हितू = (१) कुमोदिनी का हितैषी (२) पृथ्वी मंडल (कु = पृथ्वी + वलय = मंडल) की हितैषिणी। सीतकर = ठंढी किरणें (२) संताप हारिणी (दर्शकों को आनंददायिनी)।

भावार्थ—(ग्रामवासिनी स्त्रियों में से एक सीता के प्रति कहती है) हे चन्द्रमुखी सीता सब जग निवासी तुझे चन्द्रमा समान जानते हैं। (जो गुण चन्द्रमा में हैं वे सब तुझ में भी हैं अर्थात्) उस चन्द्रमा को लोग मृगांक कहते हैं तो तुझे भी सब लोग मृगनैनी कहते हैं; वह सुधाकर (अमृतधारी) है तो तू भी ओठों में सुधा रखती है; वह द्विजराज है तो तेरे भी दन्तपंक्ति द्विज (राजि) शोभित है, वह कलानिधि (कला कला करके बढ़ने वाला) है तो तू भी चौसठ कलाओं की जानकारी से युक्त है; तुम दोनों रत्नाकर के प्रकाशक हो—अर्थात् चन्द्रमा आकाश में विलास करता है और तेरे शरीर पर वस्त्र विलास करते हैं, चन्द्रमा कुमोदिनी का हितू है तो तू भूमंडल (कु + वलय) की हितैषिणी है (पृथ्वी की कन्या होने से); उस चन्द्रमा की किरणें शीतल हैं तो तू भी दर्शकों के संताप (त्रिताप) हर करके उनके चित्त को शान्ति रूपी शीतलता देने वाली है—अतः तू चन्द्रमा से किसी गुण में कम नहीं है।

अलंकार—श्लेष से पुष्ट उपमा।

दंडक—कलित कलंक केतु, केतु अरि सेत गात,
भोग योग को अयोग रोग ही को थल सो।
पून्यो ई को पूरन पै आन दिन ऊनो ऊनो,
छन छन छीन होत छीलर के जल सो।
चन्द्र सो जो बरनत रामचन्द्र की दोहाई,
सोई मति मंद कवि केशव मुसल सो।
सुन्दर सुवास अरु कोमल अमल अति,
सीता जू को मुख सखि केवल कमल सो ॥४१॥

शब्दार्थ—कलित कलंक केतु=कलंक केतु से युक्त (भारी कलंकी) केतु अरि—केतु है शत्रु जिसका—राहु और केतु को ही एक मान कर केशव ने ऐसा लिखा। ऊनो—अपूर्ण। छीलर=उथला जलाशय (थोड़ा जल और अधिक कीचड़ वाला जलाशय)। मुसल=मूसल (मूर्ख)।

भावार्थ—(दूसरी स्त्री उसके मत को खंडन करती हुई अपनी उक्ति लड़ाती है) हे सखी! सीता जी का मुख केवल कमल सा है चन्द्रमा के समान नहीं, क्योंकि चन्द्रमा तो भारी और प्रसिद्ध कलंकी है, केतु उसका शत्रु है वह श्वेतांग भी है (कुष्ठरोगी है), भोग योग के अयोग्य है, रोगी है (क्षय रोग है) शुक्ल पक्ष में भी केवल पूर्णिमा को ही पूर्ण होता है अन्य दिनों तो अपूर्ण ही रहता है, कृष्णपक्ष में तो उथले जलाशय के जल की भाँति प्रति दिन क्षीण ही होता जाता है। सीता जी के मुख को जो कवि चन्द्रमा सा कहता है वह मतिमंद पक्का मूसरचंद (महामूर्ख) है। सीता जी का मुख तो इन दोषों से रहित तथा सौंदर्य, सुगंध, सुकोमलता और स्वच्छता से युक्त है, अतः केवल कमल के समान है चन्द्रसम नहीं।

अलंकार—उपमा।

दंडक—एकै कहैं अमल कमल मुख सीता जूको,
एकै कहैं चन्द्र सम आनन्द को कंद री।
होय जो कमल तो रयनि में न सकुचै री,
चन्द जो तो बासर न होती दुति मंद री॥

वासर ही कमल रजनि ही में, चन्द्र, मुख,
वाहर हू रजनि विराजै जगवंद री।
देखे मुख भावै अनदेखई कमल चन्द्र,
ताते मुख मुखै सखी कमलै न चंद री ॥ ४२ ॥

शब्दार्थ—आनन्द को कंद=आनंद बरसाने वाला बादल। रयनि=(रजनी) रात्रि। जगवंद=जगत भर से वंदनीय। अनदेखई कमल चंद=बात यह है कि कमल और चन्द्रमा अपने गुणों और प्रभाव के बदौलत ही अच्छे समझे जाते हैं। इनका वास्तविक रूप देखने में सुन्दर नहीं।

भावार्थ—(तीसरी स्त्री दोनों का मत खंडन करके कहती है) कोई कहता है सीता जी का मुख अमल कमल सा है, कोई कहता है चन्द्र सा आनन्ददायक है। पर मैं कहती हूँ कि यदि कमल सा होता तो रात्रि को संकुचित न होता? यदि चन्द्र सा होता तो दिन में उसकी आभा मंद न पड़ती? कमल तो दिन ही में प्रफुल्लित रहता है, चंद्रमा रात्रि ही में प्रकाशित रहता है, पर यह मुख तो रातदिन समस्त जग से सम्मान पाने योग्य है। कमल और चन्द्रमा देखने में तो सुन्दर नहीं हैं (केवल उनके गुण सुनने में भले जँचते हैं) पर यह मुख टकटकी बाँधकर देखने में ही आता है (सौंदर्य से तृप्ति नहीं होती)। इस कारण मेरी सम्मति तो यह है कि इस मुख के समान यही मुख है, न तो कमल ही इसके समान है न चन्द्रमा ही इसके तुल्य है।

अलंकार—अनन्वयोपमा।

दो०—सीता नयन चकोर सखि, रविवंशी रघुनाथ।
रामचन्द्र सिय कमल मुख, भलो वन्यो है साथ ॥४३॥

शब्दार्थ—भलो=अत्यन्त अद्‌भुत, बड़ा ही विलक्षण।

भावार्थ—हे सखी! सीता के नेत्र चकोर हैं, रघुनाथ जी रविवंशी हैं (चकोर और रवि से विरोध होने पर भी सीता के नेत्र चकोर उन पर आसक्त हैं, यह आश्चर्य है) और राम जी चन्द्र हैं (पर उसे देख कर) सीता का मुख-कमल प्रसन्न रहता है (चन्द्र और कमल का विरोध होने पर भी) यह बड़ा ही अद्‌भुत संयोग है।

अलंकार—विरोधाभास।

सूचना—इस दोहे में अद्भुत रस झलक रहा है। केशव के पांडित्य और प्रतिभावान होने का अच्छा नमूना है।

दुर्मिल—

कहुँ बाग तड़ाग तरंगिनि तीर तमाल की छाँह विलोकि भली।
घटिका यह बैठत हैं सुख पाय बिछाय तहाँ कुस काँस थली॥
मग को श्रम श्रीपति दूर करैं सिय को शुभ बालक अंचल सो।
श्रम तेऊ हरैं तिनको कहि केशव चंचल चारु दृगंचल सों॥४४॥

शब्दार्थ—तरंगिनी=नदी। श्रीपति=श्री राम जी (पति की हैसियत से)। बालक अंचल सों=वल्कल वस्त्र से हवा करके। तेऊ=श्रीसीता जी। तिनको=श्रीराम जी का। दृगंचल=कटाक्ष, बाँकी चितवन।

भावार्थ—(रास्ते में चलते हुए) कहीं किसी बाग में वा तड़ाग अथवा नदी के किनारे तमाल की अच्छी घनी छाया देख कर कुशासन बिछाकर एक घड़ी आनन्दपूर्वक बैठते हैं। सीता जी की थकावट वल्कल वस्त्र की हवा करके श्रीराम जी दूर करते हैं, और सीता जी बाँकी चितवन से हेर कर श्रीराम जी की थकावट दूर करती हैं।

अलंकार—अन्योन्य।

सो०—श्री रघुवर के इष्ट, अश्रुवलित सीता नयन।
साँची कही अदृष्ट, झूठी उपमा मीन की॥ ४५॥

शब्दार्थ—इष्ट=अति प्रिय। अश्रुवलित=आनन्दाश्रु युक्त। अदृष्ट=होनहार।

भावार्थ—श्री राम जी का इतना प्रेम देख जानकी के नेत्रों में आनन्द के आँसू आ जाते हैं। वे अश्रुयुक्त नेत्र श्रीराम जी को अति प्यारे मालूम होते हैं। कवि कहता है कि संयोगवश इस होनहार ने (सीता सहित राम का वनगमन) नेत्रों को मीन की उपमा जो झूठी ही दी जाती है (क्योंकि मीन तो पानी में रहती हैं, नेत्र सदैव पानी में नहीं रहते, अतः उपमा झूठी थी सो) वह इस समय सत्य हो गई अर्थात् अश्रुयुक्त सीता के नेत्र ठीक मीन-से जान पड़ते हैं।

दो०—मारग यों रघुनाथ जू, दुख सुख सब ही देत।
चित्रकूट परबत गये, सोदर सिया समेत॥ ४६॥

भावार्थ—दर्शनों से सब लोगों को सुख तथा पुनः निज वियोग से दुख देते हुए श्री रघुनाथ जी लक्ष्मण और सीता सहित चित्रकूट पर्वत पर पहुँचे।

नवम प्रकाश समाप्त

दसवाँ प्रकाश

दो०—यहि प्रकाश दसमें कथा, आवन भरत स्वधाम।
राज भरन अरु तासु को, बसिबो नन्दीग्राम॥

दोधक—

आनि भरत्थ पुरी अवलोकी। थावर जंगम जीव ससोकी॥
भाट नहीं विरदावलि साजैं। कुंजर गाजैं न दुन्दुभि बाजैं॥ १॥
राज सभा न विलोकिय कोऊ। सोक गहे तब सोदर दोऊ॥
मंदिर मातु विलोकि अकेली। ज्यों बिन वृक्ष विराजति बेली॥ २॥

शब्दार्थ—बिन वृक्ष की वेलि = बिना आश्रय की वेलि अर्थात् भूमि पर पतित, ज़मीन पर पड़ी हुई।

भावार्थ—दोनों छन्दों का सरल ही है।

तोटक—

तब दीरघ देखि प्रनाम कियो। उठि कै उन कंठ लगाय लियो।
न पियो जल संभ्रम भूलि रहे। पुनि मातु सों बैन भरत्थ कहे॥३॥

शब्दार्थ—दीरघदेखि = ज़मीन पर लम्बायमान पड़ी हुई (शोक से भू-पतिता)। न पियो जल = केकैयी का दिया हुआ जल पान न किया! भ्रम = भारी भ्रम।

दुर्मिल—

मातु कहाँ नृप? तात गये सुरलोकहि, क्यों? सुत शोक लये।
सुत कौन सु? राम, कहाँ हैं अबै? वन लच्छमन सीय समेत गये॥
वन काज कहा कहि? केवल मों सुख, तोको कहाँ सुख यामें भये?
तुमको प्रभुता, धिक तोकों कहा अपराध विना सिगरेई हये॥४॥

शब्दार्थ—प्रभुता = राज्याधिकार । सिगरे = (सकल) सब । हये = (हने) मारे ।

अलंकार—प्रश्नोत्तर ।

दो०—भर्ता सुत विद्वेषिनी, सब ही कौ दुखदाइ ।
यह कहि देखे भरत तब, कौसल्या के पाइ ॥ ५ ॥

शब्दार्थ—विद्वेषिनी = बहुत अधिक द्वेष रखने वाली । देखे……पाइ = तब भरत जी कौशल्या जी के निकट जा उनके पैर छुए, प्रणाम किया ।

तोटक—

तब पायन जाइ भरत्थ परे । उन भेंटि उठाय के अंक भरे ।
सिर सूँघि विलोकि बलाइ लई । सुत तो बिन या विपरीत भई ॥६॥

शब्दार्थ—सिर सूँघि = प्राचीन काल में वात्सल्य प्रेम प्रकाशन की यह रीति थी—(अब भी छोटे बालकों के सिर पर लोग हाथ फेरते हैं)। बलाइ लई = बलिहारी गई । (बच्चों को चुम्बन करते हुए स्त्रियाँ ऐसा कहती हैं)।

(भरत) तारक—

सुनु मातु भई यह बात अनैसी । जु करो सुत-भर्तृविनाशिनि जैसी ॥
यह बात भई अब जानत जाके । द्विज दोष परै सिगरे सिर ताके ॥७॥

शब्दार्थ—अनैसी = (अनिष्ट) बहुत बुरी । भर्तृ = (भर्ता) पति । द्विजदोष = ब्रह्मः हत्यादि पाप । सिगरे = सब ।

भावार्थ—(भरत जी कौशल्या जी को इतमीनान कराने को शपथ खाते हैं) हे माता ! सुनो, यह घटना जैसो पुत्र और पति-घातिनी कैकेयी ने की है, बहुत ही बुरी हुई । जिसके जानते हुए यह बात हुई हो उसके सिर ब्रह्महत्यादि पाप पड़े (अर्थात् यदि मेरे जानते यह बात हुई हो तो मुझे ब्रह्म हत्या का पाप लगे)।

भरत—

जिनके रघुनाथ विरोध बसै जू । मठधारिन के तिन पाप ग्रसै जू ।
रसराम रस्यो मन नाहिन जाको । रण में नित होय पराजय ताको ॥८॥

शब्दार्थ—रसराम = रामप्रेम । रस्यो = रस से भीगी । पराजय = हार ।

भावार्थ—हे माता! जिनके हृदय में रघुनाथ जी का विरोध बसता हो, उनको मठधारियों का पाप लगे। जिनका मन रामप्रेम से आर्द्र न हो ईश्वर करे रण में नित्य उनकी हार हो।

सूचना—गोस्वामी तुलसीदास जी ने भी निजकृत रामचरितमानस में ऐसी शपथें दिखाई हैं, (देखिये रामचरितमानस अयोध्या काण्ड दोहा ६३ से दोहा ६८ तक का प्रसंग)।

कौशल्या—

जनि सौंह करौ तुम पुत्र सयाने। अति साधु चरित्र तुम्हें हम जाने।
सबको सब काल सदा सुखदाई। जिय जानति हौं सुत-ज्यों रघुराई ॥९॥

शब्दार्थ—सौंह=शपथ। साधुचरित=अति शुभ चरित्र वाले। रघुराई—श्रीराम जी।

चंचरी—हाय हाय जहाँ तहाँ सबह्वै रही सिगरी पुरी।
धाम धामनृप सुन्दरी प्रगटीं सबै जे रहीं दुरी॥
लै गये नृपनाथ को सब लोग श्री सरजूतटी।
राजपत्नि समेत पुत्रनि विप्रलाप गटी रटी॥१०॥

शब्दार्थ—विप्रलाप=प्रलाप, अनर्थ वचन। कटी=समूह। रटी=कह कह कर।

भावार्थ—समस्त अयोध्यापुरी में जहाँ देखो वहीं हाय-हाय शब्द हो रहा है, जो स्त्रियाँ कभी अंतःपुर के बाहर न निकली थीं वे भी इस समय राजा दशरथ की अर्थी के दर्शनों के निमित्त बाहर निकल आईं। महाराजा दशरथ के मृत शरीर को सरयू नदी के तट पर सब लोग ले गये, राजपत्नियों और राजपुत्रों ने बहुत कुछ प्रलाप किया।

सोभाराजी—करी अग्नि अर्चा। मिटी प्रेत चर्चा।
सबै राजधानी। भई दीन बानी ॥११॥

भावार्थ—(भरतजी ने) राजादशरथ की दाह-क्रिया की, प्रेतकृत्य समाप्त हुए और समस्त राजधानी के लोग अत्यन्त करुण स्वर से रोये।

कुमारललिता—क्रिया भरत कीनी। वियोग रस भीनी।
तजी गति नवीनी। मुकुंद पद लीनी ॥१२॥

भावार्थ—भरतजी ने पिता की मृतक्रिया की। यद्यपि वियोग से अति दुःखी हुए, तथापि ऐसी विधि से प्रेतक्रिया की कि राजा दशरथ की नवीन गति हो गई अर्थात् वे मुकुंद पद में लीन हो गये (मुक्ति को प्राप्त हुए)।

तोटक—

पहिरे वकला सुजटा धरिकै। निज पायन पंथ चले अरिकै।
तरि गंग गये संग लिये। चित्रकूट विलोकत छाँड़ि दिये ॥१३॥

भावार्थ—तदनंतर भरत जी ने बल्कल वस्त्र पहन, जटा धारण कर, हठ पूर्वक पैदल ही रामजी के पास चले। गंगा उतर कर गुह (केवट) को साथ लिये आगे बढ़े। जब चित्रकूट पर्वत को देखा तब उसे भी छोड़ कर अति आतुरतावश आगे बढ़े।

सुन्दरी—

सब सारस हंस भये खग खेचर वारिद ज्यों बहु बानर गाजे।
वनके नर बानर किन्नर बालक लै मृग ज्यों मृगनायक भाजे।
तजि सिद्ध समाधिन केशव दीरघ दौरि दरीन में आसन साजे।
सब भूतल भूधर हाले अचानक आइ भरत्थ के दुंदुभी बाजे ॥१४॥

शब्दार्थ—खेचर भये=आकाशगामी हुए (उड़ चले)। बानर=हाथी। मृगनायक=सिंह। दरीन=कंदराएँ। भूधर=पहाड़।

भावार्थ—जब भरत जी चित्रकूट के निकट वाले जंगल में अपनी सेना तथा समाज सहित पहुँचे, तब सेना के नगाड़ों के बजने तथा हाथियों के गरजने के शब्द से भयभीत होकर वन के नर, बानर, किन्नर, अपने-अपने बालकों को लेकर भागे जैसे कोई सिंह मृग को उठाकर ले भागता है। उस वन के तपस्वी लोगों ने भी तपस्या में विघ्न आया हुआ जान शीघ्रता-पूर्वक दौड़ कर गिरिकंदराओं के भीतर जाकर आसन लगाया और एकाएक पृथ्वी और पहाड़ हिल गये।

दो०—रामचन्द्र लक्ष्मण सहित, सोभित सीता संग।
केशव दास सहास उठि, चढ़े धरनिधर सृंग ॥ १५ ॥

शब्दार्थ—सहास=हँसते हुए। धरनिधर सृङ्ग=पहाड़ की चोटी।

भावार्थ—सरल है।

(लक्ष्मण)—मोहन—

देखहु भरत चमू सजि आये। जानि अबल हमको उठि धाये॥
हींसत हय बहु बारन गाजे। दीरघ जहँ-तहँ दुंदुभि बाजे॥१६॥

शब्दार्थ—चमू=सेना। अबल=निबल, सहाय व सेना रहित। हींसत=हिनहिनाते हैं।

भावार्थ—सरल है।

तारक—गजराजन ऊपर पाखर सोहैं।
अति सुन्दर सीस-सिरोमन मोहैं॥
मनिघूँघुर घंटन के रव बाजैं।
तड़ितायुत मानहुँ वारिद गाजैं॥ १७॥

शब्दार्थ—पाखर=झूलें। सीस-सिरी=(शीश-श्री) मस्तक की शोभा। तड़िता=बिजुली।

भावार्थ—बड़े-बड़े हाथियों पर झूलें सोहती हैं, उनके मस्तक की शोभा (आभूषणों अथवा चित्र विचित्र रंगों से) अति सुन्दर है जिसे देखकर मन मोहता है। मणि जटित घुंघरू सहित घंटों का शोर हो रहा है, मानो बिजली समेत बादल गरज रहे हों।

सूचना—मेरी सम्मति में हाथियों का ऐसा वर्णन इस स्थल पर अनुचित जँचता है।

मत्तगयंद—

युद्ध को आजु भरत्थ चढ़े धुनि दुँदुभि की दसहूँ दिस धाई।
प्रात चली चतुरंग चमू बरनी सु न केसव कैसहु जाई॥
यों सब के तनत्रानिनि में झलकी अरुनोदय की अरुनाई।
आंतर ते जनु रंजन को रजपूतन को रज बाहर आई॥ १८॥

शब्दार्थ—तनत्रान=कवच, जिरह-बख्तर। अरुनोदय=सूर्योदय। अरुनाई=ललाई। अन्तर=अन्तस्तल (मन)। रजपूत=छत्री। रज=रजपूती, रजोगुणमय क्षत्रीपन।

भावार्थ—(लक्ष्मणजी विचारते हैं कि) भरत ने आज युद्ध के हेतु चढ़ाई की है, नगारों की ध्वनि दशों दिशाओं में भर गई है। प्रातःकाल (सूर्योदय के समय) भरत की चतुरंगिनी सेना चली आ रही है, (केशव

कहते हैं कि) उसका वर्णन किसी प्रकार नहीं करते बनता। समस्त सैनिकों के (लोहे के) कवचों पर सूर्योदय समय की लालिमा इस प्रकार झलकती है, मानो क्षात्र धर्म से (वीरता से) रंजित करने के हेतु क्षत्रियों का क्षत्रियत्व अंतःकरण से निकलकर ऊपर ही आ गया है।

सूचना—केशवकृत भरतसेना का यह वर्णन कुछ अनुचित सा जँचता है, पर आगे चलकर लक्ष्मण जी के चित्त में रौद्ररस का आविर्भाव प्रदर्शित करना कवि का लक्ष्य है, अतः इन उद्दीपनों का वर्णन रस की परिपूर्णता हेतु जरूरी है।

अलंकार—उत्प्रेक्षा।

तोटक—

उड़ि कै धर धूरि अकाश चली। वहु चंचल बाजि खुरीन दली॥
भुव हालति जानि अकालहिं ये। जनु थंभित ठौरनि ठौर किये॥१९॥

शब्दार्थ—धर=(धरा से) पृथ्वी से। बाजि=घोड़े। खुरीन=सुमों से। अकालहिं=वेवक्त, असमय (प्रलय से पहले ही) थंभित किये=स्तंभ लगा दिये हैं।

भावार्थ—(कवि वर्णन करता है) बहुत से चंचल घोड़ों के सुमों से पिसकर पृथ्वी से धूल उड़कर आकाश को जा रही है। वे धूल के धौरहर ऐसे जान पड़ते हैं मानो पृथ्वी को असमय ही डोलते डगमगाते देख ब्रह्मा ने खंभे गाड़ दिये हैं। (जिससे पृथ्वी के हिलने-डुलने से सृष्टि का विनाश न हो)।

नोट—पृथ्वी का हिलना पीछे छन्द १४ में आये हैं।

तारक—रण राजकुमार अरूझहिंगे जू।
अति सन्मुख घायन जूझहिंगे जू॥
जनु ठौरनि-ठौरनि भूमि नवीने।
तिनके चढ़िवे कहँ मारग कीने॥ २०॥

शब्दार्थ—अरूझहिंगे=(अवरुद्ध होंगे) एक दूसरे को रोकेंगे, भिड़ेंगे। जूझहिंगे=जख्मी होंगे, जूझ जायँगे, मरेंगे।

भावार्थ—(अथवा) भूमि ने यह समझ कर कि यहाँ क्षत्रीगण भिड़कर युद्ध करेंगे और वीरतापूर्वक रण में सन्मुख मार करते हुए प्राण त्यागेंगे, अतः ठौर-ठौर पर उनके स्वर्गारोहण के लिए नवीन सड़कें तैयार कर दी हैं।

अलंकार—उत्प्रेक्षा।

तोटक—

रहि पूरि विमाननि व्योमथली। तिनको जनु टारन भूमि चली॥
परिपूरि अकासहिं धूरि रही। सु गयो मिटि सूरप्रकास सही॥२१॥

दो०—अपने कुल को कलह क्यों, देखहि रवि भगवंत।
यहै जानि अन्तर कियो, मानो मही अनंत॥ २२॥

भावार्थ—अपने वंशधरों का पारस्परिक कलह सूर्य भगवान् कैसे देख सकेंगे, इसी विचार से मानो पृथ्वी ने सूर्य के मुख पर धूल का पर्दा डाल कर आकाश को पृथक् कर दिया है (बड़ी अनोखी उक्ति है)।

तोटक—

बहु तामहँ दीह पताक लसैं। जनु धूम में अग्नि की ज्वाल बसैं॥
रसना किधौं काल कराल घनी। किधौं मीचु नचै चहुँ ओर बनी॥२३॥

भावार्थ—उस उड़ती हुई धूल में अनेक पताकाएँ फहराती हैं, वे ऐसी जान पड़ती हैं मानों धूप में अग्नि की ज्वालाएँ हैं, अथवा कराल काल की अनेक जीभें हैं, या अनेक रूप धारण किये हुए मृत्यु ही जहाँ=तहाँ घूम रही है।

सूचना—ऐसे समय में इस वर्णन में ये उत्प्रेक्षाएँ हमें समुचित नहीं जँचती। न जाने केशव ने इन्हें क्यों यहाँ स्थान दिया है? इसमें केवल सूखा पांडित्य=प्रदर्शन ही प्रधान है। कैसा समय और कैसा प्रसंग है, इसका ध्यान कुछ भी नहीं। वास्तविक युद्धस्थल में ऐसा वर्णन उपयुक्त हो सकता था।

दो०—देखि भरत की चल ध्वजा धूरिन में सुख देति।
युद्ध जुरन का मनहुँ प्रति-योधन बोलें लेति॥ २४॥

शब्दार्थ—प्रतियोधा=प्रतिभट, शत्रु, विरोधी दल का योधा।

भावार्थ—उड़ती हुई धूल में भरत के दल की चंचल ध्वजाएँ ऐसी शोभा दे रही हैं मानों युद्ध करने के लिये शत्रुपक्ष के योद्धाओं को इशारा दे दे कर बुला रही हैं।

अलंकार—उत्प्रेक्षा।

नोट—इस दोहे के तीसरे चरण में यतिभंग दूषण है।

(लक्ष्मण) दंडक—

मारि डारौं अनुज समेत यहि खेत आजु,
मेटि पारौं दीरघ बचन निज गुर को।
सीतानाथ सीता साथ बैठे देखि छत्र तर,
यहि सुख सोखों सोक सब ही के उर को।
केसोदास सबिलास बीसबिसे बास होय,
कैकेयी के अंग-अंग सोक पुत्रजुर को।
रघुनाथ जू को साज सकल छिड़ाई लेउं,
भरतहि आजु राजु देउँ प्रेतपुर को॥ २५॥

शब्दार्थ—अनुज = शत्रुघ्न। मेटि पारौं = मेट दूँगा। सबिलास = विलास = पूर्वक अर्थात् भलीभाँति। बीसबिसे = निश्चय। पुत्रजुर = पुत्रमरण का संताप। प्रेतपुर = यमपुर। रघुनाथ जू को साज = सारा राज साज (हाथी, घोड़े, झण्डे, निशान, सेना, कोश इत्यादि राजवैभव जो इस समय भरत के पास है)।

अलंकार—प्रतिज्ञाबद्ध स्वभावोक्ति। (देखो अलंकार मंजूषा, पृष्ठ २१८)।

दो०—एक राज महँ प्रगट जहँ, द्वै प्रभु केशवदास।
तहाँ बसत है रैनि दिन, मूरतिवंत विनास॥ २६॥

कुसुम विचित्रा—

तब सब सेना वहि थल राखी। मुनि जन लीन्हें सँग अभिलाषी।
रघुपति के चरनन सिर नाये। उन हँसि कै गहि कंठ लगाये॥२७॥

शब्दार्थ—अभिलाषी = अभिलषित, अपने पसंद के, चुने हुए (यह शब्द 'मुनिजन' का विशेषण है)।

(भरत) दोधक—

मातु सबै मिलिबे कहँ आईं। ज्यों सुत को सुरभी सुलवाईं।
लक्ष्मण स्यों उठिके रघुराई। पायन जाय परे दोउ भाई॥ २८॥

शब्दार्थ—सुरभी = गाय। लवाईं = सद्यः प्रसूता, जो अभी बच्चा जनी हो। स्यों = सहित।

दोधक—

मातनि कंठ उठाय लगाये। प्रान मनो मृत देहनि पाये।
आय मिली तब सीय सभागी। देवर सासुन के पगलागी॥ २९॥

तोमर—तब पूछियो रघुराइ सुख है पिता तन माइ।
तब पुत्र को मुख जोइ। क्रम ते उठीं सब रोइ॥ ३०॥

दोधक—

आँसुन सों सब पर्वत धोये। जड़ जंगम को सब जीवहु रोये।
सिद्ध वधू सीगरी सुन आई। राजवधू सबई समुझाई॥३१॥

शब्दार्थ—जंगम=चर जीव। जड़=अचर जीव (वृक्ष, पाषाण आदि)। सिद्ध वधू=सिद्धि-प्राप्त तपस्वियों की स्त्रियाँ। राजवधू=दशरथ की रानियाँ।

मोहन—धरि चित्त धीर। गये तीर।
शुचि ह्वै शरीर। पितु तर्पि नीर॥ ३२॥

शब्दार्थ—गंगा=मंदाकिनी गंगा जो चित्रकूट में है। तर्पि नीर=जल देकर, तर्पण करके, तिलांजुलि दे कर।

(भरत) तारक—

घर को चलिये अब श्रीरघुराई। जन हौं तुम राज सदा सुखदाई।
यह बात कहो जल सों गल भीनो। उठ सादर पाँव परे तब तीनो॥३३॥

शब्दार्थ—हौं=मैं। राज=राजा। जलसों गल भीनो=कंठ गद्‌गद् हो आया, आगे बात न कर सके (यथा-गद्‌गद् कंठ न कछु कहि जाई—तुलसी)।

(श्रीराम) दोधक—

राज दियो हमको बन रूरो। राज दियो तुमको परिपूरो।
सो हमहूँ तुम हूँ मिलि कीजै। बाप को बोल न नेकहु छीजै॥३४॥

भावार्थ—राजा ने हमको वन का वास दिया, और तुमको पूरा राज्य दिया है। अतः तुमको और हमको मिल कर वही बात करनी चाहिये जिससे पिता जी के वचन भंग न हों।

दो०—राजा को अरु बाप को, वचन न मेटै कोय।
जो न मानिये भरत तो, मारे को फल होय॥ ३५॥

शब्दार्थ—फल=पाप।

(भरत) स्वागता--

मद्यपान रत तियजित होई । सन्निपातयुत वातुल जोई ।
देखि देखि जिन को सब भागै । तासु बैन हनि पाप न लागै ॥३६॥

शब्दार्थ—तियजित = स्त्री के वशीभूत । वातुल = बहुत व्यर्थ बकवादी । देखि देखि......भागै = महापापी, घृणित । तासु बैन हनि = उसका वचन मेटने में ।

भावार्थ—(भरत जी नीति वचन कहते हैं) जो शराबी हो, स्त्री के वशीभूत हो (स्त्री की सम्मति पर चलता हो), सन्निपात में प्रलाप करता हो, व्यर्थ बकवादी हो और जो महापापी हो, उसका वचन मेटने में पाप नहीं लगता--(चाहे वह राजा हो चाहे बाप हो) ।

ईश ईश जगदीश बखान्यो । वेदवाक्यबल तें पहिचान्यो ।
ताहि मेटि हठ कै रजिहौ जौं । गंग तीर तन को तजिहौं तौं ॥३७॥

शब्दार्थ—ईश = महादेव । ईश = विष्णु । जगदीश = ब्रह्मा । रजिहौ = मुझसे राज-काज कराओगे । गंग = मंदाकिनी नदी, जो चित्रकूट में है जिसे सब लोग मंदाकिनी गंगा कहते हैं ।

भावार्थ—(भरत जी कहते हैं) जो नीति मैंने ऊपर कही है, वह मेरी गढ़ी नीति नहीं है, वह ब्रह्मा, विष्णु तथा महादेव के वचन हैं । विद्या बल से मैंने उन वाक्यों को पहचाना है (वेद में ऐसा ही लिखा है और मैंने पढ़ा है) —महादेव, ब्रह्मा तथा विष्णु के वचनों से बढ़कर तो राजा और आप के वचन माने नहीं जा सकते अतः यदि आप उन त्रिदेवों के वचन मेट कर हठपूर्वक मुझसे राज्य करावेंगे तो मैं यहीं चित्रकूट में मंदाकिनी गंगा के किनारे शरीर त्याग कर दूंगा ।

दो०—मौन गही यह बात करि, छोड़ो सबै विकल्प ।
भरत जाय भागीरथी, तीर कर्‌यो संकल्प ॥ ३८ ॥

शब्दार्थ—विकल्प = विचार । भागीरथी = (गंगा) यहाँ – मंदाकिनी गंगा ।

भावार्थ—यह बात कह कर भरत जी चुप हो रहे, अन्य सब विचार (अर्थात् और अधिक तर्क-वितर्क करने का) छोड़ दिया और मंदाकिनी गंगा के तीर जाकर शरीर त्याग का संकल्प किया ।

इंद्रवज्रा—

भागीरथी रूप अनूप कारी। चंद्राननी लोचन कंजधारी।
वाणी बखानी सुख तत्व सोध्यो। रामानुजै आनि प्रबोध बोध्यो ॥३६॥

शब्दार्थ—सुखतत्व = सुख का मूल सिद्धान्त (राम रजाय मानना) जिससे सब को सुख हो।

भावार्थ—अनुपम रूप धारण करने वाली मंदाकिनी गंगा जी ने चन्द्रवदनी और कमललोचनी स्त्री का रूप धारण कर, सुखतत्व की बात शोधकर (संक्षेप में) रामनुज भरत को समझा कर प्रबोध कर दिया, जिससे सब को सुख हो।

(गंगा) उपेन्द्रवज्रा—

अनेक ब्रह्मादि न अंत पायो। अनेकधा वेदन गीत गायो॥
तिन्हें न रामानुज बंधु जानो। सुनौ सुधी केवल ब्रह्म मानो ॥४०॥

भावार्थ—जिनका अंत (सच्चा भेद) अनेक ब्राह्मणों ने नहीं पाया, जिनकी प्रशंसा वेद ने अनेक प्रकार से की है, उनको (राम को) हे रामानुज भरत! तुम अपना भाई न समझो (बड़ा भाई समझ कर ही जो तुम्हें ऐसा मोहजनित संकोच हो रहा है उसे छोड़ो) हे बुद्धिमान भरत! सुनो, इस समय तुम उन्हें (भाई न मान कर) केवल ब्रह्म ही मानो।

मूल—

निजेच्छया भूतल देहधारी। अधर्म संहारक धर्मचारी।
चले दशग्रीवहि मारिबे को। तपी ब्रती केवल पारिबे को ॥४१॥

शब्दार्थ—निजेच्छया = अपनी इच्छा से। पारिबे को = पालन करने को।

भावार्थ—उन्होंने अपनी इच्छा से पृथ्वी में नर शरीर धारण किया है। वे अधर्म के संहारक और धर्म का प्रचार करने वाले हैं। वे रावण को मारने के लिये और रावण को मारकर तपस्वियों तथा ब्रतधारियों का पालन करने के लिये वन को जा रहे हैं। (उनके इस कार्य में तुम अपने हठ द्वारा विघ्न न डालो)।

उठो हठी होहु न काज कीजै। कहूं राम सो घानि लीजै।
अदोष तेरी सुत मातु सोहै। सो कौन माया इनकी न मोहै ॥४२॥

भावार्थ—उठो, हठ मत करो बल्कि उनका काम करो। (उनके काम में सहायक हो) जो कुछ राम जी कहें उसे मान लो। हे पुत्र ! तेरी माता बिल्कुल निर्दोष है (इसका संकोच न करो)। ऐसा कौन है जो इनकी माया के फेर में न पड़ा हो, अर्थात् इन्हीं की माया से तुम्हारी माता ने यह दोष (वनबास दिलवाने का) अपने सिर लिया है, नहीं तो वह नितान्त निर्दोष है।

दो०—यह कहि कै भागीरथी, केशव भई अदृष्ट।
भरत कह्यो तब राम सों देहु पादुका इष्ट ॥४३॥

शब्दार्थ—अदृष्ट भई = अन्तर्धान हो गई। इष्ट = पूज्यदेव (स्वामीवत् सेवन करने के लिये पूज्य वस्तु)।

उपेन्द्रवज्रा—

चले बली पावन पादुका लै। प्रदक्षिणा राम सियाहु को दै।
गये तें नंदीपुर वास कीन्हों। सबंधु श्रीरामहिं चित्त दीन्हों ॥४४॥

शब्दार्थ—बली = बलयुक्त होकर (अब तक भरत जो अपने को राम विमुख समझ कर अपने को निर्बल समझते थे। अब पादुका पाकर बलीहुए—असमंजस मिट गया, क्योंकि गंगा ने भी साक्षी दी कि तुम्हारी माता निर्दोष हैं) सबन्धु = शत्रुघ्न सहित। नंदीपुर = नंदीग्राम।

दो० – केशव भरतहि आदि दै, सकल नगर के लोग।
बन समान घर घर बसे, विगत सकल संभोग ॥४५॥

शब्दार्थ—बन समान = बनवासियों की तरह। विगत = छोड़े हुए। संभोग = भोग-विलास की वस्तुएँ।

सूचना—हमारी सम्मति है कि केशव ने यह भरतमिलाप का वर्णन बहुत संक्षिप्त कहा, अच्छा भी नहीं कहा। तुलसीदास ने इस वर्णन में कविता का कमाल दिखलाया है।

दसवाँ प्रकाश समाप्त

ग्यारहवाँ प्रकाश

दो० – एकादश प्रकाश में, पंचवटी को बास।
सूर्पणखा के रूप को, रघुपति करिहैं नास ॥

रथोद्धता –

चित्रकूट तब राम जू तज्यो। जाय यज्ञथल अत्रि को भज्यो।
राम लक्ष्मण समेत देखियो। आपनो सफल जन्म लेखियो ॥१॥

शब्दार्थ—भज्यो = प्राप्त हुए, पहुँचे।

भावार्थ—(भरत के चले जाने पर) तब रामजी चित्रकूट पर्वत का निवास छोड़ आगे को बढ़े और जाकर अत्रि के आश्रम में पहुँचे। जब अत्रि ऋषि ने श्री राम-लक्ष्मण को अपने आश्रम में आया हुआ देखा तब अपना जन्म जीवन सफल माना।

अलंकार – हेतु (प्रथम)।

(अत्रि) चंद्रवर्त्म –

स्नान दान तप जाप जो करियो। सोधि सोधि उर माँझ जु धरियो।
जोग जाग हम जा लग गहियो। रामचन्द्र सबको फल लहियो ॥२॥

भावार्थ—(अत्रि जी अपने भाग्य की सराहना करते हैं) स्नान, दान, जप तप जो कुछ हमने किया, बड़े परिश्रम और शुद्धता से जिसे हमने हृदय में धारण किया है (ईश्वर का ध्यान किया है), जोग और यज्ञादि जिसके लिए किये हैं, उन सब पुण्य कर्मों के फल हमने राम-दर्शन के रूप में आज पा लिया (धन्य है हमारा भाग्य)।

वंशस्थविलम्–

अनेकधा पूजन अत्रि जू कर्‌यो।
कृपालु ह्वै श्रीरघुनाथ जू धर्‌यो॥
पतिव्रता देवि महर्षि की जहाँ।
सुबुद्धि सीता सुखदा गई तहाँ ॥३॥

भावार्थ – अत्रि जी ने श्रीरामजी का अनेक प्रकार से सत्कार किया (आदरपूर्वक फल-मूलादि दिये) और श्रीरामजी ने कृपापूर्वक सब वस्तुएँ ग्रहण कीं (स्वीकार कीं)। तब (भोजनादि से निवृत्त होकर) सुन्दर बुद्धि वाली और सब सुखों को देने वाली (लक्ष्मी स्वरूपा) सीता महर्षि अत्रि जी की पतिव्रता स्त्री अनुसूया के पास गईं।

दो० – पतिव्रतन की देवता अनुसूया सुभगाथ।
सीता जू अवलोकियो जरा सखी के साथ ॥४॥

शब्दार्थ—देवता = देवी (पूजनीया)। शुभगाथ = प्रशंसनीय आचरण वाली।

सूचना—केशव ने 'देवता' शब्द इसी पुस्तक में कई जगह स्त्रीलिंग में लिखा है।

भवार्थ—(निकट जाने पर) पतिव्रता स्त्रियों से समादरणीया, देवी-स्वरूपता, प्रशंसनीया आचरण वाली श्री अनुसूया जी को सीता ने जरावस्था रूपी सखी के साथ देखा अर्थात् अत्यन्त जरावस्था में देखा।

चौपैया—(३० मात्रा का १०, ८, १२ पर विराम)

सिर सेत विराजै, कीरति राजै, जनु केशव तपवल की।
तनु वलित पलित जनु, सकल वासना, निकरि गई थल थल की।
काँपति शुभ ग्रीवाँ, सब अँग सीवाँ, देखत चित्त भुलाहीं।
जनु अपने मन प्रति, यह उपदेशति, या जग में कछु नाहीं॥५॥

शब्दार्थ—वलित पलित = झुर्रियाँ पड़ी हुईं। ग्रीवाँ = गर्दन। सीवाँ = सीमा, हद (सौंदर्य की सीमा)।

भावार्थ—सिर के सब बाल सफ़ेद हो गए हैं, मानो तपस्या की कीर्ति सिर पर विराज रही है, सारे शरीर में झुर्रियाँ पड़ी हुई हैं (जरावस्था के कारण त्वचा सिकुड़ गई है) मानो प्रति अंग की वासनाएँ निकल गई हैं (और उनका स्थान खाली पड़ा है)। उनकी सुन्दर गर्दन कंपायमान (जो गर्दन पहले युवावस्था में सुन्दरता के सब अंगों की सीमा थी अर्थात् अत्यन्त सुन्दर थी)—उस कंप को देख कर देखने वाले का चित्त भूल में पड़ जाता है (कि यह क्या ?)—यह गर्दन का हिलना ऐसा जान पड़ता है मानो अनुसूया जी अपने मन को यह उपदेश देती हैं कि इस जग में कुछ सार नहीं है—(जरावस्था में सिर इस तरह हिलने लगता है जैसे 'नाहीं' करने में हिलाया जाता है—इसी से ऐसी उत्प्रेक्षा की गई)।

अलंकार—उत्प्रेक्षा

प्रतिमाक्षरा—

हरुवाइ जाय सिय पाँय परी। ऋषिनारि सूँघि सिर गोद धरी।
बहु अंगराग अंग अंग रये। बहु भाँति ताहि उपदेश दये॥६॥

शब्दार्थ—हरुवाइ=जल्दी से, शीघ्रतायुक्त। सूँघि सिर=सिर सूँघ कर (आशीर्वाद देने की प्राचीन चाल थी)। अंगराग=महावर, मेंहदी, सिन्दूर, अगँजा, केशर, कस्तूरी, चन्दनादि के लेप जो भिन्न-भिन्न अंगों में लगाये जाते हैं। प्राचीन काल में सौभाग्यवती स्त्री का सम्मान सिंगार करके ही किया जाता था। अब भी कोछ डाल कर सौभाग्यवती स्त्री का सम्मान किया जाता है। बहु अंगराग अंग अंग रये=अनेक प्रकार के अंगरागों को लगा कर अनुसूया जी ने जानकी जी का सिंगार रचकर उनका सम्मान किया।

भावार्थ—सरल ही है।

स्रग्विणी—राम आगे चले मध्य सीता चली।
बंधु पाछे भये सोभ सोभै भली।
देखि देही सबै कोटिधा कै भनो।
जीव जीवेश के बीच माया मनो॥ ७॥

शब्दार्थ—देही=देहधारी जन। कोटिधा कै=अनेक प्रकार से। भनो=वर्णन किया। जीवेश=ईश्वर, ब्रह्म।

भावार्थ—अत्रि के आश्रम को छोड़ जब आगे चले तब श्री राम जी आगे हुए, बीच में जानकी जी हुईं और पीछे लक्ष्मण जी हुए। इन तीनों पथिकों की बड़ी ही सुन्दर शोभा हुई; जिसे देख कर सब मनुष्यों ने अनेक प्रकार से वर्णन किया। केशव कहते हैं कि मुझे तो ऐसा जान पड़ा मानो ईश और जीव (दोनों) बीच में माया को किये हुए सफर कर रहे हों।

सूचना—यहाँ पर केशव को अनेक उपमायें देना चाहिये था सो चूक गए हैं।

गो० तुलसीदास ने भी ऐसा ही कहा है।

आगे राम लखन पुनि पाछे। मुनिवर वेष बने अति आछे॥
उभय बीच सिय सोहति कैसी। ब्रह्म जीव बिच माया जैसी॥

अलंकार—उत्प्रेक्षा।

मालती—

विपिन विराध बलिष्ट देखियो; नृप तनया भयभीत लेखियो।
तब रघुनाथ बाण कै हयो। निज निरवाण पंथ का ठयो॥८॥

शब्दार्थ—नृप तनया=सीता। हयो=हन्यो, मारा। निज……ठयो=उसके लिए अपने निर्वाण पद का मार्ग तैयार कर दिया अर्थात् उसे मुक्ति दी। बाण के हयो=बाण करके मारा, बाण से मारा।

भावार्थ—सरल ही है।

दो०—रघुनायक सायक धरे, सकल लोक सिरमौर।
गये कृपा करि भक्ति बस, ऋषि अगस्त के ठौर॥ ९॥

शब्दार्थ—सिरमौर=शिरोमणि। ठौर=स्थान, आश्रम।

वसंत तिलका—श्रीराम लक्ष्मण अगस्त्य सनारि देख्यो।
स्वाहा समेत शुभ पावक रूप लेख्यो॥
साष्टांग क्षिप्र अभिवन्दन जाय कीन्हो।
सानन्द आशिष अशेष ऋषीश दीन्हो॥ १०॥

शब्दार्थ—सनारि=स्त्रीसहित (अगस्त्य की स्त्री का नाम 'लोपामुद्रा' था)। स्वाहा=अग्नि की स्त्री का नाम। साष्टांग=आठों अंगों को पृथ्वी से छुवाते हुए (दोनों हाथ, ललाट और नाक, पैर की दोनों गाँठें, पैर के दोनों अँगूठे)।

भावार्थ—श्री राम लक्ष्मण ने आश्रम में जाकर सस्त्रीक अगस्त्य जी के दर्शन किये और उस युगल जोड़ी को स्वाहा और अग्नि देव के समान समझा। शीघ्रतापूर्वक निकट जा कर साष्टांग दंडवत की और ऋषिवर ने आनन्दित होकर सब प्रकार के आशीर्वाद दिये।

मूल—बैठारि आसन सबै अभिलाष पूजे।
सीता समेत रघुनाथ सबन्धु पूजे।
जाके निमित्त हम यज्ञ यज्यो सु पायो।
ब्रह्मांडमंडन स्वरूप जु वेद गायो॥ ११॥

शब्दार्थ—यज्ञ यज्यो=यज्ञ किये।

भावार्थ—अगस्त्य जी ने सीता लक्ष्मण समेत श्री रघुनाथ जी को सुन्दर आसनों पर बैठा कर सादर उनका पूजन किया और अपनी समस्त अभिलाषा पूर्ण कर ली (अपने सब अरमान पूरे कर लिये, तब कहने लगे कि) समस्त ब्रह्मांड को विभूषित करने वाला रूप जिसका वर्णन वेद

करता है और जिससे मिलने के लिये हमने अनेक यज्ञ किये हैं उसे आज हमने पा लिया।

(अगस्त्य) पद्धटिका—

ब्रह्मादि देव जब विनय कीन। तट छीर सिन्धु के परम दीन॥
तुम कह्यो देव अवतरहु जाय। सुत हौं दशरथ को होव आय॥१२॥

भावार्थ—जब ब्रह्मादि देवों ने अति दीन हो क्षीर सिंधु के तट पर विनय की थी तब आपने कहा था कि हे देवगण, तुम सब जाकर पृथ्वी पर अवतार लो, मैं भी आकर राजा दशरथ का पुत्र हूँगा।

मूल—

हम तबतें मन आनन्द मानि। मग चितवत बन आगमन जानि॥
ह्यां रहिये करिये देव काजु। मम फूलि फरयो तपवृक्ष आजु॥१३॥

शब्दार्थ—मग चितवत=बाट जोह रहे हैं।

भावार्थ—हम तभी से आनंदित मन हो कर आप के वनगमन की बाट जोह रहे हैं। भले आये, अब यहाँ रहिये और देवताओं का काम कीजिये, आज तो मेरा तपवृक्ष फूल कर सफल हो गया (तपस्या सफल हुई)।

अलंकार—रूपक।

(राम) पृथ्वी—

अगस्त ऋषिराज जु बचन एक मेरी सुनो।
प्रशस्त सब भाँति भूतल सुदेश जी में गुनो।
सनीर तरु खंड मंडित समृद्ध शोभा धरैं।
तहाँ हम निवास की बिमल पर्णशाला करैं॥ १४॥

शब्दार्थ—प्रशस्त=अच्छा। सुदेश=समतल, बराबर। जी में गुनो=सोच कर हमको बतलाओ। सनीर=जलयुक्त। तरुखंड मंडित=वृक्ष समूह से सुशोभित। समृद्ध शोभा धरैं=खूब बड़ी शोभा को धारण किये हो, खूब सुहावने हों।

भावार्थ—हे अगस्त्य जी, मेरी एक विनती सुनिये। सोच कर हमें एक ऐसा अच्छा सुन्दर स्थान बतलाइये जहाँ जल का सुपास हो और सुहावने वृक्ष कुंज हों, तो वहीं हम अपने रहने के लिए पत्तों की कुटी बना लें।

(अगस्त्य) पद्मावती—

यद्यपि जग करता पालक हरता, परिपूरण वेदन गाये।
अति तदपि कृपा करि, मानुषवपु धरि, थल पूछन हमसों आये॥
सुनि सुरवर नायक, राक्षस घायक, रक्षहु मुनिजन जस लीजै।
सुभ गोदावरि तट, बिशद पञ्चवट, पर्णकुटी तहँ प्रभु कीजै॥१५॥

शब्दार्थ—वपु = शरीर। विशद = खूब लम्बा = चौड़ा। पंचवट = पंचवट नामक वन जहाँ पर कि पंचवट संज्ञक वृक्ष बहुतायत से थे।

सूचना—पंचवट = वट, पीपल, आमला, अशोक और बेल।

भावार्थ—(अगस्त्य जी कहते हैं) यद्यपि आप जगत के कर्ता, पालक और संहारक हैं, और वेदों ने आप को परिपूर्ण (सर्वज्ञ) बतलाया है, तथापि बड़ी कृपा करके आप मनुष्य शरीर धारण करके (मानव भाव से) हमसे स्थान पूछने आये हैं। अतः हे सुरों को श्रेष्ठ नायक! राक्षसों के संहारक! मुनियों की रक्षा करके सुयश लीजिये, सुन्दर गोदावरी नदी के तट पर खूब लम्बा = चौड़ा पंचवट नामक वन है, उसी वन में आप अपनी पर्णशाला बनाइये।

दो०—केशव कहे अगस्त के, पञ्चवटी के तीर।
पर्णकुटी पावन करी, रामचन्द्र रणधीर॥ १६॥

शब्दार्थ—पंचवटी के तीर = उस वन के एक तट पर (उस वन के मध्य में नहीं)।

(पंचवटी वन-वर्णन)

रसभंगी—

फल फूलन पूरे, तरुवर रूरे, कोकिल कुल कलरव बोलैं।
अति मत्त मयूरी, पिय रस पूरी, बन प्रति नाचति डोलैं॥
सारी शुक पंडित, गुन गन मंडित, भावनमय अरथ बखानैं।
देखे रघुनायक, सीय सहायक, मनहु मदन रति मधु जानैं॥१७॥

शब्दार्थ—कलवर = धीमी आवज जो कानों को कर्कश न जान पड़े जैसे पंडुक की होती है। सारी = शारिका, मैना। भावनमय = प्रेमभावमय। सहायक = लक्ष्मण जी। मधु = वसंत।

भावार्थ—(उस उजाड़ दंडकारण्य के पंचवट भाग को राम जी के जाते ही यह अवस्था प्राप्त हुई) वहाँ के सुन्दर-सुन्दर वृक्ष फल फूलों से परिपूर्ण हो गये, कोकिल समूह मन्द मधुर शब्द से गाने लगा, मोरनियाँ दाम्पति रस से पूर्ण हो कर वनों में नाचने और फिरने लगीं, शारिका और सुग्गे बड़े गुणी पंडित की भाँति (कोकिल के गान और मयूरिनियों के नाच का) भावमय अर्थ बताने लगे—उनकी प्रशंसा करने लगे। उस वन के निवासी जीवों ने श्रीराम जी को, सीता और लक्ष्मण समेत देखकर, रति और बसंत के साथ कामदेव समझा।

अलंकार—उत्प्रेक्षा।

(लक्ष्मण) सवैया—

सब जाति फटी दुख की दुपटी कपटी न रहै जहँ एक घटी।
निघटी रुचि मीचु घटी हूँ घटी जगजीव जतीन की छूटी तटी।
अघ ओघ की बेरी कटी विकटी निकटी प्रकटी गुरु ज्ञान गटी।
चहुँ ओरन नाचति मुक्ति नटी गुन धूरजटी वन पंचवटी ॥१८॥

शब्दार्थ—दुपटी=चद्दर। घटी=घड़ी। निघटी=निश्चय घट गई। रुचि=इच्छा। घटी हू घटी=प्रति घड़ी। तटी=ध्यानस्थित, समाधिस्थिति निकटी=इसके निकट आते ही। गुरु ज्ञान गटी=भारी ज्ञान की गठरी गुन=(गुण) समान गुण वाला। धूरजटी=महादेव।

भावार्थ—(लक्ष्मण जी कहते हैं कि) यह पंचवटी नामक वन तो शिव के से गुणवाला है, (जैसे शिव के दर्शनों से दुःख नहीं रहता वैसे ही) यहाँ दुख की चादर फट जाती है, और कपटी पुरुष यहाँ एक घड़ी भी नहीं रह सकता—यहाँ एक घड़ी मात्र रहने से कपटी पापी मनुष्य का भाव बदल कर धर्म की ओर झुकेगा। यहाँ के निवासी जीवों की तो प्रति घड़ी मृत्यु की इच्छा घटती है (यहाँ का शांतिमय सुख भोगने की इच्छा से, यहाँ के निवासी मरकर मुक्ति भी नहीं लेना चाहते, अर्थात् मुक्ति के आनन्द से यहाँ का आनन्द बढ़ कर है)। यहाँ के यती लोगों (तपस्वी गण) की समाधि-अवस्था छूट जाती है (समाधि-अवस्था में जो ब्रह्मानन्द प्राप्त होता है, उससे भी बढ़कर यहाँ का आनन्द है) पाप की विकट बेड़ी यहाँ कट जाती है और तुरन्त ही भारी ज्ञान की गठरी प्रकट हो जाती है (इसके निकट

आते ही पूर्ण ज्ञान प्राप्त होता है) और यहाँ तो मुक्ति चारों ओर नटी के समान नाच रही है, अतः यह पंचवटी वन शिव के से गुणों से युक्त है (शिव के दर्शन वा समागम से जैसी वस्तुएँ प्राप्त होती हैं वैसे ही इसके समागम से भी होती हैं) ।

अलंकार—अनुप्रास, यमक और ललितोपमा ।

सूचना—'हृदयराम कवि ने भी हनुमन्नाटक में पंचवटी के वर्णन में ऐसे ही दो तीन सवैया लिखे हैं ।

दंडक वन-वर्णन

हाकलिका*—

शोभत दंडक की रुचि बनी । भाँतिन-भाँतिन सुन्दर घनी ॥
सेव बड़े नृप की जनु लसै । श्रीफल भूरि भयो जहँ बसै ॥१९॥

शब्दार्थ—दंडक=एक वन का नाम (दंडक नाम का एक राजा था । शुक्राचार्य उसके गुरु थे । गुरुपुत्री पर कुदृष्टि डालने के अपराध में शुक्र के शाप से उसके देश पर सात रात-दिन तक बराबर गर्म बालू बरसी । देश उजड़ गया । वही देश दंडक वन कहलाता था । पंचवटी नामक वन उसी दंडक वन का एक भाग था । (श्रीराम जी के चरणों के प्रताप से वह वन पुनः हरा भरा हो उठा) । रुचि—शोभा । सेव=सेवा । श्रीफल=(१) बेल का वृक्ष (२) भोगविलासप्रद वैभव ।

भावार्थ—दंडक वन की शोभा पुनः बन ठन कर शोभित हुई, अनेक प्रकार की घनी सुन्दरता आ गई, वह शोभा ऐसी मालूम होती थी मानो किसी बड़े राजा की सेवा (चाकरी) हो, क्योंकि जैसे राजा की सेवा में श्रीफल (लक्ष्मी का वैभव) भूरिभाव से बसता है वैसे ही उस वन में भी श्रीफल (बेल फलों) की अधिकता थी ।

अलंकार—श्लेष से पुष्ट उत्प्रेक्षा ।

मूल—बेर भयानक सी अति लगै । अर्क समूह जहाँ जग मगै ।
नैनन को बहु रूपन ग्रसै । श्रीहरि की जनु मूरत लसै ॥२०॥

---

*इस छंद का लक्षण—भगन तीन धरिये सुभग पुनि लघु गुरुहि मिलाउ । हाकलिका शुभ छंद रचि केशव हरि गुण गाउ ॥

शब्दार्थ—अति भयानक बेर=प्रलयकाल (अत्यन्त भयानक वेला)। अर्क=(१) सूर्य (२) मंदार का वृक्ष।

भावार्थ - वह दंडक की शोभा प्रलयकाल की सी वेला जान पड़ती है, क्योंकि (जैसे प्रलयकाल में अनेक सूर्य प्रचंड तेज से जगमगायेंगे, त्योंहि यहाँ भी) मंदार वृक्ष समूह जगमगा रहे हैं (मंदार वृक्ष खूब फूले हुए हैं)। दंडक वन की शोभा अनेक रूप में नेत्रों को पकड़ लेती है (नेत्रों की टकटकी लग जाती है) मानों श्रीहरि की मूर्ति ही है—अर्थात् जैसे श्रीहरि की मूर्ति का सौंदर्य देखते ही आँख तृप्त नहीं होती वैसे ही इस वन की शोभा देख नेत्रों को संतोष नहीं होता, जो चाहता है कि देखा ही करें।

अलंकार—श्लेष से पुष्ट उत्प्रेक्षा!

राम दोधक—पांडव की प्रतिमा सम लेखो।
अर्जुन भीम महामति देखो।
है सुभगा सम दीपति पूरी।
सिंदुर औ तिलकावलि रूरी ॥२१॥

शब्दार्थ - पांडव=पांडु राजा के (युधिष्ठिर, भीम, अर्जुन, नकुल और सहदेव) प्रतिमा=मूर्ति। अर्जुन=(१) तृतीय पांडव (२) अर्जुन नामक वृक्ष जिसे ककुभ भी कहते हैं। भीम=(१) द्वितीय पांडव (२) अम्ल वेत नामक वृक्ष। महामति=बुद्धिमान (लक्ष्मण प्रति सम्बोधन है)। सुभगा= सौभाग्यवती स्त्री। दीपति=(दीप्ति) कांति, शोभा। सिंदुर=(१) सिंदूर (२) सिंदूर नामक एक वृक्ष। तिलक=(१) मकरीपत्र रचना (प्राचीन काल में स्त्रियाँ अपने मुख पर चमकी वा सितारों तथा सेंदुर से अनेक चित्रवत रचनाएँ करती थीं। अब केवल रासलीला में वा रामलीला में मूर्तियों का वैसा सिंगार होता है। साधारण स्त्रियाँ केवल सेंदुर से माँग भरती हैं) (२) तिलक नामक वृक्ष। रूरी=अच्छी, शोभाप्रद।

भावार्थ— (लक्ष्मण जी की उत्प्रेक्षाएँ सुन कर श्रीराम जी कहते हैं) हे बुद्धिमान लक्ष्मण ! देखो यहाँ वन पांडवों की मूर्ति सा है, क्योंकि यहाँ भी अर्जुन (ककुभ) और भीम (अम्लवेतस) मौजूद हैं। और इस वन की शोभा किसी सौभाग्यवती स्त्री की सी है, क्योंकि (जैसे सौभाग्यवती स्त्री सिंदूर

और चित्रित तिलकों से सजी रहती हैं) वैसे ही यहाँ भी सिंदूर और तिलक वृक्षों की अवली शोभा दे रही हैं।

अलंकार—श्लेष पुष्ट उपमा।

सूचना—इस छंद में राम जी के मुख से पाडवों का वर्णन करना उचित न था। राम के समय तक तो पांडव पैदा ही न हुए थे। इसे काव्य के दोषों में से अर्थ-दोषान्तर्गत कालविरुद्ध दोष कहना होगा।

(सीता) दोधक--राजति है यह ज्यों कुलकन्या।
धाइ विराजित है सँग धन्या॥
केलिथली जनु श्रीगिरिजा की।
शोभ धरे सितकंठ प्रभा की ॥२२॥

शब्दार्थ--कुलकन्या = किसी अच्छे कुलीन घर की कन्या धाइ = (१) बच्चों का पालन पोषण करने वाली स्त्री दाई (२) धवई नामक झाड़। धन्या = पूज्या, समादरणीया। केलिथली = केलि का स्थान। गिरजा = पार्वती। सितकन्ठ = (१) मयूर (२) महादेव।

भावार्थ--(सीता जी कहती हैं) इस वन की शोभा एक कुलकन्या के समान है। जैसे कुलकन्याओं के संग सदैव उपमातास्तना (दूध पिलाने वाली) दाई रहती हैं, वैसे ही यहाँ भी समादरणीय धाय वृक्ष (धावा) विराजते हैं। और इस वन की शोभा मानो पार्वती जी की केलिस्थली है क्योंकि जैसे उनकी केलिस्थली में महादेवजी (शितकंठ) रहते हैं वैसे ही यहाँ भी (शितकंठ) मयूर रहते हैं।

अलंकार—श्लेष से पुष्ट उपमा और उत्प्रेक्षा।

सूचना—केशव की प्रतिभा की उचित योजना यहाँ उचित मात्रा में दिखलाई पड़ती है। दंडकवन वर्णन में लक्ष्मण जो से ऐसी उत्प्रेक्षाएँ कराई हैं जिनसे लक्ष्मण का वीरत्व और धैर्य प्रकट होता है और रामजी से ऐसी उत्प्रेक्षाएँ कराई हैं जिनमें शृंगार की आभा झलकती है। सीताजी से स्त्रियोचित उत्प्रेक्षा कराई है। कारण यह है कि लक्ष्मणजी यहाँ पर अपत्नीक तथा रामजी सपत्नीक हैं। लक्ष्मण के चित्त में निर्भयता, धैर्य, और वीरत्व होना चाहिए और रामजी के हृदय में जानकी जी के मनोरंजनार्थ शृंगार की कुछ न कुछ आभा होनी ही चाहिये नहीं तो आगे विरह वर्णन शोभा न

देगा। सीता की उक्ति भी पवित्रता तथा सिगार सूचक है क्योंकि पति का मनोरंजन करना है।

(गोदावरी वर्णन)

(राम) मनहरन*

अति निकट गोदावरी पाप संहारिणी।
चल तरंग तुंगावली चारु संचारिणी॥
अलि कमल सौगंध लीला मनोहारिणी।
बहु नयन देवेश-शोभा मनो धारिणी॥२३॥

शब्दार्थ—चल=चंचल। तुंग=ऊँच। सौगंध=सुगंध। देवेश=इन्द्र।

भावार्थ—(राम जी कहते हैं) हमारी पर्णकुटी के अति निकट ही पाप-नाशिनी गोदावरी नदी भी है, जो चंचल और ऊँची तरंगों की सुन्दर पंक्तियों सहित सदा बहती है तथा भौंरों सहित सुगंधित कमलों की लीला से मन को हरती है, ऐसा जान पड़ता है मानो यह गोदावरी बहुलोचन इन्द्र की शोभा धारण किये हुए है (जैसे इन्द्र के शरीर में बहुत से नेत्र हैं वैसे ही इस गोदावरी में भ्रमरयुक्त असंख्य कमल हैं)

अलंकार—उत्प्रेक्षा।

दोधक—रीति मनो अविवेक की थापी।
साधुन की गति पावत पापी॥
क़ंजन की मति सी बड़ भागी।
श्रीहरि मंदिर सों अनुरागी॥२४॥

शब्दार्थ—इस गोदावरी ने अविवेक की सी रीति चलाई है कि पापी भी साधुओं की गति पाता है (जो पापी स्नान करता है वह बैकुंठ को जाता है) यह गोदावरी बड़भागी ब्रह्मा की मति के समान श्रीहरि-मन्दिर (बैकुंठ वा समुद्र) में अनुराग रखती है—अर्थात् जैसे ब्रह्मा की मति सदैव परम धाम बैकुण्ठ की ओर लगी रहती है वैसे ही यह गोदावरी भी समुद्र की ओर बहा करती है वा सबको बैकुंठ भेजा करती है।

---

*यह केशव का निकाला हुआ छंद है।

अलंकार – व्याजस्तुति, उत्प्रेक्षा, उपमा का संकर।

अमृत गति—

निपट पतिव्रत धरणी। मगजन को सुखकरणी।
निगति सदा गति सुनिए। अगति महापति गुनिए ॥२५॥

शब्दार्थ – मगजन = पथी (जो रास्ता चलते कहीं भी गोदावरी में स्नान करते हैं वा उसका जल पीते हैं)। निगति = जिसकी गति न हो सकती अर्थात् पापी। अगति = गतिरहित अर्थात् अचल जो नदी की तरह बहता नहीं।

भावार्थ – यह गोदावरी अत्यन्त पतिव्रता है (क्योंकि सदैव निजपति समुद्र की सेवा में निरत रहती है—) सदैव समुद्राभिमुख रहती है (तो भी रास्ता चलते लोगों को सुख देता है) पतिव्रता स्त्री यदि राहगीरों को सुख दे तो वह पतिव्रता कैसे रहेगी—यह विरोध है)। पापियों को सदा गति सुगती बैकुंठ देती है, पर निजपति समुद्र को महा अगति से ही रखती है—(समुद्र सदैव समभाव से स्थिर ही रहता है, गतिवान नहीं होता)।

अलंकार – विरोधाभास।

दो०—विषमय यह गोदावरी, अमृत के फल देति।
केशव जीवनहार को दुःख, अशेष हरि लेति ॥ २६ ॥

शब्दार्थ—विष = जल। अमृत = अमर, देवता। जीवनहार = पानी-हरन करने वाला, पानी पीनेवाला। अशेष = समस्त, सब।

भावार्थ—यह सजला गोदावरी (स्नान पान करने से) देवताओं के पाने योग्य फल (सुगति, मुक्ति) देती है। केशव कहते हैं कि यह गोदावरी अपने जीवन का हरण करने वाले का (पानी पीने वाले का) सब दुख हर लेती है।

अलंकार—श्लेष से पुष्ट विरोधाभास।

(सीताजी के गान-वाद्य का प्रभाव वर्णन)

त्रिभंगी—

जब जब धरि बीना प्रकट प्रवीना बहु गुन लीना सुख सीता।
पिय जियहि रिझावै दुखनि भजावै विविध बजावै गुन गीता ॥

तजि मति संसारी विपिन विहारी सुख दुख कारी घिरि आवैं।
तब तब जगभूषण रिपुकुलदूषण सब को भूषण पहिरावैं ॥ २७॥

शब्दार्थ—बहुगुन लीना=बहुत गुण युक्त । सुख=सुख पूर्वक, सहज भाव से । बजावै गुनगीता=राम के गुणवर्णन के गीत बाजे के साथ गाती हैं । मति संसारी ससारीमति (भेद वा भय)। विपिन विहारी =वन जंतु । दुखकारी =सिंह, व्याघ्रादि । सुखकारी=मोर, कोकिलादि । जगभूषण=श्रीरामजी । रिपुकुलदूषण=शत्रुहंता । भूषण=गहने ।

भावार्थ—जब जब वीणा लेकर प्रत्यक्ष प्रवीणा और बहुगुणवती सीता सुख पूर्वक बैठकर, रामजी को प्रसन्न करती हैं दुःख को भगाती हैं, और नाना प्रकार के राग बजा कर रामगुण गान करती हैं, और जब भले बुरे सभी वनजन्तु आकर उनको घेर लेते हैं, तब शत्रु संहारक श्रीराम जी उन सब जंतुओ को आभूषण पहिनाते हैं (फूलों के अथवा जानकी जी ही के)।

अलंकार—अनुप्रास ।

तोटक—

कबरी कुसुमाजि सिखीन दई । गज कुम्भनि हारनि शोभ भई ।
मुकुता सुक सारिक नाक रचे । कटि केहरि किंकणि शोभ सचे ॥२८॥
दुलरी कल कोकिल कंठ बनी । मृग खंजन अंजन शोभ घनी ।
नृपहंसनि नूपुर शोभ भरी । कलहंसनि कंठनि कंठसिरी ॥२९॥

शब्दार्थ—(२८) कबरी=चोटी । शिखी=मोर । केहरि=सिंह । सचे=संचित की । (२९) नृपहंस (यह हंस बहुत बड़ा होता है) । कलहंस =मधुर स्वर से बोलने वाले हंस (यह मँझोले डील के होते हैं और बालहंस बहुत छोटे कद के होते हैं) । कंठसिरी=(कंठ श्री) कंठी ।

भावार्थ—फूलों की चोटी मोरों को दी, गज-कुम्भों पर हार की शोभा हुई, शुक और सारिका की नाक में मोती पहनाये, सिंह की कमर पर किंकणी की शोभा संचित हुई (सिंह को किंकणी पहनाई) ॥२८॥ सुन्दर दुलरी कोकिल कंठ में पहना दी, मृग और खंजन की आँखों में अंजन की अति सुन्दर शोभा हुई, राजहंसों के पैरों से नूपुर की शोभा भिड़ गई (उनको नूपुर पहिनाये) और कलहंसों को कंठी पहना दी ।

तोटक—

मुख बासनि बासित कीन तबै। तृण गुल्म लता तरु सैल सबै॥
जलहूँ थलहूँ यहि रीति रमैं। वन जीव जहाँ तहँ संग भ्रमैं॥३०॥

भावार्थ—सीता और रामजी ने अपने मुखों की सुगन्ध से तृण, पौदे, लता, वृक्ष और सब पर्वतों को सुगंध से भर दिया है। जल के निकट वा स्थल में जहाँ जहाँ वे घूमते हैं तहाँ तहाँ उनके रूप पर मोहित वनजंतु साथ साथ फिरा करते हैं (यह उनके रूप की प्रशंसा है)।

अलंकार—अत्युक्ति।

(सूर्पणखा-राम संवाद)

दो०—सहज सुगन्ध शरीर की, दिसि विदिसनि अवगाहि।
दूती ज्यों आई लिये, केशव सूर्पनखाहि॥३१॥

शब्दार्थ—अवगाहि = ढूँढ़कर।

भावार्थ—रामजी के शरीर की सहज सुगन्ध दूती की तरह सब ओर ढूँढ़ कर सूर्पनखा को लिये हुए राम के निकट आई (राम के सुगन्ध से आकृष्ट होकर सूर्पनखा राम के पास आई)।

अलंकार—उदाहरण।

मरहटा—

यक दिन रघुनायक, सीय सहायक, रतिनायक अनुहारि।
सुभ गोदावरि तट, बिमल पञ्चवट, बैठे हुते मुरारि॥
छबि देखत ही मन, मदन मथ्यो तन, सूर्पनखा तेहि काल।
अति सुन्दर तनु करि, कछु धीरज धरि, बोली बचन रसाल।३२॥

शब्दार्थ—सीय सहायक = सीता सहित। रतिनायक = काम। अनुहारि = समान रूपवाले। हुते = थे। सरल = रसीले।

भावार्थ—एक दिन काम समान सुन्दर शरीर वाले मुरारि रामचन्द्र सीता सहित गोदावरी तट पर पंचवट नामक स्थान में बैठे हुए थे। उनकी छवि देख उस समय सूर्पनखा के तन मन में काम की पीड़ा उत्पन्न हुई। तब वह सुन्दर रूप बना कर, कुछ धैर्यपूर्वक उनके निकट आकर रसीले वचन बोली।

नोट—यहाँ पर 'मुरारि' कहने का तात्पर्य केवल वैष्णवी बल-वैभव सूचित करने का है। 'कछु धीरज' धरि का तात्पर्य यह है कि स्त्रियाँ काम पीड़ित होने पर भी कुछ धैर्य रखकर पुरुष से बात करके उसके मन में काम वासना उत्पन्न करके तब अपना दुष्ट अभिप्राय प्रकट करती हैं। स्त्री-प्रकृति को कितनी सूक्ष्मता से केशव ने निरीक्षण किया था, यह बात यहाँ प्रत्यक्ष दिखाई देती है।

(सूर्पणखा) सवैया—

किन्नर हौ नर रूप बिचच्छन जच्छ कि स्वच्छ सरीरन सोहौ।
चित्त चकोर के चंद किधौं मृगलोचन चारु बिमानन रोहौ॥
अंग धरे कि अनंग हौ केशव अंगी अनेकन के मन मोहौ।
बीर जटान धरे धनुबान लिये वनिता वन में तुम को हौ॥३३॥

शब्दार्थ—बिचच्छन=प्रवीण ; जच्छ=यक्ष ; मृगलोचनचारु विमानन रहौ=लोगों के सुन्दर नेत्ररूपी विमानों पर सवार हो (जो तुम्हें देखता है उसके नेत्रों में बस जाते हो)। रोहौ=आरोहण करते हो, सवार हो जाते हो। अनङ्ग=काम। अंगी=शरीर धारी।

भावार्थ—सरल ही है।

नोट—प्रशंसा करके ही किसी का मनोभाव आकर्षित किया जा सकता है। जैसा अभिप्राय हो प्रशंसा भी उसी के अनुकूल होनी चाहिये। यहाँ सूर्पणखा का कामभाव है, अतः रूप की प्रशंसा ही उचित थी। स्त्रियाँ सुन्दर और वीर पुरुष को अधिक पसंद करती हैं। केशव ने नारी हृदय के भावों को कितनी गहराई तक देखा है, यही बात द्रष्टव्य है।

अलंकार—संदेह।

(राम) मनोरमा *—

हम हैं दशरत्थ महीपति के सुत।
सुभ राम सु लच्छन नामक संजुत॥
यह सासन दै पठये नृप कानन।
मुनि पालहु घालहु राच्छस के गन॥ ३४॥

---

*यह छंद खास केशव का निकाला हुआ जान पड़ता है। अन्य पिंगलों के मनोरमा छंद से इसका रूप नहीं मिलता। इसका लक्षण है ४ सगण और २ लघु अर्थात् (स, स, स, स, ल, ल)।

शब्दार्थ – लच्छन = लक्ष्मण। नामन संजुत = नामधारी। शासन = शामन, आज्ञा।

नोट – शास्त्राज्ञा है कि अपनी जबान से अपना नाम न लेना चाहिये। यदि आवश्यकता ही आ पड़े तो वंश परिचय तथा किसी विशेषण के साथ अपना नाम बतलावे। इसी से 'शुभ' शब्द का प्रयोग रामजी ने किया है।

(सूर्पणखा) – नृपरावण की भगिनी गनी मोकहँ।
जिसकी ठकुराइत तिनहु लोकहँ॥
सुनिजै दुखमोचन पंकज लोचन।
अब मोहिं करौ पतिनी मनरोचन॥ ३५॥

शब्दार्थ – ठकुराइत = राज्य, आतंक। सुनिजै = सुनिये। पतिनी = स्त्री। मनरोचन = मन को रुचनेवाले।

नोट—रामजी ने अपने को राजपुत्र बतलाया, तो सर्पणखा अपने को राज-भगिनी बतलाकर विवाह को उपयुक्त ठहराती है। पंकजलोचन, मनरोचन तथा दुखमोचन इन तीन विशेषणों द्वारा वह प्रकट करती है कि तुम मुझे अति सुन्दर जँचते हो, इसलिए मेरा मन तुम पर आसक्त हो गया है और तुम्हीं को अपनी काम-पीड़ा निवारण करने के योग्य समझती हूँ, अतः पत्नीवत् स्वीकार करके मेरा दुःख निवारण करो।

तोमर – तब यों कह्यौ हँसि राम। अब मोहि जानि सवाम॥
तिय जाय लक्ष्मण देखि। सम रूप यौवन लेखि॥ ३६॥

शब्दार्थ – सबाम = विवाहित (सस्त्रीक, स्त्री सहित)।

भावार्थ – तब राम जी ने हँसकर कहा कि हे सुन्दरी, मेरा तो विवाह हो चुका है – मैं सस्त्रीक हूँ, अतः तुम जाकर हमारे लघु भ्राता लक्ष्मण से मिलो, वह तुम्हारे ही समान रूप तथा यौवन वाला है (शायद वह तुम्हें विवाह ले)।

(सूर्पणखा) दोधक –

राम सहोदर भोतन देखो। रावण की भगिनी जिय लेखो॥
राजकुमार रमौ सँग मेरे। होंहि सबे सुख संपति तेरे॥३७॥

(लक्ष्मण) दोधक—

वै प्रभु हौं जन जानि सदाई। दासि भये महँ कौनि बड़ाई।
जो भजिये प्रभु तौं प्रभुताई। दासि भये उपहास सदाई ॥३८॥

शब्दार्थ—वै=श्रीराम जी, हौं=मैं। जन=सेवक। भजिये=सेइये प्रभुताई=बड़प्पन, रानीपन। उपहास=हँसी, निन्दा (राजा की भगिनी के लिये दासी होना निन्दा की बात है)।

मल्लिका—हास के विलास जानि। दीह माय खंड मानि।
भक्षिवे को चित्त चाहि। सामुहें भई सियाहि ॥३९॥

शब्दार्थ—विलास=खेल। मान=सम्मान, इज्जत। खंड=खंडित। सामुहें=सम्मुख।

भावार्थ—जब सूर्पणखा ने देखा कि ये दोनों भाई मेरे साथ हँसी का खेल कर रहे हैं (मजाक कर रहे हैं) तो उसने अपने सम्मान को खंडित हुआ समझकर—अपना अपमान हुआ जानकर—भक्षण कर डालने की इच्छा से, सीता के सम्मुख हुई (सीता की ओर दौड़ी)।

तोमर—तव रामचन्द्र प्रवीन। हँसि वन्धु त्यों दृग दीन॥
गुनि दुष्टता सहलीन। श्रुति नासिका बिनु कीन ॥ ४० ॥

शब्दार्थ—त्यों=तरफ, ओर। दृग दीन=आँखों से कुछ संकेत किया। सहलीन=उद्यत, निमग्न। श्रुति=कान।

भावार्थ—तब चतुर रामचन्द्र ने हँसकर लक्ष्मण की ओर देख कुछ संकेत किया लक्ष्मण ने उसे दुष्टता पर उद्यत जान कर उसके नाक-कान काट लिये।

दो०—शोन छिछि छूटत बदन, भीम भई तेहि काल।
मानो कृत्या कुटिल युत, पावक ज्वाल कराल ॥४१॥

शब्दार्थ—शोन=शोनित, रक्त। छिछि=छींटे। भीम=भयंकर। कृत्या=तंत्र के अनुसार पैदा की हुई भयंकर राक्षसी जो तांत्रिक के शत्रु को विनष्ट करती है।

भावार्थ—नाक कान काटे जाने पर उसके चेहरे पर से रक्त की छींटे सी छूटीं। इन रक्त-छींटों युक्त सूर्पणखा उस समय ऐसी भयंकरी दिखलाई दी

मानो कुटिल कृत्या (राक्षसी) कठिन अग्नि ज्वालाओं युक्त हो कर आई हो (सूर्पणखा कृत्या सम और खून की छाछे अग्नि ज्वाला सम)।

अलंकार – उत्प्रेक्षा।

ग्यारहवाँ प्रकाश समाप्त

बारहवाँ प्रकाश

दो०—या द्वादशें प्रकाश खर दूषण त्रिशिरा नास।
सीता-हरण विलाप सु-ग्रीव मिलन हरि त्रास॥

नोट – इस दोहे में यतिभंग दोष बहुत खटकता है।

तोटक—

गई सूपनखा-खरदूपन पै। सजि ल्याई तिन्हैं जगभूषण पै।
सर एक अनेक ते दूर किये। रवि के कर ज्यों तमपुंज पिये॥१॥

शब्दार्थ—जगभूषण=श्रीराम जी। कर=किरणें।

भावार्थ—(तदनन्तर) सूर्पनखा खरदूषण के पास गई और उन्हें रण हेतु सजाकर श्रीराम के पास लिवा लाई। राम जी ने उन सबों को उसी प्रकार एक ही बाण से मार डाला जैसे सूर्य की किरणें अंधकार समूह को पी जाती हैं।

अलंकार—उपमा।

मनोरमा – वृष के खरदूषण ज्यों खर दूषण।
सब दूर किये रवि के कुल भूषण॥
गदशत्रु त्रिदोष ज्यों दूरि करै बर।
त्रिशिरा सिर त्यौं रघुनन्दन के सर॥ २॥

शब्दार्थ – वृष के=वृषराशि के। खरदूषण=तृणों को नष्ट करनेवाले (सूर्य)। रवि के कुल भूषण=सूर्य कुल के मंडन (श्रीराम जी)। गदशत्रु= वैद्य। त्रिदोष=सन्निपात।

अन्वय – ज्यों वृष के खरदूषण खर दूर किये त्यों रविकुल-भूषण खर-दूषण दूर किये।

भावार्थ—जैसे वृषराशि के (जेठ मास के प्रखर सूर्य किरण) सूर्य तृण-समूह को जला डालते हैं वैसे ही राम जी ने खर और दूषण का नाश कर दिया। जैसे वैद्यवर त्रिदोषज सन्निपात रोग को निज विद्याबल से दूर करता है, वैसे ही राम जी के बाणों ने त्रिशिरा के सिरों को दूर कर दिया।

अलंकार—देहरी दीपक से पुष्ट उपमा ('दूर किये' शब्द देहरी दीपक है)।

दो०—खरदूषन सों युद्ध बड़, भयो अनंत अपार।
सहस चतुर्दस राछसन, मारत लगी न बार॥ ३॥
गई अंध दसकंध पै, खरदूषनहिं जुझाय।
सूपनखा लखि मन सिया, वेष सुनायो जाय॥ ४॥

भावार्थ—खरदूषण को जुझाकर सूर्पनखा अज्ञानी रावण के पास गई और उसे कामी समझ कर सीता का सौंदर्य सुनाया—(इस विचार से कि यह सौंदर्य सुनकर उसको हर लावेगा जिससे मुझे संतोष होगा।

दंडक—मय की सुता धौं को है, मोहनी है, मोहै मन,
आजु लौं न सुनी सु तौ नैनन निहारिये।
देहदुति दामिनी हू नेह काम कामिनी हूँ,
एक लोम ऊपर पुलोमजा बिचारिये॥
भाग पर कमला सुहाग पर बिला हूँ,
बानी पर बानी केसोदास सुख कारिये।
सात दीप सात लोक सातहु रसातल की,
तीयन के गोत सबै सीता पर वारिये॥ ५॥

शब्दार्थ—मय को सुता=मन्दोदरी। पुलोमजा=शची, इन्द्राणी। बिमला=ब्रह्माणी (ब्रह्मा की स्त्री)। बानी=मधुर भाषण। बानी=(वाणी) सरस्वती।

भावार्थ—(सीता के रूप की प्रशंसा) उसके रूप के सामने यमनन्दिनी मन्दोदरी क्या वस्तु है—अर्थात् तुच्छ है। वह मोहिनी होकर मन को मोह लेती है, आज तक ऐसी रूपवती स्त्री सुनी भी न होगी उसे प्रत्यक्ष जाकर देखो। उसकी देहद्युति के सामने बिजली और प्रेम करने में रति कुछ भी नहीं है। उसके एक रोम पर शची निछावर है। भाग पर लक्ष्मी, सौभाग्य पर ब्रह्माणी

और मधुरभाषण पर सुखप्रद सरस्वती भी निछावर हैं। कहाँ तक कहूँ सातों द्वीप, सातों लोक और सातों रसातलों की स्त्रियों के समूह उस सीता पर निछावर करने योग्य हैं।

अलंकार—अत्युक्ति।

नोट—छन्द नं० ४ और ५ हमें बुंदेलखंड से प्राप्त हस्तलिखित प्रति में मिले हैं। अन्य प्रतियों में नहीं हैं।

मनोरमा—भजि सूपनखा गई रावन पै जब।
त्रिशिरा खरदूषन नास कहे सब॥
तब सूपनखा मुख बात जबै सुनि।
उठि रावन गो जहँ मारिच हो मुनि॥ ६॥

शब्दार्थ—हो = था। जहँ मारिच हो मुनि = जहाँ मारीच मुनि रूप से रहता था।

दोधक—

रावण बात कही सिगरी त्यों। सूपनखहिं विरूप करी ज्यों।
एकहि राम अनेक सँहारे। दूषण स्यों त्रिशिरा खर मारे॥ ७॥

शब्दार्थ—विरूप = बदसूरत (नाक कान काट कर) स्यों = सहित।

अलंकार—विभावना (दूसरी)।

दोधक—

तू अब होहि सहायक मेरो। हौं बहुतै गुण मानिहौं तेरो॥
जो हरि सीतहि ल्यावन पैहैं। वै भ्रमि सोकन ही मरि जैहैं॥ ८॥

शब्दार्थ—गुण मानिहौं = कृतज्ञ हूँगा, एहसान मानूँगा। वै = राम। भ्रमि = घूमते-घूमते।

(मारीच) दोधक—

रामहि मानुष कै जनि जानौ। पूरन चौदह लोक बखानौ॥
जाहु जहाँ सिय लै सु न देखौं। हौं हरि को जलहू थल लेखौं॥ ९॥

शब्दार्थ—मानुष कै = मनुष्य करके, मनुष्य ही। सु = सो। हौं = मैं

भावार्थ—(मारीच रावण को समझाता है) हे रावण! राम को मनुष्य मत समझो, वरन् उनको समस्त चौदहों भुवनों में व्यापक समझो। मैं

ऐसा कोई स्थान नहीं देखता जहाँ तुम सीता को ले जाकर छिपा रक्खोगे। मैं राम को जल थल में व्यापक मानता हूँ।

(रावण) सुन्दरी—

तू अब मोहि सिखावत है सठ। मैं बस लोक करे अपनी हठ।
वेगि चलै अब देहि न ऊतरु। देव सबै जन एक नहीं हरु॥ १०॥

शब्दार्थ—ऊतरु=उत्तर, जबाब। जन=दास, सेवक। हरु=(हर) महादेव।

भावार्थ—(रावण मारीच को डाँटता है) हे शठ! तू मुझे सिखाता है (चलने में बहाना करता है) मैंने अपनी हठ से सब लोगों को वश में कर लिया है। बस उत्तर मत दे, जल्दी चल। एक शिव को छोड़ कर और सब देवता तो मेरे दास हैं (वे मेरा क्या कर सकते हैं)।

दो०—जानि चल्यो मारीच मन, मरन दूहूँ विधि आसु।
रावन के कर नरक है, हरि कर हरिपुर वासु॥ ११॥

भावार्थ—मारीच, यह जानकर कि अब शीघ्र ही मुझे दोनों तरह से मरना ही है (वहाँ जाने से राम मारेंगे, न चलने से रावण मारेगा) अतः राम के हाथ से मरना ही अच्छा है, क्योंकि रावण के हाथ से मरने में नरकगामी हूँगा और राम के हाथ से मारे जाने से बैकुण्ठ प्राप्त होगा। इस प्रकार विचार कर रावण के साथ चल दिया।

(राम) सुन्दरी—

राजसुता एक मंत्र सुनो अब। चाहत हौं भुव भार हर्‌यो सब॥
पावक में निज देहहि राखहु। छाय शरीर मृगैं अभिलाषहु॥ १२॥

शब्दार्थ—छाय शरीर=छाया शरीर से। मृगैं अभिलाषहु=मृग मारने के लिये मुझ से अपनी इच्छा प्रकट करो।

चामर—आइयो कुरंग एक चारु हेम हीर को।
जानकी समेत चित्त मोहि राम वीर को।
राजपुत्रिका समीप साधु बन्धु राखि कै।
हाथ चाप वाण लै गये गिरीश नाखि कै॥ १३॥

शब्दार्थ—कुरंग=मृग। हेम=सोना। हीर=हीरा। साधु=इन्द्रीजित ब्रह्मचारी। गिरीश=बड़ा पर्वत। नाखि कै=लाँघ कर, उस ओर।

दो०—रघुनायक जबहीं हन्यो, सायक सठ मारीच।
'हा लछिमन' यह कहि गिरो, श्रीपति के स्वर नीच ॥१४॥

भावार्थ—रघुनाथ जी के बाण मारते ही दुष्ट मारीच श्रीपति (श्रीरामजी) के स्वर से 'हा लक्ष्मण' शब्द उच्चारण कर गिर कर शरीर त्याग दिया।

निशिपालिका—राज तनया तबहिं बोल सुनि यों कह्यो।
जाहु चलि देवर न जात हम पै रह्यो।
हेम मृग होहिं नहिं रैनिचर जानियो।
दीन स्वर राम केहि भाँति मुख आनियो ॥ १५ ॥

शब्दार्थ—राजतनया=सीता (का छाया शरीर)। बोल=राम के स्वर में उच्चरित 'हा लक्ष्मण' शब्द। रैनिचर=निशिचर। मुख आनियो=उच्चरण किया।

भावार्थ—तब वह 'हा लक्ष्मण' शब्द सुनकर सीता ने कहा, हे देवर तुम जल्दी जाओ। श्रीराम तुम्हें सहायतार्थ टेरते हैं—उनका दीन वचन सुनकर मुझसे रहा नहीं जाता। जान पड़ता है कि वह मृग नहीं है, कोई राक्षस है—ऐसा न होता तो रामजी ऐसे दीन स्वर से न टेरते। जान पड़ता है कि राम पर कोई संकट आ पड़ा है।

(लक्ष्मण) निशिपालिका—
शोच अति पोच उर मोच दुखदानिये।
मातु यह बात अवदात मम मानिये।
रैनि चर छद्म बहु भाँति अभिलाषही।
दीन स्वर राम कबहूँ न मुख भाषहीं ॥१६॥

शब्दार्थ—अवदात=शुद्ध, सत्य। छद्म=कपट।

भावार्थ—हे माता जानकी! यह अति तुच्छ और दुखदायी दुःख मन से निकाल दो और मेरी इस बात को सत्य जानो कि निशिचर चाहे लाख कपट करें पर श्रीरामजी मुख से कभी दीन वचन उच्चारण न करेंगे।

चंचला—पच्छिराज जच्छराज प्रेतराज जातुधान।
देवता अदेवता नृदेवता जिते जहान॥

पर्वतारि अर्ब खर्ब सर्व सर्वथा बखानि।
कोटि कोटि सूर चन्द्र रामचन्द्र दास मानि ॥१७॥

शब्दार्थ—पच्छिराज=गरुड़। जच्छराज=कुबेर। प्रेतराज=यम। अदेवता=दैत्य। नृदेवता=राजा। पर्वतारि=इन्द्र। अर्ब=एक अरब (संख्या)। खर्ब=एक खरब (संख्या)। सर्ब=शिव।

भावार्थ—गरुड़, कुबेर, यम, राक्षस, देवता, दैत्य और राजा इस संसार में जितने हैं; और अरबों इन्द्र, वा खरबों शिव तथा करोड़ों सूर्य और चन्द्र, इन सब को श्रीराम जी का दास ही समझो) कोई भी रामजी को कष्ट नहीं पहुँचा सकता)।

अलंकार उदात्त।

चामर—राजपुत्रिका कहो सु और को कहै सुनै।
कान मूँदि बार बार सीस बीसधा धुनै॥
चापकीय रेख खांचि देव साखि दै चले।
नाखिहैं ते भस्म होहि जीव जे भले बुरे ॥१८॥

शब्दार्थ—और को कहै सुनै—अकथ्य और अश्रवणीय हैं, कहने सुनने लायक नहीं (अर्थात् अत्यन्त कटु और कठोर हैं)। बीसधा=अनेक प्रकार से। चापकीय=धनुष से, धनुष द्वारा। देव साखि दै=अपनी निर्दोषता का साक्षी बना कर।

भावार्थ—तब सीता जी ने लक्ष्मण को अत्यन्त कटु और कठोर वचन कहे जो कहने सुनने योग्य नहीं। और लक्ष्मण की बातें न सुनाई पड़ें इसलिए कान मूँद कर बार बार अनेक प्रकार से अपना सिर पीटने लगी (अबला स्त्रियों का ऐसा ही स्वभाव होता है। हठी होती हैं, सिर फोड़ लेती हैं)। जब लक्ष्मण जी ने देखा कि ये मानेंगी नहीं, तब धनुष से पर्ण-कुटी के चारों ओर रेखा खींच कर और अपनी निर्दोषता के हेतु देवताओं को साक्षी बना कर देवताओं की कसम दिला कर—और यह कहा कि जो कोई इस रेखा को लाँघेगा, चाहे वह भला हो चाहे बुरा हो, भस्म हो जायगा, राम की ओर चल दिये।

अलंकार—तुल्ययोगिता (चौथी)

नोट—सीता ने उस धनुरेखा को लाँघा था। उसके फल स्वरूप लंका विजय होने पर सीता को यह रूप जलाना पड़ा। लक्ष्मण का वचन सत्य हुआ।

चामर—छिद्र ताकि छुद्रबुद्धि लंकनाथ आइयो।
भिच्छु जान जानकी सुभीख को बुलाइयो।
सोच पोच मोचि कै सकोच भीम भेष को।
अंतरिच्छ ही हरी ज्यो राहु चंद्ररेख को ॥१६॥

शब्दार्थ—छिद्र=मौका (जानकी को अकेली जानकर)। मोचि कै संकोच भीम भेष को=अपने बड़े भयंकर भेष को छोटा बनाकर आया था, उस संकोचन को—छोड़ कर अर्थात् पुनः बड़ा और भयंकर रूप (अपना असली रूप) धर कर। अंतरिच्छ=आकाश । चंद्ररेख=(चंद्रलेखा) द्वितीया का चंद्रमा। ज्यों=मानों।

भावार्थ—मौका ताक कर क्षुद्रबुद्धि रावण जानकी की पर्णकुटी के निकट आया। (चूँकि वह सन्यासी का भेष धारण किये था अतः) उसे भिक्षुक समझ कर जानकी जी ने भीख देने के लिए निकट बुलाया। ऐसा मौका पाकर उस पोच ने सब विचार छोड़ कर पुनः अपना असली भयंकर रूप धरकर सीता को पकड़ इस प्रकार आकाश मार्ग से उड़ा मानों राहु ने द्वितीया के चंद्रमा को पकड़ा हो।

अलंकार—उत्प्रेक्षा (यहाँ 'ज्यों' शब्द 'मानो' के अर्थ में है अतः इसमें उत्प्रेक्षा अलंकार मानना मुझे अधिक उचित जँचता है)।

दंडक—धूमपुर के निकेत मानो धूमकेतु की शिखा,
कै धूमयोनि मध्य रेखा सुधाधाम की।
चित्र की सी पुत्रिका कै रूरे बगरूरे माहि,
शंबर छड़ाइ लई कामनी कै काम की॥
पाखंडी की सिद्धि कै मठेस बस एकादसी,
लीनी कै स्वपचराज साखा सुद्ध साम की।
केसव अदृष्ट साथ जीव जोति जैसी तैसी,
लंकनाथ हाथ परी छाया जाया राम की॥ २०॥

शब्दार्थ—धूमकेतु=अग्नि। धूमयोनि=बादल। सुधाधाम=चन्द्रमा। रूरे=बड़े। बगरूरा=बवंडर। शंबर=शंबर और प्रद्युम्न की कथा श्रीमद्भागवत के दशम स्कंध के ५५ वें अध्याय में देखो। मठेश=मठपति, किसी मठ का पुजारी। (केशवकृत विज्ञान गीता में इसकी कथा देखो)। स्वपचराज=चाण्डाल। अदृष्ट=भाग्य, प्रारब्ध। जाया=पत्नी। छाया जाया राम की=राम की छायामय (मायामय, असली नहीं) पत्नी सीता।

भावार्थ—(सीता रावण के वश में पड़ी हैं—कैसे) धूम समूह में अग्नि शिखा है, या बादल में चन्द्रकला है, या बड़े बवंडर में कोई सुन्दर चित्र है, या शंबरासुर ने रति को हरण किया है, या पाखंडी की सिद्धि है (पाखंडी में असली सिद्धि होती ही नहीं—वैसे ही यह असली सीता नहीं) या मठाधीश के वश में ज़बरदस्ती एकादशी पड़ गई है, या चांडाल ने अनधिकार ही शुद्ध सामवेद की शाखा ग्रहण की है। केशव कहते हैं कि जैसे प्रारब्ध के फंदे में जीव की ज्योति (अविनाशी सच्चिदानन्द ईश्वर का अंश) पड़ी हुई है, वैसे ही रावण के हाथ में रामपत्नी का केवल मायामय रूप पड़ा है—तात्पर्य यह है कि जैसे उपर्युक्त वस्तुएँ विवश होकर अवास्तविक रूप से इन जनों के वश में केवल देखने मात्र को होती हैं, वैसे ही मायामय रूप से सीता भी रावण के हाथ पड़ी है।

अलंकार—संदेह से पुष्ट उपमा।

(सीता) वसन्ततिलका—

हा राम ! हा रमन ! हा रघुनाथ धीर।
लंकाधिनाथ वश जानहु मोहि वीर॥
हा पुत्र लक्ष्मण ! छुड़ावहु वेगि मोहीं।
मार्तंडवंश यश की सब लाज तोहीं॥ २१॥

वसन्ततिलका—

पक्षी जटायु यह बात सुनंत धाय।
रोक्यो तुरन्त बल रावण दुष्ट जाय॥
कीन्हों प्रचंड रण छत्रध्वजा विहीन।
छोड्यो विपक्ष तब भो जब पक्षहीन॥ २२॥

शव्दार्थ—सुनंत=सुन कर। बल=बलपूर्वक । विपक्ष=शत्रु । पक्ष=पंख।

संयुक्ता—

दशकंठ सीतहि लै चल्यौ। अति वृद्ध गीध हियो दल्यो।
चित जानकी अध को कियो। हरि तीन द्वै अवलोकियो ॥२३॥

शव्दार्थ—गीध हियो दल्यो=गृद्ध (जटायु) के हृदय में बड़ा दुःख हुआ (शरीर के कष्ट का कुछ भी ध्यान नहीं) हृदय इस हेतु दुःखी है कि इतना शारीरिक कष्ट सहने पर भी सीता का उपकार न कर सका। अध को=नीचे को। हरि=बंदर। तीन द्वै=(३+२) पाँच (देखो छंद नं० ५१, ५६ तथा प्रकाश १३ वें का छन्द नं० ३६)।

भावार्थ—तदनन्तर रावण सीता को लेकर लंका को चला। अत्यंत बुड्ढे जटायु को अत्यन्त हार्दिक दुःख हुआ। आगे बढ़ने पर जानकी ने नीचे की ओर (भूमि की ओर) देखा तो एक पर्वत पर पाँच बन्दरों को बैठे देखा।

मूल—पद पद्म की शुभ घूँघरी। मणि नील हाटक सों जरी॥
जुत उत्तरीय विचारि कै। भुव डारि दी पग टारि कै॥२४॥

शव्दार्थ—घूँघरी=नूपुर। हाटक=सोना। उत्तरीय=ओढ़नी। पग टारिकै=पैर से उतार कर।

भावार्थ—सीता जी ने अपने चरण कमलों के घुँघरू जो सुवर्ण के थे और जिनमें नीलम जड़े हुए थे, पैर से उतार कर और अपनी ओढ़नी में बाँधकर ज़मीन पर फेंक दिये (ताकि ये बंदर उसे पावें और खोज करते हुए राम जी को खोज दें)।

दो०—सीता के पदपद्म के, नूपुर पट जनि जानु।
मनहु करयो सुग्रीव घर, राजश्री प्रस्थानु॥ २५॥

शव्दार्थ—राजश्री=राज्यवैभव, राज्यलक्ष्मी। प्रस्थान=आगमन चिन्ह।

भावार्थ—(कवि कहता है) उनको सीता के चरण का नूपुर और कपड़ा ही न समझो वे तो मुझे ऐसे जान पड़ते हैं मानो सुग्रीव के घर राज-

लक्ष्मी का प्रस्थान रक्खा गया है (थोड़े दिनों में सुग्रीव को राज्य मिलनेवाला है, उसी के आगमन चिन्ह हैं)।

अलंकार—अपह्नुति और उत्प्रेक्षा।

दो०—यद्यपि श्री रघुनाथ जू, सम सर्वंग सर्वज्ञ।
नर कैसी लीला करत, जेहि मोहत सब अज्ञ ॥२६॥

शब्दार्थ—सम = सदा एक रस (जो किसी भी मनोभाव से प्रभावित न हो)। सर्वंग = सर्वत्र व्याप्त। सर्वज्ञ = सब बातों को जानने वाले। अज्ञ = मूढ़।

(राम) सवैया—

निज देखौं नहीं शुभ गीतहि सीतहिं कारण कौन कहौ अबहीं।
अति मो हित कै वन माँझ गई सुर मारग मैं मृग मार्यो जहीं॥
कटु बात कछू तुम सों कहि आई किधौं तेहि त्रास दुराय रहीं।
अब है यह पर्णकुटी किधौं और किधौं वह लक्ष्मण होइ नहीं ॥२७॥

शब्दार्थ—सुरमारग = मारीच ने जो मरते समय 'हा लक्ष्मण' शब्द कहा था, उसी शब्द मार्ग पर, जिस ओर से शब्दध्वनि आई थी उसी रास्ते पर।

भावार्थ—(पर्णकुटी पर आकर और सीता को वहाँ न पाकर श्रीराम जी लक्ष्मण से कहते हैं) मैं अपनी सुन्दर सीता को यहाँ नहीं देखता इसका क्या कारण है? तुरन्त बतलाओ। क्या मुझपर अति प्रेम करके वे उस शब्द-मार्ग से उस वन को चली गईं जहाँ मैंने मृग को मारा है? या तुमको कुछ कटु वचन कहे हैं और अब मेरे आने पर लज्जित होकर या भय से कहीं छिप रही हैं। यह हमारी ही पर्णकुटी है या कोई दूसरी है? तुम वही मेरे सहोदर लक्ष्मण हो कि नहीं (कपट वपुधारी कोई दूसरे व्यक्ति तो नहीं हो)?

अलंकार—संदेह।

दोधक—

धीरज सो आपनो मन रोक्यो। गीध जटायु पर्यो अवलोक्यो॥
छत्र ध्वजा रथ देखि कै बूझ्यो। गीध कहौ रण कौन सों जूझ्यो॥

(जटायु)—

रावण लैगयो राघव सीता। हा रघुनाथ रटै शुभगीता॥
मैं विनु छत्र ध्वजा रथ कीनो। ह्वै गयो हौं बल पत्त विहीनो॥
मैं जग में सब ते बड़भागी। देह दशा तब कारण लागी॥
जो बहु भाँतिन वेदन गायो। रूप सो मैं अवलोकन पायो॥ ३०॥

शब्दार्थ—देह दशा लागी=यह गीध देह और यह वृद्धावस्था (जो किसी काम की न थी) तुम्हारे उपकार में लगी।

(राम) दोधक—

साधु जटायु सदा बड़ भागी। तो मन मो वपु सों अनुरागी॥
छूटो शरीर सुनी वह वानी। रामहिं में तब जोति समानी॥ ३१॥

भावार्थ—(श्रीरामजी जटायु से कहते हैं) हे जटायु ! साधुवाद (धन्य धन्य)। तुम बड़े भाग्यवान हो जो तुम्हारा मन मेरे रूप से अनुराग रखता है, राम की वह वाणी सुनते ही जटायु ने प्राण त्याग दिये और उसकी जीव-ज्योति राम ही में लीन हो गई। (सायुज्यमुक्ति को प्राप्त हुआ)।

तोटक—

दिसि दच्छिन को करि दाह चले। सरिता गिरि देखत वृच्छ भले॥
बन अंध कवन्ध विलोकत हीं। दोउ सोदर खैंचि लिये तबहीं॥३२॥

शब्दार्थ—अंध=नेत्रहीन । कबंध=सिरहीन एक राक्षस (आगे के छन्दों में उसने स्वयं अपनी कथा कही है) इन्द्र के वज्र मारने से इसका सिर पेट में घुस गया था, पर मरा नहीं। इन्द्र ने इसकी भुजाएँ दो-दो कोस कर दी थीं। सिर पेट में घुस गया था, इस कारण इसे देख नहीं पड़ता था। लम्बी भुजाओं से ढूँढ़ टटोल कर अपना आहार पकड़ लेता था, अतः 'विलोकत ही, का अर्थ यहाँ होगा 'टटोलते ही', भुजाओं से स्पर्श होते ही।

भावार्थ—जटायु की दाह-क्रिया करके रामजी दक्षिण की ओर को आगे बढ़े और नदी, पहाड़, और सुन्दर वृक्ष देखते (और उनसे जानकी का पता पूँछते) चले जा रहे थे कि रास्ते में अंधा कबंध मिला और इनकी आहट पाकर टटोल कर दोनों भाइयों को अपनी लंबी भुजाओं से अपने निकट खींच लिया।

तोटक –

जब खेवेहि को जिय बुद्धि गुनी। दुहुँ बाननि लै दोउ बाहु हनी॥
वह छाँड़ि कै देह चल्यो जबही। यह व्योम में बात कही तबही॥३३॥

शब्दार्थ—बुद्धिगुनी = विचार किया। दुहु = दोनों ने (राम और लक्ष्मण ने।) बाहु हनी = भुजाएँ काट डाली। व्योम = आकाश।

भावार्थ – जब उसने राम और लक्ष्मण के भक्षण कर डालने का विचार किया तब दोनों भाइयों ने उसकी दोनों भुजायें बाणों से काट डालीं। जब वह शापित गन्धर्व अपनी इस राक्षसी देह को छोड़ कर पुनः सुरपुर को चला, तब आकाश में उसने यह बात कही :—

(कवंध—गंधर्व रूप से) तोटक –

पीछे मघवा मोहि शाप दई गन्धर्व ते राक्षस देह भई॥
फिरकै मघवा सह युद्ध भयो। उन क्रोध कै सीस पै वज्र हयो॥३४॥

शब्दार्थ—पीछे – गतकाल में। मघवा = इन्द्र। सह = के साथ, से। हयो = मारा।

नोट – इसी 'सह' वा 'सँग' से 'सन', इत्यादि विभक्तियाँ बनी हुई जान पड़ती हैं।

भावार्थ—गतकाल में इन्द्र ने मुझे शाप दिया था, जिसमे मैं गंधर्व से राक्षस हो गया। तदनंतर इन्द्र से मेरा युद्ध हुआ, तब उन्होने क्रोध से मेरे सिर पर बज्र मारा।

दो० – गयो सीस गड़ि पेट में, परयो धरणि पर आय।
कछु करुणा जिय मों भई, दीन्ही बाहु बढ़ाय॥ ३५॥
बाहु दई द्वै कोस की, "आवै तेहि गहि खाउ।
रामरूपं सीता-हरण, उधरहु गहन उपाउ"॥ ३६॥

भावार्थ—दोहा नं० ३५ का अर्थ सरल ही है। दोहा नं० ३६ में वह गंधर्व कहता है कि जब इन्द्र ने कृपा करके मेरी भुजाएँ दो-दो कोस की कर दीं उसी समय यह भी कहा कि जो कोई तेरे निकट आवै उसे पकड़ कर खा लिया कर (इस प्रकार तू जीवित रहेगा) रामावतार के समय जब सीता हरण हो जाने पर श्रीराम इस वन में आवें तब उनको पकड़ लेना तब तेरा उद्धार हो जायगा। (राक्षस देह छोड़ कर गंधर्व शरीर पावेगा।)

(गन्धर्व) दो० –

सुरसरि ते आगे चले, मिलिहैं कपि सुग्रीव ।
दैहैं सीता की खबर बाढ़ै सुख अति जीव ॥३७॥

भावार्थ—(वही गन्धर्व आकाश से कहता है कि) जब इस गोदावरी से आगे बढ़ोगे तो तुम्हें सुग्रीव नामक एक बंदर मिलेगा । वह ,सीता की ठीक खबर देगा (सीता की कुछ सहिदानी देगा) जिसके मिलने से आपको बड़ा आनन्द होगा । (इस वार्ता को सुन कर श्रीरामजी आगे को चले) ।

(विरह में राम की उन्मत्त दशा)

तोटक –

सरिता इक केशव सोभ रई । अवलोकि तहाँ चकवा चकई ॥
उरमें सिय प्रीति समाइ रही । तिनसों रघुनायक बात कही ॥३८॥

शब्दार्थ—सोभ रई=शोभारंजित, अति सुन्दर ।

तोटक=

अवलोकत हे जबहीं जबहीं । दुख होत तुम्हें तबहीं तबहीं ॥
वह वैर न चित्त कछु धरिये । सिय देहु बताय कृपा करिये ॥३९॥

शब्दार्थ—हे=थे । दुख होत=साहित्य में स्त्री के कुच युग्म की उपमा चक्रवाक के जोड़े से दी जाती है। अतः सीता के कुचयुग्म से तुम लज्जित होकर विरोध मानते थे । वैर=विरोध भाव ।

भावार्थ—(रामजी चक्रवाक के जोड़े से कहते हैं) जब जब सीता को तुम देखते थे, तब तब तुम्हें दुःख होता था (कि हम ऐसे सुन्दर नहीं हैं) अतः उस विरोध को भुला कर सीता को इधर जाते देखा हो तो कृपा करके पता तो बतलाओ ।

तोटक—

शशि को अवलोकन दूर किये जिनके मुख की छवि देखि जिये ।
कृत चित्त चकोर कछूक धरो । सिय देहु बताय सहाय करो ॥४०॥

शब्दार्थ=कृत – एहसान, चतुराई, कृतज्ञता ।

भावार्थ -- हे चकोरगण ! चंद्रमा का देखना छोड़ कर जिस सीता की मुखछवि देख कर तुम जीते थे, उस एहसान की कुछ सुध करो, और सीता का पता बतला कर मेरी सहायता करो ।

नोट—भाव यह है कि चंद्रमा के अभाव में मेरी स्त्री की मुख छवि देख कर तुम जीते थे। मैं चाहता तो तुमको अपनी स्त्री का मुख न देखने देता। पर तुमको दुःखित जान कर मैं ऐसा न करता था। अब मैं उसके विरह से दुखी हूँ, अतः अब तुम्हें मेरी सहायता करनी चाहिये—मैं तुम्हें जीवित रहने में सहायता देता था तुम मेरी जीवित रहने में सहायता करो, नहीं तो कृतघ्न कहलाओगे। 'कृत' शब्द पर विचार करने से यही भाव स्पष्ट निकलता है।

अलंकार—अन्योन्य

दुर्मिल सवैया—

कहि केशव याचक के अरि चंपक शोक अशोक भये हरिकै।
लखि केतक केतकि जाति गुलाब ते तीक्ष्ण जानि तजे डरिकै।
सुनि साधु तुम्हैं हम बूझन आये रहे मन मौन कहा धरिकै।
सिय को कछु सोधु कहौ करुणामय हे करुणा करुणा करिकै॥४१॥

शब्दार्थ—केतक = केवड़ा। केतकि = केतकी। जाति = जायफल का पेड़। तीक्ष्ण = काँटेदार। साधु = सज्जन। सोध = पता। करुणा = करना नामक पुष्प-वृक्ष। करुणामय = दयावान्।

भावार्थ—(श्रीरामजी करुना नामक वृक्ष से कहते हैं) हे करुणामय (दयालु) करुणा! कृपा करके हमें सीता का कुछ पता बतलाओ, तुम साधु प्रकृति हो इसी से तुम से पूछते हैं। तुम क्यों मौन हो रहे हो (साधुजन पर दुःख को भली भाँति अनुभव कर सकते हैं)। यदि कहो कि अन्य वृक्षों से क्यों नहीं पूछते, तो उसका कारण सुनो, चंपक से इस कारण नहीं पूछा कि वह याचक का शत्रु है। (मकरंद के याचक भौंरे को वह पास तक नहीं फटकने देता—प्रसिद्ध बात है कि भौंरे चम्पे पर नहीं बैठता) अतः वह हमारा दुःख क्या समझेगा। अशोक तो अपना सब शोक दूर करके 'अशोक' कहलाता है। (जो स्वयं अशोक है वह दूसरे के शोक का क्या अनुभव करेगा) इस कारण उससे भी नहीं पूछा। केवड़ा, केतकी, जायफल, और गुलाब को तीक्ष्ण काँटेदार जान कर छोड़ दिया है, क्योंकि जो तीक्ष्ण प्रकृति के होते हैं वे भयंकर होते हैं। अतः आपको ही सज्जन जानकर पूछते हैं (सज्जन साधु ही हमारी पीड़ा का अनुभव कर सकता है)।

अलंकार—स्वभावोक्ति से पुष्ट निरुक्ति।

(राम) नाराच –

हिमांशु सूर सी लगै सो बात बज्र सी वहै।
दिशा जगैं कृसानु ज्यों बिलेप अंग को दहै।
बिसेस कालराति सों कराल राति मानिये।
वियोग सीय को न, काल लोकहार जानिये ॥४२॥

शब्दार्थ—हिमांशु = चन्द्रमा। बात = वायु। बिलेप = शीतलकारक विशेष लेपनादि (चन्दन कर्पूरादि)। कालराति = मृत्यु की रात्रि। कराल = भयंकर। लोकहार = जनसंहारक।

भावार्थ—(राम जी लछमण प्रति कहते हैं) हे लक्ष्मण ! हमें सीता के वियोग में चन्द्रमा सूर्य के समान सन्तप्त लगता है, मलय पवन वज्र सी चलती है, समस्त दिशायें आग सी जलती हैं, चन्दन कर्पूरादि का लेप (जो तुम मेरे तन पर लगाते हो) अंग को जलाता है, रात्रि तो मुझे कालिरात्रि से भी अधिक भयानक जान पड़ती है। यह सीता का वियोग नहीं है, इसे संसार-संहारक काल ही जानो।

अलंकार–शुद्धापह्नुति।

पद्धटिका –

यहि भाँति विलोके सकल ठौर। गये सवरी पै दुउ देवमौर ॥
लियो पादोदक तेइ पद पखारि। पनि अर्घादिक दीन्हें सुधारि ॥४३॥

शब्दार्थ–पादोदक = चरणामृत। अर्घादिक = जल, फूल, मूलादि कुछ हलके पदार्थ अतिथि के आने पर उसे जलपान को दिये जाते हैं।

भावार्थ—इस प्रकार सब जगह सीता को खोजते हुए वे दोनों देव-शिरोमणि (राम लक्ष्मण) शवरी के स्थान में पहुँचे। उसने चरण धो कर चरणामृत लिया और अतिथि जानकर उनको उचित जलपान दिया।

पद्धटिका—

हर देत मंत्र जिनको बिशाल। सुभ कासी में पुनि मरण काल ॥
ते आये मेरे धाम आज। सब सफल करन जप तप समाज ॥४४॥

भावार्थ—(शवरी अपने मन में सोचती है, जिनके नाम का महा शुभंकर मंत्र काशी में महादेव जी सब जीवों को मरण काल में सुनाते हैं के

ही श्रीराम आज मेरा जप तप सफल करने के लिये मेरे स्थान में आये हैं (अतः आज मैं अत्यन्त बड़भागिनी हुई)।

पद्धटिका—

फल भोजन को तेहि धरे आनि। भये यज्ञपुरुष अतिप्रीति मानि॥
तिन रामचन्द्र लक्ष्मण स्वरूप। तब धरे चित्त जगजोति रूप॥४५॥

भावार्थ—तदनंतर शवरी ने भोजनार्थ फल लाकर दिये उसके फलों को यज्ञपुरुष (नारायणरूप) राम जी ने बड़ी रुचि से प्रीतिपूर्वक खाया। तदनन्तर शवरी ने राम लक्ष्मण को जगत के प्रकाशक विष्णु भगवान समझ अपने चित्त में धारण कर लिया (अपने हृदय ही में राम का रूप देखने लगी, उसका हृदय ब्रह्मज्योति से प्रकाशित हो गया)।

दो०—शवरी पावकपंथ तब, हरषि गई हरि लोक।
वनन विलोकत हरि गये, पंपातीर सशोक॥ ४६॥

शब्दार्थ—पावकपंथ = योगाग्नि से अपना शरीर जला कर। हरिलोक = परम धाम, बैकुण्ठ।

(पंपासर वर्णन)

तोटक—

अति सुन्दर सीतल सोम बसै। जहँ रूप अनेकनि लोभ लसै॥
बहु पंकज पक्षि विराजत हैं। रघुनाथ विलोकत लाजत हैं॥४७॥

भावार्थ—वह पंपासर अति सुन्दर है, चारों ओर शीतल शोभा है। (सब जगह ठंढक की अधिकता है) और वहाँ अनेक रूप से लोभ बसता है—(अर्थात् वहाँ की रमणीक शोभा और शीतलता देख कर बड़े बड़े त्यागियों का मन भी वहाँ रहने के लिये लालायित हो उठता है और वहाँ से अन्यत्र जाने को मन नहीं चाहता)। वहाँ बहुत प्रकार के कमल और पक्षी हैं पर वे सब श्रीरघुनाथ जी को देख कर लज्जित होते हैं (अर्थात् राम जी के अंगों की सुन्दरता देख कर अपनी सुन्दरता को तुच्छ समझते हैं)।

अलंकार—ललितोपमा।

तोटक—

सिगरी ऋतु सोभित शुभ्र जहीं। लह ग्रीपम पै न प्रवेश सही ॥
नव नीरज नीर तहाँ सरसैं। सिय के सुभ लोचन से दरसैं ॥४८॥

भावार्थ—वहाँ सब ही ऋतुएँ शोभती हैं (मौजूद रहती हैं) पर एक ग्रीष्म को ही यहाँ प्रवेश नहीं मिलता। (ग्रीष्म का प्रभाव नहीं होता)। जल में नवीन कमल खिले हैं जो सीता जी के सुन्दर नेत्रों के समान दिखलाई पड़ते हैं।

अलंकार—उपमा।

सवैया—

सुन्दर सेत सरोरुह में करहाटक हाटक की दुति को है।
तापर भौंर भलो मनरोचन लोक विलोचन की रुचिरो है ॥
देखि दई उपमा जलदेविन दीरघ देवन के मन मोहै।
केशव केशवराय मनो कमलासन के सिर उपर सोहै ॥ ४६ ॥

शब्दार्थ—करहाटक=कमल का बीजकोष, शिफाकंद, कमलपुष्प के मध्य की छतरी जो पहिले पीली होती है पुनः बढ़ने पर हरी हो जाती है। हाटक=सोना (पीले रंग का)। मनरोचन=मन को रुचने वाला, सुन्दर। लोक विलोचन की रुचि रोहं=लोगों (दर्शकों) की रुचि पर सवार हो जाता है (देखने में भला मालूम होता है) केशवराय=विष्णु। कमलासन=ब्रह्मा।

भावार्थ—सुन्दर सफेद कमल में पीली छतरी है। उसपर सुन्दर भौंरा बैठा है जो सब दर्शकों को अत्यन्त भला जान पड़ता है। इसको देख कर जलदेवियों ने ऐसी उपमा दी जिसे सुन कर बड़े-बड़े देवताओं के मन भी मोहित हो गये (भली मालूम हुई)। केशव कहते हैं कि (उन्होंने यह कहा कि) इस पीली छतरी पर काला भौंरा ऐसा जान पड़ता है मानो ब्रह्मा के सिर पर विष्णु विराजमान हों।

अलंकार—उत्प्रेक्षा।

(लक्ष्मण) सवैया—

मिलि चक्किन चंदन वात बहै अति मोहत न्यायन ही मति को ॥
मृगमित्र विलोकत चित्त जरै लिये चन्द्र निशाचर-पद्धति को।

प्रतिकूल शुकादिक होहिं सबै जिय जानै नहीं इनकी गति को।
दुख देत तड़ाग तुम्हें न बनै कमलाकर ह्वै कमलापति को ॥५०॥

शब्दार्थ—चक्रिन=सर्प। चंदनबात=मलय-पवन। न्यायन ही=न्याय युक्ति, ठीक ही। मृगमित्र=चन्द्रमा (पशु का मित्र है अतः जड़बुद्धि)। निशाचर-पद्धति=निश्चरों की रीति।

भावार्थ—(लक्ष्मण जी पंपासर से कहते हैं)—हे कमलाकर (कमलों की खानि) पंपासर! कमलापति (श्रीराम जी) को जो तुम दुःख देते हो (विरह की उद्दीप्त करते हो) यह बात तुम्हारे योग्य नहीं (क्योंकि तुम कमलाकर हो और ये कमलापति हैं—ये तुम्हारे दामाद हैं)—यदि कहो कि मलय पवन भी तो इन्हें दुःख देता है, तो वह तो उचित ही कार्य करता है क्योंकि चंदन स्वयं जड़ है और सर्पयुक्त है अतः विषैला है (विष का स्वाभाविक गुण विमोहन है) विष से संबंध रखने वाले जड़वृक्ष की वायु यदि राम को विमोहित करे तो आश्चर्य नहीं। चन्द्रमा को देखकर जो इनका चित्त दग्ध होता है (सो भी उचित ही है क्योंकि) चन्द्रमा निश्चरों की रीति लिए हुए है (रात्रिचर है)। शुकपिकादि पक्षियों की काकली जो इनको दुखद लगती है वह भी उचित ही है क्योंकि वे जड़बुद्धि हैं। इनकी विरह दशा को नहीं जानते, पर तुम तो कमलाकर हो (पर्याय से यहाँ इसका अर्थ "कमला को पैदा करने वाले" लेना चाहिये) और ये कमलापति हैं अतः तुम्हारा इनका ससुर दामाद का रिश्ता है। ससुर हो कर दामाद को दुःख न देना चाहिये। यह बात तुमसे नहीं बनती।

अलंकार—वक्रोक्ति ('कमलाकर' का दूसरा अर्थ लिया गया है)।

अरण्यकाण्ड की कथा समाप्त

किष्किन्धाकांड

दो०—ऋष्यमूक पर्वत गये, केशव श्रीरघुनाथ।
देखे बानर पंच विभु, मानो दक्षिण हाथ ॥ ५१ ॥

शब्दार्थ—बानरपंच=पाँच बानर—सुग्रीव, हनुमान, नल, नील और सखेन। विभु=प्रतापी, तेजस्वी। दक्षिण हाथ=दक्षिण दिशा के रक्षक

अथवा (श्रीराम ने) उन्हें दक्षिण हाथ की तरह अपना सच्चा सहायक समझ कर मित्ररूप देखा, अर्थात् देखते ही राम को यह भावना हुई कि सीता की खोज में इनसे सहायता मिलेगी।

अलंकार – उत्प्रेक्षा।

कुसुमविचित्रा—

जब कपि राजा रघुपति देखे। मन नर नारायण सम लेखे
द्विजवपु कै श्रीहनुमंत आये। बहु विधि दै आशिष मन भाये ॥५२॥

भावार्थ – जब सुग्रीव ने राम जी को देखा (जब) अपने मन में दोनों भाइयों को (श्रीराम और लक्ष्मण को) नर और नारायण ही समझा। ब्राह्मण भेष से श्रीहनुमान जी राम जी के निकट आये और अनेक प्रकार से मन भाये आशीर्वाद दिये।

(हनुमान) कुसुमविचित्रा—

सब विधि रूरे बन महँ को हौ। तन मन सूरे मनमथ मोहौ ॥
सिरसि जटा बाकल वपुधारी। हरि हर मानौ विपिन विहारी ॥५३॥

भावार्थ – (हनुमान जी पूछते हैं) हे महाराज! आप लोग अति सुन्दर रूप वाले हो अतः कौन हो? वन में किस कार्य से आये हो? आप तन मन से शूरवीर मालूम होते हो, सुन्दर इतने हो कि काम को भी मोहते हो सिर पर जटा और शरीर पर वल्कलवस्त्र धारण किये हो, ऐसा जान पड़ता है मानों आप विष्णु और शिव हो, जंगल में सैर करने को आये हो।

अलंकार —उत्प्रेक्षा।

कुसुमविचित्रा—

परम वियोगी सम रस भीने। तन मन एकै युग तन कीने।
अब तुम को का लगि बन आये। केहि कुल हौ कानहिं पुनि जाये ॥५४॥

भावार्थ – तुम ऐसे रस-निमग्न जान पड़ते हो जैसे किसी के वियोग में हो – वियोगी के समान विरह-रस में भीगे हो। तुम तन मन से एक ही हो, पर दो तन धरे हो (इतना तो मैं तुम्हारे रूप से ही जान गया)। पर अब तुम बताओ कि तुम कौन हो और किस काम से वन में आये हो? किस कुल के हो और किसके पुत्र हो?

(राम) चंचरी

पुत्र श्रीदसरत्थ के वन राज सासन आइयो।
सीय सुन्दरि संग ही बिछुरी सु सोधु न पाइयो।
रामलक्ष्मण नाम संयुत सूर वंश बखानिये।
रावरे वन कौंन हो केहि काज क्यों पहिचानिये ॥५५॥

शब्दार्थ—सासन=आज्ञा। संग ही=साथ में थी। सोधु=पता, खोज। सूर=सूर्य। रावरे=आप। क्यों पहिचानिये=आप को हम किस परिचय से जानें (आपका नाम, धाम, वंश इत्यादि क्या समझें सो कहिये)।

भावार्थ—(श्री राम जी अपना परिचय देते हैं) हम श्रीदशरथ जी के पुत्र हैं, राजा की आज्ञा से वन को आये हैं। हमारे साथ में सीता नाम्नी एक स्त्री थी, वह इस वन में खो गई है, उसका कुछ पता नहीं चलता। हम दोनों के नाम राम और लक्ष्मण हैं, हम सूर्यवंश के हैं। आप कहिये, आप कौन हैं, इस वन में क्यों आये हैं? आपका परिचय क्या है (अर्थात् आप अपना नाम, धाम, काम और वंश का परिचय दीजिये)।

(हनुमान) दो०

या गिरि पर सुग्रीव नृप, ता सँग मन्त्री चारि।
वानर लई छड़ाइ तिय, दीन्हों बालि निकारि ॥५६॥

भावार्थ—(जब हनुमान जी ने सुना कि ये भी स्त्री-वियोगी हैं—ठीक सुग्रीव की सी दशा इनकी भी है, एक दशा वालों में शीघ्र मित्रता हो सकती है, तब अपना परिचय देना छोड़ कर तुरन्त सुग्रीव का हाल कहने लगे—इससे हनुमानजी की चतुराई प्रकट है) इस पर्वत पर राजा सुग्रीव रहते हैं। उनके साथ उनके चार मंत्री हैं (उन्हीं में एक मुझे भी जानो) बालि नामक बानर ने उनकी स्त्री छीन ली है और उन्हें घर से निकाल दिया है।

दोधक—

वा कहँ जो अपनो करि जानौ। मारहु बालि विनै यह मानौ।
राज देउ दै वाकि तिया को। तो हम देहि बताय सिया को ॥५७॥

भावार्थ—उस सुग्रीव को यदि आप अपना सगा करके जानें (क्योंकि आप सूर्यवंश के हैं और वह भी सूर्य का पुत्र) है तो मेरी बिनती मान कर आप बालि को मारिये। उसकी स्त्री और राज्यश्री यदि आप उसको दिलवा

दें तो हम आप को सीता का पता भी बता दें अथवा "सीया को बताय देहिं" अर्थात् सीता का पता भी बतावें और ला भी दें।

अलंकार—संभावना।

(लक्ष्मण) दोधक—

आरत की प्रभु आरति टारौ। दीन अनाथन को प्रभु पारौ।
थावर जंगम जीव जु कोऊ। संमुख होत कृतारथ सोऊ ॥५८

भावार्थ—(लक्ष्मण जी हनुमान जी के प्रस्ताव का अनुमोदन करते हैं) हे प्रभु, दुखी जन की विपत्ति टारिये, दीन अनाथ का प्रतिपालन कीजिये, क्योंकि आपका प्रण है कि चर अचर कोई हो, सम्मुख होते ही वह कृतार्थ होगा (उसके मनोरथ की सिद्धि होगी)।

दोधक—

वानर हनुमान सिधार्‌यो। सूरज को सुत पायनि पार्‌यो।
राम कह्यो उठि वानर राई। राज सिरी सख स्यों तिय पाई ॥५९॥

भावार्थ—तब हनुमान (ब्राह्मण का भेष छोड़ कर) वानर रूप (अपने असली भेष) में आकर राम जी के पास से सुग्रीव के पास गए और सुग्रीव को अपने साथ लाकर राम जी के चरणों पर डाला (शरणागत किया)। श्रीराम ने सुग्रीव को चरणों पर पड़ा हुआ देख कर कहा—हे वानरराज! उठो। हे सखा! तुमने अब राज्यश्री को स्त्री समेत पा लिया (पाओगे)।

अलंकार—भाविक (भावी बात वर्तमान क्रिया में वर्णित है)।

दो०—उठे राज सुग्रीव तब, तन मन अति सुख पाइ।
सीता जी के पट सहित, नूपुर दीन्हें लाइ ॥६०॥

तारक—रघुनाथ जबै पट नूपुर देखे।
कहि केशव प्राण समानहि लेखे।
अवलोकन लक्षमण के कर दीन्हें।
उन आदर सो सिर लाइ कै लीन्हें ॥६१॥

शब्दार्थ—अवलोकन=देखने को, पहिचानने के लिये।

दंडक—पंजर कै खंजरीट नैनन को केशोदास।
कैधौं मीन मानस का जालु है कि जारु है।

अंग को कि अंगराग गेंडुआ कि गलसुई,
किधौं कोट जीव ही को उरको कि हारु है।
बंदन हमारो काम केलि को, कि ताड़िबे को,
ताजनो विचार को, कै व्यजन विचारु है।
मान की जमनिका के कंजमुख मूँदिबे को,
सीता जू को उत्तरीय सब सुख सारु है ॥६२॥

शब्दार्थ—पंजर=पिंजड़ा। खंजरीट=खंजन। जारु=जाल। गेंडुआ=(खास बुन्देलखंडी शब्द है) तकिया। गलसुई=गाल के नीचे लगाने की छोटी गोल और मुलायम तकिया। कोट जीवन को=प्राणों की रक्षा करने का कोट। ताजनो=(फ़ा० ताजियाना) कोड़ा, कशा, उत्तेजक! विचार=रति केलि का विशेष आचरण, प्रेम प्रीति का विशेष आचार। व्यजन=पंखा विचारु=भावना। जमनिका=पर्दे की दीवार, पट्टी, कनात। उत्तरीय=ओढ़नी, ओढ़ने का वस्त्र।

भावार्थ—(श्रीराम जी सीता की ओढ़नी देखकर विचार करते हैं) यह मेरे नेत्ररूपी खंजनों के लिये पिंजड़ा है, या मन रूपी मीन के लिये प्राणाधार जल है, या फँसाने के लिये जाल है, या मेरे अंग को आनन्द प्रदायक शीतल और सुगंधित लेप या तकिया और गलसुई है, या मेरे जीव का रक्षा-कारक कोट है, या मेरे हृदय के लिये शोभाप्रद हार है, या कामकेलि के समय का मेरे हाथों का बंधन है या रति-केलि आदि को उत्तेजित करने के लिये कोड़ा है, या प्रेम प्रीति की भावना रूपी अग्नि को भड़काने के लिये पंखा है, या मान के समय में कमलमुख मूँदने के लिये पर्दा है, या सर्व सुख की मूल श्री सीता जू की ओढ़नी है।

अलंकार—संदेह।

सूचना—ऐसा वर्णन हनुमन्नाटक में भी है। शायद उसी से पढ़कर केशव को यह उक्ति सूझी हो। वह वर्णन यों है:—

द्युते पणः प्रणयकेलिषु कंठपाशः।
क्रीडापरिश्रमहरं व्यजनं रतान्ते॥
शय्यानिशिथसमये जनकात्मजायाः।
प्राप्तं मया विधिवशादिह चोत्तरीयम्॥

स्वागता –

बानरेन्द्रतब ही हँसि बोल्यो। भीति भेद जिय को सब खोल्यो।
आगि वारि जब साखि करीजू। रामचंद्र हँसि बाँह धरीजू ॥६३॥

शब्दार्थ – बानरेन्द्र = सुग्रीव। भीति-भेद = भय का सब मर्म। बाँह धरी = सदैव रक्षा करने की (सखाभाव स्थापित किया)।

स्वागता –

सूर पुत्र तब जीवन जान्यो। बालि जोर बहु भाँति बखान्यो ॥
नारि छीनि जेहि भाँति लईजू सो अशेष विनती विनई जू ॥६४॥

शब्दार्थ – सूरपुत्र = सुग्रीव। जोर = बल। अशेष = सब। विनती विनई = निवेदन किया।

स्वागता –

एक बार शर एक हनो जो। ताल वेधि बलवन्त गनों तो ॥
रामचन्द्र हँसि वाण चलायो। ताल बेधि फिर कैकर आयो ॥६५॥

शब्दार्थ – ताल = ताड़ वृक्ष। ताल बेंधि = सातों ताड़ों को छेद कर।

(सुग्रीव) तारक –

यह अद्‌भुत कर्म न और पै होई। सुर सिद्धि प्रसिद्धन में तुम कोई।
निकरी मन ते सिगरी दुचिताई। तुम सों प्रभु पाये सदा सुखदाई ॥६६॥

शब्दार्थ – प्रसिद्ध = नामी। दुचिताई = सन्देह, दुविधा।

मत्तगयन्द सवैया—

वामन को पद लोकन मापि ज्यों वामन के वपु माहि समायो।
केशव सूरसुता जल सिंधुहि पूरि कै सूरहि को पद पायो ॥
काम के बाण त्वचा सब बेधिकै काम पै आवत ज्यों जग गायो।
राम को सायक सातहु तालन वेधिकै रामहि के कर आयो ॥ ६७ ॥

शब्दार्थ—सूरसुता = जमुना। सूरहि को पद पायो = फिर सूर्य ही में जा समाता है।

अलंकार—मालोपमा।

सो० – जिनके नाम विलास, अखिल लोक वेधत पतित।
तिनको केशवदास, सात ताल बेधन कहा ॥ ६८ ॥

शब्दार्थ—नाम विलास=नाम लेने से।

(राम) तारक—

अति सङ्गति वानर की लघुताई। अपराध विना वध कौन बड़ाई।
हति वालिहि देउँ तुम्हैं नृप शिक्षा। अब है कछु मोमन ऐसिय इच्छा॥ ६६॥

भावार्थ—(रामजी कहते हैं) यद्यपि चंचल-स्वभाव वानरों की संगति करना मेरे लिये लघुता की बात है और बिना अपराध किसी को मारना कोई प्रशंसा की बात नहीं है, तथापि अब वालि को मार तुम्हें राजनीति की शिक्षा दूँगा (राजनीति यह है कि अपने उद्देश्य-साधन के हेतु यदि कुछ अनुचित कार्य भी करना पड़े तो करना चाहिये) इस समय मेरी ऐसी ही इच्छा है।

बारहवाँ प्रकाश समाप्त

तेरहवाँ प्रकाश

दो०—या तेरहें प्रकाश में, वालि वध्यो कपिराज।
वर्णन वर्षा शरद को, उदधि उलंघन साज॥

पद्धटिका—

रविपुत्र वालि सों होत युद्ध। रघुनाथ भये मन माहँ क्रुद्ध।
सर एक हन्यो उर मित्र काम। तब भूमि गिर्‌यो कहि राम राम॥ १॥
कछु चेत भये ते बलनिधान। रघुनाथ विलोके हाथ बान।
सुभ चीर जटासिर स्याम गात। वनमाल हिये उर विप्रलात॥ २॥

शब्दार्थ—रविपुत्र=सुग्रीव। मित्रकाम=मित्र अहित की कामना से। बलनिधान=(वह वालि इतना बली था कि राम के बाण से तुरन्त मरा नहीं वरन् थोड़ी देर बाद सँभल कर उठ बैठा)। विप्रलात=भृगुचरण-चिन्ह।

(बालि) पद्धटिका—

जग आदि मध्य अवसान एक। जग मोहत हौ वपु धरि अनेक।
तुम सदा शुद्ध सब को समान। केहि हेतु हत्यो करुणानिधान॥ ३॥

शब्दार्थ—जग आदि=संसार के उत्पादक। जग मध्य=संसार के पालक। जग अवसान=संसार के संहारक। जग...एक=संसार के कर्ता, भर्ता और हर्ता आप ही एक हैं, अर्थात् मैं (तुम्हारे भृगुचरण चिन्ह से) पहचान गया कि विष्णु के अवतार हो। समान=समदर्शी।

(राम)—

सुनि बासवसुत बल बुधि निधान। मैं शरणागत हित हते प्रान।
यह साँटो लै कृष्णावतार। तब ह्वै ही तुम संसार पार॥ ४॥

शब्दार्थ—बासवसुत=बालि। साँटो=बदला। संसारपार=मुक्त।

विशेष—कृष्णावतार में बालि ने ही जरा नामक व्याधे का अवतार लेकर कृष्ण को बाण मारा था।

मूल—

रघुबीर रंक ते राव कीन। युवराज विरद अंगदहिं दीन।
तब किष्किंधा तारा समेत। सुग्रीव गये अपने निकेत॥ ५॥

शब्दार्थ—युवराज विरद=युवराज पद। निकेत=घर।

दो०—किया नृपति सुग्रीव हति, बालि बली रणधीर।
गये प्रवर्षण अद्रि को, लक्ष्मण स्यों रघुवीर॥ ६॥

शब्दार्थ—अद्रि=पर्वत। स्यों=सहित।

त्रिभंगी—

देख्यो सुभ गिरवर, सकल सोभधर, फूल वरन बहु फरनि फरे।
सँग सरभ ऋक्ष जन, केसरि के गन, मनहु चरन सुग्रीव परे।
सँग सिवा विराजै, गजमुख गाजै, परभृत बोलै चित्त हरे।
सिर सुभ चन्द्र कधर, परम दिगम्बर, मानो हर अहिराज धरे॥७॥

शब्दार्थ—सोभ=शोभा। सरभ=(१) पशु (२) बानरों की एक जाति विशेष। ऋक्ष=(१) रीछ (२) जामवंत। केशरी=(१) सिंह (२) बानरों की एक जाति विशेष (जिसमें हनुमान जी के पिता मुख्य थे)। सिवा=(१) शृगाली (२) पार्वती। जगमुख=(१) गणेश (२) मुख्य-मुख्य जाति के हाथी। परभृत=(१) कोयल (२) बड़े बड़े सेवक अर्थात् नंदी, भृंगी इत्यादि। चन्द्रक=(१) जल (२) चन्द्रमा। दिगम्बर=(१) बहुत

बड़ा (२) नंगा, वस्त्र-रहित। अहिराज=(१) बड़े सर्प (शेष वा वासुकी)।

भावार्थ—श्रीरामजी ने उस पवित्र पहाड़ को देखा जो सब प्रकार की शोभा से युक्त है (जो-जो वस्तुएँ पर्वत में होनी चाहिये वे सब वहाँ हैं)। अनेक रंग के फूल फूले हैं और बहुत प्रकार के फल भी फले हुए हैं) सब ऋतुओं के फल-फूल वहाँ हैं)! अनेक वन-पशु, रीछ और सिंहों के गणों से युक्त वह पहाड़ है, सो ऐसा जान पड़ता है मानों शरभ जाति के बानर, जामवंत तथा केशरी नामक बानर को साथ लिये हुए सुग्रीव सदा श्रीराम के चरणों के नीचे पड़े रहते हैं। (अंति। दो चरणों में शिव और पर्वत की समता श्लेष से दिखाई गई है) वह पर्वत मानो शिव है=(कारण यह है कि)=शिव के संग में शिवा (पार्वती) विराजती हैं तो यहाँ भी सिवा है (शृगाली है), शिव के संग गजमुख (गणेश) गलगजे उड़ाते हैं तो यहाँ भी मुख्य-मुख्य (बड़े बड़े) हाथी गरजते हैं, शिव के साथ परभृत (बड़े-बड़े सेवक, नंदी भृंगी इत्यादि) स्तुति गान कर उनको प्रसन्न करते हैं तो यहाँ भी परभृत (कोयल) बोलकर चित्त हरती है, शिवजी सिर पर चन्द्रक (चन्द्रमा) धारण किये हुए हैं तो यह पर्वत भी निज तन पर चन्द्रक (जलाशय सरोवरादि) धारण किये है, शिवजी परम दिगम्बर हैं, तो यह पर्वत भी परम दिगम्बर (अति विस्तृत) है, शिवजी अहिराज को धारण करते हैं, तो यह पर्वत भी बड़े-बड़े सर्पों को धारण किये हुए हैं (बड़े-बड़े सर्प पर्वत में हैं) अतः इन समताओं के कारण यह पर्वत शिव रूप है।

अलंकार—श्लेष से पुष्ट उल्लेख।

सूचना—यह छंद केशव के पांडित्य का नमूना है। ऐसे छंद इस ग्रंथ में अनेक हैं—देखो प्रकाश २ में छन्द नं १०)।

तोमर—सिसु सो लसै सँग धाय। बनमाल ज्यों सुरराय॥
अहिराज सो यहि काल। बहु सीस सोभनि माल॥ ८॥

शब्दार्थ—धाय=(१) दूध पिलाने वाली दाई (२) धवई नामक वृक्ष। बनमाल=(१) विष्णु की प्रसिद्ध माला (२) वनों का समूह, अनेक प्रकार के वृक्षों के पृथक् वन। सरराय=विष्णु। सीस (१) सिर (२) गिरिशृंग।

भावार्थ—यह पर्वत शिशु समान शोभित है, क्योंकि जैसे शिशु के संग धाई रहती है वैसे ही इसमें भी धवा वृक्ष हैं। यह पर्वत विष्णु के समान है क्योंकि वे भी वनमाला धारण करते हैं और इसमें भी वनों के समूह (वन-माला) हैं। यह पर्वत इस समय (वर्षा में) शेषनाग सम हैं, क्योंकि जैसे उनके बहुत से सुन्दर (मणियुक्त) सिर हैं वैसे ही इस पर्वत के भी अनेक सुशोभित शृंग (सिर) हैं।

अलंकार—उपमा और श्लेष से पुष्ट उल्लेख।

(वर्षा-काल-वर्णन)

(राम)—स्वागता—

चँद मंद द्युति बासर देखौ। भूमहीन भुवपाल विशेषौ।
मित्र देखिये सोभत है यों। राजसाज बिनु सीतहि हौं ज्यों ॥९॥

भावार्थ—रात्रि में (शुक्ल पक्ष में भी) चंद्रमा मंद द्युति रहता है, दिन भी सुप्रकाशवान नहीं होता। ये दोनों ठीक वैसे ही तेजहीन हैं जैसे राज्यहीन राजा। सूर्य भी ऐसा मंद द्युति देख पड़ता है जैसा राज्यहीन और बिना सीता के मैं हूँ।

अलंकार—पूर्वार्द्ध में दृष्टान्त, उत्तरार्द्ध में उपमा।

दो०—पतिनी पति बिनु दीन अति, पति पतिनी बिनु मंद।
चन्द्र बिना ज्यों जामिनी, ज्यौं बिनु जामिनि चन्द ॥ १० ॥

शब्दार्थ—मंद = हीन प्रभा। जामिनी = रात्रि।

अलंकार—अन्योन्य।

वर्षा-वर्णन

स्वागत—

देखि राम बरषा ऋतु आई। रोम रोम बहुधा दुखदाई॥
आस पास तम की छबि छाई। राति द्यौस कछु जानि न जाई॥११॥

शब्दार्थ—आस पास = चारों ओर। तम की छवि छाई = घोर अंधकार है। द्यौस = (दिवस) दिन।

अलंकार—तद्गुण।

मूल—मंद मंद धुनि सों घन गाजैं। तूर तार जनु आवझ बाजैं॥
ठौर ठौर चपला चमकै यों। इन्द्रलोक-तिय नाचति हैं ज्यों ॥१२॥

शब्दार्थ – तूर = तुरही। तार = (ताल) मँजीरा। आवझ = ताशा।

भावार्थ – मंद-मंद ध्वनि से बादल गरजते हैं उनका शब्द ऐसा मालूम होता है मानो तुरही, मँजीरा और तासे बजते हों, और जगह-जगह पर बिजली चमकती है, वह ऐसी मालूम होती है मानो इन्द्रपुरी की स्त्रियाँ (अप्सराएँ) नाचती हैं।

अलंकार – उत्प्रेक्षा। प्रतिवस्तूपमा।

मोटनक –

सोहैं घन स्यामल घोर घने। मोहैं तिनमें बक पांति भनैं॥
संखावलि पी बहुधा जल स्यों। मानों तिनको उगिलै बकस्यों॥१३॥

शब्दार्थ – स्यों = सहित।

भावार्थ – घोर काले बादल सोहते हैं, उनमें उड़ती हुई बक-पंक्तियाँ मन को मोहती हैं। यह घटना ऐसी जँचती है मानो बादल समुद्र से जल पीते समय जल के साथ बहुत से शंख भी पी गये थे और अब वे ही शंख बल-पूर्वक उगल रहे हैं।

अलंकार – उत्प्रेक्षा।

शोभा अति शक्र शरासन में। नाना द्युति दीसति है घन में।
रत्नावलि सी दिविद्वार भनो। वर्षागम बाँधिय देव मनो॥१४॥

शब्दार्थ – शक्र-शरासन = इन्द्र धनुष। रत्नावलि = रत्नों की बनी झालर, बंदनवार। दिविद्वार = देवलोक के दरवाजे पर।

भावार्थ – इन्द्रधनुष अति शोभा दे रहा है, बादलों में नाना प्रकार के रंग देख पड़ रहे हैं। ऐसा जान पड़ता है मानो वर्षा के स्वागत में देवताओं ने सुरपुर के द्वार पर रत्नों की झालर (बंदनवार) बाँधी हो।

अलंकार – उत्प्रेक्षा।

तारक –

घन घोर घने दसहू दिस छाये। मघवा जनु सूरज पै चढ़िआये॥
अपराध बिना छिति के तन ताये। तिनपीड़न पीड़ित ह्वै उठि धाये॥१५॥

शब्दार्थ – मघवा = इन्द्र। छिति = पृथ्वी।

भावार्थ – सब ओर घने बादल छाये हुए हैं, मानों इन्द्र ने सूर्य पर चढ़ाई की है, (चढ़ाई का कारण यह है कि) सूर्य ने बिन अपराध ही पृथ्वी को संतप्त

किया है (ग्रीष्म से सताया है) अतः पृथ्वी के दुःख से दुखित होकर सूर्य को दण्ड देने के लिए इन्द्रदेव उठ दौड़े हैं।

अलंकार – उत्प्रेक्षा।

तारक –

अति घातज बाजत दुँदुभि मानो। निरघात सबै पविपात बखानो।
धनु है यह गौरमदाइन नाहीं। सरजाल बहै जलधार वृथाहीं ॥१६॥

शब्दार्थ – निरघात = (निर्घात) बिजली की कड़क। पविपात = वज्रपात। गौरमदाइन = (बुंदेलखंडी) इन्द्रधनुष। बहै = चलती है।

भावार्थ – बादल अति जोर से गरज रहे हैं वही मानो रण-नगारे बज रहे हैं, और बिजली की कड़क के शब्द को वज्र फेंकने का शब्द जानो। यह इन्द्रधनुष नहीं है वरन् इसे सुरपति का चाँप समझो और जो बूँदे पड़ती हैं यह बाणवर्षा है, इसे जलधार कहना व्यर्थ है।

अलंकार – उत्प्रेक्षा, रूपक, अपह्नुति।

तारक –

भट चातक दादुर मोर न बोले। चपला चमकै न फिरै खँग खोले॥
दुतिवंतन को विपदा बहु कीन्ही। धरनी कहँ चन्द्रवधू धरि दीन्ही ॥१७॥

शब्दार्थ—खँग = (खड्ग) तलवार। दुतिवंत = चन्द्र, शुक्रादि चमकीले ग्रह। चन्द्रवधू = वीरबहूटी नामक लाल रंग का सुकुमार कीड़ा।

भावार्थ—ये पपीहा, मेढक और मोर नहीं बोलते, वरन् इन्द्र के भट सूर्य को ललकार रहे हैं, यह बिजली नहीं चमक रही है, वरन् महाराज तलवार खोले घूम रहे हैं, यह और (सूर्य पर क्रुद्ध होने के कारण) समस्त द्युतिमान चमकीले ग्रहों पर विपत्ति डाल दी है, यहाँ तक कि चन्द्रवधुओं को पकड़ कर पृथ्वी के हवाले कर दिया है (कि इन्हें मनमाना दंड देकर अपना बदला लो)।

अलंकार – अपह्नुति। प्रत्यनीक (सूर्य पर क्रुद्ध होकर समस्त द्युतिवंत ग्रहों को दण्ड देना)।

तरुनी यह अत्रि ऋषीश्वर की सी।
उर में मंद चन्द्र प्रभा सम नीसी॥

वरषा न सुनौ किलकै कल काली।
सब जानत हैं महिमा अहिमाली॥ १८॥

शब्दार्थ—तरुनी=स्त्री (अनुसूया) चन्द्र=(१) चन्द्रमा (२) सोम नामक अनुसूया का एक पुत्र। किलकै=हँसती है। कल=सुन्दर। अहिमाली=(१) महादेव (२) सर्प समूह। वर्षा=वर्षाकाल के शब्द (दादुर, मोरादि वा बिजली की कड़क)।

भावार्थ—(श्रीराम जी लक्ष्मण जी से कहते हैं) यह वर्षा अत्रि-पत्नी अनुसूया सी है, क्योंकि जैसे अनुसूया के गर्भ में सोम की प्रभा थी वैसे ही इस वर्षा में भी बादलों में चन्द्रप्रभा छिपी है (जैसे सोम नामक पुत्र के गर्भ में आने से अनुसूया के तन में मंद प्रभा प्रकाशित हुई थी वैसे ही वर्षा में बादलों से ढँका चन्द्रमा मंद प्रकाश देता है) (पुनः कहते हैं) यह वर्षा काल के शब्द नहीं हैं, वरन् काली सुन्दर शब्द से हँस रही हैं। जैसे काली की समस्त महिमा महादेव जी जानते हैं वैसे ही वर्षा शब्द की समस्त महिमा सर्प समूह ही जानता है (वर्षा में सर्पों को दादुर, झिल्ली इत्यादि जंतु अधिकता से खाने को मिलते हैं, अतः वर्षा की महिमा सर्प ही भली भाँति जानते हैं)।

अलंकार—उपमा, अपह्नुति, श्लेष।

(वर्षा-कालिकारूपक)

घनाक्षरी—भौंहैं सुरचाप चारु प्रमुदित पयोधर,
भूखन जराय जोति तड़ित रलाई है।
दूरि करी सुख मुख सुखमा ससी की,
नैन अमल कमलदल दलित निकाई है॥
केसोदास प्रबल करेनु का गमन हर,
मुकुत सुहंसक सबद सुखदाई है।
अबर बलित मति मोहै नीलकंठ जू की,
कालिका कि बरषा हरषि हिय आई है॥ १९॥

सूचना—इस छंद के दो अर्थ स्पष्ट हैं। एक कालिकापक्ष का, दूसरा

वर्षा पक्ष का। सभङ्ग श्लेष पद अलंकार होने के कारण दोनों पक्ष के हेतु शब्दार्थ भी भिन्न-भिन्न होंगे।

शब्दार्थ—(कालिका पक्ष में)—सुरचाप=इन्द्र-धनुष। प्रमुदित= प्रमोदप्रद (उन्नत, पीन)। पयोधर=कुच। भूखन=जेवर। तड़ित= बिजली। रलाईं हैं=मिली हुई हैं। सुख=सहज ही। सुखमा=शोभा। निकाई=शोभा। प्रवल=मत्त। करेनुका=हथिनी। गमनहर=चाल को छीन लेने वाली। मुकुत=(मुक्त) स्वच्छन्द। हंसक-सबद=बिछुआओं का शब्द। अंबर=कपड़ा। वलित=युक्त। नीलकंठ=महादेव।

भावार्थ—(कालिका पक्ष का) इन्द्रधनुष ही जिसकी सुन्दर भौंहें हैं, घने और बड़े बादल (पयोधर) ही जिसके उन्नत कुच हैं, बिज्जुछटा ही जिसके जड़ाऊ जेवरों की चमक है, जिसने अपने मुख से सहज ही में चन्द्रमा के मुख की शोभा दूर कर दी है (वर्षा में चन्द्रमा मंदज्योति रहता है), जिसके निर्मल नेत्रों से कमल की पंखुड़ियाँ शोभा-दलित हो गई हैं (वर्षा में कमलदल शोभाहीन हो जाते हैं)—केशवदास कहते हैं कि जिसने (कालिका ने) मतवाली हथिनियों की चाल छीन ली है (वर्षा में हाथियों की यात्रा भी बंद रहती है), जिसके बिछुआओं का स्वच्छंद शब्द (झिल्ली आदि का शब्द), सुखदाई है, नीलाम्बर से युक्त हो कर (कालिका ने नीलाम्बर पहन लिया है और वर्षा में मेघाच्छन्न आकाश भी अति नील रहता है) जो नीलकंठ महादेव (वर्षा से मयूरगण) की मति को मोहित करती है वही कालिका देवी (पार्वती) है (या यह वर्षा है)।

शब्दार्थ—(वर्षा-पक्ष में) भौ=भय, डर। सुरचाप=इन्द्र-धनुष। प्रमुदित पयोधर=उनये हुए बादल (घनघोर घटा)। भू=पृथ्वी। ख= आकाश। नजराय=देख पड़ती है। तड़ित=बिजुली। तरलाई=चंचलता। सुख=सहज ही। मुख सुखमा ससी की=चंद्रमा की प्रभा। नैन अमल= नदियाँ निर्मल नहीं हैं। कमलदल दलित=कमलों के दल दलित हो गये हैं। निकाई=काई रहित हैं (सिवार, काई इत्यादि नष्ट हो गये हैं)। क= जल। प्रबल क=जल की प्रबल धारा। रेनुकाहार=धूल को बहा ले जाने वाली। गमनहर=आवागमन बंद करने वाली। मुहंसक-सबद सुकृत=हंसों के

शब्द से रहित (वर्षा में हंस बोलते नहीं, कहीं चले जाते हैं)। अंबर=आकाश। बलित=बादलों से युक्त। नीलकंठ=मयूर।

भावार्थ—(वर्षा पक्ष का) हर्षित होकर ऐसी वर्षा ऋतु आई है जिसमें अनेक भय हैं (अर्थात् सर्प, बिच्छू आदि के भय वा घर गिरने का बज्रपात के भय), इन्द्रधनुष है, उनई हुई घनघोर बादलों की घटा है और भूमि तथा आकाश में चंचल बिजली की चमक देख पड़ती है, चन्द्रमा की सुन्दर प्रभा सहज ही दूर हो गई है, नदियाँ स्वच्छ नहीं हैं, कमल-दल दलित हो गये हैं। जलाशय काई रहित हैं, (केशव कहते हैं कि जल की प्रखर धारा ने धूल को बहा दिया है और आने जाने वालों का गमनागमन रोक दिया है (इसी से हम भी सीता की खोज में कहीं जा नहीं सकते), सारा देश सुखप्रद हंस शब्द से रहित है (हंस कहीं चले गये हैं), आकाश बादलों से युक्त है, जिसे देख-देख कर मोरों की मति मोहित होती है (वे मस्त हो-हो कर नाचते हैं), यह कालिका है या वर्षा आई है।

अलंकार - संदेह से पुष्ट सभंग पद श्लेष।

तारक—

अभिसारि निसी समझौ परनारी। सत मारगमेटन की अधिकारी॥
मति लोभ महामद मोह छई है। द्विजराज सुमित्र प्रदोषमई है॥२०॥

शब्दार्थ—अभिसारिनी=अभिसारिका, नायिका। परनारी=(१) परकीया स्त्री (२) बड़ी-बड़ी नालियाँ। सत मारग=(१) धर्ममार्ग (२) अच्छे रास्ते। द्विजराज=(१) चन्द्रमा (२) ब्राह्मण। सुमित्र=(१) अच्छे मित्र (२) सूर्य। प्रदोष=(१) बड़ा दोष (२) अंधकार।

भावार्थ—इस वर्षा से बनी हुई बड़ी-बड़ी नालियाँ परकीयाभिसारिका सी हैं। जैसे वे (परकीया स्त्रियाँ) स्वधर्ममार्ग को मेटती हैं, वैसे ही इस वर्षा में बड़ी-बड़ी नालियों ने अच्छे मार्गों के मिटाने का (काट कर खराब कर देने का) अधिकार पाया है (वर्षा के जलप्रवाह से रास्ते बिगड़ गये हैं)। अथवा यह वर्षा किसी पापी मनुष्य की लोभ, मद इत्यादि से युक्त बुद्धि है, क्योंकि जैसे पापी की लोभ, मोहादि ग्रसित बुद्धि ब्राह्मण और अच्छे मित्रों का बड़ा दोष करती है, वैसे ही यह वर्षा चन्द्रमा और चमकीले सूर्य को अंधकार में छिपाये रहती है।

अलंकार—उपमा और श्लेष से पुष्ट उल्लेख।

दो०—बरनत केशव सकल कवि, विपम गाढ़ तम-सृष्टि।
कुपुरुष सेवा ज्यों भई, सन्तत मिथ्या दृष्टि॥ २१॥

शब्दार्थ—विषमगाढ़=अति सघन। तम=अंधकार। सतत=सर्वदा। दृष्टि=(१) नज़र (२) आशा, उम्मेद।

भावार्थ—केशव कहते हैं कि वर्षा में ऐसे सघन अंधकार की उत्पत्ति होती है कि सर्वदा (रातोदिन) दृष्टि मिथ्या प्रमाणित होती है (कुछ दिखाई नहीं पड़ता) जैसे बुरे मनुष्य की सेवा से कोई आशा फलीभूत नहीं होती।

अलंकार—उदाहरण।

(राम) दुर्मिल सवैया—

कलहंस कलानिधि खंजन कंज कछू दिन केशव देखि जिये।
गति आनन लोचन पायन के अनुरूपक से मन मानि किये॥
यहि काल कराल ते शोधि सबै हठि कै बरषा मिस दूर किये।
अबधौं बिनु प्राण प्रिया रहिहैं कहि कौन हितू अवलंबि हिये॥२२॥

शब्दार्थ—कलहंस=छोटे और सुन्दर मधुर शब्द बोलने वाले हंस। कलानिधि=चन्द्रमा। अनुरूपक=समानवाले, समता के। शोधि=खोज-खोज कर। हितू=हितैषी।

भावार्थ—(राम जी कहते हैं) सीता के वियोग में कलहंस, चन्द्रमा, खंजन और कमलों को देख कर कुछ दिन तक तो मैं जीवित रह सका, क्योंकि इन वस्तुओं को मैंने मन से सीता की गति, मुख, नेत्र और पैरों के समान वाले पदार्थ मान लिया था। पर कराल काल से यह भी न देखा गया (सीता को तो दूर ही कर दिया था) अब वर्षा के बहाने इन (दिल बहलाने वाले) पदार्थों को भी, खोज-खोज कर हठपूर्वक दूर कर दिया। अब बिना प्रिया के मेरे प्राण किसका अवलंबन करके रहेंगे।

अलंकार—क्रम

(शरद वर्णन)

दो०—बीते बरषा काल यों, आई सरद सुजाति।
गये अँध्यारो होति ज्यों, चारु चाँदनी राति॥ २३॥

शब्दार्थ—सुजाति=अच्छे कुल की सुन्दरी स्त्री।

भावार्थ—वर्षा काल बीतने पर सुन्दरी शरद इस प्रकार आ गई जैसे अँधेरी रात बीत जाने पर सुन्दर चाँदनी रात आ जाती है (तो आनन्द होता है)।

अलंकार—उदाहरण।

मोटनक—

दन्तावलि कुंद समान गनो। चन्द्रानन कुंतल भौंर घनो।
भौंहैं धनु खंजन नैन मनो। राजीवनि ज्यों पद पानि भनो॥२४॥
हारावलि नीरज हीय रमैं। जनु लीन पयोधर अम्बर में।
पाटीर जुन्हाइहि अंग धरे। हंसी गति केशव चित्त हरे॥२५॥

शब्दार्थ—(छन्द २४)—समान=(मानयुक्त), गर्वीले। कुन्तल=बाल। धनु=धनुष—(वर्षा काल में वीर लोग अपने धनुष उतारकर रख देते हैं। शरद काल में उन्हें पुनः दुरुस्त करके पूजते हैं और काम में लाते हैं तथा नवीन धनुष भी बनाये जाते हैं)। राजीव=लाल कमल।

(छन्द २५)—नीरज=कुमुद वा अन्य सफेद पुष्प जो जल में पैदा होते हैं। अथवा मोती (ये भी शरद ऋतु में ही पैदा होते हैं)। पयोधर=(१) बादल (२) कुच। अम्बर=(१) आकाश (२) कपड़ा। पाटीर=चन्दन। हंसी गति=हंसों की चाल (हंसों की चाल वाली)।

भावार्थ—(पहले शरद को 'सुजाति' सुन्दरी कहा अतः उसका रूपक छन्द २४, २५ में कहते हैं) छन्द २४—वह शरद सुन्दरी कैसी है। गर्वीले कुन्द पुष्प ही उसके दाँत समझो, चन्द्रमा को ही मुख और भ्रमर समूह को केश मानो। वीरों के दुरुस्त किये हुए वा नवीन बने हुए धनुषों को भौंहैं समझो और लाल कमलों को हाथ-पाँव कहो। छन्द २५—कुमुद पुष्प वा मोतियों को हृदय पर पड़े हुए हार समझो, और (चूँकि 'सुजाति'—सुकुल-जाता है अतः लज्जा से) कुचों को कपड़े में छिपाये है (शरद में बादल आकाश में लीन हो जाते हैं—होते ही नहीं अथवा बहुत कम होते हैं), चाँदनी ही का चन्दन तन पर लगाये हुए है और हंसों की चाल रूपी हंसगति (मंदगति) से चलती हुई चित्त को हरती है।

अलंकार—रूपक—(श्लेष पुष्ट रूपक)।

मोटनक—

श्रीनारद की दरसै मति सी। लोपै तम ताप अकीरति सी॥
मानों पति देवन की रति सी। सन्मारग की समझौ गति सी॥२६॥

शब्दार्थ—तम=(१) अंधकार (२) अज्ञान। ताप=(१) त्रिविधताप (२) ताप, गर्मी। अकीरति=(१) अपयश (२) अकर्तव्यता। पतिदेवा=पतिव्रता स्त्री। रति=प्रेम। सन्मारग=(१) धर्ममार्ग (२) अच्छे रास्ते। गति=(१) सुगति (२) चाल, यात्रा।

भावार्थ—यह शरद ऋतु श्रीनारद मुनि की मति सी दिखलाई पड़ती है, क्योंकि जैसे नारद जी की मति से (सलाह वा उपदेश से) अज्ञानांधकार त्रिताप और अपयश का लोप होता है, वैसे ही इस शरद से भी वर्षा की अंधकार, सिंह के सूर्य की गर्मी तथा अकर्तव्यता (राजकाज दिग्विजयादि, व्यापार, यात्रा आदि बन्द रहते हैं) का लोप होता है। अथवा इस शरद की पतिव्रता स्त्रियों के सच्चे प्रेम समान मानो, क्योंकि जैसे उनके प्रेम से स्वामि-भक्ति रूपी सन्मार्ग रूपी चाल से औरों को सन्मार्ग पर चलने की चाल सूझ पड़ती है, वैसे ही इस शरद के आने से सब रास्ते सूझ पड़ने लगे (सब मार्ग चलने योग्य हो गये—अब हमें सीता की खोज में आगे बढ़ना चाहिये)।

दो०—लक्ष्मण दासी वृद्ध सी, आई सरद सुजाति।
मनहु जगावन को हमहिं, बीते बरषा राति॥ २७॥

भावार्थ—हे लक्ष्मण, यह शरद ऋतु उत्तम कुलजात बूढ़ी दासी के समान आ गई, मानो वर्षा रूपी रात्रि के बीतने पर हमें जगाने आई है—(इससे स्पष्ट जान पड़ता है कि राजकुमारी को जगाने के लिये बूढ़ी दासियाँ रहती थीं)—तात्पर्य यह कि अब सीता के खोज में सन्नद्ध होना चाहिये।

अलंकार—उपमा से पुष्ट उत्प्रेक्षा।

कुंडलिया—ताते नृप सुग्रीव पे जैय सत्वर तात।
कहियो बचन बुझाय कै कुशल न चाहो गात।
कुशल न चाहो गात चहत हौ बालिहि देख्यो।
करहु न सीता सोध कामबश राम न लेख्यो॥

राम न लेख्यो चित्त लही सुख-सम्पति जाते।
मित्र कह्यो गहि बाँह कानि कीजत है ताते ॥ २८ ॥

शब्दार्थ—सत्वर=शीघ्र। कुशल न चाहौ गात=क्या अपने शरीर की कुशल नहीं चाहते? बालिहि देख्यो चाहत हौ=बालि के निकट जाना चाहते हो (मरना चाहते हो)। सोध=खोज। राम न लेख्यो=राम को कुछ नहीं समझते। कानि=लज्जा।

दो०—लक्ष्मण किष्किंधा गये, वचन कहे करि क्रोध।
तारा तब समझाइयो, कीन्हों बहुत प्रबोध ॥२९॥

दोधक—बोल लये हनुमान तबै जू। ल्यावहु बानर बोलि सबै जू ॥
बार लगै न कहूँ बिरमाहीं। एक न कोउ रहै घर माहीं ॥३०॥

त्रिभंगी—

सुग्रीव सँघाती, मुखदुति राती, केशव साथहि सूर नये।
आकाशविलासी, सूरप्रकाशी, तबही बानर आय गये।
दिसि दिसि अवगाहन, सीतहि चाहन, यूथप यूथ सबै पठये।
नल नील ऋक्षपति अंगद के संग, दक्षिण दिसि का बिदा भये ॥३१॥

शब्दार्थ—संघाती=साथी (जातिवाले)। राती=लाल। साथहि=लक्ष्मण के साथ ही। सूर नये=नवयुवक उत्साही सूर वीर। आकाशविलासी आकाश में छलांग मार कर चलने वाले। सूर प्रकाशी=सूर्य के समान तेज वाले। आय गये=रामजी के पास आ गये। अवगाहन=खोज करने। चाहन=देखने। यूथप यूथ=दलपति सहित दल के दल। ऋक्षपति=जामवंत।

दो०—

बुधि विक्रम व्यवसाय युत, साधु समुझि रघुनाथ।
बल अनंत हनुमंत के, मुँदरी दीन्हीं हाथ ॥ ३२ ॥

शब्दार्थ—बुद्धि=तात्पर्य यह कि ये बुद्धिमान हैं अतः भेद-नीति से काम लेंगे। विक्रम=बली होने के कारण दंड भी दे सकते हैं। व्यवसाय=तात्पर्य यह कि ये व्यवसाय-कुशल हैं। अतः दाम नीति (लेन-देन) से भी कार्य साधन कर सकते हैं। साधु=शान्त स्वभाव होने से साम-नीति से कार्य साधन करेंगे। बल=सेना। अनंत=असंख्य।

भावार्थ—श्रीरम जी ने हनुमान जी को चारों नीतियों में कुशल समझ कर असंख्य सेना के साथ करके अपनी मुद्रिका दे कर दक्षिण की ओर विदा किया।

हीरक*—चंडचरन, छंडि धरनि, मंडि गगन धावहीं।
तत्क्षण हुइ दच्छिन दिसि लक्ष्यहि नहि पावही॥
धीरधरन वीरवरन सिंधुतट सुभावहीं॥
नाम परम, धाम धरम, राम करम गावहीं॥३३॥

शब्दार्थ—चंडचरन=चरणों के बली अर्थात् चलने वा कूदने में अति प्रबल (अथक)। छन्डि धरनि=पृथ्वी को छोड़कर, उछाल मार कर। मंडि गगन=आकाशमार्ग में शोभित होते हुए। तत्क्षण=उसी समय, तुरन्त (ज्योंही श्रीराम ने आज्ञा दी)। हुइ दच्छिन दिशि=दक्षिण की ओर मुख करके। लक्ष्यहि=सीता को। धीर धरन=धैर्यवान। बीर बरन=श्रेष्ठ वीर। सुभावहीं=स्वभाव से ही अर्थात् किसी भय वा निराश से नहीं। नाम परम=पुनीत नाम। धरम=धर्म के स्थान। राम करम=राम जी के कृत्य (बालि बध, सुग्रीव मैत्री इत्यादि)।

भावार्थ—जिस समय श्रीराम जी ने आज्ञा दी उसी समय तुरन्त दक्षिण दिशा की ओर वे लोग कूदते-फाँदते आकाश मार्ग से उड़ते जाने लगे। खोज करते हैं पर सीता को नहीं पाते। तब वे धैर्यवान वीरश्रेष्ठ समुद्र के तट पर बैठ कर सहज स्वभाव से श्रीराम जी के कार्यों को (लीलाओं को) गाने लगे (कहने लगे, चर्चा करने लगे)।

(अंगद) अनुकूला—

सीय न पाइ अवधि निवासी। होहु सबै सागर तट वासी।
जो घर जैये सकुच अनंता। मोहि न छोड़े जनक निहंता॥३४॥

शब्दार्थ—अवधि निवासी—अवधि के दिन बीत गये (३० दिन का समय दिया गया था)। सकुच—लज्जा। जनक-निहंता—पिता का बध कराने वाला (सुग्रीव)।

---

*हीरक छंद दो प्रकार का है। एक २३ मात्रा का होता है। दूसरा वर्णिक जो १८ अक्षर का होता है। यह वर्णिक हीरक है। इसका रूप है (भ, स, न, ज, न,र,)

भावार्थ—(अंगद कहते हैं) सीता न मिली और जितना समय दिया गया था, वह बीत गया। जो लौट कर घर जाते हैं तो बड़ी लज्जा की बात है, मुझे तो सुग्रीव छोड़ेंगे नहीं अर्थात् प्राणदंड देंगे। (अतः यही उचित है कि अब हम सब यहीं समुद्र तट पर घर बनाकर बस रहें।)

हनुमान अनुकूल—

अंगद रक्षा रघुपति कीन्हों। सोध न सीता जल, थल लीन्हों।
आलस छांड़ो कृत उर आनों। होहु कृतघ्नी जनि सिख मानों ॥३५॥

भावार्थ—(अंगद ही इस यूथ के प्रधान थे। उनको हताश देखकर हनुमान जी कहते हैं) हे अंगद ! राम जी ने तुम्हारी रक्षा की है (यद्यपि पिता को मारा है, पर तब भी तुम्हें युवराज पद दिया है, उसके बदले तुमने अभी पूर्ण कृतज्ञता नहीं दर्शाई। तुमने सीता की खोज स्थल में तो की है पर अभी जल में नहीं की ; अतः तुम्हें समुद्रस्थ द्वीपों में खोजना चाहिये) अतः राम जी का एहसान स्मरण करके तुम्हें आलस छोड़ कर उद्योग करना चाहिए। कृतघ्नी मत बनो, मेरी शिक्षा मानो।

अंगद दन्डक—जीरण जरायुगीध धन्य एक जिन रोकि,
रावण विरथ कीन्हों सहि निज प्राण हानि।
हुते हनुमन्त बलवन्त तहाँ पाँच जन,
दीन्हे हुते भूपन कछूक नररूप जानि।
आरत पुकारत ही राम राम बार बार,
लीन्हों न छँड़ाय तुम सीता अति भीति मानि।
गाय द्विजराज तिय काज न पुकार लागै,
भोगवै नरक घोर चोर को अभयदानि ॥३६॥

शब्दार्थ—जीरण=बुड्ढा। एक=अकेला। विरथ=रथहीन। हुते=थे। पाँच जन=सुग्रीव, हनुमान, नल, नील और सुखेन। ही=थीं। भीति—डर। न पुकार लागै=बचाने को न दौड़े। भोगवै=भोगता है। अभयदानि=दंड न देने वाला।

भावार्थ—(अंगद जी हनुमान जी को उत्तर देते हैं) बुड्ढा जटायु धन्य है, जिसने अकेला ही होने पर रावण को रोका था और अपने प्राण देकर रावण को रथहीन कर दिया था। हे हनुमान ! तुम तो बली पाँच जन

थे और कुछ-कुछ नररूपधारी जानकर सीता ने तुम्हें कुछ भूषण भी दिये थे (जटायु को तो कुछ दिया भी न था) तथा दुःखित होकर बार-बार राम-राम कहकर पुकारती थी तब ही तुमने सीता को क्यों नहीं छीन लिया, तब तो तुम अत्यंत डर गये थे (अब बड़ी बातें मारते हो और मुझे कृतघ्न बतलाते हो) सुनो! नीति यह कहती है कि गाय, ब्राह्मण, राजा और स्त्री को (विपत्ति में देखकर) जो बचाने को न दौड़े और जो चोर को दंड न दे वह घोर नरक भोगता है—(कैसा मुँहतोड़ जवाब है)।

दो०—सुनि संपाति सपक्ष ह्वै, राम चरित सुख पाय।
सीता लंका माँझ है, खगपति दई बताय ॥३७॥

शब्दार्थ—संपाति=जटायु का भाई। सपक्ष ह्वै=पुनः नवीन पंखयुक्त होकर। खगपति=संपाति (आदर से खगपति शब्द कहा गया है)।

दंडक—हरि कैसो वाहन कि विधि कैसो हेम हंस,
लीकसी लिखत नभ पाहन के अंक को।
तेज को निधान राम मुद्रका बिमान कैधों,
लच्छन को बाण छूट्यो रावण निशंक को।
गिरिगज गंड ते उड़ान्यो सुवरन अलि,
सीता पद पंकज सदा कलंक रंक को।
हवाई सी छूटी केशोदास आसमान में,
कमान कैसो गोला हनुमान चल्यो लंक को ॥३८॥

शब्दार्थ—हरि कैसो वाहन=गरुड़ के समान (अति वेग से)। हेम-हंस=सुवर्ण के रंग का हंस। लीक=रेखा। पाहन=कसौटी। लच्छन=लक्ष्मण। गंड=गाल। सुवरन अलि=पीला भौंरा। कलंक-रहित (जिसमें कलंक न हो) (हवाई=बुँदेलखंडी शब्द) आतशबाजी का बाण। कमान=तोप।

भावार्थ—(हनुमान जी की छलांग का वर्णन। मन्दर नामक पर्वत पर से उछल कर उस पार सुवेल नामक पर्वत पर जा गिरे—उसी की उपमायें हैं) विष्णु भगवान के वाहन (गरुड़) के समान, या ब्रह्मा के पीले हंस के समान आकाशरूपी नीली कसौटी पर सोने की रेखा खींचते हुए (शीघ्रता-पूर्वक) उड़ गये या तेज-निधान हनुमान रामचन्द्र की मुद्रिका को विमान

बनाकर उड़ गये, या निशंक रावण को मारने को लक्ष्मण का बाण छूटा, या (सुन्दर नामक) पर्वतरूपी हाथी के गाल पर से पीला भौंरा उड़कर सीता जी के निष्कलंक पदकमल की ओर उड़ गया या आकाश में आतश-बाजी का बाण छूट गया या तोप के गोला के समान हनुमान जी लंका को चले।

अलंकार—उपमा और रूपक से परिपुष्ट संदेह।

(किष्किंधाकांड का कथा समाप्त)

सुन्दरकांड

दो०—उदधि नाकपतिशत्रु को, उदित जान बलवंत।
अंतरिच्छ ही लच्छि पद, अच्छ छुयो हनुमंत॥ ३६॥

शब्दार्थ—उदधि=समुद्र। नाकपतिशत्रु=मैनाक। उदित=उठता हुआ। अंतरिच्छ ही=आकाश ही से। लच्छि=देखकर। पद अच्छ=(अक्षपद) नजर के चरणों से (केवल दृष्टि मात्र से)।

भावार्थ—बलवान हनुमान जी ने समुद्र में (विराम देने के हेतु) मैनाक को उठता हुआ देख कर आकाश ही से केवल दृष्टि के पैर से छुआ (वहाँ उतर कर विश्राम नहीं किया)।

सूचना—'पदअच्छ' शब्द में विसंधि और यतिभंग दूषण पड़ता है।

दो०—बीच गये सुरसा मिली, और सिंहिका नारि।
लीलि लियो हनुमंत तेहि, कढ़े उदर कहँ फारि॥ ४०॥

शब्दार्थ—बीच=आधे मार्ग में। सुरसा=सर्पों की माता। सिंहिका=राहु की माता, छाया ग्राहिणी। कढ़े=निकले।

तारक—कछु राति गये करि दंस दसा सी।
पुर माँझ चले बनराजि बिलासी॥
जब ही हनुमंत चले तजि शंका।
मग रोकि रही तिय ह्वै तब लंका॥ ४१॥

शब्दार्थ—करि दंश दसा सी=(मसक समान रूप कपि धरी—तुलसी)। दंस, डाँस, मसा। बनराजि बिलासी=वनों में विचरने वाले हनुमान जी। तिय ह्वै=स्त्री रूप धर कर।

(लंका) तारक—कहि मोहि उलंघि चले तुम को हौ।
अति सूक्षम रूप धरे मग के हौ॥
पठये केहि कारण कौन चले हौ।
सुर हौ किधौं कोउ सुरेश भले हौ॥ ४२॥

शब्दार्थ—मोहि उलंघि=मेरी अवहेलना करके।

भावार्थ—(लंका नाम्नी राक्षसी हनुमान जी से पूछती हैं) बतलाओ तुम कौन हो, जो मेरी अवहेलना करके नगर के भीतर जा रहे हो, तुम अति छोटा रूप धारण करके मन को धोखा देते हो (अर्थात् छोटा जंतु जानकर कोई तुम्हारी परवाह न करेगा, ऐसा समझ कर तुमने धोखा देने की ठान ली है) किस कारण और किसके भेजे हुए तुम लंका को चले हो। तुम कोई सुर हो, या भलेमानस इन्द्र हो।

अलंकार—संदेह।

(हनुमान)—हम वानर हैं रघुनाथ पठाये।
तिनकी तरुणी अवलोकन आये॥
(लंका)—हति मोहि महामति भीतर जैये।
(हनुमान)—तरुणीहि हते कवलौं सुख पैये॥ ४३॥

भावार्थ—(हनुमानजी कहते हैं) हम राम जी के भेजे हुए वानर हैं, उनकी स्त्री को खोजने आये हैं। (लंका कहती है) हे महामति! मुझको मार कर तब नगर के भीतर जाइयो (जीते जी मैं भीतर न जाने दूँगी) तब हनुमान जी कहते हैं, स्त्री को मार कर कब तक सुख पावेंगे (अर्थात् स्त्री को मारना महापाप है—कैसे मारें)।

तारक—(लंका) तुम मारेहि पै पुर पैठ न पैहौ।
हठ कोटि करौ घर ही फिरि जैहौ॥
हनुमंत बली तेहि थापर मारी।
तजि देह भई तब ही वर नारी॥४४॥

शब्दार्थ—थापर=थप्पड़।

विशेष—आगे के छंद में लंका अपना हाल स्वयं कहती है।

(लंका) चौपाई—

धनदपुरी हौं रावन लीनी। बहुविधि पापन के रस भीनी॥
चतुरानन चितचिन्तन कीन्हों। वर करुणा करि मो कहँ दीन्हों॥४५॥
जब दसकंठ सीय हरि लैहैं। परि हनुमंत विलोकन ऐहैं॥
जब वह तोहि हतै तजि संका। तब प्रभु होय विभीषन लंका॥४६॥
चलन लगों जब ही तब कीजो। मृतक सरीरहि पावक दीजो॥
यह कहि जाति भई वह नारी। सब नगरी हनुमंत निहारी॥४७॥

शब्दार्थ—(४५) धनद = कुबेर। भीनी = भीगी हुई। वर = वरदान। (४६) हरि = वानर।

चौपाई—तब हरि रावन सोवत देख्यो। मनिमय पलिका की छवि लेख्यो॥
तहँ तरुणी बहु भाँतिन गावैं। बिच बिच आवज बीण बजावैं॥४८॥

भावार्थ—तब वानर (हनुमान) ने रावण को मणि-जटित सुवर्ण के पलंग पर सोते देखा। वहाँ बहुत स्त्रियाँ गाना गाती थीं और बीच-बीच में ताशे और वीणा भी बजाती थीं।

चौपाई—मृतक चिता पर मानहु सोहैं। चहुँ दिस प्रेतवधू मन मोहैं॥
जहँ जहँ जाय तहाँ दुःख दूनो। सिय बिन है सिगरो पुर सूनो॥४९॥

भावार्थ—रावण पलंग पर सोता है, वह कैसा जान पड़ता है। मानों चिता पर मुर्दा पड़ा है और इर्द-गिर्द गाती बजाती हुई स्त्रियाँ ऐसी जान पड़ती हैं मानों प्रेतिनियाँ हैं (तदनन्तर अन्यान्य घरों को देखा, पर जहाँ-जहाँ हनुमान जी जाते हैं तहाँ-तहाँ (सीता को न पाकर) उन्हें बड़ा दुःख होता है। सारा नगर (प्रति घर ढूँढ़ डाला) सीता बिना शून्य देखा।

भुजंग प्रयात—कहूँ किन्नरी किन्नरी लै बजावैं॥
सुरी आसुरी बाँसुरी गीत गावैं।
कहूँ यक्षिणी पक्षिणी लै पढ़ावैं।
नगीकन्यका पन्नगी को नचावैं॥५०॥

शब्दार्थ—किन्नरी=किन्नरों की कन्यायें। किन्नरी=सारंगी। सुरी=देव कन्यायें। आसुरी=असुर कन्यायें। यक्षिणी=यक्ष कन्यायें। पक्षिणी=शारिका, मैना आदि पक्षी। नगीकन्यका=पार्वत्य प्रदेश की कन्यायें (काश्मीर वा तिब्बत देश की)। पन्नगी=नाग कन्यायें।

भावार्थ—कहीं किन्नर कन्यायें सारंगी लिये बजा रही हैं, कहीं देव कन्यायें तथा असुर कन्यायें बाँसुरी में गीत गा रही हैं। कहीं यक्ष कन्यायें शारिका इत्यादि को पढ़ा रही हैं, कहीं पार्वत्यप्रदेशी कन्यायें नाग कन्याओं को नचा रही हैं (अनेक प्रकार के वैभवसूचक रागरंग हो रहे हैं)।

भुजंगप्रयात—पियें एक हाला गुहैं एक माला।
बनी एक बाला नचै चित्रशाला॥
कहूँ कोकिला कोककी कारिका को।
पढ़ावैं सुवा लै सुकी सारिका को॥५१॥

शब्दार्थ—हाला = शराब। चित्रशाला = रंगशाला, नाचघर। कोक की कारिका = कोकशास्त्र के श्लोक। कोकिला = कोकिलकंठ स्त्रियाँ। सुकी = सुग्गी। सारिका = सारो, मैना (पक्षी)।

भावार्थ—कहीं कोई स्त्री मदिरा पीती है, कोई माला गूँथती है, कोई बनी-ठनी युवती नाचघर में नाच रही है, कहीं कोई कोकिलकंठी स्त्री सुवा (सुग्गी) को और मैना के साथ लेकर (पिंजरों में एकत्र करके) कोकशास्त्र के मंत्र (आलिंगन चुंबनादि की परिभाषायें) पढ़ा रही है।

भुजङ्गप्रयात—फिरयो देखि कै राजशाला सभा को।
रह्यो रीझि कै, बाटिका की प्रभा को॥
फिरयो और चौहूँ चितै शुद्धगीता।
विलोकी भली सिंसिपामूल सीता॥५२॥

शब्दार्थ—राजशाला = राजभवन (रावण का महल)। प्रभा = सुन्दर शोभा। और चौहूँ = चारों ओर। शुद्धगीता = सर्व प्रशंसित (सीता का विशेषण है)। सिंसिपा = (शिंशिपा) शीशम वृक्ष। सिंसिपामूल = शीशम के नीचे।

भावार्थ—राजमहल को देखकर हनुमान राजसभा की ओर गये और उसका सौन्दर्य और वैभव देखकर रीझ रहे। (जब सीता को कहीं नहीं देखा तब) बाटिका की ओर गये और चारों ओर घूमकर देखा तो एक शीशम के पेड़ के नीचे सर्व प्रशंसित सीता को बैठे देखा।

(सीता की वियोगिनी मूर्ति)

भुजंगप्रयात – धरे एक वेणी मिली मैल सारी।
मृणाली मनो पंक तें काढ़ि डारी॥
सदा राम नामै ररै दीन बानी।
चहूँ ओर हैं राकसी दुःखदानी॥ ५३॥

शब्दार्थ—धरे एक वेणी = सब बाल उलझ कर एकत्र होकर एक लंबी जटा सी बन गई है। मृणालो = कमलदंड, मुरार। पंक = कीचड़। ररै = रटती हैं। राकसी = राक्षसी।

भावार्थ—(हनुमान जी ने सीता जी को किस रूप में देखा कि) सब बाल उलझकर सिर पर एक जटा-सी बन गई है और साड़ी मैली हो रही है। ऐसी जान पड़ती है जैसे कीचड़ से निकाली हुई मुरार हो। सदा दीन वाणी से राम शब्द रटती हैं और चारों ओर दुःखदायिनी राक्षसियाँ घेरे हैं।

अलंकार – उत्प्रेक्षा।

भुजंगप्रयात—ग्रसी बुद्धि सी चित्त चितानि मानों।
किधौं जीभ दंतावली में बखानों॥
किधौं घेरि कै राहु नारीन लीनी।
कला चन्द्र की चारु पीयूष भीनी॥ ५४॥

भावार्थ—मानो चित्त की चिंताओं से बुद्धि ग्रसी हो, या दाँतों के बीच में जीभ ही कहो, या राहु की स्त्रियों ने सुन्दर अमृतयुक्त चंद्रकला को घेर लिया हो।

अलंकार—उत्प्रेक्षा से पुष्ट संदेह।

भुजंगप्रयात—किधौं जीव की जोति मायान लीनी।
अविद्यान के मध्य विद्या प्रवीनी॥
मानो संवर-स्त्रीन में कामवामा।
हनूमान ऐसी लखी राम रामा॥ ५५॥

शब्दार्थ—जीव की जोति = सच्चिदानन्द की अंश स्वरूपा जीवात्मा माया = अज्ञान कृत्य। अविद्या = सांसारिक विषयों में लीन बुद्धि। विद्या—

पारमार्थिक बुद्धि। प्रवीनी=निपुण । संबर स्त्रीन=शंबर नामक असुर की स्त्रियाँ। कामबामा=रति। राम रामा=रामपत्नी सीता।

भावार्थ—या माया में लीन सच्चिदानन्द की अंश स्वरूपा जीवात्मा है, या निपुण पारमार्थिक बुद्धि सांसारिक विषय सम्बन्धी बुद्धियों में फँसी है, या मानों शंबरासुर की स्त्रियों के बीच में रति है, श्री हनुमान जी ने सीता जी को ऐसी दशा में देखा।

अलंकार—उत्प्रेक्षा से पुष्ट संदेह।

(रावण का आना और सीता प्रति वार्ता)

भुजंगप्रयात—तहाँ देव द्वेषी दसग्रीव आयो।
सुन्यो देवि सीता महा दुःख पायो॥
सबै अंगलै अंग ही में दुरायो।
अधोदृष्टि कै अश्रुधारा बहायो॥ ५६॥

शब्दार्थ—देवद्वेषी=देवताओं का शत्रु। दसग्रीव=रावण। सबै...... दुरायो=अति लज्जा से सब अंगों को सिकोड़ कर बैठी। अधोदृष्टि कै=नीचे को दृष्टि करके।

भावार्थ—वहाँ उसी समय देवशत्रु रावण आ गया। उसका आगमन सुन कर देवी सीता अत्यन्त दुःखी हुईं और लज्जा से सिकुड़ कर बैठ गईं और नीचे को दृष्टि करके रोने लगीं (जिससे आँसुओं की धारा बह चली)।

(रावण) भुजंगप्रयात—सुनौ देवि मोपै कछू दृष्टि दीजै।
इतो सोच तो राम काजै न कीजै॥
बसै दंडकारण्य देखै न कोऊ।
जु देखै महा बाहरो होय सोऊ॥ ५७॥

भावार्थ—(रावण सीता प्रति कहने लगा) हे देवि! मुझ पर कुछ तो कृपादृष्टि करो, राम के लिए इतना सोच मत करो। वे राम तो वनवासी हैं, कोई उन्हें देखता भी नहीं (कोई ज़रा भी सम्मान नहीं करता, मैं राजा हूँ, सम्मानित हूँ) वे राम ऐसे भेष से हैं कि जो कोई उन्हें देखे वह भी बावला हो जाय (तपस्वी भेष से हैं अतः शृंगारमय सुन्दर रूप नहीं है)।

सूचना—रावण के वचनों का साधारण अर्थ तो विरोधी पक्ष में निन्दामय जान पड़ता है, पर रामभक्त टीकाकार सरस्वती उक्तार्थ के बल पर एक दूसरा अर्थ भी करते हैं।

सरस्वती उक्तार्थ—हे देवि! अब मुझ पर कृपादृष्टि करो कि मैं शीघ्र इस निश्चर शरीर से मुक्ति पाऊँ। (यदि कहो कि राम भजन करके मुक्ति की इच्छा कर, तो उसका उत्तर यह है कि) मैं राम भजन की इतनी चिंता नहीं करता जितनी चिंता तुम्हारे भजन की है, क्योंकि राम का भजन ऐसा कठिन है कि दंडकारण्य में रहने वाले तपस्वियों में से भी कोई उन राम को नहीं देख सकता (और आप तो प्रत्यक्ष मेरे सामने मौजूद हैं) और जो कोई उनको देख पाता है वह महा बावला ही होता है अर्थात् शंकर सरीखे परमहंस स्वरूप लोग ही उनके दर्शन पा सकते हैं—(मैं तामसी प्रकृति के कारण उस उच्च परमहंस पद तक पहुँच नहीं सकता, अतः उनका भजन तो मुझसे न हो सकेगा, आपकी ही शरण लेता हूँ, आप ही कृपादृष्टि से मुझे मुक्ति दीजिये)।

अलंकार—व्याजस्तुति।

भुजंगप्रयात—कृतघ्नी कुदाता कुकन्याहि चाहै।
हितू नग्न मुंडी नहीं को सदा है॥
अनाथै सुन्यो मैं अनाथानुसारी।
बसैं चित्त दंडी जटी मुंडधारी॥ ५८॥

भावार्थ—(रावण पक्ष का) तेरा पति राम कृतघ्नी है (क्योंकि तू तो सहानुभूति से उनके साथ वन में आई और उन्होंने तुझे अकेली वन में छोड़ शिकार में मन लगाया, तेरी कुछ परवाह न की। कृपण भी है (तुझे अच्छे-अच्छे वस्त्राभूषण देकर तेरा सम्मान नहीं करता, मैं तुझे अच्छे-अच्छे वस्त्राभूषण दूँगा) वह कुकन्याओं को चाहता है परस्त्री का प्रेमी है—(शबरी इत्यादि को चाहता है) सदा नंगे और मुड़िया साधु वैरागियों का हितुवा है अर्थात् राजसी ठाट-बाट कुछ भी नहीं है। स्वयं अनाथ (निराश्रय) है और अनाथों ही का आश्रयी है (राजपाट कुछ भी नहीं और न राजों से मेल ही है) उसके चित्त में सदा जटाधारी दंडी-मुंडी

(तपस्वी) बसा करते हैं अर्थात् वह तुझ जैसी स्त्री का कदर नहीं जानता, अतः तुझे समुचित प्यार नहीं करता।

नोट—नीतिकुशल रावण पति के दोष दिखला कर सती सीता को निज वश में करना चाहता है।

सरस्वती उक्तार्थ—राम कृतघ्नी हैं अर्थात् भक्तों के समस्त अच्छे-बुरे कर्मों को नाश करने वाले हैं; कुदाता हैं अर्थात् (कु=पृथ्वी) पृथ्वी देने वाले हैं (दानों को राजपाट सब कुछ देते हैं) और कु=कन्या (पृथ्वी की पुत्री) सीता को चाहते हैं, नंगे दंडी मुंडी (साधु परमहंसादि) इत्यादि के परम हितू हैं, स्वयं अनाथ हैं (जिसका कोई भी नाथ न हो— जिसके ऊपर कोई न हो स्वयं परम स्वतन्त्र हो) और अन्य अनाथ लोग (आश्रयहीन जन) उनके पीछे चलते हैं (उनका आश्रय लेते हैं) और दंडी (सन्यासी लोग) और जटा तथा मुण्डमालधारी शिव जी के चित्त में वे बसते हैं।

अलंकार—श्लेष और व्याजस्तुति।

भुजंगप्रयात—तुम्हें देवि दूषैं हितू ताहि मानै।
उदासीन तोसों सदा ताहि जानै॥
महा निगुणी नाम ताको न लीजै।
सदा दास मोपै कृपा क्यों न कीजै॥ ५६॥

भावार्थ—(रावणपक्ष का) हे देवि! तुम्हारा पति राम उसी को अपना हित समझता है जो तुम्हें दूषण देता है (तुम्हारी निन्दा करता है) अतः उसको तुम अपनी ओर से सदा उदासीन समझो (उसे तुम्हारी कुछ परवाह नहीं है)। वह महानिर्गुण है (उसमें कोई गुण नहीं है) उसका नाम मत लो। और मैं तो आप का दासवत् पूजन करूँगा। मेरे ऊपर कृपादृष्टि क्यों नहीं की जाती।

दूसरा अर्थ—(भक्तपक्ष का)—हे देवि! श्रीराम जी उन्हीं को हितू समझते हैं जो तुम्हारे देवीरूप (लक्ष्मी) को दोषपूर्ण समझ कर धन-सम्पत्ति की इच्छा नहीं करते और जिसे सदा ही तुम्हारी ओर से उदासीन जानते हैं। वे महानिर्गुण हैं (सत—रज—तम से परे अर्थात् त्रिगुणातीत हैं) उनका कुछ नाम ही नहीं है इसीसे उनका नाम ही नहीं जपा जा सकता—

वे पूर्ण त्रिगुण ब्रह्म हैं. उनकी उपासना मुझसे न हो सकेगी । आप तो प्रत्यक्ष मूर्तिमान सगुण रूप मेरे सामने मौजूद हैं। आप मुझे अपना सदैव का दास समझ कर कृपा क्यों नहीं करतीं (कृपादृष्टि से मुक्ति प्रदान क्यों नहीं करतीं)।

अलंकार—श्लेष व्याजस्तुति ।

भुजंगप्रयात—अदेवी नृदेवीन की होहु रानी।
करैं सेव बानी मघौनी मृडानी ॥
लिये किन्नरी किन्नरी गीत गावैं।
सुकेसी नचैं उर्वसी मान पावैं ॥ ६० ॥

शब्दार्थ—अदेवी=राक्षसियाँ। नृदेवी=रानियाँ। बानी=सरस्वती। मघौनी=(मघवानी) इन्द्र की स्त्री शची। मृडानी=भवानी, पार्वती। किन्नरी=(१) किन्नरों की स्त्रियाँ (२) सारंगी। सुकेसी=अप्सरा विशेष। उर्वसी=अप्सरा विशेष।

भावार्थ—(रावणपक्ष का) पत्नी रूप से मेरे महलों में चल कर रहो और मेरे घर जो राक्षसियाँ वा नर कन्यायें मेरी पत्नी हैं, उन सब की रानी (पूज्य) बनो। (ऐसा करने से) सरस्वती, शची और पार्वती भी तुम्हारी सेवा करेंगी। किन्नर कन्याएँ सारंगी लिये तुम्हें गीत सुनावेंगी, और सुकेशी, उर्वसी इत्यादि अप्सराएँ तुम्हारे सामने नाच कर अपने को सम्मानित समझेंगी—अर्थात् तुम्हें सब रानियों में सर्वश्रेष्ठ पद दूँगा और सब प्रकार के भोग-विलास करोगी।

दूसरा अर्थ—(भक्त पक्ष का) हे सीता ! दैत्य कन्याओं और राजरानियों की भी रानी हो, तुम्हारी सेवा सरस्वती, शची और भवानी भी करती हैं, सारंगी लिये किन्नर कन्यायें तुम्हारे सामने गीत गाती हैं और सुकेशी तथा उर्वसी इत्यादि अप्सरायें तुम्हारे सामने नाच कर सम्मान पाती हैं (तुम समस्त शक्तियों में सर्वश्रेठ शक्ति हो)।

अलंकार—उदात्त।

मालिनी—तृन बिच देइ बोली सीय गंभीर बानी।
दसमुख सठ को तू कौन की राजधानी ॥

दशरथ सुत द्वेषी रुद्र ब्रह्मा न भासै।
निसिचर बपुरा तू क्यों न स्यों मूल नासै॥ ६१॥

शब्दार्थ—गंभीर=निर्भयता से। न भासै=शोभित नहीं होते। स्यों=सहित।

भावार्थ—सीता जी ने एक तिनका बीच में करके रावण को निर्भयता-युक्त उत्तर दिया कि हे शठ रावण! तू क्या और तेरी राजधानी क्या, जब राम से वैर करके रुद्र और ब्रह्मा भी शोभा नहीं पा सकते तो तू बेचारा निशिचर (ऐसा करने से) क्यों न समूल नष्ट हो जायगा।

मालिनी—अति तनु धनुरेखा नेक नाकी न जाकी।
खल सर खर धारा क्यों सहै तिच्छ ताकी।
बिड़कन घन घूरे भच्छि क्यों बाज जीवै।
सिव सिर ससि श्री को राहु कैसे सु छीवै॥ ६२॥

शब्दार्थ—तनु=बारीक। तिच्छ=तीच्छण। बिड़कन=गलीज के कण। घन=बहुत। ससिश्री=चन्द्रमा की शोभा। छीवै=(बुन्देलखंडी) छुवै।

भावार्थ—हे रावण! जिनकी खींची हुई पतली धनुरेखा तुझसे जरा भी लाँघी नहीं गई, उनके तेज बाणों की तीच्छण धारा तू कैसे सह सकता है। घूरे में पड़े हुए बहुत से विष्ठाकणों को खाकर बाज पच्छी जीवित रहेगा—(तेरा राज वैभव मैं विष्ठावत समझती हूँ)—और तू मुझे उसी तरह नहीं छू सकता जैसे शिव जी के सिर पर के चन्द्रमा को राहु नहीं छू सकता।

अलंकार—काकुवक्रोक्ति से पुष्ट दृष्टान्त।

मालिनी—उठि उठि शठ ह्याँ ते भागु तौलौं अभागे।
मम वचन बिसर्पी सर्प जौलौं न लागे॥
विकल सकुल देखौं आसुरी नास तेरो।
निपट मृतक तोकों रोप मारै न मेरो॥ ६३॥

शब्दार्थ—बिसर्पी—तेज चलने वाले। आसु=अति शीघ्र।

भावार्थ—हे अभागे रावण! उठ और यहाँ से तब तक भाग कर अपने प्राण बचा ले जब तक मेरे शीघ्रगामी वचन-सर्प तुझे नहीं डसते। मैं शीघ्र ही कुल सहित तेरा नाश देख रही हूँ, तुझको निपट मृतक जान कर मेरा रोप तुझे नहीं मारता।

दो०—अवधि द्वै दई मास की, कह्यौ राक्षसिन बोलि।
ज्यों समुझाइयो युक्ति, छुरी सों छोलि॥ ६४॥

शब्दार्थ—युक्ति छुरी सों छोलि=इसका भाव यह है कि यदि कुछ कष्ट पहुँचाने की ज़रूरत पड़े तो कष्ट भी पहुँचाना।

अलंकार—व्याजोक्ति।

(सीता-हनुमान संवाद)

चामर—देखि देखि कै अशोक राजपुत्रिका कह्यौ।
देहि मोहि आगि तैं जु अंग आगि ह्वै रह्यौ॥
ठौर पाइ पौनपूत डारि मुद्रिका दई।
आस तास देखि कै उठाय हाथ कै लई॥ ६५॥

शब्दार्थ—जु अंग आगि ह्वै रह्यौ=तू सर्वाङ्ग अग्निवत् हो रहा है (अर्थात् लाल पल्लवयुक्त हो रहा है और मुझे विरहाग्नि से संतप्त करता है)। ठौर=मौका, सुअवसर। उठाय हाथ कै लई=(बुन्देलखंडी मुहावरा है), हाथ से उठा ली, उठाकर हाथ में ले ली।

भावार्थ—अशोक वृक्ष को नवपल्लव युक्त देख कर सीता जी ने कहा, हे अशोक! तू जो सर्वाङ्ग अग्निमय हो रहा है, मुझ पर कृपा कर और थोड़ी अग्नि मुझे भी दे (जिससे मैं जल मरूँ) ऐसा अच्छा मौका पाकर हनुमान जी ने ऊपर से श्री राम जी की अँगूठी गिरा दी (और उसे अग्निकण जान कर सीता जी ने इधर-उधर देख कर—कि कोई है तो नहीं—अपने हाथ से उठा ली।

अलंकार—भ्रम।

तोमर—

जब लगी सियरी हाथ। यह आगि कैसी नाथ॥
यह कह्यौ लखि तब ताहि। मनि जटित मुँदरी आहि॥६६॥
जब बाँचि देख्यो नाँव। मन पर्‌यो संभ्रम भाऊ॥
आबाल तें रघुनाथ। यह धरी अपने हाथ॥६७॥
बिछुरी सु कौन उपाउ। केहि आनियो यहि ठाँउ॥
सुधि लहौं कौन प्रभाउ। अब काँहि बूझन जाऊँ॥६८॥

चहुँ ओर चितै सत्रास। अवलोकियो आकास ॥
तहँ साख बैठो , नीठि। तब पर्‌यो बानर दीठि ॥ ६६ ॥

शब्दार्थ—(६६) सियरी = ठंढी। (६७) संभ्रम = भारी भ्रम। आबाल ते = बचपन से। (६८) सुधि = ठीक हाल। कौन प्रभाऊ = किस भाँति। (६६) सत्रास = डर से (डर यह कि रावण कोई राक्षसी माया तो नहीं रच रहा है)। अवलोकियो = देखा। नीठि = मुश्किल से, कठिनता से।

तोमर—तब कह्यौ को तू आहि।
सुर असुर मोतन चाहि ॥
कै पक्ष पक्ष-विरूप।
दसकंठ वानर रूप ॥ ७० ॥

शब्दार्थ—मोतन चाहि = मेरी तरफ देख। पक्ष = मेरे पक्ष वाला (राम पक्ष का कोई दूत वा सहायक)। पक्ष विरूप = शत्रु पक्ष का (रावण की ओर का कोई मायावी हितैषी)।

भावार्थ—तब सीता जी ने पूछा तू कौन है ? तू सुर है वा असुर ? मेरी ओर तो देख ! तू मेरे पक्ष का है वा शत्रुपक्ष का अथवा तू रावण ही है, बानर रूप धर कर मेरे साथ माया रचता है ?

अलंकार—संदेह।

मूल—कहि आपनो तू भेद। नतु चित्त उपजत खेद ॥
केहि बेगि बानर पाप। नतु तोंहि दैहौं शाप ॥ ७१ ॥
डरि वृक्ष साखा झूमि। कपि उतरि आयो भूमि।
संदेस चित्त महँ चाइ। तब कही बात बनाइ ॥ ७२ ॥

शब्दार्थ—(७१) खेद = डर। पाप = छल, कपट। (७२) संदेस चित्त महँ चाइ = सीता के चित्त में राम का संदेशा पाने की चाह समझ कर।

पद्धटिका—
कर जोरि कह्यौ हौं पौनपूत। जिय जननि जानि रघुनाथ दूत।
रघुनाथ कौन दशरत्थनंद। दशरत्थ कौन अज तनय चंद ॥७३॥
केहि कारण पठये यहि निकेत। निज देन लेन संदेस हेत ॥
गुण रूप सील सोभा सुभाव। कछु रघुपति के लक्षण सुनाउ ॥ ७४ ॥

शब्दार्थ—(७३) चन्द=इस शब्द का अन्वय 'अज' के साथ है अर्थात् 'अजचन्द'। (७४)—निज देन लेन संदेश हेत=निज संदेशा पहुँचाने के लिये और आपका संदेशा ले जाने के लिये। 'हेत' शब्द का अन्वय लेन तथा देन के साथ है – अर्थात् देन हेत ; लेन हेत।

भावार्थ—(छंद ७३ बहुत सरल है)। (छंद ७४) सीता जी ने पूछा कि राम ने तुझे यहाँ क्यों भेजा है ? हनुमान ने कहा, अपना संदेशा तुम्हें सुनाने के लिए और तुम्हारा संदेशा उनके पास ले जाने के लिए। (तब पुनः सीता ने कहा) राम जी के कुछ लक्षण बताओ—उनमें कौन सा विशेष गुण है, उनका कैसा रूप है, कैसा शील है और स्वभाव कैसा है—(ये सब बातें हनुमान की सत्यता जाँचने के लिए पूछी गई हैं)।

(हनुमान) पद्धटिका—

अति जदपि सुमित्रानन्द भक्त। अति सेवक हैं अति सूर सक्त।
अरु जदपि अनुज तीनो समान। पै तदपि भरत भावत निदान ॥७५॥

भावार्थ—हनुमान जी श्रीराम का विशेष गुण बतलाते हैं कि यद्यपि लक्ष्मण जी उनके बड़े भक्त हैं, उनकी बड़ी सावधानी से सेवा करते हैं, बड़े शूर और शक्तिमान हैं, और यद्यपि तीनों ही भाई ऐसे हैं तथापि भरत ही पर राम का अधिक प्रेम रहता है।

पद्धटिका—

ज्यों नारायन उर श्री बसंति। त्यों रघुपति उर कछु दुति लसंति।
जग जितने हैं सब भूमि भूप। सुर असुर न पूजें राम रूप ॥ ७६ ॥

भावार्थ—(राम के रूप की विशेषता) जैसे नारायण भगवान् के हृदय पर श्रीवत्स का चिन्ह है त्योंही श्रीराम जी के हृदय में भी द्युतिमान चिन्ह है। इस जगत में जितने राजे हैं, वे और सुर अथवा असुर, कोई भी राम के सौंदर्य की बराबरी नहीं कर सकता।

(सीता)—निशिपालका—

मोहि परतीत यहि भाँति नहीं आवई।
प्रीति कहि धौं सुनर बानरनि क्यों भई॥
बात सब बर्णि परितीति हरि त्यों दई।
आँसु अन्हवाय उर लाय मुँदरी लई ॥ ७७ ॥

भावार्थ—(सीता जी पुनः बोलीं) इन बातों से भी मुझे विश्वास नहीं होता कि तू सचमुच राम का दूत है। अच्छा यह बतला कि नर वानरों में प्रीति कैसे हुई ? अर्थात् श्रीराम जी और तुझसे जान-पहचान कैसे हुई और मित्रता कैसे जुड़ी। तब हनुमान जी ने सब बातें—जैसा सीता जी जानना चाहती थीं—(सीता जी का पट-भूषण गिराना, और सुग्रीव द्वारा उन पट-भूषणों का राम जी के पास पहुँचाना, सुग्रीव-मित्रता इत्यादि) कह कर विश्वास करा दिया। तब सीता जी के नेत्रों में प्रेमाश्रु उमड़ आये और उन आँसुओं से मुँदरी को भिगो कर उसे हृदय से लगा लिया।

नोट—इस प्रसङ्ग में सीता जी का चातुर्य, नीति-निपुणता, पातिव्रत इत्यादि का अच्छा वर्णन है। मायावी राक्षसों के बीच धोखा हो जाने का भय था, अतः सीता ने हनुमान की अच्छी तरह परीक्षा करके तब उन पर विश्वास किया। मुद्रिका पाकर सीता की मनोभावनाओं की अधिकता वर्णन करने में केशव ने अपनी प्रतिभा का कमाल दिखलाया है।

दो०—आँसु बरषि हियरे हरषि, सीता सुखद सुभाइ।
निरखि निरखि पिय मुद्रिकहिं, बरनति है बहु भाइ ॥ ७८ ॥

शब्दार्थ—सुखद सुभाइ=सहज ही करुणामूर्ति। बहु भाइ=विविध प्रकार से।

नोट—आगे इस प्रसंग भर में उल्लेख अलंकार मानना उचित होगा। अलग-अलग प्रत्येक छन्द में 'संदेह' होगा।

पद्धटिका—

यह सूर किरण तम दुःख हारि। ससिकला किधौं उर सीतकारि।
कल कीरति सी सुभ सहित नाम। कै राज्यश्री यह तजी राम ॥७९॥

शब्दार्थ—सीतकारि=शीतल करने वाला। सहित नाम=उस अँगूठी पर "श्रीरामो जयति" खुदा हुआ था।

भावार्थ—(जानकी जी विचार करती हैं कि) क्या यह मुँदरी सूर्य किरण है क्योंकि इसने मेरे दुःखरूपी अंधकार को हर लिया, या यह चन्द्रमा की कोई कला है, क्योंकि मेरे हृदय को शीतल कर रही है (विरह-ताप शान्त कर रही है) या नाम सहित यह श्रीराम की सुन्दर कीर्ति ही है क्योंकि जैसे श्रीराम के नाम-स्मरण वा कीर्ति-श्रवण से जीव को आनन्द प्राप्त

होता है वैसा ही आनन्द यह मुझे दे रही है। अथवा राम ने इसे राज्यश्री का चिह्न जान राज्य की तरह इसे भी त्याग दिया है।

अलंकार—संदेह।

पद्धटिका—

कै नारायण उर सम लसंति। सुभ अंकन ऊपर श्री बसंति।
वर विद्या सी आनन्द दानि। जुत अष्टापद मन शिवा मानि ॥८०॥

शब्दार्थ—अंकन=(१) शरीर, वक्षस्थल (२) अक्षर। श्री=(१) श्रीवत्स चिह्न (२) 'श्री' शब्द। अष्टापद=(१) पशु अर्थात् सिंह (२) सुवर्ण। शिवा=पार्वती। (शिव की कल्याणकारिणी शक्ति)।

भावार्थ—अथवा यह मुँदरी श्रीनारायण भगवान् का हृदय ही है, क्योंकि जैसे श्रीनारायण के वक्षस्थल पर श्रीवत्स का चिह्न है, वैसे ही इसमें भी सब अंकों से ऊपर (सब अंकों से पहले) 'श्री' बसती है—(उस अँगूठी के नगीने में "श्रीरामो जयति" शब्द लिखा हुआ था। या यह परा-विद्या है, क्योंकि उसी के समान यह भी आत्मानन्द दे रही है। या इसे (कल्याणकारिणी) पार्वती ही समझूँ क्योंकि जैसे पार्वती अष्टापदयुक्त (सिंह सहित) रहती हैं वैसे ही यह अष्टापद (स्वर्ण) युक्त अर्थात् स्वर्णमय है।

अलंकार—श्लेष से पुष्ट संदेह।

पद्धटिका—

जनु माया अच्छर सहित देखि। कै पत्री निश्चयदानि लेखि।
पिय प्रतिहारिनी सी निहारि। श्रीरामो जय उचार कारि ॥ ८१ ॥

शब्दार्थ—अच्छर=(१) अक्षर ब्रह्म। अविनाशी ब्रह्म। (२) लिपि अक्षर। प्रतिहारिनी=चोबदारिन। माया=(१) प्रकृति (२) धन अर्थात् सुवर्ण।

भावार्थ—यह मुँदरी मानों माया-सहित अक्षर ब्रह्म है (जैसे माया और ब्रह्म एकत्र रहते हैं वैसे ही इसमें भी सुवर्ण और अक्षर लिखे हैं) या यह निश्चयदायिनी पत्रिका है। (मोहर की हुई चिट्ठी वा सनद) क्योंकि जैसे उसमें नाम की मोहर होती है, वैसे ही इसमें श्री राम का नाम खुदा हुआ है। या यह प्रियतम रामचन्द्र की चोबदारिन है, क्योंकि जैसे चोबदारिन

मालिक का नाम लेकर जय जयकार उच्चारण करती है वैसे ही वह मुँदरी भी नाम सहित जयकार का उच्चारण करती है।

अलंकार—श्लेष और उत्प्रेक्षा से पुष्ट संदेह।

पद्धटिका---

पिय पठइ मानो सखि सुजान। जगभूपन को भूषन-निधान।
निजु आई हमको सीख देनखु। यह किधौं हमारो मरम लेन ॥८२॥

शब्दार्थ—जगभूपन=श्रीरामजी। भूषन-निधान=भूषणों की मंजूषा। निजु=निश्चय ही। सीखु=शिक्षा। मरम=भेद तत्व।

भावार्थ—यह मुद्रिका श्रीराम जी की अलंकारमंजूषा है, अर्थात् श्रीराम जी केवल इसी को पहन कर ऐसी शोभा पाते हैं मानों सब भूषण पहने हुए हैं। इस मुद्रिका को प्रियतम ने मानों सखी बनाकर हमारे पास भेजा है ताकि यह हमें पातिव्रत की शिक्षा दे अथवा हमारे हृदय के मर्म (पतिव्रत वा कुशीलाचरण) का पता लगावे (मुद्रिका को देखकर सीता की आकृति वा भावनाएँ जैसी हो जाय—उनको देख कर हनुमान जी समझ लेंगे कि जानकी पतिव्रता हैं वा कुशीलाचारिणी)।

अलंकार—उत्प्रेक्षा से पुष्ट संदेह।

दो०—सुखदा सिखदा अर्थदा, यशदा रसदातारि।
रामचन्द्र की मुद्रिका, किधौं परम गुरु नारि ॥८३॥

भावार्थ—यह श्रीराम जी की मुद्रिका है या कोई परम हितैषिणी गुरु-स्त्री (सास, धाय, माता इत्यादि) है क्योंकि जैसे गुरु-स्त्री सुख, शिक्षा प्रयोजन, यश, और रस (दाम्पति सुख) देने का प्रबन्ध करती है वैसे ही यह मुद्रिका भी प्रयोजन रखती है।

अलंकार—श्लेष से पुष्ट संदेह।

दो०—बहु वर्णा सहज प्रिया, तमगुण हरा प्रमान।
जग मारग दरशावनी, सूरज किरण समान ॥८४॥

शब्दार्थ—बहुवर्णा=(१) कई रंगवाली (सूर्य किरण में सात रंग होते हैं)—(२) कई अक्षर वाली (अँगूठी में 'श्रीरामो जयति' ये छः अक्षर लिखे थे)। सहजप्रिया=साधारणतः प्रिय (सूर्य किरण भी सहज प्रिय होती है, अँगूठी भी वैसे ही होती है)। तमगुणहरा=(१) अंधकार

हरने वाली (२) दुःख हरने वाली । प्रमान=निश्चय पूर्वक । जग मारग दरशावनी—(१) सांसारिक कार्यों का मार्ग दिखलानेवाली (२) सांसारिक रीति दिखलाने वाली (पति-पत्नी का परस्पर स्मरण कर सम्बन्ध दृढ़ करने वाली ।)

भावार्थ—यह मुद्रिका सूर्य किरण के समान है क्योंकि बहु-वर्णी है (सूर्य किरण में बहुत से रंग होते हैं, इसमें भी बहुत से अक्षर हैं) सहज प्रिया है, तमगुण हरा है (सूर्य किरण अंधकार हरती है, यह मुद्रिका दु ख वा अज्ञान हरती है) और निश्चयपूर्वक जग मार्ग को दरशानेवाली है (सूर्य किरण उजेला देकर सबको सांसारिक कार्यों का मार्ग दिखाती है और यह अँगूठी मुझे प्रियतम का स्मरण करा कर दम्पति-प्रेम का मार्ग दिखाती है ।)

अलंकार—श्लेष से पुष्ट समुच्चयोपमा ।

मूल—दो०—श्रीपुर में वन मध्य हौं, तू मग करी अनीति ।
कहि मुँदरी अब तियन की, को करिहै परतीति ॥ ८५ ॥

शब्दार्थ—श्री=राज्यश्री । हौं=मैं । अनीति करी=धोखा दिया, त्याग दिया ।

भावार्थ—(श्रीसीता जी मुद्रिका के प्रति कहती हैं) राज्यलक्ष्मी ने अयोध्या में, मैंने वन में और तूने मार्ग में राम को छोड़ा, अतः हे मुद्रिका बतला तो अब स्त्रियों की वफादारी पर कौन नर विश्वास करेगा ?

पद्धटिका—

कहि कुशल मुद्रिके राम गात । सुभ लक्ष्मण सहित समान तात ।
यह उतरु देति नहि बुद्धिवंत । केहि कारण धौं हनुमत संत ॥ ८६ ॥

शब्दार्थ—सहित=हितैषी । समान=(स+मान) स्वाभिमानी ! बुद्धिवंत =हनुमंत का विशेषण है ।

भावार्थ=हे मुद्रिका । बतला, राम जी तो शरीर से सकुशल हैं ? और शुभ लक्ष्मण मेरे परम हितैषी तथा स्वाभिमानी प्यारे लक्ष्मण जी तो सकुशल हैं ? हे बुद्धिमान, सज्जन हनुमत तुम ही बतलाओ, यह मुद्रिका तो कुछ उत्तर नहीं देती, इसका क्या कारण है ?

(हनुमान) दो०—तुम पूँछत कहिं मुद्रि के, मौंन होत यहि नाम।
कंकन की पदवी दई, तुम बिन यह कहँ राम ॥८७॥

भावार्थ—(हनुमान जी चतुराई से उत्तर देते हैं कि) हे माता, तुम इसे मुद्रिका नाम से संबोधन करके पूछती हो इसी से यह इस नाम को सुन कर चुप है (कि मुझसे पूँछती ही नहीं) क्योंकि अब तुम से रहित होकर (तुम्हारे वियोग में) श्रीराम जी ने इसे कंकण की पदवी दी है (तुम्हारे वियोग में इतने दुबले हो गये हैं कि मुँदरी को अब कंकण पहनते हैं)—अतः यह मुँदरी अपने को कंकण समझती है इसीसे मुँदरी कहने से नहीं बोलती—(दूसरे के नाम से दूसरा नहीं बोलता)।

अलंकार—अल्प।

(रामजी की विरहावस्था)

(हनुमान) दंडक—दीरघ दरीन बसैं केशोदास केसरी ज्यों,
केसरी को देखि वन करी ज्यों कँपत हैं।
बासर की संपति उलूक ज्यों न चितवत,
चकवा ज्यों चंद चितै चौगुनी चँपत हैं॥
केका सुनि व्याल ज्यों विलात जात घनश्याम,
घनन की घोरन जवासो ज्यों नाम तपत हैं।
भौंर ज्यों भँवत वन जोगी ज्यों जगत रैनि,
साकत ज्यौं नाम राम तेरो ई जपत हैं॥ ८८॥

शब्दार्थ—दरीन=गुफाएँ। केसरी (१) सिंह (२) केशर। करी=हाथी। बासर की संपति=दिन का प्रकाश। केका=मोर का शब्द। घनश्याम=खूब काले। घोरन=गरज। साकत=शक्ति, शक्ति व दुर्गा के उपासक।

शब्दार्थ—श्री हनुमानजी मौका पाकर श्री राम जी की विरह दशा का वर्णन करते हैं। राम जी सिंह की तरह बड़ी-बड़ी गुफाओं में ही बसते हैं (वन शोभा नहीं देखते) और केशर की क्यारियाँ देख कर ऐसे भयभीत होते हैं जैसे जंगली हाथी सिंह को देख कर डरता है। दिन का प्रकाश उसी तरह ही देखते हैं जैसे उलूक पक्षी (दिन का प्रकाश उन्हें अच्छा नहीं लगता)। और चंद्रमा को देखकर चकवा से भी अधिक चँपते हैं (व्याकुल होते हैं)।

मोरों का शब्द सुन कर सर्प की तरह (कंदराओं में) छिपे रहते हैं, और काले बादलों की गरज सुन कर जवासे की भाँति जलते हैं। भँवर की तरह चंचल चित्त वनों में घूमा करते हैं रात्रि को जोगियों की तरह जागते हैं (रात्रि को नींद नहीं आती) और शाक्त की तरह (तुम्हें अपनी इष्ट देवी समझ) सदा तुम्हारा ही नाम रटते रहते हैं।

अलंकार—उपमाओं से पुष्ट उल्लेख।

(हनुमान) वारिचर—

राजपुत्रि यक बात सुनौ पुनि। रामचन्द्र मन माँह कही गुनि॥
राति दीह जमराज जनी जनु। जातनाति तन जानत कै मनु॥ ८९॥

शब्दार्थ—जमराज जनी = यमराज की दासी (अति कष्टदायिनी)। जातना = यातना, पीड़ा।

भावार्थ—हे राजपुत्री! पुनः एक बात सुनिये जो श्रीरामचन्द्र जी ने खूब सोच-विचार कर कही है। बड़ी रात्रि यमराज की दासी के समान कष्टदायिनी जान पड़ती है, हमारी पीड़ा को हमारा तन या मन ही जानता है (कहने योग्य नहीं)।

दो०—दुज देखे सुख होहिगो, सुख नहि दुःख विहीन।
जैसे तपसी तप तपै, होइ परम पद लीन॥९०॥

भावार्थ—(श्रीराम जी ने यह भी कहा है कि) दुःख के बाद सुख होगा (धैर्य रखना) क्योंकि प्रकृति का नियम है कि बिना दुःख झेले सुख नहीं मिलता। जैसे तपस्वी पहले तपका दुःख झेलता है तब मोक्ष पाता है।

अलंकार—अर्थान्तरन्यास।

दो०—बरषा वैभव देखिकै, देखी सरद सकाम।
जैसे रन में कालभट भेंटि भेटियत बाम॥ ९१॥

शब्दार्थ—सकाम = उत्कट, इच्छायुक्त। बाम = देवांगना।

भावार्थ—वर्षा का वैभव देख कर अब कामनायुक्त हृदय से शरद को देखा है। (अर्थात् तुम्हारी तलाश की कामना रखते हुए भी वर्षा के कारण रुक जाना पड़ा, अब भी हमारी उत्कट इच्छा दब नहीं गई। अब शरद ऋतु आई है, रास्ता साफ़ हुआ है, हम शीघ्र तुम्हारे पास आते हैं) वह वर्षा की रुकावट और तदनन्तर शरद का आना हमें कितनी कठिनाई से प्राप्त हुआ

है जैसे किसी योद्धा को रण में पहले कालभट से भेंट करनी पड़ती है तदनन्तर देवांगनाओं से भेंट होती है।

अलंकार—उदाहरण।

(सीता) दो०—दुःख देखि कै देखिहौं, तव मुख आनंदकंद।
तपन ताप तपि द्यौस निशि, जैसे सीतल चन्द ॥ ९२ ॥

भावार्थ—दुख झेल कर तब तेरा आनन्दप्रद मुख देखूँगी। जैसे जो दिनभर सूर्य की गरमी से तपता है वह रात्रि को चन्द्रमा की शीतलता का अनुभव करता है।

अलंकार—उदाहरण।

दो०—अपनी दसा कहौं, दीप दसी सी देह।
जरत जाति बासर निसा, केशव सहित सनेह ॥ ९३ ॥

शब्दार्थ—दसा=हालत। दीपदसा=दिया की बत्ती। सनेह=(१) प्रेम (२) तैल।

भावार्थ—मैं अपनी हालत क्या कहूँ, मेरा शरीर तो चिराग की बत्ती के समान प्रेमवश रातदिन जला करता है।

अलंकार—उपमा और श्लेष से पुष्ट व्यतिरेक।

(हनुमान) दो०—
सुगति सुकेशि, सुनैनि सुनि, सुमुखि, सुदंति सुश्रोनि।
दरसावै गो वेगिही तुमको सरसिज-योनि ॥ ९४ ॥

शब्दार्थ—सरसिजयोनि=ब्रह्मा।

भावार्थ—हे सुन्दर चाल, बाल, नेत्र, मुख, दन्त और कटि वाली सीता ! सुनो, धैर्य रखो, ब्रह्मा शीघ्र ही ऐसा संयोग उपस्थित करेगा कि मैं तुम्हारे दर्शन करूँगा।

हरिगीतिका—
कछु जननि दे परतीति जासों रामचन्द्रहि आवई।
सुभ सीस की मणि दई यह कहि सुजस तव जग गावई ॥
सब काल ह्वैहौ अमर अरु तुम समर जयपद पाइहौ।
सुत आजु ते रघुनाथ के तुम परम भक्त कहाइहौ ॥ ९५ ॥

शब्दार्थ—परतीति = विश्वास। सीस की मणि = चूड़ामणि, शीशफूल। जयपद = विजय, जीत।

मूल—करजोरि पग परि तोरि उपवन कोरि किंकर मारियो।
पुनि जंबुमाली मंत्रिसुत अरु पञ्च मंत्रि सँहारियो।
रन मारि अच्छ कुमार वहु विधि इन्द्रजित सों युद्ध कै।
अति ब्रह्म अस्त्र प्रमाण मानि सो वश्य भो मन शुद्ध कै॥६६॥

शब्दार्थ—उपवन = वाटिका। कोरि = करोड़। किंकर = दास। जंबुमाली = प्रहस्त नामक मन्त्री का पुत्र। पंचमन्त्रि = (१) विरूपाक्ष, (२) यूपाक्ष, (३) दुर्द्धर्ष, (४) प्रघसंभास, (५) कर्ण। अच्छकुमार = रावण का एक पुत्र। इन्द्रजित = मेघनाद। ब्रह्मअस्त्र = ब्रह्मा की दी हुई फाँस। वश्य भो = वशीभूत हुआ। मन शुद्ध कै = शुद्ध मन से केवल राम काज हेतु (बल से या भय से हार कर नहीं)।

तेरहवाँ प्रकाश समाप्त

नोट—छन्द ६५ के बाद एक हस्तलिखित प्रति में नीचे लिखे छन्द मिलते हैं, और छन्द नं० ६६ उसमें नहीं है।

हरिगीतिका—
कर जोरि पग परि तोरि उपवन कोरि किंकर मारियो।
घर पौढ़ियों जहँ जंबुमाली दूत जाय पुकारियो॥
उठि धाइयो मन क्रोध अति करि सोधु कपि जब पाइयो।
वह आइयौ तेहि ठौर तबही संक उर नहिं लाइयो॥
अति जोर स्यों हनुमन्त देखि अनन्त बानन मारियो।
मन मानियो नहिं छोभ कपि तब सकल सैन सँहारियो॥
पुनि जंबुमाली सों भिर्‌यो लइ बाहु जुगल उखारि कै।
मठ बैठि कै अभिलाप सों पुर में ते दीनी डारि कै॥
परियो ते रावन की सभा तेहि काल तेहि पहिचानियो।
पुनि पंचसुत मंत्रीन के तिन सीस आयसु मानियो॥
तन त्रान कसि हँसि बान धनु तेहि काल लेइ गये तहाँ।
रन दूत पूत सुसैन स्यों वर जंबुमाली पर्‌यो जहाँ॥

वरपै सु वान समान घन तन में दयो हनुमंत को।
तव धाइयो कपि नाद करि रोकै कहा मयमंत को॥
घननाल लै सिगरै हये उर साल रावन के भयो।
तेहि काल अच्छ कुमार वोलि प्रहस्त को आयसु दयो॥

नराच—
जुरे प्रहस्त हस्त लै हथ्यार दिव्य आपने।
कुमार अच्छ तिच्छ वाण छाइयो घन घने॥
कपीस जुद्ध क्रुद्ध भो सँहारि अच्छ डारियो।
प्रहस्त सीस मैं तवै प्रहारि मुष्ट मारियो॥

दो०—
मारो अच्छ सुनो जहीं, रावण अति पछिताय।
इन्द्रजीत सो या कही, वानर जियत न जाय॥

तोटक—
घननाद गयो सजि कै जवहीं। हनुमंत सो युद्ध जुरे तवहीं।
वलवंत गुन्यो वह हेरि हियो। मन में गुनि एक उपाय कियो॥

तोमर—
तव इन्द्रजीत विलोकि। विधिपास दीन्हीं मोकि।
कपि ब्रह्म तेजहि जानि। तिज सीस लीन्ही मानि॥

॥ इति ॥

चौदहवाँ प्रकाश

दो०—या चौदहें प्रकाश में, ह्वै है लङ्का दाह।
सागर तीन मेलानपुनि, करिहैं रघुकुल नाह॥

शब्दार्थ—मेलान = डेरा डालना, ठहरना, विश्राम।

(रावण)—मत्तगयन्द—
रे कपि कौन तू? अच्छ को घातक दूत वली रघुनन्दन जू को।
को रघुनंदन रे? त्रिशिरा—खर-दूषण—दूषणभूषण भू को॥

सागर कैसे तरयो ? जस गोपद, काज कहा ? सिय चोरहि देखो।
कैसे बँधायो ? जु सुंदरि तेरी छुई दृग सोवत पातक लेखो ॥१॥

शब्दार्थ—त्रिशिरा-खरदूषण-दूषण = त्रिशिरा और खर-दूषण को नाश करने वाले।

भावार्थ—(रावण पूछता है कि) हे कपि, तू कौन है ? (हनुमान जी जवाब देते हैं कि) मैं अक्षयकुमार का घातक बली रघुनाथ जी का दूत हूँ। (पुनः प्रश्न है कि) कौन रघुनाथ ? (जवाब है कि) त्रिशिरा और खरदूषण को मारने वाले और संसार के भूषण रूप रघुवंशी श्रीराम जी। (तब प्रश्न है कि) तूने समुद्र कैसे पार किया ? (जवाब है कि) गोपद समान लाँघ कर आया। (फिर प्रश्न है कि) किस काम के लिये आया ? (जवाब है कि) सीता के चोर को ढूँढ़ने के लिये। (फिर प्रश्न है कि) तू बंदी क्यों हुआ ? (जवाब है कि) तेरी स्त्री को सोते समय आँख से देखा है इसी पाप से बन्दी होना पड़ा।

विशेष—आचार्य केशव ने इस छंद में किस युक्ति से राम जी के महात्म्य, रूप और बल का तथा रामभक्तों के आचरण का वर्णन किया है सो समझते ही बन पड़ता है।

बल कैसा है ? हज़ारों की सेना एक दम में मार सकते हैं। महात्म्य कैसा है ? उसके सेवक अक्षय (अमर) को भी मार सकते हैं। रूप कैसा है ? सारे संसार का भूषण है।

राम-सेवक सागर (भवसागर) कैसे तरते हैं ? जैसे गोपद। राम सेवक काम क्या करते हैं ? केवल रामसंबंधी कार्य। इस शरीर से किए हुए पापों का दण्ड यहीं भोग लेते हैं, पर स्त्री को माता के अतिरिक्त अन्य दृष्टि से देखने को पाप समझते हैं।

अलंकार—गूढ़ोत्तर।

(रावण) चामर—कोरि कोरि यातनानि फोरि फोरि मारिये।
काटि काटि फारि माँसु बाँटि बाँटि डारिये।
खाल खैंचि खैंचि हाड़ि भूंजि भूंजि खाहु रे।
पौरि टाँगि रुंड मुंड लै उड़ाइ जाहु रे॥ २॥

शब्दार्थ—कोरि = करोड़। यातना = कष्ट। फोरि फोरि मारिये = इतना

पीटो कि इनके सब अंग फूट फूट रक्त निकलने लगे। पौरि=द्वार। रुंड= सिर रहित शरीर।

भावार्थ—सरल है। (रावण हनुमान जी के दण्ड की व्यवस्था करता है)।

(विभीषण)- दूत मारिये न राजराज छोड़ दीजई।
मन्त्रि मित्र पूँछि कै सो और दंड कीजई॥
एक रंक मारि क्यों बड़ो कलंक लीजई।
बुंद सूखि गो कहा महासमुद्र छीजई॥ ३॥

शब्दार्थ—(विभीषण रावण को समझाते हैं) हे राजेश्वर ! दूत को मारना उचित नहीं। इसे छोड दीजिये और अपने मंत्रियों तथा मित्रों से पूछ कर कोई और दण्ड दीजिये। एक छुद्र दूत को मार कर बड़ा कलंक क्यों लेते हैं। समुद्र में से एक बूँद सूख जाने से क्या समुद्र घट जाता है। अर्थात् राम की सेना में से यदि एक को मार भी डाला जाय तो क्या उनकी सेना कम हो जायगी।

अलंकार—दृष्टान्त।

चामर—तूल तेल बोरि बोरि जोरि जोरि बाससी।
लै अपार रार ऊन दून सूत सों कसी॥
पूँछ पौनपूत की सँवारि बारि दी जहीं।
अंग को घटाई कै उड़ाइ जात भो तहीं॥ ४॥

शब्दार्थ—तूल = रुई। बाससी = वस्त्र, कपड़े। रार = धूना, राल। दून सूत सों = दोहरे सूत से। कसी = कस कर बाँध दिया। बारि दी = जला दी, आग लगा दी। जहीं = ज्योंहि। तहीं = त्योंही।

भावार्थ—रुई को तेल में बोर-बोर कर और बहुत से वस्त्र जोड़-जोड़ कर और बहुत सी रार और ऊन लेकर दोहरे सूत से कस कर पूँछ में बाँध दिया। इस प्रकार पूँछ को बना कर आग जला दी गई, त्योंहि हनुमान जी (लघिमा सिद्धि से) अपने अंग को छोटा करके ब्रह्म फाँस से निवुक कर अटारी पर चढ़ गये।

चंचरी—धाम धामनि आग की बहु ज्वाल माल विराजहीं।
पौन के झकझोर ते झँझरी झरोखन आजहीं॥

वाजि वारन सारिका सुक मोर जोरन भाजहीं।
क्षुद्र ज्यों विपदाहि आवत छोड़ि जात न लाजहीं॥ ५॥

शब्दार्थ—ज्वालमाल=आग की लपटें। झँझरी=छिद्र, सूराख। वाजि=घोड़े। वारन=हाथी। जोरन=जोर से। क्षुद्र=नीच लोग। विपदा=आफत।

भावार्थ—घर-घर में आग की लपटें उठने लगीं। हवा के झोकों से झरोखों के सूराखों से लपटें निकलने लगीं। घोड़े, हाथी, मैंना, शुक और मोरादि पशु-पक्षी गण ज़ोर से भागने लगे, जैसे आफत आते ही नीच जन मालिक को छोड़ भागने में लज्जित नहीं होते।

अलंकार—उदाहरण।

भुजंगप्रयात—जटी अग्नि ज्वाला अटा सेत हैं यों।
शरत्काल के मेघ संध्या समै ज्यों॥
लगी ज्वाल धूमावली नील राजैं।
मनो स्वर्ण की किंकनी नाग साजैं॥ ६॥

शब्दार्थ—जटी=जड़ी हुई (युक्त)। अटा=अट्टालिकाएँ। नाग=हाथी।

भावार्थ—अग्नि ज्वालाओं से युक्त श्वेत अट्टालिकाएँ ऐसी हो रही हैं, जैसे संध्या समय शरद ऋतु के बादल होते हैं। ज्वालाओं सहित धुएँ के धौरहर ऐसे जान पड़ते हैं मानों बड़े-बड़े हाथी सोने की किंकिणी पहिने हों।

अलंकार—उपमा और उत्प्रेक्षा।

भुजंगप्रयात—लसैं पीत छत्री मढ़ी ज्वाल मानो।
ढके ओढ़ना लंक बक्षोज जानो॥
जरैं जूह नारी चढ़ीं चित्रसारी।
मनो चेटका में सती सत्यधारी॥ ७॥

शब्दार्थ—पीत छत्री=सोने की बनी पीली-पीली महलों की बुर्जियाँ (छतरियाँ)। ज्वालमढ़ी=ज्वालायुक्त। लंक=लंकापुरी। बक्षोज=कुच। जूह=यूथ। चित्रसारी=सेजभवन (सोने के कमरे)। चेटका=चिता।

भावार्थ—महलों की स्वर्ण की बनी हुई बुर्जियाँ ज्वाला से ढक गई हैं, वे ऐसी मालूम होती हैं, मानो लंकापुरी के कुचों पर ओढ़नी पड़ी हुई है। रंगमहल के शयनागारों में स्त्रियों के झुंड के झुंड जल रही हैं, ये ऐसी जान पड़ती हैं मानो सती स्त्रियाँ चिताओं में जल रही हैं।

अलंकार—उत्प्रेक्षा।

भुजंगप्रयात—कहूँ रैनिचारी गहे ज्योति गाढ़े।
मनो ईश रोषाग्नि में काम डाढ़े॥
कहूँ कामिनी ज्वालमालानि भोरें।
तजैं लाल सारी अलंकार तोरें॥ ८॥

शब्दार्थ—रैनिचारी=निश्चर। गहे ज्योति गाढ़े=लपटों में जलते हैं। ईश=महादेव। भोरें=धोखे में। अलंकार=सोने के आभूषण।

भावार्थ—कहीं निश्चर अग्नि की लपटों में पड़ गये हैं वे ऐसे जान पड़ते हैं मानो महादेव की कोपाग्नि में कामदेव जल रहा हो। कहीं स्त्रियाँ ज्वालाओं के धोखे में अपनी लाल साड़ी छोड़ कर और स्वर्णाभूषण तोड़ कर फेंकती हैं।

अलंकार—उत्प्रेक्षा और भ्रम।

भुजंगप्रयात - कहूँ भौन राते रचे धूम छाहीं।
ससी सूर मानो लसैं मेघ माहीं॥
जरैं शस्त्रशाला मिली गंधमाला।
मलै अद्रि मानो लगी दावज्वाला॥ ९॥

शब्दार्थ—राते=लाल (स्वर्ण के)। रचे=रंग से रंगे हुए। मलै अद्रि=मलयागिरि। दावज्वाला=दावाग्नि।

भावार्थ—कहीं लाल रंग से चित्रित सोने के मकान पर धुवाँ छा गया है, वे ऐसे जान पड़ते हैं मानो सूर्य और चन्द्रमा मेघों से ढक गये हैं। रावण की शस्त्रशाला जल रही है और उससे ऐसी गंध निकल रही है मानों मलयागिर में दावाग्नि लग गई हो (जैसे मलयागिर में दावाग्नि लगने से जलने पर चन्दन से सुगंध और सर्पों से दुर्गन्ध निकलती है वैसे ही शस्त्रशाला के जलने से दो प्रकार की गंध आती है।

अलंकार—उत्प्रेक्षा।

भुजंग प्रयात—

चलीं भागि चौहूँ दिशा राजरानी। मिलीं ज्वालमाला फिरैं दुःखदानी।
मनों ईश बानावली लाल लोलैं। सबै दैत्य-जायान के संग डोलैं ॥१०॥

शब्दार्थ—राजरानी = रावण की स्त्रियाँ या बधुएँ। लोल = चलती हुई। दैत्य-जायान = निश्चरियाँ।

भावार्थ—रावण की स्त्रियाँ चारों ओर भागती हैं, पर जिस ओर जाती हैं उसी ओर उन्हें दुःखद अग्नि की ज्वालाएँ मिलती हैं और वे उधर से लौटती हैं, पुनः जिधर जाती हैं उधर ही वही हाल होता है। यह घटना ऐसी मालूम होती है मानो ईश्वर की लाल और चर बाणावली सभी निश्चरियों के साथ-साथ लगी उन्हें रगेदे फिरती हैं।

अलंकार—उत्प्रेक्षा।

मत्तगयंद सवैया—

लंकहि लाय दई हनुमंत विमान बचे अति उच्चरुखी है।
पाचि फटैं उचटैं वहुधा मनि रानि रटैं पय पानी दुःखी ह्वै ॥
कंचन को पघिलो पुर पूर पयोनिधि में पसरो सो सुखी ह्वै।
गंग हजारमुखी गुनि केशो गिरा मिली मानो अपार मुखी ह्वै ॥११॥

शब्दार्थ—लायदई = आग लगा दी। उच्चरुखी ह्वै = और ऊँचे होकर चलने से। गुनि = समझ कर। गिरा = सरस्वती।

भावार्थ—लंका में जब हनुमान जी ने आग लगा दी तब इतनी ऊँची लपटें उठीं कि देवताओं के विमानों को (मामूली ऊँचाई को अपेक्षा) बहुत अधिक ऊँचाई से चलना पड़ा तब वे बच सके (नहीं तो वे भी जल जाते) अग्नि से तप कर अनेक प्रकार के बहुमूल्य पत्थर फट कर उछलते हैं और सब रानियाँ दुःखित हो होकर पानी-पानी चिल्लाती हैं। यहाँ तक हुआ कि सोने की समस्त लंकापुरी पिघल जाने से सोने का द्रव असंख्य धाराओं से समुद्र में जा गिरा। यह बात, कवि केशव कहते हैं कि, ऐसी जान पड़ी कि मानों गंगा को हजार धारा से मिलती हुई देख ईर्ष्या से सरस्वती नदी असंख्य धाराओं से सुखी होकर समुद्र से मिल रही है।

अलंकार—उत्प्रेक्षा।

दो०—हनुमत लाई लंक सब, बच्यो विभीषन धाम।
जनु अरुणोदय बेर में, पंकज पूरब जाम ॥१२॥

शब्दार्थ—लाई=जलाई। पूरबजाम=पहले पहर में।

भावार्थ—हनुमान ने सब लंका जलाई। उसमें बचा हुआ विभीषण-का घर ऐसी शोभा पा रहा है मानो सूर्योदय बेला के पहले ही पहर में कमल प्रफुल्लित होकर शोभित हो रहा है।

नोट—बेर और जाम में पुनरुक्ति सी जान पड़ती है। पर ऐसा कहने में युक्ति यह है कि राम-प्रताप रूपी सूर्योदय बेला के आरंभिक भाग में इतना प्रफुल्लित है, तब ज्यों-ज्यों राम-प्रताप रूपी दिन चढ़ता जायगा त्यों-त्यों अधिकाधिक शोभित होता जायगा।

अलंकार—उत्प्रेक्षा।

संयुता—

हनुमंत लंकहि लाइ कै। पुनि पूँछ सिंधु बुझाइ कै।
शुभ देखि सीतहिं पाँ परे। मनि पाय आनँद जी भरे ॥१३॥

शब्दार्थ—शुभ=कुशल पूर्वक। मनि=चिंतामणि।

नोट—लंका जलाते समय हनुमान जी को शंका हुई कि सीता भी न जल गई हों, अतः पुनः उन्हें देखने को आये (पहले उनसे बिदा हो चुके थे। देखो प्रकाश १२, छंद ६५)।

भावार्थ—हनुमान जी लंका को जला कर और समुद्र में अपनी पूँछ बुझा कर सीता के पास पुनः आये और उन्हें कुशलपूर्वक पाकर पैर पड़े (बिना राम और सीता की आज्ञा के यह काम किया उसकी माफी माँगी) और ऐसे आनंदित हुए जैसे कोई चिंतामणि पाकर होता है।

अलंकार—उपमा।

दो०—बिदा पाई सुख पाइ कै, चले जबै हनुमंत।
पुहुप वृष्टि देवन करी, सागर रतन अनंत ॥१४॥

शब्दार्थ—सुख पाइ कै=सीता को सही सलामत पाने से आनंदित होकर। पुहुप=पुष्प, फूल।

तोमर—सीता न ल्याये बीर। मन माँझ उपजति पीर।
आनौं सु कौन उपाय। पर पुरुष छोवै काय ॥ १५ ॥

शब्दार्थ—छीवै=छुवैं। काय=काया, शरीर।

भावार्थ—(श्रीहनुमान जी अपने मन में सोचते हैं) वीर होकर भी मैं सीता को न लाया, इस बात का मुझे मन में खेद रहेगा, पर लाता किस उपाय से, मैं पर पुरुष होकर उनके शरीर को कैसे छूता।

संयुता—यहि पार अंगद भेटियो। सब को सबै दुख मेटियो।
जयसी कछु बितई सबै। तिनसों कही तयसी तबै ॥१६॥

भावार्थ—समुद्र के इस पार आकर हनुमान जी ने अंगद से भेंट की (अंगद ही उस यूथ के मुखिया थे, इससे केवल अंगद का नाम लिखा गया) सब का, सब प्रकार का शोक मिट गया। तब जैसी कुछ जिस पर बीती थी, सो सब दुःख की बातें उसने परस्पर कह सुनाई (हनुमान ने अपनी बीती कही और अंगद के साथ वालों ने अपनी बीती कही)।

नोट—'जयसी' और 'तयसी' शब्द इसी रूप से लिखे जायँगे, तभी छन्द का रूप शुद्ध रहेगा। जैसी और तैसी लिखने से छन्द का रूप अशुद्ध हो जायगा।

तोमर—जब राम धरिहैं चाप। रन रावनै संताप।
बरषे सघन सर-धार। लंका बहत नहि बार ॥ १७ ॥

भावार्थ— सब विचार करते हैं) जब राम जी धनुष चढ़ावेंगे, तब रण में रावण को संताप होगा (बिना युद्ध किये रावण सीता न देगा), परन्तु जब राम जी की घनी शरधारा बर्षेगी, तब लंका को बहते देर न लगेगी (लंका ऐसा दृढ़ गढ़ नहीं है कि उसे जीतते देर लगे—यह कपिगण के उत्साह और हिम्मत का वर्णन है)।

तोमर—चलि अंगदादिक वीर। तहँ आइयो रनधीर ॥
जहँ बाग है सुग्रीव। फल देखि ललक्यो जीव ॥ १८ ॥

भावार्थ—यहाँ से चल कर सब रणधीर वीर वहाँ आये जहाँ सुग्रीव के बाग (कई एक फले हुये बाग) थे, और भूखे होने के कारण और उन बागों में खूब फल देख कर उन सब का जी खाने को ललक उठा।

तोमर—सब खाइयो फल फूल। रहियो सु केवल मूल।
तब दीख दधिमुख आय। वह मारियो कपि धाय ॥१९॥

शब्दार्थ—दधिमुख=सुग्रीव का पुत्र और उन बागों का मुख्य रक्षक।

भावार्थ—अंगद के यूथ के सब बानरों ने उन बागों के सब फूल-फल खा डाले (फल-फूलों से खाली होकर) वृक्ष केवल ठूँठमात्र रह गये। यह हाल दधिमुख ने देखा, तब वह (बरजने की रीति से) दौड़-दौड़ कर बानरों को मारने लगा।

तोमर—अति रोस बालिकुमार। गहि मारियो कपि धार।
सब लै गये निजु जीव। जहँ बैठियो सुग्रीव ॥ २० ॥

भावार्थ—तब अंगद ने भी अति क्रुद्ध होकर, दधिमुख की सेना को पकड़ पकड़ कर खूब पीटा। जब खूब पीटे गये तब वे रक्षक बानर अपने-अपने प्राण लेकर भागे और वहाँ गये जहाँ सुग्रीव बैठे थे और सब हाल कहा।

दो०—लै आये सीता खबर, ताते मन अति फूल।
इनको बिलग न मानिये, नहिं चरिये चित भूल ॥२१॥

शब्दार्थ—खबर = खोज। फूल = आनन्द। बिलगु = बुराई। भूल = दोष।

भावार्थ—(सुग्रीव ने अंगद की यह ढिठाई सुनकर अनुमान किया कि मालूम होता है कि) अंगद सीता का सोध लेकर आये हैं, इसी से आनंदयुक्त होकर ऐसा काम कर बैठे हैं। खैर, यदि ऐसा है तो उनके इस कार्य से बुरा न मानना चाहिये और इस दोष को चित्त से दुष्ट न मानना चाहिये (क्योंकि हमारे परम मित्र राम का काम तो पूरा कर आये हैं।)

संयुक्ता—

रघुनाथ पै जबहीं गये। उठि अंक लावन को भये॥
प्रभु मैं कहा करनी करी। सिर पायँ की धरनी धरी ॥ २२ ॥

शब्दार्थ—अंक लावन = छाती से लगाकर भेंटना। करनी = करतूत।

भावार्थ—जब सब मिल कर राम जी के पास गये, तब राम जी हनुमान जी को छाती से लगा कर भेंटने को उठते ही थे कि हनुमान जी ने यह कह कर कि महाराज मैंने कौन सा बड़ा काम किया है जो आप इतना सम्मान देना चाहते हैं (छाती से लगा कर भेंटना चाहते हैं। यह सम्मान मित्र के दर्जे का है, मैं तो दास हूँ) पैर के निकट ज़मीन पर अपना सिर टेक दिया (अति नम्र भाव से चरणों पर सिर रख दिया)।

नोट—सिर और पायँ शब्द का ऐसा प्रयोग करना फारसी तथा उर्दू के साहित्य के अनुसार एक प्रकार का अलंकार है जिसे हिन्दी में 'मुद्रा' अलंकार कहते हैं।

दो०—चिंतामणि सी मणि दई, रघुपति कर हनुमंत।
सीता जू को मन रँग्यो, जनु अनुराग अनंत ॥ २३ ॥

भावार्थ—हनुमान जी ने श्रीरघुनाथ जी के हाथ में चिन्तामणि समान सर्व आनंददायिनी सीता जी की 'चूड़ामणि' दे दी, वह चूड़ामणि ऐसी जान पड़ती थी मानों अनंत अनुराग में रंजित श्री सीता जी का मन ही था।

नोट—इस छन्द से यह स्पष्ट है कि वह चूड़ामणि लाल रंग की थी।

अलंकार—उत्प्रेक्षा।

दोधक—

श्रीरघुनाथ जबै मणि देखी। जी महँ भागदशा सम लेखी।
फूलि उठ्यो मन ज्यों निधि पाई। मानहु अंध सुडीठि सुहाई ॥२४॥

शब्दार्थ—भागदशा = सौभाग्य की अवस्था, खुश-किस्मती। फूलि उठ्यो = आनंदित हुआ। निधि = नव निधि।

भावार्थ—श्रीरघुनाथ जी ने जब वह सीता जी की चूड़ामणि देखी तो उसे अपने मन में अपनी खुशकिस्मती ही के समान समझा। मन ऐसा आनंदित हुआ मानो दरिद्र ने नवो निधियाँ पाई हों या मानो अन्धे को सुदृष्टि मिली हो।

अलंकार—उत्प्रेक्षा।

(श्रीराम वचन) तारक—
मणि होहि नहीं मनु आय प्रिया को।
उर प्रगट्यो गुन प्रेम दिया को ॥
सब भाग गयो जु हुतो तम छायो।
अब मैं अपने मन को मत पायो ॥ २५ ॥

शब्दार्थ—आय = है। गुन = स्वरूप (दीपक का स्वरूप अर्थात् ज्योति)। तम = विरह दुःख और कर्तव्यविमूढ़ता। मत = कर्तव्य ज्ञान।

भावार्थ—राम जी कहने लगे कि यह मणि नहीं वरन् सीता का मन ही है इसे पाकर प्रेम दीपक की ज्योति हमारे हृदय में प्रकाशित हो उठी है, जिस प्रकाश से विरह दुःख और कर्तव्य-विमूढ़ता तो चले गये और अब हम अपने मन का मत पा गये (अर्थात् अब यह मणि पाकर सीता का निश्चित पता मिल गया, प्रेम ने उत्तेजना दी है, अब वह काम करेंगे जो एक प्रेमी पति को अपनी प्रियतमा के लिए करना चाहिये अर्थात् सीताहर्ता रावण पर चढ़ाई करेंगे। और उसे दंड देकर सीता का उद्धार करेंगे)।

अलंकार—अपह्नुति।

तारक—दरसै हमको अब नहीं दरसाये।
उर लागति आय बरयाई लगाये॥
कछु उत्तर देत नहीं चुप साधी।
जिय जानति है हमको अपराधी॥ २६॥

शब्दार्थ—अब = अब। दरसाये = दरशाने से भी ('हमारी ओर देखो') ऐसा कहने से भी। बरयाई=बरियाई, जबराई।

भावार्थ—(मणि पाकर राम जी को प्रेमवश विरह की उन्माद दशा का आवेश हो आया है, अतः कहते हैं कि) हम कहते हैं कि हमारी ओर देखो तब भी यह हमारी ओर नहीं देखती, जबरदस्ती जब हम हृदय से लगाते हैं तब हृदय से लगती है (प्रेम से स्वयं हृदय से नहीं लगती) पूछने पर कुछ उत्तर भी नहीं देती चुप्पी साध ली है, हमें अपराधी जान कर ऐसा करती है (तो ठीक ही है)।

नोट—मुद्रिका पाकर सीता की जो दशा हुई थी वही दशा मणि पाकर राम जी की भी हुई। वे मुन्दरी से वार्ता करने लगी थीं, ये मणि से बातें करने लगे। यह दशा देख, अधिक व्याकुलता से बचाने के लिये हनुमान जी बोल उठे।

(हनुमान) तारक—

कछु सीय दशा कहि मोहिं न आवै।
चर का जड़ बात सुने दुख पावै।
सर सो प्रति वासर वासर लागै।
तन घाव नहीं मन प्रानन खाँगै॥२७॥

शब्दार्थ—प्रतिवासर=रोज, प्रतिदिन । बासर=राग, गान (जो रावण के यहाँ नित्य होता है और अशोक वाटिका से सुनाई पड़ता है)। कांगै=छेदता है)।

भावार्थ—(हनुमान जी कहते हैं) हे महाराज! सीता की दशा मुझसे कुछ कही नहीं जाती, यदि मैं कहूँ तो वह वार्ता सुनकर चैतन्य की तो बात क्या जड़ पदार्थ भी दुःख पावें। सुनिये, उनकी यह दशा है कि रावण के यहाँ जो संगीत होता है (जिससे सब ही दुःखी जीवों का कुछ न कुछ मनोरंजन होता है) वह उनको निरंतर बाण सम लगता है। तन में घाव तो नहीं देख पड़ता पर मन और प्राणों को वह छेदता है।

नोट—हनुमान जी संगीत विद्या के आचार्य हैं और उन्हें संगीत का यह प्रभाव अच्छी तरह विदित है कि संगीत सब प्रकार के दुखियों का मनोरंजन कर सकता है। जिस दुःख का इलाज संगीत से न हो सके वह दुःख लाइलाज समझना चाहिये। अतः सीता का दुःख बड़ा कठिन है, संगीत भी उन्हें बाण सम लगता है। यह कह कर हनुमान जी यह दर्शाना चाहते हैं कि सीता का प्रेम और तज्जनित विरह आपके प्रेम और विरह से कम नहीं।

अलंकार—उपमा।

तारक—प्रति अंगन के सँगहीं दिन नासैं।
निशि सों मिलि बाढ़ति दीह उसासैं॥
निशि ने कहु नींद न आवति जानौ।
रवि की छवि ज्यों अधरात बखानौ॥२८॥

भावार्थ—(हनुमान जी शरद ऋतु में खबर लेकर लौटे हैं। शरद में दिन घटता है और रात्रि बढ़ती है, अतः कहते हैं कि) प्रतिदिन सीता के अंगों सहित दिन कम होता है (जैसे आज कल प्रतिदिन दिन का मान कम होता है वैसे ही प्रतिदिन सीता के अंग कम होते जाते हैं—वे दुबली होती जाती हैं)। जैसे प्रति रात्रि को रात्रि का मान बढ़ता है वैसे ही सीता की उसासें भी प्रति रात्रि दीर्घतर होती जाती हैं। रात्रि को उन्हें ज़रा भी नींद नहीं आती जैसे आधी रात को सूर्य की ज्योति नहीं आती।

अलंकार—सहोक्ति और उपमा।

घनाक्षरी—भौंरिनी ज्यों भ्रमत रहति बन बीथिकानि,
हंसिनी ज्यों मृदुल मृणालिका चहति है।
हरिनी ज्यों हेरति न केशरि के काननहिं,
केका सुनि ब्यालि ज्यों बिलान ही चहति है।
पीउ पीउ रटति रहति चित चातकी ज्यों,
चंद चितै चकई ज्यों चुप ह्वै रहति है।
सुनहु नृपति राम बिरह तिहारे ऐसी,
सूरति न सीताजू की मूरत गहति है ॥२६॥

शब्दार्थ—मृदुल मृणालिका=(१) मुलायम कमलदंड (२) कमलनाल-वत् मृदु बाहें। केशरि=(१) सिंह (२) केशर। बिलान=(१) बिलों को (२) विलुप्त हो जाना (कहीं छुप रहना)। चहति है=ढूँढ़ती है। सूरति=दशा। मूरति=शरीर।

भावार्थ—हे राजा रामचन्द्र! सुनिये, आपके विरह में सीता जी का शरीर (स्वयं सीता जी) इन दशाओं को ग्रहण करता है (सीता जी की यह दशा है) कि जैसे भ्रमरी वनवीथिकाओं में इतस्ततः घूमती रहती है उसी भाँति सीता भी अशोक वन की वीथिकाओं में तुम्हें खोजती हुई भ्रमण किया करती हैं अर्थात् अशोक वाटिका के तमालादि श्यामरङ्ग वृक्षों को भ्रमवश तुम्हारा शरीर समझ कर भेंटने को दौड़ती हैं, और जैसे हंसिनी मुलायम कमलदंड को सदैव चाहती है उसी भाँति सीता जी तुम्हारी कमलनाल सम भुजाओं को चाहती रहती हैं। जैसे हिरनी सिंह के निवास करने के वन की ओर भूल कर भी कभी दृष्टिपात नहीं करती उसी प्रकार सीता जी केशर की क्यारियों की ओर नहीं देखतीं और जैसे मोर का शब्द सुन कर सर्पिनी बिल खोजती है (भय से छिप जाना चाहती है) उसी तरह जानकी भी मयूरध्वनि सुनकर कहीं विलुप्त हो जाने को कोई बिवर ढूँढ़ा करती हैं। चित्त लगा कर चातकी की तरह पीउ कहाँ पीउ कहाँ रटती रहती हैं और चन्द्रमा को देख कर चक्रवाकी की भाँति चुप हो जाती हैं।

अलंकार—उपमाओं से पुष्ट उल्लेख

(सीता जी का संदेश)

दो०—श्रीनृसिंह प्रहलाद की, वेद जो गावत गाथ।
गये मास दिन आसु ही, झूठी ह्वै है नाथ ॥३०॥

भावार्थ—श्रीसीता जी ने कहा है कि हे नाथ! श्रीनृसिंह और प्रह्लाद की कथा जो वेद में वर्णित है, वह शीघ्र ही एक मास बीतने पर झूठी हो जायगी अर्थात् प्रहलाद की कथा से जो यह बात प्रसिद्ध है कि ईश्वर अपने शरणागत भक्तों की रक्षा करते हैं, वह झूठी हो जायगी, क्योंकि यदि एक मास में आप आकर मेरा उद्धार न करेंगे तो रावण मुझे मार डालेगा और लोग कहेंगे कि राम जब अपनी स्त्री को न बचा सके तब प्रहलाद को उन्होंने कैसे बचाया होगा। (क्योंकि उसने ऐसी ही प्रतिज्ञा की थी) यथाः—

"मास दिवस महँ कहा न माना। तो मैं मारब काढ़ि कृपाना" (तुलसी)

अलंकार—अप्रस्तुतप्रशंसा (कारज मिस कारण कथन-कारज निबंधना)।

दो०—आगम कनक कुरंग के, कही बात सुख पाइ।
कोपानल जरि जाय जनि, शोक समुद्र न बुड़ाइ ॥३१॥

भावार्थ—सुवर्ण मृग (कपट मृग रूप मारीच) के आने से पहले जो बात प्रसन्नतापूर्वक आपने कही थी वह प्रतिज्ञा कोपाग्नि में जलने न पावे वा शोक समुद्र में डुबा न दी जाय (कोप वा शोक से भूल न जाइयेगा)—वह बात यह है :—(देखो प्रकाश १२ छन्द ६)।

"राज सुता इक मंत्र सुनो अब। चाहत हौं भुवभार हर्‌यौ सब।
पावक में निज देहहिं राखहु। छाय शरीर मृगै अभिलाखहु ॥"

नोट—चूड़ामणि पाकर श्रीराम जी को विश्वास हो गया था कि हनुमान अवश्य सीता तक पहुँचे हैं। सीता कथित यह एकान्तिक वार्ता सुनकर वह विश्वास और पक्का हो गया तब राम जी हनुमान की प्रशंसा करने लगे।

(राम) दंडक—साँचो एक नाम हरि लीन्हें सब दुःखहरि,
और नाम परिहरि नरहरि ठाये हौ।
बानरन हीं हौ तुम मेरे बानरस सम,
बली मुख सूर बली मुख निजु गाये हौ ॥
साखा मृग नाहीं बुद्धिबलन के साखामृग,
कैधौं बेद साखामृग केशव को भाये हौ।

साधु हनुमंत बलवंत जसवंत तुम,
गये एक काज को अनेक करि आये हौ ।।३२।।

शब्दार्थ—हरि=वानर। ठाये हौ=स्थापित किया है (सत्य कर दिखलाया है। बानरस—बाण की शक्ति (अमोघता)। बलीमुख=(१) बानर (२) बलियों में मुख्य। निजु=निश्चय। वेद साखामृग=वेदों की शाखाओं में विचरण करने वाले।

भावार्थ—(श्रीराम जी हनुमान की प्रशंसा करते हैं) बानरों के लिये जितने पर्यायवाची शब्द हैं उनमें जो 'हरि' शब्द है उसी को तुम ने सच्चा कर दिखाया क्योंकि तुमने हमारे सब दुख हर लिये अर्थात् छुड़ा दिये (हरति दुःखम् इति हरिः)। तुमने ऐसा कार्य किया है कि जो तुम्हें बानर कहै वह झूठा है, तुमने तो अपने लिये (नरहरि) नरहरि (नृसिंह=नरों में सिंहवत्) नाम स्थापित कर दिया (अर्थात् तुम्हें 'नरहरि' की पदवी दी जाय तो ठीक है) तुम बानर नहीं हो तुम तो मेरे बाण के समान अमोघ शक्ति से सम्पन्न हो, बड़े-बड़े शूरवीर बानरों द्वारा तुम बलियों में मुख्य (प्रधान) कहकर प्रशंसित हो (बड़े-बड़े शूरवीर बानर तुम्हें प्रधानता देते हैं) तुम केवल शाखामृग (एक शाखा से दूसरी पर उछल कूद करने वाले बानर नहीं हो वरन् बुद्धि और बल के शाखामृग हो, या वेदों की शाखाओं के विचरण करने वाले हो (वेदों में पारंगत हो) इसी कारण मुझे अति भाते हो। हे हनुमंत, तुम साधु हो, बलवंत हो और यशवंत हो, एक काम को गये थे अनेक काम कर आये।

अलंकार—परिकरांकुर, विधि, अपह्नुति, यमक, लटानुप्रास इत्यादि से पुष्ट उल्लेख।

(हनुमान) तोमर—
गई मुद्रिका लै पार। मनि मोहि लाई वार ॥
कह कर मैं बल रंक। अति मृतक जारी लंक ।।३३।।

भावार्थ—(हनुमान जी कहते हैं) महाराज! मैंने तो कुछ भी करतूत नहीं की, आपकी मुद्रिका मुझे उस पार ले गई और सीता जी की चूणामणि मुझे इस पार ले आई, मैं तो बल में अति रंक हूँ। लंका को जलाकर भी कौन सा बड़ा काम किया वह तो मरी हुई थी (राम दासों में ऐसी दीनता और निरहंकारिता होनी चाहिये)।

तोमर—

अति हत्यो बालक अच्छ। लै गयो बाँधि बिपच्छ ॥
जड़ वृच्छ तोरे दीन। मैं कहा विक्रम कीन ॥३४॥

भावार्थ—अक्षयकुमार को मारा सो वह तो अत्यन्त निर्बल बालक था, तदनन्तर शत्रु मुझे बाँध ले गया (यदि बली होता तो कैसे बाँधा जाता)। जो वृक्ष तोड़े सो वे तो अति कमजोर जड़ जीव थे, हे राम जी मैंने कुछ भी प्रशंसनीय विक्रम नहीं किया (आप जो बड़ाई करते हैं यह केवल आपकी दीनदयालुता है—दासों का महत्व बढ़ाते हैं)।

(राम का लंका की ओर प्रयाण)

मूल—तिथि विजय दसमी पाय। उठि चले श्रीरघुराय।
हरि जूथ जूथप संग। बिन पच्छ के ते पतंग ॥३५॥

शब्दार्थ—विजय दशमी को (कुँवार सुदि १० को) राम जी ने किष्किंधा के ऋष्यमूक पर्वत से लंका की ओर प्रयाण किया, साथ में बंदरों की सेना और सेनापति हैं वे मानो बिनपक्ष के पक्षी हैं (आकाश में उड़ते चलते हैं)।

अलंकार—हीन तद्रूप रूपक।

तोमर—आकास वलित विलास। सूझै न सूर प्रकास।
पुनि ऋच्छ लच्छन संग। जनु जलधि गंग तरंग ॥३६॥

भावार्थ—वानरों के विलास से आकाश युक्त है अर्थात् सब वानर आकाश में उछलते-कूदते उड़ते चलते हैं और वे संख्या में इतने अधिक हैं कि उनकी ओट के कारण सूर्य का प्रकाश नहीं दिखाई देता। पुनः राम के साथ लाखों रीछ भी चलते हैं, उनकी सेना ऐसी जान पड़ती है मानो समुद्र की लहरें चल रही हों।

अलंकार—उत्प्रेक्षा।

(सुग्रीव) दंडक—

कहै केशोदास तुम सुनो राजा रामचन्द्र,
रावरी जबहिं सैन उचकि चलति है।
पूरति है भूरि धूरि रोदसी के आस-पास,
दिस दिस बरषा ज्यों बलनि बलऽति है।

पन्नग पतंग तरु गिरि गिरिराज,
गजराज मृग मृगराज राजिनि दलति है।
जहाँ तहाँ ऊपर पताल पय आय जात,
पुरइन को सो पात पुहुमी हिलति है ॥३७॥

शब्दार्थ—उचकि=उछल कर। रोदसी=पृथ्वी और आकाश दोनों। बरषा ज्यों बलनि बलति है=जैसे बर्षा अपने बल (मेघों से अति बली होती है वैसे ही आपकी सेना बली वानरों से अति बलवान है। बलडति है=बल अति हैं। पन्नग=सर्प, बड़े बड़े अजगर। पतंग=पक्षी। राजिनि=(राजी) पंक्ति, समूह। दलति है=पीस डालती है। पय=पानी। पुहुमी=पृथ्वी।

भावार्थ—हे राजा रामचन्द्र! जब आपकी सेना उछल कर चलती है, तब पृथ्वी और आकाश सब ओर से धूर से पूर्ण हो जाते हैं, चारों ओर ऐसा जान पड़ता है मानो घन समूह से बली होकर बर्षा ही आ गई है (आकाश में उछलते चलते हुए वानर और रीछों के समूह बादल समूह से जान पड़ते हैं।) आप की सेना सर्पों, पक्षियों, वृक्षों, छोटे-बड़े पहाड़ों, बड़े हाथियों, पशुओं, और सिंहों के समूहों को पीस डालती है। पाताल का पानी जहाँ-तहाँ पृथ्वी के ऊपर आ जाता है और पृथ्वी पुरइन-पत्र की भाँति हिलने लगती है।

अलंकार—उपमा।

(लक्ष्मण) दंडक—भार के उतारिबे को अवतरे रामचन्द्र,
किधौं केशोदास भूमि भारत प्रबल दल।
टूटत हैं तरुवर गिरैं गन गिरिवर,
सूखे सब सरवर सरित सकल जल॥
उचकि चलत कपि दचकनि दचकत,
मंच ऐसे मचकत भूतल के थल थल।
लचकि लचकि जात सेस के असेस फन
भागि गई भोगवती अतल वितल तल ॥३८॥

शब्दार्थ—किधौं=उसके विरुद्ध। भारत=भार से परिपूर्ण करते हैं और बोझ डालते हैं। दचकनि=धक्का। दचकत=हिल जाती है। मच-

कत=नीचे को दबते और पुनः ऊपर को उठते हैं। लचकि जात=नीचे को झुक जाते हैं। सेस=शेषनाग। असेस=(अशेष) सब। भोगवती=पृथ्वी के नीचे के लोक की पुरी। पृथ्वी के नीचे सात तहें (लोक) मानी जाती हैं जिनके नाम क्रमशः ये हैं (१) अतल (२) वितल (३) सुतल (४) तलातल (५) महातल (६) रसातल (७) पाताल। यह भोगवती पुरी 'अतल' की राजधानी है।

भावार्थ—लक्ष्मण जी कहते हैं कि श्रीरामचन्द्र जी ने भूमि के भार को उतारने के लिये अवतार लिया है, पर उसके विरुद्ध अपने प्रबल दल के भार से भूमि का और भी बोझा बढ़ाते हैं। इतना बड़ा दल है कि, उसके धक्कों से दरख्त टूटते हैं, पहाड़ गिरते हैं, समस्त नालों और नदियों का जल सूखता है (दल वाले लोग सब पानी पी डालते हैं), वानरों के उछल कर चलने के धक्कों से ज़मीन हिल जाती है और मचान की तरह पृथ्वी नीचे को दबती और पुनः उछलती है; शेष के समस्त फन नीचे को झुक-झुक जाते हैं और अतल लोक की भोगवती नगरी वितल लोक को भाग गई है (पहले तल की नगरी दब कर दूसरे तल को चली गई है) तात्पर्य यह कि दल बहुत बड़ा है।

अलंकार—अत्युक्ति।

हरिगीतिका—

रघुनाथ जू हनुमंत ऊपर शोभिजैं तेहि काल जू।
उदयाद्रि शोभन शृङ्ग मानहु शुभ्र सूर विसाल जू॥
शुभ अंग अंगद कंध लक्ष्मण लखिये यहि भाँति जू।
जनु मेरु पर्वत शृङ्ग अद्भुत चन्द्र राजत रात जू॥ ३६॥

शब्दार्थ—शोभिजै=शोभित है। उदयाद्रि=उदयाचल पर्वत। शोभन=सुन्दर। शृङ्ग=चोटी। शुभ्र=अति उज्ज्वल। सूर=सूर्य। लखिये=दिखलाई पड़ते हैं। रात=रक्ताभा वाले, लाल गोरे (ललाई मिश्रित गौर-वर्ण वाले)।

भावार्थ—श्री रघुनाथ जी उस समय (प्रयाणकाल में) हनुमान जी के कन्धे पर सवार ऐसे शोभित होते हैं मानो उदयाचल के सुन्दर शिखर पर विशालकाय उज्ज्वल सूर्य हो और सुन्दर शरीर वाले अंगद के कंधे पर

लक्ष्मण जी सवारी किये इस भाँति दिखलाई पड़ते हैं मानों मेरु पर्वत के शिखर पर लाल और अद्भुत चन्द्रमा विराज रहा हो।

अलंकार—उत्प्रेक्षा।

दो०—बलसागर लक्ष्मण सहित, कपि सागर रणधीर।
यश सागर रघुनाथ जू, मेले सागर तीर॥ ४०॥

शब्दार्थ—कपि सागर=समुद्र समान वानरी सेना। मेले=उतरे, ठहरे, डेरा डाला।

भावार्थ—(इस तरह चलते-चलते) बड़े यशस्वी श्रीराम जी, अति बली लक्ष्मण जी तथा अति रणधीर समान वानरी सेना सहित जाकर समुद्र के किनारे उतरे (पड़ाव डाला)।

अलंकार—लाटानुप्रास।

(समुद्र-वर्णन)

सवैया—

भूति विभूति पियूपहु को विष ईश शरीर कि पाय वियो है।
है किधौं केशव कश्यप को घर देव अदेवन के मन मोहै॥
संत हिया कि बसैं हरि संतत शोभ अनन्त कहै कवि को है।
चन्दन नीर तरंग तरंगति नागर कोउ कि सागर सोहै॥ ४१॥

शब्दार्थ—भूति=अधिकता। विभूति=(१) भस्म (२) रत्न। ईश शरीर=महादेव का शरीर। बियो=दूसरा। सतत=सदा। तरंग तरंगित=प्राचीन काल में मलयगिरि पर्वत से चन्दन काट कर समुद्र में फेंक कर समुद्र की तरंगों द्वारा अन्यान्य देशों को लोग ले जाते थे, अतः चन्दन के अनेक काष्ठखण्ड सदा समुद्र में तैरा करते थे।

भावार्थ—यह समुद्र है कि महादेव जी का दूसरा शरीर पाया गया है क्योंकि जैसे महादेव के शरीर में विभूति (भस्म) की अधिकता, पीयूष (पीयूषधर चन्द्रमा) और विष पाये जाते हैं वैसे ही इस समुद्र में भी विभूति (रत्नादि) की अधिकता अमृत और विष पाये जाते हैं। अथवा यह समुद्र है या कश्यप प्रजापति का घर है, क्योंकि जैसे कश्यप का घर देवता और दैत्यों का मन मोहता है (पिता का घर और जन्मभूमि प्यारी होती हैं)

वैसे ही यह समुद्र भी अपनी दीर्घता से देव और दैत्यों के मन को मोहित करता है। अथवा यह समुद्र है या किसी संत का हृदय है, क्योंकि संतहृदय में सदैव श्रीहरि निवास करते हैं वैसे ही इस समुद्र में भी श्रीहरि बसते हैं, इसकी शोभा अनन्त है जिसे कोई वर्णन नहीं कर सकता। अथवा यह समुद्र है या कोई नागर (नगर निवासी सुचतुर) पुरुष है, क्योंकि जैसे नागर मनुष्य का शरीर चन्दन लेप से तरङ्गवत् चित्रित रहता है (शरीर में चन्दन के लहरियादार तिलक लगाता है) वैसे ही इस समुद्र का पानी भी चन्दन वृक्षों से तरङ्गित रहता है (तरङ्गों के साथ चन्दन-काष्ठ उतराया करता है)।

अलंकार—श्लेष और सन्देह से पुष्ट उल्लेख।

हरिगीतिका—

जाल काल करालमाल तिमिंगलादिक सों बसै।
उर लोभ छोभ विमोह कोह सकाम ज्यों खल को लसै।
बहु संपदा युत जानिये अति पातकी सम लेखिये।
कोउ माँगनो अरु पाहुनो नहिं नीर पीवत देखिये ॥ ४२ ॥

शब्दार्थ—तिमिंगल=बड़े-बड़े मच्छ (जो तिमि नामक छोटी मछली को निगल जाते हैं)। छोभ=चित की विचलित अवस्था, चञ्चलता। बिमोह=बड़ी-बड़ी गलतियाँ। कोह=क्रोध। माँगनो=भिक्षुक। पाहुनो=मेहमान, अतिथि।

भावार्थ—इस समुद्र का जलसमूह काल समान कराल तिमिंगलादि मच्छों के समूह से आबाद है, जैसे किसी खल का हृदय लोभ, क्षोभ, कोह, मोह और कामादि बुरे और भयंकर भावों से परिपूर्ण रहता है। यह समुद्र बहुत सम्पदा से युक्त तो है, पर यह महापातकी के समान समाज से त्यक्त है, क्योंकि देखिये, न तो कोई भिक्षुक इससे भिक्षा माँगता है न कोई अतिथि इसका पानी ही पीता है।

अलंकार—उपमा।

चौदहवाँ प्रकाश समाप्त

पन्द्रहवाँ प्रकाश

दो०—या प्रकाश दसपञ्च में, दससिर करै विचार।
मिलन विभीषन सेतु रचि, रघुपति जैहैं पार॥

(रावण) हरिगीतिका—

सुरपाल भूतलपाल हो सब मूल मंत्र जानिये।
बहु मंत्र वेद पुराण उत्तम मध्यमाधम मानिये।
करिये जु कारज आदि उत्तम, मध्यमाधम भानिये।
उर मध्य आनि अनुत्तमै जुगये ते आज बखानिये॥ १॥

शब्दार्थ—भानिये=भंग कर डालो, छोड़ दो। अनुत्तम=सर्वोत्तम (अन+उत्तम=जिससे अधिक उत्तम कोई न हो)। जुगये=हृदय में सुरक्षित रखा है।

भावार्थ—रावण अपने मंत्रियों से कहता है कि तुम देवों और भूमि के पालक हो और सब प्रकार के मूलमंत्रों को जानते हो, वेदों और पुराणों में बहुत प्रकार के मंत्र हैं जिनमें से कुछ उत्तम कुछ मध्यम और कुछ अधम माने जाते हैं। इनमें से आदि प्रकार का जो उत्तम मंत्र है उसी के अनुसार कार्य करना चाहिये, मध्यम और अधम मंत्र को छोड़ देना चाहिये। अतः मैं तुमसे वही मंत्र पूछता हूँ जिसे तुमने सर्वोत्तम समझ कर हृदय में सुरक्षित कर रखा है, आज वही उत्तम मंत्र मुझसे कहो।

स्वागता—

आजु मोहि करनै सो कहौ जू। आपु माहि जनि रोष गहौ जू॥
राजधर्म कहिये छवि छाये। रामचन्द्र जौं लगि नहि आये॥ २॥

भावार्थ—अब जैसा मुझे करना चाहिये वैसा मंत्र दो, अपने मन में क्रुद्ध मत हो। जब तक रामचन्द्र (ससेना यहाँ नहीं पहुँचते, तब तक ही समय है) सुन्दर राजोचित ऐसी कूटनीति बतलाओ जिससे मेरी विजय हो (क्योंकि राम जब यहाँ आ पहुँचेंगे, तब मंत्रणा करने का समय न मिलेगा)।

(प्रहस्त) स्वागता—

वामदेव तुम को वर दीन्हो। लोक लोक सिगरे वश कीन्हो॥
इन्द्रजीत सुत सों जग मोहै। राम देव नर वानर को है॥ ३॥

शब्दार्थ—वामदेव=महादेव। जग मोहैं=संसार मूर्छित हो जाता है, (पराजित होता है)। देव=(संबोधन) हे देव!

भावार्थ—प्रहस्त कहता है, हे देव! शंकर ने आपको वर दिया है जिसके बल से आपने सब लोकों को अपने वश में कर लिया है और जब आपके ऐसा बली पुत्र है जिसने इन्द्र को जीत लिया है और जो संसार को मूर्छित कर सकता है, तो हे देव! नर राम और वानर आपको क्या हानि पहुँचा सकते हैं।

अलंकार—अर्थापत्ति (प्रमाण)।

मूल—मृत्यु पास भुज जोरहि तोरैं। कालदंड जेहि सो कर जोरैं।
कुंभकर्ण सम सोदर जाके। और कौन मन आवत ताके॥ ४॥

भावार्थ—जो अपने भुजबल से मृत्युपाश को तोड़ सकता है, कालदंड जिसको हाथ जोड़ता है, ऐसा कुंभकर्ण सा जिसके भाई है, वह भला किसको कुछ समझ सकता है (कोई भी क्यों न हो, उसके सामने सब तुच्छ है)।

अलंकार—काव्यार्थापत्ति, काकु, वक्रोक्ति।

(कुंभकर्ण) चतुष्पदी—

आपुन सब जानत, कह्यो न मानत, कीजै जो मन भावै।
सीता तुम आनी, मीचु न जानी, आन को मंत्र बतावै॥
जेहि बर जीत्यो, सबै अतीत्यो, तासों कहा बसाई।
मति भूलि गई तब, सोच करत अब, जब सिर ऊपर आई॥ ५॥

शब्दार्थ—आपुन=आप। आन=अन्य, दूसरा। मन्त्र=सलाह। बर=बल या वरदान। अतीत्यो=बीत गया, खतम हो गया। बसाई=वश चल सकता है। मति=सुधि, खबर (ब्रह्मा के वरदान की सुधि कि नर वानर को छोड़ तुम किसी के मारे न मारोगे, यथा—

"तुम काहू के मरहु न मारे। बानर मनुज जाति दुइ बारे" (तुलसी)।
तब=सीता हरण के समय। सिर ऊपर आई=आपदा सिर पर आ गई।

भावार्थ—(कुंभकर्ण कहता है) आप तो सब जानते हैं कि क्या होनहार है इसीसे आप किसी का कहना नहीं मानते, तो अच्छा है जो जी में आवे सो कीजिये। जब तुम सीता हर लाये थे तब तुमने यह न समझा था कि यही हमारी मृत्यु का कारण होगी? अब दूसरा कौन तुम्हें सलाह दे।

जिस वरदान से तुमने संसार को जीता है, वह वरदान अब इस दशा में (नर वानर से वैर कर लेने की दशा में) व्यतीत हो चुका, इस कारण अब कुछ वश नहीं चल सकता। तब तो वह सुधि (ब्रह्मा के वरदान की) भूल गई, और अब जब आपदा सिर पर आ गई तब उससे बचने का उपाय सोचते हो (तुमको पहले ही से नर-वानर से वैर न करना था—अब तो मृत्यु निश्चित है)।

अलंकार—लोकोक्ति।

(मंदोदरी) सवैया—

राम की वाम जो आनी चोराय सो,
लंका में मीचु की बेलि बई जू।
क्यों रण जीतहुगे तिनसों,
जिनकी धनुरेख न लाँघ गई जू।
बीस बिसे बलवंत हुते जु,
हुती दृग केशव रूप रई जू।
तोरि सरासन सङ्कर को पिय,
सीय स्वयम्बर क्यों न लई जू॥ ६॥

शब्दार्थ—बीस बिसे=(बीसोबिस्वा) निश्चय। हुती दृग=जो आँख में चढ़ गई थी, पसंद आई थीं। रूप रई=रूप से रंजित, रूपवती।

भावार्थ—(मंदोदरी कहती है कि) तुम जो राम की स्त्री हर लाये यह बात ऐसी ही हुई मानो तुमने लंका में मृत्यु की बेलि बो दी। भला तुम उनसे रण में कैसे जीत सकोगे जिनकी खींची धनुष-रेखा को तुम लाँघ नहीं सके। यदि तुम निश्चय बलवंत थे और यदि तुम्हारी दृष्टि में सीता रूपवती बँच गई थीं, तो शिव धनुष को तोड़ कर सीता को स्वयम्बर में ही क्यों न जीत लिया।

अलंकार—निदर्शना।

सवैया—

बालि बली न बच्यौ पर खोरिहि क्यों बचिहौ तुम आपनि खोरहि।
जा लगि छीर समुद्र मथ्यौ कहि कैसे न बाँधिहै बारिधि थोरहि॥
श्रीरघुनाथ गनौ असमर्थ न देखि बिना रथ हाथिन घोरहि।

तोरयो सरासन संकर को जेहि सोऽव कहा तुव लंक न तोरहि ॥७॥

शब्दार्थ—त्रोरि = दोष। थोरा = छोट। लंक=(१) लंका (२) कमर।

भावार्थ—जिस राम से परदोषी बली बालि नहीं बच सका उस राम से तुम निज दोषी होकर कैसे बच सकोगे, जिसके लिये राम ने क्षीर समुद्र मथ डाला था (कच्छप रूप से, लक्ष्मी के लिये) उसी लक्ष्मी रूपी सीता के हेतु इस छोटे से समुद्र को क्यों न बाँध लेंगे। बिना चतुरंगिनी सेना के हैं ऐसा समझ कर तुम राम को असमर्थ न समझना। जिसने तुम्हारे पूज्यदेव शंकर का धनुष तोड़ डाला वह तुम्हारी लंकापुरी क्यों न जीत लेगा (अथवा तुम्हारी कमर क्यों न तोड़ देगा, क्योंकि पर स्त्री-लम्पट की कमर ही तोड़ देना उसका उचित दंड है)।

अलंकार—निदर्शना।

(मेघनाद) दो०—

मोको आयसु होय जो, त्रिभुवन पाल प्रवीन।
राम सहित जब जग करौं, नर बानर करि हीन ॥ ८ ॥

अलंकार—स्वाभावोक्ति (प्रतिज्ञाबद्ध)

(विभीषण) मोटनक—

को है अतिकाय जो देखि सकै। को कुंभ निकुंभ वृथा जो बकै ॥
को है इन्द्रजीत जो भीर सहै। को कुंभकरन्न हथ्यार गहै ॥ ९ ॥

शब्दार्थ—अतिकाय=एक सेनापति। कुंभ, निकुंभ=कुंभकर्ण के दो वीर पुत्र। इन्द्रजीत=रावणपुत्र मेघनाद।

भावार्थ—अतिकाय की क्या मजाल है कि उनकी ओर देख सके, कुम्भ और निकुम्भ वृथा बकवादी हैं, ये कुछ नहीं कर सकते। मेघनाद की क्या मजाल कि उनके साथ युद्ध कर सके और कुम्भकर्ण भैया भी उनके साथ नहीं लड़ सकते।

मूल—

देखे रघुनायक धीर रहै। जैसे तरु पल्लव वायु बहै ॥
जौलौं हरि सिंधु तैरेई तरै। तौलौं सियलै किन पाय परै ॥ १० ॥

भावार्थ—तुम्हारी तरह कोई ऐसा वीर नहीं कि जो राम को रणोद्यत देख कर सधीर मैदान में टिक सके। सब वीर ऐसे भागेंगे जैसे हवा के चलते ही तरुपत्र उड़ते हैं। बेहतर यह है कि राम के इस पार आने से पहले ही तुम सीता को साथ लेकर जाओ, सीता उन्हें दो और पैर पड़ कर अपना दोष क्षमा कराओ (तो बचने की उम्मेद है, नहीं तो नहीं)।

मूल—

जौलौं नल नील न सिंधु तरैं। जौलौं हनुमन्त न दृष्टि परै।
जौलौं नहिं अंगद लंक दही। तौलौं प्रभु मानहु बात कही ॥११॥
जौलौं नहीं लक्ष्मण बाण धरैं। जौलौं सुग्रीव न क्रोध करैं।
जौलौं रघुनाथ न सीस हरौं। तौलौं प्रभु मानहु पाइ परौ ॥१२॥

(रावण) कलहंस—

अरि काज लाज तजि कै उठि धायो।
धिक तोहि मोहि समुझावन आयो॥
तजि राम नाम यह बोल उचारयो।
सिर माँझ लात पगलागत मारयो॥ १३ ॥

शब्दार्थ—तजि राम नाम=राम का नाम लेना छोड़ दे। "उचार्यो" का कर्ता 'रावण' है।

भावार्थ—रावण ने विभीषण से कहा कि शत्रु का पक्ष लेने को उठ दौड़ा धिक्कार है तुझे, मुझे तू समझाने चला है। खबरदार, आज से राम का नाम न लेना। जब रावण ने यह बात कही तब विभीषण डर कर पैर पड़ने लगा, पर पड़ते समय रावण ने विभीषण के सर पर लात से आघात किया।

कलहंस—करि हाय-हाय उठि देह सँभारयो।
लिय अंग संग सब मन्त्रिय चारयो॥
तजि अंध बंधु दसकंध उड़ान्यो।
उर रामचन्द्र जगती पति जान्यो॥ १४ ॥

भावार्थ—चोट लगने पर रो पीट कर विभीषण उठे और देह सँभाल कर (सावधान होकर) अपने साथ रहने वाले चार मंत्रियों को साथ लेकर अज्ञानी भाई रावण को छोड़ कर शीघ्रतापूर्वक राम के पास को चल दिये

क्योंकि वे हृदय से श्रीराम जी को ही समस्त संसार का अधिष्ठाता जानते थे।

दो०—मन्त्रिन सहित विभीषणै, वाढ़ी शोभ अकास।
जनु अलि आवत भाव ते, प्रभुपद पदुमन पास ॥ १५ ॥

शब्दार्थ—शोभ=शोभा। अलि=भौंरे। भाव ते=बड़े प्रेम से।

भावार्थ—मंत्रियों सहित विभीषण आकाश मार्ग से रामजी की ओर जा रहे हैं (निशचर होने से शरीर काला है) अतः उनकी शोभा ऐसी जान पड़ती है मानो श्रीराम जी के चरण कमलों के पास बड़े प्रेम से भ्रमर आ रहे हैं।

नोट—किसी प्रति में "प्रभु पद पदुमनि बास" पाठ है। इस पाठ में अर्थ होगा "प्रभु पद कमल की बास (सुगंध) पा कर मानो प्रेम सहित भौंरें आ रहे हैं।"

अलंकार—उत्प्रेक्षा।

चौपाई—

निकट विभीषण आय तुलाने। कपिपति सों तब ही गुदराने॥
रघुपति सों तिन जाय सुनायो। दसमुख सोदर सेवहिं आयो ॥१६॥

शब्दार्थ—आय तुलाने=आ पहुँचे। कपि=कटक के चारों ओर के पहरेदार बंदर। पति=निज अध्यक्ष (सुग्रीव)। गुदराने=निवेदन किया।

भावार्थ—जब विभीषण रामदल के निकट आ पहुँचे तब पहरेदार वानरों ने (उन्हें दूर ही पर रोक कर) उनका हाल अपने अध्यक्ष सुग्रीव से कहा। उन्होंने राम जी को जा सुनाया कि रावण का भाई आप की सेवा करने को आया है और आपसे मिलना चाहता है।

(श्रीराम) चौपाई—

बुधि बलवंत सबै तुम नीके। मत सुनि लीजै मंत्रिन ही के॥
तब जु विचार परै सो कीजै। सहसा शत्रु न आवन दीजै ॥१७॥

शब्दार्थ—मंत्रिन ही के=मंत्रियों के हृदय के।

(सुग्रीव) मोदक—

रावण को यह साँचहुँ सोदरु। आपु बली बलवन्त लिये अरु॥
राकस वंश हमैं हतने सब। काज कहा तिनसों हमसो अब ॥१८॥

शब्दार्थ – सोदरु = सगा भाई। बलवंत लियें अरु = और भी बलवानों को साथ लिये हैं। राकस = राक्षस। हतने = हतन करना है, मारना है।

(जामवंत) मोदक –
बध्य विरोध हमैं इनसों अति। क्यों मिलि है हमसों तिनसों मति॥
रावण क्यों न तज्यो तबही इन। सीय हरी जबही वह निर्घृन॥१६॥

शब्दार्थ – बध्य-विरोध = बध्य-बधिक का सा विरोध। निर्घृन = निर्दय (रावण का विशेषण है) जिसे बुरा काम करते घृणा वा लज्जा न लगे।

(नल) मोदक –
चार पठै इनको मत लीजिये। ऐसहिं कैसे विदा करि दीजिये॥
राखिय जो अति जानिय उत्तम। नाहिं ते मारिय छाँड़ि सबै भ्रम॥२०॥

शब्दार्थ – चार = दूत॥

(नील) मोदक –
साँचेहु जो यह है शरनागत। राखिय राजिवलोचन मो मत॥
भीत न राखिय तो अति पातक। होइ जुमातु पिताकुल घातक॥२१॥

शब्दार्थ—मो मत = मेरा यह मत है। भीत = डर कर शरण आया हुआ। होय घातक = चाहे वह माता-पिता और समस्त कुल का घातक ही क्यों न हो।

(हनुमान) बसंत तिलका—

जानौं विभीषण न राकस राम राजा।
प्रह्लाद नारद विशारद बुद्धि साजा॥
सुग्रीव नील नल अंगद जामवंता।
राजाधिराज बलिराज समान संता॥ २२॥

शब्दार्थ—राकस = राक्षस। विशारद = पंडित, विद्वान्।

दो० – कहन न पाई बात सब, हनूमन्त गुण धाम।
कह्यो विभीषण आपुही, सबन सुनाव प्रणाम॥ २३॥

भावार्थ—हनुमान जी ने अपनी बात पूरी न कह पाई थी कि विभीषण ने सब को प्रणाम करके अपना मर्म कह सुनाया।

(विभीषण) मत्तगयंद सवैया—

दीन दयाल कहावत केशव हौं अति दीन दशा गहो गाढ़ो।
रावण के अघ ओघ समुद्र में बूड़त हौं वर ही गहि काढ़ो॥
ज्यों गज की प्रह्लाद की कीरत त्योंही विभीषण को जस बाढ़ो।
आरत बंधु पुकार सुनौ किन आरत हौं तौ पुकारत ठाढ़ो॥२४॥

शब्दार्थ—बर ही=बलपूर्वक। बाढ़ौ=बढ़ाइये, फैलाइये। किन= क्यों। हौं=मैं। त्योंही···बाढ़ौ=उसी प्रकार विभीषण के बचाने का यश संसार में फैलाइये।

(पुनः विभीषण) मत्तगयंद सवैया—

केशव आपु सदा सह्यो दुःख पै दासन देखि सके न दुखारे।
जाको भयो जेहि भाँति जहाँ दुःख त्योंही तहाँ तेहि भाँति सँभारे॥
मेरिय बार अबार कहा कहूँ नाहिं न काहू के दोष विचारे।
बूड़त हौं महामोह समुद्र में राखत काहे न राखन हारे॥ २५॥

शब्दार्थ—त्योंही=तुरंत, अति शीघ्र। अबार=देर। मोह=दुःख।

अलंकार—रूपक (मोह समुद्र में)।

बसन्त तिलका—

श्रीरामचन्द्र अति आरतवंत जानि।
लीन्हो बुलाय शरणागत सुखदानि॥
लंकेश आउ चिर जीवहि लंका धाम।
राजा कहाउ जग जौ लगि राम नाम॥ २६॥

भावार्थ—श्रीराम जी ने विभीषण को दुखी जान, शरणागत सुखदाता होने के कारण यह कह कर बुला लिया कि हे लंकेश! आओ, लंका में चिरकाल तक जीवित रहो, और जब तक संसार में राम नाम का साका चलेगा तब तक तुम राजा कहलाओगे।

तोटक—

जबहीं रघुनायक बाण लियो। सविशेष बिशोषित सिंधु हियो॥
तब ही द्विज रूप सु आइ गयो। नल सेतु रचै यह मंत्र दियो॥ २७॥

शब्दार्थ—सविशेष=विशेष रूप से (अत्यन्त)। बिशोषित=सूख गया।

भावार्थ—जब राम जी ने धनुष बाण उठाया तब समुद्र का हृदय विशेष रूप से सूख गया ("उठी उदधि उर अन्तर ज्वाला" – तुलसी), तब ब्राह्मण का रूप बनाकर समुद्र आया और यह सलाह दी कि नल के हाथों पुल बँधवा कर सेना को उस पार ले जाइये।

(सुन्दरकांड कथा प्रसंग समाप्त)

(सेतु-बंधन)

दो०—जहँ तहँ बानर सिंधु महँ, गिरिगण डारत आनि।
शब्द रह्यो भरि पूरि महि, रावण को दुख दानि ॥ २८ ॥

तोटक—

उछले जल उच्च अकाश चढ़ै। जल जोर दिशा विदिशान मढ़ै ॥
जनु सिंधु अकाश नदी अरिकै। बहुभाँति मनावत पाँ परिकै ॥ २९ ॥

शब्दार्थ—आकाश नदी=आकाश गंगा। अरिकै=अड़ गई है, मान किया है। पाँ परिकै=पैर छू-छू कर।

भावार्थ—पहाड़ फेंके जाने से समुद्र का जल बहुत ऊँचे तक उछलता है और (दिशा-विदिशाओं में छा गया है)। यह घटना ऐसी जान पड़ती है, मानो आकाश गंगा ने समुद्र से मान किया है (समुद्र नदी-पति होने से आकाश गंगा का भी पति है अतः पत्नी ने मान किया है) और समुद्र अपने हाथों से उसके पैर छू-छू कर उसे मनाता है।

अलंकार—उत्प्रेक्षा।

तोटक—

बहु व्योम विमान ते भीजि गये। जल जोर भये अँगराग रये ॥
सुर सागर मानहु युद्ध जये। सिगरे पट भूषण लूटि लये ॥ ३० ॥

शब्दार्थ—अँगराग रये=अँगराग अर्थात् केसर चंदनादि से रंगे हुए (वस्त्राभूषण विमानों से बह-बह कर समुद्र में आ गये हैं)। सुर=देवताओं को। युद्ध जये=युद्ध में जीत लिया है। सागर=समुद्र ने।

नोट—'सुर' कर्म कारक में और 'समुद्र' कर्ता कारक में है। "वस्त्राभूषण विमानों से समुद्र में बह आये हैं" इतने पद अनुक्त हैं।

भावार्थ—समुद्र से जो जल उछला है उससे आकाशगामी सुर विमान भींग गये हैं, और जल के जोर से देवों के केशर चंदनादि रंजित वस्त्राभूषण समुद्र में बह आये हैं, यह घटना ऐसी जान पड़ती है, मानो समुद्र ने युद्ध में देवताओं को जीत कर उनके वस्त्र-भूषण लूट लिये हैं।

अलंकार—अनुक्त विषया वस्तूत्प्रेक्षा।

तोटक—

अति उच्छलि छिछि त्रिकूट छयो। पुर रावण के जल जोर भयो॥
तब लंक हनूमत लाइ दई। नल मानहु आइ बुझाइ लई॥ ३१॥

शब्दार्थ—छिछि=उछले हुए पानी की छांछ (धारा)। त्रिकूट=वे तीन शिखर जिन पर लंकापुरी बसी थी। लाइ दई=आग लगा दी थी।

भावार्थ—समुद्र जल की उछलती हुई धाराओं से त्रिकूट पर्वत के तीनों शिखर छा गये और रावण की लंकापुरी में जल भर गया। यह घटना ऐसी जान पड़ी मानो हनुमान द्वारा जलाई गई लंका को नल ने बुझा लिया।

अलंकार—उत्प्रेक्षा।

तोटक—

लगि सेतु जहाँ तहँ सोभ गहे। सरितान के फेरि प्रवाह बहे॥
पति देवनदी रति देखि भली। पितु के घर को जनु रूसि चली॥३२॥

शब्दार्थ—लगि सेतु=सेतु से रुक कर। देवनदी=आकाश गंगा। रति=प्रीति। पति देवनदी रति=समुद्र और आकाश गंगा की प्रीति (देखो छन्द नं० २६)। पितु के घर को=उद्गम-स्थान को। 'शोभ गये' 'प्रवाह' का विशेषण है। फेरि=उलट कर।

शब्दार्थ—सेतु के कारण (सेतु से रुक कर) नदियों के सुन्दर प्रवाह जहाँ-तहाँ रुक गये और उद्गम-स्थान की ओर को बहने लगे, मानो वे नदियाँ अपने-अपने पिता के घरों को इस कारण रूठ कर चल दी हैं कि हमारा पति तो आकाश गंगा पर ही अधिक प्रीति करता है।

अलंकार—उत्प्रेक्षा।

मूल—सब सागर नागर सेतु रची।
बरणौं बहुधा सुर शक्र सची॥
तिलकावलि सी सुभ सीस लसै।
मणिमाल किधौं उर में बिलसै॥

शब्दार्थ—सब=समस्त (यह शब्द 'सुर' का विशेषण है)। नागर=सुन्दर, श्रेष्ठ। रची=अनुरक्त होकर। तिलकावलि=खौर।

भावार्थ—समस्त देवता, यहाँ तक कि इन्द्र और शची भी, समुद्र के सेतु पर अनुरक्त होकर (सुन्दर देख कर) विविध प्रकार से उसका वर्णन करने लगे, कि यह समुद्र के सिर की खौर है या समुद्र के हृदय पर मणिमाला शोभा दे रही है।

अलंकार—संदेह।

तारक—उरते शिव मूरति श्रीपति लीन्हीं।
शुभ सेतु के मूल अधिष्ठित कीन्हीं॥
इनको दरसै परसै पग जोई।
भवसागर को तरि पार सो होई॥ ३४॥

शब्दार्थ—उरते=हृदय से, बड़े प्रेम से, अत्यन्त भक्तिभाव से। श्रीपति=श्रीराम जी। सेतु के मूल=जिस स्थान से सेतु रचना का आरंभ हुआ था। अधिष्ठित कीन्ही=स्थापित की।

भावार्थ—श्रीरामजी ने अति भक्ति-भाव से शिव की एक मूर्ति लेकर सेतु के आरंभ के स्थान पर स्थापित की (शिवमूर्ति स्थापित करके आराधना की) और श्रीमुख से उस मूर्ति का यह माहात्म्य बतलाया कि जो व्यक्ति इनके दर्शन करेगा वा इनके चरणों का स्पर्श करेगा वह भवसागर के पार तर जायगा (उसका जन्म-मरण न होगा, वह मुक्त हो जायेगा)।

दो०—सेतुमूल शिव शोभिजै, केशव परम प्रकास।
सागर जगत जहाज को, करिया केशव दास॥ ३५॥

शब्दार्थ—जहाज=नौका। करिया=केवट, खेवट, मल्लाह।

भावार्थ—शिवजी अपने परम प्रकाश से (पूर्ण शक्ति और प्रभाव से युक्त) सेतु के आदि स्थल पर शोभित हैं, मानो संसार सागर के जहाज के मल्लाह हैं।

अलंकार—रूपक से पुष्ट गम्योत्प्रेक्षा।

तारक—सुक सारन रावन दूत पठायो।
कपिराज सों एक संदेश सुनायो॥
अपने घर जैयहु रे तुम भाई।
जमहूँ पहँ लंक लई नहिं जाई॥ ३६॥

शब्दार्थ—कपिराज=सुग्रीव। भाई=सुग्रीव (बालि से रावण की मित्रता थी, सुग्रीव बालि के भाई हैं। अतः रावण भी भाई कहता है)।

भावार्थ—रावण ने शुक और सारण नामक दो राक्षसों को दूत बना कर रामदल देखने को भेजा। उन्होंने सुग्रीव से रावण का यह संदेसा सुनाया कि—"हे भाई सुग्रीव! तुम अपने घर लौट जाओ, जमराज भी मेरी लंका नहीं जीत सकते।"

(सुग्रीव) तारक—भजि जैहौ कहाँ न कहूँ थल देखौं।
जलहू थलहू रघुनायक पेखौं॥
तुम बालि समान सहोदर मेरे।
हतिहौं कुल स्यों तिनु प्रानन तेरे॥ ३७॥

शब्दार्थ—तुम बालि……मेरे=तुम बालि समान मेरे भाई हो अर्थात् मेरे संबंध से जो गति बालि की हुई है वही तुम्हारी भी होगी। तिनु=तृण समान।

भावार्थ—(सुग्रीव ने जवाब दिया) हे शुक और सारन! रावण से कह देना कि भाग कर कहाँ जाओगे, मैं तो कहीं ऐसी जगह नहीं देखता जहाँ तुम बच सकोगे, क्योंकि मैं जल तथा थल में सर्वत्र राम जी को देखता हूँ। हाँ बेशक, तुम बालि के ही समान मेरे भाई हो (अर्थात् जहाँ बालि गया है वहीं तुम भी जाओगे) वंश सहित तेरे तृण समान प्राणों को मैं ही मारूँगा—तेरे पापों के कारण तेरे प्राण तृण समान हलके और कमजोर हो गये हैं, अब तुझ में महाप्राणता नहीं रह गई।

अलंकार—उपमा।

(कवि वचन) तारक—

सब राम चमू तरि सिंधुहि आई।
छवि ऋच्छन की धर अंबर छाई॥

बहुधा सुक सारन को सु बताई।
फिर लंक मनो बरषा ऋतु आई॥ ३८॥

शब्दार्थ—चमू=सेना। भर=पृथ्वी। अंबर=आकाश। फिर=फिर कर, लौट कर (अर्थात् शरद् के बाद लौट कर फिर वर्षा आ गई)। बताई=दिखलाई।

भावार्थ—राम की समस्त सेना सिंधु को पार करके लंका में आ गई, वहाँ काले-काले रीछों की शोभा जमीन और आकाश में छा गई, वह सब सेना का विस्तार सुग्रीव ने शुक सारन को दिखलाया। वे सब लंका को ऐसे घेरे हैं मानो फिर लौट कर लंका में वर्षा ऋतु आ गई है।

नोट—हेमंत ऋतु में चढ़ाई हुई थी। वर्षा का आना अकाल ऋतु परिवर्तन कह कर कवि लंका का अमंगल सूचित करता है।

अलंकार—उत्प्रेक्षा।

दंडक—कुतल ललित नील भ्रकुटी धनुप नैन,
कुमुद कटाक्ष बाण सबल सदाई है।
सुग्रीव सहित तार अंगदादि भूपनन,
मध्य देश केशरी सुगज गति भाई है।
विग्रहानुकुल सब लक्ष-लक्ष ऋक्षबल,
ऋक्षराज मुखी मुख केशौदास गाई है।
रामचन्द्र जू की चमू राजश्री विभीषण की,
रावण की मीचु दरकूच चलि आई है॥ ३६॥

नोट—इस छन्द का अर्थ तीन तरह से लगेगा। (१) राम जी की सेना का (२) विभीषण की राजश्री का (३) रावण की मीच का।

शब्दार्थ—(प्रथम अर्थ के लिए) कुंतल, ललित, नील, भृकुटि, धनुप, नयन, कुमुद, कटाक्ष, बाण=ये सब यूथप वानरों के नाम हैं। सबल=बलवंत। सदाई=सदैव। सुग्रीव तार और अंगद=बड़े सरदारों के नाम हैं। भूपनन=सेना में भूषणवत हैं। मध्यदेश=ये लोग सेना के मध्यभाग के सरदार हैं। केशरी, गज=वानरों की जातियों के नाम हैं। गति भाई है=जिनकी चाल बड़ी सुन्दर है। विग्रह, अनुकूल-रीक्ष सेना के यूथपों के नाम हैं। लक्ष-लक्ष ऋक्षबल=लाख-लाख ऋक्षों की सेना जिनकी सेवा में हैं।

ऋक्षराज मुखी=जिन सब मुखियों में जामवंत जी मुख्य सरदार हैं। मुखगाढ़े हैं=ये वीर रीछ सेना के मुख भाग (अग्रभाग) में वर्णिक हैं। चमू=सेना। दरकूच=कूच दरकूच मंजिलें तय करती हुई। कई जगह कूच मुकाम करती हुई।

भावार्थ—(कवि अनुमान करता है कि यह राम की सेना है, वा विभीषण की राज्यश्री है, व रावण की मृत्यु है। प्रथम अर्थ में राम सेना का रूप कैसा है)—कुंतल, नील, भृकुटि, धनुष, कटाक्ष, गयन और वरण नाम वानरों से सदा बलवान है (जो सेना) और जिस सेना में सुग्रीव, तार, अंगदादि वीर भूषणवत हैं और यही वीर सेना के मध्य भाग के (जिस भाग में श्रीराम और लक्ष्मण स्थित रहते हैं) संचालक हैं। और केशरी तथा गज जाति के वानर भी हैं जिनकी चाल बड़ी सुन्दर है। विग्रह और अनुकूल नामक जिस सेना में रीछ सरदार हैं, जिन सरदारों में से एक-एक के पास लाखों रीछों की सेना है और जिन सरदारों में जामवंत जी मुख्य हैं (राम जी के ४ प्रधान मंत्रियों में हैं) यह रीछ सेना समस्त सेना के मुख-भाग में (अग्रभाग में) रहती है। ऐसी रामचन्द्र जी की सेना है।

शब्दार्थ—(दूसरे अर्थ के लिये) कुंतल=केश। ललित=सुन्दर। नील=काले। भ्रकुटी=भौंहें। नैन=नेत्र। कुमुद=लाल कमल। कटाक्ष=बाँकी चितवन। बल=सौन्दर्य। सुग्रीव=सुन्दर गर्दन। तार=मोती। अंगद=बाजूबंद। मध्यदेश=कमर। केशरी=सिंह। गज गति=हाथी की सी चाल। विग्रहानुकूल=सब शरीर के अङ्ग यथायोग्य हैं। लक्ष लक्ष ऋक्षबल ऋक्षराजमुखी=लाखों नक्षत्रगण सहित चन्द्रमा के समान मुखवाली। मुख केशवदास गाई है=केशव के दासों के मुख से प्रशंसित है (सब राम-भक्त जिनकी प्रशंसा करते हैं)।

भावार्थ—(विभीषण की राजश्री का) जिसके सुन्दर काले केश हैं, भौंहें धनुष के समान हैं, नेत्र लाल कमलसम हैं, बाँकी चितवन बाणसम है और जिसका सौन्दर्य (बल) सदा रहने वाला है, जिसकी सुन्दर ग्रीव मोतियों से युक्त है, बाजूबंद विजायंठ आदि भूषणों से अलंकृत हैं, कमर सिंह की सी है, चाल गज की सी है जो मन को भाती है, शरीर के और सब अंग भी (कुच, कर, पद, नासा, कपोलादि) यथायोग्य हैं, लाखों

नक्षत्रों के सौन्दर्य को लेकर यदि चन्द्रमा निकले तो, जो छवि उस चन्द्रमा की होगी, वैसी इनकी मुख-छवि है, सब रामभक्त जिसकी प्रशंसा करते हैं (निष्पाप हैं—बहुधा राजलक्ष्मी सकलंक होती है, वह रामभक्तों से प्रशंसित नहीं होती। पर यह रामभक्तों से प्रशंसित है अतः निष्पाप है)—ऐसा होने से यह अनुमान होता है कि यह विभीषण की राजश्री है

शब्दार्थ—(रावण की मीच के लिये) कुंतल=भाला। ललित=तीक्ष्ण। नील=काले रंग की। भ्रकुटी=भौंहें चढ़ाये। धनुष=धनुष लिये हुए। नैन=(नय+न) अन्याय युक्त, विवेकहीन, क्योंकि मृत्यु विवेकरहित होती है। कुमुद=आनन्द रहित, क्रुद्ध। कटाक्ष बाण=चितवन बाण सम कराल है। सबल=बहुत बलवती। सुग्रीव=गर्दन में सुन्दरता यह है कि महित तार=(तार=उच्च स्वर) बड़े उच्च स्वर से गरजती है। अंगदादि भूषनन=बिजायट आदि भूषण नहीं धारण किये हैं, वरन् मुंडमालादि क्रूर और भयानक भूषण धारण किये हैं। मध्य=मध्यम, असुन्दर। देश=अंग। केशरी सुगज गति भाई है=जिसकी ऐसी तेज गति है जैसे सिंह हाथी पर टूटता है, घातक गति वाली है (जैसे सिंह हाथी के मारने को चलता है वैसे यह रावण को मारने चली है)। विग्रहानुकूल (विग्रह विरोध) राम जी का विरोध राम बैर ही जिसके लिये अनुकूल समय है। लक्ष लक्ष ऋक्ष बल=लाखों रीछों का बल है जिसमें। ऋक्षराज मुखी=रीछ का सा भयङ्कर मुख है जिसका। मुख······गाई है=जिसका मुख सज्जनों ने ऐसा ही भयङ्कर कहा है।

भावार्थ—(रावण की मीचु का) तीक्ष्ण भाला लिये, काली कलूटी, भौंहें चढ़ाये, धनुष लिये, अत्याचारिणी, क्रुद्ध, जिसकी चितवन बाण सम कराल है और जो सदा ही अत्यन्त बलवती है। गले से उच्च स्वर से गरजती है, अंगदादिक ही भूषण रहित मुंडमालादि भयङ्कर भूषण धारण किये, असुन्दर अंगोंवाली है और जैसे सिंह हाथी के मारने को झपटता है वैसी चालवाली है। रावण के मारने के लिये राम बैर ही जिसे अनुकूल हेतु मिल गया है जिसमें लाखों रीछों का बल है (रीछ पेड़ पर चढ़ जाता है—यदि रावण ब्रह्मादि के शरण जाय तो भी यह वहाँ तक चढ़ कर मारेगी यह भाव है) जिसका बड़े रीछ का सा भयङ्कर मुख है, सज्जनों ने ऐसा ही

जिसका वर्णन किया है। इस रूपशाली होने से ऐसा अनुमान होता है कि यह रावण की मृत्यु है क्या ?

अलंकार—श्लेष से पुष्ट संदेह।

हीरक—रावण सुभ श्यामल तनु मन्दिर पर सोहियो।
मानहु दस शृंगयुत कलिंद गिरि विमोहियो॥
राघव सर लाघव गति छत्र मुकुट यों हयो।
हंस सबल अंसु सहित मानहु उड़ि कै गयो॥४०॥

शब्दार्थ—शुभ स्यामल तनु=अति काले शरीर वाला। शृंग=शिखर कलिंदगिरि=काले शृंगीवाला पर्वत (जिससे यमुना निकली है।)। लाघव-गति=शीघ्रता से। हयो=(हन्यो) गिरा दिये। हंस=सूर्य। अंसु=(अंशु) किरण।

भावार्थ—(राम सेना देखने को) काले शरीर वाला रावण अट्टालिका पर यों शोभित हुआ, मानो दस शिखरों सहित कलिंद गिरि सोहता हो। रामजी के बाण ने अति शीघ्र उसके छत्र मुकुटादि गिरा दिये तब वह ऐसा मालूम हुआ मानो किरण सहित सूर्य दूर स्थान को उड़ गया हो।

अलंकार—उत्प्रेक्षा।

हीरक—लज्जित खल तजि सुमहु भज्जि भवन में गयो।
लक्षण-प्रभु तत्क्षण गिरि दक्षिण पर सोभयो॥
लंका निरखि अंक हरषि मर्म सकल जो लह्यो।
जाहु सुमति रावण पहँ अंगद सन यो कह्यो॥४१॥

शब्दार्थ—सोभयो=शोभित हुए। अंक हरषि=मन से आनन्दित होकर।

भावार्थ—इस बात से लज्जित होकर खल रावण उस स्थान को छोड़ कर घर के भीतर भाग गया। तब राम और लछमण दोनों वीर लंका के दक्षिण की ओर वाले पहाड़ पर सुखपूर्वक जा बैठे। लंका को देख कर आनंदित हुए। और लंका के दुर्गों का सब भेद जानने के निमित्त राम जी ने अंगद से कहा कि हे सुमति! तुम लंका को जाओ (रावण को समझाओ यदि वह अब भी मान जाय तो व्यर्थ युद्ध क्यों करना पड़े)।

नोट—यह राजनीति है कि युद्ध की समस्त तैयारी करके एक बार मेल

के लिये अंतिम उद्योग कर लेना चाहिये। अंतिम उद्योग भी असफल हो, तब युद्ध छेड़ना चाहिये।

चंचला—रामचन्द्र जू कहंत स्वर्ण लंक देखि-देखि।
ऋक्ष वानरालि वोर ओर चारिहू बिशेखि॥
मंजु कंज गंध लुब्ध भौंर भीर सी विशाल।
केशोदास आस-पास शोभिजैं मनो मराल॥४२॥

शब्दार्थ—कहंत = कहते हैं। ऋक्ष वानरालि = रीछ और वानरों की सेना। गंधलुब्ध = सुगंध के लोभी। शोभिजै = शोभा देते हैं। मराल = हंस (इस उत्प्रेक्षा से जान पड़ता है कि दक्षिण की ओर कहीं पीले और काले रंग के भी हंस होते हैं)।

नोट—चौथे चरण में 'केशोदास' शब्द का 'शो' ह्रस्व उच्चारण युक्त माना जायगा।

भावार्थ—स्वर्ण-लंका को चारों ओर से रीछ वानरों की सेना से विशेष प्रकार से घिरी हुई देख कर रामचन्द्र जी कहते हैं कि यह लंका कमल सम है और उसमें जो काले-काले राक्षस हैं वे सुन्दर कमल के अन्दर सुगंध लोभी भौंरों के समान हैं, और चारों ओर से रीछ-वानरों की घोर सेना जो उसे घेरे हुए हैं, वे रीछ-वानर ऐसे जान पड़ते हैं मानो कमल के आस-पास हंस शोभा दे रहे हों।

अलंकार—उपमा उत्प्रेक्षा।

चंचला—ताम्र कोट लोह कोट स्वर्ण कोट आस-पास।
देव की पुरी घिरी कि पर्वतारि के विलास॥
बीच बीच हैं कपीस बीच बीच ऋक्ष जाल।
लंक कन्यका गले कि पीत नील कंठमाल॥४३॥

शब्दार्थ—देव की पुरी = इन्द्रपुरी। पर्वतारि के विलास – इन्द्र की करतूत से।

भावार्थ—सब के मध्य में सोने की लंकापुरी है। तब उसके इर्द-गिर्द सोने का कोट है। उसके इर्द-गिर्द ताँबे और लोहे के कोट हैं। यह स्थिति ऐसी मालूम होती है कि इन्द्र की करतूत के कारण (इन्द्र से शत्रुता का परिशोध करने के लिये) पर्वतों ने इन्द्रपुरी को घेर लिया है (स्वर्णपुरी

देवपुरी सम और लोह कोट, ताम्र कोट आदि पर्वत समूह सम) अथवा उन कोटों के इर्द-गिर्द कहीं पीले रंग की वानर सेना काले रंग की रीछ सेना जो घेरे पड़ा है वह सेना का घेरा या लंका रूपी कन्या के गले में नीले-पीले पोतों (काँच मनिका) की कंठी पहनाई गई है।

अलंकार – रूपक से पुष्ट संदेह।

पन्द्रहवाँ प्रकाश समाप्त

—:※:—

सोलहवाँ प्रकाश

दो०—यह वर्णन है षोडशे, केशवदास प्रकाश।
रावण अंगद सों विविध, शोभित वचन विलास॥
अंगद कूदि गये जहाँ, आसनगत लंकेश।
मनु मधुकर करहाट पर, शोभित श्यामल वेष॥१॥

शब्दार्थ—आसनगत = सिंहासन पर बैठा हुआ। करहाट = कमल की छतरी, जो पहले पीली होती है, फिर बीज पकने पर हरी हो जाती है।

भावार्थ—अंगद छलाँग मारते वहाँ गये जहाँ रावण सिंहासन पर बैठा था। वह ऐसा जान पड़ता था मानो कमल की छतरी पर भौंरा बैठा हो।

अलंकार – उत्प्रेक्षा।

(प्रतिहार) नागराज –

पढ़ो विरंचि मौन वेद जीव सोर छंडि रे।
कुबेर बेर कै कही न यक्ष भीर मंडि रे॥
दिनेश जाय दूरि बैठि नारदादि संगही।
न बोलु चंद मंद बुद्धि इन्द्र की सभा नहीं॥ २॥

शब्दार्थ—जीव = बृहस्पति। सोर = बकवाद। बेर = बार, दफा। न यक्ष भीर मंडि रे = यक्षों की भीर न लगाओ।

भावार्थ—(अंगद ने रावण का वह विभव देखा कि उसका दरबान देवताओं से कहता है कि) हे ब्रह्मा! धीरे-धीरे वेद पढ़ो, हे बृहस्पति! बकवाद छोड़ो, हे कुबेर! तुमसे कितनी बार कहा कि तू यहाँ यक्षों की भीड़ न लाया कर, हे

सूर्य ! तुम दूर पर नारदादि मुनियों के साथ जा बैठो, और हे मूर्ख चन्द्र ! तू इतना मत बोल, यह इन्द्र की सभा नहीं है।

अलंकार – उदात्त।

नोट – एक संस्कृत श्लोक भी ऐसा ही हमने सुना है :–

ब्रह्मन्नध्ययनस्य नैष समयः तूष्णीं बहिः स्थीयतां।
स्वल्पं जल्प बृहस्पते जडमत नैषा सभा वज्रिणः॥
वीणाः संहर नारद स्तुतिकथालापैरलं तुम्बुरो।
सीतारल्लकमल्लभग्नहृदयः स्वस्था न लंकेश्वरः॥

चित्रपदा—

अंगद यों सुनि बानी। चित्त महा रिस आनी॥
ठेलि कै लोग अनैसे। जाय सभा मह वैसे ॥ ३॥

शब्दार्थ – ठेलि कै = धक्का दे-दे कर, किनारे कर के। लोग अनैसे = (अनिष्ट लोग) निश्चर (रावण के नौकर-चाकर)। बैसे = बैठे, जाकर बैठ गये।

भावार्थ – अंगद प्रतिहार की यह (अविवेक भरी) वाणी सुनकर, हृदय में अत्यन्त क्रुद्ध हुए। तब रावण के दरबानों को धकिया कर अलग करके जाकर सभा में बैठ गये।

हरिगीतिका—

(रावण) – कौन हो पठये सो कौन ह्याँ तुम्हें कह काम है ?
(अंगद) – जाति बानर, लंकनायक दूत, अंगद नाम है॥
(रावण) – कौन है वह बाँधि कै हम देह पूँछ सबै दही।
(अंगद) – लंक जारि सँहारि अच्छ गयो सो बात बृथा कही ?॥

भावार्थ—(रावण का प्रश्न) – तुम कौन हो, किसने यहाँ भेजा है, क्या काम है ? (अङ्गद का उत्तर)—हम जाति के बानर हैं, लंका-नरेश के दूत हैं, अंगद हमारा नाम है। (रावण का प्रश्न) – हाँ यह बतलाओ, वह कौन है जिसको बाँध कर हमने देह पूँछ सब जला दी थी। (अंगद का उत्तर) – तो क्या उसका यह कथन बिल्कुल असत्य है कि उसने लंका को जलाया और अक्षयकुमार को मारा है ?

अलंकार – गूढ़ोत्तर।

(महोदर)–
कौन भाँति रहौ तहाँ तुम ? (अंगद) राज प्रेषक जानिये।
(महोदर)–लंक लाइ गयो जो बानर कौन नाम बखानिये॥
मेघनाद जो बाँधियो वहि मारियो बहुधा तबै।
(अंगद)–लोक लाज दुरयो रहे अति जानिये न कहाँ अबै॥५॥

भावार्थ—महोदर नामक मन्त्री ने पूछा कि तुम वहाँ (अपने मालिक के दरबार में) किस पद पर हो। (अंगद का उत्तर) हम राजदूत हैं। (महोदर का प्रश्न) हाँ ! जो बानर लंका जला गया उसका क्या नाम है बतलाइये तो। सत्य तो यह है कि मेघनाद ने उसे बाँध कर खूब पीटा था। (अङ्गद का उत्तर) वह लोक-लज्जा से छिपा रहता है, हमें नहीं मालूम कि अब वह कहाँ है।

अलंकार—गूढ़ोत्तर।

मूल—कौन के सुत ? बालि के वह कौन बालि न जानिये ?
काँख चाँपि तुम्हैं जो सागर सात न्हात बखानिये॥
है कहाँ वह ? बीर अंगद देव लोक बताइयो।
क्यों गये ? रघुनाथ बान बिमान बैठि सिधाइयो॥६॥

भावार्थ–(रावण) तुम किसके पुत्र हो ? (अङ्गद) बालि के। (रावण) कौन बालि हम तो उसे नहीं जानते ? (अङ्गद) वह बालि जो तुम्हें काँख में दाब कर सात समुद्र नहाता फिरा था। (रावण) वह अब कहाँ है ? (अंगद) देवलोक को गया है। (रावण) कैसे गया है ? (अंगद) राम के बाण रूपी बिमान पर बैठ कर गया है (अर्थात् तुमको काँख में दबाने वाला बीर बालि भी राम-बाण से मारा गया, तुम भी मारे जाओगे)।

अलंकार–गूढ़ोत्तर।

मूल—लंकनायक को ? विभीषण देव दूषण को दहै।
मोहि जीवत होहि क्यों ? जग तोहि जीवत को कहै॥
मोहि को जग मारि है ? दुरबुद्धि तेरिय जानिये।
कौन बात पठाइयो करि बीर बेगि बखानिये॥ ७॥

शब्दार्थ—देव दूषण = देवताओं का शत्रु (अर्थात् रावण)।

शब्दार्थ—(रावण पूछता है कि) जिस लंकनायक का दूत तुमने अपने को बताया है, वह लंकनायक कौन है? (देखो छन्द नं० ४) (अङ्गद) वह विभीषण है जो देवताओं के शत्रु को जलाता है। (तुम भी देव-शत्रु हो, अतः तुम्हें भी जलावेगा (अंगद का यह कथन नितांत सत्य हुआ, क्योंकि रावण की दाह-क्रिया विभीषण ने ही की)। (रावण) मेरे जीते जी वह लंकनायक कैसे होगा? (अंगद) संसार में तुझे जीवित कौन कहेगा? (तू तो मृतक ही है)। (रावण) मुझे इस संसार में कौन मार सकता है? (अङ्गद) —तेरी दुर्बुद्धि ही तुझे मारेगी। (रावण) अच्छा वीर! अब यह बताओ कि तुमको उसने किस काम से भेजा है।

अलंकार—गूढ़ोत्तर।

(अंगद) सवैया—

श्रीरघुनाथ को वानर केशव आयो हो एक न काहू हयो जू।
सागर को मद झारि चिकारि त्रिकूट की देह विहारि गयो जू॥
सीय निहारि सँहारि कै राक्षस शोक अशोकवनीह दयो जू।
अक्ष कुमारहि मारकै लंकहि जारिकै नीकेहि जात भयो जू॥८॥

शब्दार्थ—आयो हो = आया था। हयो = हन्यो, मारा। सागर को मद झारि = समुद्र का (अनुल्लंघनीयता का) अहंकार गिराकर। चिकारि = गरज गरज कर (चुपचाप चोरी से नहीं)। त्रिकूट = वह पर्वत जिस पर लंकापुरी स्थित थी। विहारि गयो = सर्वत्र घूम गया। अशोकवनी = अशोक वाटिका। नीकेहि = सही-सलामत (बिना किसी हानि के)।

भावार्थ—(अंगद कहते हैं कि हे रावण तुझको अब भी अपनी हीन वैभवता नहीं सूझी) श्रीराम जी का एक अकेला वानर आया था, उसे तुम न मार सके, समुद्र को अपनी अनुल्लंघनीयता का घमंड था, उसे गिरा गया (लाँघ आया और लाँघ गया)। गरज-गरज कर त्रिकूट भर में विहार कर गया। (तेरे महलों में घुस कर तेरी सब स्त्रियों को देख गया)। सीता का पता लगा, राक्षसों को मार, अशोक वाटिका को उजाड़, अक्षय कुमार को मार और लंका को जला कर सही-सलामत लौट गया। तुम उसका कुछ भी न कर सके। क्या इन बातों से तुझे यह नहीं सूझता कि तेरा बल-वैभव अब कुछ काम नहीं कर सकता?' अतः अब भी चेत जा।

(अंगद) गंगोदक—

राम राजान के राज आये यहाँ धाम तेरे महाभाग जागै अबै।
देवि मंदोदरी कुम्भकर्णादि दै मित्र मंत्री जिते पूछि देखो सबै॥
राखिये जाति को पाँति को वंश को गोत को साधिये लोक परलोक को।
आनि कै पाँ परो, देस लै कोप लै, आसुही ईश सीता चलैं ओक को॥९॥

शब्दार्थ—देवि=पटरानी (जिसके साथ राज्याभिषेक हो उस स्त्री की संज्ञा, 'देवी' होती है)। कुम्भकर्णादि दै=कुम्भकर्ण इत्यादि। आनिकै=अपने घर लाकर। देस लै कोप लै=तू अपना देशकोप ले, अपने पास रख (अर्थात् राम जी तेरा देश कोप लेने नहीं आये।) आसुही=शीघ्र ही (सीता को पाते ही।) ईश=हमारे मालिक। (राम जी)। ओक=देश, घर।

भावार्थ—(अङ्गद कहते हैं) हे रावण ! अब भी समझ जा। देख, राजाओं के राजा श्रीराम जी यहाँ तेरे नगर में आ गये हैं, मानों तेरा भाग्य ही जगमगा उठा है। अपनी पटरानी और भाई कुम्भकर्ण इत्यादि जितने तेरे हितैषी और मंत्री हैं, उनसे पूछ ले कि मेरी सलाह अच्छी है कि नहीं। अपनी जाति पाँति, वंश और गोत्र के लोगों को अब भी बचा ले, और लोक परलोक भी बना ले। मेरे कहने से तू केवल इतना कर कि राम जी को सादर अपने घर लाकर उनका सत्कार कर और अपना राजपाट तथा खजाना तू अपने पास रख (वे तेरा राजपाट और खजाना लेने नहीं आये हैं) केवल सीता को पाकर तुरन्त अपने घर को लौट जायँगे।

(रावण) गंगोदक—

लोक लोकेश स्यों जो जु ब्रह्मा रचे,
आपनी आपनी सीव सो सो रहैं।
चारि बाहैं धरे विष्णु रच्छा करैं,
बात साँची यहै वेद बानी कहै।
ताहि भ्रूभ्रंग ही देव देवेश स्यों,
विष्णु ब्रह्मादि दै रूद्रजू संहरैं।
ताहिं हौं छोड़ि कै पाँय काके परौं,
आज संसार तो पाँय मेरे परै॥१०॥

शब्दार्थ—स्यों=सहित। जो जु=जो जो। सींव=सीमा, मर्यादा। भ्रूभंग ही=जरा टेढ़ी नज़र करते ही, तनिक क्रोध से। देवेश=इन्द्र। हौं=मैं।

भावार्थ—(रावण कहता है) सब लोक और लोकपालों सहित जो जो वस्तु ब्रह्मा ने बनाई हैं, वे सब वस्तुएँ (सब ही जीव) अपनी अपनी मर्यादा में रहते हैं। चार भुजा वाले विष्णु इस सृष्टि की रक्षा करते हैं, यह वेद कहते हैं उन सब को तथा देवताओं, इन्द्र, ब्रह्मा, विष्णु इत्यादि को ज़रा से क्रोध से रुद्र जी नष्ट कर देते हैं। उन रुद्र को छोड़ कर अब मैं किसके पैर पड़ूँ, आज तो संसार मेरे ही पैर पड़ता है (अर्थात् जो होना हो सो हो, मैं अपने इष्टदेव शङ्कर को छोड़ राम के पैर न पड़ूँगा।)

मदिरा सवैया—

राम को काम कहाँ? रिपुजीतहिं, कौन कबै रिपु जीत्यो कहाँ।
बालि बली, छल सों, भृगुनन्दन गर्व हर्‌यो द्विज दीन महा॥
दीन सु क्यों छिति छत्र हत्यो बिन प्राणन हैहयराज कियो
हैयय कौन? वहै बिसर्‌यो जिन खेलत ही तोहि बाँध लियो॥११।

शब्दार्थ—भृगुनंदन=परशुराम। छिति छत्र हत्यो=पृथ्वी भरके सब क्षत्री मार डाले। हैहयराज=कीर्तवीर्य सहस्रार्जुन (मंडलाधिपति)।

भावार्थ—(रावण)—राम ने कौन सी करतूत की है? (जो तू मुझे उनके पैर पड़ने को कहता है।) (अंगद) वे शत्रुओं को जीत लेते हैं। (रावण) कब और किस शत्रु को कहाँ जीता है? (अंगद) बली बालि को जीता है। (रावण) छल से, (अंगद) परशुराम का गर्व हरण किया है, (रावण) वह तो बेचारा कमज़ोर तपस्वी ब्राह्मण था। (अंगद) वह दीन कैसे था, उसने सब क्षत्रियों को परास्त किया था और हैहयराज को मारा था। (रावण) कौन हैहयराज? (अंगद) भूल गया, वही हैहयराज जिसने खेल ही खेल में तुमको बाँध लिया था।

अलंकार—गूढ़ोत्तर।

(अंगद) मदिरा सवैया—

सिंधु तर्‌यो उनको बनरा तुम पै धनुरेख गई न तरी।
बाँदर बाँधत सो न बन्ध्यो उन बारिधि बाँधि कै बाट करी॥

श्रीरघुनाथ प्रताप की बात तुम्हें दसकंठ न जानि परी।
तेलहु तूलहू पूँछि जरी न जरी, जरी लंक जराइ जरी ॥ १२ ॥

शब्दार्थ—तुम पै=तुमसे (यह रूप बुंदेलखंडी है) गई न तरी=लाँघी न गई। बाट=रास्ता। जरी=जड़ी हुई, युक्त। जरी=जली। जराइ जरी=नग जटित (सोने और रत्नों की बनी)।

भावार्थ—(अंगद कहते हैं कि) हे रावण! देख उनका बन्दर (एक लघु सेवक) समुद्र लाँघ आया और तुमसे खुद उनकी बनाई धनुष रेखा लाँघी नहीं गई। तुमने सेवक बानर को बाँधना चाहा, सो न बाँध सके, उन्होंने समुद्र को बाँध कर रास्ता बना ली। हे रावण! राम के प्रताप की बात तुम्हें अब भी नहीं जान पड़ी। तेल और रुई से जटित (युक्त) पूँछ तो न जली और सोने की रत्नजटित लंका जल गई, (अर्थात् अनहोनी घटनाएँ हो रही हैं और तुम्हें सूझती नहीं)।

अलंकार—यमक।

(मेघनाद) मदिरा सवैया—

छाँड़ि दियो हम ही बनरा वह पूँछ की आगिन लंक जरी।
भीर में अच्छ मर्‌यो चपि बालक बादिहिं जाय प्रशस्ति करी ॥
ताल बिधे अरु सिंधु बँध्यो यह चेटक विक्रम कौन कियो।
बानर को नर को बपुरा पल में सुरनायक बाँधि लियो ॥१३॥

शब्दार्थ—आगिन=अग्नि। चपि=दबकर। बादिहि=व्यर्थ ही। प्रशस्ति=प्रशंसा, बड़ाई। बिधे=नाथे। चेटक=धोखे का चमत्कार। विक्रम=बलप्रदर्शक करतूत। बपुरा=दीन हीन। सुरनायक=इन्द्र।

भावार्थ—(मेघनाद कहता है) उस बानर को हम ही ने छोड़ दिया था, पूँछ की अग्नि से लंका में आग लग गई, भीड़-भाड़ के कारण बेचारा छोटा बालक अक्षय कुमार दब कर मर गया, इसी पर बानर ने वहाँ जाकर व्यर्थ ही अपनी बड़ाई की धूम मचा दी (कि मैंने ऐसा किया)। सप्तताल नाथे और समुद्र बाँधा सो तो धोखे का चमत्कार है, इसमें राम ने कौन सी करतूत कर दिखाई। दीन-हीन नर बानर की कौन बड़ी बात है, मैंने तो एक पलमात्र में इन्द्र को बाँध लिया था।

अलंकार—काव्यार्थापत्ति।

(अंगद) सवैया—

चेटक सों धनु भंग कियो, तन रावण के अति ही बलु हो।
बाण समेते रहे पचिकै तहँ जा सँग पै न तज्यौ थलु हो॥
बाण सु कौन ? बली बलि को सुत, वै बलि बावन बाँधि लियो।
वेई सु तौ जिनकी चिर चेरिन नाच नचाइ कै छाँड़ि दियो॥ १४॥

शब्दार्थ—बलु हो = बल था। रहे पचि कै = हैरान हो गये थे, परिश्रम करते-करते हार गये थे। चिर = बूढ़ी।

भावार्थ—(अंगद व्यंग से कहते हैं कि) हाँ ठीक है, राम ने चेटक करके धनुष भंग किया था। रावण के तन में तो बड़ा बल था (इन्होंने क्यों न भंग किया।) प्रत्युत् उस धनुष के साथ बाणासुर सहित परिश्रम करके हार गये, पर वह धनुष अपने स्थान से टसकाया न टसका। (तब रावण ने पूछा) कौन बाणासुर ? (अंगद) बलवान दैत्यराज बलि का पुत्र। (रावण) हाँ हाँ वे ही बलि न जिनको वामन ने बाँध लिया था। (अंगद) हाँ हाँ वे ही बलि तो, जिनकी बूढ़ी दासियों ने तुम्हें नाच नचा कर छोड़ दिया था।

अलंकार—गूढ़ोत्तर।

(रावण) सवैया—

नील सुखेन हनू उनके नल और सबै कपिपुंज तिहारे।
आठहु आठ दिशा बलि दै, अपनो पदुलैं, पितु जालगि मारे॥
तोसे सपूतहि जाय कै बालि अपूतहि की पदवी पगु धारे।
अंगद संगलै मेरो सबै दल आजुहि क्यों न हते बपु मारे॥ १५॥

शब्दार्थ—आठहु = नील, सुखेन, हनुमान, नल, सुग्रीव, जामवंत और राम तथा लक्ष्मण। पदु = उचित हक (बदला)। जाय कै = पैदा करके। अपूतन की पदवी = निपुत्री की गति। पगु धारे = गये, प्राप्त हुए। बपु मारे = बाप को मारने वाले को (राम को)।

भावार्थ—(रावण भेद नीति से काम लेता है, अंगद को फोड़ना चाहता है)—हे अंगद ! नील, सुखेन, हनुमान और नल चार ही वीर उनके पक्षपाती हैं और समस्त कपिसेना तो तेरे ही हैं। अतः आठों को आठों ओर बलिदान करके (मारकर) तू अपने बाप के मारने का बदला ले।

तुझ सा सपूत पैदा करके बालो निपुत्री की सी गति को प्राप्त हो। धिक्कार है तुझको, अरे अंगद! अगर तू अकेला डरता है तो ले मेरी समस्त सेना ले जाकर आज ही अपने बाप के हत्यारे को क्यों नहीं मारता।

दो०—जो सुत अपने बाप को, बैर न लेई प्रकास।
तासों जीवत ही मर्‌यो, लोग कहैं तजि आस॥ १६॥

भावार्थ—जो पुत्र खुल्लम खुल्ला ललकार कर अपने बाप के बैरी से बदला नहीं लेता उसे लोग निःसंकोच जीवित ही मुर्दा समझते हैं।

(अंगद) दो०—
इनको बिलगु न मानिये, कहि केशव पल आधु।
पानी पावक पवन प्रभु, ज्यों असाधु त्यों साधु॥ १७॥

शब्दार्थ—बिलगु मानना = बुरा मानना। साधु = भला आदमी।

भावार्थ—जल, अग्नि, पवन और ईश्वर भले और बुरे लोगों के साथ एक सा बर्ताव करते हैं (समदृष्टि होते हैं) अतः इनके कार्य से बुरा न मानना चाहिये (तात्पर्य यह है कि राम को तुम मेरे बाप का शत्रु बतलाते हो सो झूठ) वे तो समदर्शी हैं, उनके लिये न कोई शत्रु है न मित्र।

अलंकार—चौथी तुल्ययोगिता।

(रावण) द्रुतविलंबित—
उरसि अंगद लाज कछू गहौ। जनक घातक बात वृथा कहौ।
सहित लक्ष्मण रामहिं संहरौं। सकल बानर राज तुम्हैं करौं॥१८॥

शब्दार्थ—बात वृथा कहौ = व्यर्थ बड़ाई करते हो।

(अंगद) निशिपालिका—
शत्रु, सम, मित्र हम चित्त पहिचानहीं।
दूतविधि नूत कबहूँ न उर आनहीं॥
आप मुख देखि अभिलाष अभिलाषहू।
राखिभुज सीस तव और कहँ राखहू॥ १६॥

शब्दार्थ—सम = उदासीन (न शत्रु न मित्र)। दूत विधि नूत = तुम्हारी यह नवीन दूतविधि (तुम्हारी यह तोड़ फोड़ की नवीन भेद नीति)।

भावार्थ—(अंगद कहते हैं) हे रावण! हम अपने शत्रु, मित्र और उदासीन लोगों को अपने मन में अच्छी तरह समझते हैं। तुम्हारी यह नवीन

भेदनीति को मैं कभी स्वीकार नहीं कर सकता। अपना मुँह देख कर तब राम को मारने की अभिलाषा करो, पहले अपने सिरों और भुजाओं की रक्षा कर लो तब और की रक्षा करना।

अलंकार—काकुवक्रोक्ति।

(रावण) इन्द्रवज्रा—

मेरी बड़ी भूल कहा कहौं रे। तेरो कह्यौ दूत सबै सहौं रे॥
वै जो सबै चाहत तोहि मार्‌यो। मारौं कहा तोहि जो दैव मार्‌यो॥२०॥

भावार्थ—यह मेरी बड़ी भूल है (जो अब तक तुझको मार नहीं डाला) सो क्या कहूँ भूल तो हो गई। दूत समझ कर तेरी सब बातें सह रहा हूँ। वे लोग (राम सुग्रीवादि) तुझे मरवाना ही चाहते हैं (इसीलिये तुझको दूत बनाकर यहाँ भेजा है कि मेरे हाथों तू मारा जाय) सो अब मैं तुझे क्या मारूँ, तुझे तो दैव ही ने मार रक्खा है (शत्रुओं के बीच रहता है तो किसी न किसी दिन अवश्य ही मारा जायगा)।

(अंगद) उपेन्द्रवज्रा—

नराच श्रीराम जहीं धरैंगे। अशेष माथे कटि भू परैंगे॥
शिखा शिवा स्वान गहे तिहारी। फिरैं चहूँ ओर निरै बिहारी॥ २१॥

शब्दार्थ—नराच=(नाराच) बाण। अशेष=सब। शिवा=शृंगाली, स्यारनी। निरै बिहारी=(रावण के प्रति संबोधन है) हे नरक बिहारी रावण, हे पापी रावण !

भावार्थ—हे पापी रावण ! श्रीराम जी जिस समय धनुष-बाण धारण करेंगे, उस समय तेरे सब मस्तक कट-कट कर भूमि में गिरेंगे और स्यारनी तथा कुत्ते तेरी चोटी पकड़े चारों ओर घसीटते फिरेंगे।

(रावण) भुजंगप्रयात—

महामीचु दासी सदा पाँइ धोवै। प्रतिहार ह्वै कै कृपा सूर जोवै।
छपानाथ लीन्हें रहैं छत्र जाको। करैगो कहा शत्रु सुग्रीव ताको॥२२॥

शब्दार्थ—प्रतिहार=द्वारपाल। सूर=सूर्य। कृपा जोवै=कृपा का अभिलाषी रहता है। छपानाथ=चंद्रमा।

भावार्थ—(रावण कहता है कि) हे अंगद ! महामृत्यु दासी होकर जिसके पैर धोया करती है, सूर्य दरबान होकर जिसकी कृपा का अभिलाषी

रहता है, चंद्रमा जिसका छत्र लिये रहता है, उसका शत्रु सुग्रीव क्या अनभला कर सकता है !

अलंकार—उदात्त।

मूल—

सक्का मेघमाला शिखी पाककारी। करै कोतवाली महादंडधारी॥
पढ़ै वेद ब्रह्मा सदा द्वार जाके। कहा बापुरो शत्रु सुग्रीव ताके॥२३॥

शब्दार्थ - सक्का = (फ़ारसी शब्द सक्का) भिश्ती, पानी भरनेवाला। शिखी = अग्नि। पाककारी = रसोइया, बावरची। कोतवाली = पहरेदारी। महादण्डधारी = यमराज। बापुरो = बेचारा, दीन-हीन।

भावार्थ—(रावण कहता है) मेघसमूह जिसके यहाँ पानी भरते हैं, अग्निदेव जिसके यहाँ रसोइया का काम करते हैं, यमराज जिसके यहाँ चौकीदारी करते हैं, और ब्रह्मा जिसके दरवाजे वेद पढ़ते हैं, ऐसे रावण को बेचारे सुग्रीव की शत्रुता की क्या परवाह है।

अलंकार—उदात्त।

(अंगद) मत्तगयंद सवैया—

पेट चढ्यौ पलना पलका चढ़ि पालकिहू चढ़ि मोह मढ्यौ रे।
चौंक चढ्यौ चित्रसारि चढ्यौ गजवाजि चढ्यौ गढ़गर्व चढ्यौ रे॥
व्योम विमान चढ्योइ रह्यौ कहि केशव सो कबहूँ न पढ्यौ रे॥
चेतत नाहिं रह्यौ चढ़ि चित्त सो चाहत मूढ़ चितहू चढ्यौ रे॥२४॥

शब्दार्थ—पेट चढ्यौ = गर्भ में आकर माता के पेट पर चढ़ा। पलका = पलंग। पालकी चढ़ा = (विवाह समय में)। चौक चढ्यो = विवाह चौक। चित्रसारी = रंगमहल। व्योमविमान = पुष्पक विमान। सो कबहूँ न पढ्यो = उस ईश्वर का नाम कभी न जपा। चित्त चढ़ि रह्यौ = मन में अहंकार भर रहा है। चिता हू चढ्यो चाहत = मरने का समय आ गया (तिस पर भी)

भावार्थ—(अंगद कहते हैं कि) रे मूढ़ रावण ! तू माता के पेट पर चढ़ा, पालना पर चढ़ा, पलंग पर चढ़ा और विवाह के समय पालकी पर चढ़ा और अब तक मोह ही में पड़ रहा है। फिर विवाह चौक पर चढ़ा, तदनन्तर स्त्री भोगहित रंगमहल पर चढ़ा, पुनः हाथी-घोड़ा पर चढ़ा और गर्व के गढ़

पर चढ़ा। पुष्पक विमान पर चढ़ कर आकाश में घूमता फिरा (इतने भोग विलास सब कर लिए, तब भी तुष्टि न हुई) पर उस ईश्वर का नाम न जपा (जो सर्वेश्वर है) तू अब भी चेतता नहीं, अब मरने का समय आ गया तब भी तेरा चित्त अभिमान ही पर चढ़ा है (आश्चर्य है)।

अलंकार—सार और पदार्थावृत्ति दीपक।

(रावण) भुजंगप्रयात—

निकारयो जु भैया लियो राज जाको।
दियो काढ़ि कै जू कहा त्रास ताको॥
लिये बानराली कहौं बात तोसों।
सु कैसे जुरे राम संग्राम मोसों॥ २५॥

शब्दार्थ—निकारयो = घर से दूर भेजा हुआ। दियो काढ़ि कै = बुँदेलखंडी बोल-चाल) निकाल दिया। बानराली = बानरों की सेना। जुरै = सामने आवै।

भावार्थ—घर से दूर भेजे हुए भाई (भरत) ने बिना सेना ही बाप का दिया हुआ राज जिस राम से छीन लिया और जिसे देश से निकाल दिया, उस राम से मुझे क्या डर है (अर्थात् जो अपने बाप का दिया राज्य नहीं रख सका वह दूसरे का राज्य क्या छीनेगा), तिस पर अच्छे सुभट योद्धाओं की सेना भी साथ नहीं है केवल बानरों की सेना साथ है। हे अंगद ! मैं तुझसे सत्य कहता हूँ, वह राम (जो ऐसा निर्बल है) मुझसे कैसे युद्ध कर सकेगा।

(अंगद) मत्तगयंद सवैया—

हाथी न साथी न घोरे न चेरे न गाउँ न ठाउँ कुठाउँ बिलैहैं।
तात न मात न पुत्र न मित्र न वित्त न तीय कहूँ सँग रैहैं॥
केशव काम के राम बिसारत, और निकाम रे काम न ऐहैं।
चेति रे चेति अजौं चित अंतर अंतक लोक अकेलोई जैहैं॥२५॥

शब्दार्थ—न = और। कुठाउँ बिलैहैं = इसी बुरे ठाम (संसार) में विलीन हो जायँगे। वित्त = धन। कहूँ = कभी। काम के = अपने हितैपी। काम न ऐहैं = कुछ भलाई न कर सकेंगे। चित्त अन्तर = चित्त में। अन्तक लोक = यमलोक।

भावार्थ—(अंगद कहते हैं कि) हे रावण ! चेत कर, हाथी, घोड़े, साथी, चाकर, और गाउँ ठाउँ ये सब यहीं संसार में विनष्ट हो जायँगे। पिता, माता, पुत्र, मित्र, धन, स्त्री ये सब कभी भी तेरे साथ सदैव न रहेंगे। केशव कहते हैं कि अपने हितैषी केवल एक राम हैं, सो तू उनको भुलाये देता है अन्य सब तो निकम्मे हैं, वे कुछ भलाई न कर सकेंगे। अब भी चेत जा, चित्त में समझ ले कि यमपुरी को अकेला ही जाना पड़ेगा।

(रावण) भुजंगप्रयात –

डरै गाय विप्रै अनाथै जो भाजै ; पर द्रव्य छोड़ै पर स्त्रीहि लाजै।
पर द्रोह जासों न होवे रती को। सो कैसे लरै वेप कीन्हें जती को ॥२७॥

भावार्थ—जो गाय और ब्राह्मण से डरता है, अनाथ (अति निर्बल) को देख कर भागता है, पर द्रव्य ग्रहण नहीं करता, पर स्त्री के सामने लज्जित होकर मुख नीचा कर लेता है, जिससे एक रत्ती भर भी परद्रोह नहीं हो सकता, वह यती वेष-धारी राम मुझसे क्या लड़ सकता है ?

अलंकार—व्याजस्तुति।

दो०—गेंद कर्यो मैं खेल को, हरगिरि केशोदास।
सीस चढ़ाये आपने, कमल समान सहास ॥२८॥

शब्दार्थ—हरिगिर=कैलास। सहास=प्रसन्नतापूर्वक।

(अंगद) दंडक—

जैसो तुम कहत उठायो एक हरगिरि,
ऐसे कोटि कपिन के बालक उठावहीं।
काटे जो कहत सीस काटत घनेरे घाघ,
भगर के खेल क्यों सुभट पद पावहीं।
जीत्यो जो सुरेस रण शाप ऋषिनारि ही,
काम समझहु हम द्विज नाते समझावहीं।
गहौ राम पाँय सुख पाय करै तपि तप,
सीता जू को देहि देव दुँदुभी बजावहीं ॥२९॥

शब्दार्थ—हरिगिरि=कैलाश। घनेरे=बहुत से। घाघ=बाजीगर, इन्द्रजालिक। भगर=बालकों का एक खेल जिसमें दो दल होते हैं। पहले दल का एक बालक दौड़ता हुआ दूसरे दल के किसी बालक को छूने का

उद्योग करता है। यदि उसने किसी को छू लिया और उसने उसे पकड़ न लिया, तो वह छुवा हुआ बालक 'मृत' कहा जाता है। इस खेल को इस देश में साधारणतः 'कबड्डी' वा 'बैजला' कहते हैं। सुरेश=इन्द्र। ऋषिनारि= अहिल्या। द्विज नाते=तुझे ब्राह्मण और विद्वान् समझ कर। करै तपी तप=हे तपस्वी! अब तुम तप करो (बूढ़े हो चुके अब तपस्या करने का समय है)।

भावार्थ—(अंगद कहते हैं कि) जैसे कैलाश पर्वत तुमने उठा लिया जैसा तुम कहते हो—ऐसे करोड़ों बानर-बालक उठाया करते हैं (इस से वे वीर नहीं कहलाते); सिर काटने की बात तुम कहते हो, सो इस तरह तो अनेक बाजीगर काटा ही करते हैं (वे धीर वीर नहीं कहलाते); कबड्डी का खिलाड़ी जो बहुतों को मारता है, वह सुभट नहीं कहलाता। तुमने जो इन्द्र को जीत लिया, सो उसको तो अहिल्या का शाप ही ऐसा था (तुम्हारी कुछ करतूत नहीं) अब भी समझ जाओ, हम तुम्हें ब्राह्मण समझ कर समझाते हैं। तुम रामजी के पैरों पड़ो और सुखपूर्वक तपस्या करो, सीता राम जी को दे दो, तो सब देवता प्रसन्न होकर दुन्दुभी बजावें और तुम्हारा यशोगान करें।

(रावण) वंशस्थ—

तपी जपी विप्रन छिप्रही हरौं। अदेव द्वेषी सब देव संहरौं।
सिया न देहौं यह नेम जी धरौं। अमानुषी भूमि अवानरी करौं॥३०॥

शब्दार्थ—छिप्र=शीघ्र। अदेव द्वेषी=निश्चरों के शत्रु। अमानुषी= मनुष्यों से रहित। अबानरी=वानर विहीन।

भावार्थ—रावण बोला, हे अंगद! मैं तप जप करने वाले ब्राह्मणों को शीघ्र ही मार डालूँगा, निश्चरों के शत्रु सब देवों को भी मारूँगा। मैंने यह संकल्प कर लिया है कि सीता न दूंगा और समस्त भूमि को नर-बानर से रहित कर दूँगा (नर तथा बानर जातियों का विनाश कर दूँगा)।

(अंगद) मत्तगयंद सवैया—

पाहन ते पतिनी करि पावन टूक कियो धनुहू हर को रे।
छत्र विहीन करी छन में छिति गर्व हर्यो तिनके बर को रे॥

पर्वत पुंज पुरैन के पात समान तरे अजहूँ धर को रे।
होयँ नरायन हू पै न ये गुन कौन यहाँ नर बानर को रे॥३१

शब्दार्थ—पुरैन = पुरइन (कमल)। अजहूँ = इतने पर भी। धरका = धड़का, शङ्का। गुन = काम। नर बानर का = नर बानर की सन्तान।

भावार्थ—(अंगद कहते हैं कि) जिसने पत्थर से सुन्दर स्त्री बना दी, महादेव का धनुष भी तोड़ डाला, और जिसने क्षण में पृथ्वी को क्षत्री रहित कर दिया था उनके बल के गर्व को हरण किया, जिनके प्रभाव से पत्थर कमलपात्र समान पानी पर उतराने लगे उनके विषय में अब भी तुझे शंका है। ये कार्य ऐसे हैं जो नारायण से भी नहीं हो सकते, तू यहाँ (राम दल में) नर बानर की सन्तान किसको समझता है।

अलंकार—काकुवक्रोक्ति।

(रावण) चंचरी—

देहिं अंगद राज तोकहँ मारि बानरराज को।
बाँधि देहिं विभीषणै अरु फोरि सेतु समाज को॥
पूँछि जारहिं अक्षरिपु की पायँ लागहिं रुद्र के।
सीय को तब देहुँ रामहिं पार जायँ समुद्र के॥ ३२॥

शब्दार्थ—बानरराज = सुग्रीव। अक्षरिपु = हनुमान।

भावार्थ—(रावण सुलहनामे के लिए अपनी शर्तें पेश करता है) हे अंगद! यदि राम सुग्रीव को मार कर तुझे राजा बना दें, विभीषण को बाँध कर मेरे हवाले करें, समुद्र-सेतु को तोड़ दें, हनुमान की पूँछ जलवा दें और शिव के पैरों पड़ें तो मैं सीता दे दूँ और वे समुद्र उतर कर अपने घर चले जायँ।

अलंकार—सम्भावना।

(अंगद) चंचरी—

लंक लाय दियो बली हनुमंत संतन गाइयो।
सिंधु बाँधन सोधि कै नल छीर छीट बहाइयो॥
ताहि तोहि समेत अंध उखारि हौं उलटी करौं।
आजु राज कहाँ विभीषण बैठिहैं तेहि ते डरौं॥ ३३॥

शब्दार्थ—लाय दियो=जला गया है। सोधि कै=अच्छी तरह से। छीर=पानी। अन्ध=मूर्ख। हौं=मैं

भावार्थ—(अंगद कहते हैं कि) जिस लंका को हनुमान ने जला डाला, और जिसको सेतु बाँधते नल ने पानी से अच्छी तरह बहा दिया, उसे (जली बही लंका को) हे मूर्ख! तुझ समेत मैं उखाड़ कर उलट दे सकता हूँ। पर डरता इस बात से हूँ कि बेचारे विभीषण राज्य कहाँ करेंगे। (वे कहेंगे कि अंगद ने जली बही लंका भी हमारे लिए न छोड़ी इससे मैं डरता हूँ नहीं तो अभी उलट देता)।

अलंकार—अत्युक्ति।

दो०—अंगद रावण को मुकुट, लै करि उड़ो सुजान।
मनो चल्यो यमलोक को, दससिर को प्रस्थान ॥ ३४ ॥

शब्दार्थ—दससिर=रावण। प्रस्थान=वह वस्तु जो यात्रा-दोष निवारणार्थ शुभ मुहूर्त में स्थानान्तर में रख दी जाती है।

भावार्थ—अंगद रावण का मुकुट लेकर शीघ्रता से चले, मानो यमलोक के लिए रावण का प्रस्थान रखने जाते हैं।

अलंकार—उत्प्रेक्षा।

सोलहवाँ प्रकाश समाप्त

सत्रहवाँ प्रकाश

दो०—या सत्रहें प्रकाश में, लंका को अवरोधु।
शत्रु-चमू-वर्णन समर, लक्ष्मण को परमोधु ॥

शब्दार्थ—अवरोध=घिराव, चारों ओर से आक्रमण। परमोधु=(प्रमुग्ध) बेहोश होना, मूर्छित होना। लक्ष्मण को परमोधु=लक्ष्मण का शक्ति से घायल होकर मूर्छित होना।

दो०—अंगद लै वा मुकुट को, परे राम के पाइ।
राम विभीषण के शिरसि, भूषित कियो बनाइ ॥ १ ॥

शब्दार्थ—शिरसि=सिर पर। बनाइ=अच्छी तरह से।

पद्धटिका—

दिसि दक्षिण अंगद पूर्व नील। पुनि हनुमत पच्छिम शत्रुशील ॥
दिसि उत्तर लक्ष्मण-सहित राम। सुग्रीव मध्य कीन्हे विराम ॥२॥
सँग युत्थप युत्थप-बल-विलास। पुर फिरत विभीषण आसपास ॥
निसि-बासर सब को लेत सोधु। यहि भाँति भयो लंका-निरोधु ॥३॥
जब रावण सुनि लंका-निरोधु। तब उपजो तन-मन परम क्रोधु ॥
राख्यो प्रहस्त हठि पूर्व पौरि। दक्षिणहि महोदर गयो दौरि ॥४॥
भो इन्द्रजीत पच्छिम दुवार। है उत्तर रावण-बल उदार ॥
किय बिरूपाक्ष थित मध्यदेश। कर नारान्तक चहुधा प्रवेश ॥५॥

शब्दार्थ—(२) शत्रुशील = शत्रुभाव से परिपूर्ण। विराम = स्थित। सुग्रीव मध्य कीन्हें विराम = सुग्रीव एक केन्द्रस्थान (हेडक्वार्टर्स) में अवस्थित हैं। (३) युत्थप = यूथपति, कप्तान। युत्थप-बल-विलास = एक कप्तान के साथ जितनी सेना रहती है, ठीक उतनी ही। सँग ⋯ विलास = एक कप्तान की मातहती में ठीक उतनी ही सेना दी गई है जितनी का संचालन ठीक रीति से हो सके। सोधु लेत = खबर लेते रहते हैं, जिस वस्तु की जहाँ आवश्यकता होती है वहाँ वह वस्तु पहुँचाते हैं। निरोधु = घिराव, चारों ओर से घेर लेना। (४) पौरि = द्वार। (५) इन्द्रजीत = मेघनाद। बल-उदार = बहुत बली। मध्य देश = सेना का केन्द्रस्थल (हेडक्वार्टर्स)। थित कियो = नियुक्त किया गया, रक्खा गया। चहुँधा = चारों ओर।

प्रमिताक्षरा—

अति द्वार द्वार महँ युद्ध भये। बहु ऋक्ष कँगूरनि लागि गये ॥
तब स्वर्ण-लंक महँ शोभ भई। जनु अग्नि-ज्वाल महँ धूम मई ॥६॥

शब्दार्थ—कंगूरनि लागि गये = कंगूरों पर चढ़ गये।

भावार्थ—चारों दरवाजों पर घोर युद्ध हुए। बहुत से रीछ कोट के कँगूरों पर चढ़ गये, उस समय सोने की लंका में ऐसी शोभा हुई मानो अग्नि की ज्वालाओं पर धुआँ है (स्वर्ण-कंगूरे अग्निज्वालावत, रीछ धूमवत)।

अलंकार—उत्प्रेक्षा।

दो०—मरकत मणि से शोभिजैं, सबै कँगूरा चारु।
आय गयो जनु घात को, पातक को परिवारु ॥७॥

शब्दार्थ—मरकत मणि = मर्कत मणि के समान काले रीछ। घात को =मारने के लिए। पातक = पाप (पाप का रंग काला है)।

भावार्थ—सब सुन्दर स्वर्ण कंगूरे नीलमणि के समान लिपटे हुए रीछों से ऐसे जान पड़ने लगे मानों रावण को विनष्ट करने के लिए पापों का समूह ही एकत्र हो गया है।

अलंकार — उत्प्रेक्षा।

कुसुमविचित्रता (चौपाई) —

तब निकसो रावण-सुत सूरो। जेइ रण जीत्यो हरि-बल पूरो॥
तब-बल माया-तम उपजायो। कपि-दल के मन संभ्रम छायो॥८॥

शब्दार्थ — हरि = इन्द्र। बलपूरो = बली। संभ्रम = बड़ा भारी भ्रम (धोखा)।

भावार्थ — तब युद्ध करने के लिए बली इन्द्र को भी जीत लेने वाला रावण-पुत्र मेघनाद कोट से बाहर आया और उसने अपने तप-बल से माया का अंधकार पैदा कर दिया, जिससे वानरों को बड़ा भारी धोखा हुआ।

अलंकार — निदर्शना से पुष्ट हेतु।

दोधक—

काहु न देखि परै वह योधा। यद्यपि हैं सिगरे बुधि-बोधा॥
सायक सो अहिनायक साँध्यो। सोदर स्यों रघुनायक बाँध्यो॥६॥

शब्दार्थ — बुधि-बोधा = दूसरों को बुद्धि देने वाले अर्थात् अति बुद्धिमान। सो = उसने। अहिनायक-सायक = सर्पबाण, नागपाश। साँध्यो = संधान किया। स्यों = सहित।

भावार्थ—अंधकार के कारण वह योद्धा किसी को दिखलाई नहीं पड़ता यद्यपि सब ही वीर बड़े बुद्धिमान हैं (पर कोई उपाय नहीं चलता)। उसने नागपाश का संधान किया और लक्ष्मण के सहित श्रीराम जी को बाँध लिया।

रामहिं बाँधि गयो जब लंका। रावण की सिगरी गई शंका॥
देखि बँधे तब सोदर दोऊ। यूथप यूथ त्रसे सब कोऊ॥ १० ॥

भावार्थादि — स्पष्ट है।

स्वागता—

इन्द्रजीत तेइ लै उर लायो। आजु काम सब भो मन भायो॥
कै विमान अधिरूढ़ित धायो। जानकीहिं रघुनाथ दिखायो॥११॥

भावार्थ—(जब मेघनाद राम को नागफाँस में बाँध कर उन्हें रणभूमि में छोड़ कर, रावण के पास आया तब) रावण ने मेघनाद को छाती से लगा लिया और कहा कि वाह बेटा! शाबाश! आज सब काम मेरे मन का हुआ। तदनन्तर उसी दशा में दिखलाने के लिए सीता को विमान पर सवार करा कर रावण शीघ्रतापूर्वक राम के पास ले गया और उन्हें दिखलाया कि देखो हमने राम की यह गति कर डाली है।

मूल—राजपुत्र युत-नागनि देख्यौ। भूमि-पुत्रि तरु-चंदन लेख्यौ॥
पन्नगारि-प्रभु पन्नगसाई। काल-चाल कछु जानि न जाई॥१२॥

शब्दार्थ—राजपुत्र=राम और लक्ष्मण को। भूमिपुत्रि=सीता जी ने। पन्नगारिप्रभु=गरुड़ के स्वामी, गरुड़गामी, विष्णु। पन्नगसाई=शेष की शय्या पर सोनेवाले नारायण। काल-चाल=समय का हेर-फेर।

भावार्थ—जानकी ने राम-लछमण को नागफाँस में बँधा देखा, वे ऐसे जान पड़ते थे मानो सर्पवेष्टित चन्दन-वृक्ष हैं। (कवि कहता है कि) आश्चर्य है, समय का हेर-फेर कुछ जाना नहीं जाता, देखो तो जो राम विष्णु और नारायण ही हैं (जो गरुड़गामी और शेषशायी हैं) वे राम आज नागफाँस में बँधे हैं।

अलंकार—उत्प्रेक्षा (पूर्वार्द्ध में)

दो०—कालसर्प के कवल ते, छोरत जिनको नाम।
बँधे ते ब्राह्मण-वचनवश, माया-सर्पहिं राम॥१३॥

भावार्थ—(कवि का कथन है कि) जिसका नाम लेने से जीव काल-सर्प के फंदे से छूट जाता है (अमर हो जाता है या मुक्त हो जाता है) वे ही राम, ब्राह्मण के वचन के वशीभूत होकर माया के नागफाँस में बँधे हैं।

अलंकार—रूपक से पुष्ट निदर्शना।

स्वागता—

पन्नगारि तब हीं तहँ आये। व्याल-जाल सब मारि भगाये।
लंकमांझ तबहीं गई सीता। सुभ्र देह अवलोकि सुभीता ॥१४॥

शब्दार्थ—पन्निगारि = गरुड़। सुभ्र देह अवलोकि = राम-लक्ष्मण के शरीरों को नागफाँस से मुक्त देख कर। सुभीता = प्रशंसित (सती पतिव्रताओं में प्रशंसित—यह शब्द सीता का विशेषण है)।

भावार्थ—इसी समय (जब सीता जी राम-लक्ष्मण के शरीरों को देख रही थीं, गरुड़ जी वहाँ आये और नागफाँस के सब सर्पों को मार भगाया। जब सुभगीत सीता ने राम-लक्ष्मण के शरीरों को नागफाँस के कष्ट से मुक्त देख लिया, तब लंका को (निज निवासस्थान को) लौट गईं। (भाव यह है कि सती पतिव्रता सीता के दृष्टिपात मात्र से उनके पति और देवर का भारी मुसीबत कट गई—माता सीता की कृपाकोर क्या नहीं कर सकती)।

(गरुड़) इन्द्रवज्रा—

श्रीराम नारायण लोककर्ता। ब्रह्मादि रुद्रादिक दुःखहर्ता।
सीतेश मोको कछु देहु शिक्षा। नान्हीं बड़ी ईश जू होइ इच्छा ॥१५॥

भावार्थ—(गरुड़ जी विनती करते हैं) हे राम, आप लोक-रचना-कारक नारायण ही हैं। आप ब्रह्मा और रुद्रादि देवताओं के दुःखहर्ता हैं (मैं आपका दुःख क्या निवारण करूँगा) हे सीतापति! मुझे निज इच्छानुसार छोटी-बड़ी कोई आज्ञा दीजिये, वैसा मैं करूँ (तात्पर्य यह है कि आज्ञा हो तो आपकी सेवा के हित में यहीं रहूँ, शायद फिर ऐसा ही कोई काम आ पड़े)।

(राम)—

कीबो हुतो काज सबै सु कीन्हो। आये इतै मो कहँ सुक्ख दीन्हो।
पाँ लागि वैकुण्ठ प्रभा-बिहारी। स्वर्लोक गो तत्क्षण विष्णुधारी ॥१६॥

शब्दार्थ—कीबो हुतो = जो करना था। इतै = यहाँ। सुक्ख—(छन्द के गणों के निर्वाह के कारण केशव ने 'सुख' शब्द को कई जगह इस रूप से लिखा है)। पाँ लागि = चरण छूकर। वैकुंठ-प्रभाबिहारी = वैकुण्ठ में रहने वाले। स्वर्लोक = वैकुण्ठ। विष्णुधारी = विष्णुवाहन (गरुड़)।

भावार्थ—रामजी ने कहा—हे गरुड़, जो कुछ तुम्हें करना था सो सब तुम कर चुके (तुम्हारी इतनी ही सहायता दरकार थी, अब कभी जरूरत न पड़ेगी। तुम यहाँ आये और मुझ को बड़ा सुख दिया। अब तुम निज स्थान को जाओ)। यह सुन वैकुण्ठ में रहने वाले गरुड़ श्रीराम जी के पैर छूकर तुरन्त वैकुण्ठ को चले गये।

इन्द्रवज्रा—

धूम्राक्ष आयो जनु दंडधारी। ताको हनूमंत भयो प्रहारी।
जिते अचंपादि बलिष्ठ भारे। संग्राम में अंगद बीर मारे ॥१७॥

शब्दार्थ—दंडधारी = यमराज। भयो प्रहारी = मार डाला। शेष स्पष्ट है।

उपेन्द्रवज्रा—

अकंप-धूम्राक्षहिं जानि जूझ्यो। महोदरै रावण मंत्र बूझ्यो॥
सदा हमारे तुम मंत्रवादी। रहे कहा ह्वै अतिही विषादी ॥१८॥

भावार्थादि—स्पष्ट है।

महोदर—

कहै जो कोऊ हितवंत बानी। कहौं सो तासों अति दुःखदानी।
गुनौ न दाँवै बहुधा कुदाँवै। सुधी तबै साधत मौन भावै ॥१९॥

भावार्थ—महोदर ने उत्तर दिया कि जो कोई हित की बात कहता है उसे तुम दुःखद बात कहते हो, (गालियाँ देते हो)। तुम्हारी मति ऐसी हो गई है कि बहुधा दाँव-कुदाँव (मौका-बेमौका) नहीं समझते, इसी से बुद्धिमान (सुधी) जन मौनभाव ग्रहण करते हैं (इसी से मैं चुप हूँ)।

(राजनीति-वर्णन)

उपेन्द्रवज्रा—

कह्यो शुक्राचार्य सु हौं कहौं जू। सदा तुम्हारे हित संग्रहौं जू।
नृपाल भू में विधि चारि जानौं। सुनो महाराज सबै बखानौं ॥२०॥

भावार्थ—श्रीशुक्राचार्य जी ने जो कुछ कहा है वही मैं कहता हूँ, क्योंकि मैं सदा तुम्हारा हित चाहता हूँ। सुनिये, मैं बखान करता हूँ—पृथ्वी में चार प्रकार के राजा होते हैं।

भुजंगप्रयात—
यहै लोक एकै सदा साधि जानैं। बली वेनु ज्यों आपुही ईश मानैं।
करैं साधना एक पर्लोक ही को। हरिश्चंद्र जैसे गये दै मही को ॥२१॥

भावार्थ—एक प्रकार के राजा इस लोक को ही सर्वस्व समझ कर इसी की साधना करना जानते हैं, जैसे बली वेणु, जो अपने को ईश्वर मानता था। एक प्रकार के राजा परलोक ही की साधना करते हैं, जैसे राजा हरिश्चन्द्र जिन्होंने सारी पृथ्वी ही दान कर दी थी।

भुजंगप्रयात—
दुहूँ लोक को एक साधैं सयाने। विदेहीन ज्यों वेद बानी बखाने।
नठैं लोक दोऊ हठी एक ऐसे। त्रिशंकै हँसै ज्यों भलेऊ अनैसे ॥२२॥

भावार्थ—एक ऐसे सयाने होते हैं कि दोनों लोक साधते हैं, जैसे वेद में वर्णित विदेह राजा (मिथिला के राजा जनक इत्यादि) हुए हैं, और एक ऐसे हठी होते हैं कि दोनों लोक नष्ट करते हैं, जैसे त्रिशंकु राजा जिसे भले-बुरे सब लोग हँसते हैं।

दो०—चहूँ राज को मैं कह्यो, तुमसो राज चरित्र।
रुचै सु कीजै चित्त में, चितहु मित्र अमित्र ॥२३॥

भावार्थ—चारों प्रकार के राजाओं का चरित्र मैंने कह दिया,। अब जो तुम्हें रुचे सो करो और मन में समझ-बूझ कर चाहे मुझे मित्र समझिये चाहे अमित्र।

(मंत्री वर्णन)

दो०—चारि भाँति मंत्री कहे, चारि भाँति के मंत्र।
मोहि सुनायो शुक्र जू, सोधि सोधि सब तंत्र ॥२४॥

शब्दार्थ—तंत्र=ग्रंथ। शेष स्पष्ट है।

छप्पय—एक राज के काज हतैं निज कारज काजे।
जैसे सुरथ निकारि सबै मन्त्री सुख साजे॥
एक राज के काज आपने काज बिगारत।
जैसे लोचन हानि सही कवि बलिहिं निवारत॥

इक प्रभु समेत अपनो भलो, करत दासरथि दूत ज्यों।
इक अपनो अरु प्रभु को बुरो, करत रावरो पूत ज्यों ॥२५॥

शब्दार्थ – हतैं = नष्ट करते हैं। सुरथ = राजा सुरथ की कथा (मार्कंडेय पुराण में देखो)। कवि = शुक्राचार्य। दासरथि-दूत = (रामदूत) हनुमान जी। रावरो पूत = (आपका पुत्र) मेघनाद – (हनुमान को बाँध लाया जिससे लंका जली)।

भावार्थ – एक मंत्री ऐसे होते हैं कि अपनी भलाई के लिए राज्य की भलाई नष्ट कर देते हैं। जैसे – राजा सुरथ को निकाल कर मंत्री ने अपना सुख साधन किया (देखो प्रकाश २३, छंद नं० १६)। एक ऐसे होते हैं कि राजा की भलाई के लिये स्वयं कष्ट उठाते हैं, जैसे – राजा बलि को निवारण करते हुए शुक्राचार्य ने अपना एक नेत्र तक खो दिया। एक वे मंत्री होते हैं कि अपना और अपने मालिक दोनों का भला करते हैं, जैसे – हनुमान, और एक ऐसे होते हैं कि अपना और अपने राजा दोनों ही का बुरा करते हैं, जैसे—आपका पुत्र मेघनाद।

दो०—मन्त्र जु चारि प्रकार के, मंत्रिन के जे प्रमान ॥
विष से दाड़िम बीज से, गुड़ से नींब समान ॥२६॥

भावार्थ – मंत्रियों के मंत्र भी चार प्रकार के होते हैं, यह निश्चय जानो। एक विष समान, एक अनार-बीज समान, एक गुड़ सा और एक नींब सा। विष सा = खाने में कटु और मारक, सुनने में कटु और नष्ट-कारक भी। दाड़िम-बीज सा = खाने में मधुर और पुष्टिकारक – सुनने में मधुर और गुण में पुष्टिप्रद। गुड़ सा = सुनने में मधुर पर प्रभाव में गर्म अर्थात् दस्तावर (दुखद)। नींब सा = सुनने में कटु पर गुण में रोगहारी (सुखद)।

अलंकार – धर्मलुप्ता उपमा।

चन्द्रवर्त्म—

राज-नीति-मत तत्व समुझिये। देश-काल गुनि युद्ध अरुझिये ॥
मंत्रि मित्र अरि को गुण गहिये। लोक लोक अपलोक न बहिये ॥२७॥

शब्दार्थ—युद्ध अरुझिये = युद्ध में फँसिये। अपलोक = अपकीर्ति, अपयश।

भावार्थ—हे प्रभु! राजनीति के मत का सार समझ लीजिये, तब देश और काल का अच्छी तरह विचार कर (यदि देश और काल अपने अनुकूल हो तो) युद्ध आरम्भ कीजिये। मंत्री, मित्र अथवा शत्रु की कही अच्छी बात को ग्रहण करना चाहिये। लोक-लोकान्तर में अपयश न होना चाहिए।

(रावण) चन्द्रवर्त्म—

चारि भाँति नृप जो तुम कहियो। चारि मंत्रि मत मैं मन गहियो।
राम मारि सुर एक न बचिहैं। इन्द्रलोक बसोवासहिं रचिहैं ॥२८॥

शब्दार्थ—बसोवास = निवास-स्थान।

भावार्थ—रावण ने कहा—हाँ मंत्री जी, तुमने चार तरह के राजा, चार भाँति के मंत्री और चार ही तरह के मंत्रों की व्याख्या की उसे हमने खूब समझ ली और उस पर विचार करके हमने यह निश्चय किया कि हम राम को मारेंगे और एक भी देवता को न छोड़ेंगे, और अब लंका को छोड़कर इन्द्रपुरी में चलकर अपना निवास-स्थान बनावेंगे।

नोट—कभी-कभी कवि लोग 'अ' का लोप भी कर देते हैं। अतः तृतीय चरण के 'सुर' शब्द को 'असुर' मान कर अर्थ करें तो यों होगा कि 'राम के मारे अब एक भी असुर न बचेगा, सब मारे जायेंगे और सब इन्द्रपुरी में बास पावेंगे अर्थात् देव-पद पावेंगे, यह निश्चय है, अतः राम से लड़ कर मरना ही ठीक है। रावण अपना भविष्य देख रहा है, इसीसे किसीका कहना नहीं मानता। (मात्राच्युत क है)

प्रमिताक्षर—

उठि कै प्रहस्त सजि सेन चले। बहु भाँति जाय कपि-पुंज दले॥
तब दौरि नील उठि मुष्टि हन्यो। असुहीन गिरयो भुव मुंड सन्यो ॥२६॥

शब्दार्थ असु = प्राण। सन्यो = लथफत हो गया।

भावार्थ—(मंत्रणा हो जाने पर रावण की आज्ञा से) प्रहस्त उठकर सेना साजकर लड़ने को चला और रणभूमि में जाकर बहुत से वानरों को मारा। नील ने दौड़कर एक घूँसा मारा जिससे वह मर कर गिर पड़ा और उसका सिर (सुन्दर मुकुट-सहित) धूल में लथफत हो गया।

वंशस्थ—महाबली जूझतही प्रहस्त को।
चल्यो तहीं रावण मीड़ि हस्त को।

अनेक भेरी बहु दुंदुभी बजैं।
गयंद क्रोधान्ध जहाँ-तहाँ गजैं॥ ३० ॥

भावार्थ—महाबली प्रहस्त को मरा हुआ सुनकर, हाथ मलते (पश्चात्ताप करते) हुए तुरन्त रावण स्वयं लड़ने को चला। उसके चलते ही अनेक ढोल और नगारे बजने लगे और क्रुद्ध हाथी जहाँ-तहाँ गरजने लगे।

मूल—सनीर जीमूत-निकाश सोभहीं।
विलोकि जाको सूर-सिद्ध छोभहीं।
प्रचंड नैऋत्य-समेत देखिये।
सप्रेत मानो महकाल लेखिये॥ ३१ ॥

शब्दार्थ—जीमूत=बादल। निकास=(सं० निकाश) सदृश, समान। छोभहीं=डरते हैं। नैऋत्य=निश्चर। महकाल=महाकाल।

भावार्थ—लंकापति रावण रण-भूमि को आते समय खूब जलभरे बादल के समान सघन नीलवर्ण शोभा को धारण किये हुए है, जिसको देखकर देवता और सिद्धगण डरते हैं। बलवान राक्षस भी साथ में हैं, अतः ऐसा जान पड़ता है मानो प्रेतगण-सहित महाकालही है।

अलंकार—उपमा से पुष्ट उत्प्रेक्षा।

(समर-भूमि में रावण के योद्धाओं का वीर-परिचय)

(विभीषण)—वसंततिलका—
कोदंड मंडित महारथवंत जो है।
सिंहध्वजा समर-पंडित-वृन्द मोहै॥
जोधा बली प्रबल काल कराल नेता।
सो मेघनाद सुरनायक युद्ध-जेता॥ ३२ ॥

शब्दार्थ—कोदंडमंडित=बड़ा धनुष लिये हुए। रथवंत=रथ पर सवार। नेता=शासक। जेता=जीतनेवाला।

भावार्थ—जो बड़ा धनुष लिए हुये है और रथ पर सवार है, जिसकी ध्वजा पर सिंह का चिह्न है, जिसको देखकर बड़े-बड़े चतुर योद्धाओं के समूहों के छक्के छूट जाते हैं, जो महाबली है और कराल काल का भी शासक है, वही युद्ध में इन्द्र को भी जीतनेवाला मेघनाद है।

अलंकार—निदर्शना।

मूल—जो व्याघ्र-वेष रथ व्याघ्रहि केतुधारी।
आरक्त लोचन कुबेर विपत्तिकारी॥
लीन्हें त्रिसूल सुरसूल समूल मानो।
श्रीराघवेंद्र अतिकाय वहै सु जानो॥ ३३॥

शब्दार्थ—आरक्त=खूब लाल। सुरसूल=देवताओं की मृत्यु। समूल=पूर्ण।

भावार्थ—जो बाघमुँहा रथ पर सवार है और जिसकी ध्वजा में बाघ ही का चिह्न है, जिसके नेत्र खूब लाल हैं, जिसने कुबेर पर विपत्ति ढाही थी, जो हाथ में ऐसा त्रिशूल लिये हुए है मानों देवताओं की पूर्ण मृत्यु ही है हे राम जी! उसको अतिकाय जानिये (वही अतिकाय नामक योद्धा है)।

अलंकार—निदर्शना।

मूल—जो कांचनीय रथ शृंगमयूरमाली।
जाकी उदार उर षण्मुख शक्ति साली।
स्वर्धाम हर कीरति कैं न जानी।
सोई महोदर वृकोदर-बंधु मानी॥ ३४॥

शब्दार्थ—काञ्चनीय=सोने का बना। शृङ्ग-मयूर-माली=जिसकी चोटी पर अनेक मोर-चित्र हैं। जाकी=(इसका अन्वय 'शक्ति' के साथ करो)। साली=लगी। स्वः=स्वर्ग। हर=लूटनेवाल। कैं=कौन।

भावार्थ—जो सोने के रथ पर सवार है और जो मयूरध्वजी है, जिसकी बरछी षण्मुख के चौड़े सीने में घुस गई थी, जिसने स्वर्ग के प्रत्येक घर को लूट लिया है, जिसकी कीर्ति कौन नहीं जानता, वही वृकोदर का अभिमानी भाई महोदर नामक वीर है।

अलंकार—निदर्शना।

मूल—जाके रथाग्र पर सर्पध्वजा विराजै।
श्रीसूर्य-मंडल विडंबन ज्योति साजै।
आखंडलीय वपु जो तनत्राण धारी।
देवांतकै सुसुरलोक विपत्तिकारी॥ ३५॥

शब्दार्थ—सूर्य-मंडल-विडंबन = सूर्य-मंडल को जलानेवाली। आखण्ड-लीय = इन्द्र का। तनत्राण = कवच (इसका अन्वय आखण्डलीय शब्द के साथ है)।

भावार्थ—जिसके रथ के अग्रभाग पर सर्पध्वजा है, और जिसकी कांति सूर्य-मण्डल को लजाती है, जो इन्द्र का कवच अपने शरीर पर धारण किये है, वही देवताओं को विपत्ति में डालने वाला देवतिक नामक वीर है।

अलंकार—निदर्शना।

मूल—जो हंसकेतु भुजदंड निषंगधारी।
संग्राम-सिंधु बहुधा अवगाहकारी॥
लीन्ही छँड़ाय जेहि देव-अदेव बामा।
सोई खरात्मज बली मकराक्ष नामा॥ ३६॥

शब्दार्थ—निषंग = तरकस। अवगाहकारी = मंथन करनेवाला। अदेव = दैत्य।

भावार्थ—जो हंसध्वज है, भुजदण्ड पर तरकस धारण किये हुए है, जो बहुधा समर-सिन्धु को मथ डालता है, जिसने देवों और दैत्यों की स्त्रियाँ छीन ली हैं, वही खर का पुत्र मकराक्ष नामक वीर है।

अलंकार—निदर्शना।

भुजंगप्रयात—लगी स्यंदनै बाजिराजी बिराजै।
जिन्हैं देखिकै पौन को बेग लाजै।
भले स्वर्ण के किंकिनी यूथ बाजैं।
मिले दामिनी सों मनों मेघ गाजैं॥ ३७॥
पताका बन्यो शुभ्र शार्दूल सोभै।
सुरेन्द्रादि रुद्रादि को चित्त छोभै।
लसै छत्रमाला हँसै सोमभा को।
रमानाथ जानो दशग्रीव ताको॥ ३८॥

भावार्थ—जिसके रथ में घोड़ों की पंक्ति जुती हुई है, जिन्हें देख कर पवन का वेग भी लज्जित होता है। अच्छे सोने की बनी घंटियों के समूह जिसमें बजते हैं, मानो बिजलीयुक्त मेघराज गरजते हों॥ ३७॥ जिसकी पताका में श्वेत शार्दूल शोभता है; जिसे देख कर इन्द्र-रुद्रादि के मन क्षुब्ध

होते हैं (व्याकुल होते हैं) जिसके सिरों पर ऐसी छत्र-पंक्ति है जो चन्द्र-प्रभा की हँसी उड़ाती है, हे रमापति राम जी! वह रावण है।

अलंकार – ललितोपमा, उत्प्रेक्षा (३७) ललितोपमा, निदर्शना (३८)

भुजंगप्रयात –

पुरद्वार छाँड़यौं सबै आपु आयो। मनो द्वादसादित्य को राहु धायो॥
गिरि-ग्राम लै लै हरि-ग्राम मारैं। मनो पद्मिनी पद्म दंती विहारैं॥३९॥

भावार्थ—रावण सब वीरों को लंकापुरी के द्वार पर छोड़ रणभूमि में आप अकेला आया, मानो बारहों आदित्यों को पकड़ने के लिए राहु अकेला दौड़ा हो। रावण को रणभूमि में पाकर सब वानर-समूह पर्वत-समूहों से उसे मारते हैं, पर वह (रावण) इधर-उधर इस प्रकार विचरता है मानो कमल और कमलिनियों के साथ हाथी खेल रहा हो (अर्थात् वे पर्वत रावण के शरीर में वैसे ही लगते हैं जैसे हाथी के शरीर में कमलादि पुष्प)।

अलंकार—उत्प्रेक्षा।

(लक्ष्मण को शक्ति लगना)

सवैया—

देखि विभीषण को रण रावण शक्ति गही कर रोष रई है।
छूटत ही हनुमन्त सो बीचहिं पूछ लपेटि कै डारि दई है।
दूसरि ब्रह्म की शक्ति अमोघ चलावत ही हाइ हाइ भई है।
राख्यो भले शरणागत लक्ष्मण फूलि कै फूलि सी ओड़ि लई है॥४०॥

शब्दार्थ—रोष रई = क्रुद्ध होकर। डारि दई है = भूमि में फेंक दी है। अमोघ = जो कभी निष्फल न हो। हाइ हाइ भई है = लोगों ने हा-हा मचाया। फूलि कै = हर्ष और उत्साह सहित। ओड़ि लई = रोक ली।

भावार्थ – रणभूमि में विभीषण को देखकर, क्रुद्ध होकर रावण ने बरछी उठाई और विभीषण को लक्ष्य करके चलाई। रावण के हाथ से छूटते ही हनुमान ने उसको बीच ही में पूँछ से पकड़ कर रोक लिया और अन्यत्र फेंक दिया। तब रावण ने दूसरी ब्रह्मदत्त अमोघ शक्ति चलाई जिसे देख कर सब लोगों ने हाहाकार मचाया (कि अब विभीषण न बचेगा) पर लक्ष्मण जी

ने शरणागत की अच्छी रक्षा की और हर्षपूर्वक फूल की तरह उस बरछी को अपनी छाती से रोक लिया (और मूर्छित होकर गिर पड़े)।

अलंकार – लोकोक्ति उपमा।

स्रग्विनी—जोर ही लक्ष्मणै लेन लाग्यो जहीं।
मुष्टि छाती हनूमंत मार्‌यो तहीं॥
आसुही प्राण को नास सो ह्वै गयो।
दंड द्वै तीनि में चेत ताको भयो॥ ४१॥

भावार्थ—जोर लगाकर जब रावण लक्ष्मण को उठाने लगा तब हनुमान ने रावण को एक घूँसा मारा। घूँसे के लगते ही रावण के प्राण निकल से गये। (मूर्छित हो गया) और दो-तीन दंड बाद उसे चेत हुआ।

अलंकार—उत्प्रेक्षा—(नाश सो ह्वै गयो, में)।

मरहट्टा—
आयो डर प्राणन, लै धनु बाणन, कपि दल दियो भगाय।
चढ़ि हनूमन्त पर, रामचन्द्र तब, रावण रोक्यौ जाय॥
धरि एक बाण तब, सूत छत्र ध्वज, काटे मुकुट बनाय।
लागे दूजो सर, छूटि गयो बर लंक गयो अकुलाय॥४२॥

शब्दार्थ—आयो डर प्राणन = रावण हनुमान से डर गया (अतः उनसे तो न बोला, पर औरों को मारने लगा)। बर = बल, हिम्मत। बनाय = अच्छी तरह से।

भावार्थ—रावण जब हनुमान से डर गया, तब उसने धनुष बाण लेकर कपिदल को भगा दिया। (गड़बड़ी मची) तब राम जी ने हनुमान के कंधे पर सवार होकर जाकर रावण को रोका। एक ही बाण से सारथी, छत्र, ध्वजा और मुकुटों को अच्छी तरह से काट दिया। दूसरा बाण लगते ही रावण की हिम्मत छूट गई और व्याकुल होकर लंका को लौट गया।

अलंकार – दूसरी विभावना (हेतु अपूरण ते जहाँ कारज पूरण होय)।

दोधक –
यद्यपि है अति निर्गुणताई। मानुष देह धरे रघुराई॥
लक्ष्मण राम जहीं अवलोक्यो। नैनन तें न रह्यो जल रोक्यो॥४३॥

भवार्थ—यद्यपि राम जी गुणातीत हैं, तो भी राम जी जब मानव शरीर धरे हुए हैं तब मनुष्य की सी लीला करनी ही चाहिये (यह सोच कर) जब राम जी ने लक्ष्मण को मूर्छित देखा, तब नेत्रों से आँसू न रोक सके और वे फूट-फूट कर रोने लगे (और कहने लगे कि) :—

(राम) दोधक—

बारक लक्ष्मण मोहिं बिलोको। मोकहँ प्राण चले तजि रोको॥
हौं सुमरो गुण केतिक तेरे। सोदर पुत्र सहायक मेरे॥४४॥

भावार्थ—राम जी विलाप करने लगे कि हे लक्ष्मण, एक बार मेरी ओर ताको, मुझको छोड़ कर प्राण जाया चाहते हैं, उन्हें रोको। मैं तुम्हारे कौन-कौन गुण याद करूँ, तुम तो मेरे भाई, पुत्र और मित्र ही थे।

अलंकार—तुल्ययोगिता (तीसरी)।

लोचन बान तुही धनु मेरो। तू बल विक्रम बारक हेरो॥
तू बिनु हौं पल प्रान न राखौं। सत्य कहौं कछु झूँठ न भाखौं॥ ४५॥

भावार्थ— तुम्हीं मेरे नेत्र और धनुष बाण थे, तुम्हीं मेरे बल-विक्रम थे। एक बार मेरी ओर देखो। बिना तुम्हारे मैं अपने प्राण धारण न करूँगा यह बात मैं सत्य ही कहता हूँ, इसमें तनिक भी झूठ नहीं है।

अलंकार—तुल्ययोगिता।

मोहिं रही इतनी मन शंका। देन न पाई बिभीषण लंका॥
बोलि उठौ प्रभु को पन पारौ। नातरु होत है मो मुख कारौ॥ ४६॥

भावार्थ—प्राण त्यागते समय मुझे और तो कोई खेद नहीं है, केवल इतनी ही इच्छा रही जाती है कि विभीषण को लंका देने को कही थी, पर दे न सके। अतः हे लक्ष्मण! बोलो, मेरी प्रतिज्ञा की रक्षा करो, नहीं तो मेरे मुख में कालिख लगती है (कि राम ने प्रतिज्ञा पूरी न की)।

अलंकार—लोकोक्ति।

(विभीषण) दोधक—

मैं बिनऊँ रघुनाथ करौं अब। देव तजो परिदेवन को सब।
औषधि लै निसि में फिरि आवहि। केशव सो सब साथ जिवावहि॥४७॥

शब्दार्थ—परिदेवन = विलाप।

भावार्थ—विभीषण बोले—हे देव! जो मैं निवेदन करता हूँ सो कीजिये, रोने-पीटने से कुछ न होगा (उद्योग करना चाहिये) अतः विलाप छोड़िये और कोई ऐसा व्यक्ति तजवीज़ कीजिये जो रात भर में मेरी बताई दवा ला दे तो सब (जितने वीर आज मरे हैं) एक साथ ही जीवित हो उठें। अर्थात् हम सब जो मृतवत् हैं, जी उठें—आनंदित हो जायँ।

अलंकार—सम्भावना।

सोदर सूर को देखत ही मुख। रावण के सिगरे पुरवै सुख॥
बोल सुने हनुमंत करयो प्रभु। कूदि गयो जहँ औषधि को बनु॥४८॥

भावार्थ—(विभीषण कहते हैं कि) हे राम जी! तुम्हारा भाई सूर्य का मुख देखते ही—सूर्योदय होते ही—रावण के सब सुख पूरे कर देगा (मर जायगा)। यह बात सुन कर हनुमान ने औषधि लाने की प्रतिज्ञा की और कूद कर औषधि के वन में (द्रोण पर्वत पर) जा पहुँचे।

अलंकार—पूर्वार्द्ध में अप्रस्तुतप्रशंसा (कारज निबन्धना)।

(राम) षट्पदी—

करि आदित्य अदृष्ट नष्ट जम करौं अष्ट वसु।
रुद्रन बोरि समुद्र करौं गंधर्व सर्व पसु॥
बलित अबेर कुबेर बलिहि गहि देउँ इन्द्र अब।
विद्याधरन अविद्य करौं बिन सिद्धि सिद्ध सब॥
निजु होहिं दासि दिति की अदिति, अनिल अनल मिटि जाय जल॥
सुनि सूरज! सूरज उवत ही, करौं असुर संसार बल॥ ४६॥

शब्दार्थ-बलित अबेर = अति शीघ्र, बिना विलम्ब। निजु = निश्चय ही। सूरज = (सूर्य पुत्र) सुग्रीव। करौं असुर संसार बल = संसार में असुरों का बल (अधिकार) कर दूँगा।

भावार्थ—(जब विभीषण ने कहा कि) सूर्योदय होते ही लक्ष्मण मर जायँगे, तब राम जी क्रुद्ध हो कर कहते हैं कि, बारहों आदित्यों को गायब करके चौदहों यम और आठों वसुओं को नष्ट कर दूँगा। ग्यारहों रुद्रों को समुद्र में डुबा कर सब गंधर्वों को पशु की भाँति बलिदान कर दूँगा तथा

अभी तुरन्त कुवेर और इन्द्र को पकड़ कर राजा बलि के हवाले कर दूँगा। विद्याधरों को अविद्यमान कर दूँगा। सब सिद्धों की सिद्धताई छीन लूँगा। अदिति (देवमाता—सूर्य की माता) निश्चय ही दिति की दासी होगी और पवन, अग्नि और जल सब मिटा दूँगा (प्रलय उपस्थित कर दूँगा) हे सुग्रीव ! सुनो, यदि सूर्य उदय होगा तो सारी सृष्टि को असुरों के अधिकार में कर दूँगा (देवताओं को नष्ट कर दूँगा)।

अलंकार—प्रतिज्ञाबद्ध स्वभावोक्ति

भुजंगप्रयात—

हन्यौं विघ्नकारी बली वीर यामैं। गयो शीघ्रगामी गये एक यामैं ॥
चल्यौ लै सबै पर्वतै कै प्रणामै। न जान्यो विशल्यौषधी कौन तामैं ॥५०॥

शब्दार्थ—विशल्यौषधि=विशल्यकरणी जड़ी।

विशेष—द्रोणगिरि पर चार जड़ियाँ थीं। १—विशल्यकरणी = घाव को तुरन्त भर देने वाली। २—सावर्णी = तुरन्त चमड़ा जमा देने वाली ३—सञ्जीवनी = मूर्छित को सचेत कर देने वाली। ४—सन्धानी = कटे हुए अंगों के पृथक-पृथक टुकड़ों को जोड़ देने वाली।

भावार्थ—(हनुमान ने द्रोण की ओर जाते समय) रास्ता रोकने वाले बली और कुटिल वीर (कालनेमि) को मारा और पहर भर रात बीतते-बीतते वहाँ पहुँच गये। परन्तु स्वयं विशल्यादि औषधियों को नहीं पहचानते थे अतः प्रणाम करके समस्त पर्वत ही उठा कर ले चले।

भुजंगप्रयात—लसैं औषधी चारु भो व्योमचारी।
कहै देखि यों देव देवाधिकारी ॥
पुरी भौम की सी लिये सीस राजै।
महामंगलार्थी हनूमन्त गाजै ॥ ५१ ॥

शब्दार्थ—भो व्योमचारी=आकाश मार्ग से चले। देवाधिकारी=इन्द्र।

भावार्थ—पर्वत को लेकर हनुमान जी आकाश मार्ग से चले तो उसमें वे दिव्य औषधियाँ चमचमाती थीं। इस तरह जाते हुए देख कर देवता लोग और इन्द्र यों कहने लगे कि महामंगल के चाहने वाले हनुमान गरजते हुए जा रहे हैं और द्रोण पर्वत उनके सिर पर मंगल मंडल सा शोभा दे रहा है।

अलंकार—उपमा।

(इन्द्र) भुजंगप्रयात –

लगी शक्ति रामानुजै राम साथी।
जड़ै ह्वै गये ज्यों गिरै हेमा हाथी॥
जिन्हैं ज्याइबे को सुनो प्रेमपाली।
चल्यो ज्वालमालीहि लै कीर्तिमाली ॥५२॥

शब्दार्थ—प्रेमपाली = प्रेममय । ज्वालमाली = दिव्य औषधियों से झलमलाता हुआ द्रोण पर्वत। कीर्तिमाली = यशी, कीर्तिमान (हनुमान)।

भावार्थ—(देवगण परस्पर वार्ता करते हैं)—राम के साथ रहने वाले राम के छोटे भाई लक्ष्मण को शक्ति लगी है और वे मूर्छित होकर गिर गये हैं, ऐसे जान पड़ते हैं जैसे सुवर्ण रंग का हाथी हो उन्हीं को जिलाने के हेतु, हे प्रेमपालन करने वाले देवताओ! सुनो, ये कीर्तिमान हनुमान दिव्य औषधियों से देदीप्यमान इस पर्वत को लिये जा रहे हैं।

नोट—कुबेर के नियुक्त किये यक्षगण हनुमान को रोकना चाहते थे। इस पर इन्द्र ने उन्हें इस प्रकार समझाया है। 'प्रेमपाली' शब्द इस अभिप्राय से कहा गया है कि हमीं सब देवताओं की भलाई के लिए राम-रावण का युद्ध हो रहा है। तुम भी अपना प्रेम दिखलाओ—(रोकना न चाहिये, वरन् इनकी सहायता करो)।

भुजंगप्रयात –

किधौं प्रात ही काल जी में विचार्यो।
चल्यो अंशु लै अंशुमाली सँहार्यो॥
किधौं जात ज्वालामुखी जोर लीन्हें।
महामृत्यु जामें मिटै होम कीन्हें ॥ ५३ ॥

शब्दार्थ—अंशु = किरण । अंशुमाली = सूर्य । ज्वालामुखी = ज्वालारूपी अग्नि।

भावार्थ—(यह छन्द कवि-कृति अनुमान है) किधौं यह विचार कर कि सूर्योदय होते ही प्रातःकाल लक्ष्मण की मृत्यु का संयोग कहा गया है (अतः जिससे सूर्योदय हो ही न सके,) सूर्य को मार कर हनुमान उनकी किरणों को ही समेटे लिये जा रहे हैं। अथवा अग्निदेव को ही जबरदस्ती पकड़े लिये जा रहे हैं, जिसमें होम करने से लक्ष्मण की मृत्यु का संयोग ही

मिट जाय (हवनादि सुकर्मों से अल्पायु दोष का मिटना हमारे सनातन धर्म में माना गया है) ।

अलंकार—संदेह ।

भुजंगप्रयात—

बिना पत्र हैं यत्र पालाश फूले । रमैं कोकिलाली भ्रमैं भौंर भूले ।
सदानन्द रामैं महानन्द को लै । हनूमन्त आये वसंतै मनौ लै ॥५४॥

शब्दार्थ—सदानन्द=(यह राम का विशेषण है) सदैव आनन्द रूप । महानन्द को=और अधिक आनन्दित होने के लिए ।

भावार्थ—(दिव्य औषधियों से झलझलाता हुआ पर्वत हनुमान जी लाये हैं, इस पर कवि उत्प्रेक्षा करता है कि मानो सदैव आनन्दस्वरूप श्रीराम जी को अधिक आनन्दित करने के हेतु साक्षात् वसंत ही को हनुमान जी जबरदस्ती लाये हैं (क्योंकि यह घटना शिशिर ऋतु में हुई थी)—क्योंकि जैसे वसंत में पत्ररहित पलाश फूलते हैं, भौंर और कोकिल निनाद करते हैं, वैसे ही इस पर्वत में सब ही दृश्य मौजूद हैं ज्वलंत औषधियाँ पलाश पुष्प सम हैं, भौंर और कोकिलादि पक्षी उसमें थे ही) ।

अलंकार—उत्प्रेक्षा ।

मोटनक—

ठाढ़े भये लक्ष्मण मूरि छिये । दूनो सुभ सोभ शरीर लिये ॥
कोदंड लिये यह बात ररै । लंकेश न जीवत जाइ घरै ॥ ५५ ॥

शब्दार्थ—छिये=छूकर (बुन्देलखण्ड में 'छूना' का उच्चारण 'छीना' करते हैं और 'खूब' को 'खीब' भी बोलते हैं) । ररै=रटते हैं ।

भावार्थ—ज्योंही विशल्यकरणी इत्यादि औषधियाँ लक्ष्मण के शरीर से छुवाई गईं त्योंही लक्ष्मण जी दुगुणित हृष्टपुष्ट होकर उठ खड़े हुए और धनुष लिये हुए ललकारने लगे कि हाँ हाँ ! सावधान ! खबरदार ! जीते जी रावण लङ्का को लौट न जाने पावे (तात्पर्य यह कि यह सब कष्ट उन्हें स्वप्नवत् हुआ) ।

श्रीराम तहीं उर लाइ लियो । सूँघ्यो सिर आशिष कोटि दियो ॥
कोलाहल यूथप यूथ कियो । लंका दहल्यो दसकंठ हियो ॥५६॥

भावार्थ—ज्योंही लक्ष्मण उठ खड़े हुए त्योंही राम जी ने उन्हें हृदय से

लगा लिया और सिर सूँघ कर अनेक असीषें दीं। राम-सेना में आनन्दमय कोलाहल मच गया और लङ्का में रावण का हृदय दहल उठा।

सत्रहवाँ प्रकाश समाप्त

अठारहवाँ प्रकाश

दो०—अष्टादशें प्रकाश में केशवदास कराल।
कुम्भकर्ण को वर्णिबो मेघनाद को काल॥

दोधक—

रावण लक्ष्मण को सुनि नीके। छूटि गये सब साधन जी के।
रे सुत मंत्रि विलम्ब न लावो। कुम्भकरन्नहिं जाइ जगावो॥१॥

भावार्थ—जब रावण ने सुना कि लक्ष्मण अच्छे हो गये हो (शक्ति के घाव से मरे नहीं) तब उसको अपने जीतने और जीने की सब आशा जाती रही (उसने समझ लिया कि जब ब्रह्मशक्ति भी इनके ऊपर असर नहीं करती तब मैं इनसे कैसे जीत सकूँगा)। तब आज्ञा दी कि हे पुत्रो और हे मंत्रियो! अब देर न करो और जाकर कुम्भकर्ण को जगाने की चेष्टा करो।

राक्षस लाखन साधन कीने। दुंदुभि दीह बजाइ नवीने।
मत्त अमत्त बड़े अरु वारे। कुंजर पुंज जगावत हारे॥२॥

भावार्थ—राक्षसों ने कुम्भकर्ण को जगाने के लिए लाखों उपाय किये। बड़े-बड़े नवीन नगाड़े (कानों के निकट) बजवाये गये और छोटे-बड़े अनेक मस्त और साधारण हाथी उसको गौंदते-गौंदते हार गये तब भी वह नहीं जागा।

अलंकार—विशेषोक्ति।

मूल—आइ जहीं सुरनारि सुभागीं। गावन बीन बजावन लागीं॥
जागि उठो तबहीं सुरदोषी। छुद्र छुधा बहुभच्छण पोषी॥३॥

भावार्थ—पर जब सौभाग्यवती देवांगनायें आकर वीणा बजा कर उसके निकट गाने लगीं तब वह देवताओं का शत्रु (कुम्भकर्ण) जाग उठा और अपनी कलेवा वाली (जलपान वाली) छोटी भूख को बहुत सी सामग्री से शान्त किया।

अलंकार—विभावना (दूसरी)

नराच—अमत्त मत्त दन्ति पंक्ति एक कौर को करै।
भुजा पसारि आस पास मेघ ओप संहरै।
विमान आसमान के जहाँ तहाँ भगाइयो।
अमान मान सों दिवान कुम्भकर्ण आइयो ॥ ४ ॥

शब्दार्थ—ओप=प्रभा। अमान=अपरिमित, बहुत अधिक। मान=घमंड, शान-शौक़त। दिवान=(फ़ारसी शब्द) राजसभा, अथवा राजा का छोटा भाई (बुँदेलखंड में राजा के छोटे भाई को 'दिवान' कहते हैं)।

भावार्थ—मस्त और गैरमस्त हाथियों के झुंड के झुंड एक-एक कौर में उड़ा जाता है, इधर-उधर हाथ फैलाता है तो मेघों की प्रभा को मात करता है (फैलाने से उसकी भुजाएँ मेघों की ऊँचाई तक पहुँचती हैं जिनकी कालिमा देख कर मेघ भी लजाते हैं) आसमान में विचरने वाले देवताओं के विमानों को जहाँ-तहाँ भगा दिया (देवता डर कर भाग गये)—इस प्रकार बड़ी शान-बान से कुम्भकर्ण रावण के पास राज-सभा में आया। (अथवा) दीवान कुम्भकर्ण रावण के पास आये।

(रावण)—समुद्र सेतु बाँधि कै मनुष्य दोय आइयो।
लिये कुचालि बानरालि लंक आगि लाइयो॥
मिल्यो विभीषणौ न मोहिं तोहिं ने कहू डर्‍यो।
प्रहस्त आदि दै अनेक मंत्रि मित्र संहर्‍यो ॥५॥

शब्दार्थ—कुचाली=शरारती, दुष्ट।

भावार्थ—(रावण कुम्भकर्ण से सब हाल सुनाता है) समुद्र में सेतु बाँध कर दो मनुष्य शरारती बानर-समूह को लिये हुए आए हैं और उन्होंने लंका में आग लगवा दी है। विभीषण भी उनसे जाकर मिल गया है, मुझको और तुमको भी ज़रा नहीं डरा। उन नर-बानरों ने प्रहस्तादि अनेक मंत्री और मित्रों को मार डाला है (अब तुम उनसे युद्ध करो)।

मूल—करौं सु काज आसु आज चित्त में जु भावई।
असुःख होइ जीव-जीव शुक्र सुख पावई।
समेत राम लक्ष्मणै सो बानरालि भक्षिये।
सकोश मंत्रि मित्र पुत्र धाम ग्राम रक्षिये ॥६॥

शब्दार्थ—जीव=बृहस्पति। सकोश=खजाना सहित।

भावार्थ—(रावण कहता) हे भाई! आज शीघ्र ही वह शुभ काम करो जो मेरे चित्त को भाता है, जिससे बृहस्पति के जी में दुःख और आचार्य शुक्र जी को सुख हो। वह कार्य यह है कि राम लक्ष्मण सहित बानर समूह का भक्षण करो और खजाना, मन्त्री, मित्र, घर और लंकापुरी की रक्षा करो।

अलंकार—कारज निबन्धना अप्रस्तुत प्रशंसा (पूर्वार्द्ध में), और प्रथम तुल्योगिता (उत्तरार्द्ध में)।

(कुम्भकर्ण) मनोरमा*—सुनिये कुल-भूषण देव विदूषण।
बहु आजिविराजिन के तम पूषण।
भुव भूप जे चारि पदारथ साधत।
तिनको कबहूँ नहिं बाधक बाधत ॥७॥

शब्दार्थ—देव विदूषण=देवताओं के विनाशकर्त्ता। आजि विराजी=युद्ध में शोभा पानेवाले अर्थात् शूरवीर भट। तम=अन्धकार। पूषण=सूर्य। चारि पदारथ=अर्थ, धर्म काम, मोक्ष।

भावार्थ—(कुम्भकर्ण रावण से कहता है) हे कुल के मण्डनकर्त्ता और देवताओं के विनाशक! मेरी एक बात सुनो। यद्यपि आप अनेक शूरवीर योद्धाओं के युद्ध सम्बन्धी तुमुल तम को हटाने में सूर्य के समान सामर्थ्यवान हो, तो भी इस पृथ्वी पर जो राजा क्रम से चारों पदार्थों का साधन करते हैं, उन्हें कोई बाधक बाधा नहीं पहुँचा सकता (तात्पर्य यह कि आप तीन पदार्थ साधन कर चुके अब आपको मुक्ति साधन की फिक्र करनी चाहिए—युद्ध नहीं) साधन का क्रम आगे के छन्द में देखिये।

पंकजवाटिका—धर्म करत अति अर्थ बढ़ावत।
संतति हित रति कोविद गावत।
संतति उपजत ही, निसि बासर।
साधन तन मन मुक्ति महीधर ॥८॥

शब्दार्थ—अर्थ=धन-सम्पति। सन्तति=औलाद। रति=काम-साधन, स्त्री-सुख। कोविद=पण्डित, ज्ञानी। महीधर=राजा।

---

*इसका रूप है (४ सगण, २ लघु), पर अन्य पिङ्गलों में ऐसा नहीं पाया जाता।

भावार्थ—चारों पदार्थों के साधन का क्रम यह है कि सर्व प्रथम धर्म साधन करे, तदनन्तर अर्थ को बढ़ावे, तब सन्तान के लिए स्त्री सुख भोग, और सन्तान हो जाने पर राजा को चाहिये कि रातों दिन तन मन से लगकर मुक्ति का साधन करे (तात्पर्य यह है कि आप तीन पदार्थ—धर्म, अर्थ और काम साधन कर चुके, अब पुत्र को राज देकर मुक्ति साधन कीजिये)।

दो०—राजा अरु युवराज जग, प्रोहित मंत्री मित्र।
कामी कुटिल न सेइये, कृपण कृतघ्न अमित्र ॥९॥

शब्दार्थ—कृपण = लोभी, धन-लोलुप।

भावार्थ—कामी राजा, कुटील युवराज, लोभी पुरोहित, कृतघ्नी मंत्री और हित-विरोधी मित्र का सेवन न करना चाहिये।

अलंकार—क्रम।

घनाक्षरी—कामी, बामी, झूठ, क्रोधी, कोढ़ी, कुलद्वेषी,
कुत्सु, कातर कृतघ्नी, द्विज द्रोहिये।
कुपुरुष, किंपुरुष, काहली, कहली क्रूर,
कुटिल कुमंत्री, कुलहीन वंशौ टोहिये।
पापी, लोभी, शठ, अंध, बावरो, बधिर, गूँगो,
बौना, अविवेकी, हठी, छली, निरमोहिये।
सूम, सर्वभक्षी, दैववादी जो कुबादी जड़,
अपयशी ऐसो भूमि भूपति न सोहिये ॥१०॥

शब्दार्थ—बामी = वाममार्गी। कुपुरुष = कम पुरुषार्थवाला। किंपुरुष = पुरुषार्थहीन। टोहिये = खूब जाँच लेना चाहिये। शठ = जो समझाने से भी न समझे। हठी = जो किसी का कहना न माने। दैववाद = दैव वा किस्मत के भरोसे पर रहने वाला। कुवादी = कटुभाषी।

भावार्थ—सरल है (तात्पर्य यह है कि तुम में इतने दोष हैं, वे तुम्हें शोभा नहीं देते। इन्हें छोड़ो और मोक्ष-साधन करो तो भला है)।

निशिपलिका—बानर न जानु सुर जानु सुभगाथ हैं।
मानुष न जानु रघुनाथ जगन्नाथ हैं।
जानकिहि देहु करि नेहु कुल देह सों।
आजु रण साजि पुनि गाजि हसि मेह सों ॥११॥

भावार्थ—वानरों को वानर न समझो, वे यशस्वी देवता हैं। रघुनाथ को केवल मनुष्य मत जानो वे संसार के नाथ साक्षात् विष्णु भगवान् हैं। अतः अन्याय पक्ष को छोड़ कर अपने शरीर पर कृपा करके पहले उन्हें सीता दे दो (यदि सीता को पाकर फिर भी वे युद्ध करने ही पर तत्पर हों तो) फिर मेघ की तरह गरज कर हँसते हुए (प्रसन्नतापूर्वक) वीरों की तरह रण करो (तब तुम्हारा न्याय पक्ष होगा और तुम विजयी होगे।)

अलंकार—अपह्नुति।

(रावण) दो०—कुम्भकर्ण! करि युद्ध कै, सोइ रहो घर जाय।
बेगि विभीषण ज्यों मिल्यो, गहौ शत्रु कै पाय॥१२॥

भावार्थ—(रावण डाँटता है) हे कुम्भकर्ण! तुम बड़ी-बड़ी बातें मत करो, ये सब बातें मैं जानता हूँ—तुम या तो जाकर युद्ध करो, या जाकर अपने घर में सो रहो या विभीषण की तरह तुम भी जाकर शत्रु के पैरों पड़ो।

अलंकार—विकल्प।

(मंदोदरी) दो०—
इन्द्रजीत अतिकाय सुनि, नारान्तक सुखदाइ।
भैयन सो झुकत हैं, क्यों न कहौ समुझाय॥१३॥

शब्दार्थ—झुकत हैं=खफ़ा होते हैं, रिस करते हैं।

भावार्थ—हे इन्द्रजीत, अतिकाय और सुखदायी नारान्तक! सुनते हो! राजा जी भाई पर खफ़ा हो रहे हैं, तुम समझाते क्यों नहीं (कि भाइयों से बिगाड़ करना अच्छी बात नहीं है—शत्रु के आक्रमण के समय भाइयों से अनबन करना बुरी बात है, समझाते समय विभीषण को लात मारी सो वह शत्रु से जा मिला, अब इन्हें भी डाँटते हैं। यदि ये भी शत्रु की ओर चले जायँ तो कैसी विपत्ति की सम्भावना है)।

(मंदोदरी) चंचला—

देव! कुंभकर्ण को समान जानिये न आन।
इन्द्र चंद्र विष्णु रुद्र ब्रह्म को हरै गुमान।
राजकाज को कहै जो, मानिये सो प्रेमपालि।
कै चली न, को चलै न, काल की कुचाल, चालि॥१४॥

शब्दार्थ—देव=रावण के लिए सम्बोधन है (गद्दीधर राजा की देव संज्ञा है)। राजकाज को=राज्य की भलाई के लिए। प्रेमपालि=प्रेमपूर्वक। काल की कुचाल=समय प्रतिकूल होने पर। चालि=निज हित-साधक कार्य करना।

भावार्थ—(मंदोदरी रावण को समझाती है) हे राजन्! कुम्भकर्ण को अन्य सामान्य वीरों की तरह मत समझिए। ये इन्द्र, विष्णु, रुद्र और ब्रह्मा का भी घमंड तोड़ सकते हैं। जो बात ये राज्य की भलाई के लिए कहते हैं उसे प्रेमपूर्वक मान लेना चाहिए। समय प्रतिकूल होने पर निजहित-साधक चाल कौन नहीं चला और कौन नहीं चलता—आगे भी लोग ऐसा ही करते आये हैं और अब भी चतुर लोग ऐसा ही करते हैं (तात्पर्य यह कि इस समय काल तुम्हारे प्रतिकूल है, अतः हठ छोड़ कर थोड़ा दब जाओ और जैसा वे कहते हैं वैसा करो—सीता वापस कर दो, सीता लौटा देने से युद्ध बन्द हो जायगा)।

अलंकार—काकुवक्रोक्ति।

विशेष—आगे के छन्द में मंदोदरी उदाहरण दे कर दिखलाती है कि समय प्रति-कूल होने पर निज कार्य-साधन-हित बड़े-बड़े लोग भी दब गये हैं और जो नहीं दबे वे मारे गये हैं।

(मन्दोदरी) चंचला—

विष्णु भाजि भाजि जात छोड़ि देवता अशेष।
जामदग्न्य देखि देखि कैं न कीन्ह नारि वेष॥
ईश! राम ते बचे, बचे कि बानरेश बालि।
कैं चली न, को चलै न, काल की कुचाल, चालि॥१५॥

शब्दार्थ—अशेष=सब। जामदग्न्य=परशुराम। कैं=किसने। ईश=रावण के लिए संबोधन शब्द है। राम ते बचे=वे राम (परशुराम) समयानु-कूल चाल चल कर ही दाशरथी राम से बचे। कि=न। बचे कि बानरेश बालि=समयानुकूल चाल न चलने से बानरेश बालि न बचे। काल की कुचाल=काल की कुचाल के समय (अर्थात् समय प्रतिकूल होने पर)।

भावार्थ—(मंदोदरी कहती है—देखिये, समय प्रतिकूल होने पर) देव-दानवों के युद्ध में बहुधा विष्णु महाराज सब देवताओं को छोड़कर भाग जाया करते हैं। जिन परशुराम को देख-देख कर बड़े-बड़े वीर क्षत्री नारि-वेश धारण करते थे, वही परशुराम, हे राजन् ! (समय प्रतिकूल होने पर जरा सा दब कर अथवा धनुष और बाण देकर) राम से बचे और वानरेश बालि (नहीं दबा इस कारण) नहीं बच सका। अतः समय प्रतिकूल होने पर निज-हित-साधक चाल कौन नहीं चलता ?

अलंकार—काकुवक्रोक्ति।

(मंदोदरी) मत्तगयंद सवैया—

रामहिं चोरन दीन्हीं तिया जेहि को दुख तो तप लीलि लियो है।
रामहिं मारन दीन्हों सहोदर रामहिं आवन जान दियो है॥
देह धरी तुमही लगि, आजु लौं रामहिं के पिय ज्याये जियो है।
दूरि करी द्विजता द्विजदेव हरे ई हरे आततताई कियो है॥१६॥

शब्दार्थ—चोरन दीन्हीं=चुरा लाने का समय (मौक़ा) दिया। सहोदर=विभीषण। द्विजता=ब्राह्मणत्व। द्विजदेव=हे ब्राह्मण ! (रावण का संबोधन है) हरे-ई हरे=धीरे-धीरे। आततताई=पापी। छः में से एक प्रकार के पापी को आततताई कहते हैं, यथा—

अग्निदो गरलश्चैव शस्त्रपाणिर्धनापहः।
क्षेत्रदारापहश्चैव षडेते आततायिनः॥

१—गाँव में आग लगानेवाला। २—जहर देने वाला। ३—निर्दोष को शस्त्र से मारने वाला। ४—पर-धन-हर्ता। ५—पर-भूमि-हर्ता। ६—पर स्त्री-हर्ता। शास्त्र की आज्ञा है कि ब्राह्मण यदि आततताई हो जाय तो उसके मारने से ब्रह्महत्या नहीं लगती।

भावार्थ—मंदोदरी कहती है कि राम मनुष्य नहीं हैं, वे सर्वशक्तिमान् ईश्वर के अवतार हैं, उन्हीं राम ने जान-बूझ कर तुम्हें अपनी स्त्री चुरा लाने दी (मौक़ा दिया कि तुम चुरा लाओ) जिसके दुःख ने तुम्हारे तप-बल को नष्ट कर दिया है। राम ही ने तुम्हें निर्दोषी विभीषण को लातें मारने का मौका ला दिया। राम ही ने तुम्हें रणभूमि तक जाने का और पुनः वहाँ से भाग आने का मौका दिया है (अर्थात् यदि वे चाहते तो

तुम्हें पहले ही दिन के रण में मार डालते)। राम ने तुम्हारे ही वध के लिए अवतार लिया है और आज तक तुम उन्हीं के जिलाने से जिये हो। हे ब्राह्मण श्रेष्ठ! इस पर तरह दे-दे कर राम ने तुम्हारा ब्राह्मणत्व दूर करके तुमको धीरे-धीरे आततताई बना डाला (मर्यादा पुरुषोत्तम होने से ब्राह्मण समझ कर तुम्हें अब तक नहीं मारा, पर अब तुम पूरे आततायी हो चुके हो अतः अवश्य मारेंगे।

अलंकार—अप्रस्तुत प्रशंसा (कारण मिस कारज कथन)।

दो०—संधि करो बिग्रह करो, सीता को तो देह।
गनो न पिय देहीन में, पतिव्रता का देह॥ १७॥

शब्दार्थ—विग्रह = युद्ध। देह = (१) दे दो (२) शरीर।

भावार्थ—सीता को लौटा दो फिर चाहे युद्ध करो (मुझे कुछ सोच न होगा)। हे प्रियतम! पतिव्रता स्त्री की देह को साधारण शरीरधारियों की देह मत समझो (उसके शरीर को दुःख पहुँचाने से महान् अनिष्ट होता है)।

(रावण) मदिरा सवैया—

हौं सुत छाँड़ि मिलौं मृग लोचनि क्यों छमिहैं अपराध नये।
नारि हरी, सुत बाँध्यो तिहारै हौं कालिहि सोदर साँग हये॥
बामन माँग्यो त्रिपैग धरा दछिना बलि चौदह लोक दये।
रंचक बैर हुतो, हरि बंचक बाँधि पताल तऊ पठये॥१८॥

शब्दार्थ—नये = अनोखे, ताजे। हरि = विष्णु (वामनावतार से)।

विशेष—मन्दोदरी ने राम को विष्णु का अवतार बताया है, इस पर रावण का उत्तर यह है।

भावार्थ—हे मृगलोचनी! तेरे कहने से यदि मैं अपनी सत्य प्रतिज्ञा कर उनसे मेल भी करना चाहूँ तो वे मेरे ये ताजे और अनोखे अपराध स्त्री-हरण, तुम्हारे पुत्र द्वारा नाग फाँस में बाँधा जाना, कल्ह ही उनके भाई को शक्ति से मारना—क्यों क्षमा करेंगे क्योंकि उनकी आदत बड़ी गँसीली है। देखो न, इन्हीं विष्णु ने वामन रूप से (छल से) तीन पग पृथ्वी माँगी थी और बलि ने चौदहों लोक दे दिये तो भी पुरानी गाँस से ज़रा से बैर के बदले इस छलिया विष्णु ने उसे बाँध कर पाताल में भेज दिया (अतः मैं इस छली

का विश्वास नहीं करता कि यह मेरा अपराध क्षमा कर देगा) – इसलिये मैं संधि करना उचित नहीं समझता, युद्ध ही होना चाहिये।

दो० – देवर कुम्भकरन्न सो, हरि-अरि सो सुत पाइ।
रावण सो प्रभु कौन को, मंदोदरी डराइ ॥ १९ ॥

शब्दार्थ—हरि अरि = इन्द्र का शत्रु, इन्द्रजीत। (मेघनाद)। प्रभु = पति।

भावार्थ—कुम्भकर्ण के समान बली देवर, इन्द्रजीत समान बली पुत्र तथा रावण (जो सब को रुलावै) के समान महान् प्रतापी और बली पति पाकर मंदोदरी को किससे भय हो सकता है (तू डर मत)।

(कुंभकर्ण वध)

चामर – कुंभकर्ण रावणै प्रदक्षिणा सु दै चल्यो।
हाय हाय ह्वै रह्यो आकास आस ही हल्यो ॥
मध्य क्षुद्र घन्टिका किरीट सीस सोभनो।
लक्ष पक्ष सो कालिन्द इन्द्र पै चढ़ो मनो ॥ २० ॥

भावार्थ—कुम्भकर्ण रावण को प्रदक्षिणा देकर रणभूमि को चल दिया। चारों ओर हाहाकार मच गया और आकाश शीघ्र ही हिल गया (आकाश-चारी देवगण इत्यादि डर से विचलित होकर इधर-उधर भागने लगे) कुम्भ-कर्ण कमर में करधनी और सीस पर सुन्दर मुकुट धारण किये है, अतः ऐसा जान पड़ता है मानो लाखों पक्ष धारण करके कलिंद पर्वत इन्द्र पर चढ़ दौड़ा हो।

अलंकार—उत्प्रेक्षा।

नराच – उड़ैं दिसा दिसा कपीस कोटि कोटि स्वाँस ही।
चपैं चपेट बाहु जानु जंघ सौं जहीं तहीं ॥
लिये लपेट ऐंचि ऐंचि वीर बाहु बात ही।
भखे ते अन्तरिक्ष ऋक्ष लक्ष लक्ष जात ही ॥ २१ ॥

भावार्थ—कुम्भकर्ण जब रणभूमि में आया तब चारों ओर करोड़ों वानर उसकी स्वाँस की वायु से उड़ने लगे। लाखों उसके बाहु, जानु, जंघा की चपेट से जहाँ-तहाँ दबने लगे। उसने बड़े-बड़े वीरों को बात की बात में (अति

शीघ्र) खींच-खींच कर भुजाओं में दबा लिया और लाखों रीछ जो आकाश को उड़े उन्हें वहीं पकड़ कर खा गया।

(कुम्भकर्ण) भुजंगप्रयात—

न हौं ताड़का, हौं सुबाहु न मानो।
न हौं शम्भुको दण्ड साँची वखानो।
न हौं ताल बाली, खरै, जाहि मारो।
न हौं दूपणै सिंधु सूधे निहारो ॥ २२ ॥

भावार्थ—(कुम्भकर्ण ललकार कर राम के प्रति कहता है) हे राम ! ज़रा इधर सूधी दृष्टि से देखो। बड़े वीर हो तो सामने आकर मैदान में युद्ध करो। मुझे ताड़का और सुबाहु न समझना, न मैं शिव का धनुष ही हूँ। न मैं सप्तताल, खर और बालि ही हूँ जिन्हें तुमने मार लिया। न मैं दूषण ही हूँ और न सिंधु ही हूँ (जिसे तुमने सहज ही बाँध लिया है)।

अलंकार—प्रतिषेध।

भुजंगप्रयात—सुरी आसुरी सुन्दरी भोग कर्णं।
महाकाल को काल हौं कुम्भकर्णं ॥
सुनौ राम संग्राम को तोहि बोलौं।
बढ़ो गर्ब लंकाहि आये सु खोलौं ॥ २३ ॥

भावार्थ—मैं सुरनारी तथा असुरनारियों से भोग करनेवाला, महाकाल का भी काल कुम्भकर्ण हूँ। हे राम ! मैं तुम्हें समर के लिए ललकारता हूँ, तुम लंका तक चले आये, इस बात का तुम्हें अहंकार हो गया है, सो आज मैं प्रकट कर दूँगा कि तुम कैसे बली हो।

भुजंगप्रयात—उठो केसरी केसरी जोर छायो।
बली बालि को पूत लै नील धायो।
हनूमंत सुग्रीव सोभैं सभागे।
डसैं डाँस से अंग मातंग लागे ॥ २४ ॥

भावार्थ—(कुम्भकर्ण की ललकार सुन कर) एक ओर से केशरी नामक बानर सिंह की सी झपेट से उठ दौड़ा, एक ओर से अंगद नील को ले कर दौड़ पड़े, एक ओर से भाग्यवान हनुमान और सुग्रीव आ गये (सबों ने मिल

कर उसे तीन तरफ से घेर लिया और मारने-काटने लगे। इनका मारना-काटना ऐसा ही जान पड़ा मानो मस्त हाथी के अंग में मसा लगे हों।)

भुजंगप्रयात—

दशग्रीव को बंधु सुग्रीव पायो। चल्यो लङ्क लैके भले अंक लायो।
हनूमंत लातैं हत्यो देह भूल्यो। छुट्यो कर्णनासाहि लै, इन्द्र फूल्यो ॥२५॥

भावार्थ—कुम्भकर्ण ने सुग्रीव को पकड़ पाया तो उसको गोद में चिपका कर लंका को ले चला। तब हनुमान ने कुम्भकर्ण को ऐसी लातें मारीं कि वह देह की सुधि भूल गया (मूर्छित हो गया) तब सुग्रीव उसकी पकड़ से छूट गये और उसके नाक-कान काट लिये, जिसे देख कर इन्द्र को बड़ा आनन्द हुआ।

अलंकार—हेतु।

भुजंगप्रयात—सँभार्‍यो घरी एक दू में मरू कै।
फिर्‍यो रामही सामुहे सो गदा लै ॥
हनूमंत सो पूँछ सों लाइ लीन्हों।
न जान्यो कवै सिंधु में डारि दीन्हों ॥२६॥

शब्दार्थ—संभार्‍यो=होश सँभाला (चैतन्य हुआ) मरू कै=मुशकिल से, बड़ी कठिनाई से। लाइ लीन्हों=लपेट लिया।

भावार्थ—मुश्किल से दो-एक घड़ी में जब कुम्भकर्ण को पुनः चेत हुआ तब गदा लेकर राम के सम्मुख चला। यह देख कर हनुमान जी ने उस गदा को पूँछ में लपेट लिया और ऐसी शीघ्रता से समुद्र में फेंक दिया कि कुम्भकर्ण भी न जान सका कि कब क्या हुआ।

अलंकार—अतिशयोक्ति।

भुजंगप्रयात—जहीं काल के केतु सो ताल लीनो।
कर्‍यो राम जू हस्त पादादि हीनो ॥
चल्यो लौटतै बाइ बकै कुचाली।
उड़्यो मुंड लै बाण त्यों मुंडमाली ॥ २७ ॥

शब्दार्थ—काल के केतु सो=काल की ध्वजा के समान। ताल=ताड़-वृक्ष। बाइ बकै=प्रलाप वचन कहता हुआ (जैसे कोई बाई में बकता है)। त्यों=तरफ। मुंडमाली=महादेव।

भावार्थ – (गदाहीन होने पर) जब कुम्भकर्ण पुनः काल की ध्वजा के समान ताड़वृक्ष लेकर लड़ने को चला तब तुरंत रामजी ने उसके हाथ-पैर काट दिये, तब लुंडपिंड होकर भूमि में लोटता हुआ तथा अंड-बंड बातें कहता हुआ वह कुचाली, राम की ओर बढ़ा. तब रामजी ने एक बाण ऐसा मारा कि वह उस का सिर काट कर महादेव की ओर (कैलाश की ओर) उड़ गया।

भुजंगप्रयात – तहीं स्वर्ग के दुँदुभी दीह बाजे।
करी पुष्प की वृष्टि जै देव गाजे॥
दशग्रीव शोक ग्रस्यो लोकहारी।
भयो लंक के मध्य आतंक भारी॥ २८॥

शब्दार्थ – आतंक=हाहाकार (विलाप)। लोकहारी=लोकों को सतानेवाला।

दो०—जबहीं गयो निकुंभिला, होम हेत इन्द्रजीत।
कह्यौ तहीं रघुनाथ सों, मतो विभीषण मीत॥२६॥

शब्दार्थ – निकुंभिला=वह स्थान जहाँ रावण की यज्ञशाला थी। इन्द्रजीत=मेघनाद। मतो = मन्त्र (सलाह)।

चंचरी—जोरि अंजुलि को विभीषण राम सो विनती करी।
इन्द्रजीत निकुम्भिला गयो होम को, रिस जी भरी॥
सिद्ध होम न होय जौलगि ईश तौलगि मारिये।
सिद्ध होहि प्रसिद्ध है यह सर्वथा हम हारिये॥ ३०॥

शब्दार्थ – जोरि अंजुलि = हाथ जोड़ कर। रिस जी भरी=मन में रिस भर कर।

अलंकार – संभावना।

दो० – सोई वाहि हतै कि नर वानर रीछ जो को कोइ।
बारह वर्ष छुधा, त्रिया निद्रा, जीते होइ॥ ३१॥

भावार्थ—वही व्यक्ति उस इन्द्रजीत को मार सकता है जो बारह वर्ष तक अन्न, स्त्री और निद्रा को त्यागे रहा हो, चाहे वह नर हो चाहे बानर वा रीछ हो। कामाक्षा देवी का वरदान था कि—

दोहा – जो त्यागे द्वादस बरस, नींद, नारि अरु अन्न।
सो सुन मारी तोहि जग, अपर न मारो जन्न॥—(विश्रामसागर)

चंचरा—

रामचंद्र बिदा करयो तब बेगि लक्ष्मण वीर को।
त्यों विभीषण जामवतहिँ संग अंगद धीर को॥
नील लै नल केशरी हनुमंत अंतक ज्यों चलै।
बेगि जाय निकुंभिला थल यज्ञ के सिगरे दलै॥ ३२॥

शब्दार्थ—अंतक = यमराज। सिगरे = सब। दले = नष्ट कर दिये।

मूल—जामवंतहि मारि द्वै सर तीन अंगद छेदियो।
चारि मारि विभीषणे हनुमंत पंच सु भेदियो॥
एक एक अनेक वानर जाइ लक्ष्मण सों भिरयो।
अंध अंधक युद्ध ज्यों भव सो जुरयो भव ही हरयो॥३३॥

शब्दार्थ—अंध = मूर्ख। अंधक = दैत्य विशेष। भव = महादेव। भव = भय, डर। भव ही हरयो = भय को हृदय से निकाल कर, निर्भय।

भावार्थ—(अंतिम चरण का) मेघनाद ऐसी निर्भयता से लक्ष्मण से भिड़ गया जैसे मूर्ख अंधकासुर हृदय से डर छोड़ कर महादेव के साथ युद्ध में भिड़ गया था।

अलंकार—उपमा।

हरिगीतिका—रण इन्द्रजीत अजीत लक्ष्मण अस्त्र अस्त्रनि संहरैं।
सर एक एक अनेक मारत बुंद मंदर ज्यों परैं॥
तब कोपि राघव शत्रु को सिर बाण तीक्षण उद्धरयो।
दशकंध संध्या करत हो सिर जाय अंजुलि में परयो॥ ३४॥

शब्दार्थ—राघव = रघुवंशजात लक्ष्मण। उद्धरयो = (उत् + धर) धड़ से भिन्न कर दिया, धड़ से काट दिया।

भावार्थ—रण में मेघनाद और अजित लक्ष्मण परस्पर अस्त्र-शस्त्र संहार करते हैं। एक एक वीर अनेक बाण मारता है, पर वे दूसरे पर ऐसे पड़ते हैं जैसे पर्वत पर वर्षाबुंद (कुछ भी हानि नहीं पहुँचाते) तब रघुवंश के विकट वीर लक्ष्मण ने शत्रु के सिर को एक अति तीक्ष्ण बाण से धड़ से उड़ा दिया। उस समय रावण संध्या कर रहा था, वह सिर उसकी अंजुली में जा गिरा।

मूल – रण मारि लक्ष्मण मेघनादहिं स्वच्छ संख बजाइयो।
कहि साधु साधु समेत इन्द्रहिं देवता सब आइयो॥
कछु माँगिये वर बीर सत्वर, भक्ति श्रीरघुनाथ की।
पहिराय माल विशाल अर्चहि कै गये सुभगाथ की॥ ३५॥

शब्दार्थ—साधु साधु = शाबाश। सत्वर = शीघ्र। सुभगाथ = प्रशंसित।

भावार्थ – लक्ष्मण ने रण में मेघनाद को मार कर विजय शंख बजाया। शाबाश, शाबाश! कहते इन्द्र सहित सब देवता आये और कहा कि हे वीर, शीघ्र ही कुछ वर माँगो। लक्ष्मण ने कहा—मुझे राम-भक्ति दीजिये। तब सब देवता उस प्रशंसित वीर लक्ष्मण की पूजा करके और विशाल विजयमाला पहना कर अपने लोक को चले गये।

कलहंस – इति इन्द्रजीत कहँ लक्ष्मण आये।
हँसि रामचंद्र वहुधा उर लाये॥
सुन मित्र पुत्र सुभ सोदर मेरे।
कहि कौन कौन सुमिरौं गुन तेरे॥ ३६॥

शब्दार्थ – बहुधा = बहुत प्रकार से। उर लाये = छाती से लगाया। सोदर = भाई। सुमिरौं = स्मरण करूँ।

अलंकार—तुल्योगिता (तीसरी)।

दो० – नींद भूख अरु काम को, जो न साधते वीर।
सीतहि क्यों हम पावते, सुनु लक्ष्मण रणधीर॥ ३७॥

शब्दार्थ – न साधते = जीत न लिया होता।

अठारहवाँ प्रकाश समाप्त

उन्नीसवाँ प्रकाश

दो०—उनईसयें प्रकाश में, रावण दुःख निदान।
जूझैगो मकराक्ष पुनि, ह्वै है दूत विधान॥
रावण जैहै गढ़थल, रावर लुटै विशाल।
मन्दोदरी कढोरिबो, अरु रावण को काल॥

शब्दार्थ—दुःख निदान=दुःख का अन्तिम दर्जा अर्थात् बहुत बड़ा दुःख। दूत विधान=सन्धि का प्रस्ताव। गढ़ थल=यज्ञस्थल (निकुम्भिला)। रावर=रनिवास। कढ़ोरिबो=घिसलाना। काल=मृत्यु।

मोटनक—

देख्यो सिर अंजुलि में जबही। हाहा करि भूमि पर्यो तबहीं।
आये सुत-सोदर मन्त्री तबै। मन्दोदरि स्यों तिय आईं सबै॥ १॥
कोलाहल मन्दिर माँझ भयो। मानों प्रभु को उड़ि प्राण गयो।
रोवै दसकंठ विलाप करै। कोऊ न कहूँ तन धीर धरै॥ २॥

शब्दार्थ—(१) सुत-सोदर=सोदरसुत (मकराक्षादि)। स्यों=सहित। प्रभु=रावण।

(रावण) दण्डक (मात्रिक ४० का)

आजु आदित्य जल पवन पावक प्रबल,
कंद अनन्द मय, त्रास जग को हरौं॥
गान किन्नर करौ नृत्य गंधर्व कुल,
यक्ष विधि लक्ष उर, यक्ष कर्दम धरौं॥
ब्रह्म रुद्रादि दै, देव तिहूँ लोक के,
राज को जाय अभिषेक इन्द्रहिं करौं।
आजु सिय राम दै, लंक कुलदूषणहिं,
यज्ञ को जाय सर्वज्ञ विप्रहु वरौं॥ ३॥

शब्दार्थ—यक्षकर्दम=एक प्रकार का लेप जो यक्षों को अति प्रिय है और इसे वे शरीर में लगाते हैं (कर्पूर, अगर, कस्तूरी और कंकोल एक साथ पीस कर बनता है, यथा—"कर्पूरागुरुकस्तूरी कक्कोलैर्यक्षकर्दमः")। कुलदूषण=वंशनाशक (विभीषण)। यज्ञ......वरौं=सर्वज्ञ ब्राह्मणगण यज्ञदेव का वरण करें, अर्थात् ब्राह्मणगण अब स्वच्छन्दता से यज्ञादि पुण्य अनुष्ठानादि करें।

भावार्थ—(रावण अति निराश होकर कहता है कि)—लो भाई, अब मैं भी मरता हूँ, अतः सूर्य, जल, पवन और प्रबल अग्नि इत्यादि देवगण तथा चन्द्रमा आनन्दित हों, क्योंकि जग में जिससे तुम्हें डर था सो तो हरण किया गया (मारा गया)। किन्नरगण खूब आनन्द से गावें, गंधर्व

नृत्य करें। (मैं तो मरता हूँ)। ब्रह्मा, रुद्रादि तीनों लोक के देवता जाकर इन्द्र को राज्याभिषेक करें और आज सीता और राम, कुलनाशक विभीषण को लंका का राज्य दें और ब्राह्मणगण अब निडर होकर यज्ञानुष्ठान करें (मेरे भय से जो कार्य न हो सकते थे वे स्वच्छन्दतापूर्वक हों, मैं पुत्र शोक में अपने प्राण देता हूँ।)

अलंकार—अप्रस्तुत प्रशंसा (कारज मिस कारण कथन)।

(महोदर) चौपाई—

प्रभु शोक तजो धीर धरो। सक शत्रु वध्यो सु विचार करो॥
कुल में अब जीवत जो रहिहै। सब शोक समुद्रहि सो बहिहै॥४॥

शब्दार्थ—सक शत्रु वध्यो=जिससे शत्रु का वध हो सके। सु=सो।

भावार्थ—महोदर समझाता है कि हे प्रभु, शोक को छोड़ो, जी में धीरज धरो (इतने निराश न हो)। अब ऐसी सलाह करो जिससे शत्रु का वध हो सके। कुल में जो जीता बचेगा वह सब के लिये शोक कर लेगा (अर्थात् वीर की तरह उत्साह से समर करो, रणभूमि में प्राण त्यागो, कातर मत हो, जो बचेगा सो रो-पीट लेगा)।

(मंदोदरी) चौपाई—

सादर जूझ्यो सुत हितकारी। को गहिहै लंका गढ़ भारी॥
सीतहि देकै रिपुहि सँहारो। मोहित है विक्रम बल भारो॥५॥

शब्दार्थ—मोहित है=निष्फल करती है। विक्रम=उद्योग।

भावार्थ—मंदोदरी रावण से कहती है कि हितकारी भाई (कुम्भकर्ण) और पुत्र (मेघनाद) जूझ गये तो क्या हुआ, लंका ऐसा कठिन गढ़ है कि इसे कोई जीत नहीं सकता। सीता को लौटा दो तब शत्रु को मार सकोगे, क्योंकि वही तुम्हारे भारी बल और अनेक उद्योगों को विफल करती है (पर-स्त्री हरण के पाप से तुम्हारा उद्योग विफल हो रहा है, उसे लौटा दो तो तुम रण में सफल होगे)।

(रावण) चौपाई—

तुम अब सीतहि देहु न देहू। बिन सुत बन्धु धरौं नहिं देहू॥
यहि तन जो तजि लाजहिं रैहौं। बन बसि जाय सबै दुख सैहौं॥६॥

शब्दार्थ—रैहौं=रहूँगा। सैहौं=सहूँगा।

(मकराक्ष) भुजंगप्रयात—

कहा कुंभकर्ण कहा इन्द्रजीतौ। करै सोइबो वा करै युद्ध भीतौ।
सुजानौं जियौं हौं सदा दास तेरो। सिया को सकैले सुनौ मंत्र मेरो ॥७॥
महाराज लंका सदा राज कीजै। करौं युद्ध मोको बिदा बेगि दीजै ॥
हतौं राम स्यों वन्धु सुग्रीव मारौं। अयोध्याहि लै राजधानी सुधारौं ॥८॥

शब्दार्थ—(७) कहा······इन्द्रजीतौ=मेरे मुकाबले में कुम्भकर्ण इन्द्रजीत कौन वस्तु हैं। करै······भीतौ=वह (कुंभकर्ण सोया करता था और वह (मेघनाद) डरता सा लड़ता था।

(मकराक्ष वध)

(विभीषण) वसततिलका—

कोदंड हाथ रघुनाथ सँभारि लीजै।
भागे सबै समर यूथप दृष्टि दीजै ॥
बेटा बलिष्ठ खर को मकराक्ष आयो।
संहारकाल जनु कालकराल धायो ॥ ९ ॥
सुग्रीव अंगद बली हनुमन्त रोक्यो।
रोक्यो रह्यो न रघुबीर जहीं विलोक्यो ॥
मार्‌यो विभीषण गदा उर जोर ठेली।
काली समान भुज लक्ष्मण कंठ मेली ॥ १० ॥
गाढ़े गहे प्रबल अंगनि अंगभारे।
काटे कटैं न बहु भाँतिन काटि हारे ॥
ब्रह्मा दियो वरहि अस्त्र न शस्त्र लागै।
लै ही चल्यो समर सिंहहिं जोर जागै ॥११॥
मायांधकार दिवि भूतल लीलि लीन्हों।
ग्रस्तास्त मानहुँ शशी कहँ राहु कीन्हों ॥
हाहादि शब्द सब लोग जहीं पुकारे।
बाढ़े अशेष अंग राक्षस के विदारे ॥ १२ ॥
श्रीरामचन्द्र पग लागत चित्त हर्षे।
देवाधिदेव मिलि सिद्धन पुष्प वर्षे ॥

मारथो बलिष्ठ मकराक्ष सुवीर भारी।
जाके हते रावन रावन गर्बहारी ॥ १३ ॥

शब्दार्थ—(६) संसार काल = प्रलय काल में। (१०) काली = काली नाग। उरजोर टेली = छाती के बल उधर को टेल दी। (११) लै······जागे = सिंह की तरह बड़े जोर से लक्ष्मण को पकड़ कर लंका की ओर ले चला (१२) दिवि = आकाश। ग्रस्तास्त......कीन्हों = मानों राहु ग्रसित चंद्रमा ग्रसे ही ग्रसे अस्त हो गया। बाढ़े = लक्ष्मण जी ने मकराक्ष के फँदे में पड़े हुए अपने अंग को बढ़ाया। अशेष = सब। (१३) जाके···हरी = जिसके मारे जाने से सब का गर्व हरने वाला रावण भी रोने लगा।

दो०—जूझत ही मकराक्ष के, रावण अति अकुलाय।
सत्वर श्रीरघुनाथ पै, दियो वसीठ पठाय ॥ १४ ॥

शब्दार्थ—वसीठ = दूत।

मोदक—
दूतहि देखत ही रघुनायक। तापहँ बोलि उठे सुखदायक ॥
रावण के कुशली सुत सोदर। कारज कौन करै अपने घर ॥ १५ ॥

भावार्थ—दूत को आया हुआ देख राम जी ने पूछा कि रावण पुत्रों और भाइयों सहित कुशल से तो है न ? इस समय वह घर पर क्या काम कर रहा है ?

(दूत) सवैया—
पूजि उठे जब ही शिव को तब ही बिधि शुक्र बृहस्पति आये।
कै बिनती मिस कश्यप के तीन देव अदेव सबै बकसाये।
होम की रीति नई सिखई कछु मन्त्र दियो श्रुतिलागि सिखाये।
हौं इत को पठयो उनको उत लै प्रभु मन्दिर माँझ सिधाये ॥१६॥

शब्दार्थ—अदेव = देवताओं के अतिरिक्त अन्य सब जीव। बकसाये = क्षमा कराये। प्रभु = रावण।

भावार्थ—दूत उत्तर देता है कि हे राम ! रावण शिव की पूजा करके उठे ही थे कि ब्रह्मा, शुक्र और बृहस्पति आ गये और कश्यप के मिस विनती करके देवता और उनके अलावा सब जीवों को (जिनके मारने का संकल्प रावण ने किया था) क्षमा करा दिया। तब शुक्राचार्य ने यज्ञ की एक नवीन रीति

सिखाई और कान में लगा कर कुछ मंत्र सिखाया। इसी समय प्रभु ने मुझको यहाँ भेजा और स्वयं उनको लेकर राजमहल के भीतर चले गये (और मेरे द्वारा आप को यह संदेसा भेजा है)।

(संदेश) सवैया—

सूपनखा जु विरूप करी तुम ताते कियो हमहू दुख भारो।
वारिध बंधन कीन्हों हुतो तुम मेा सुत बंधन कीन्हों तिहारो।
होइ जु होनी सु ह्वै ई रहे न मिटै जिय कोटि विचार विचारो।
दै भृगुनंदन को परसा रघुनन्दन सीतहि लै पगुधारो ॥१७॥

शब्दार्थ—विरूप=कुरूप, बदसूरत। होनी=होनहार। विचार= उपाय। परसा=परशुराम पर विजय पाने का यश।

अलंकार—परिवृत्ति।

दो०—प्रति उत्तर दूतहि दियो, यह कहि श्रीरघुनाथ।
कहियो रावण होहि जब, मंदोदरी के साथ ॥१८॥

शब्दार्थ—प्रति उत्तर=प्रस्ताव का जवाब।

(रावण) संयुता—

केहि धौं विलंब कहा भयो। रघुनाथ पै जब ही गयो।
केहि भाँति तू अवलोकियो। कहु तोहि उत्तर का दियो ॥१९॥

भावार्थ—(दूत के लौट आने पर रावण पूछता है) कहो तुमने देर क्यों की? जब तुम गये तब राम क्या करते थे? उन्होंने क्या जवाब दिया है?

(दूत) दंडक—

भूतल के इन्द्र भूमि पौढ़े हुते रामचन्द्र,
मारिच कनकमृग छालहिं बिछाये जू।
कुंभहर-कुंभकर्णनासाहर-गोद सीस,
करण अकंप अक्ष-अरि उर लाये जू।
देवान्तक-नारान्तक-अंतक त्यों मुसकात,
विभीषण बैन तन कानन रुखाये जू।
मेघनाद-मकराक्ष-महोदर प्राणहर,
बाण त्यों विलोकत परम सुख पाये जू ॥२०

शब्दार्थ—कुंभहर=कुम्भ को मारने वाला सुग्रीव। कुम्भकर्ण........ नासाहर=सुग्रीव। अकंप-अक्ष अरि=अकम्पन और अक्षयकुमार को मारने वाला हनुमान। देवान्तक-नारान्तक=अंगद। त्यों=तरफ। तन=तरफ। रुखाये=रुख किये हुए, लगाये हुए। मेघनाद-मकराक्ष-महोदर प्राणहर=लक्ष्मण।

भावार्थ—(दूत कहता है कि) जिस समय मैं गया उस समय भूमि के इन्द्र श्रीरामचन्द्र मारीच का कनक मृगछाला बिछाये हुए लेटे थे। सुग्रीव की गोद में उनका सिर था। हनुमान उनके चरणों को हृदय से लगाये हुए थे। अंगद की ओर देख-देख कर मुसकुरा रहे थे, विभीषण की वार्ता की ओर कान लगाये हुए थे, और लक्ष्मण के बाणों की तरफ देख देख कर परम सुख का अनुभव कर रहे थे। (भाव यह है कि राम को मैंने परम तेजस्वी, परम निर्भय, तथा महाबली वीरों से सेवित और परम सुखी देखा, उनके शरीर में तनिक भी थकावट वा मन में तनिक भी खेद वा भय वा चिंता नहीं झलकती थी। शत्रु के देश में ऐसी निर्भयता और निश्चिंतता पूर्ण विजय का लक्षण है)।

अलंकार—रूपक और पर्याय से पुष्ट अत्युक्ति।

(राम का प्रत्युत्तर) सवैया—

भूमि दई भुवदेवन को भृगु नंदन भूपन सो वर लैकै।
वामन स्वर्ग दियो मघवै सो बली बाँधि पताल पठै कै॥
संधि की बातन को प्रति उत्तर आपुन ही कहिये हित कै कै।
दीन्हीं है लंक विभीषण को अब देहिं कहा तुमको यह दै कै॥२१॥

शब्दार्थ—वर=बलपूर्वक जबरदस्ती। मघवा=इन्द्र। आपुन ही=आप ही (बुंदेलखंडी भाषा में 'आप' के स्थान में 'आपुन' बोलते हैं)। यह दै कै—यह परसा देकर (परशुराम विजय का यश जो तुमने माँगा, उसे देकर तुम्हारे रहने के लिए तुम्हें स्थान कहाँ देंगे—अर्थात् तब तो तुम्हारा घमंड त्रिलोक में न समायगा, अतः ऐसे घमंडी को मारना ही हमारा परम कर्तव्य है, अतः युद्ध में तुम्हें मारेंगे, संधि करना हमें मंजूर नहीं)।

भावार्थ—परशुराम ने बलपूर्वक राजाओं से भूमि छीन कर ब्राह्मणों को दे दी। वामन ने स्वर्गलोक इन्द्र को दिया और पाताल बलि को दिया

(अर्थात् परशुराम और वामन अवतार से तो हमने त्रिलोक का राज्य पहले ही औरों को दे रक्खा है) अब आप ही कृपा करके बतलाइये कि तुम्हारा संधि-प्रस्ताव मंजूर करके और इस दशा में जब लंका भी विभीषण को दे दी है, तो अब तुमको परशु देकर क्या देंगे ?

विशेष—पाठकों को चाहिए कि रावण तथा राम जी के संदेशों की गूढ़ता खूब समझें :—(रावण के संदेश की गूढ़ता)—जैसे तुमने किया वैसा हमने किया, हमने कुछ ज्यादती नहीं की, पहले तुम्हीं ने अत्याचार किया है, हमारी बहिन पर हाथ घाला है। स्त्री पर हाथ चलाना वीरोचित काम नहीं, वह दम्पत्ति प्रेम चाहती थी, तुम नामर्द हो एक विधवा ब्राह्मणी ने तुमसे प्रेम करना चाहा सो तुमसे नहीं हुआ, मुझे देखो मैं तुम्हारी स्त्री हर लाया। तुम्हारी ओर से वीरता के कार्य हुए माने जाते हैं वे होनहार के बस हुए, उनसे तुम्हें घमंड करने का कोई हक़ नहीं है अतः अपने हथियार रख दो और अपनी स्त्री लेकर घर चले जाओ।

(राम के संदेश की गूढ़ता) परशुरामावतार लेकर हमने यह भूमि ब्राह्मणों को दे दी, इन्द्र को स्वर्ग और बलि को पाताल दे दिया, और परशुराम होकर हमने उस सहस्रार्जुन को मारा जिसने तुम्हें बाँध रक्खा था, वामन होकर हमने उस बलि को बाँध लिया जिसकी बूढ़ी दासी ने कान पकड़ कर तुम्हें शहर से बाहर निकाल दिया था। अब रामावतार में भारत से बाहर थोड़ी यह जमीन थी सो विभीषण को दे डाली, अब तुझ ब्राह्मण पर दया करके हम परशु क्या दें ? तुझे मार कर अपना धाम ही (साकेत) दूँगा, अतः युद्ध ही होने दो।

नोट—इन दोनों नं० १७ और नं० २१ के छंदों की कैसी गंभीर भाषा है, इस पर पाठक विशेष ध्यान दें।

(मंदोदरी) मालिनी—

तब सब कहि हारे राम को दूत आयो।
अब समुझ परी जो पुत्र भैया जुझायो॥
दसमुख सुख जीजै राम सों हौं लरौं यों।
हरि हर सब हारे देवि दुर्गा लरी ज्यों॥ २२॥

शब्दार्थ—जुझायो=युद्ध में मरवा डाला। जीजै=जीते रहो।

भावार्थ—(मन्दोदरी रावण को डाँटती है) पहले जब लोग तुम्हें समझा कर हार गये, पश्चात् रामदूत ने आकर तुम्हें बहुत समझाया पर

तुमने नहीं माना। अब जब पुत्र और भाई रण में जूझ गये तब तुम्हें रामबैर की कठिनाई सूझ पड़ी है। लंकेश (दशमुख) आप सुख से जीते रहो, (चैन करो) अब मैं राम से इस प्रकार युद्ध करूँगी जैसे शिव विष्णु इत्यादि के हार जाने पर शुम्भ निशुम्भ से देवी दुर्गा जी लड़ी थीं।

अलंकार—उदाहरण।

(रावण) मालिनी—

छल करि पठयो तो पावतो जो कुठारै।
रघुपति बपुरा को धावतो सिंधु पारै।
हति सुरपति भर्ता विष्णु माया-विलासी।
सुनहि समुखि तोको ल्यावतो लच्छि दासी॥ २३॥

शब्दार्थ—भर्ता=रक्षक। लच्छि=लक्ष्मी।

भावार्थ—(रावण कहता है) हे सुमुखी! सुन, मैंने दूत भेज कर छल से उनसे परशुराम का आयुध (कुठार) लेना चाहा था, यदि वह मिल जाता है तो राम बेचारा क्या था मैं सिंधुपार जा कर इन्द्र के रक्षक मायावी विष्णु को भी मार डालता और लक्ष्मी को पकड़ कर तेरी लौंडी बना कर लाता (भाव यह है कि राम में कुछ भी करतूत नहीं, जो है सो केवल परशुराम के दिये शस्त्रों की शक्ति ही उनमें है, पर परशुराम शिव के भक्त हैं, अतः मैं उनके लिहाज से राम को नहीं मारता)।

(रावण-मख-भंग)

चामर—प्रौढरूढ़ि को समूढ़ गूढ़गेह में गयो।
शुक्रमंत्र शोधि शोधि होम को जहीं भयो।
वायुपुत्र बालिपुत्र जामवंत धाइयो।
लंक में निशंक अंक लंकनाथ पाइयो॥ २४॥

शब्दार्थ—प्रौढ़=ढीठ, निर्लज्ज। रूढ़ि=पक्की आदत। प्रौढ़रूढ़ि=पक्की निर्लज्जता। समूढ़=पुञ्ज, समूह। प्रौढ़रूढ़ि को समूढ़=पक्की निर्लज्जता का पुञ्ज (अति निर्लज्ज); पक्का बेशरम। गूढ़गेह=यज्ञगृह। जहीं यज्ञ को भयो=ज्योंहीं यज्ञ करने को उद्यत हुआ। निशंक अंक=निर्भय हृदय, अत्यन्त निर्भय।

भावार्थ—पक्का बेहया रावण (निज स्त्री द्वारा निरादृत) यज्ञस्थल को गया और शुक्रप्रदत्त मंत्र को शुद्धोच्चारण से पढ़-पढ़ कर ज्योंही यज्ञ को उद्यत हुआ त्योंही, हनुमान, अंगद और जामवंतादि वीर गण दौड़े और लंका नगर के भीतर जाकर रावण को निशंक मन से यज्ञ करते पाया।

अलंकार—वृत्यानुप्रास, लाटानुप्रास।

चामर—मत्त दंति पंक्ति बाजिराजि छोरि कै दई।
भाँति भाँति पच्छिराजि भाजि भाजि कै गई॥
आसने विछावने वितान तान तूरियो।
यत्र तत्र छत्र चारु चौंर चारु चूरियो॥ २५॥

शब्दार्थ—तान = रस्सी। चारु = सुन्दर। चारु = अच्छी तरह से।

भावार्थ—(वानरों ने लंका में पहुँच ये उपद्रव किये) मस्त हाथियों तथा घोड़ों के समूहों को बंधन से छोर दिया (अतः वे इधर उधर उपद्रव करने लगे (भाँति भाँति के पक्षियों को पिंजड़ों से निकाल दिया (अतः वे जहाँ-तहाँ उड़ चले) आसन और बिछावन उलट दिये, वितानों की रस्सियाँ तोड़ दीं। जहाँ-तहाँ सुन्दर छत्र और चामरों को अच्छी तरह से चूर-चूर कर डाला।

अलंकार—अनुप्रास।

भुजंगप्रयात—भगीं देखि कै शंकि लंकेश-बाला।
दुरी दौरि मंदोदरी चित्रशाला॥
तहाँ दौरि गो बालि को पूत फूल्यौ।
सबै चित्र की पुत्रिका देखि भूल्यो॥ २६॥

शब्दार्थ—फूल्यो = आनंदित। चित्र की पुत्रिका = रंगमहल में बने हुए स्त्रियों के चित्र।

भावार्थ—(जब बहुत से वानर रावण के महलों में घुस गये तब) रावण की रानियाँ डर कर भागीं और मंदोदरी के चित्रशाला में जा छिपीं। यहाँ आनन्द से दौड़ कर अंगद पहुँचे और वहाँ के चित्रों को देख कर चकित रह गये (जान न सके कि ये चित्र हैं व सच्ची स्त्रियाँ हैं)।

भुजंगप्रयात—गहै दौरि जाको तजै ता दिसा को।
तजै जा दिशा को भजै बाम ताको॥

भले कै निहारी सबै चित्रसारी।
लहै सुन्दरी क्यों दरी को बिहारी ॥ २७ ॥

भावार्थ—(अंगद मंदोदरी को पहचान नहीं सके) अंगद जिस ओर दौड़ कर किसी चित्रपुतली को पकड़ते हैं, उस दिशा को छोड़ मंदोदरी दूसरी ओर भाग जाती है। जिस दिशा को अंगद छोड़ देते हैं, उसी दिशा को वह भाग जाती है। समस्त चित्रसारी को अच्छी तरह से देख डाला (पर किसी को पकड़ न सके)—बात ठीक ही है, भला पर्वत गुफा में विहार करने वाला (बानर) सुन्दरी स्त्रियों को कैसे पा सकता है। आखिर बानर ही तो ठहरे)।

अलंकार—भ्रम। मीलित।

भुजंगप्रयात—तजै देखि कै चित्र की श्रेष्ठ धन्या।
हँसी एक ताको तहीं देव कन्या॥
तहीं हाससों देव कन्या दिखाई।
गही शंक कै लंकरानी बताई॥ २८॥

शब्दार्थ—धन्या=स्त्री (यहाँ पुतली)। दिखाई=देख पड़ी। लंकरानी =मंदोदरी। बताई=पहचनवा दिया।

भावार्थ—अंगद पहले किसी चित्र की पुतली को स्त्री समझ कर पकड़ते हैं, पुनः अच्छी तरह देख कर उसे छोड़ देते हैं। यह तमाशा देख कर वहाँ छिपी हुई एक देव कन्या हँस पड़ी, उस हास से जब अंगद को वह देवकन्या दिखाई पड़ी तब अंगद ने उसी को पकड़ लिया। उसने डर कर मंदोदरी को पहचनवा दिया (बता दिया कि यह मंदोदरी है)।

अलंकार—भ्रम। विशेषकोन्मीलित।

भुजंगप्रयात—सु आनी गहे केश लंकेश रानी।
तमश्री मनो सूर शोभानि सानी॥
गहे बाँह ऐंचैं चहूँ ओर ताको।
मनो हंस लीन्हें मृणाली लता को॥ २९॥

शब्दार्थ—तमश्री=अंधकार। सूर शोभानि सानी=सूर्य के किरणों से जटित (रत्नजटित आभूषणों के कारण)। मृणाली लता=पुरइन।

भावार्थ—अंगद मंदोदरी के बाल पकड़ कर उसे चित्रशाला से बाहर लाये, उस समय वह ऐसी जान पड़ी मानो सूर्य किरणों से जटित अंधेरी रात हो (काली मंदोदरी रत्नजटित स्वर्णाभूषण युक्त) पुनः अंगद उसकी बाहें पकड़ कर इधर-उधर खींचते हैं. ऐसा जान पड़ता है मानो हंस पुरइन को खींच-खींच कर अस्त-व्यस्त कर रहा है।

अलंकार—उत्प्रेक्षा।

भुजंगप्रयात—छुटी कण्ठमाला लुरैं हार टूटे।
खसैं फूल फैलैं लसैं केश छूटे।
फटी कंचुकी किंकिनी चारु छूटी।
पुरी काम की सी मनो रुद्र लूटी॥ ३०॥

शब्दार्थ—लुरैं = लटकते हैं। फैलैं = बिखरते हैं।

भावार्थ—इस समय मंदोदरी की यह दशा हुई कि गले की कंठियाँ छूट पड़ीं, हार टूट कर इधर-उधर लटकने लगे। वेणी के फूल गिर गिर कर इधर उधर बिखर रहे है, बाल छूट गये हैं, कंचुकी फट गई है, किंकिणी भी छूट गई है, ऐसा जान पड़ता है मानो शिव ने कामपुरी को लूट लिया है।

अलंकार—उत्प्रेक्षा।

(मंदोदरी के कंचुकीरहित उरोज)

भुजंगप्रयात—बिना कंचुकी स्वच्छ वक्षोज राजैं।
किधौं साँचहू श्रीफलै सोभ साजैं॥
किधौं स्वर्ण के कुंभ लावण्य पूरे।
वशीकर्ण के चूर्ण सम्पूर्ण पूरे॥ ३१॥

शब्दार्थ—वक्षोज = कुच। श्रीफल = बेल फल। लावण्यपूरे = अति सुन्दर। पूरे = भरे हुए।

भावार्थ—मंदोदरी के कंचुकी रहित कुच राजते हैं या सचमुच बेल फल ही शोभा दे रहे हैं, या सुन्दर सोने के कलश वशीकरण के चूर्ण से लबालब भरे हुए हैं।

अलंकार—संदेह।

भुजंगप्रयात—किधौं इष्टदेवै सदा इष्ट ही के।
किधौं गुच्छ द्वै काम संजीवनी के।
किधौं चित्त चौगान के मूल सोहैं।
हिये हेम के हालगोला बिमोहैं ॥३२॥

शब्दार्थ—सदाइष्ट=पति। चित्तचौगान के मूल=(ये शब्द 'हाल-गोला' के विशेषण हैं) चित्त के चौगान खेल के मूल कारण। हाल-गोला=गेंद।

भावार्थ—किधौं मंदोदरी के पति (रावण) के इष्टदेव ही हैं, या काम संजीवनी लता के दो पुष्पगुच्छे हैं, या देखने वालों के चित्तों को चौगान खेल खिलाने के मूल कारण मंदोदरी के कुच सोने के दो गेंद हैं जो देखने वालों के हृदय को विमोहित करते हैं (जिस प्रकार चौगान खेल में जिस ओर गेंद जाता है उसी ओर सब खेलाड़ी दौड़ते हैं, इसी प्रकार जिस ओर मंदोदरी के कुच हो जाते हैं उसी ओर दर्शकों के चित्त चले जाते हैं)।

अलंकार—संदेह।

भुजगप्रयात—सुनी लंकरानीन की दीन बानी।
तहीं छाँड़ि दीन्हों महामौन मानी।
उठ्यो सो गदा लै यदा लंकवासी।
गये भाग कै सर्व साखाविलासी ॥३३॥

शब्दार्थ—महामौन=मंत्र जपते समय का संकल्पित मौनावलम्बन। मानी=अभिमानी रावण। यदा=जब। लंकवासी=रावण। साखाविलासी=बानर।

भावार्थ—जब रावण ने अपनी रानियों के रोने-चिल्लाने की दीन वाणी सुनी तब वह अभिमानी लंकापति रावण संकल्पित मौन छोड़ कर गदा लेकर यज्ञासन से उठ खड़ा हुआ और बानरों को मारने दौड़ा। यह देख सब बानर भाग खड़े हुए (बस रावण का यज्ञ-भंग हो गया, यही तो करना ही था)।

(मंदोदरी)

दो०—सीतहि दीन्ह्यो दुख वृथा, साँचों देखौ आजु।
करै जु जैसी त्यों लहै कहा, रंक कह राजु ॥ ३४ ॥

भावार्थ—मन्दोदरी रावण से कहती है कि तुमने परस्त्री सीता को झूठा दुःख दिया है (जबरदस्ती उसकी पातिव्रत भंग करने की चेष्टामात्र की है, व्रत भंग नहीं किया) पर उसका फल ज़रा भी न समझना जब तक हमारी सच्ची दुर्दशा देख लो, क्योंकि प्रकृति का नियम है कि जो जैसा करता है सो तैसा भोगता है, चाहे वह रंक हो चाहे राजा हो।

अलंकार—अर्थान्तरन्यास (विशेष से साधारण सिद्धान्त की पुष्टि)।

(रावण) मत्तगयन्द सवैया—

को वपुरा जो मिल्यो है विभीषण है कुलदूषन जीवैगो कौं लौं।
कुंभकरन्न मरयो मघवारिपु तौ री ? कहा न डरौं यम सौं लौं॥
श्रीरघुनाथ के गातिन सुन्दरि ? जाने न तू कुशली न तनु तौलौं।
शाल सबै दिगपालन को कर रावण के करवाल है जौं लौं ॥३५॥

शब्दार्थ—वपुरा = वेचारा, निकम्मा। कुलदूषन = वंश नाशक। कौलौं = कब तक। यम सौ लौं = सौ यमराजों को भी। कुशली = कुशलपूर्वक। तनु = ज़रा भी। शाल = दुःखदायी। करवाल = तलवार। (करवाल शब्द पुलिंग है)।

भावार्थ—(रावण निज स्त्रियों को धीरज देता है) यदि निकम्मा विभीषण उधर जा मिला तो क्या हुआ, वह कुल नाशक कब तक जीता रहेगा ? कुंभकर्ण और मेघनाद मारे गये तो क्या हुआ ? मैं (एक नहीं) सौ यमराजों से भी नहीं डरता। सुन्दरी तू तब तक राम की कुशल ज़रा भी न समझना जब तक दिग्पालों को सतानेवाली तलवार रावण के हाथ में है। (वाह रे द्विजेन्द्र रावण ! शत्रुभाव की उपासना ऐसे ही धीर-वीर और अहङ्कारी जीव से हो सकती है)।

अलंकार—पुनरुक्तिवदाभास और स्वभावोक्ति।

[राम-रावण-युद्ध और रावण-वध]

चामर—रावणै चले चले ते धाम धाम ते सबै।
साजि साजि साज सूर गाजि गाजि कै तबै॥
दीह दुँदुभी अपार भाँति भाँति बाजहीं।
युद्धभूमि मध्य क्रुद्ध मत्त दंति गाजहीं॥ ३६॥

शब्दार्थ—रावणै चले चले ते=रावण के चलने पर वे भी चले। सबै=सब वीर लोग। दीह दुंदुभी=बड़े-बड़े नगाड़े। दंति=हाथी।

चंचरी—इन्द्र श्रीरघुनाथ को रथहीन भूतल देखि कै।
वेगि सारथि सो कह्यो रथ साजि जाहि विशेषि कै॥
तूण अक्षय बाण, स्वच्छ अभेद लै तनत्राण को।
आइयो रण-भूमि में करि अप्रमेय प्रमाण को॥ ३७॥

शब्दार्थ—विशेषि कै=विशेष रूप से। तूण अक्षयबाण को=ऐसा तरकस जिसके बाण कभी कम न हों। अभेद तनत्राण=ऐसा कवच जो किसी अस्त्र-शस्त्र से भेदा न जा सके। अप्रमेय प्रमाण को करि=रथ को बहुत बड़े परिमाण का बनाकर (बहुत बड़ा रथ लेकर और बहुत अधिक सामग्री से सजाकर)।

भावार्थ—इन्द्र ने श्रीरघुनाथ जी को रण भूमि के लिए सज्जित, पर रथहीन, देख कर अति शीघ्र अपने सारथी से कहा कि विशेष रूप से रथ सजाकर तुम तुरन्त राम की सहायता को जाओ। सारथी आज्ञा पाकर अक्षय बाण वाले तरकस और स्वच्छ अभेद्य कवच और बहुत बड़ा रथ (जिसमें बहुत सी रण-सामग्री अट सके) लेकर रणभूमि में आ पहुँचा।

कोटि भाँतिन पौन ते मन ते महा लघुता लसै।
बैठि कै ध्वजअग्र श्रीहनुमन्त अन्तक ज्यों हँसै॥
रामचन्द्र प्रदक्षिणा करि दक्ष ह्वै जबहीं चढ़े।
पुष्पवर्षि बजाय दुँदुभि देवता बहुधा बढ़े॥ ३८॥

शब्दार्थ—लघुता=(लाघवता) फुर्ती, तेज, वेग शीघ्रता। अन्तक=यमराज। दक्ष ह्वै=दाहिने ओर से (रथ के दाहिने द्वार से)।

भावार्थ—वह रथ (जो इन्द्र का सारथी मातलि लाया था) पवन से कोटि गुणा और मन से भी अति अधिक वेगवाला था। उस पर हनुमान जी ध्वजा में बैठ कर यमराज समान अट्टहास करते हैं। रामचन्द्र उस रथ की परिक्रमा करके जब दाहिने दरवाजे से उस पर सवार हुए तब देवताओं ने फूल बरसाये और नगाड़े बजाते हुए अनेक प्रकार की सहायता करने को आगे आये।

राम को रथ मध्य देखत क्रोध रावण के बढ़्यौ।
बीस बाहुन की सरावलि व्योम भूतल स्यों मढ़्यौ॥
शैल ह्वै सिकता गये सब दृष्टि के बल संहरे।
ऋक्ष बानर भेदि तत्क्षण लक्षधा छतना करे॥ ३९॥

शब्दार्थ—सरावलि=शर समूह। सिकता=बालू। दृष्टि के बल संहरे=दृष्टि का बल जाता रहा अर्थात् ऐसा अन्धकार हो गया कि कुछ दिखाई न पड़ने लगा। छतना करे=शरीरों को छेद कर मधुमक्षिका के छाते की तरह कर दिया।

भावार्थ—श्रीराम जी को रथ पर सवार देखकर रावण का क्रोध बढ़ा, बीस भुजाओं के शर समूह से जमीन आसमान को भर दिया। पर्वत बालू हो गये, ऐसा अंधकार हो गया कि कुछ दिखाई न पड़ने लगा। रिछों, बानरों के शरीर बाणों से छेद कर छतना कर डाले।

अलंकार—अत्युक्ति।

मोदक—

बानन साथ बिधे सब बानर। जाय परे मलयाचल की धर॥
सूरज मंडल में एक रोवत। एक अकाश नदी मुख धोवत॥४०॥
एक गये यम लोक सहे दुख। एक कहँ भव भूतन सों सुख॥
एक ते सागर माँज परे मरि। एक गये बड़वानल में जरि॥४१॥

शब्दार्थ—(४०)—धर=(धरा) पृथ्वी। आकाशनदी=आकाश गंगा। (४१)—भव-भूत=सांसारिक पंचभूत अर्थात् जल, पवन, अग्नि इत्यादि।

भावार्थ—(४०)—रावण ने सब बानरों को बाणों से बेध दिया। बहुत से बानर तो मलय गिरि पर जा गिरे, कुछ सूर्यमण्डल में जा पड़े, कुछ आकाश गंगा में मुख धोते हैं। (४१)—कोई दुःख सह कर (मर कर) यमलोक को गये, कोई पञ्चभूतों से जा मिले, कोई मर कर समुद्र में बहे जाते हैं, कोई बड़वानल में जल गये हैं।

मोटनक—श्रीलक्ष्मण कोप कर्‌यो जबहीं।
छोड़्यो शर पावक को तबहीं॥

जारयो शर पंजर छार करयो।
नैऋत्यन को अति चित्त डर्‌यो ॥४२॥

शब्दार्थ—शरपञ्जर = शर-कोट (वीर लोग बाण फेंक कर सेना के चारों ओर दीवार सी बना देते हैं जिससे कोई योद्धा उससे बाहर न जा सके, इसे शर पञ्जर कहते हैं)। नैऋत्य—राक्षस।

भावार्थ—अपना दल विकल देखकर जब लक्ष्मण जी ने क्रोध किया तब अग्निबाण छोड़ा और शर-पञ्जर को जला कर खाक कर दिया, यह देखकर राक्षसों के चित्त बहुत ही भयभीत हुए।

मूल—दौरे हनुमंत बली बल स्यौं। लै अंगद संग सबै दल स्यौं।
मानों गिरि राज तजे डर को। घेरे चहुँ ओर पुरंदर को ॥४३॥

भावार्थ—इसके बाद श्रीहनुमान और अंगद सेना को समेट कर बल-पूर्वक रावण को घेर लेने के लिए दौड़े। यह धावा ऐसा मालूम हुआ मानो बड़े-बड़े पर्वत निडर होकर इन्द्र को घेर रहे हों।

अलंकार—उत्प्रेक्षा।

हीर—अंगद रण अंगन सब अंगन मुरझाय कै।
ऋक्षपतिहिं अक्ष रिपुहिं लक्ष गति रिझाय कै॥
वानर गण बारन सम केशव सबही मुरयो।
रावण दुखदावन जग पावन समुहें जुरयो ॥४४॥

शब्दार्थ—रणअंगन = (रणांगण) समरभूमि। मुरझायकै = शिथिल करके। ऋक्षपति = जामवंत। अक्षरिपु = हनुमान। लक्षगति रिझाइकै = निशानेबाजी से खुश करके अर्थात् बाणों से वेध कर। बारनसम = हाथी समान बलवान। मुरयो = मोड़ दिये, सामने से हटा दिये। दुःखदावन = दुःख से जलाने वाला अर्थात् अत्यन्त दुखदाई। जगपावन = श्रीराम जी। समुहें = सामने।

भावार्थ—रावण ने समरभूमि में अंगद को सब अंगों से शिथिल कर डाला, तथा जामवंत और हनुमान को निशानेबाजी से खुश कर दिया (घायल कर दिया) और अन्य हाथी-समान बलवान वानरों को अपने सामने से मोड़ दिया तब अत्यन्त दुःखदायी रावण श्रीराम जी के सामने आकर उनसे भिड़ गया।

चंचला—इन्द्रजीत-जीत आनि रोकियो सु बान तानि।
छोड़ि दीन बीर बान कान के प्रमाण आनि॥
सो पताक काटि चाप चर्म वर्म मर्म छेदि।
जात भो रसातलै अशेष कंठमाल भेदि॥४५॥

शब्दार्थ—इन्द्रजीत-जीत=लक्ष्मण जी। आनि=आकर। आनि=लाकर। चर्म=ढाल। वर्म=कवच। अशेष=सम्पूर्ण। कंठमाल भेदि=सब सिरों को काट कर।

भावार्थ—तब लक्ष्मण जी ने सामने आकर धनुष बाण तान कर रावण को रोका और कान तक खींच कर वीर लक्ष्मण ने एक बाण छोड़ दिया। वह बाण ध्वजा को काट कर रावण के धनुष, ढाल, कवच और मर्म स्थान को छेद कर और सरों को काट कर, रसातल को चला गया।

दंडक—सूरज मुसल नील पट्टिश परिघ नल,
जामवंत असि, हनू तोमर सँहारे हैं।
परसा सुखेन, कुंत केशरी, गवय शूल,
विभीषण गदा, उज भिंदपाल टारे हैं।
मोगरा द्विविद, तार कटरा, कुमुद नेजा,
अंगद शिला, गवाक्ष विटप बिदारे हैं।
अंकुश शरभ, चक्र दधिमुख, शेष शक्ति,
बाण तीन रावण श्री रामचन्द्र मारे हैं॥४६॥

शब्दार्थ—सूरज=सुग्रीव। पट्टिश=खाँड़ा (दो धारा और चार हाथ लंबा होता है) परिघ=गँड़ासा वा लोहाँगी। तोमर=शापला। कुंत=बरछी। भिंदिपाल=ढेलवाँस, गोफना। मोगरा=मुगदर। कटरा=कटार। नेजा=भाला। शेष=लक्ष्मण। शक्ति=सांग, बाना।

भावार्थ—रावण ने सुग्रीव को मूसल से, नील को खाँड़े से, नल को लोहाँगी से, जामवंत को तलवार से और हनुमान को शापले से मारा। सुखेन को फरसा से, केशरी को बरछी से, गवय को शूल से, विभीषण को गदा से, और गज को गोफने से मार कर हटा दिया। द्विविद को मुग्दर से, तारा को कटार से, मुकुंद को नेज़े से, अंगद को शिला और गवाक्ष को पेड़ से विदीर्ण कर दिया। शरभ को अंकुश, दधिमुख को चक्र, लक्ष्मण को

साँग और धनुष से तीन बाण राम जी को मारे (तात्पर्य यह कि रावण अपने अठारह हाथों से अन्य अठारह वीरों से लड़ता है और दो हाथों से राम से लड़ रहा है)।

दो०—द्विभुज श्रीरघुनाथ सों, विरचे युद्ध विलास।
बाहु अठारह यूथपनि, मारे केशवदास ॥ ४७॥

शब्दार्थ—युद्ध विलास=युद्ध क्रीड़ा (तात्पर्य यह है कि रावण युद्ध को एक खेल समझता है)।

गंगोदक—

युद्ध जोई जहाँ भाँति जैसी करै ताहि ताही दिसा रोकि राखै तहीं।
आपन अस्त्र लै शस्त्र काटै सबै ताहि केहूँ कहूँ घाव लागै नहीं॥
दौरि सौमित्र लै बाण कोदंड ज्यों खंड खंडी ध्वजा धीर छत्रावली।
शैल शृंग वली छोड़ि मानो उड़ी एक ही बेर कै हंस वंशावली ॥४८॥

शब्दार्थ—सौमित्र=लक्ष्मण। खंड खंडी=खंडखंड कर डाली।

अलंकार—उत्प्रेक्षा।

त्रिभंगी—

लक्ष्मण शुभ लक्षण बुद्धि विचक्षण रावण सों रिस छोड़ि दई।
बहु बाननि छंडे जे सिर खंड़े ते फिर मंडे शोभ नई॥
यद्यपि रण-पण्डित गुन गन मंडित रिपुबल खण्डित भूलि रहे।
तजि मन बच कायक, सूर सहायक रघुनायक सों बचन कहे ॥४९॥

शब्दार्थ—रिस=(पंजाबी 'रीस') बराबरी युद्ध। रावण सों रिस छोड़ दई=रावण से युद्ध करना छोड़ दिया अर्थात् बन्द कर दिया। रिपुबल खंडित=(ये शब्द लक्ष्मण के विशेषण हैं) रिपुबल द्वारा खंडित हुआ है रणपांडित्य जिनका (अर्थात् लक्ष्मण जी)। भूल रहे=चकित हो रहे हैं। तजि मन बच कायक=मन वचन और कर्म से अपने रणपांडित्य का अहंकार छोड़ कर। सूरसहायक=(रघुनायक का विशेषण है)।

भावार्थ—जब लक्ष्मण ने देखा कि बहुत से बाण छोड़ कर जो रावण के सिर हम काटते हैं, वे फिर नवीन शोभा धारण करते हैं (नवीन सिर निकल आते हैं) तब शुभ लक्षण तथा बुद्धिमान लक्ष्मण ने रावण से युद्ध करना बन्द कर दिया। यद्यपि लक्ष्मण जी बड़े रण पण्डित और वीरोचित

गुणयुक्त हैं, तथापि रिपुबल से भग्न मनोरथ होकर (मारने में असफल होकर) चकित हो रहे, और मन वचन कर्म से रणपांडित्य का अभिमान छोड़ कर शूर वीरों के सच्चे सहायक राम जी से यों बोले।

(लक्ष्मण)—

ठाढ़ो रण गाजत केहूँ न भाजत तन मन लाजत सब लायक।
सुनि श्रीरघुनन्दन मुनिजन वन्दन दुष्ट निकन्दन सुख दायक॥
अब टरै न टारो मरै न मारो हौं हठि हारो धरि शायक।
रावणहिं न मारत देव पुकारत है अति आरत जग नायक॥ ५०॥

भावार्थ—लक्ष्मण जी राम जी से कहते हैं कि देखिये महाराज! रावण खड़ा रण में गरज रहा है, किसी प्रकार भागता नहीं। इस सर्व प्रकार से योग्य योद्धा को देख कर मैं तन-मन से लज्जित हो रहा हूँ। हे मुनिवंद्य, दुष्ट-दलन, सुखदायक राम जी सुनिये, यह रावण न टाले टलता है, न मारे मरता है, मैं बराबरी करते-करते थक गया हूँ। हे जगनायक! आप रावण को क्यों नहीं मारते, सुनते नहीं कि सब देवता अति आर्त वाणी से पुकार कर कह रहे हैं।

(राम) छप्पय—

जेहि शर मधु-मद मरदि महा मुर मर्दन कीनो।
मारयो कर्कस नरक शंख हति शंख हु लीनो॥
निष्कंटक सुर कटक करयो कैटभ वपु खंड्यो।
खरदूषण त्रिशिरा कबंध तरु खण्ड विहंड्यो॥
कुंभकरण जेहि संहरयो पल न प्रतिज्ञा ते टरौं।
तेहि बाण प्राण दसकण्ठ के कण्ठ दसौ खण्डित करौं॥५१॥

शब्दार्थ—कर्कस=कठोर। मधु, मुर, नरक, शङ्ख, कैटभ=ये सब उन बड़े-बड़े दैत्यों के नाम हैं जिन्हें विष्णु ने मारा है। तरुखंड=सातों ताल वृक्ष जिन्हें राम जी ने सुग्रीव के कहने से विद्ध किया था। विहंड्यो=(विखंड्यो) विशेष प्रकार से खंडित किया है।

भावार्थ—राम जी लक्ष्मण सरीखे वीर को घबराया हुआ जान कर दिलासा देने के हेतु कहते हैं कि घबराओ नहीं, जिस बाण से मैंने ये दैत्य

राक्षसादि मारे हैं उसी बाण से रावण को भी मारूँगा और अपनी प्रतिज्ञा पूरी करूँगा।

अलंकार—स्वभावोक्ति।

दो०—रघुपति पठयो आसुही, असुहर बुद्धि निधान।
दस सिर दसहे दिसन को, बलि दै आयो बान॥ ५२॥

शब्दार्थ—आसुही=शीघ्र ही। असुहर=प्राणनाशक। बुद्धि निधान=राम जी।

भावार्थ—बुद्धिनिधान राम ने तुरन्त एक प्राणहर बाण छोड़ा जो रावण के दसों सिर काट कर दसों दिशाओं को बलि देकर पुनः तरकस में आ गया।

सुन्दरी सवैया—भुवभारहि संयुत राकस को,
गण जाय रसातल में अनुराग्यो।
जग में जय शब्द समेतहि केसव,
राज विभीषण के सिर जाग्यो॥
मय दानव नन्दिनि के सुख सों,
मिलि कैं सिय के हिय को दुख भाग्यो।
सुर दुन्दुभि सीस गजा, सर राम,
को रावण के सिर साथहि लाग्यो॥ ५३॥

शब्दार्थ—मयदानवनंदिनी=मंदोदरी। गजा=(गज) नगाड़े की चोब, वह लकड़ी जिससे नगाड़ा बजाया जाता है।

भावार्थ—भूमिभार सहित राक्षसों का समूह पाताल को चला गया। राम की जय का शब्द और विभीषण की राज्य प्राप्ति का सौभाग्य एक साथ ही उदय हुआ। मंदोदरी का सुख और सीता का दुःख साथ ही भाग गये। रावण के सिर में राम का बाण और देव-दुन्दुभी पर दंडा एक साथ ही लगे।

अलंकार—अक्रमातिशयोक्ति, सहोक्ति।

(मन्दोदरी) मत्तगयन्द सवैया—
जीति लिये दिगपाल, सची की
उसासन देवनदी सब सूकी।

वासरहू निसि देवन की नर,
देवन की रहै संपति हूकी ॥
तीनहु लोकन की तरुनीन की,
वारी बँधी हुती दंण्डहि दू की ॥
सेवित स्वान सियार सो रावण,
सोवत सेज परे अब भूकी ॥ ५४ ॥

शब्दार्थ—देवनदी=आकाश गंगा। सूकी=(बुँदेलखंडी उच्चारण) सूख गई। संपति हुकी रहै=संपत्ति को पीड़ा होती थी। दू=दो। भू=पृथ्वी।

भावार्थ—(मंदोदरी विलाप करती है) हे पतिदेव, तुमने दिग्पालों को जीत लिया था, तुम्हारे डर से स्वर्ग से भगे हुए इन्द्र की वियोगिनी पत्नी शची की गर्म स्वासों से सारी आकाशगंगा सूख गई थी, तुम्हारे कारण रातोदिन देवताओं और राजाओं की संपत्ति को पीड़ा रहती थी। तीनों लोकों की स्त्रियों को तुम्हारी सेवा करने के लिए दो-दो दंड की पारी बँधी हुई थी, वही तुम आज कुत्तों और सियारों से सेवित भूमि पर सो रहे हो।

अलंकार—निदर्शना।

(राम) तारक—अब जाहु विभीषण रावण लैकै।
सकलत्र सबन्धु क्रिया सब कैकै ॥
जन सेवक संपत्ति कोश सभारो।
मयनंदिनि के सिगरे दुख टारो ॥ ५५ ॥

शब्दार्थ—सकलत्र=स्त्री सहित। जन=परिजन, कुटुम्बी। कोश=खजाना। मयनंदिनी=मंदोदरी।

भावार्थ—(राम जी ने विभीषण को आज्ञा दी कि) कि हे विभीषण! रावण का शव उठा ले जाओ और स्त्रियों तथा बन्धुओं सहित सब मृत-क्रिया यथाविधि करके, सब परिवार, सेवक, संपत्ति और खजाने को सँभालो (जाँच कर अपने अधिकार में लो) और मंदोदरी के सब दुःख निवारण करो।

विशेष—'मयनंदिनि के सिगरे दुख टारो'—इसके दो भाव हो सकते हैं:—(१) हमारे-तुम्हारे शत्रु की स्त्री समझ कर इसे आजीवन कदापि कोई दुःख न देना, यथाविधि

इसकी सेवा-शुश्रुषा करना। (२) इसे अपनी स्त्री बना लो जिससे इसका सौभाग्य बना रहे और यह सीता की तरह पति-वियोग से दुःखित न हो।

नोट—इस छंद से राम जी की नीतिज्ञता, दयालुता, सहानुभूति, उदारता, आदि क्षत्रियोचित गुण प्रत्यक्ष प्रकट होते हैं।

उन्नीसवाँ प्रकाश समाप्त

बीसवाँ प्रकाश

दो०—या बीसवें प्रकाश में, सीता-मिलन विशेषि।
ब्रह्मादिक अस्तुति गमन, अवधपुरी को लेखि॥
प्राग वरणि अरु वाटिका, भरद्वाज की जानि।
ऋषि-रघुनाथ-मिलाप कहि, पूजा करि सुख मानि॥

(श्रीराम) तारक—

जय जाय कहो हनुमंत हमारो।
सुख देवहु दीरघदुःख बिदारो॥
सब भूषण भूपित कै शुभ गीता।
हमको तुम वेगि दिखावहु सीता॥१॥

शब्दार्थ—जय=(केशव यहाँ पुलिंग मानते हैं) जीत। देवहु=दीजिये। शुभगीत=सर्व-प्रशंसित।

तारक—हनुमन्त गये तहहीं जहँ सीता।
अरु जाय कही जय की सब गीता॥
पग लागि कह्यो जननी पगु धारो।
मग चाहत हैं रघुनाथ तिहारो॥२॥

शब्दार्थ—गीता=वर्णन। पगु धारो=चलिये। मग चाहत हैं=रास्ता देख रहे हैं, बाट जोहते हैं।

तारक—सिगरे तन भूषण भूषित कीने।
धरि कै कुसुमावलि अंग नवीने॥
द्विज देवन बंदि पढ़ी शुभ गीता।
तब पावक अंक चली चढ़ि सीता॥३॥

भावार्थ—सीता ने समूचे शरीर को भूषणों से भूषित किया और नवीन आनंदित अंगों में फूल-मालायें धारण कीं, ब्राह्मणों और देवताओं ने प्रशंसा सूचक विरुदावली पढ़ी, तदनंतर अग्निदेव की गोद में चढ़ कर सीता जी राम की ओर चलीं।

(सीता की अग्नि परीक्षा)

भुजंगप्रयात—सवस्त्रा सबै अंग सिंगार सोहैं।
विलोके रमा देव देवी विमोहैं।
पिता अंक ज्यों कन्यका शुभ्र गीता।
लसै अग्नि के अंक त्यों शुद्ध सीता ॥४॥

शब्दार्थ—कन्या=पुत्री। शुभ्रगीता=पवित्रा चरणवाली।

भावार्थ—सीता जी वस्त्राभूषणों से शृंगारित हैं, जिनका रूप देख कर लक्ष्मी सहित देव-देवियाँ विमोहित होती हैं। जैसे पिता की गोद में कोई पवित्राचरणी कन्या हो वैसे ही अग्नि की गोद में शुद्ध सीता विराजती हैं।

अलंकार—देहरीदीपक से पुष्ट उपमा।

भुजंगप्रयात—महादेव के नेत्र की पुत्रिकासी।
कि सग्राम के भूमि में चंडिकासी॥
मनो रत्न सिंहासनस्था सची है।
किधौं रागनी रागपूरे रची है ॥५॥

शब्दार्थ—पुत्रिका=पुतली। सची=इन्द्राणी। राग=अनुराग। रची है=रँगी है।

भावार्थ—(सीता जी उस समय कैसी जान पड़ती हैं) महादेव के नेत्र की पुतली हैं, या रणभूमि की चडिका हैं, या मानो रत्न सिंहासन में बैठी हुई इन्द्राणी हैं या पूरे अनुराग से रँगी हुई कोई रागिनी हैं।

अलंकार—उपमा और उत्प्रेक्षा से पुष्ट सदेह

भुजंगप्रयात गिरापूर में है पयोदेवता सी।
किधौं कंज की मंजु शोभा प्रकाशी॥
किधौं पदुम ही में सिफाकंद सोहै।
किधौं पदुम के कोप पदुमा विमोहै ॥६॥

शब्दार्थ—गिरा = सरस्वती। पूर = समूह। गिरापूर = सरस्वती नदी का जल-समूह। पयोदेवता = जल-देवी। सिफाकंद = कमलकंद। कोष = कमल की छतरी, कमल के मध्य भाग का बीज कोष। पद्मा = लक्ष्मी।

भावार्थ—या सरस्वती के जल-समूह में कोई जल-देवी है, या उसी में कोई सुन्दर कमल खिला हुआ है, या कमल में कमलकंद है, या कमल के बीजकोष पर लक्ष्मी जी बैठी शोभा दे रही हैं।

अलंकार—संदेह।

भुजंगप्रयात—कि सिंदूर शैलाग्र में सिद्ध-कन्या।
किधौं पद्मिनी सूर संयुक्त धन्या॥
सरोजासना है मनो चारु वानी।
जपा-पुष्प के बीच बैठी भवानी॥७॥

शब्दार्थ—स्पष्ट हैं।

भावार्थ—या सिंदूर-शैल के अग्रभाग में कोई सिद्ध-कन्या बैठी है, या सूर्य मंडल में कोई कमलिनी है, या सुन्दर सरस्वती ही कमल पर बैठी हैं या जपापुष्प पर भवानी हैं।

अलंकार—सन्देह।

भुजगप्रयात—किधौं ओषधी-वृन्द में रोहिणी सी।
कि दिग्दाह में देखिये योगनीसी॥
धरा-पुत्र ज्यों स्वर्णमाला प्रकासै।
किधौं ज्योति सी तक्षकाभोग भासै॥८॥

शब्दार्थ—तक्षकाभोग = (तक्षक = आभोग) तक्षक का फण।

भावार्थ—या दिव्योषधियों के समूह में रोहिणी बैठी है या दिग्दाह में कोई योगिनी है, या मंगल-मंडल में स्वर्णमाला है, या तक्षक के फण पर मणि-ज्योति प्रकाशित है।

अलंकार—संदेह।

उपेन्द्रवज्रा—

आसावरी माणिककुंभ सोभै, अशोक-लग्ना वनदेवता सी।
पलाशमाला कुसुमालि मध्ये, बसंत लक्ष्मी शुभ लक्षणा सी॥९॥

शब्दार्थ—आसावरी = एक रागनी विशेष। लग्ना = स्थित, बैठी हुई।

भावार्थ—(सीता जी अग्नि पर बैठी कैसी जान पड़ती हैं मानों) आसावरी रागिनी माणिक का कुम्भ लिये हो (अग्नि समूह आसावरी रागिनी है, सीता माणिककुम्भ हैं) या अशोक वृक्ष पर स्थित कोई वनदेवी हैं, अथवा शुभलक्षणा वसन्त-श्री (वसंत की शोभा) पलाशकुसुम के समूह में शोभित हैं।

अलंकार—उपमा गर्भित संदेह।

आरक्तपत्रा सुभ चित्र पुत्री, मनो बिराजै अति चारु वेषा।
संपूर्ण सिंदूर प्रभा वसै धौं, गणेशभालस्थल चन्द्ररेखा ॥१०॥

शब्दार्थ—आरक्तपत्रा—लाल बेलबूटों से सजाई हुई। चित्रपुत्री = पुतली। चन्द्ररेखा = चन्द्रमा की कला (जो गणेश के मस्तक पर है)।

भावार्थ—या मानो कोई चित्रपुतली लाल बेलबूटों के मध्य सुन्दर भेष से सजाई गई हो (अग्नि लाल बेलबूटे हैं और सीता जी चित्रपुतरी हैं) या संपूर्ण सिंदूर की प्रभा में गणेश के भाल पर की चन्द्रकला हैं।

अलंकार—उत्प्रेक्षा से पुष्ट संदेह।

मत्तगयंद सवैया—

है मणि-दर्पण में प्रतिबिंब कि प्रीति हिये अनुरक्त अभीता।
पुञ्ज प्रताप में कीरति सी तप-तेजन में मनु सिद्ध विनीता॥
ज्यों रघुनाथ तिहारिय भक्ति लसै उर केशव के शुभ गीता।
त्यौं अवलोकिय आनँदकंद हुतासन मध्य सवासन सीता ॥११॥

शब्दार्थ—अनुरक्त अभीता = निश्चल अनुरागी जन। विनीता = अति उत्तम। हुतासन = अग्नि। सवासन = वस्त्रों-सहित।

भावार्थ—(सीता जी अग्नि-मध्य में बैठी कैसी शोभित हैं कि) मणि-दर्पण में किसी का प्रतिबिंब है, या किसी निश्चल अनुरागी के हृदय में साक्षात् प्रीति ही मूर्तिमान है, या प्रताप के ढेर में कीर्ति है, या तपतेज में उत्तमा सिद्धि है, या जैसे केशव के हृदय में राम-भक्ति बसती है वैसे ही सीता अग्नि में सवस्त्र विराजी हैं (वस्त्र तक नहीं जलते)।

अलंकार—उपमा से पुष्ट संदेह।

नोट—इस प्रसंग से केशव की उर्वरा प्रतिभा का पता अच्छी भाँति लगता है। अग्नि में बैठी जानकी के लिए कितनी उपमाएँ प्रवाहवत् कहते

चले गये। यह आसान बात नहीं है। केशव में प्रतिभा का ऐसा विकास इसी पुस्तक में अनेक ठौर पर देखा जाता है।

दो०—इन्द्र-वरुण-यम सिद्ध सब धर्म-सहित धनपाल।
ब्रह्म रुद्र लै दशरथहिं, आय गये तेहि काल॥१२॥

शब्दार्थ—धर्म = धर्मराज। धनपाल = कुबेर। लैं दशरथहिं = दशरथ को लेकर।

भावार्थ—इन्द्र, वरुण, यमराज, सिद्धगण, कुबेर, ब्रह्मा, राजा दशरथ को साथ लिये हुए वहाँ आ गये।

(अग्नि) बसंततिलका—

श्रीरामचन्द्र यह संतत शुद्ध सीता।
ब्रह्मादि देव सब गावत शुभ्र गीता।
हूजै कृपाल गहिजै जनकात्मजा या।
योगीश-ईश तुम हौ यह योग माया॥१३॥

शब्दार्थ—शुभ्रगीता = प्रशंसा। गहिजै = (गहिये) ग्रहण कीजिये। जनकात्मजा = जानकी। योगीश = (योगी = शंकर + ईश = इष्टदेव) राम।

भावार्थ—(अग्निदेव सीता की शुद्धता की साक्षी देते हैं) हे श्रीरामचन्द्र सुनिए, यह सीता सदैव शुद्ध है, ब्रह्मादि देवता इसकी प्रशंसा करते हैं, अब कृपा कीजिये और इस जनक कन्या (जानकी) को ग्रहण कीजिये—अङ्गीकार कीजिये। (भाव यह है कि सीता इतनी पवित्र हैं जितनी एक सद्यः प्रसूता कन्या होती है) हे शंकर के इष्टदेव! तुम ईश्वर हो और यह सीता योगमाया है।

बसन्ततिलका—

श्रीरामचन्द्र हँसि अंक लगाई लीन्हों।
संसार साक्षि शुभ पावक आनि दीन्हों॥
देवनि दुन्दुभि बजाइ सुगीत गाये।
त्रैलोक लोचन चकोरनि-चित्त भाये॥ १४॥

भावार्थ—(अग्निदेव की साक्षी पर) श्रीराम जीने सीता को आलिङ्गन करके अङ्गीकार किया, क्योंकि संसार के साक्षीस्वरूप पवित्र अग्निदेव ने उन्हें लाकर दिया था, (यह देख) देवताओं ने नगाड़े बजा कर स्तुति की। इस

समय की शोभा त्रिलोक-निवासियों के नेत्र चकोरों के चित्त में आनंददायक लगी (सीता-राम के मिलन की शोभा देखकर त्रिलोक निवासियों को आनन्द हुआ)

अलंकार—परंपरित रूपक—श्रीराम को चंद्र कहा, अतः त्रिलोकवासियों के नेत्रों को चकोर ही कहना उचित है)।

(श्रीराम-स्तुति)

(ब्रह्मा) दोधक—

राम सदा तुम अंतरयामी। लोक चतुर्दश के अभिरामी॥
निर्गुण एक तुम्हैं जग जानै। एक सदा गुणवंत बखानै॥ १५॥

शब्दार्थ—अंतरयामी=(अन्तर्यामी) सब के हृदय में बसने वाले। अभिरामी=आनन्ददायक। गुणवंत=सगुणरूप।

भावार्थ—(ब्रह्मा कहते हैं) हे राम ! तुम सब के हृदय में बसते हो (सब के छल-कपट तथा सत्यभाव को जानते हो) चौदहों लोकों को आनन्द देते हो जग में कुछ लोग तुम्हें निर्गुण मानते हैं, कुछ सगुण रूप कहते हैं।

ज्योति जगै जग मध्य तिहारी।
जाय कही न सुनी न निहारी॥
कोउ कहै परिमान न ताको।
आदि न अंत न रूप न जाको॥ १६॥

शब्दार्थ—ज्योति=प्रकाश। परिमान=अंदाज, मात्रा।

भावार्थ—सरल है (ईश्वर के निर्गुण रूप का वर्णन है)

अलंकार—अतिशयोक्ति।

तारक—तुम हौ गुण रूप गुणी तुम ठाये।
तुम एक ते रूप अनेक बनाये॥
इक है जो रजोगुण रूप तिहारो।
तेहि सृष्टि रची विधि नाम विहारो॥ १७॥

शब्दार्थ—ठाये=स्थित हो, बनाये हो। विधि नाम विहारो=ब्रह्मा नाम से प्रसिद्ध हो।

भावार्थ—तुम्हीं गुणरूप हो. तुम्हीं सगुणरूप (प्रकृत नर रूप) बनाये हुए हो (अर्थात् तुम साधारण सृष्टि की भाँति मेरे रचे हुए नहीं हो)। तुम्हारा जो एक रजोगुणमय रूप है, उसी ने सारी सृष्टि की रचना की है और तुम्हीं ब्रह्मा नाम से प्रसिद्ध हो।

अलंकार—उल्लेख।

तारक—गुण सत्व धरे तुम रक्षक जाको।
अब विष्णु कहै सिगरो जग ताको॥
तुमहीं जग रुद्रसरूप संहारो।
कहिये तेहि मध्य तमोगुण सारो॥ १८॥

भावार्थ—सम्पूर्ण सतोगुण धारण किये हुए जिस रूप की तुम रक्षा करते हो (जिस रूप में स्थित हो) उसी रूप को सारा संसार 'विष्णु' कहता है। तुम्हीं रुद्ररूप से संसार का संहार करते हो और उस रूप में समस्त तमोगुण ही तमोगुण है।

अलंकार—उल्लेख।

तारक—तुमही जग हो जग है तुमही में।
तुमही विरची मरजाद दुनी में॥
मरजादहि छोड़त जानत जाको।
तबही अवतार धरो तुम ताको॥ १९॥

शब्दार्थ—मरजाद=(मर्याद) सीमा। दुनी=(दुनियाँ) संसार। ताको=उसके वध या विनाश के लिए।

भावार्थ—तुम्हीं संसार हो और सब संसार तुम्हीं में स्थित है। तुम्हींने संसार में सब जीवों के कृत्यों की सीमा बाँध दी है। जब जिस जीव को सीमा का उल्लंघन करते देखते हो तब उसको नष्ट करने के लिए तुम कोई अवतार लेते हो।

तारक—
तुमही धर-कच्छप वेष धरो जू। तुम मीन ह्वै वेदन को उधरो जू॥
तुमही जग यज्ञ-बराह भये जू। छिति छीन लई हिरनाछ हये जू॥
तुम ही नरसिंह को रूप सँवारो। प्रहलाद को दीरघ दुःख बिदारो॥
तुमही बलि बावन-वेष छलो जू। भृगुनन्दन ह्वै छिति छत्र दलो जू॥

तुमही यह रावण दुष्ट सँहारयो। धरणी महँ बूड़त धर्म उबारयो॥
तुमही पुनि कृष्ण को रूप धरोगे। हति दुष्टन को भुवभार हरोगे॥
तुम बौध सरूप दयाहिं धरोगे। पुनि कल्कि ह्वै म्लेच्छ समूह हरोगे।
यहि भाँति अनेक सरूप तिहारे। अपनी मरजाद के काज सँवारे॥

शब्दार्थ—धर=(यहाँ पर) पर्वत, मंदराचल। छत्र=छत्री-समूह।
अलंकार—उल्लेख।

(महादेव) पंकजवाटिका—

श्रीरघुवर तुम हौ जग-नायक। देखहु दशरथ को सुखदायक॥
सोदर सहित पिता-पद पावन। वंदन किय तबहीं मन-भावन॥ २४॥

शब्दार्थ—सुखदायक=राम जी का संबोधन है। मनभावन=श्रीराम जी।

(दशरथ) निशिपालिका—

राम ! सुत ! धर्मयुत सीय मन मानिये।
बन्धुजन मातुगन प्रान सम जानिये।
ईश, सुर-ईश, जगदीश सम देखिये।
राम कहँ लक्ष्मण ! विशेष प्रभु लेखिये॥ २५॥

भावार्थ—(दशरथ जी राम से कहते हैं) हे पुत्र राम ! सीता को मन में धर्मयुत समझिये (सीता निर्दोष हैं, अतः इसे अंगीकार करो। ऐसा करने में यदि तुम्हें शंका हो कि बन्धु-बान्धवादि कैसे मानेंगे तो) यह समझो कि, सीता तुम्हारे बन्धुजनों तथा मातृगण की प्राण है—प्राणों को कोई छोड़ना पसन्द नहीं करता। (तदनन्तर लक्ष्मण से कहते हैं कि) हे लक्ष्मण ! तुम राम को शिव, विष्णु और ब्रह्मा के समान देखो और अपना विशेष प्रभु समझो (भाई मत समझो)।

अलंकार—उपमा

(इन्द्र प्रति राम कहते हैं) चंचला—

जूझि जूझि कै गयीं जे वानरालि ऋक्षराजि
कुम्भकर्ण लोकहर्ण भक्षियो जे गाजि गाजि॥
रूप-रेख स्यों विशेषि जी उठैं करो सु आज।
आनि पायँ लागियों तिन्हैं समेत देवराज॥२६॥

शब्दार्थ—बानरालि=बानरों के समूह। ऋक्षराजि=रीछ के समूह। लोकहर्ण=(लोकहरण) लोगों को नाश करने वाला। गाजिगाजि=गरज-गरज कर। रूप-रेख स्यों विशेषि=जैसा उनका विशेष रूप-रंग था ठीक वैसा ही। देवराज=इन्द्र।

भावार्थ—(श्रीराम जी इन्द्र प्रति कहते हैं) हे इन्द्र! तुम यह काम करो कि, हमारे जितने बानर और रीछ इस युद्ध में (जो तुम्हारे हित के लिए किया गया है) जूझ गये हैं, तथा जिनको गरज-गरज कर सर्वलोक-भक्षक कुम्भकर्ण भक्षण कर गया है, वे सब अपने विशेष-रूपरंग सहित (जैसे थे वैसे ही) जी उठें। राम जी की यह आज्ञा सुन इन्द्र ने उनको जिलाकर अपने साथ लाकर राम के सम्मुख उपस्थित कर दिया और चरण छुए।

अलंकार—चपलातिशयोक्ति (आज्ञा सुनते ही कार्य हो गया)।

दो०—बानर-राक्षस-ऋक्ष सब, मित्र-कलत्र समेत
पुष्पक चढ़ि रघुनाथ जू, चले अवधि के हेतु ॥ २७ ॥

शब्दार्थ—अवधि के हेतु=चौदह वर्ष की अवधि का उल्लंघन होने से भरत जी प्राण त्याग करेंगे, यह विचार कर शीघ्रता के लिए पुष्पक पर चले।

भावार्थ—सरल ही है।

चंचरी सेतु सीतहिं शोभना दरसाय पंचवटी गये।
पाँय लागि अगस्त के पुनि अत्रियौ ते बिदा भये ॥
चित्रकूट बिलोकि कै तब ही प्रयाग बिलोकियो।
भारद्वाज बसैं जहाँ जिनते न पावन है बियो ॥ २८ ॥

शब्दार्थ—शोभना=सुन्दर। अत्रियौ ते=अत्रिमुनि से भी। भारद्वाज=(छंद के लिए ऐसा किया है) बियो=दूसरा।

त्रिवेणी-वर्णन

(राम) तारक—
चिलकै दुति सूछम सोभति बारू।
तनु ह्वै जनु सेवत हैं सुर चारू।
प्रतिबिंबित दीप दिपैं जल माहीं।
जनु ज्वालमुखीन के जाल नहाहीं ॥ २९ ॥

शब्दार्थ – चिलकैं = चमकती हैं। सूछम = बारीक। तनु = अति छोटा रूप। ज्वालमुखी = देवनारियाँ, देवियाँ। जाल = समूह। नहाहीं = स्नान करती हैं।

भावार्थ—(राम जी कहते हैं)—बहुत बारीक बालू में जो छोटे कण चमकते हैं वे ऐसे जान पड़ते हैं, मानो अति छोटा रूप धर कर दिव्य देवता ही त्रिवेणी की सेवा करते हैं। दीपकों के प्रतिबिंब जो त्रिवेणी के जल पर पड़ते हैं, वे ऐसे जान पड़ते हैं, मानो दिव्य देवियों के समूह त्रिवेणी-जल में स्नान कर रहे हैं।

नोट—इस छन्द से ऐसा अनुमान होता है कि, राम जी शाम को चिराग जलने के बाद प्रयाग में पहुँचे हैं।

अलंकार—उत्प्रेक्षा।

मूल—जल की दुति पीत सितासित सोहै।
अति पातक घात करै जग को है॥
मद एण मलै घसि कुंकुम नीको।
नृप भारतखंड दियो जनु टीको॥ ३०॥

शब्दार्थ – पीत = पीली (सरस्वती के जल की)। सित = सफेद (गंगा-जल की)। असित = काली (यमुना-जल की)। अतिपातक = महापाप। मदएण = (एण-मद) कस्तूरी। मलैं = चंदन। कुंकुम = केसर। टीको = तिलक।

भावार्थ—त्रिवेणी-जल की चमक पीली, सफेद और काली झलक देती है और जग के महापापों को नाश कर देती है। यह त्रिवेणी ऐसी जान पड़ती है मानो राजा भरतखंड ने कस्तूरी, चंदन और केसर घिस कर मस्तक पर तिलक लगाया हो।

अलंकार – विपरीत क्रम से पुष्ट उत्प्रेक्षा (पहले पीत, सित, असित कहा, पुनः क्रम उलट कर एण-मद, मलय और कुंकुम लिखा)।

(लक्ष्मण) दंडक—

चतुर बदन पंचबदन षटबदन,
सहस बदन हूँ सहस गति गाई है।

सात लोक सात द्वीप सातहू रसातलन,
गंगा जी की शोभा सबही को सुखदाई है।
जमुना को जल रहो फैलि कै प्रभाव पर,
केशोदास बीच बीच गिर की गोराई है।
शोभन शरीर पर कुंकुम विलेपन कै,
स्यामल दुकूल झीन झनकत झाई है ॥ ३१ ॥

शब्दार्थ—चतुरवदन = ब्रह्मा। पंचवदन = शिव। षटवदन = कार्तिकेय। सहसवदन = शेष। सहस गति = हजारों भाँति से। प्रवाह = धारा। गिरा = सरस्वती। शोभन = सुन्दर। विलेपन कै = लेप लगा कर। दुकूल = साड़ी। झीन = बारीक। झाई = आभा, शरीर की कान्ति।

अलंकार—गम्योत्प्रेक्षा।

(सुग्रीव) चन्द्रकला सवैया—

भवसागर की जनु सेतु उजागर सुंदरता सिगरी बस की।
तिहुँ देवन की दुति सी दरसै गति सोखै त्रिदोषन के रस की।
कहि केशव वेदत्रयी मति सी परितापत्रयी तल को मसकी।
सब बंदैं त्रिकाल त्रिलोक त्रिबेणिहिं केतु त्रिविक्रम के जस की ॥३२॥

शब्दार्थ—उजागर = प्रकट। त्रिदोष = वात, कफ, पित्त। त्रिदोषन के रस की गति = मृत्यु समय के दुःख। वेदत्रयी = ऋग्, यजुर् और साम वेद। परितापत्रयी = दैहिक, दैविक, भौतिक ताप। मसकी = दबादी। त्रिकाल = भूत, भविष्य, वर्तमान। त्रिलोक = मर्त्य, स्वर्ग, पाताल। त्रिविक्रम = वामन जी का दीर्घ स्वरूप।

भावार्थ—(सुग्रीव कहते हैं कि) यह त्रिवेणी कैसी है कि मानो भवसागर के लिए प्रगट सेतु-रूप है। इसने समस्त शोभा को अपने वश में कर लिया है। यह तीनों देवों की दुति सी देख पड़ती है (ब्रह्मा की द्युति पीली सी सरसवती, विष्णु की द्युति कृष्ण सी यमुना, शिव की द्युति सफेद सी गंगा हैं) और वात, पित्त और कफ-जनित दोषों से, पैदा मृत्यु-दुःख की गति को सोखती है (अर्थात् त्रिवेणी-सेवन से त्रिदोष में पड़कर नहीं मरना पड़ता इसका सेवक सदेह स्वर्ग को जाता है)। केशव कहते हैं कि, यह त्रिवेणी तीनों वेदों की मति सी पवित्र है और तीनों पापों को दबा कर पाताल को

भेज देती है। त्रिलोक के लोग तीनों कालों में इस त्रिवेणी की वन्दना करते हैं, क्योंकि यह (गंगा के सम्बन्ध से) त्रिविक्रम के यश की पताका है।

अलंकार—रूपक, उपमा से पुष्ट सम।

(विभीषण) दंडक—

भूतल की वेणी सी त्रिवेणी शुभ शोभिजति,
एक कहैं सुरपुर मारग विभात है।
एकै कहैं पूरण अनादि जो अनंत कोऊ,
ताको यह केशोदास द्रवरूप गात है।
सब सुखकर सब शोभाकर मेरे जान,
कौनो यह अद्भुत सुगंधि अवदात है।
दरस परस ही ते थिर चर जीवन की,
कोटि कोटि जन्म की कुगंधि मिटि जात है॥ ३३॥

शब्दार्थ—वेणी=चोटी। शोभिजति=सोहती हैं। विभात है=देख पड़ता है। द्रवरूपगात=जलमय शरीर। अवदात=शुद्ध और निर्मल। कुगंधि=पाप।

भावार्थ—यह त्रिवेणी पृथ्वीतल की वेणी (चोटी) सी सोहती है और कोई-कोई कहते हैं कि यह सुरपुर की सड़क सी है। कोई-कोई कहते हैं कि यह परिपूर्ण, अनादि और अनंत ईश्वर का जलमय शरीर ही है। यह त्रिवेणी सब सुख और सब शोभा को पैदा करने वाली है। मुझे तो ऐसा जान पड़ता है कि यह कोई अद्भुत और शुद्ध निर्मलकारी सुगन्ध है, जिसके दरस-परस मात्र से चराचर जीवों के असंख्य जन्मों की गन्दगी (पाप) मिट जाती है।

अलंकार—उपमा, रूपक और उत्प्रेक्षा।

(भरद्वाजाश्रम-वर्णन)

भुजंगप्रयात—भरद्वाज की बाटिका राम देखी।
महादेव की सी बनी चित्त लेखी।
सबै वृक्ष मंदारहू ते भले हैं।
छहूँ काल के फूल फूले फले हैं॥ ३४॥

शब्दार्थ—बनी = वाटिका। मंदार = (१) मदार, अकौवा (२) कल्पवृक्ष। छहूँ काल = षट्ऋतु।

भावार्थ—श्रीराम ने ससमाज भरद्वाज जी की वाटिका देखी और उसे शिवजी की ही वाटिका समझी क्योंकि वहाँ के सब ही वृक्ष मंदार वृक्ष से भी अति उदार और सुन्दर हैं (महादेव की वाटिका में मंदार वृक्ष का होना उचित ही है, और यहाँ के वृक्ष मदार अर्थात् कल्पवृक्ष से भी अधिक उदार और सुन्दर हैं) अतः छहों ऋतुओं के फूल-फल यहाँ हैं।

अलंकार—उत्प्रेक्षा, संबंधातिशयोक्ति।

कहूँ हंसिनी हंस स्यों चित्त चोरैं।
चुनैं ओस के बुंद मुक्तान भोरैं॥
शुकाली कहूँ शारिकाली विराजैं।
पढ़ैं वेद मंत्रावली भेद साजैं॥ ३५॥

शब्दार्थ—स्यों = सहित। भोरैं = धोखे में। भेद साजैं = उदात्त अनुदात्त स्वरों के भेद ठीक उसी प्रकार करते हैं जैसे वहाँ के वटुगण।

भावार्थ—उस आश्रम में कहीं तो हंसों-सहित हंसिनियाँ घूमती-फिरती हैं जो अपनी सुन्दरता से सब के चित्तों को मोहती हैं, और वे मोतियों के धोखे में ओस-बुन्दों को चुनने लगती हैं। शुकशारिकाओं के समूह बैठे हुए वेद-मन्त्रों का पाठ ठीक स्वर-भेद से करते हैं।

अलंकार—भ्रम, उल्लास का पहला भेद।

मूल—कहूँ वृक्ष मूलस्थली तोय पीवैं।
महामत्त मातंग सीमा न छीवैं॥
कहूँ विप्र-पूजा कहूँ देव-अर्चा।
कहुँ योग-शिक्षा कहूँ वेद-चर्चा॥ ३६॥

शब्दार्थ—मूलस्थली = वृक्षों के थाले (आलबाल)। तोय = पानी। न छीवैं = नहीं छूते।

भावार्थ—कहीं बड़े-बड़े मदमत्त हाथी वृक्षों की थाली में भरा हुआ पानी तो पीते हैं, पर वृक्षों की शाखाओं को तोड़ते-फोड़ते नहीं। कहीं विप्रगण पूजन करते हैं, कहीं देवार्चन हो रहा है, कहीं योग शिक्षा और कहीं वेदपाठ की चर्चा हो रही है।

कहूँ साधु पौराणकी गाथ गावैं।
कहूँ यज्ञ की सुभ्र शाला बनावैं।
कहूँ होम-मन्त्रादि के धर्म धारैं।
कहूँ बैठि के ब्रह्मविद्या बिचारैं॥ ३७॥

शब्दार्थ—पौराणकी=(पौराणिक) पुराण-सम्बन्धी। ब्रह्मविद्या=वेदान्त या उपनिषद्।

भावार्थ—स्पष्ट है।

भुजंगप्रयात—सुवा ही जहाँ देखिये वक्त्ररागी।
चलै पिप्पलै तिक्ष बुध्यै सभागी।
कँपै श्रीफलै-पत्र है यत्र नीके।
सुरामानुरागी सबै राम ही के॥ ३८॥

शब्दार्थ—सुवा=शुक, तोता। वक्त्ररागी=लालमुख का। चल=(चल) चंचल। तिक्ष=तीक्ष्ण। सभागी=भाग्यवान। श्रीफलै=कदली, केला। रामा=स्त्री। रामानुरागी=(१) राम के अनुरागी (२) स्त्री के अनुरागी।

नोट—परिसंख्यालंकार समझ कर इस छंद का अर्थ समझिये।

भावार्थ—भरद्वाज जी के आश्रम में कोई भी लाल मुखवाला नहीं है (पान नहीं खाता) यदि कोई है तो केवल तोते ही लाल मुख के हैं। केवल पीपल के पत्ते ही चंचल हैं, भाग्यवानों की बुद्धि ही तीक्ष्ण है, और वहाँ केवल कदली-पत्र ही कंपायमान हैं (और कोई किसी से डर कर काँपता नहीं) और रामानुरागी होने के नाते केवल राम के अनुरागी हैं, रामा (स्त्री) के अनुरागी नहीं हैं।

अलंकार—परिसंख्या।

भुजंगप्रयात—जहाँ वारिदै वृन्द बाजानि साजैं।
मयूरै जहाँ नित्यकारा बिराजैं॥
भरद्वाज बैठे तहाँ विप्र मोहैं।
मनो एक ही वक्त्र लोकेश सोहैं॥ ३९॥

शब्दार्थ—वक्त्र=मुख। लोकेश=ब्रह्मा।

भावार्थ—उस आश्रम में केवल बादल ही बाजा बजाते हैं, और केवल मयूर ही नाचते हैं (अर्थात् वहाँ सिवाय बादलों और मोरों के और कोई बजाने-नाचने का शौकीन नहीं है) वहाँ भरद्वाज जी बैठे हुए वेद-पुराणादि के पाठ द्वारा ब्राह्मणों को मोहित कर रहे हैं, वे ऐसे मालूम होते हैं मानो एक मुख के ब्रह्मा हैं।

अलंकार—पूर्वार्द्ध में परिसंख्या, उत्तरार्द्ध में उत्प्रेक्षा से पुष्ट हीन तद्रूप रूपक।

(ऋषि-आश्रम की शान्ति का वर्णन)

(लक्ष्मण) दंडक—

'केशोदास' मृगज-बछेरू चोषैं बाघनीन,
चाटत सुरभि बाघबालकबदन है।
सिंहन की सटा ऐचैं कलभ करनि करि,
सिंहन को आसन गयंद को रदन है॥
फणी के फणन पर, नाचत मुदित मोर,
क्रोध न विरोध जहाँ मद न मदन है।
बानर फिरत डोरे डोरे अंध तापसनि,
शिव को समाज कैधौं ऋषि को सदन है॥ ४०॥

शब्दार्थ—मृगज बछेरू=मृगों के बच्चे। चोषैं=दूध पीते हैं। सुरभि=गाय। सटा=सिंह की गर्दन पर के बाल। कलभ=हाथी का बच्चा। करनि करि=सूड़ों से। फणी=साँप। मदन=काम। डोरे डोरे फिरत=डोरिआये फिरते हैं, हाथ पकड़े लिये फिरते हैं। तापसनि= तपस्वियों को।

भावार्थ—(केशोदास जी लक्ष्मण के मुख से कहाते हैं कि) इस आश्रम में तो अद्भुत दृश्य दिखलाई पड़ते हैं। देखिये, मृगों के बच्चे बाघिनियों का दूध पीते हैं, गायें बाघबालक का मुँह चाटती हैं, हाथी के बच्चे अपनी सूँड़ों से सिंहों के बाल खींचते हैं, और सिंह हाथियों के दाँतों पर आसन जमाये बैठे हैं। सर्पों के फणों पर मोर नाचते हैं। यहाँ तो किसी के भी क्रोध, विरोध, मद व काम नहीं है। बन्दर अंधे तपस्वियों के हाथ पकड़े हुए उन्हें

रास्ता बताते फिरते हैं (जहाँ वे जाना चाहते हैं वहाँ उन्हें बन्दर लिवा जाते हैं) बड़ा आश्चर्य है, यह भरद्वाज जी का आश्रम है या साक्षात् शिव जी का समाज है।

नोट—इस छंद में अद्भुत् रस है।

अलंकार—संदेह।

भुजंगप्रयात—जहाँ कोमलै वल्कले बास सोहैं।
जिन्हैं अल्पधी कल्पसाखी विमोहैं॥
धरे शृंखला दुःख दाहैं तुरन्तै।
मनौ शंभु जी संग लीन्हें अनंतै॥ ४१॥

शब्दार्थ—वल्कलै बास=वल्कल वस्त्र। अल्पधी=बुद्धि की कमी से। कल्पसाखी=कल्प-वृक्ष। शृंखला=मेखला, मौंजी। दुरंत=बहुत बड़े-बड़े। अनंत=शेषनाग।

भावार्थ—इस आश्रम में कोई भी कोमलांग (सुकुमार) नहीं है, यदि कोई कोमल वस्तु है तो केवल भोज पत्र के बने वल्कल वस्त्र ही हैं। उन वल्कल वस्त्रधारी तपस्वियों को देख कर और अपने को कम समझ कर कल्पवृक्ष भी विमोहित होते हैं। वे तपस्वीगण केवल एक मौंजी कोपीन धारण किये हुए हैं, पर बड़े-बड़े दुःखों को जलाने का सामर्थ्य रखते हैं। वे ऐसे जान पड़ते हैं मानो शेष सहित शिव जी हैं।

अलंकार—परिसंख्या, ललितोपमा, और उत्प्रेक्षा।

(भरद्वाज मुनि के रूप का वर्णन)

मालिनी—प्रशमित रज राजैं हर्ष वर्षा समै से।
बिरल जटन शाखी स्वर्नदी कूल कैसे।
जगमग दरशाई सूर के अंशु ऐसे।
सुरग नरक हंता नाम श्रीराम कैसे॥ ४२॥

शब्दार्थ—प्रशमित रज=(१) नष्ट हो गई है धूल जिसकी (वर्षाकाल के लिए)—(२) दब गया है रजोगुण जिनका। बिरल जटन=(१) प्रगट हैं जड़ें जिसकी (२) खुले हुए जटा जिनके। शाखी=वृक्ष। स्वर्नदी=गंगा। कूल=किनारा। जगमग दरशाई=जगत का मार्ग दिखाने वाले। अंशु=किरण।

भावार्थ–(भरद्वाज मुनि के रूप का वर्णन है कि) भरद्वाज जी का रूप हर्षमय वर्षाकाल के समान है, क्योंकि जैसे वर्षाकाल में रज (धूल) नहीं रहती वैसे ही इनके मन में भी रजोगुण नहीं है (रजोगुण को दबा दिया है केवल सतोगुण का प्रकाश है) और मुनि जी गंगा किनारे के वृक्ष के समान हैं क्योंकि जैसे नदी तीर के वृक्ष की जड़ें प्रगट रहती हैं वैसे ही इनके जटा भी प्रगट हैं। सूर्यकिरण के समान जगमार्ग को दर्शाने वाले हैं और रामनाम के समान स्वर्ग और नरक के हंता हैं (रामनाम की वर्कत से जैसे स्वर्ग-नरक का झगड़ा मिट कर जापक मोक्ष का भागी होता है वैसे ही ये भी मोक्षदाता हैं)।

अलंकार—श्लेष से पुष्ट उपमा।

भुजङ्गप्रयात—

गहे केश पाशै पिया सी बखानो। कँपै शाप के त्रास ते गात मानो।
मनो चंद्रमा चंद्रिका चारु साजैं। जरा सों मिले यों भरद्वाज राजैं ॥४३॥

शब्दार्थ—केशपाश = बाल। प्रिया—प्रेयसी। जरा—वृद्धावस्था।

भावार्थ–भरद्वाज जी जरावस्था से युक्त ऐसे राजते हैं कि जरावस्था ने मुनि के बालों को पकड़ लिया है, जैसे कोई प्रिया कभी-कभी अति धृष्ट हो प्यारे पति के केश पकड़ लेती है। केश पकड़ने से मुनि क्रुद्ध होकर शाप न दे बैठें इस डर से मानो उस जरा के गात काँपते हैं (मुनि के अंग जरा से काँपते हैं) और कैसे शोभित हैं, मानो चाँदनी पहने चंद्रमा ही है (शरीर के रोम तक सफेद हो गये हैं)।

अलंकार—उपमा और उत्प्रेक्षा।

दो०—भस्म त्रिपुंडक शोभिजैं, वरणैं बुद्धि उदार।
मनो त्रिसोता-सोत दुति वंदति लगा लिलार ॥ ४४ ॥

शब्दार्थ—त्रिपुंडक—तीन रेखावाला तिलक जैसा शैव लोग लगाते हैं। त्रिसोता—गंगा।

भावार्थ–मुनि के मस्तक पर भस्म का त्रिपुंड लगा हुआ है, उसकी शोभा बुद्धिमान लोग यों वर्णन करते हैं, मानो गंगा की कांति त्रिधार होकर मस्तक पर लगी हुई मुनि की सेवा करती है।

अलंकार—उत्प्रेक्षा।

भुजंगप्रयात—

मानो अंकुराली लसै सत्य की सी। किधौं वेद विद्या-प्रभाई भ्रमी सी।
रमै गंग की जोति ज्यों जन्हु नीकी। बिराजै सदा शोभ दंतावली की ॥४५॥

शब्दार्थ—ई==ही। शोभ = शोभा।

भावार्थ—(दंतावली की शोभा कहते हैं) मुनि की दंतावली की शोभा कैसी जान पड़ती है मानो सत्य की अंकुरावली है, या वेदविद्या की प्रभा ही है जो मुनि के मुख में भ्रमण सी कर रही है, या जह्नु मुनि के मुख में गंगा की सी ज्योति है (जह्नु ने गंगा को पी लिया था उस समय की ज्योति)।

अलंकार—उत्प्रेक्षा से पुष्ट संदेह।

हरिगीतिका—

भ्रकुटी विराजतिस्वेत मानहु मंत्र अद्भुत साम कें।
जिनके विलोकत ही बिलात अशेष कार्मुक काम के॥
मुख बास आस प्रकाश केशव भौंर भीरन साजहीं।
जनु साम के शुभ स्वच्छ अक्षर ह्वै सपक्ष बिराजहीं॥४६॥

शब्दार्थ—साम=सामवेद। बिलात=नष्ट हो जाते हैं। अशेष = सब। कार्मुक=धनुष। प्रकाश = प्रगट, प्रत्यक्ष। भीरन साजहीं = एकत्र होकर भीड़ लगाये हुए हैं। सपक्ष=पंख वाले, पंख सहित।

भावार्थ—भरद्वाज मुनि की भौंहें सफेद हो गई हैं वे ऐसी जान पड़ती हैं मानो सामवेद के अद्भुत मंत्र हैं। उनका प्रभाव ऐसा है (जैसा सामवेद के मंत्रों का होता है) कि उनको देखते ही काम के सब धनुष विलीन हो जाते हैं (काम भी जिन भौंहों से डरता है)। उनके मुख से ऐसी मनोमोहक बास आती है कि उसकी आशा से प्रत्यक्ष भौंरे उनके मुखमंडल पर भीड़ लगाये रहते हैं। वह भौंर भीर ऐसी जान पड़ती है मानो सामवेद के पवित्र अक्षर पंखधारी होकर उनके सम्मुख ही रहते हैं।

अलंकार—उत्प्रेक्षा।

हरिगीतिका—

तनु कंबु कंठ त्रिरेख राजति रज्जु सी उनमानिये।
अविनीत इन्द्री निग्रही तिनके निबन्धन जानिये॥
उपवीत उज्जल शोभिजै उर देखि यों वरणौं सवै।
सुर आपगा तपसिंधु में जस सेत श्री दरसै अवै॥४७॥

शब्दार्थ—तनु = बारीक। उनमानिये – अनुमान करते हैं। अबिनीत = हठी, जिद्दी। निग्रही = ताड़न करने वाले। निबंधन = बंधन। उपवीत = जनेऊ। सुर आपगा = गंग। जसु = जैसे। सेतश्री = सफेद कान्ति। अवै = (अव्यय) जिसमें से कुछ खर्च न हुआ हो (सम्पूर्ण)।

भावार्थ—भरद्वाज मुनि के शंखवत कंठ में बारीक तीन रेखायें राजती हैं, वे मानो हठी इन्द्रियों को ताड़ना देने के लिए उनको बाँधने की रस्सियाँ हैं, हृदय पर सफेद जनेऊ पड़ा हुआ है, उसे देख कर सब लोग यों कहते हैं, कि वह जनेऊ ऐसा देख पड़ता है जैसे तपसिंधु में गंगा की सम्पूर्ण सफेद कान्ति (त्रिधारा) दिखाई पड़ती हो।

अलंकार – उपमा से पुष्ट उत्प्रेक्षा।

दो०—फटिकमाल शुभ शोभिजै, उर ऋषिराज उदार।
अमल सकल श्रुति बरणमय, मानो गिरा को हार॥४८॥

भावार्थ – भरद्वाज मुनि के उदार हृदय पर (चौड़े सीने पर) स्फटिक की माला शोभित है, वह ऐसी जान पड़ती है मानो वेद के समस्त निर्मल अक्षरों का बना हुआ सरस्वती के पहनने का हार है।

अलंकार—उत्प्रेक्षा।

मोदक—

जद्यपि है रस सत्य रस्यो तनु। दंडहि सों अवलंबित है मनु॥
धूमशिखान के व्याज मनो गुनि। देवपुरी कहँ पंथ रच्यो मुनि॥४९॥

भावार्थ – यद्यपि भरद्वाज जी का शरीर सत्य रस से रसा हुआ है (सतोगुणमय है, जरा से सब रोम सफेद हो गये हैं बहुत ही वृद्ध हैं) तो भी उनका मन दंड का अवलंबन किये रहता है (इन्द्रियों के निग्रह के लिए दंड देने के लिए) दंड धारण किये रहते हैं – लाठी या छड़ी लिये रहते

हैं। और (सदैव अग्निहोत्रादि किया करते हैं सो) मानो खूब सोच-विचार कर अग्नि के बहाने से मुनि जी ने स्वर्ग की सड़क बना दी है अर्थात् हवनादि का तो बहानामात्र है, हवन का धुवाँ नहीं है वरन् स्वर्ग की सड़क है।

अलंकार—उत्प्रेक्षा।

मोदक—

रूप धरे बड़वानल को जनु। पोषत हैं पय पानहिं सों तनु।
क्रोध भुजंगम मंत्र बखानहु। मोह महा तम को रबि जानहु ॥५०॥

शब्दार्थ—पय=(१) दूध (२) जल।

भावार्थ—भरद्वाज जी मानो बड़वानल के रूप ही हैं। जैसे बड़वानल समुद्र के जल से पुष्ट रहता है वैसे ही ये भी दूध ही से अपने तन को पोसते हैं (केवल दुग्धाहार ही करते हैं) क्रोधरूपी सर्प के लिये मंत्र ही हैं (क्रोध के विकार को शान्त कर देते हैं) और मोहरूपी महान् अंधकार के लिये सूर्य ही समझो।

अलंकार—श्लेष और परंपरित रूपक।

मोदक—सत्य-सखा असखा कलि के जनु।
पर्वत औषधि सिद्धिन के मनु ॥
पाप कलापन के दिनदूषन।
देखि प्रणाम कियो जगभूषन ॥५१॥

शब्दार्थ—असखा=शत्रु। दिन=प्रतिदिन। दूषन=नाशक। जगभूषन=श्रीराम जी।

भावार्थ—भरद्वाज जी कैसे देख पड़े मानों सतयुग के मित्र और कलि-काल के शत्रु हैं; और मानों अष्ट सिद्धिरूपी औषधियों के पर्वत हैं; पाप समूहों को नित्य नाश करनेवाले हैं। ऐसे भरद्वाज जी को देख कर श्रीराम जी ने हाथ जोड़ मस्तक नवा प्रणाम किया।

अलंकार—परंपरित रूपक।

पद्धटिका—

सीता समेत शेषावतार। दंडवत किये ऋषि के अपार ॥
नर भेष विभीषण जामवंत। सुग्रीव बालसुत हनूमंत ॥ ५२ ॥

भावार्थ—श्रीराम जी के प्रणाम करने के बाद सीता सहित लक्ष्मणजी ने ऋषि को बड़ी भक्ति से दंडवत प्रणाम किया। तदनंतर नर-भेष धारण किये हुए विभीषण, जामवंत, सुग्रीव, अंगद और हनुमान ने भी यथोचित प्रणाम किया।

पद्धटिका—

ऋषिराज करी पूजा अपार। पुनि कुशलप्रश्न पूँछी उदार।
शत्रुघ्न भरत कुशली निकेत। सब मित्र मन्त्रि मातनि समेत ॥५३॥

भावार्थ—फिर श्रीरामजी ने ऋषिराज की बहुत पूजा की, अनेक प्रकार के उपहार भेंट किये। तदनंतर आश्रम की तथा देश और अयोध्या की खैर खुशी का हाल पूछा (निकट होने तथा नित्य प्रति लोगों के गमनागमन से अयोध्या का हाल ऋषि को मालूम होता रहता था) कि हे महाराज। भरत, शत्रुघ्न, मित्र, मंत्री और माताओं सहित कुशल तो हैं न?

(भरद्वाज)—पद्धटिका—

कह कुशल कहौं तुम आदि देव।
सब जानत हो संसार भेव॥
विधि विष्णु शंभु रवि ससि उदार।
सब पावकादि अंशावतार ॥ ५४ ॥

भावार्थ—भरद्वाज जी ने उत्तर दिया कि हे राम! तुम तो आदिदेव परब्रह्म अंतर्यामी हो, मैं यहाँ की कुशल क्या कहूँ। तुम तो सब संसार का भेद जानते ही हो (कि जहाँ तुम नहीं वहाँ कुशल कैसी?)। ब्रह्मा, विष्णु, महेश, सूर्य, चंद्र और सब प्रकार की अग्नि केवल तुम्हारे अंशावतार ही हैं (अर्थात् ये ही सब देवगण सब की कुशल के हेतु हैं सो तुम्हारे अंश हैं, अतः आपको सब खबर इन्होंने दी ही होगी, कहने की जरूरत नहीं)।

अलंकार—उदात्त।

पद्धटिका—

ब्रह्मादि सकल परमाणु अंत। तुमही हौ रघुपति अज अनंत।
अब सकल दान दै पूजि विप्र। पुनि करहु बिजै बैकुंठ छिप्र ॥५५॥

शब्दार्थ—परमाणु=किसी वस्तु का अति छोटा अंश, जर्रा। अंत=

सक। विजय करना=(बिहार और मिथिला का शब्द है) भोजन करना। बैकुंठ=(विष्णु, यहाँ)श्री राम जी। छिप्र=शीघ्र।

भावार्थ—ब्रह्मा से लेकर जर्रे तक सब तुम्हीं हो, हे राम! तुम अज और अनन्त हो (यद्यपि तुम्हें कर्म का दोष नहीं लग सकता, तथापि रावण ब्राह्मण को मारा है, अतः तुम्हें ब्रह्महत्या का दोष है, अतः) त्रिवेणी स्नान करके प्रायश्चित रूप अनेक दान देकर ब्राह्मणों को पूज कर शुद्ध हो लो, तब हे पवित्रात्मा ! मेरे यहाँ का आतिथ्य स्वीकार करके शीघ्र ही भोजन करो। तात्पर्य यह कि पहले ब्रह्महत्या पाप से निवृत्त हो लो तब भोजन करके मुझसे बातें करो तब मैं सब बताऊँगा।

बीसवाँ प्रकाश समाप्त

श्रीरामचन्द्रिका पूर्वार्द्ध सम्पूर्ण

केशव-कौमुदी

केशव-कौमुदी

दूसरा भाग

अर्थात्

केशवदास कृत रामचंद्रिका की समूल टीका

टीकाकार

स्व. लाला भगवानदीन (दीन)

GYAN

भारत में सन् 2024 में प्रकाशित

ज्ञान पब्लिशिंग हाऊस

5, अंसारी रोड, दरियागंज,
नई दिल्ली-110002

वेब साइट: www.gyanbooks.com
ई-मेल: books@gyanbooks.com

Distribution Network
gyanbooks.com
India, USA, Canada, UK, Australia, France

केशव-कौमुदी

ISBN: 978-93-6433-192-0 (Set)
978-93-6433-715-1 (HB)

प्रथम संस्करण, 1943

मुद्रित: ज्ञान प्रेस, दिल्ली

केशव-कौमुदी

[दूसरा भाग]

अर्थात्

केशवदास कृत रामचंद्रिका की समूल टीका

—:*:—

टीकाकार

स्व० लाला भगवानदीन (दीन)

--:*:--

प्रकाशक

रामनारायण लाल बेनी माधव

प्रकाशक तथा पुस्तक-विक्रेता

इलाहाबाद-२

१६६२

कविवर लाला भगवानदीन का परिचय

कविबर 'दीन' का जन्म संवत् १९२३ में श्रावण सुदी छठ तदनुसार १७ अगस्त सन् १८६७ ई० को गुरुवार के दिन हुआ था। जाति के आप श्रीवास्तव दूसरे कायस्थ थे। आप के पिता का शुभ नाम मुन्शी कालिका-प्रसादजी तथा माता का श्रीमती सुरजनमती था। पितामह का नाम मुन्शी कासी-प्रसादजी और प्रपितामह का नाम मुन्शी गणेशप्रसादजी था। मुन्शीगणेशप्रसाद जी के पिता (चरित नायक के वृद्ध प्रपितामह) मुन्शी दौलतरायजी नवाब अवध की ओर से परगना देवरख जिला रायबरेली के कानूनगो थे और अपने वंश के अंतिम कानूनगो थे। इस प्रकार चरितनायक का खानदानी सिलसिला (अथवा पारिवारिक सम्बन्ध) जिला रायबरेली से है। यद्यपि आपके खानदान का वर्तमान निवास स्थान जिला फतेहपुर में प्रपितामह के समय से चला आ रहा है। इस समय भी आप के पूर्वजों के अधिकार में कुछ भूमि परगना देवरख जिला रायबरेली के ईसा गाँव तथा कंजास नामक ग्रामों में है।

लालाजी अपने माँ बाप की एकलौती संतान थे और बड़े लाड़-प्यार तथा नाज से पले थे। भाग्य पर किसका वश चलता है। अकस्मात नौ वर्ष की अवस्था में ही उन्हें अपनी प्यारी माता के देहावसान से दुःखी होना पड़ा। माता के देहान्तोपरांत आपका लालन-पालन श्रीमती रुक्मिणी बाई जी द्वारा हुआ था जो कि उनके पिता की फूफी थीं और विधवा होने के कारण बरवट ही में सबके साथ रहती थीं। 'दीन' जी का विद्यारंभ नव वर्ष की आयु में मूसा नामक मौलवी द्वारा हुआ था। प्रारम्भ में तीन वर्ष तक उर्दू वा फारसी की शिक्षा पाने के उपरान्त इनके पिता ने इन्हें छावनी नौगाँव में इनके फूफा के पास छोड़ दिया, जहाँ फारसी के सुप्रसिद्ध विद्वान मुन्शी गंगाबख्शजी वकील रियासत पन्ना से फारसी की तीन पुस्तकें गुलिस्ताँ, बोस्ताँ और यूसुफ जलेखाँ पढ़ीं। इस समय लाला जी की अवस्था १३ वर्ष की हो चुकी थी। इसके बाद घर लौटने पर आपने एक सरकारी स्कूल में मुन्शी मातादीन जी मुदर्रिस से

हिन्दी सीखी। यहां तीन वर्ष तक पढ़े। हिन्दी का अक्षर-ज्ञान स्वयं पिताजी ने छावनी नौगांव में ही करा दिया था और सुन्दर काण्ड रामायण पढ़ाकर नित्य-पाठ का उपदेश भी कर दिया था कि जिसके कारण अंत समय तक उन्हें सुन्दर कांड कंठस्थ था। १७ वर्ष की अवस्था में अर्थात् ३ दिसम्बर सन् १८८३ ई० में आपका प्रवेश अंगरेजी मिडिल स्कूल फतेहपुर में हुआ और पाँच वर्षोपरांत १८८८ ई० में आपने अंगरेजी मिडिल प्रांत भर में प्रथम ४० विद्यार्थियों में स्थान प्राप्त कर पास किया कि जिससे इन्हें दो वर्ष तक ५) पाँच रुपया सरकार से छात्रवृत्तिस्वरूप मिलती रही। दो वर्ष बाद ऐंट्रेंस पास किया। कायस्थ पाठशाला प्रयाग से छात्रवृत्ति पाकर म्योर सेन्ट्रल कालेज में भरती हुए, परन्तु धनाभाव तथा गृहस्थी व ट्यूशनों के झंझटों से यह काले- की परीक्षा में उत्तीर्ण न हो सके। लाचार होकर पढ़ना छोड़ना पड़ा। छ— में ही इन्होंने पंडित गंगाधर व्यास से काव्य के कुछ नियम सीखे थे शृंगार-शतक, शृंगार-तिलक और रामायण के दोहों पर कुंडलियों की की थी।

पढ़ना छोड़ते ही आप कायस्थ पाठशाला प्रयाग में शिक्षक नियत हो गये। उसके बाद ६ मास तक जनाना मिशन हाई स्कूल प्रयाग में फारसी के शिक्षक होकर काम करते रहे। फिर छतरपुर राज्य स्कूल के सेकेंड मास्टर होकर चले गये और वहाँ १८६४ ई० से १९०७ ई० तक रहे। १९०७ में ये काशी के हिन्दू स्कूल में उर्दू फारसी के शिक्षक नियुक्त हुए। फिर काशी नागरी प्रचारिणी सभा द्वारा प्रकाशित 'हिन्दी शब्द सागर' के सहायक सम्पादक हो गए और वहाँ का काम कई वर्ष तक करते रहे परन्तु जब कोष विभाग का काम उठ कर काश्मीर चला गया था तब ये वहाँ न जाकर, गया में लक्ष्मी नामक पत्रिका के सम्पादक का काम स्थायी रूप से १॥ वर्ष तक करते रहे। (यद्यपि लक्ष्मी-सम्पादक का काम २० वर्ष तक किया है)। प्रयाग में भी कुछ रोज तक कोई काम करते थे। पर जब कोष विभाग का काम फिर काश्मीर से काशी चला आया तो आपको फिर प्रयाग का काम छोड़कर काशी आकर कोष विभाग का काम करना पड़ा। किन्तु सन् १९१७ ई० में जब हिं० वि० वि० काशी में एक सुयोग्य हिन्दी साहित्यज्ञ की आवश्यकता पड़ी तो ये हिन्दी के प्रोफेसर हो गये।

आचार्य 'दीन' के तीन विवाह हुए थे। प्रथम विवाह ग्राम केसवाही जिला हमीरपुर लाला कालीचरणजी की सबसे ज्येष्ठ पुत्री श्रीमती पारबती देवी से हुआ था। इस विवाह से इनको दो पुत्री थीं प्रथम पुत्री तो कुछ ही दिन बाद मर गई परन्तु दूसरी कन्या जो प्रयाग में हुई थी, जिस कन्या का नाम श्रीमती अन्नपूर्णा देवी था और उसका विवाह मुहल्ला पियरी शहर बनारस में मुन्शी विंदाप्रसादजी (पेनशनयाफ्ता मुन्सरिम) के भतीजे बा० वीरप्रताप (उर्फ छेदीलालजी) से हुआ था जो सब डिप्टी इन्सपेक्टर थे। इस समय अब अन्नपूर्णा देवी भी नहीं हैं। द्वितीय विवाह कसबा शादियाबाद जिला गाजीपुर में मुन्शी परमेश्वर दयाल साहब की पुत्री श्रीमती गुजराती देवी (उपनाम ~देला बाला) से हुआ था। इनसे केवल एक संतान पुत्र के रूप में हुई जो अवध न सात मास जीवित रही। तृतीय विवाह गुजराती देवी की छोटी बहिन वंश के नी अशरफी देवी से हुआ है, इनसे कोई भी संतान नहीं हुई। आपकी (अथ य धर्मपत्नी बड़ी सुयोग्य, सुशिक्षिता तथा विद्याव्यसनी थीं। आप कवि गी और उत्तम कविता करती थीं। आपकी कविता उपदेशप्रद तथा देशोन्नति के भावों से भरी रहती थी। आपने कविता करना अपने सुयोग्य पति कविवर 'दीन' से ही सीखा था। आपके देहांत पर लाला जी को परम दुःख हुआ कि जिसका वर्णन उन्होंने "बाला विलाप" नामक कविता में बड़े मार्मिक छन्दों में किया है।

कविवर 'दीन' का स्वभाव बड़ा ही सरल तथा आकर्षक था। वह जब अपने शिष्यों से वार्तालाप करते थे तो ऐसा जान पड़ता था कि मानो वह उनके मित्र तथा बराबरी के हों। सदैव-हँसना हंसाना उनके स्वभाव का सब से बड़ा गुण था। उनके स्वभाव का तीसरा गुण स्पष्टवादिता थी। जो दिल में होता था उसे छिपाकर रखना मानों उन्हें भाता ही न था। स्वनामधन्य बाबू श्यामसुन्दरदास ने भी उनके इस गुण का उल्लेख उस सभा में किया था कि जो काशी नागरी प्रचारिणी सभा ने लाला जी की मृत्यु पर शोक प्रकाशनार्थ हुई थी। आपके स्वभाव का चौथा गुण जो बालपन ही से उनमें था वह है उनकी निर्भीकता। संभवतः उनके वीररस-प्रेम तथा वीररस कथन का मुख्य कारण भी उनकी यही प्रकृति रही हो। कभी-कभी वह अपने लेखों में अरसिकों तथा शृंगार-रस से नाक भौं सिकोड़ने वालों को कड़ी फटकार भी

सुना दिया करते थे । इनके अतिरिक्त कविवर 'दीन' के स्वभाव में भक्त-भाव का प्रचुर मिश्रण यथेष्ट मात्रा में विद्यमान था । गृहस्थ होते हुए भी वह भगवान् रामचन्द्र, योगेश्वर-कृष्ण, शिव और महासती पारवती जी के परम भक्त और उपासक थे । गृहस्थ रहते हुए भी उन्हें परमार्थ का इतना अधिक ध्यान रहता था कि जितना बहुत कम लोगों में देखा जाता है । उनके भक्ति-मय जीवन की मार्मिक झलक उनकी बहुत सी चमत्कारपूर्ण कविताओं से साफ-साफ लक्षित होती है ।

लाला जी की रहन-सहन तथा वेष-भूषा बड़ी ही सादे ढंग की थी उन्हें अपनी पोशाक की सुन्दरता तथा तड़क-भड़क की कुछ भी परवाह नहीं रहती थी । सदैव सादी काट-छांट के कपड़े पहना करते थे । जिस पोशाक में कालेज में पढ़ाने जाते थे उसी पोशाक में बड़ी-बड़ी सभा-समाजों में जाया करते थे । इस पोशाक में पारसी कोट, छोटी मोढ़ी का पाजामा, शू (अर्थात् अंगरेजी ढंग का जूता), कमीज या कुरता और मध्यम काट की टोपी शामिल थी । कभी-कभी एक दुपट्टा भी गले पर डाल लेते थे ।

'दीन' जी ने नियमित रूप से कविता करना उस समय से प्रारम्भ किया था कि जब वे लगभग १६ वर्ष के थे और अपने अंत समय तक करते रहे । इस प्रकार उनका कविता-काल सन् १८८६ ई० से प्रारम्भ होकर जून सन् १९३० ई० तक लगभग ४४ वर्ष था कि जिस काल में उन्होंने अनेक प्रकार के छन्दों, अनेक प्रकार के रसों तथा अनेक प्रकार की वस्तुओं और विचारों के सम्बन्ध में अनेक ओजपूर्ण कवितायें लिखी हैं ।

आचार्य 'दीन' गद्य और पद्य दोनों ही के एक परम कुशल लेखक थे । जैसी ओजपूर्ण उनकी कविताएँ होती थीं वैसा ही फड़कता हुआ वह गद्य भी लिखते थे । अरबी व फारसी के चलते हुए शब्द उनके गद्य और पद्य दोनों ही में समान रूप से विद्यमान हैं । गद्य की भाषा मुहावरेदार है । लाला जी का हिन्दी पद्य, खड़ी बोली और ब्रजभाषा दोनों ही में है । समय-समय पर मुशायरों के लिये लिखी हुई उनकी उर्दू कवितायें भी बहुत सी हैं जो आप की अनेक हिन्दी कविताओं के समान अब तक अप्रकाशित पड़ी हैं । हिन्दी कविता में वह अपना उपनाम 'दीन' रखते थे परन्तु उर्दू कविताओं

में वह अपना उपनाम 'रोशन' रखते थे। खड़ी बोली की कविता भी मुहावरेदार होती थी। खड़ी बोली की कविताओं के लिए आपने उर्दू बहर ही का विशेष प्रयोग किया है और इसमें उन्हें पूर्ण सफलता भी हुई है। हिन्दी साहित्य में सर्व प्रथम इस मार्ग के प्रवर्तक होने का सेहरा आप ही के सर है। खड़ी बोली की अधिकांश कवितायें वीररस सम्बन्धी हैं। मध्य प्रांत में तो आपकी अनेक वीररस सम्बन्धी कवितायें, कहावतों तथा जनश्रुतियों की तरह लोगों को कंठस्थ हैं। इतने बृहत् और बहुमूल्य ,वीर-रसात्मक ग्रन्थ 'वीर पंचरत्न' के थोड़े से समय में चार संस्करणों का हाथों हाथ बिक जाना उनकी वीर-रसात्मक कविता के अधिक प्रचार तथा लोकप्रियता का एक उत्तम उदाहरण है। आपकी ब्रज-भाषा की कवितायें भी इतनी मधुर, सरस और भावमय हैं कि हृदय पर तुरन्त अपना गहरा प्रभाव डालती हैं। वीररस के अतिरिक्त उन्हें 'भक्ति', 'शृंगार' तथा 'हास्य' रसों के लिखने के भी समान रूप से सफलता प्राप्त हुई है। यद्यपि "करुण" और "रौद्ररस" पर आपकी रचना बहुत ही कम है परन्तु जो है वह इतनी सुन्दर हुई है कि उसमें भी कुशल शब्द-शिल्पी की पूर्ण सफलता लक्षित होती है।

आचार्य पं० रामचन्द्रजी शुक्ल ने लालाजी की कविता के सम्बन्ध में अपने 'हिन्दी साहित्य का इतिहास' नामक ग्रन्थ में लिखा है कि "लाला भगवानदीन 'दीन' ने अपनी जवानी के आलम में पुराने ढंग की कविता का अच्छा जौहर दिखाया था। फिर लक्ष्मी के मुस्तकिल सम्पादक हो जाने पर आपने खड़ी बोली की ओर रुख किया और बड़ी फड़कती हुई कवितायें लिखने लगे········भक्ति और शृंगार की इनकी पुराने ढंग की कविताओं में उक्ति-चमत्कार की बहुत अच्छी विशेषता रहती है।"

यह बात किसी से भी छिपी नहीं है कि कविवर 'दीन' केवल एक सिद्धहस्त तथा प्रतिभा-सम्पन्न कवि ही नहीं थे वरन् वे एक प्रसिद्ध साहित्यमर्मज्ञ, टीकाकार तथा तथा उद्भट समालोचक भी थे। शिक्षक भी इतने उत्तम थे कि जो बात एक बार समझा देते थे उसका भूलना भी कठिन था। पढ़ाते समय वह विद्यार्थियों के चित्त को अपनी ओर आकर्षित कर लेते थे। उनकी विद्वत्ता के यदि दर्शन करने हों तो चाहिए यह कि दीन कृत 'अलंकार मंजूषा'

"व्यंगार्थ मंजूषा" "बिहारी और देव" तुलनात्मक समालोचना देखने का कष्ट उठावें। इनके अतिरिक्त केशवकृत रामचन्द्रिका तथा कवि-प्रिया, बिहारी कृत बिहारी सतसई तथा गो० तुलसीदासकृत कवितावली, दोहावली तथा विनय-पत्रिका और दीनदयालगिरि कृत अन्योक्ति कल्पद्रुम की कविवर दीन-कृत टीका व उनमें दी हुई भूमिकाएँ तथा अन्य सम्पादित ग्रन्थों की मिकाएँ, अन्तर्दर्शन और टिप्पणी पढ़ें। प्राचीन काव्य के समझने और समझाने में आपको बराबरी का शायद ही कोई विद्वान हिन्दी-जगत में मिले। बुन्देलखंडी भाषा-तत्वविज्ञों में आप अपना सानी ही नहीं रखते थे।

इस नश्वर संसार में मृत्यु भी एक अटल नियम है। इस नियम में जगत के सभी प्राणी बंधे हुए हैं। हमारे चरित्रनायक कविवर लाला भगवानदीनजी भी इस नियम का उल्लंघन नहीं कर सकते थे। २८ जूलाई सन् १९३० ई० का दिन और सायंकाल का समय वह समय था कि जिसे हिन्दी जगत बहुत दिनों तक नहीं भूलेगा। यह समय वह था कि जब हिन्दी जगत के प्रसिद्ध आचार्य कविवर लाला भगवानदीनजी 'दीन' हमारे बीच से सदैव के लिए हटा लिए गये।

वक्तव्य

केशव कृत काव्य और विशेष कर यह रामचन्द्रिका पढ़ने से पहले पाठक को यह समझ लेना चाहिये कि कविता क्या है और महाकाव्य किसे कहते हैं, क्योंकि केशव ने इन्हीं दोनों वस्तुओं का आदर्श लेकर इस ग्रन्थ की रचना की है।

केशव कल्पना और भाव प्रसूत विचारों को मधुर शब्दों तथा विलक्षण युक्ति से प्रकट करने की कला ही को कविता मानते थे, अतः कथाप्रसंग को ठीक रीति से चलाने की ओर उन्होंने कम ध्यान दिया है, केवल कथा प्रसंग से सामने आने वाले नैसर्गिक पदार्थों वा भावों पर विलक्षण कल्पनाएँ करने ही में अपनी बुद्धि अधिक खर्च की है। इस विचार से यदि केशव को 'कल्पना पुंज' कहा जाय तो अनुचित न होगा।

महाकाव्य के जो लक्षण साहित्यदर्पण में लिखे हैं उन्हीं को लेकर खूब ही कल्पना के घोड़े दौड़ाये हैं। महाकाव्य के लक्षणों को जानने के लिये पाठकों को साहित्यदर्पण नामक ग्रन्थ के छठे परिच्छेद के ३१५ वें श्लोक से ३२५ वें श्लोक तक देखकर उन्हें समझ लेना चाहिए।

केशवजी राम के भक्त तो अवश्य थे, पर तुलसीदास के विरुद्ध, उन्हें अपने आचार्य, पाण्डित्य और राजकवित्व का अधिक ध्यान था। आचार्यत्व प्रदर्शन ही के लिये उन्होंने इस ग्रन्थ में विविध छन्दों की इतनी भरमार की है कि लगभग पिंगल के सब ही प्रचलित छंद इसमें आगये हैं। इनका यह भाव पहले प्रकाश के छंद नं० ८ से नं० १६ तक को देखने से भली-भाँति पुष्ट हो जाता है, क्योंकि ८ वां छंद एक वर्णिक, ९ वां १० वां द्विवर्णिक, ११ वां त्रिवर्णिक, १२ वां चतुर्वर्णिक, १३ वां पंचवर्णिक, १४ वां षटवर्णिक, १५ वां सप्त वर्णिक और १६ वां अष्टवर्णिक है। ऐसा मालूम होता है कि कथा नहीं लिख रहे हैं, वरन् किसी शिष्य को पिंगल पढ़ा रहे हैं। यही हाल अलंकारों, काव्यदोषों, काव्यगुणों, तथा व्यंग का है। इन सब चीजों की इस ग्रन्थ में भरमार है।

पाण्डित्य की तो बात ही न पछिये। बाण, माघ, भवभूति, कालिदास तथा भास तक के सुन्दर, प्रयोग, अद्भुत विचार, गम्भीर और क्लिष्ट अलंकार ज्यों के त्यों अनुवाद किये हुये इस ग्रन्थ में रक्खे हैं। कुछ नमूने देखिये :—

१—(रामचन्द्रिका)—भागीरथ पथगामी गंगा को सो जल है (प्रकाश २ छंद १०)

(कादम्बरी)—गंगाप्रवाह इव भागीरथपथप्रवर्ती, (कथामुख)

२—(रामचन्द्रिका) आसमुद्रक्षितिनाथ (प्रकाश ६ छंद ६५)

(रघुवंश) आसमुद्रक्षितीशानां····(प्रथम सर्ग)

३—(रामचन्द्रिका)—विधि के समान हैं विमानीकृत राजहंस (प्रकाश २ छंद १०)

(कादम्बरी)—विमानीकृतराजहंसमंडल: कमलयोनिरिव (कथामुख)

४—(रामचन्द्रिका) होमधूम मलिनाई जहाँ (प्रकाश २८, छंद ८)

(कादम्बरी) यत्र मलिनता हविर्धूमेषु (कथामुख)

५—(रामचन्द्रिका)—तरु तालीस तमाल ताल हिंताल मनोहर।
मंजुल वंजुल तिलक लकुच कुल नारिकेल वर॥
एला ललित लवंग संग पुंगीफल सोहैं।
सारी शुक कुल कलित चित्त कोकिल अलि मोहैं॥

(प्रकाश ३, छंद नं० १)

(कादम्बरी)—ताल-लितक-तमाल-हिन्ताल-बकुल-बहुलै: एलालता-कुलित-नारिकेलिकलापै: लोललोध्रधवली-लवंगपल्लवै: उल्लसि ! चूत-रेणु-पटलै अलिकुल-झंकारै:—उन्मद-कोकिल-कुल-कलाप-कोलाहलाभि: इत्यादि।

(कथामुख)

६—(रामचन्द्रिका)—वर्णत केशव सकल कबि बिषम गाढ़ तम सृष्टि।
कुपुरुष सेवा ज्यों भई संतत मिथ्या वृष्टि।

(प्रकाश १३, छंद २१)

(भासकृत 'बालचरित' और 'चारुदत्त' नाटकों में)

लिम्पतीव तमोऽङ्गानि वर्षतीवाञ्जनं नभः।
असत्पुरुषसेवेव दृष्टिर्निष्फलतां गता।

हमारा अनुमान है कि भास के नाटकों को अधिक पढ़ने के कारण ही केशव ने रामचन्द्रिका में सम्वाद रक्खे हैं। वे नाटक ही का सा मजा देते हैं। तेईसवें प्रकाश में रामकृत राज्यश्री की निन्दा का, तथा चौबीसवें में राम-विरक्ति का वर्णन भी केशव की गहरी पंडिताई प्रकट करता है।

केशव राजकवि थे। रामराज्य के सम्बन्ध में राजठाट का ऐसा वर्णन किया है कि वैसा वर्णन चन्दबरदाई को छोड़ कोई भी दूसरा कवि नहीं कर सका। इसके लिए अट्ठाइसवाँ, उन्तीसवाँ, तीसवाँ और एकतीसवाँ प्रकाश देखने योग्य हैं।

यद्यपि राम-जानकी का श्रृंगार केशव ने विस्तृतभाव से वर्णन किया है पर कहीं पर भी भक्ति की मर्यादा का उल्लंघन नहीं होने पाया।

तुलसीदासजी ने इसी मर्यादोल्लंघन भय से श्रीजानकीजी का श्रृंगार बहुत कम कहा है, पर केशव ने उत्तम युक्तियों से काम लेकर श्रृंगार का वर्णन भरपूर किया है और मर्यादोल्लंघन दोष से भी बचे रहे हैं। इसके प्रमाण में छठें प्रकाश में रामजी का शिख नख, तथा एकतीसवें प्रकाश में सीता की दासियों का शुक कथित शिखनख द्रष्टव्य हैं। शिखनख लिखने में केशव सर्वश्रेष्ठ कवि हैं। केशव के बड़े भाई बलभद्र का दूसरा नम्बर है। इनके बाद अन्य कवि हैं।

तुलसी और केशव

(तुलसी)—भक्त और कवि थे।

(केशव)—भक्त, कवि और पंडित थे।

(तुलसी)—'स्वान्तःसुखाय' कविता करते थे।

(केशव)—आचार्यत्व, कवित्व और पांडित्य प्रदर्शन हेतु कविता करते थे।

(तुलसी) समाज नीति के पंडित थे।

(केशव) राजनीति और धर्मनीति के पंडित थे।

(तुलसी)—भक्त होने से दीनताप्रिय थे।

(केशव)—अपने गुणों का अहंकार रखते थे, विशेष कर जात्यभिमान अधिक था।

(तुलसी)—अति भावुक कवि थे।

(केशव)—कुछ रूखे जान पड़ते हैं (परन्तु भावुकता का अभाव नहीं) ;

(तुलसी)—में नाटकत्व कुछ कम है ।

(केशव)—में यह गुण कुछ अधिक है ।

(तुलसी)—आंतरिक भाव बड़ी निपुणता से कहते हैं ।

(केशव)—में यह गुण बहुत कम है ।

(तुलसी)—ब्रजभाषा और अवधी दोनों पर अच्छा अधिकार रखते हैं ।

(केशव) बुंदेलखंडी और संस्कृतमिश्रित ब्रजभाषा के कवि हैं ।

(तुलसी)—शान्तरस के कवि हैं ।

(केशव)—शृंगार रस के कवि हैं ।

(तुलसी)—पौराणिक कवि हैं ।

(केशव)—साहित्यिक महाकवि हैं ।

(तुलसी)—साधु हैं ।

(केशव)—राजसी कवि हैं ।

(तुलसी)—संगीत भी जानते थे, स्वयं गाते थे ।

(केशव)—स्वयं गाते न थे, पर शास्त्रीय रीति से संगीत तथा नृत्य के मर्म जानते थे ।

(तुलसी)—में कल्पना की उचित मात्रा है ।

(केशव)—में कल्पना की प्रचुरता है ।

(तुलसी) सांगरूपक लम्बे और बहुत सुन्दर लिखते हैं ।

(केशव)—वैसे नहीं लिख सके ।

(तुलसी)—वाल्मीकि और व्यास का अनुसरण किया है ।

(केशव)—माघ, श्रीहर्ष और भास के अनुगामी हैं ।

(तुलसी)—कुछ ही मनमाने शब्द गढ़े हैं ।

(केशव)—बहुत से मनमाने शब्द गढ़े हैं ।

(तुलसी)—भाव प्रधान कवि हैं ।

(केशव)—वर्णन प्रधान कवि हैं ।

केशव के उत्तम वर्णन

पहला प्रकाश—बाटिका वर्णन ।

तीसरा प्रकाश—सुमति और विमति का संवाद ।

पाँचवाँ प्रकाश—सूर्योदय वर्णन ।

छठाँ प्रकाश—ज्योंनार समय की गारी और राम का शिखनख ।

सातवाँ प्रकाश—समस्त—इसमें नाटकत्व अधिक है ।

आठवाँ प्रकाश—अवध प्रवेश—(यह वर्णन रघुवंश के ७वें सर्ग का सा है) ।

नवाँ प्रकाश—सीतामुख वर्णन ।

तेरहवाँ प्रकाश—वर्षा वर्णन ।
शरद वर्णन ।
मुद्रिका वर्णन ।

सत्रहवाँ प्रकाश—राजनीति वर्णन ।

बीसवाँ प्रकाश—सीता की अग्नि-परीक्षा ।
त्रिवेणी वर्णन ।
भरद्वाजाश्रम (कादम्बरी के ढंग का है)
भरद्वाज के रूप का वर्णन ।

इक्कीसवाँ प्रकाश—दान विधान ।

तेईसवाँ प्रकाश—राज्यश्री निन्दा ।

चौबीसवाँ प्रकाश—(समस्त)

अट्ठाईसवाँ प्रकाश—(समस्त)

उन्तीसवाँ प्रकाश—(समस्त)

तीसवाँ प्रकाश—(समस्त)

इकतीसवाँ प्रकाश—शिखनख वर्णन (बड़ा ही अनोखा है)

बत्तीसवाँ प्रकाश—(समस्त)

सैंतीसवाँ प्रकाश—लव कटु वचन ।

उन्तालीसवाँ प्रकाश—श्रीराम कथित राजनीति ।

उपर्युक्त वर्णनों को पढ़िये तो आपको मालूम होगा कि ऐसे उत्कृष्ट वर्णन अन्य हिन्दी काव्यों में मिल ही नहीं सकते ।

कठिनता का कारण

आचार्यत्व और पांडित्य के फेर में पड़कर केशव ने सरलता का ध्यान नहीं रक्खा । पिंगल और अलंकार शास्त्र का विशेष ध्यान रखकर छन्द लिखे हैं । श्लेष, परिसंख्या, विरोधाभास, सन्देह, श्लेषमय उपमा और उत्प्रेक्षा

इत्यादि अलंकारों की भरमार से केशव इनके बादशाह तो अवश्य मालूम होते हैं, पर इसी कारण इनकी कविता सर्वसाधारण के पढ़ने और समझने की वस्तु नहीं रह गई, केवल अच्छे साहित्य मर्मज्ञ ही उसकी कदर कर सकते हैं। छन्दों के शीघ्रातिशीघ्र हेरफेर के कारण रसपरिपाक में बड़ी बाधा पड़ती है। एक प्रकार से कहा जा सकता है कि केशव की कविता में रस परिपाक का अभाव सा है। करुणा, विरह के अवसरों पर केशव कहीं भी पाठक के नेत्रों से आँसू नहीं निकलवा सके।

दोष

कालविरुद्ध, देशविरुद्ध, नेयार्थ न्यूनपद, पतितप्रकर्ष, यतिभंग, विरतिभंग इत्यादि काव्यदोष बहुधा स्पष्ट देखने में आते हैं। केशव चाहते तो इन्हें बचा जाते, पर आप ठहरे आचार्य, आपको इनके नमूने भी अपनी कविता में दिखलाने ही चाहिये थे। अतः वही किया भी है। जहाँ-जहाँ ऐसे दोष आये हैं, वहाँ-वहाँ टीका में उल्लेख कर दिया है, इसी से यहाँ उदाहरण नहीं लिखे गये, केवल जिक्र कर दिया गया है।

केशव की विशेषताएँ

महाकाव्य का प्रधान लक्षण यह है कि वह वर्णन प्रधान होना चाहिये। इसी प्रधानता का ध्यान रखते हुए केशव ने सांसारिक प्रधान दृश्यों, तथा सामाजिक और विशेष कर राजा सम्बन्धी पदार्थों के वर्णन एक भी नहीं छोड़े। वर्णन करते समय अपनी कल्पनाओं, पौराणिक ज्ञान, धर्मशास्त्र और शृंगार रस को कुछ अधिक स्थान दिया है। भाषा में क्रियाओं के बहुत पुराने प्राकृत रूपों को भी अन्य कवियों की अपेक्षा अधिक स्थान दिया है। समय पड़ने पर मनमाने शब्द गढ़ लेने में भी नहीं हिचकिचाये। नदी, बाटिका, बाग, वन इत्यादि के वर्णन दो-दो बार लिख डाले हैं। रामविरक्ति वर्णन करने में (चौबीसवें प्रकाश में) अपने पांडित्य के प्रकाशन की धुन में लगकर बेमौका उस वर्णन को बहुत अधिक लम्बा कर दिया है। यहाँ तक कि अगर २४ वाँ तथा २५ वाँ प्रकाश इस ग्रन्थ से निकाल लिये जायें, तो भी कथाप्रसंग में कुछ बाधा न आवेगी, न महाकाव्य में कोई त्रुटि ही उपस्थित होगी। उन्नीसवें, तीसवें, इकतीसवें और बत्तीसवें प्रकाशों जैसे वर्णन आये हैं, वे केशव के ही योग्य हैं, दूसरा कवि शायद इस योग्यता से न कह सकता।

केशव का स्थान

सब बातों का विचार करके हमारी सम्मति से केशव को हिन्दी काव्य-संसार में हिन्दीकाव्याचार्यत्व की श्रेणी में सर्वप्रथम स्थान मिलना चाहिये। पर काव्य कलाचातुरी की श्रेणी में इनका वही स्थान रहेगा जो पहले से चला आता है अर्थात् तुलसी और सूर के बाद इनका तीसरा स्थान होगा। पर एक बात अवश्य कहेंगे कि राम संबंधी बातों के वर्णन में केशवजी ने उपर्युक्त दोनों कवियों से अधिक कुशलता दिखाई है। इसका कारण भी स्पष्ट है। वह यह कि तुलसी और सूर राम कृष्णजी के बालस्वरूप के उपासक थे (राजस्वरूप के नहीं) और केशवजी श्री रामजी के राजस्वरूप के उपासक थे।

उपसंहार

केशव के समस्त उपलब्ध ग्रंथ पढ़कर जैसा हमारी बुद्धिनिर्णय कर सकी वैसा निर्णय हमने पाठकों के सामने रख दिया। पाठक केशव के ग्रंथ पढ़ें और विचार करें कि हमारी सम्मति कहाँ तक ठीक है।

कृतज्ञता प्रकाशन

इस टीका की रचना के मुख्य प्रेरक काठियावाड़ देशान्तर्गत गनौद ग्राम निवासी श्रीमान् ठाकुर गोपालसिंहजी रामसिंहजी हैं। आपने केवल प्रेरणा ही नहीं की वरन् छपवाते समय धन से भी उपयुक्त सहायता की है। मेरे पुराने स्वामी प्रमरवंशावतंस छत्रपुराधीश श्रीमान् विश्वनाथसिंहजू देव ने भी इस 'दीन' के निवेदन को सुनकर इस उत्तरार्द्ध भाग के छपाने के हेतु उचित रूप से धन द्वारा सहायता की है। मैं इन दोनों महानुभावों के निकट अपने हृदय की कृतज्ञता बड़े नम्रभाव से प्रकट करता हूँ और आशा करता हूँ कि ये दोनों महाशय इस 'दीन' पर सदा इसी प्रकार कृपादृष्टि बनाये रखेंगे।

निवेदन

टीका तो मैंने लिख डाली। पर किसी मनुष्य की बुद्धि अभ्रान्त नहीं हो सकती, अतः बहुत संभव है कि अनेक स्थानों पर गलतियाँ हुई होंगी। सज्जनों से निवेदन है कि वे भूल चूक ठीक कर लें, और कृपा करके उसकी सूचना मुझे भी दें तो मैं उसे अगले संस्करण में ठीक करा दूँगा।

जनवरी १९२४ ई०
काशी

भगवानदीन

दूसरी आवृत्ति पर वक्तव्य

ईश्वर की कृपा, केशव की स्वीकृति तथा सर्व काव्य प्रेमियों की कदरदानी से मुझे यह सुअवसर प्राप्त हुआ है कि इस उत्तरार्द्ध भाग के टीका की भी द्वितीयावृत्ति कराने की आवश्यकता पड़ी, जिसके लिये मैं पाठकों को धन्यवाद देता हूँ।

इसकी पहली आवृति 'दीन' जी ने स्वयम् अपने साहित्य भूषण कार्यालय से निकाली थी। परन्तु दीनजी के स्वर्गवास हो जाने पर मुझसे बा० रामनारायण लाल बुकसेलर (इलाहाबाद) ने इसे प्रकाशित करने के लिये माँगा, क्योंकि इसका पूर्वार्द्ध भाग दीनजी के जीवन काल में ही बाबू साहब के यहाँ से प्रकाशित हो चुकी थी। मैंने भी दोनों भाग एक ही स्थान से प्रकाशित होना उचित समझा इस लिए बाबू साहब के यहाँ से इसे भी प्रकाशित करा दिया है।

सादर निवेदन है कि प्रूफ संशोधन में भी कुछ अशुद्धियाँ हो ही जाती हैं। जहाँ-कहीं पुस्तक में अशुद्धियाँ हो गई हों पाठक गण उसे सुधार कर पढ़ लेवें, और उन अशुद्धियों पर ध्यान न दें।

इस टीका में मैंने कोई हेर-फेर नहीं की है ज्यों का त्यों छपा दिया है। केवल दीन जी की जीवनी और केशव मूल लेखक तथा 'दीन' टीकाकार के चित्र बढ़ा दिये हैं।

काशी
श्रीरामनवमी
सम्वत् १९८७ वि०

विनीत—
चन्द्रिका प्रसाद
मैनेजर, साहित्य भूषण कार्यालय,
बनारस सिटी

विषय-सूची

इक्कीसवाँ प्रकाश १

दानविधान वर्णन १

सनाढ्योत्पत्ति वर्णन ५

राम-भरत मिलाप वर्णन ६

श्रीरामकृत कपिदल प्रशंसा १२

नन्दिग्राम में रामगमन वर्णन १६

बाईसवाँ प्रकाश २२

अवध प्रवेश वर्णन २२

तेईसवाँ प्रकाश ३१

ऋषिगण आगमन वर्णन ३२

रामकृत राज्यश्री की निन्दा ३५

चौबीसवाँ प्रकाश ४६

रामविरक्ति वर्णन ४७

बचपन के व्यवहारजनित दुःख ४७

जवानी के व्यवहारजनित दुःख ४८

वृद्धावस्थाजनित दुःख वर्णन ५२

पचीसवाँ प्रकाश (जीवोद्धारन यत्न वर्णन) ६३

छब्बीसवाँ प्रकाश ८०

रामनाम माहात्म्य वर्णन ८१

तिलकोत्सव वर्णन ८३

सत्ताईसवाँ प्रकाश (देवस्तुति) ६२

अट्ठाईसवाँ प्रकाश (रामराज्य वर्णन) १०६

उन्तीसवाँ प्रकाश ११५

चौगान वर्णन ११६

अयोध्या की रोशनी का वर्णन १२१

शयनागार का वर्णन १२२

राजमहल का वर्णन १२७

तीसवाँ प्रकाश १३३
संगीत वर्णन १३४
नृत्य वर्णन १३७
संगीत प्रशंसा १४०
सेज वर्णन १४२
प्रभात वर्णन १४४
प्रातःकालकृत्य वर्णन १४६
भोजन ५६ प्रकार का वर्णन १५१
बसंत वर्णन १५३
चन्द्र वर्णन १५७
इकतीसवाँ प्रकाश (बाग गमन) १६१
शिखनख वर्णन १६२
सौंदर्यभावशंसा १७७
बत्तीसवाँ प्रकाश १७६
बाग वर्णन १८०
कृत्रिम पर्वत का वर्णन १८८
कृत्रिम सरिता का वर्णन १८६
जलाशय वर्णन १६२
जल क्रीड़ा वर्णन १६४
स्नानान्तर तियतनशोभा वर्णन १६५
रनिवास को वापसी १६७
तैंतीसवाँ प्रकाश १६६
ब्रह्मागमन १६६
ब्रह्माविनय २००
शंबुकवध वर्णन २०३
राम-सीता-सम्वाद २०४
सीता निर्वासन २०६
कुश-लव-जन्म २१६

चौंतीसवाँ प्रकाश — २१७

स्वान-संन्यासी अभियोग — २१७

मठधारी निंदा — २२२

सत्यकेतु का आख्यान — २२५

सनाढ्य द्विज आगमन वर्णन — २२८

मथुरा माहात्म्य वर्णन — २३१

लवणासुर-वध वर्णन — २३२

पैंतीसवाँ प्रकाश — २३६

(रामाश्वमेध-वर्णन) — २३६

छत्तीसवाँ प्रकाश — २४७

(लव-लक्ष्मण-युद्ध) — २४७

सैंतीसवाँ प्रकाश — २६०

(लवकटुवैन) — २६०

अड़तीसवाँ प्रकाश — २६७

(लव-अंगद-युद्ध) — २६७

उन्तालीसवाँ प्रकाश — २७२

सीताकृत शोक — २७२

रण-समुद्ररूपक — २७५

राम-सीता मिलन — २७६

राज्यवितरण — २७९

रामकृत राजनीति का उपदेश — २८०

राज्यरक्षा यत्न — २८२

रामचरित्र माहात्म्य — २८४

रामचन्द्रिका के पाठ का माहात्म्य — २८४

श्रीराम

केशव-कौमुदी

(उत्तरार्द्ध)

(इक्कीसवाँ प्रकाश)

दो०—इकईसएँ प्रकाश में कह ऋषि दानविधान।
भरतमिलन कपिगुणन को श्रीमुख आप बखान॥

मूल—(श्रीराम)—सोमराजी छंद।

कहा दान दीजै। सु कै भाँति कीजै।
जहाँ होइ जैसो। कहो बिप्र तैसो॥ १॥

शब्दार्थ—कहा=कौन वस्तु। कै भाँति=कितने प्रकार से। जहाँ होहि जैसो=जिस शास्त्र में जैसा विधान हो।

भावार्थ—सरल ही है।

(दानविधान वर्णन)

मूल—(भरद्वाज)—दोहा।

सात्विक राजस तामसी दान तीनि विधि जानि।
उत्तम मध्यम अधम पुनि केशवदास बखानि॥ २॥

मूल—चंचरी छंद (वर्णिक)।

पूजिये द्विज आपने कर नारि संयुत जानिये।
देवदेवहि थापि कै पुनि वेद मंत्र बखानिये॥

हाथ लै कुश गोत्र उच्चरि स्वर्णयुक्त प्रमाणिये।
दान दै कछु और दीजहि दान सात्विक जानिये ॥३॥

शब्दार्थ—ज्ञानिये=ज्ञानी अर्थात् विद्वान्, सादर। देवदेवहि थापिकै =विष्णु स्वरूप मानकर। स्वर्णयुक्त=कुछ सोना सहित।

भावार्थ—किसी विद्वान् ब्राह्मण को सश्लोक अपने हाथों से पूजकर और उसे साक्षात् विष्णु ही मानकर, वेदमंत्रों सहित (स्तुति करके) हाथ में कुश लेकर गोत्र का उच्चारण करके, कुछ सुवर्ण सहित जो दान दिया जाय और दान के बाद सांगता भी दिया जाय उसे सात्विक दान जानना चाहिये।

मूल—दोधक छंद।
देहि नहीं अपने कर दानै। और के हाथ जो मंगल जानै।
दानहि देत जु आलस आवै। सो वह राजस दान कहावै ॥४॥

भावार्थ—आलसवश होकर जो दान अपने हाथ से न करे वरन् दूसरे के हाथों दिलवा दे वह राजसी दान कहलाता है।

मूल—(दोधक)—
विप्रन दीजत हीन बिधानै। जानहु ताकहँ तामस दानै।
विप्र न जानहु ये नर रूपै। जानहु ये सब विष्णुस्वरूपै ॥५॥

भावार्थ—विधिहीन दान तामस दान कहलाता है। ब्राह्मण को विष्णु रूप ही जानो। इन्हें मनुष्य न समझना चाहिये।

मूल—(तोमर छंद)—
द्विज धाम देइ जु जाइ। बहु भाँति पूजि सुराइ।
कछु नाहिनै परिमान। कहिये सो उत्तम दान ॥६॥

भावार्थ—हे सुराइ (राजा रामचन्द्र) ब्राह्मण के घर जाकर अनेक प्रकार से उसका पूजन करके जो दान दिया जाता है वह इतना उत्तम दान है कि उसका कुछ परिमाण नहीं कहा जा सकता।

मूल—(तोमर)—

द्विज को जु देइ बुलाइ। कहिये सु मध्यम राइ।
गुनि याचना मिस दानु। अतिहीन ताकहँ जानु ॥७॥

भावार्थ—ब्राह्मण को अपने घर बुलाकर दान दे वह दान मध्यम है। किसी गुणी के माँगने पर जो दिया जाय, वह अधम दान है।

मूल—(दोहा)—

प्रतिदिन दीजत नेम सों ता कहँ नित्य बखान।
कालहिं पाय जु दीजिये सो नैमित्तिक दान ॥८॥

भावार्थ—नेम सहित प्रतिदिन दिया जाय वह 'नित्यदान' कहलाता है। जो किसी विशेष समय पर (पर्वादि में) दिया जाय उसे नैमित्तिक दान जानो।

मूल—(तोटक छंद)—

पहिले निजवर्तिन देहु अबै। पुनि पावहिं नागर लोग सबै।
पुनि देहु सबै निज देशिन को। उबरो धन देहु विदेशिन को ॥९॥

शब्दार्थ—निजवर्ती=अपने आश्रित रहनेवाले। नागर=नगर के निवासी। उबरो=बचा बचाया।

भावार्थ—दान का धन पहले निज आश्रित जनों को दो, फिर नगर-निवासियों को, फिर देशवासियों को, इतने जनों को देने से भी यदि कुछ बच जाय तो फिर विदेशियों को देना चाहिये।

मूल—(दोधक छंद)—

दान सकाम अकाम कहे हैं। पूरि सबै जग माँझ रहे हैं।
इच्छित ही फल होत सकामैं। रामनिमित्त ते जानि अकामैं ॥१०॥

भावार्थ—(वासनानुसार) दान दो प्रकार के होते हैं, एक सकाम दूसरा अकाम। फल पाने की इच्छा से किया जाय वह सकाम। ईश्वर-प्रेम से किया जाय वह अकाम।

मूल—

दान ते दक्षिण बाम बखानों। धर्म निमित्त ते दक्षिण जानों।
धर्म विरुद्ध ते बाम गुनौ जू। दान कुदान सबै ते सुनौ जू ॥११॥

भावार्थ—दानों की संज्ञा दक्षिण और बाम भी है। जो धर्म निमित्त दिया जाय वह दक्षिण, जो धर्मविरुद्ध कार्यों के हेतु दिया जाय वह बाम। बाम संज्ञक दान सब कुदान कहे जायेंगे।

मूल—

देहि सुदान ते उत्तम लेखौ। देहिं कुदान तिन्हैं जनि देखौ।
छोड़ि सबै दिन दानहि दीजै। दानहि ते बस कै हरि लीजै ॥१२॥

भावार्थ—जो लोग सुदान देते हैं उन्हें उत्तम पुरुष समझो। जो कुदान देते हैं, उसका मुँह न देखना चाहिये। सब काम छोड़ प्रति-दिन दान ही देते रहना चाहिये। दान का ऐसा माहात्म्य है कि यदि कोई चाहे तो दान ही से विष्णु भगवान् को अपने वश में कर ले सकता है।

मूल—(दोहा)—केशव दान अनन्त हैं, बनैं न काहू देत।
यहै जानि भुव भूप सब भूमिदान ही देत ॥१३॥

मूल—दोहा—

(राम)— कौनहि दीजै दान भुव, हैं ऋषिराज अनेक।
(भरद्वाज)—देहु सनाढ्यन आदि दै, आये सहित विवेक ॥१४॥

भावार्थ—रामजी ने पूछा कि संसार में अनेक ब्राह्मण ऋषि हैं, दान किसको दिया जाय? (भरद्वाज ने उत्तर दिया) सनाढ्य ब्राह्मणों को दान दीजिये, क्योंकि आदि काल से (जब से सनाढ्यों की उत्पत्ति हुई) आप विवेक सहित उन्हीं को दान देते आये हो।

सनाढ्य=(सन=तप+आढ्य=धनी) तपस्या के धनी, तपोधन, बड़े तपस्वी।

नोट—यह दान विधान वर्णन और आगे का सनाढ्योत्पत्ति वर्णन मुझे तो अप्रासंगिक जान पड़ते हैं। केशव ने निज जाति का महत्त्व दिखलाने के

लिये ही जबरदस्ती इन वर्णनों को यहां ठूँसा है। आगे जैसा आप समझें। इस प्रसंग में कई एक संस्कृत के श्लोक उद्धृत हैं। वे केशवकृत नहीं हैं। अतः उन्हें हमने छोड़ दिया है।

(सनाढ्योत्पत्ति वर्णन)

मूल—(श्रीराम)—उपेन्द्रवज्रा छंद।

कहौ भरद्वाज सनाढ्य को हैं। भये कहाँ ते सब मध्य सोहैं॥
हुते सबै विप्र प्रभाव भीने। तजे ते क्यों ? ये अति पूज्य कीने ?॥१५॥

शब्दार्थ—हुते = थे। प्रभाव भीने = प्रभावशाली, तपस्वी।

मूल—(भरद्वाज)—

गिरीश नारायण पै सुनी ज्यों। गिरीश मोसों जु कही कहौं त्यों।
सुनौ सु सीतापति साधु चर्चा। करो सु जाते तुम ब्रह्म अर्चा॥१६॥

शब्दार्थ—गिरीश = महादेवजी। साधुचर्चा = उत्तम कथा। करो सु जाते = जिससे तुम कर सको। ब्रह्म अर्चा = ब्राह्मणों का पूजन।

भावार्थ—महादेव जी ने जैसी कथा नारायण से सुनी थी और महादेव जी ने जैसी कथा मुझ से कही थी, वही मैं कहता हूँ। सो हे सीता-पति! उस उत्तम कथा को सुनो, जिससे तुम ब्राह्मणों की (सनाढ्यों की) श्रद्धा से पूजा कर सको।

मूल—(नारायण)— मोटनक छंद।

मोतें जल नाभि सरोज बढ़्यौ। ऊँचो अति उग्र अकाश चढ़्यो।
तातें चतुरानन रूप रयो। ब्रह्म यह नाम प्रगट्ट भयो॥१७॥
ताके मन तें सुत चारि भये। सोहैं अति पावन वेद मये।
चौहूँ जन के मन ते उपजे। भूदेव सनाढ्य ते मोहिं भजे॥१८॥

भावार्थ—(श्रीनारायण ने महादेवजी से यों कहा था) जिस समय समुद्र में मेरी नाभी से कमल निकला और खूब बढ़कर आकाश तक गया, तब उस कमल से ब्रह्मा नामक एक चतुर्मुख व्यक्ति पैदा हुआ।

ब्रह्मा के मन से (इच्छा करते ही) चार पुत्र पैदा हुए, जो अति पवित्र आचरण वाले और वेद के ज्ञाता थे—उन चारों के नाम यों है—सनक, सनन्दन, सनातन, सनत्कुमार। पुनः उन चारों के मन से जो ब्राह्मण पैदा हुए वही सनाढ्य कहलाये। उन्होंने मेरा खूब भजन किया है।

नोट—भरद्वाज जो कहते हैं कि यह कथा शिव ने नारायण से सुनकर मुझे सुनाई थी।

मूल—(भरद्वाज)—गौरी छंद।

तातें ऋषिराज सबै तुम छाँड़ौ। भूदेव सनाढ्यन के पद माँड़ौ।
दीन्हों तिनको तुम ही बरु रूरो। चौहूँ युग होय तपोबल पूरो ॥१६॥

शब्दार्थ—पद माँड़ो=चरणों की पूजा करो। रूरो=अच्छा। चौहूँ.... पूरो=चारों युगों में (सदैव) तुममें पूर्ण तपोबल रहेगा।

मूल—उपेन्द्रवज्रा छंद।

सनाढ्य पूजा अघ ओघ हारी। अखंड आखंडल लोक धारी।
अशेष लोकावधि भूमिचारी। समूल नाशै नृप दोष कारी ॥२०॥

शब्दार्थ—आखंडल लोक=इन्द्रलोक, स्वर्ग। अशेष=सब। भूमिचारी=विचरण करनेवाली, पहुँचनेवाली। नाशै कारी=नाश करनेवाली।

भावार्थ—सनाढ्य ब्राह्मणों की पूजा समस्त पापसमूह को हरनेवाली है। इन्द्रलोक का समस्त सुख भोग उसी के अधिकार में है (उसी से प्राप्त होता है)। इतना ही नहीं, वरन् उस पूजा का प्रभाव समस्त चौदहों लोकों तक पहुँचता है (चौदहों लोक प्राप्त हो सकते हैं) और राज-दोषों को तो समूल ही नष्ट कर देती है (राजाओं से जो दोष होते हैं वे सब सनाढ्यों के पूजन से नष्ट हो जाते हैं)।

(राम-भरत मिलाप वर्णन)

मूल—(श्रीराम)—तोटक छन्द।

हनुमंत बली तुम जाहु तहाँ। मुनिवेष भरत्थ बसंत जहाँ।
ऋषि के हम भोजन आजु करैं। पुनि प्रात भरत्थहिं अंक भरैं ॥२१॥

नोट—ऋषि के हम भोजन आजु करैं=बीसवें प्रकाश के अंतिम छंद से भरद्वाज मुनि ने राम को भोजन का निमंत्रण दिया है। इसके कथन का तात्पर्य यह है कि यदि भरत या अन्यान्य अयोध्यावासी रावण को मारने के कारण ब्रह्मदोषी समझकर हमें ग्रहण करने से इनकार करें, तो तुम इस निमंत्रण का जिक्र करके खंडन कर देना कि ब्रह्मदोषी का निमंत्रण भरद्वाजजी कैसे करते। अतः राम ब्रह्मदोषी नहीं हैं।

मूल—चतुष्पदी छंद।

हनुमंत बिलोके भरत सशोके अंग सकल मलधारी।
बलका पहरे तन सीस जटागन हैं फल मूल अहारी।
बहु मन्त्रिनगन मैं राज्यकाज में सब सुख सों हित तोरे।
रघुनाथ पादुकनि, मन बच प्रभु गनि सेवत अंजुलि जोरे ॥२२॥

शब्दार्थ—सशोके=दुखित। मलधारी=मलीन। हित—राग, प्रेम। पादुका=खड़ाऊँ।

भावार्थ—हनुमान ने नंदिग्राम में पहुँचकर देखा कि भरतजी (अवधि व्यतीत होने के कारण) अति दुखित हैं, शरीर पर मैले बल्कल वस्त्र धारण किये हुए हैं, शीश पर जटायें हैं और केवल फल-मूल ही खाते हैं। राज्यकाज अनेक सुचतुर मंत्रियों को सिपुर्द कर दिया है और आप स्वयं समस्त राज्यसुखों से प्रेम छोड़े हुए, केवल राम-पादुकाओं को मन बचन से अपना प्रभु समझकर हाथ जोड़े सेवा में उपस्थित रहते हैं।

मूल—(हनुमान) चतुष्पदी छंद।

सब शोकनि छाँड़ो, भूषण माँडौ, कीजै विविध बधाये।
सुरकाज सँवारे, रावण मारे, रघुनन्दन घर आये।
सुग्रीव सुयोधन, सहित विभीषण, सुनहु भरत शुभगीता।
जय कीरति ज्यों सँग, अमल सकल अँग, सोहत लक्ष्मण सीता ॥२३॥

भावार्थ—हनुमानजी भरत को संबोधन करके कहते हैं—हे सर्वप्रशंसित भरत! सुनो, अब सब दुःखों को छोड़ो, अच्छे वस्त्राभूषण धारण करो और

विविध प्रकार से आनन्द मनाओ, क्योंकि सब देवताओं के कार्य बनाकर और रावण को मार कर श्रीरामजी घर आरहे हैं। अच्छे अच्छे योद्धागण जैसे सुग्रीव तथा विभीषण आदि भी साथ हैं, और विजय और कीर्ति के समान सब अंगों से निर्मल (नीरोग और अदूषित) लक्ष्मण और सीता भी साथ में हैं—(अर्थात् तीनों जन सकुशल घर आ रहे हैं)।

अलंकार—उपमा।

मूल—पद्धटिका छंद।

सुनि परम भावती भरत बात। भये सुख समुद्र में मगन गात।
यह सत्य किधौं कछु स्वप्न ईश। अब कहा कह्यो मोसन कपीश ॥२४॥

भावार्थ—भरतजी यह परम चितचाही बात सुनकर सुख-समुद्र में निमग्न हो गये (अति आनंदित हुए) और आश्चर्य युक्त हो कहने लगे कि यह कपीश क्या कह रहा है, हे ईश! यह मैं सत्यवार्ता सुन रहा हूँ या स्वप्न देख रहा हूँ।

अलंकार—रूपक और संदेह (विवक्षित वाच्यध्वनि)।

मूल—

जैसे चकोर लीलै अँगार। तेहि भूलि जात सिगरी सँभार।
जी उठत उवत ज्यों उदधिनंद। त्यों भरत भये सुनि रामचंद ॥२५॥

शब्दार्थ—सँभार=सुधि, होश। उदधिनंद=चन्द्रमा।

भावार्थ—जैसे आग खाने पर चकोर बेहोश हो जाता है, और पुनः चन्द्रमा निकलने पर सचेत हो उठता है, उसी प्रकार दुखित भरत श्रीरामचन्द्र का नाम सुनकर (उनका आगमन सुनकर) सजग होकर आनंदित हो उठे।

अलंकार—प्रतिवस्तूपमा। (विवक्षित वाच्यध्वनि)

मूल—

ज्यों सोइ रहत सब सुरहीन। अतिह्वै अचेत यद्यपि प्रवीन।
ज्यों उवत उठत हँसि करत भोग। त्यों रामचन्द्र सुनि अवधलोग ॥२६॥

भावार्थ—जैसे प्रवीन लोग भी सूर्यास्त हो जाने पर सो रहते हैं और फिर सूर्योदय होने पर जगते हैं और संसार के काम काज करते हैं, वैसे ही जो अवधनिवासी रामजी के चले जाने पर चेष्टाहीन अकर्मण्य से हो गये थे वे सब रामागमन सुन सचेष्ट और आनंदित हो उठे।

अलंकार—प्रतिवस्तूपमा।

मूल—(मालिनी छंद)

जहँ तहँ गज गाजैं दुन्दुभी दीह बाजैं।
बहु बरण पताका स्यंदनाश्वादि राजैं॥
भरत सकल सेना मध्य यों वेष कीन्हे।
सुरपति जनु आये मेघ मालानि लीन्हे॥२७॥

अलंकार—उत्प्रेक्षा (अर्थ सरल ही है)।

मूल— सकल नगरवासी भिन्न सेनानि साजैं।
रथ सुगज पताका झुण्डझुण्डानि राजैं॥
थल थल सब सोभैं शुभ्र शोभानि छाई।
रघुपति सुनि मानो औधि सी आज आई॥२८॥

शब्दार्थ—सेनानि=समूह, झुण्ड। रघुपति=रघुपति का आगमन। औधि=(अवध) अयोध्यापुरी।

भावार्थ—सब नगरवासी गण अपनी अपनी पृथक् पृथक् टोलियाँ बनाकर और साथ में रथ, हाथी और पताके लिये हुए राम की अगवानी को ठौर-ठौर पर खड़े हैं। वे ऐसे जान पड़ते हैं मानो राम का आगमम सुनकर स्वयं अयोध्यापुरी ही उन्हें लेने के लिये आई है।

अलंकार—उत्प्रेक्षा।

मूल—(चामर छन्द)

यत्र तत्र दास ईश व्योम त्यों विलोकहीं।
बानरालि रीछराजि दृष्टि-सृष्टि रोकहीं॥
ज्यों चकोर मेघ ओघ मध्य चन्द्र लेखहीं।
भानु के समान जान त्यों विमान देखहीं॥२९॥

शब्दार्थ—ईश=बड़े लोग। त्यों=(तन) तरफ। दृष्टि-सृष्टि=आँख पर पड़नेवाला दृष्ट वस्तु का प्रतिबिम्ब। चन्द्रलेखा=चन्द्रमा का छोटा रूप, दूज व तीज का चन्द्रमा। जान=पुष्पक-विमान। विमान=(वि+मान) चमकदमक हीन, मलीन, धुँधला।

भावार्थ—अयोध्या से आये हुए चाकर और बड़े बड़े लोग आसमान की ओर देखते हैं, तो आकाश में उड़ते हुए बानर और रीछ समूह की ओट से राम को मूर्त्ति का प्रतिबिम्ब रुकता है (राम को नहीं देख सकते) जैसे मेघ समूह में छिपे हुए चन्द्रमा को बड़ी उत्सुकता से चकोर देखता है, पर वह मुश्किल से दिखाई पड़ता है, वैसे ही लोग सूर्य समान जाज्वल्यमान पुष्पक को देखते हैं पर बानर और रीछों की ओट के कारण उसे धुँधले रूप में देखते हैं।

अलंकार—उपमा, पुनरुक्तिवदाभास (जान और विमान में)।

ध्वनि—संलक्ष्यक्रम, स्वतःसंभवी अलंकार से रामसेना की अधिकता व्यंग्य है।

मूल—(मदनमनोहर दंडक)*

आवत बिलोकि रघुबीर लघुबीर तजि,
व्योमगति भूतल विमान तब आइयो।
राम पद-पद्म सुख सद्म कहँ बन्धु युग,
दौरि तब षट्पद समान सुख पाइयो।
चूमि मुख सूँघि सिर अंक रघुनाथ धरि,
अश्रु जल लोचननि पेखि उर लाइयो।
देव मुनि वृद्ध परसिद्ध सब सिद्धजन,
हर्षि तन पुष्प बरषानि बरषाइयो॥३०॥

---

* यह छंद ३१ वर्ण का है। चरणान्त में 'रगण' है। शेष २८ अक्षरों में से चार अक्षरों के सात भाग हैं, जिनमें से प्रत्येक भाग का प्रथम अक्षर दीर्घ और शेष तीन लघु हैं।

शब्दार्थ—लघुवीर=छोटे भाई। तजि व्योमगति=आकाश में चलना छोड़कर। सुखसद्म—आनन्द का घर। षट्पद=भौंरा (यहाँ 'ट्' हलन्त होने के कारण उसके पहले वाला 'ष' दीर्घ माना जायगा और 'ट्' की गणना ही न होगी) पेखि=देखकर। वृद्ध=बूढ़े लोग। परसिद्ध=प्रख्यात।

भावार्थ—जब रामजी ने अपने छोटे भाइयों को आते देखा तब प्रभु-प्रेरणा से आकाशचारी पुष्पक विमान पृथ्वी पर आगया (विमान जमीन पर उतारा गया, और दोनों भाई आनन्द के घर श्रीराम-चरणकमलों की ओर दौड़कर भ्रमर समान सुखी हुए। श्रीरामजी ने दोनों लघुभ्राताओं के सिर सूँघकर और मुख चूमकर गोद में बैठाला। और दोनों भाइयों को प्रेमाश्रु बहाते देख हृदय से लगा लिया। यह हाल देखकर देवगण, मुनिजन, बूढ़े लोग और समस्त प्रख्यात सिद्धजनों ने आनन्दित होकर फूल बरसाये।

अलंकार—रूपक और उपमा (दूसरे चरण में)।

मूल—(दोहा)—

> **भरत चरण लक्ष्मण परे लक्ष्मण के शत्रुघ्न।**
> **सीता पग लागत दियो आशिष शुभ शत्रुघ्न ॥३१॥**

शब्दार्थ—शत्रुघ्न=शत्रुओं को मारो अर्थात् समर में सदैव विजयी हो, (क्षत्रियों के लिये यही सर्वोत्तम आशीर्वाद है)।

भावार्थ—लक्ष्मण ने भरत के चरण छुए, शत्रुघ्न ने लक्ष्मण के चरण छुए। जब भरत और शत्रुघ्न ने सीता के चरण छुए, तब उन्होंने आसीश दी कि तुम सदा समरविजयी हो।

अलंकार—यमक।

मूल—(दोहा)

> मिले भरत अरु शत्रुहन सुग्रीवहि अकुलाय।
> बहुरि बिभीषण को मिले अंगद को सुख पाय ॥३२॥

मूल—(आभीर छंद)—

> **जामवंत, नल, नील। मिले भरत शुभशील।**
> **गवय, गवाक्ष, गवंद। कपिकुल सब सुखकंद ॥३३॥**

ऋषिवशिष्ठ कहँ देखि। जनम सफल करि लेखि।
राम परे उठि पाय। लछिमन सहित सुभाय ॥३४॥

मूल--(दोहा)--

लै सुग्रीव विभीषणहि करि करि विनय अनन्त।
पायन परे वशिष्ठ के कपि-कुल बुधि बलवंत ॥३५॥

नोट--छन्द ३२ से ३५ तक का अर्थ सरल ही है।

(श्रीरामकृत कपिदलप्रशंसा)

मूल—(श्रीराम)—पद्धटिका छंद।

सुनिये वशिष्ठ कुल इष्ट देव। इन कपिनायक के सकल भेव।
हम बूड़त हे विपदा समुद्र। इन राखि लियो संग्राम रुद्र ॥३६॥

शब्दार्थ--कपिनायक—सुग्रीव। हे=थे। संग्राम=युद्ध। रुद्र=भयंकर।

भावार्थ--(रामजी कहते हैं) हे कुलगुरु वशिष्ठजी। इन सुग्रीव का परिचय सुनिये। जब हम विपत्तिसागर में डूब रहे थे, तब इन्होंने भयंकर युद्ध करके हमारी रक्षा की (तात्पर्य यह है कि अपनी सेना हमें दो जिससे हम रावण से युद्ध कर सकें)।

नोट—इस छंद में उपादानलक्षणा से काम लिया गया है। यथा—'उपदान सो लक्षणा पर गुण लीन्हें होय'। काम तो सेना ने किया है, पर वह सब काम सुग्रीव का समझा गया।

मूल—सब आसमुद्र की भू शोधाय। तब दई जनकतनया बताय।
निजु भाइ भरत ज्यों दुःखहरण। अति समर अमर हत्यो कुंभकर्ण ॥३७॥

शब्दार्थ—आसमुद्र की=समुद्र से वेष्टित समस्त। भू शोधाय=पृथ्वी में तलाश कराकर। बताय दई=ठीक पता लगवा दिया। ज्यों= समान। अमर=न मारने योग्य (अतिबली)। हत्यो=मारा। कुम्भकर्ण के नाक कान सुग्रीव ने दाँतों से काटे, जब वह व्याकुल होकर घबराया उसी समय राम ने उसे मारा अतः मानों सुग्रीव ही ने उसे मारा (उपादान लक्षणा से)।

भावार्थ—समुद्रवेष्टित समस्त पृथ्वी भर में तलाश कराके इन्हीं ने जानकी का पता लगाया। इन दुःखहरण सुग्रीव को मैं भरत समान समझता हूँ अत्यन्त बली कुम्भकर्ण को युद्ध में इन्होंने तो मारा है। (इन्हीं की सहायता से मैं मार सका हूँ)।

नोट—'हत्यो' क्रिया का कर्त्ता यदि सुग्रीव को मानें तो 'उपादान लक्षणा' होगी। यदि 'राम' को कर्त्ता मानें तो 'इनकी सहायता से' इतने शब्दों का अध्याहार करना होगा। हमें 'उपादान लक्षणा' वाला अर्थ अच्छा जँचता है।

मूल

इन हरे विभीषण सकल शूल। मन मानत हौं शत्रुघ्न तूल।
दशकंठ हनत सब देव साखि। इन लिये एक हनुमन्त राखि॥३८॥

शब्दार्थ—तूल—तुल्य।

भावार्थ—इन विभीषण ने मेरे सब कष्ट दूर किये हैं, इन्हें मैं शत्रुघ्न के समान मानता हूँ। देवगण साक्षी हैं कि जब रावण ने हनुमान को मार डालने की आज्ञा दी थी (जब मेघनाथ ब्रह्मपाश में बाँधकर रावण के दर्बार में ले गया था—देखिये प्रकाश १४, छंद नं० २ और ३) तब अकेले इन्होंने हनुमान की रक्षा की थी (अन्य किसी ने नहीं)। तात्पर्य यह है कि हनुमान की रक्षा की और हनुमान ने लक्ष्मण को बचाया, जिससे मैं भी बच गया, नहीं तो मैं भी प्राण त्यागता। अतः हम सब की रक्षा के कारण यही विभीषण हैं।

नोट—इसमें 'गूढ़व्यंग' है।

मूल—
तजि तिय सुत सोदर बंधु ईश।
मिले हमहिं काय मन बच ऋषीश।
दई मीचु इन्द्रजित की 'बताय।
अरु मन्त्र जपत रावण दिखाय॥३९॥

शब्दार्थ—ईश=राजा। ऋषीश=वशिष्ठ (सम्बोधन में) दई...... बताय=(देखो प्रकाश १८, छन्द नं० ३०, ३१)। मंत्र...... दिखाय= केशव ने कोई छन्द तो ऐसा नहीं कहा, पर अन्य रामायणों में वर्णन है कि रावण के यज्ञ करने को खबर विभीषण ही ने राम को दी थी। ('दिखाय' के आगे 'दयो' शब्द का अध्याहार समझो)।

भावार्थ—हे ऋषीश वशिष्ठ जी ! ये विभीषण अपनी स्त्री, पुत्र, भाई बिरादर और राजा को छोड़ मन, वचन, कर्म से मिले रहे (कुछ कपट नहीं रक्खा)। इन्होंने मेघनाद की मृत्यु की युक्ति बताई और इन्होंने यज्ञ करते हुए रावण का पता दिया (यदि ये ऐसा न करते तो हम रावण पर विजय न प्राप्त कर सकते)।

मूल (श्रीराम) तोटक छंद।

इन अंगद शत्रु अनेक हने। हम हेतु सहे दिन दुःख घने।
बहु रावण को सिख दै सुखदै। फिरि आये भले सिर भूषण लै ॥४०॥

शब्दार्थ—हम हेतु=हमारे लिये। दिन=प्रतिदिन। सिख=शिक्षा। सुखदै=(सुखदा) सुख देनेवाली अच्छी ('सिख' का विशेषण है)। सिरभूषण=मुकुट।

भावार्थ—हे गुरुवर वशिष्ठ जी। देखिये ये अंगद हैं, इन्होंने अनेक शत्रु मारे हैं ! हमारे लिए इन्होंने प्रतिदिन अनेक दुःख झेले हैं। रावण को बहुत सी सुखप्रद शिक्षाएँ देकर, और उसका मुकुट लेकर सकुशल उसके दरबार से लौट आये थे (जिस दरबार से हनुमान और विभीषण भी बिना मार खाये नहीं आसके थे।)

नोट—रामजी के इन शब्दों से अंगद की वीरता, दुःखसहिष्णुता, राजनीतिज्ञता, निर्भयता तथा कार्यकुशलता भली भाँति ध्वनित है।

अलंकार—परिवृत्ति।

मूल—(तोटक)—

दसकन्ध की जायकै गूढ़थली। तनिकै तिनसी बहुभीर दली।
महि में मय की तनया करषी। मति मारि अकापन को हरषी ॥४१॥

शब्दार्थ—गूढ़थली=गुप्त यज्ञस्थल। तनिकै=वीरता पूर्वक। तिनसी=तृण समान (अति तुच्छ समझकर)। मय की तनया=मंदोदरी। करषी=कढ़ोरी, खींचे खींचे फिरे (देखो प्रकाश १६ छंद नं० २६)।

भावार्थ—इन्हींने रावण की गुप्त यज्ञशाला में जाकर वीरता पूर्वक बहुत से राक्षसों की भीर को तृण समान नष्ट कर डाला। इन्हींने मंदोदरी को जमीन में घसीटा था (दुर्दशा की थी) और अकंपन नामक राक्षस को मारकर इन्हीं की बुद्धिमानी हर्षित हुई थी (अपनी बुद्धिमानी से अकंपन को इन्हींने मारा था]।

अलंकार—उपमा (दूसरे चरण में)।

मूल—(दोहा)—

मारयौ मैं अपराध बिन इनको पितु गुणग्राम।
मनसा, बाचा, कर्मणा कीन्हे मेरे काम ॥४२॥

भावार्थ—सरल है। पर ध्वनि से इस छंद में रामजी अंगद की क्षमाशीलता, सज्जनता और अकपटता की प्रशंसा करते हैं, यह बात समझ लेना चाहिये। श्रीरामचन्द्र की कृतज्ञता स्पष्ट ध्वनित है। 'कीन्हे' का कर्ता 'अंगद' शब्द है जो प्रसंग से स्पष्ट लक्षित है।

मूल—(गीतिका छंद)—

इन जामवंत अनन्त राक्षस लक्ष लक्षन ही हने।
मृगराज ज्यों बनराज में गजराज मारत नीगने॥
बलभावना बलवान कोटिक रावणादिक हारहीं।
चढ़ि व्योम दीह बिमान देवदिवान आनि निहारहीं ॥४३॥

शब्दार्थ—लक्ष लक्षन ही हने=एक-एक लक्ष्य (बार) में लाखों को मारा है। बनराज=बड़ा वन। नीगने=(निः+गने) अनगिनती, बेशुमार। बलभावना बलवान=जितनी भावना करें उतने बलवान हो जायें (इनमें ऐसी शक्ति है)। देवदिवान=देवताओं की जमात, देवसमूह।

भावार्थ—(श्रीरामजी जामवंत की प्रशंसा करते हैं कि) इन जामवंतजी ने बेशुमार राक्षस मारे हैं, क्योंकि एक-एक बार में लाखों को मारते थे। जैसे कोई सिंह बड़े वन में अगणित हाथी मारता है। इनमें ऐसी शक्ति है कि जितने बल की इच्छा करें उतने ही बलवान हो जा सकते हैं। इनसे करोड़ों रावण हार जा सकते हैं। जब ये लड़ते थे तब बड़े-बड़े विमानों में आकर देवसमूह इनकी रणक्रीड़ा देखते थे।

अलंकार—उपमा, भाविक (भूत-क्रिया के लिये वर्तमानकालिक क्रिया है)।

मूल—(दोहा)—

करो न करिहै करत अब कोऊ ऐसो कर्म।
जैसे बाँध्यो नल उपल जलनिध सेतु सुधर्म॥४४॥

शब्दार्थ—उपल=पत्थर। सुधर्म=सीधा और अच्छा।

भावार्थ—किसी ने ऐसा काम न कभी किया है, न करेगा, न अब करता है, जैसा नल ने किया है। इन्होंने समुद्र में पत्थरों से बड़ा सुन्दर और सीधा पुल बाँध दिया।

मूल—(हरिगीतिका छंद)—

हनुमन्त ये जिन मित्रता रविपुत्र सों हम सों करी।
जलजाल काल कराल-माल उफाल पार धरा धरी।
निःशंक लंक निहारि रावण धाम धामनि धाइयो।
यह बाटिका तरु मूल सीतहिं देखिकै दुख पाइयो॥४५॥

शब्दार्थ—रविपुत्र=सुग्रीव। जलजाल=समुद्र। कालकराल-माल=जिसमें काल सम कराल जलजन्तुओं के समूह थे। उफाल=बड़ी लंबी डग, छलाँग मारते समय की डग। पार धरा=उस पार की पृथ्वी। तरुमूल=पेड़ की जड़ के पास, वृक्ष के नीचे।

भावार्थ—हे गुरुजी! देखिये ये हनुमानजी हैं जिन्होंने सुग्रीव से हमसे मित्रता कराई, और अत्यंत विकट जंतुओं से पूर्ण समुद्र को लाँघने में अपनी

लंबी डग उस पार की पृथ्वी ही पर रखी थी (इस प्रकार लाँघ गये जैसे कोई छोटी नाली को लाँघ जाता है) और निडर होकर सारी लंका खोज डाली, सीता की खोज में रावण के सब घर दौड़-दौड़ कर देखे, अंत में एक वाटिका में एक वृक्ष के नीचे सीता को देखकर अति दुखी हुए।

अलंकार—कारक दीपक। (क्रम तें क्रिया अनेक को कर्ता एकै होय)।

मूल—तरु तोरि डारि प्रहारि किंकर मन्त्रि-पुत्र सँहारियो।
रण मारि अक्षकुमार रावण गर्व सों पुर जारियो।
पुनि सौंपि सीतहिं मुद्रिका, मनि सीस की जब पाइयो।
बलवन्त नाघि अनन्त सागर तैसही फिरि आइयो ॥४६॥

भावार्थ—फिर बाटिका के वृक्ष तोड़कर, बाटिका के राक्षसों को मारकर, रावण के मंत्रि-पुत्रों को मारा, रण में अक्षयकुमार को मारकर, रावण का अहंकार पस्त करने के लिये उसका नगर जला दिया। सीता को हमारी मुद्रिका सौंप कर, जब उनकी शीशमणि पाई तब ये बली पुनः उसी प्रकार समुद्र को लाँघ आये।

अलंकार—कारक दीपक।

मूल—

दसकंठ देखि बिभीषणै रण ब्रह्मशक्ति चलाइयो।
करि पीठि त्यौं शरणागतै तब आपु बक्ष सेलाइयो।
इक याम यामिनि में गयो हति दुष्ट पर्वत आनिकै।
तेहि काल लक्ष्मण को जियाय जियाइयो हम जानिकै ॥४७॥

शब्दार्थ—करि पीठि त्यौं=पीठ की तरफ करके, ओट की भाँति खड़े होकर। बक्ष=छाती। आपु बक्ष सेलाइयो=अपनी ही छाती छिदवाई, रावण की साँग का घाव अपनी छाती पर लिया। जियाइयो हम जानिकै=यह जानकर कि लक्ष्मण के मरने से राम भी प्राण त्यागेंगे, हनुमान ने लक्ष्मण को संजीवनी लाकर जिलाया। अतः ऐसा समझना चाहिये कि इन्होंने लक्ष्मण ही की नहीं वरन्, हमारे भी प्राणों की रक्षा की है।

नोट—रावण की ब्रह्मशक्ति से बचाने का जो हाल केशव यहाँ लिखते हैं वह वास्तव में केशव ने (प्रकाश १७ छंद ४० में) और तरह से कहा है, पर अन्य रामायणों में ठीक ऐसा ही वर्णन है जैसा यहाँ कहते हैं।

भावार्थ—(रामजी वशिष्ठजी से कहते हैं) रण में रावण ने विभीषण पर ब्रह्मशक्ति चलाई थी, उस समय शरणागत विभीषण को हनुमान ने अपनी पीठ की ओर करके अपनी छाती में वह शक्ति सही जिससे इनकी छाती में छेद हो गया था। पुनः रात्रि के समय एक पहर में द्रोणगिरि तक गये, और रास्ते में दुष्ट कालनेमि को मारकर और पर्वत समेत औषधि लाकर लक्ष्मण को जिलाया मानो हमीं को जिला लिया (नहीं तो हम भी प्राण त्यागते)।

मूल—(दोहा)—

अपने प्रभु को आपनो कियो हमारो काज।
ऋषि जु कहौ हनुमंत सों भक्तन को सिरताज ॥४८॥

शब्दार्थ—अपने प्रभु को=सुग्रीव का (हनुमानजी सुग्रीव के मंत्री थे)।

भावार्थ—हनुमान ने अपने मालिक सुग्रीव का, अपना और हमारा सबका कार्य कुशलता से किया है। हे ऋषिराज! इन हनुमान को समस्त भक्तों का सिरताज ही समझो (धन्य कृतज्ञता, धन्य-भक्तवत्सलता)।

मूल—(चामर छंद)—

बीरधीर साहसी बली जे बिक्रमी क्षमी।
साधु सर्वदा सुधी पती जपी जे संजमी।
भोग भाग जोग जाग बेगवंत हैं जिते।
वायुपुत्र मोर काज वारि डारिये तिते ॥४६॥

शब्दार्थ—बिक्रमी=कठिन काम में उद्योगी। क्षमी= क्षमतावान। साधु=पवित्र विचारवाला। संजमी=इन्द्रियजीत। भोग=पाँचों विषयों के भोगी। भाग=भाग्यवान। जोग=योगी। जाग—यज्ञकर्ता। बेगवंत=

तेज चलनेवाले (मन वा गरुड़ इत्यादि)। वायुपुत्र=हनुमान पर। मोर काज=मेरा काम करने में। वारि डारिये=निछावर कर दीजिये।

भावार्थ—संसार में जितने भी वीर, धीर, साहसी, बली, बिक्रमी, क्षमतावान्, साधु, सुन्दर बुद्धिवाले, तपी, जपी, संयमी, भोगी, भाग्यवान, जोगी, यज्ञकर्ता और तेज चलने वाले हैं, वे सब मेरे कार्य में हनुमान पर निछावर किये जा सकते हैं (जो कार्य इन्होंने किये हैं वे किसी से भी न हो सकते)।

मूल—(दोहा)—

सीता पाई रिपु हत्यो देख्यो तुम अरु गेहु।
रामायण जय सिद्धि को कपि सिर टीका देहु ॥५०॥

शब्दार्थ—रामायण=रामचरित्र। कपि सिर टीका देहु=हनुमान को ही इसका सम्मान मिलना चाहिये।

भावार्थ—इन्हीं हनुमानजी की बदौलत मैंने सीता को पुनः पाया, शत्रु को मारा, और घर आकर आपके दर्शन किये। मुझ राम के कार्यों में जो जयसिद्धि प्राप्त हुई है उसका सारा श्रेय इन्हीं के सिर है (हमारी विजय का मुख्य कारण ये ही हैं)।

मूल—(दोहा)—

यहि बिधि कपिकुल गुणन को कहत हुते श्रीराम।
देख्यो आश्रम भरत को केशव नन्दीग्राम ॥५१॥

(नंदिग्राम में रामगमन वर्णन)

मूल—(मोदक छंद)—

पुष्पक तें उतरे रघुनायक। यक्षपुरी पठयो सुखदायक।
सोदर को अवलोकि तपोथल। भूलि रह्यौ कपि राक्षस को दल ॥५२॥

शब्दार्थ—यक्षपुरी=अलकापुरी (यह पुष्पक विमान वास्तव में कुबेर का था, अतः कुबेर के पास भेज दिया गया)।

भावार्थ—नंदीग्राम में पहुँचकर रामजी अपने दल सहित पुष्पक विमान से उतरे और सुखदाता राम ने उसे कुबेर के पास अलकापुरी को भेज दिया। रामसहोदर भरत के तपस्थान नंदीग्राम को देखकर वानरों और राक्षसों का दल चकित-सा हो गया। (कि ऐसा भव्य तपोवन तो बड़े-बड़े मुनियों का भी नहीं होता जैसा यह है)।

मूल—(मोदक छंद)—

कंचन को अति शुद्ध सिंहासन। राम रच्यो तेहिं ऊपर आसन।
कोपर हीरन को अति कोमल। तामहँ कुंकुम चंदन को जल ॥५३॥

शब्दार्थ—कोपर=थाल। कोमल=सुन्दर, सचिक्कण। कुंकुम=केसर।

भावार्थ—भरत ने राम के बैठने को सोने की चौकी मँगाई जिस पर रामजी विराज गये। हीरा जड़ित सुन्दर सुचिक्कण थाल में पैर धोने के लिये केसर चन्दन युक्त जल मँगाया गया।

मूल—दोहा

चरण कमल श्रीराम के भरत पखारे आप।
जाते गंगादिकन को मिटत सकल संताप ॥५४॥

भावार्थ—भरतजी ने स्वयं अपने हाथों से रामजी के उन चरणकमलों को धोया जिनसे गंगादिक पवित्र तीर्थों के समस्त संताप मिट जाते हैं (अर्थात् जो अत्यन्त पवित्र हैं। जिन चरणों का चरणोदक होने के कारण गंगा इतनी पवित्र मानी जाती है)।

मूल—(पंकजवाटिका छंद)—

सूरज चरण विभीषण के अति। आपुहि भरत पखारि महामति।
दुंदुभि धुनि करिकै बहु भेवनि। पुष्प बरषि हरषे दिवि देवनि ॥५५॥

शब्दार्थ—सूरज=(सूर+ज) सुग्रीव। बहु भेवनि=बहुत प्रकार से। दिवि=स्वर्ग लोक।

भावार्थ—महामति भरत ने सुग्रीव और विभीषण के भी चरण अति प्रेम से धोये। यह देख स्वर्ग से देवताओं ने फूल बरसाये और अनेक प्रकार से नगाड़े बजाकर आनन्दित हुए।

मूल—(दोहा)—

पीछे दुरि शत्रुघ्न सन लखन धुवाये पाइ।
पग सौमित्रि पखारियो अंगदादि के आइ ॥५६॥

शब्दार्थ—सौमित्रि=सुमित्रा के पुत्र, शत्रुघ्न।

भावार्थ—तदनन्तर ओट में होकर लक्ष्मण ने शत्रुघ्न से पैर धुलवाये, उसके बाद शत्रुघ्न ने सबके निकट आ आकर अंगदादि सरदारों के पैर धोये।

मूल—(तोमर छंद)—

सिरतें जटानि उतारि। अँग अंगरागनि धारि।
तन भूषि भूषन वस्त्र। कटिसों कसे सब शस्त्र ॥५७॥

भावार्थ—तदनन्तर सिर की जटाओं को मुड़वाकर, अंग पर अंगरागादि (चन्दनादि) धारण किये और वस्त्राभूषण पहनकर कमर में हथियार लगाकर राम-लक्ष्मण राजवेष से सज्जित हुए।

मूल—(दोहा)

शिरतें पावन पादुका लैकरि भरत विचित्र।
चरण कमल तरहरि धरी हसि पहिरी जगमित्र ॥५८॥

शब्दार्थ—तरहरि=नीचे। जगमित्र=संसार के हितैषी श्रीरामजी।

भावार्थ—विचित्र मति भरत ने, श्रीरामजी की पवित्र पादुकाओं को सिर पर रखकर राम के चरण-कमलों के निकट ला धरा, और रामजी ने प्रसन्न होकर उन्हें पहन लिया (भरत ने राज्य का चार्ज राम को सौंप दिया)।

इक्कीसवाँ प्रकाश समाप्त

बाईसवाँ प्रकाश

दो०—या बाइसें प्रकाश में अवधपुरीहि प्रवेश।
पुरवासिन मातन सों मिलिबो रामनरेश ॥

(अवध प्रवेश वर्णन)

मूल—(मोदक छंद)—

औधपुरी कहँ राम चले जब। ठौरहि ठौर विराजत हैं सब।
भर्त भये प्रभु सारथि सोभन। चौंर धरे रविपुत्र विभीषन ॥ १ ॥

मूल—(तोमर छंद)—

लीनी छरी दुहुँ ओर। शत्रुघ्न लक्ष्मण धीर।
टारैं जहाँ तहँ भीर। आनन्द युक्त शरीर ॥ २ ॥

भावार्थ—(१ छंद) जब नंदिग्राम से रामजी अयोध्या को चले, तब सब स्थान सुन्दर शोभा से युक्त थे (यथाविधि स्वागत की योजना की गई थी) भरतजी राम के सारथी बने, सुग्रीव और विभीषण चामरधारी हुए। (२ छंद) लक्ष्मण और शत्रुघ्न दोनों भाई छरीबरदार बने आनन्द युक्त होकर आगे-आगे चलते हुए जहाँ-तहाँ भीड़ को हटाते वा यथास्थान करते जाते हैं।

मूल—(दोधक छंद)

भूतल हू दिवि भीर बिराजैं। दीह दुहूँ दिसि दुंदुभि बाजैं।
भाट भले बिरदावलि गावैं। मोद मनौ प्रतिबिम्ब बढ़ावैं ॥ ३ ॥

शब्दार्थ—दिवि—आकाश। प्रतिबिंब=अवधवासियों के प्रतिबिम्ब समान देवगण और देवगण के प्रतिबिम्ब सम अवधवासीजन।

भावार्थ—उस समय भूमि पर तथा आकाश में बड़ी भीड़ हुई और बड़े बड़े नगाड़े दोनों ओर बजने लगे। भाट विरदावली गाते हैं, और जमीन पर अवधवासी जन तथा आकाश में देवगण आनन्द मानते हैं, यह दृश्य ऐसा जान पड़ता है मानो परस्पर एक दूसरे के प्रतिबिंब आनन्दित हो रहे हैं।

नोट—अयोध्यावासियों का सौन्दर्य और विभव व्यंग्य है (अवधवासी देवसमान हैं।)

अलंकार—उत्प्रेक्षा।

मूल—भूतल की रज देव नसावैं। फूलन की बरषा बरषावैं।
हीन निमेष सबै अवलोकैं। होड़ परी बहुधा दुहु लोकैं ॥४॥

शब्दार्थ—हीन निमेष=टकटकी लगाकर (देवगण तो हीन-निमेष होते ही हैं पुरवासी भी उन्हीं के समान टकटकी लगाकर देख रहे हैं)। होड़=बराबरी की स्पर्द्धा। बहुधा=अनेक प्रकार की।

भावार्थ—पृथ्वी से धूर उड़ती है, वह मानो अवधपुरवासी देवताओं को ढँकने के लिये उड़ाते हैं, उस धूल को देवता गण फूल वर्षाकर दबा देते हैं (वर्षा से धूल दब जाती है)। देवता और पुरवासी अनिमेष होकर राम के दर्शन करते हैं, मानो दोनों के निवासियों में अनेक प्रकार से होड़ लगी है।

अलंकार—ललितोपमा अथवा गम्योत्प्रेक्षा।

मूल—(तारक छंद)—

सिगरे दल औधपुरी तब देखी। अमरावति ते अति सुन्दर लेखी।
चहुँ ओर विराजति दीरघ खाई। सुभ देवतरंगिनि सी फिरि आई ॥५॥

अति दीरघ कंचन कोटि बिराजैं।
मणि लाल कँगूरन की रुचि राजै॥
पुर सुन्दर मध्य लसै छबि छायो।
परिवेष मनो रबि को फिरि आयो ॥६॥

शब्दार्थ—(५) अमरावती=इन्द्रपुरी। देव तरंगिनी=गंगा। (६) कोट=शहरपनाह की दीवार। परिवेष=वह प्रकाशमय घेरा जो कभी-कभी सूर्य वा चन्द्रमा को घेरे हुए दिखाई देता है। जिसे उर्दू-फारसी में 'हाला' कहते हैं।

भावार्थ—(५) राम के समस्त दल ने अयोध्या को देखा और इन्द्रपुरी से अधिक सुन्दर माना। नगर के इर्द गिर्द बड़ी गहरी खाई है मानो गंगा ही नगर को घेरे हुए हैं। (६) और बहुत ऊँचा सोने का कोट नगर को घेरे हुए हैं जिसके कँगूरों पर हीरों और माणिकों की प्रभा झलकती है, उस कोट के बीच में नगर ऐसा सुन्दर जान पड़ता है मानो सूर्य के इर्द गिर्द परिवेष पड़ा हुआ है।

अलंकार—उत्प्रेक्षा और उदात्त।

मूल—(दोहा)

विविध पताका सोभिजैं ऊँचे केशवदास।
दिवि देवन के सोभिजैं मानहु व्यजन विलास ॥७॥

शब्दार्थ—दिवि=देवलोक। व्यजन=पंखा।

भावार्थ—नगर की ऊँची इमारतों पर विविध रंग के अनेक झंडे फहरा रहे हैं, वे ऐसे जान पड़ते हैं मानो देवलोक में देवताओं के पंखे चल रहे हैं।

अलंकार—संबंधातिशयोक्ति से पुष्ट उत्प्रेक्षा।

मूल—लवंगलता छंद—(८ जगण १ लघु)।

चढ़ीं प्रति मंदिर बढ़ी तरुणी अवलोकन को रघुनंदनु।
मनो गृहदीपति देह धरे सु किधौं गृहदेवि विमोहति हैं मनु॥
किधौं कुलदेवि दिपैं अति केशव कै पुरदेवनि कौ हुलस्यो गनु।
जहीं सु तहीं यहि भाँति लसैं दिवि देविन को मद घालति हैं मनु॥८॥

भावार्थ—श्रीरामजी के दर्शनों के लिये स्त्रियाँ प्रति मन्दिर की अटारी पर चढ़ी हैं, उनसे नगर की शोभा ऐसी बढ़ी है मानो गृहदीप्ति ही साक्षात

शरीर धरकर आ गई हों या गृहदेवियाँ ही सबके मन मोह रही हों, या कुल देवियाँ ही दीप्तमान हो रही हों ,या ग्रामदेवियों का समूह ही हर्षित हो रहा है। जहाँ-तहाँ इस प्रकार शोभा देती हैं मानों देवलोक की देवियों के अहंकार को नष्ट कर रही हैं।

अलंकार—उत्प्रेक्षा और सन्देह।

मूल—(दोहा)—

> अति ऊँचे मंदिरन पर चढ़ीं सुन्दरी साधु॥
> दिवि देवनि को करति हैं मनु आतिथ्य अगाधु॥९॥

भावार्थ—अत्यन्त ऊँचे घरों की अट्टालिकाओं पर रूपवती स्त्रियाँ चढ़ी हैं, मानो देवलोक की देवियों का अगाध प्रेम से स्वागत करती हैं।

अलंकार—उत्प्रेक्षा और सम्बन्धातिशयोक्ति द्वारा मन्दिरों की अति ऊँचाई व्यंग्य है। अर्थात् विमानों की ऊँचाई तक ऊँचे मकान हैं।

मूल—(तोटक छंद)—

> नर नारि भली सुरनारि सबै। तिन कोउ परैं पहिचान अबै।
> मिलि फूलन की बरषैं बरषा। अरु गावति हैं जय के करषा॥१०॥

शब्दार्थ—ति=(ते) वे। जय के करषा=विजय सूचक प्रशंसामय गीत।

भावार्थ—नरनारियाँ और देवनारियाँ सब ऐसी सुन्दरी हैं कि वे इस समय कोई पहचानी नहीं जातीं (कि कौन नरनारी हैं कौन देवनारी हैं)। वे सब मिलकर फूल बरसाती हैं और विजयसूचक प्रशंसामय गीत गाती हैं।

अलंकार—मीलित। इस छन्द से नरनारियों का रूपाधिक्य व्यंग्य है।

मूल—पद्मावती छंद (१०+८+१४=३२ मात्रा का, अन्त में दो गुरु)।

> रघुनन्दन आये सुनि सब धाये, पुरजन जैसे के तैसे।
> दरसनरस भूले, तन मन फूले, बहु बरने जात न जैसे।

पति के सँग नारी, सब सुखकारी, ते रामहिं यों दृग जोरी।
जहँ तहँ चहुँ ओरनि, मिलीं चकोरनि, ज्यों चाहति चंद चकोरी ॥११॥

शब्दार्थ—जैसे के तैसे=जिसने जिस रूप में रामागमन सुना, बिना बनावट। रस=प्रचंड अभिलाषा। फूले=अत्यन्त हर्षित। यों दृग जोरी=इस प्रकार देखती हैं। चाहति=देखती हैं।

भावार्थ—पुरजन लोगों ने जब सुना कि रामजी आये हैं, तब जो जैसे रूप में था उसी रूप से उठ दौड़ा (बनाव सिंगार कुछ भी नहीं किया)। दर्शन की प्रचण्ड अभिलाषा से तन-मन से ऐसे हर्षित हुए कि वर्णन नहीं हो सकता। स्त्रियाँ अपने-अपने सुखप्रद पतियों के साथ आ-आकर रामजी को इस प्रकार देखती हैं जैसे हर ओर से चकोर-चकोरिनी मिलकर चन्द्रमा को देखते हैं।

अलंकार—पूर्णोपमा।

नोट—इस छन्द में प्रजा की 'राजरति' तथा पतियों के साथ स्त्रियों का आना जिससे पर-पुरुष दर्शन-दोष से मुक्ति और पातिव्रत उत्तम रीति से ध्वनित किये गये हैं।

मूल—पद्धटिका छंद।
बहु भाँति राम प्रति द्वार द्वार। अति पूजत लाग सबै उदार।
यहि भाँति गये नृपनाथ गेह। युत सुन्दरि सोदर स्यों सनेह ॥१२॥

शब्दार्थ—नृपनाथ=राजराजेश्वर श्रीदशरथजी। सुन्दरि=सीता। सोदर=लक्ष्मण। स्यों सनेह=प्रेम सहित।

भावार्थ—प्रजाजन अपने-अपने द्वार पर रामजी की उदारता युक्त पूजा करते हैं, (सत्कार सूचक मंगलाचार करते हैं)। इस प्रकार पूजित होते हुए श्रीरामजी सीता और लक्ष्मण सहित सप्रेम सर्वप्रथम राजा दशरथ के निवासस्थान में गये। (स्मरण रखना चाहिये कि राजकुल में प्रत्येक व्यक्ति के निज निवास के हेतु एक-एक पृथक् स्थान होता है—अतः सारा महल तो

दशरथ का था ही, पर यहाँ पर तात्पर्य यह है कि राजा दशरथ के खास रहने, बैठने और सोने के स्थान में गये)।

नोट—सर्वप्रथम नंदिग्राम में उतरकर भरत के प्रति स्नेह प्रदर्शित किया। नगर में पहुँच कर सर्वप्रथम पिताभवन में जाकर पिता के प्रति सर्वाधिक आदर दरसाया।

मूल—(दोहा)—

मिले जाय जननीन कों जबही श्रीरघुराइ।
करुणारस अद्भुत भयो मो पै कह्यो न जाइ ॥१३॥

शब्दार्थ—करुणारस=विरह शोक का अंतिम प्रबल उभार (रोना पीटना, अश्रुप्रवाह इत्यादि)। अद्भुत=अपूर्व (जैसे पहले कभी न देखा था)।

मूल—(दोहा)—

सीता सीतानाथजू लक्ष्मण सहित उदार।
सबनि मिले सब के किये भोजन एकहि बार ॥१४॥

शब्दार्थ—सबनि=सबसे। सबके=सबके घर। बार=दिन। (स्मरण रखना चाहिये कि राजा दशरथ की ७६० रानियाँ थीं, जिनमें कौशल्या, सुमित्रा और केकयी प्रधान थीं सबको रामजी समान आदर से मानते थे)।

मूल—(सोरठा)—

पुरजन लोग अपार, यहई सब जानत भये।
हमहीं मिले अगार, आये प्रथम हमारे ही ॥१५॥

शब्दार्थ—यहई=यही। अगार=अगाड़ी, सबसे पहले, सर्व प्रथम। हमारे ही=हमारे ही द्वार पर।

नोट—छन्द १४, १५ में राम का सर्वव्यापक ईश्वरत्व व्यंग्य है।

मूल—(मदनहरा छन्द)—(१०+८+१४+८=४० मात्रा का, आदि में दो लघु, अंत में एक गुरु)।

सँग सीता लछिमन, श्री रघुनन्दन,
मातन के शुभ पाइ परे, सब दुःख हरे।
अँसुवन अन्हवाये, भागनि आये,
जीवन पाये अँक भरे, अरु अंक धरे ॥
वर बदन निहारैं, सरबसु वारैं,
देहिं सबै सबहीन घनो, बरु लेहि घनो।
तन मन न सँभारैं, यहै बिचारैं,
भाग बड़ो यह है अपनो, किधौं है सपनो ॥१६॥

भावार्थ—सीता और लक्ष्मण सहित श्रीराम जी सब माताओं के पैरों पड़े और सबके सब दुःख (विरह दुःख) दूर किये। माताएँ मिलते समय इतना रोईं कि आँसुओं से तीनों मूर्तियों को स्नान करा दिया (बहुत रोईं) और कहा कि हमारे भाग्य से तुम लौट आये (हमें तो इस जीवन में पुनः मिलने की आशा न थी) पर तुमको पाकर हमने जीवन ही पा लिया, यह कहकर अंकवार देकर भेंटा और गोद में बैठा लिया। सुन्दर मुख देखती हैं, और सर्वस्व निछावर करती हैं, याचकों और नेगियों सबको बहुत धन देती हैं, और अनेक आशीर्वाद लेती हैं (पाती हैं)। तन मन की सँभार नहीं है, यही विचारती है कि यह हमारे बड़े भाग्य का फल है या हम स्वप्न देख रही हैं।

अलंकार—कारक दीपक और सन्देह।

मूल—(स्वागत छन्द)—

धाम धाम प्रति होति बधाई। लोक लोक तिनकी धुनि धाई।
देखि देखि कपि अद्भुत लेखैं। जाहिं यत्र तित रामहिं देखैं ॥१७॥

भावार्थ—अयोध्या में घर-घर बधाई का आनन्द गान होता है, चौदहों लोकों तक उस गान की धुनि पहुँची है। यह सब हाल देखकर वानर आश्चर्य मानते हैं (क्योंकि उनके देश में ऐसा नहीं होता था) और जहाँ कहीं जाते हैं वहाँ राम ही को देखते हैं (अर्थात् रामजी की ही चर्चा वा अर्चा देखते हैं)।

नोट—इस छंद से रामभक्ति का आधिक्य व्यंजित है।

मूल—

दौरि दौरि कपि रावर आवैं। बार-बार प्रति धामन धावैं।
देखि देखि तिनको दै तारी। भाँति भाँति बिहँसै पुरनारी ॥१८॥

शब्दार्थ—रावर=रनिवास।

भावार्थ—काम काज करने के लिये वानरगण रनिवास में आते हैं, बार-बार प्रत्येक घर में काम के लिये दौड़ते हैं। उनको देखकर तालियाँ दे-देकर पुर की स्त्रियाँ अनेक भाँति से हँसती हैं (क्योंकि उन्होंने वानरों को मनुष्यों की तरह काम-काज करते कभी नहीं देखा था)।

मूल—(श्रीराम)—दोहा—

इन सुग्रीव विभीषणौ अंगद अरु हनुमान।
सदा भरत शत्रुघ्न सम माता जी मैं जान ॥१९॥

भावार्थ—रामजी माता सुमित्रा से कहते हैं कि हे माता! इन सुग्रीव, विभीषण, अंगद और हनुमान को मैं सदा भरत और शत्रुघ्न के समान ही जानता हूँ।

अलंकार—उपमा

मूल—(सुमित्रा)—सोरठा—

प्राणनाथ रघुनाथ, जियकी जीवन मूरि हौ।
लक्ष्मण हे तुम साथ, छमियों चूक परी जु कछु ॥२०॥

शब्दार्थ—हे=थे। प्राणनाथ=प्राणों पर अधिकार रखने वाले। जिय की जीवनमूरि=जीवन के आधारभूत कारण।

नोट—अर्थ सरल है। हेतु अलंकार है। साध्यवसाना लक्षणा है। वात्सल्य का आधिक्य व्यंग्य है।

मूल—(राम)—(दंडक—छन्द)

पौरिया कहौं कि प्रतीहार कहौं किधौं प्रभु,
पुत्र कहौं मित्र किधौं मन्त्री सुखदानिये।

सुभट कहौं कि शिष्य दास कहौं किधौं दूत,
केशोदास हाथ को हथ्यार उर आनिये।
नैन कहौं किधौं तन मन किधौं तनत्राण,
बुद्धि कहौं किधौं बल बिक्रम बखानिये।
देखिवे को एक हैं अनेक भाँति कीन्हीं सेवा,
लखन के मातु कौन कौन गुण मानिये ॥२१॥

शब्दार्थ—पौरिया=द्वारपाल। प्रतिहार=नकीब (सभाद्वार का रक्षक)। तनत्राण=कवच। गुण=उपकार, एहसान।

भावार्थ—राम जी सुमित्रा जी से लक्ष्मण की प्रशंसा करते हैं। अर्थ सरल है। तात्पर्य यह है कि लक्ष्मण ने हमारी अनेक प्रकार से सेवा की है। जब जहाँ जैसा काम पड़ा वहाँ उसी प्रकार सेवा की है, मैं उनके कौन-कौन कृत्य कहौं।

अलंकार—सन्देह से पुष्ट उल्लेख। साध्यवसाना लक्षणा। अति कृतज्ञता व्यंग्य।

मूल—मोटनक छन्द—
शत्रुघ्न बिलोकत राम कहैं। डेरान सजौ जहँ सुख लहैं।
मेरे घर संपतियुक्त सबै। सुग्रीवहिं देहु निवास अबै ॥२२॥

शब्दार्थ—संपति=सुखसामग्री, भोग्य वस्तुएँ।

भावार्थ—श्रीराम जी ने शत्रुघ्न को आज्ञा दी कि हमारे साथियों के लिये ऐसे डेरे दो जहाँ सब लोग सब प्रकार का आराम पावें। खास मेरे निवासस्थान में सुग्रीव को ठहराओ और समस्त सुख-सामग्री वहाँ एकत्र कर दो।

नोट—'सुख' शब्द को केशव ने बहुधा सुष रूप से लिखा है।

मूल—
साजे जु भरत्थ सबै जन को। राखौ तहँ जाय बिभीषन को।
नैऋत्यन को कपि लोगन को। राखौ निज धामन भोगन को ॥२३॥

शब्दार्थ—सबै जन—समवयस्क लोगों के ठहराने के लिये। नैऋत्य=निश्चर जो विभीषण के साथ आये थे।

भावार्थ—भरत जी जो मकान मित्रों के ठहराने के लिये सजाये हुए हैं, वहाँ विभीषण को ठहराओ और निश्चरों तथा अन्य बानरों को अपने स्थान में रक्खो और भोग-विलास की सब सामग्री प्रस्तुत कर दो।

मूल—दोहा—

एक एक नैऋत्य को जितने बानर लोग।
आगे ही ठाढ़े रहत अमित इन्द्र के भोग॥२४॥

भावार्थ—राम की आज्ञा पाकर शत्रुघ्न ने सबको यथायोग्य स्थान में ठहराया और ऐसा प्रबन्ध किया कि प्रत्येक निश्चर और बानर के लिये अनेक इन्द्रों की भोगसामग्री प्रस्तुत रहती थी।

अलंकार—उदात्त। राम की सम्पत्ति की अधिकता व्यंग्य है

बाईसवाँ प्रकाश समाप्त

तेईसवाँ प्रकाश

दोहा—या तेइसैं प्रकाश में ऋषिजन आगम लेषि।
राज्यश्री-निंदा कही श्रीमुख राम विशेषि॥

मूल—मल्लिका छंद—

एक काल रामदेव। साधुबंधु कर्त सेव।
सोभिजैं सबै सु और। मंत्रि मित्र ठौर ठौर॥ १॥
बानरेश यूथनाथ। लङ्कनाथ बन्धु साथ।
सोभिजै सभा सुवेश। देसदेस के नरेश॥ २॥

शब्दार्थ—(१) एक काल=एक समय। साधु बंधु=पवित्र-चरित्र। कर्त—(छन्द के लिहाज से यही रूप रहेगा)। सबै=(स+वय) समवयस्क सखा।

(२) वानरेश=सुग्रीव। यूथनाथ=सेनापति (अंगदादि)। लंक-नाथ=विभीषण। बंधु=विभीषण के यहाँ बंधुवर्ग, अर्थात् राक्षसगण।

भावार्थ—सरल है—अर्थात् एक समय सभा लगी हुई थी, सब एकत्र थे, कि इतने ही में।

मूल—दोहा—

सरस स्वरूप बिलोकि कै उपजी मदनहि लाज।
आइ गये ताही समय केशव रिषि रिषिराज॥ ३॥

शब्दार्थ—सरस=अपने से अधिक सुन्दर।

(ऋषिगण आगमन वर्णन)

मूल—दोहा—

असित अत्रि भृगु अंगिरा, कश्यप गौतम व्यास।
विश्वामित्र अगस्त्य युत बालमीक दुर्बास॥ ४॥
वामदेव मुनि कण्व युत भरद्वाज मतिनिष्ठ।
पर्वतादि दै सकल मुनि आये सहित बशिष्ठ॥ ५॥

शब्दार्थ—असित=एक ऋषि विशेष। मतिनिष्ठ=उत्कृष्ट मति वाले। पर्वत—एक ऋषि विशेष।

मूल—नागस्वरूपिणी छंद।

सबन्धु रामचन्द्र जू उठे बिलोकि कै तबै।
सभा समेत पाँ परे विशेष पूजियो सबै।
विवेक सों अनेकधा दए अनूप आसने।
अनर्घ अर्घ आदि दै बिनै किये घने बने॥ ६॥

शब्दार्थ—बिबेक सों=विचार-पूर्वक, यथोचित। अनेकधा=अनेक प्रकार के। दए=दिये। अनर्घ=बहुमूल्य। अर्घ=अर्घपाद इत्यादि।

भावार्थ—सरल ही है।

मूल—(राम)—रूपमाला छंद।

रावरे मुख के विलोकत ही भये दुख दूरि।
सुप्रलापन ही रह्यो उर मध्य आनन्द पूरि॥

देह पावन ह्वै गयो पदपद्म को पय पाय।
पूजतै भयो वंश पूजित आशु ही मुनिराय॥ ७॥

शब्दार्थ—सुप्रलापन=सुवचनों से (सुन्दर-सुन्दर वचन सुनकर) पदपद्म को पय=चरणोदक। पय=जल। आशु=तुरंत।

भावार्थ—(श्रीराम जी सब मुनियों के प्रति कहते हैं) आपके दर्शन होते ही हमारे सब दुःख दूर हो गये। आपके सुन्दर वचन सुनकर हृदय में आनन्द भर गया। आपका चरणोदक पाकर हमारा शरीर शुद्ध हो गया। हे मुनिराय ! आपको पूजते ही तुरन्त हमारा वंश भी पूजित हो गया।

अलंकार—हेतु (प्रथम) मुनियों का माहात्म्य व्यंग्य है।

मूल—

संनिधान भरे तपोधन! धाम धी, धन धर्म।
अद्य सद्य सबै भये निरवद्य वासरकर्म।
ईश! यद्यपि दृष्टि सों भइ भूरि मङ्गल बृष्टि।
पूँछिबे कहँ होति है सु तथापि बाक बिसृष्टि॥ ८॥

शब्दार्थ—संनिधान=सामीप्य, संग से। तपोधन=(सम्बोधन में) हे तपोधन! धाम=घर। धी=बुद्धि। अद्य=आज। सद्य=शीघ्र ही। निरवद्य=अनिंद्य, प्रशंसनीय। वासरकर्म=नित्यकर्म (दान-पूजादि कर्म)। ईश=(सम्बोधन में) हे प्रभु ! बिसृष्टि=विशेष उत्पत्ति।

भावार्थ—हे तपोधन ! आपके सामीप्य से (आपके यहाँ आने मात्र से) हमारा घर और हमारी बुद्धि धन और धर्म से भर गये (अर्थात् घर तो धन से भर गया और बुद्धि धर्म से भर गई) और आज हमारे सब नित्यकर्म (दान-पूजादि) भी प्रशंसनीय हो गये। हे प्रभु ! यद्यपि आपकी दृष्टि-मात्र से हमारे ऊपर कल्याण की वर्षा हो चुकी (सब प्रकार कल्याण हो चुका) तो भी हमें आपसे कुछ पूँछने की इच्छा है अतः कुछ वचनों की विशेष उत्पत्ति होने वाली है (हम आपसे कुछ प्रश्न करना चाहते हैं)।

अलंकार—१—अनुप्रासों की भरमार।

२—धाम, धी, धन, धर्म में यथासंख्य।

३—वृष्टि शब्द से अतिशयोक्ति।

४—'भरे' शब्द से तुल्ययोगिता।

मूल—दोहा—

गङ्गासागर सों बड़ो साधुन को सतसङ्ग।
पावनकर उपदेश अति अद्भुत करत अभङ्ग ॥ ९ ॥

शब्दार्थ—गंगासागर=गंगा और समुद्र का संगमस्थान जो एक तीर्थ-विशेष माना जाता है। मकर संक्रान्ति को यहाँ मेला लगता है। पावनकर और अद्भुत=ये दोनों शब्द 'उपदेश' के विशेषण हैं। अभंग=अविनाशी अर्थात् मुक्त।

भावार्थ—श्रीराम जी कहते हैं कि साधुओं का सत्संग गंगासागर तीर्थ से भी बड़ा तीर्थ है, क्योंकि साधुओं के उपदेश अति अद्भुत पावनकर हैं केवल उन्हीं उपदेशों से पापियों को पवित्र करके जीवनकाल ही में जीवन्मुक्त बना देते हैं (गंगासागर तीर्थ मरने पर मुक्ति देता है और गंगासागर कुछ दिन सेवन करने से मुक्ति देता है, साधुसंग केवल क्षणमात्र में और उपदेश मात्र से जीवन्मुक्त बनाता है, इसीसे बड़ा कहा गया है)।

अलंकार—व्यतिरेक।

मूल—(अगस्त्य)—पंचचामर छन्द—

क्रिये विशेष सों अशेष काज देवराय के।
सदा त्रिलोक-लोकनाथ धर्म बिप्र गाय के॥
अनादि सिद्धि राज सिद्धि राज्य आज लीजई।
नृदेवतानि देवतानि दीह सुक्ख दीजई॥१०॥

शब्दार्थ—विशेष सों=बड़ी योग्यता से। अशेष=सब और सम्पूर्ण। देवराज=इन्द्र। त्रिलोक लोकनाथ=त्रिलोक के निवासियों के स्वामी। अनादिसिद्धि=परम्परा से जो तुम्हारी कई पीढ़ियों से तुम्हारे वंश की है।

राजसिद्धि=परम्परागत राजाओं द्वारा सुव्यवस्था में लाई हुई। नृदेवता=राजा।

भावार्थ—(सब मुनियों में से अगस्त्य जी बोले) हे राम जी ! आपने इन्द्र के सब काम बड़ी योग्यता से सम्पूर्ण कर दिये और सदैव से आप ही तीनों लोकों के लोगों के तथा धर्म, ब्राह्मण और गायों के स्वामी हो अतः परम्पराभुक्त और अनेक राजाओं से सुव्यवस्थित राजपद आज ग्रहण कीजिये, और सब राजाओं और देवताओं को अत्यन्त सुख दीजिये।

अलंकार—तुल्ययोगिता।

मूल—(दोहा)—

मारे और पारे हितू कौन हेत रघुनन्द।
निरानन्द से देखिये, यद्यपि परमानन्द ॥११॥

शब्दार्थ—पारे=पाले। निरानन्द=शोकयुक्त।

भावार्थ—हे राम जी ! आपने शत्रुओं को मारा है और हित मित्रों को पाला है (सहायता की है)। और यद्यपि आप स्वयं परमानन्द रूप हैं, तो तो भी हे राम जी ! किस कारण हम तुम्हें शोकयुक्त देखते हैं।

अलंकार—चौथी विभावना।

(रामकृत राज्यश्री की निन्दा)

मूल—(श्रीराम)—तोमर छन्द

सुनि ज्ञान-मानस हंस। जप जोग जाग प्रशंस।
जग माँझ है दुख जाल। सुख है कहा यहि काल ॥१२॥
तहँ राज है दुखमूल। सब पाप को अनुकूल।
अब ताहि लै ऋषिराय। कहि को न नरकहि जाय ॥१३॥

भावार्थ—(श्रीराम जी अगस्त्य जी को उत्तर देते हैं कि) हे ! ज्ञानरूपी मानसरोवर के हंस (परम विवेकी) और जप, याग, और यज्ञादि कर्मों द्वारा प्रशंसा पाये हुए ऋषिराज जी, सुनिये इस जग में बड़ा दुःख है

इसमें इस समय सुख क्या है ? (कुछ भी नहीं है)। तहाँ राज्य तो और भी दुःखों की जड़ ही है, क्योंकि सब तरह के पापों के लिये अनुकूल शक्ति देता है। हे ऋषिराज ! उसे लेकर कौन ऐसा है जो नरक को न जाय (राज्य लेकर सब ही नरक जाते हैं)।

अलंकार—(छन्द १२ में) परम्परित रूपक और वक्रोक्ति।

(छन्द १३ में) काकुवक्रोक्ति।

मूल—(जयकारी छंद)*

सोदर मंत्रिन के जु चरित्र। इनके हमपै सुनि मखमित्र।
इनही लगे राज के काज। इनही ते सब होत अकाज ॥१४॥

शब्दार्थ—सोदर=भाई। हमपै=हमसे (यह बुन्देलखंडी मुहावरा है)। मखमित्र=ऋषि। इन्हीं......काज=इन्हीं के वास्ते राज्यकार्य किया जाता है अर्थात् भाइयों तथा मंत्रियों के सुख के वास्ते ही तो राज्यभार ग्रहण किया जाता है।

भावार्थ—हे मुनि ! राज्य लेकर भाइयों और मन्त्रियों के जैसे चरित्र हो जाते हैं (सो इनके चरित्र) हमसे सुन लीजिये। इन्हीं के सुख और आनन्द के लिए तो राज्यभार वहन किया जाता है, और इन्हीं के द्वारा सब प्रकार का अनर्थ होता है (उदाहरण सुनिये)।

मूल—राज भार नल भैयहि दीन। छल बल छीनि सबै तेहि लीन।
जब लीनो सब राज विचारि। नल दमयंतिहि दीन निकारि ॥१५॥

भावार्थ—राजा नल ने (सतयुग में) अपने राज्य का सब भार प्रेमवश अपने छोटे भाई पुष्पक को सौंप दिया था, उसने छल के बल से

---

* जयकरी छन्द १५ मात्रा का होता है। अन्त में गुरु लघु होने चाहिये। चौबोला छन्द भी १५ मात्रा का होता है; पर अन्त में लघु गुरु होने चाहिये। इस प्रकार कई छन्दों में इन दोनों का मिश्रण है। लेखकों ने उसे चौपाई छन्द लिखा है, पर हमने उसे जयकरी ही लिखा है।

(जुआ में) सारा राज्य ही छीन लिया, तब निकट रखना अनुचित विचार कर सपत्नीक राजा नल को राज्य से निकाल दिया।

मूल—राजा सुरथराज की गाथ। सौंपी सब मन्त्रिन के हाथ।
संतत मृगयालीन बिचारि। मंत्रिन राजहि दियो निकारि ॥१६॥

शब्दार्थ—राजा सुरथ = दुर्गासप्तशती में देख लो। गाथ = कथा। संतत = सदैव। मृगया = शिकार।

भावार्थ—राजा सुरथ के राज्य की यह कथा है कि राजा सुरथ ने अपने राज्य का समस्त प्रबन्ध मन्त्रियों को सिपुर्द कर दिया था और आप सदैव शिकार में लगे रहते थे। मन्त्रियों ने उन्हें राज्य-प्रबन्ध से अनभिज्ञ समझ कर राज्य से निकाल दिया था।

मूल—राजश्री अति चंचल तात। ताहू की सुनि लीजै बात।
यौवन अरु अबिबेकी रङ्ग। बिनस्यो को न राजश्री संग ॥१७॥

शब्दार्थ—राज्यश्री = राज्यवैभव। यौवन = जवानी। अबिबेकी रंग = बदतमीज लोगों का संग (पाकर)।

भावार्थ—हे प्रिय ऋषिवर ! अति चंचल (अस्थिर) राजवैभव की दशा भी सुन लीजिये। राजवैभव पाकर युवावस्था तथा अविवेकी जनों का संग पाकर कौन नहीं नष्ट हो गया ! (तुलना कीजिये)—"यौवनं धन-सम्पत्तिः प्रभुत्वमविवेकिता"।

अलंकार—वक्रोक्ति।

मूल—शास्त्र सुजल हू धोवत तात। मलिन होत अति ताके गात।
यद्यपि है अति उज्वल दृष्टि। तदपि सृजति रागन की सृष्टि ॥१८॥

शब्दार्थ—सृजति = पैदा करती है। राग = प्रेम (विषयों का)।

भावार्थ—शास्त्र रूपी जल से धोते हुए भी उस राजश्री के अंग मलीन ही होते हैं अर्थात् नीतिशास्त्रादि पढ़ते-सुनते रहने पर भी राज-वैभव जनित दुष्टाचार होते ही रहते हैं, और यद्यपि राजश्री की दृष्टि अति उज्ज्वल होती

है तो भी अनेक प्रकार के रोग पैदा करती है अर्थात् यद्यपि राजा लोग विद्या द्वारा खूब चतुर और दूरदर्शी हो जाते हैं, तो भी उनकी प्रवृत्ति परमार्थ की ओर न जाकर सांसारिक विषयों की ओर ही अधिक जाती है।

अलंकार--रूपक, विषम (तीसरा), और उत्तरार्द्ध में विषम (दूसरा)।

मूल—महापुरुष सों जाकी प्रीति। हरति सो झंझा मारुत रीति।
विषयमरीचिकानि की ज्योति। इन्द्री हरिन हारिणी होति ॥१९॥

शब्दार्थ—महापुरुष=ईश्वर। झंझामारुत=तेज वायु। हरति=तोड़ती है। मरीचिका=मृगतृष्णा। हारिणी=ले जाने वाली, खींचने वाली।

भावार्थ—जैसे तेज हवा वृक्षादि को तोड़ती है वैसे ही यह राजश्री ईश्वर-प्रीति को तोड़ती है, और यह राजश्री इन्द्रीरूपी मृगों को विषय-मृगतृष्णा की ज्योति की ओर खींच ले जाती है।

अलंकार—उपमा, रूपक।

मूल—गुरु के वचन अमल अनुकूल। सुनत होत श्रवणन को शूल।
मैनबलित नव बसन सुदेश। भिदत नहीं जल ज्यों उपदेश ॥२०॥

शब्दार्थ—शूल=दुःख। मैन=मोम। मैनबलित=मोम में डुबाया हुआ।

भावार्थ—गुरु के विवेकयुक्त और यथार्थ वचन सुनकर कानों को कष्ट होता है, और गुरु का उपदेश चित्त में नहीं समाता जैसे मोम में डुबाए हुए नवीन और सुन्दर वस्त्र में जल नहीं भिदता (जैसे मोम जामे में पानी असर नहीं करता वैसे ही राजा के मन में उपदेश कुछ प्रभाव नहीं डालता)।

अलंकार—उदाहरण।

मूल—मित्रनहू को मतो न लेति। प्रतिशब्दक ज्यों उत्तर देति।
पहिले सुनै न शोर सुनन्ति। मातीकरिणी ज्यों न गनंति ॥२१॥

शब्दार्थ—प्रतिशब्दक=देवालय वा कूपादिक में शब्द करने पर जो शब्द तुरन्त सुनाई पड़ता है। न गनंति=नहीं मानती।

भावार्थ—राजश्री (अर्थात् राजा लोग) मित्रों का भी मत नहीं मानती और प्रतिशब्दक की भाँति तुरन्त उत्तर देती है। पहले तो हित वचन राजा लोग सुनते ही नहीं, और यदि शोर करने पर सुन भी लिया तो जैसे मस्त हथिनी महावत के हित वचन नहीं मानती वैसे ही राजा भी मित्रों के हित वचन नहीं मानते।

अलंकार—उदाहरण।

मूल—दोहा—

धर्म वीरता विनयता, सत्य शील आचार।
राज श्री न गनै कछू, वेद पुराण विचार ॥२२॥

शब्दार्थ—(नोट)—विनयता = इस शब्द में 'ता' प्रत्यय अधिक है, केवल 'विनय' शब्द से काम चल जाता। विशेषणों में 'ता' प्रत्यय लगता है।

भावार्थ—राजश्री धर्म, वीरता, नम्रता, सत्य, शील, आचार और वेद तथा पुराणों के सुन्दर विचारों को कुछ भी नहीं समझती।

अलंकार—तुल्ययोगिता।

मूल—जयकरी छन्द।

सागर में बहु काल जु रही। सीत बक्रता ससि ते लही।
सुर तुरङ्ग चरननि ते तात। सीखी चंचलता की बात ॥२३॥

शब्दार्थ—सुरतुरंग = उच्चैःश्रवा घोड़ा।

नोट—इस छन्द का पूर्वार्द्ध भाग चौबोला छन्द का अंश है, उत्तरार्द्ध जयकरी है, ऐसा ही कई एक छन्दों में है।

भावार्थ—चूँकि यह लक्ष्मी बहुत काल तक समुद्र में रही है, अतः संगति के कारण सर्दी (सर्दमिजाजी, बेमुरौवती) और कुटिलता चन्द्रमा से पाई है और उच्चैःश्रवा के चरणों से चंचलता सीखी है।

अलंकार—उल्लास (तीसरा)

मूल—काल कूट ते मोहन रीति। मणिगण ते अति निष्ठुर प्रीति।
मदिरा ते मादकता लई। मन्दर उदर भई भ्रम मई ॥२४॥

शब्दार्थ--कालकूट=हलाहल विष। मोहनरीति=बेसुध करना।

नोट—इन छन्दों में कहीं-कहीं जयकरी और चौबोला छन्द का मिश्रण पाया जाता है।

भावार्थ—इस लक्ष्मी ने समुद्र में साथ रहने के कारण बेसुध कर देने का गुण कालकूट से सीखा, मणिगण से प्रीति में भी अति निष्ठुरता का गुण सीखा (अर्थात् राजा लोग बहुधा अपने प्रिय के भी भयंकर शत्रु हो जाते हैं), मदिरा से मादकता का गुण लिया, और समुद्र के उदर में मन्दराचल पर्वत को घूमते देख उससे भ्रमनिमग्नता सीखी (राजा लोग सदैव भ्रमनिमग्न रहते हैं)।

अलंकार—उल्लास (तीसरा)।

मूल—दोहा--

शेष दई बहुजिह्वता बहुलोचनता चारु।
अप्सरान ते सीखियो अपर पुरुष संचारु ॥२५॥

शब्दार्थ—बहुजिह्वता=बहुत सी बातें करने की शक्ति, अर्थात् कहना कुछ और करना कुछ और जब पूछा जाय कि ऐसा क्यों? तब अपनी कही हुई बात का कुछ और अर्थ कर देना। बहुलोचनता=सब ओर दृष्टि रखना।

भावार्थ--इस लक्ष्मी को शेषनाग ने अनेक प्रकार की बातें बनाने की और सब ओर दृष्टि रखने की शक्ति दी है और इसने अप्सराओं से अन्य पुरुषों के पास जाने का दुर्गुण सीखा है।

अलंकार—उल्लास (तीसरा)।

मूल—जयकरी छंद।

दृढ़ गुन बाँधे हू बहुभाँति। को जानै केहि भाँति बिलाति।
गज घोटक भट कोटिन अरैं। खड्गलता पंजर हू परैं ॥२६॥
अपनाइति कीन्हें बहु भाँति। को जानै कित ह्वै भजि जाति।
धर्म-कोश मण्डित सुभ देस। तजति भ्रमरि ज्यों कमल नरेस ॥२७॥

नोट—यहाँ दोनों छन्दों का अन्वय एक साथ होता है।

शब्दार्थ—(२६) गुन = (गुण) गुण और रस्सी (इस शब्द में श्लेष है) घोटक = घोड़ा। अरैं = रोकें। खड्गलता = तलवार (यहाँ रूपक है) पंजर हू परैं = पिंजड़ा बना दिया जाय।

(२७) अपनाइति = प्रीति। धर्मकोशमंडित = धर्म और धन से युक्त राजा (और कमल का धर्म कोमलता तथा करहाटक से युक्त कमल)। सुभ देस = सुन्दर (रूप से) और अच्छे स्थान में लगा हुआ (कमल)। भ्रमरि = भौंरी।

भावार्थ—(२६) अनेक प्रकार से मजबूत रस्सी से बाँधने पर भी (राजा के अनेक गुणयुक्त होने पर भी) कौन जाने यह राजलक्ष्मी किस तरह विलीन हो जाती है और चाहे करोड़ों हाथी-घोड़े उसे रोकें और तलवार रूपी लता से चारों ओर पिंजड़ा सा बना दिया जाय (कितनी ही रक्षा की जाय)।

(२७) और बहुत तरह से उससे प्रीति की जाय, तो भी यह लक्ष्मी न जाने कहाँ होकर भाग जाती है। राजधर्म में सुपंडित, धनसम्पन्न और सुन्दर राजा को यह लक्ष्मी वैसे ही त्याग जाती है जैसे कोमल, सुन्दर, करहाटक युक्त और सुन्दर स्थान में उत्पन्न कमल को भौंरी त्याग जाती है (त्याग कर दूसरे कमल पर जाती है)।

नोट—धर्ममंडित, कोशमंडित और शुभदेश शब्द क्लिष्ट हैं। इनका क्लिष्टार्थ कमल पर भी लगेगा और राजा पर भी और कमल-नरेश में रूपक है। अतः—

अलंकार—(दोनों छन्दों में) श्लेष और रूपक।

मूल—यद्यपि होय शुद्ध मति सत्तु। फिरै पिशाची ज्यों उनमत्तु।
गुनवन्तिनि आलिंगति नहीं। अपवित्रनि ज्यों छाँड़ति तहीं ॥२८॥

शब्दार्थ—सत्तु = प्राणी, मनुष्य। उनमत्तु = मदमस्त। तहीं = तुरन्त।

भावार्थ—प्राणी चाहे पहले शुद्धमति वाला हो, पर राजलक्ष्मी पाने पर वह उन्मत्त पिशाचिनी सा हो जाता है। राजलक्ष्मी गुणवानों से मेल नहीं रखती, उन्हें इस प्रकार त्यागती है जैसे अपवित्र वस्तु त्यागी जाती है।

अलंकार—उपमा।

मूल—सूरनि नाकति ज्यों अहि देखि। कंटक ज्यों बहु साधुनि लेखि।
सुधा सोदरा यद्यपि आप। सब ही ते अति कटुक प्रताप॥२६॥

शब्दार्थ—नाकति=लाँघ जाती है। कंटक=बाधक। सोदरा=बहिन।

भावार्थ—जैसे कोई मनुष्य रास्ते में पड़े हुए सर्प को देख कर उस पर पैर नहीं रखता, वरन् उसे लाँघ जाता है उसी प्रकार राजलक्ष्मी शूर वीर पुरुषों को लाँघ जाती है (उन्हें नहीं मिलती) और अनेक साधु पुरुषों को तो बाधक ही समझती है अर्थात् शूर और साधु पुरुषों को राजलक्ष्मी प्राप्त नहीं होती। यद्यपि स्वयं अमृत की सहोदरा बहिन है, तो भी अन्य सब बहनों से इसका प्रताप अत्यन्त कटु है।

अलंकार—(पूर्वार्द्ध में) उपमा (उत्तरार्द्ध में) विरोधाभास और अवज्ञा का सङ्कर।

मूल—यद्यपि पुरुषोत्तम की नारि। तदपि सकल खलजन अनुहारि।
हितकारिन की अति द्वेषिनी। अहित लोग की अन्वेषिनी॥३०॥

शब्दार्थ—पुरुषोत्तम=विष्णु। खलजन अनुहारि=खलों के स्वभाव वाली (कर्कशा)। द्वेषिनी=शत्रु। अन्वेषिनी=ढूँढ़ने वाली।

भावार्थ—यद्यपि यह लक्ष्मी विष्णु भगवान की स्त्री है तो भी इसका स्वभाव खलों का-सा है। हितकारी लोगों से अति शत्रुता मानती है, और अहितकारी लोगों को ढूँढ़-ढूँढ़ कर संग्रह करती है।

अलंकार—विरोधाभास।

मूल—मनमृग को सुबधिक की गीति। विषयबेलि को बारिदरीति।
मद पिशाचिका की सी अली। मोह नींद की शय्या भली॥३१॥

शब्दार्थ—गीति=रागिनी (गान)। बारिद=बादल। अली=सखी।

भावार्थ—मनरूपी मृग को मोहित करने के लिये राजलक्ष्मी वधिक की रागिनी है विषयरूपी बेलि के बढ़ाने के लिये बादल सम है मदरूपी पिशाचिनी की सखी सम (सहायिका) है और मोहरूपी निद्रा के लिये सुन्दर (मुलायम) सेज ही है।

अलंकार—परम्परित रूपक।

मूल—आशीविष दोषन की दरी। गुरुं सतपुरुषन कारण छरी।
कल हंसन की मेघावली। कपट नृत्यकारी की थली।।३२।।

शब्दार्थ—आशीविष=सर्प। दरी=गुफा। छरी=साँटी। कल=चैन, आराम, सुख। थली=नाट्यशाला, रंगस्थल।

भावार्थ—दोषरूपी सर्पों के रहने के लिये राजश्री गुफा है, गुणरूपी सत्पुरुषों के लिये दण्डकारिणी साँटी है, आराम चैन रूपी हंसों के लिये मेघमाला है, और कपट-नट की नाट्यशाला है अर्थात् राजाओं में अनेक दोष रहते हैं, सत्पुरुष उनके पास नहीं फटकते, कभी आराम चैन नहीं मिलता, और अति कपट करना पड़ता है।

अलंकार—परम्परित रूपक।

मूल—दोहा—

बाम काम करिको किधौं कोमल कदलि सुवेष।
धीर धर्म द्विजराज को मनहु राहु की रेख।।३३।।

शब्दार्थ—वाम=कुटिल। कामकरि=कामरूपी हाथी। कदली=केला। सुवेष=सुन्दर। द्विजराज=चन्द्रमा। राहु की रेख=राहु की कला।

भावार्थ—किधौं यह राजलक्ष्मी कुटिल कामरूपी हाथी के लिये सुन्दर-कोमल कदली वृक्ष है, अथवा धीरज और धर्मरूपी चन्द्रमा को ग्रसने के लिये राहु की कला है (अर्थात् राजश्री के अहंकार से राजा लोग कामी और अधर्मी हो जाते हैं)।

अलंकार—परम्परित रूपक से पुष्ट सन्देह।

मूल—चौबोला छन्द—

मुख रोगी ज्यों मौने रहै। बात बनाय एक द्वै कहै॥
बन्धु वर्ग पहिचानैं नहीं। मानो सन्निपात की गही॥३४॥

शब्दार्थ—बनाय=दिखाऊ रीति से, हृदय सेवा प्रेम से नहीं। सन्निपात=त्रिदोष।

भावार्थ—राजलक्ष्मी से प्रभावित राजा मुखरोगी की तरह सदा मौन ही रहता है (किसी से बात नहीं करता) और यदि कहीं कुछ कहने का अवसर ही आ जाय तो दो एक बात दिखाऊ रीति से कह देता है (हृदय से नहीं) और अपने बन्धु-वर्ग तक को नहीं पहचानता, मानो उसकी बुद्धि को सन्निपात ने ग्रस लिया हो।

अलंकार—उपमा और उत्प्रेक्षा।

मूल—

महामन्त्रहू होत न बोध। डसी काल अहि करि जनु क्रोध॥
पानविलास उदित आतुरी। परदारा गमनै चातुरी॥३५॥

शब्दार्थ—पानविलास=शराब पीने का शौक। उदित=प्रकट, प्रत्यक्ष। आतुरी=शीघ्रता, फुर्ती। गमन=समागम, रति-संभोग।

भावार्थ—महामन्त्र से भी उनको चैतन्यता नहीं आती, मानो कालसर्प ने क्रोध से डस लिया हो। उनकी फुर्ती केवल मदपान में ही प्रकट होती है और परस्त्री समागम को ही वे बड़ी चतुराई समझते हैं।

अलंकार—उत्प्रेक्षा और परिसंख्या।

मूल—चौबोला—

मृगया यहै सूरता बढ़ी। बन्दी मुखनि चाय सों पढ़ी।
जो केहू चितवै यह दया। बात करै तो बड़ियै मया॥३६॥

भावार्थ—उनकी बढ़ी हुई शूरता यही है कि वे कुछ शिकार कर लेते हैं, जिसकी प्रशंसा बन्दीजनों के मुखों द्वारा चाव से पढ़ी जाती है। यदि

किसी की ओर जरा हेर दिया बस यही बड़ी भारी दया है, और यदि किसी से कुछ वार्त्ता कर ली तो समझते हैं कि हमने उस पर बड़ी भारी ममता की है! (तात्पर्य यह कि राजा लोग अपने किए हुए अति तुच्छ कामों को भी बड़ा महत्त्व देते हैं)।

अलंकार--निदर्शना।

मूल—दर्शन दीबोई अति दान। हँसि बोलै तो बड़ सनमान।
जो केहू सों अपनो कहै। सपने की सी सम्पति लहै ॥३७॥

नोट—इस छन्द में पूर्वार्द्ध 'जयकरी' और उत्तरार्द्ध चौबोला छन्द है।

शब्दार्थ—दीबोई=देना ही। सपने की सी सम्पति=बड़ी भारी सम्पत्ति।

भावार्थ--राजा लोग किसी को दर्शन देना ही बड़ा भारी दान देना समझते हैं, यदि किसी से हँसकर बोल दिया, तो मानों उसका बड़ा भारी सन्मान कर डाला। यदि किसी को अपने मुख से "तुम तो अपने हो" ऐसा कह दिया, तो वह जन इतना प्रसन्न हो जाता है मानो भारी सम्पत्ति मिल गई।

अलंकार--निदर्शना।

मूल—दोहा--

जोई अति हित की कहै, सोई परम अमित्र।
सुखवक्ता ई जानिये, संतत मन्त्री मित्र ॥३८॥

शब्दार्थ--अमित्र=शत्रु। सुखवक्ता=ठकुरसोहाती कहने वाला, चापलूस।

भावार्थ--राजश्री के प्रभाव से राजा का ऐसा स्वभाव हो जाता है कि जो जन परम हित की बात कहता है वही परम शत्रु माना जाता है, और चापलूस लोग ही सदा मन्त्री और मित्र माने जाते हैं।

अलंकार--निदर्शना।

मूल—

कहौं कहाँ लगि ताके साज। तुम सब जानत हौ ऋषिराज।
जैसी शिव मूरति मानिये। तैसो राजश्री जानिये ॥३६॥

शब्दार्थ—साज=प्रभाव। शिवमूरति=बड़ी बिकट वा अद्भुत सेवा बन पड़े तो 'आशुतोष' नहीं तो संहारक।

भावार्थ—हे ऋषिराज! तुम तो सब जानते ही हो, मैं राजश्री का बिकट अद्भुत प्रभाव कहाँ तक कहूँ। राजश्री ठीक शिव के समान है।

नोट—शिव और राजश्री की समता आगे के छन्द में देखिये।

अलंकार—उपमा।

मूल—

सावधान ह्वै सेवै याहि। साँचो देत परम पद ताहि।
जितने नृप याके बश भये। पेलि स्वर्ग मग नरकहिं गये ॥४०॥

शब्दार्थ—सावधान=होशियार। परमपद=मुक्ति। पेलि=त्याग कर।

भावार्थ—सावधान होकर जन इस राजश्री का सेवन करते हैं उन्हें यह राजश्री (शिव की तरह) सच्ची मुक्ति पदवी देती है, और असावधानी से जितने राजा इस राजश्री के बुरे प्रभाव से प्रभावित हुए; वे सब (वेणु, त्रिशंकु इत्यादि) स्वर्गमार्ग को त्याग कर नरकगामी ही हुए हैं—(अतः हम राजपद ग्रहण न करेंगे)।

तेईसवाँ प्रकाश समाप्त

चौबीसवाँ प्रकाश

—:❀:—

दो०—चौबीसवें प्रकाश में राम विरक्ति बखानि।
विश्वामित्र वशिष्ठ स्यों बोध कर्‌यो शुभ आनि ॥

शब्दार्थ—विरक्ति=विराग, सांसारिक पदार्थों के प्रति उदासीन भाव। रयो=सहित। बोध करयो=समझाया।

(रामविरक्ति वर्णन)

मूल—(राम) अमृतगति छन्द।

(लक्षण—नगण, जगण, नगण+एक गुरु)

सुमति महा मुनि सुनिये। जग महँ सुक्ख न गुनिये।
मरणहिं जीव न तजहीं। मरि मरि जन्म न भजहीं ॥१॥

शब्दार्थ—जन्म न भजहीं=जन्म धारण करते हैं।

भावार्थ—हे सुन्दरमति वाले महामुनियो! सुनो, (राजश्री तो दुःखदायी है ही) इस संसार में कोई भी सुख नहीं है। इस संसार में जितने जीव हैं, उनका जन्म-मरण नहीं छूटता, बार-बार मरते हैं और पुनः जन्म लेते हैं (जन्म-मरण का चक्र चला ही जाता है)।

मूल—उदरनि जीव परत हैं। बहु दुःख सो निसरत हैं।
अनतहु पीर अनत ही। तन उपचार सहित ही ॥२॥

शब्दार्थ—उदरनि=गर्भ में। निसरत हैं=निकलते हैं, जन्मते हैं। अनत (अन्यत्र) दूसरी जगह अर्थात् शरीर सम्बन्ध में। तन उपचार=शारीरिक व्यवहार में अर्थात् खाते-पीते, चलते-फिरते।

भावार्थ—जीव गर्भ में आते हैं (तब गर्भ में कष्ट होता है) और बड़े कष्ट से उस गर्भ से बाहर होते हैं। (तब) शरीर सम्बन्धी व्यवहारों में पड़कर अंत में कष्ट सहते हैं।

(बचपन के व्यवहारजनित दुःख)

मूल—(दोधक छन्द)—(लक्षण—तीन भगण, दो गुरु)

पोच भली न कछू जिय जानै। लै सब बस्तुन आनन आनै।
शैशव ते कछु होत बड़े ई। खेलत हैं ते अयान चढ़े ई ॥३॥

शब्दार्थ—पोच=बुरी। आनन आनै=मुख में डाल लेते हैं। शैशव=बचपन। ई=ही। अयान=अज्ञान, नासमझी।

भावार्थ—जीव (बचपन में) भली-बुरी वस्तु को नहीं जानता सब ही वस्तु लेकर मुख में डाल लेता है। बचपन से कुछ बड़े होते ही, अज्ञान वश केवल खेल ही में लगे रहते हैं। (खेल मे थकते नहीं, जैसे सवारी पर चढ़ा मनुष्य थकता नहीं)।

मूल

हैं पितु मातन तें दुख भारे। श्रीगुरु ते अति होत दुखारे।
भूख न प्यास न नींद न जोवैं। खेलन को बहु भाँतिन रोवैं ॥४॥

अन्वय—भूख न…जोवैं=भूख न जोवैं, प्यास न जोवैं, नींद न जोवैं।

शब्दार्थ—भारे=बड़े। दुखारे=दुखी। न जोवैं,=नहीं गिनते, ध्यान नहीं देते।

भावार्थ—पिता-माता से बड़े दुःख पाते हैं (जब पिता-माता किसी काम के करने से हटकते हैं तब दुःखी होते हैं) और श्रीगुरु जी से (शिक्षण समय में) अति दुखित होते हैं। भूख, प्यास, नींद को कुछ नहीं गिनते, केवल खेल के लिये रोते हैं (हटकने पर)।

(जवानी के व्यवहार जनित दुःख)

मूल—

जारति चित्त चिता दुचिताई। दाह त्वचा अहि कोप चबाई।
कामसमुद्र झकोरनि भूल्यो। यौवन चार महामद मूल्यो ॥५॥

शब्दार्थ—दुचिताई=द्विविधा, संशय।

भावार्थ—युवावस्था में संशयरूपी चिता चित्त को चबाती है (मन की चंचलता के कारण प्रत्येक व्यवहार में संशय रहता है और उससे दुःख होता है) और क्रोध रूपी बड़ा सर्प त्वचा को चबाता है (व्यवहार में बाधा पड़ने पर क्रुद्ध हो उठता है और क्रोध में इतना बेहोश हो जाता है जितना

सर्प डसा हुआ मनुष्य) कामरूपी समुद्र की तरल तरंगों में चंचल रहता है, और यौवन के बल के महामद में बेहोश रहता है।

अलंकार—रूपक।

मूल—

धूप से नील निचोलनि सोहै। जाय छुई न विलोकत मोहै।
पावक पापशिखा बड़ वारी। जारति है नर को परनारी ॥६॥

शब्दार्थ--निचोल=कपड़ा। मोहै=बेहोश कर देती है। पापशिखा बड़वारी=पाप की बड़ी-बड़ी लपटों वाली (जिससे पाप ही की बड़ी-बड़ी लपटें उठती हैं)। परनारी=परस्त्री, परकीया।

भावार्थ—धुएँ के समान नीलाम्बर से सुशोभित परनारी रूपी अग्नि पाप की बड़ी-बड़ी लपटों वाली होने के कारण (युवावस्था में) नर को जलाया करती है, लोक-मर्यादा के कारण उसे छू नहीं सकते, पर वह देखने ही से मूर्च्छित कर देती है (अग्नि में जलने से मूर्च्छित होता है, पर यह परनारीरूपी अग्नि बड़ी-बड़ी पाप लपट वाली होने के कारण दूर से देखते ही मनुष्य को मूर्च्छित करती है)।

अलंकार--उपमा, व्यतिरेक और रूपक का उत्तम मिश्रण है।

मूल--

बंक हियेन प्रभा सँरसी सो। कर्दम काम कछू परसी सी।
कामिनि काम को डोरि ग्रसी सी। मीन मनुष्यन की बनसी सी ॥७॥

शब्दार्थ—बंकहियेन प्रभा=कुटिल हृदयों की चमक दमक अर्थात् 'खरी कुटिलता'। सँरसी=(सँड़सी) बनसी में लगी हुई लोहे को कँटिया जिसमें चारा लगाया जाता है। कर्दम=माँस का चारा जो कँटिया में लगाया जाता है। काम कछू=थोड़ी सी गुप्त कामेच्छा। परसी=लगी हुई। ग्रसी सी=पकड़ी हुई सी। काम=कामदेव।

नोट--इस छन्द में कामदेव की शिकारी से, स्त्री की बनसी से और मनुष्यों की मीन से उपमा है।

भावार्थ—स्त्रियों के कुटिल हृदयों की प्रभा अर्थात् खरी कुटिलता ही कँटिया (बनसी में लगा लौहकंटक) के समान है, उनके हृदय की गुप्त कामेच्छा ही उस कँटिया में लगा हुआ माँस का चारा है और कामिनी (स्त्री का समस्त शरीर) ही डोरी के समान है जिसे कामदेव शिकारी अपने हाथ से पकड़े हुए है। इस प्रकार स्त्री, मनुष्यरूपी मीनों को फँसाने के लिए पूर्णतया बनसी के समान ही है (अर्थात् कामशिकारी मनुष्यरूपी मीनों को स्त्री रूपी बनसी से फंसा-फँसाकर मारा करता है)।

अलंकार—उपमा।

मूल—मत्तगयंद सवैया—(लक्षण—सात भगण और दो गुरु)

खैंचत लोभ दसौ दिसि को गहि मोह महा इत फाँसिहि डारे।
ऊँचेते गर्व गिरावत, क्रोधहु जीवहि लूहर लावत भारे।
ऐसे में कोढ़ की खाज ज्यों केशव मारत कामहु बाण निनारे।
मारत पाँच करे पँचकूटहि कासों कहैं जगजीव बिचारे॥८॥

शब्दार्थ—इत=इस संसार में। लूहर=लूक, लुआठ (जलता अंगारा)। कोढ़ की खाज=दुःख पर और दुःख देने वाली वस्तु वा घटना। निनारे=(न्यारे) अनोखे, चोखे। पंचकूट=पाँच व्यक्तियों का समूह, पाँच जन मिल कर। विचारे=अनाथ, सहायकहीन।

भावार्थ—इस संसार में यह हाल है कि महामोह (स्त्री-पुत्रादि प्रति राग) की फाँसी से गला फँसाये लोभ देव मनुष्य को दसों दिशाओं को खींचते हैं (अर्थात् मोह में पड़ा मनुष्य स्त्री-पुत्रादि की परवरिश के लिये धन कमाने के हेतु इधर-उधर मारा-मारा फिरता है)। गर्व उसे उच्च पदवी से नीचे गिरा देता है, और क्रोध उसी जीव को बड़े-बड़े जलते अंगारों से जलाता है। इतने दुःखों पर कोढ़ की खाज की तरह (और अधिक दुःख देने को) कामदेव भी अनोखे चोखे बाण भी मारते हैं। इस प्रकार जीव को ये पाँच लुटेरे (लोभ, मोह, गर्व, क्रोध और काम) समूह बनाकर (पृथक पृथक नहीं पाँचों एकत्र होकर एक ही समय अर्थात् युवावस्था में) मारते हैं, तो जीवधारी विचारे अपना दुःख किससे कहैं।

अलंकार—लोकोक्ति (कोढ़ में खाज)।

मूल—भूलत है कुलधर्म सबै तबहीं जबहीं यह आनि ग्रसै जू।
केशव बेद पुराणन को न सुनै, समुझै न, त्रसै न, हँसै जू।
देवन तैं नरदेवन तैं नर तैं बर बानर ज्यों विलसै जू।
यंत्र न मंत्र न मूरि गनै जगजीवन काम पिशाच बसैजू ॥९॥

शब्दार्थ—यह=काम। ग्रसै=पकड़ता है। हँसै=हँसी उड़ाता है। नरदेव=राजा। बानर सम विलसै=पशुवत् व्यवहार करता है।

भावार्थ—यौवनावस्था में जब काम आ ग्रसता है तब तुरन्त मनुष्य अपने कुल-धर्म को भूल जाता है। (केशव कवि कहते हैं कि) वेदों और पुराणों के उपदेश तो वह सुनता नहीं, वरन् निंदा करके उनकी हँसी उड़ाता है। देवताओं से, राजाओं से और मनुष्यों से पशुवत व्यवहार करता है। जब जगजीवों के सिर पर काम-पिशाच आ बसता है, तब यंत्र, मंत्र, जड़ी, बूटी किसी की भी कानि नहीं मानता।

अलंकार—रूपक

मूल—
ज्ञानिन के तनत्राणनि को कहि फूल के बाननि बेधत को तो।
बाय लगाय बिबेकिन को, बहु साधक को कहि बाधक हो तो।
और को केशव लूटतो जन्म अनेकनि के तपसान को पोतो।
तौ शमलोक सबै जग जातो जु काम बड़ो बटमार न हो तो ॥१०॥

शब्दार्थ—तनत्राण=कवच (ज्ञानरूपी कवच)। कहि=कहिये, बतलाइये। का तो=कौन ऐसा था। बाय लगाना=अहंकारी बना देना, अविवेकी बना देना। तपसा=तपस्या, तप। पोतो=(पोत) लगान, उपज का फल। शमलोक=शान्तिलोक, स्वर्ग। बटमार=लुटेरा।

भावार्थ—(श्रीराम जी विश्वामित्र और वशिष्ठ जी को संबोधित करके कहते हैं कि) आप ही कहिये कि यदि काम नामक यह भारी डाकू न होता तो ऐसा कौन था जो ज्ञानियों के ज्ञान कवच को फूल के बाणों से बेध सकता,

विवेकियों को अविवेकी बनाता और अनेक मुक्तिसाधकों के साधनों में बाधक हो सकता। और कौन ऐसा था जो अनेक जन्मों की तपस्या के फल को लूट लेता, यदि यह भारी डाकू काम न होता तो सभी संसारी जीव स्वर्ग को ही जाते।

नोट—किसी प्रति में 'शमलोक' के स्थान में 'मम लोक' पाठ है। पर हमारी सम्मति में 'शमलोक' ही पाठ शुद्ध है, क्योंकि 'मम लोक' पाठ से यह स्पष्ट विदित होता है कि राम जी अपना ईश्वरत्व प्रकट करते हैं, पर यह बात राम जी स्वयं न कहेंगे, क्योंकि पचीसवें प्रकाश के अन्तिम दोहे में वे स्वयं कहते हैं :—

"मोहि न हुतो जनाइबो सबही जान्यो आज"।

अलंकार—रूपक।

(वृद्धावस्थाजनित दुःखवर्णन)

मूल (मकरंद सवैया)—(लक्षण—७ जगण + यगण)
कँपै उर बानि डगै बर डीठि त्वचाऽतिकुचै सकुचै मति बेली।
नवै नवग्रीव थकै गति केशव बालक ते सँगही सँग खेली॥
लिये सब आधिन व्याधिन संग जरा जब आवै ज्वरा की सहेली।
भगै सब देह दशा, जिय साथ रहै दुरिदौरि दुराशा अकेली॥११॥

शब्दार्थ—कँपै उर बानि=उरसे कंठ तक आते-आते वाणी कँप जाती है अर्थात् उर से जो कहना चाहती है उसका उच्चारण कंठ से स्पष्ट नहीं होता। (त्वचाऽतिकुचै=खाल अति ढोली पड़ जाती है और झुर्रियाँ पड़ जाती हैं। सकुचै=सिकुड़ जाती है। ग्रीव=गर्दन। गति=चलने की शक्ति। आधि=मानसिक व्यथा (चिंता, शोक, संशय, आशंका इत्यादि)। व्याधि=शारीरिक रोग। जरा=वृद्धावस्था। ज्वरा=मृत्यु। भगै सब देह दशा=शरीर के सब ही अंगों की स्वाभाविक शक्ति नष्ट हो जाती है। दुराशा=ऐसी आशा जो उसके लिये उचित न थी।

भावार्थ--हृदयस्थल से निकलती हुई और कंठ की ओर आती हुई वाणी काँपने लगती है (स्पष्ट शब्द उच्चारण नहीं हो सकते)। दृष्टि भी डगमगाती है, शरीर की त्वचा अति ढीली होकर सिकुड़ जाती है, और बुद्धिरूपी लता भी संकुचित हो जाती है (बुद्धि मंद पड़ जाती है) गर्दन झुक जाती है, और चलने की शक्ति जो बालकपन से अब तक संग ही संग रही, थक जाती है। जब मृत्यु की सहेली जरावस्था सब आधियों तथा व्याधियों को साथ लिये हुए मानव शरीर पर आ विराजती है तब शरीर के सब अंगों की स्वाभाविक शक्ति नष्ट हो जाती है, जीव के साथ केवल एक दुराशा-मात्र छिपी हुई रह जाती है।

अलंकार—स्वभावोक्ति और (मतिबेली, ज्वरा की सहेली में) रूपक।

मूल—

विलोकि सिरोरुह सेत समेत तनोरुह कोबिद यों गुण गायो।
उठे किधौं आयु की औधि के अंकुर शूल कि शुष्क समूल नसायो।
जरैं किधौं केशव व्याधिन की किधौं आधि के आखर अंत न पायो।
जरा सर पंजर जीव जर्यो कि जरा जरकंबर सों पहिरायो॥१२॥

शब्दार्थ--सिरोरुह=सिर के बाल, केश। सेत=सफेद। तनोरुह=शरीर पर के बाल (रोएँ)। आयु की औधि=मृत्युकाल। शुष्क शूल=सूखे काँटे शूल की शुष्क समूल। नसायो=अथवा जड़ की जीव सम्पूर्णतः सूखे काँटों से नष्ट कर दिया गया है (छेद दिया गया है)। आखर=अक्षर। जर-कंबर=जरबाफी की कंबल, जरदोजी का दुशाला। जर्यो=जड़ दिया है, कैद रक्खा है।

भावार्थ--(जरावस्था में सिर के बाल और शरीर के सब रोएँ सफेद हो जाते हैं) रोएँ सहित सिर के बालों को सफेद देख कर कोविद लोग यों वर्णन करते हैं, कि ये सिर के बाल और रोएँ हैं या मृत्युकाल (जो अति निकट है) के अँकुर हैं, या जड़जीव पूर्णतः सूखे काँटों से छेद दिया गया है। अथवा व्याधियों की जड़ें हैं, अथवा भाल में लिखी हुई मानसिक व्यथाओं के

असंख्य अक्षर हैं, या जरावस्था ने जीव को शर-पंजर में डाल दिया है, या जरावस्था ने जीव को जरदोजी का दुशाला (क्योंकि दुशाला भी रोमों से ही बनता है) पहना रखा है।

अलंकार—सन्देह ।

मूल—(चन्द्रकला वासुन्दरी सवैया)—लक्षण—८ सगण और १ गुरु)

दिन ही दिन बाढ़त जाय हिये जरि जाय समूल सो औषधि खैहै।
किधौं याहि के साथ अनाथ ज्यों केशव आवतजात सदा दुख सैहै।
जग जाकी तू ज्योति जगै उड़ जीव रे कैसहु तापहँ जान न पैहै।
सुनि, बालदशा गई ज्वानी गई जरि जैहै जराऊ दुराशा न जैहै ॥१३॥

शब्दार्थ—समूल जरि जाय=पूर्णतया नष्ट हो जाय। जा, ता= परब्रह्म। सुनि=ध्यान से सुन ले। जराऊ=जरावस्था भी।

नोट—किसी अन्य का कहा हुआ उपदेश राम जी दुहराते हैं।

भावार्थ—जरावस्था में दुराशा दिन-दिन बढ़ती जाती है, अतः रे जड़ जीव! अब तू इसे समूल नष्ट करने की औषधि खाएगा, या इसी के साथ रहकर अनाथ की तरह आते-जाते (जन्मते-मरते) सदा दुःख ही सहता रहेगा। रे जड़ जीव! इस दुराशा के मारे तू उस ब्रह्म के पास न जाने पायेगा जिसकी ज्योति से तू प्रकाशित है। ध्यान देकर सुन ले लड़कपन बीता, जवानी बीती, और जरावस्था भी जल जायगी पर यह दुराशा (जीव की कुत्सित वासनाएँ) न जायगी।

मूल—(दोहा)—

जहाँ भामिनी, भोग तहँ, बिन भामिनि कहँ भोग।
भामिनि छूटे जग छुटै, जग छूटे सुख योग ॥१४॥

शब्दार्थ—भोग तहँ=तहाँ ही सांसारिक दुःखों का भोग। भोग=संसार के दुःख। सुखयोग=मुक्ति का योग।

नोट—स्त्री-व्यवहार कृत बाधा का वर्णन है। स्त्री-पुत्रादि ही मुक्ति के बाधक हैं।

भावार्थ—जहाँ स्त्री है (अर्थात् स्त्री पुत्रादि की आसक्ति है) वहीं सांसारिक दुःखों का भोग भी है, बिना स्त्री पुत्रादि वाले मनुष्य को दुःखभोग कहाँ है (अर्थात् कहीं नहीं है) स्त्री छुटी तो जग छूटा और जग के छूटने ही पर परब्रह्म संयोग के सुख का अनुभव करने का सुयोग प्राप्त होता है।

अलंकार—कारणमाला।

मूल—(दोहा)—

जोई जोई जो करै अहङ्कार के साथ।
स्नान दान तप होम जप निष्फल जानो नाथ॥१५॥

भावार्थ—हे नाथ! स्नान, दान, तप, होम, जप इत्यादि शुभकर्मों में से जो-जो कर्म अहंकार युक्त होकर किये जाते हैं। (अपने को कर्त्ता मानकर किये जाते हैं, ईश्वरार्पण नहीं किये जाते हैं) वे सब निष्फल हो जाते हैं अर्थात् मुक्ति नहीं दिला सकते, वरन् और उलटे संसार में जन्म-मरण का कारण होते हैं।

नोट—इस दोहे में अहंकार जनित दुःख का वर्णन है।

मूल—(तोटक छन्द)—(लक्षण—४ सगण)

जिय माँझ अहं पद जो दमिये। जिनही जिनही गुण श्री रमिये।
तिनही तिनही लखि लोभ डसै। पट तंतुन उंदुर ज्यों तरसै॥१६॥

शब्दार्थ—अहंपद=अहंकार। दमिये—दबाइये, दूर कीजिये। गुण=उपाय। श्री रमिये=लक्ष्मी प्राप्त की जाती है। पटतंतु=कपड़े का सूत। उंदुर=चूहा, मूसा। तरसै—(फा० तराशना) काटता है।

नोट—इसमें लोभजनित दुःख का वर्णन है।

भावार्थ—यदि किसी प्रकार से अहंकार को दबाया जाय (तो जीव में यह बुराई पैदा होती है कि) जिन-जिन उपायों से लक्ष्मी प्राप्त होती है, उन उन उपायों को देखकर (चाहे वे उचित हों वा अनुचित) लोभ काटने लगता

है (लोभ पैदा होता है) और जीव को इतना जर्जरित कर देता है जैसे चूहा कपड़े के सूत को काटकर कपड़े को खराब कर देता है (तात्पर्य यह कि अहंकार हीन होने पर प्राणी योग्यायोग्य का विचार नहीं करता और अनुचित मार्गों से लाभ उठाने को ठान लेता है। उनका लोभ बढ़ जाता है और भिक्षादि अयोग्य कर्म करने लगता है, दान की रुचि जाती रहती है, इत्यादि इत्यादि)।

मूल—(मत्तगयंद सवैया)

दान सयाननि के कलपद्रुम टूटत ज्यों ऋण ईश के माँगे।
सूखत सागर से सुख केशव ज्यों दुःख श्री हरि के अनुरागे॥
पुन्य बिलात पहारन से पल ज्यों अघ राघव की निशि जागे।
ज्यों द्विज दोष ते संतति नाशत त्यों गुण भाजत लोभ के आगे॥१७॥

नोट—इसमें लोभ जनित दुःख का वर्णन है।

शब्दार्थ—ईश = महादेव। पल = पलमात्र में, अतिशीघ्र। राघव की निशि = राम नवमी की रात्रि। संतति = संतान, औलाद।

भावार्थ—दान और चतुराई के कल्पवृक्ष इस प्रकार टूट जाते हैं जैसे शङ्कर से याचना करने पर ऋण छूट जाता है (केशव कहते हैं कि) सागर समान सुख ऐसे सूख जाता है जैसे विष्णु भक्ति से दुःख नष्ट हो जाता है। पल मात्र में पहाड़ समान पुण्य ऐसे बिला जाते हैं जैसे रामनवमी के जागरण से पाप विलीन हो जाते हैं। लोभ के आगे समस्त सुन्दर मनोवृत्तियाँ इस प्रकार मानव हृदय से पलायन कर जाती हैं जैसे ब्रह्मदोष (ब्रह्महत्या) से सन्तान नाश हो जाती है।

अलंकार—रूपक, उपमा, देहरीदीपक, प्रतिवस्तूपमा।

नोट—ऊपर वाले के छंद का तात्पर्य यह है कि लोभ बढ़ने से मनुष्य दान पुन्य करना छोड़ देता है, असत्य भाषण करके भिक्षादि नीच कर्मों में प्रवृत्त होकर पर आश्रित बन बैठता है।

मूल—

दानदला शुभशील सखा बिझुकैं, गुणभिक्षुक को बिझुकावैं।
साधु सुधी सुरभी सब केशव भाजि गईं भ्रमभूरि भजावैं।
सज्जन-संग बछेरु डरैं बिडरैं वृषभादि प्रवेश न पावैं।
बार बड़े अघ बाघ बँधे उर मन्दिर बालगोविन्द न आवैं ॥१८॥

नोट—इस छंद में पाप के व्यवहार का वर्णन है, कि हृदय-मन्दिर के द्वार पर पाप रूपी बाघ बँधे रहने के कारण परम सुखद बालगोविन्द (भगवान्) हृदय में नहीं आते।

शब्दार्थ—शुभशील=अच्छा शीलमय स्वभाव। बिझुकैं=डरते हैं। बिझुकावैं=डर कर भगा देते हैं। साधु=अच्छी। सुधी=सुन्दर बुद्धि। सुरभी=गाय। भ्रम=चित्त की अव्यवस्था। बिडरैं=डरकर भागते हैं। वृषभ=धर्म रूपी बैल। बार= (द्वार) दरवाजा। बालगोविन्द=बालकरूप नारायण।

भावार्थ—पापी के हृदय में बालगोविन्द नहीं आते, क्योंकि उसके हृदय मन्दिर के द्वार पर पापरूपी बाघ बँधे रहते हैं। दान, दया और सुन्दर शीलवान स्वभाव ये सब बालगोविन्द के सखा हैं, सो ये भी डरकर भाग जाते हैं, भिक्षुक रूपी गुणों को भी वे बाघ डराकर भगा देते हैं (अर्थात् जैसे बाघयुक्त द्वार पर भिक्षुक नहीं जाते हैं वैसे ही पापी के हृदयद्वार पर गुण भी नहीं आते डरकर भाग जाते हैं)। चित्त की घोर अव्यवस्था (भ्रमभूरि) भगा देती है, इस कारण गाय रूपी सुन्दर बुद्धियाँ (सुप्रवृत्तियाँ) भी भाग जाती हैं। सत्संग रूपी बछेरू (गाय के बच्चे) भी वहाँ जाने से डरते हैं, धर्मरूपी बैल भी वहाँ प्रवेश नहीं कर पाता।

तात्पर्य यह है कि बालगोविन्द रूप नारायण वहीं रहते हैं जहाँ उनके सखा, गायें, बछड़े, बैल इत्यादि रहें। पापी के हृदय में दान, दया और शील रूपी सखा, तथा सुबुद्धि गायें, सत्संगरूपी बछड़े, धर्मरूपी बैल, पापरूपी बाघ के डर से प्रवेश ही नहीं कर सकते तो वहाँ बालगोविन्द रूप नारायण कैसे रहेंगे।

अलंकार—रूपक ।

मूल—(दोहा)—

आँखिन आछत आँधरो जीव करै बहु भाँति।
धीरन धीरज बिन करै तृष्णा कृष्णा राति ॥१६॥

शब्दार्थ—आँखिन आछत=आँख होते हुए भी कृष्णा रात=काली रात ।

भावार्थ—तृष्णा काली रात है, अतः सब जीवों को सब प्रकार की आँखें रहते हुये भी अन्धा कर देती है, और धीरवानों को भी अधीर (भयभीत) कर देती है अर्थात् जैसे काली रात में आँख वाले को भी कुछ नहीं सूझता और धीरवान लोग भी अधीर हो जाते हैं, वैसे ही तृष्णा भी जीवों को अन्धा और अधीर कर देती है ।

अलंकार—रूपक ।

मूल—(दोहा)—

तृष्णा कृष्णा षटपदी हृदय कमल मों बास ।
मत्तदंति गलगंड युग, नर्क अनर्क बिलास ॥२०॥

शब्दार्थ—तृष्णा=जितना ही मिलता जाय उतना ही और अधिक प्रबल होने वाली इच्छा । कृष्णा=काली । षटपदी=भौंरी । नर्क=नरक । अनर्क=स्वर्ग ।

भावार्थ—तृष्णा काली भौंरी है जो हृदय में बसती है, और नरक तथा स्वर्ग ही मस्त हाथी के दोनों कपोल हैं जहाँ यह तृष्णा रूपी भौंरी विहार किया करती है (तृष्णा ही स्वर्ग वा नरक का कारण होती है) ।

अलंकार—रूपक ।

मूल—(मत्तगयन्द सवैया)

कौन गनै यहि लोक तरीन बिलोक बिलोकि जहाजन बोरै ।
लाज बिशाल लता लपटी तन धीरज सत्य तमालन तोरै ।
बंचकता अपमान अयान अलाभ भुजंग भयानक कृष्णा ।
पाटु बड़ो कहुँ घाटु न केशव क्यों तरि जाय तरंगिनि तृष्णा ॥२१॥

शब्दार्थ—यहि लोक तरीन=इस मर्त्यलोक की नावों को अर्थात् नर शरीरों को। तरी=नाव। बिलोकि=विशेष ध्यान से देखो। बिलोक=(द्विलोक) दूसरा लोक अर्थात् सुरलोक। बिलोक जहाजन=सुरलोक के जहाज अर्थात् इन्द्रादि बड़े-बड़े देवता। तमालन=(यहाँ पर उपलक्षण मात्र है, अर्थ है) बड़े-बड़े वृक्ष। बंचकता=छल। अयान=अज्ञान। अलाभ=इच्छित वस्तु की अप्राप्ति। कृष्णा=काले रंग की (यह शब्द 'तरंगिनी' का विशेषण है)। पाटु=नदी की चौड़ाई। घाटु=नाव वा जहाज लगाने का अच्छा और सुगम स्थान।

भावार्थ—इस लोक की नावों की तो गिनती ही क्या है (नर शरीर धारी जीवों की तो बात ही क्या है) यदि गौर से देखो तो मालूम हो जायगा कि यह तृष्णा नदी सुरलोक के बड़े-बड़े जहाजों को भी (बड़े-बड़े देवताओं को भी) डुबो देती है। और लाज रूपी घनी लता से आवेष्टित धैर्य और सत्य के तमालों को (लज्जायुक्त धैर्य और सत्य के वृक्षों को) तोड़ डालती है अर्थात् बड़े-बड़े लज्जावान, धीरवान और सत्य वक्ता लोगों को भी बहा ले जाती है। और इस तृष्णा रूपी नदी में छल, अपमान, अज्ञान और अप्राप्ति रूपी भयानक सर्प भी रहते हैं, तथा काले रंग की है (अर्थात् इसका जल गँदला है स्वच्छ नहीं) इस नदी की चौड़ाई भी बड़ी है कहीं उतरने योग्य स्थान भी नहीं है, केशव कहते हैं कि यह तृष्णा नदी कैसे पार की जा सकती है।

अलंकार—रूपक।

मूल—(मत्तगयंद सवैया)

पैरत पाप पयोनिधि में नर मूढ़ मनोज जहाज चढ़ोई।
खेल तऊ न तजै जड़ जीव जऊ बड़वानल क्रोध डढ़ोई।
झूठ तरंगनि में उरझै सु इते पर लोभ-प्रवाह बढ़ोई।
बूड़त हैं तेहि ते उबरै कह केशव काहे न पाठ पढ़ोई॥२२॥

शब्दार्थ—तऊ=तब भी। जऊ=यद्यपि। डढ़ोई=मुग्ध हो रहा है।

भावार्थ—रे मूढ़ मन! तू काम जहाज पर चढ़ा हुआ पाप समुद्र में तैरता फिरता है, और यद्यपि क्रोध बड़वाग्नि से जल रहा है तो भी रे जड़

जीव ! तू यह खेल नहीं छोड़ता। असत्य की तरंगों में उलझा (फँसा) हुआ है और इस पर भी लोभ का प्रवाह बढ़ा हुआ है। केशव कहते हैं कि वह पाठ क्यों नहीं पढ़ता जिसके सहारे इस डूबती हुई दशा से तू उबर जाय (पाप समुद्र से निकल जाय)।

अलंकार—रूपक।

मूल—(दोहा)—

जो केहूँ सुख-भावना काहू को जग होति।
काल आखु पटतंतु ज्यों तब ही काटत ज्योति ॥२३॥

शब्दार्थ—सुख-भावना = मुक्ति की इच्छा। केहूँ = किसी प्रकार। आखु = चूहा, मूषक। ज्योति = अंकुर, आरंभिक प्रकाश।

भावार्थ—जो किसी प्रकार इस जग में किसी को मोक्ष प्राप्त करने की इच्छा भी होती है, तो समय रूपी चूहा तुरन्त वस्त्र के सूत्र के समान उनके अंकुर को ही काट देता है (अर्थात् समय मति को फेर देती है और उसकी वह इच्छा किसी तरह हट जाती है)।

अलंकार—रूपक।

मूल—(दोहा)—

ब्रह्म बिष्णु शिव आदि दै जितने दृश्य शरीर।
नाश हेतु धावतु सबै ज्यों बड़वानल नीर ॥२४॥

भावार्थ—ब्रह्मा, विष्णु, महादेव से लेकर जितने व्यक्ति इस जगत में दृश्यमान शरीर वाले हैं, वे सब नाश की ओर तेजी से जा रहे हैं, जैसे समुद्र का जल आप से आप बड़वानल की ओर दौड़ता है।

अलंकार—उदाहरण।

मूल—(सुन्दरी वा मोदक वृत्त)—(लक्षण—४ भगण)।

दोषमयी जु दवारि लगी अति। देखत ही तिहि को जु जरै मति ॥
भोग की आश न गूढ़ उजागर। ज्यों रज सागर में, मुनिनागर ॥२५॥

शब्दार्थ—दोषमयी = दुर्गुण वा पापमय। दवारि = दावाग्नि। अति =

बहुत अधिक (समस्त संसार में)। आश=इच्छा। गूढ़=गुप्त (हृदय में)। उजागर=प्रकट। मुनि नागर=सम्बोधन में।

भावार्थ—रामजी कहते हैं कि हे मुनिनागर! (मुनियों में सर्वाधिक चतुर) सर्व संसार में जो यह पापमयी दावाग्नि लगी हुई है, इसको देखते ही मेरी मति दग्ध हो गई (संसार के पापाचरण को देखकर मेरी बुद्धि चकरा गई है) अतः अब मुझे राज्य भोग की इच्छा न तो हृदय ही में है न प्रकट ही है, जैसे सागर में धूल न तो प्रकट ही दिखाई देती है न जल के भीतर ही होती है।

अलंकार—उदाहरण।

मूल—(मत्तगयन्द सवैया)—

माछी कहै अपनो घरु माछरु मूसो कहै अपनो घरु ऐसो।
कोन घुसी कहै घूसि घिनौनी बिलारि औ ब्याल बिले महँ बैसो।
कीटक स्वान सो पच्छि औ भिच्छुक भूत कहैं भ्रमजाल है जैसो।
होहुँ कहौं अपनो घरु तैसहिं ता घरुसों, अपनो घरु कैसो ॥२६॥

शब्दार्थ—माछी=मक्खी। माछरु=मच्छड़। मूसो=(मूषक) चूहा। घूसि=एक प्रकार का बड़ा चूहा। घिनौनी=घृणित। बिलारि=बिल्ली। ब्याल=सर्प। बिल=सूराख। बैसो=बैठा हुआ। कीटक=कीड़ा।

भावार्थ—एक ही घर को मक्खी और मच्छड़ अपना घर कहते हैं, चूहा भी उसको अपना ही घर-सा मानता है। कोने में घुसी घृणित घूस और बिल्ली भी उसे अपना ही घर मानते हैं, सूराख में बैठा सर्प भी अपना घर कहता है। कीड़े, कुत्ता, पक्षी, भिक्षुक और भूत भी उसे अपना ही घर समझते हैं यह तो बड़ा ही विकट भ्रमजाल है। उसी घर को मैं भी उसी प्रकार अपना घर मानता हूँ, पर सच तो कहिये यह अपना घर कैसे है! (जिस पर इतने दावेदार हैं) तात्पर्य कि संसार के पदार्थों पर ममत्व व्यर्थ है, ये किसी एक के नहीं, इन पर अनेक दावेदार हैं।

मूल—(सुन्दरी वा मोदक वृत्त)—

जैसहि हौं अब तैस रहौं जग। आपद सम्पद के न चलौं मग।
एकहि देह तियाग बिना सुनि। हौं न कछू अभिलाष करौं मुनि ॥२७॥

शब्दार्थ—तैस=वैसा ही। आपद=आपदा, विपत्ति, दुःख। सम्पद=सम्पदा, सुख। तियाग बिना=त्यागने के सिवाय। अभिलाष=इच्छा।

भावार्थ—हे मुनि! मैं जैसे हूँ वैसे ही रहूँगा, सुख या दुःख के मार्ग पर न चलूँगा अर्थात् राजगद्दी ग्रहण करके उसके सुखों के भोगों अथवा राज्य श्री द्वारा पतित होकर उसके दुःखों के मार्ग पर न चलूँगा। हे मुनिराज! अब तो मुझे केवल एक देहत्याग के सिवाय कोई भी इच्छा नहीं है।

मूल—

जो कुछ जीव उधारन को मत। जानत हौ तो कहौ मन है रत।
यों कहि मौन गह्यौ जगनायक। 'केशव' दास मनो बचकायक॥२८॥

शब्दार्थ—मत=उपाय। मन है रत=मेरा मन उस उपाय को जानने पर अनुरक्त है (मैं जानना चाहता हूँ)। जगनायक=श्रीरामजी। केशव... कायक=मन, वचन, कर्म से केशव कवि जिनका दास है।

भावार्थ—श्रीरामजी कहते हैं कि हे मुनि! यदि आप जीव-उद्धार का कुछ उपाय जानते हों तो कहिये, मेरा मन उसे जानना चाहता है। ऐसा कहके केशव कवि जिन श्रीराम का मन वचन कर्म से दास है, वे जगनायक राम चुप हो रहे।

मूल—(चामर छंद)—(लक्षण—सात बार गुरु लघु और अंत में एक गुरु)

साधु साधु कै सभा अशेष हर्ष हर्षिगो।
दीह देव लोक ते प्रसून वृष्टि वर्षियो॥
देखि देखि राजलोक मोहियो महाप्रभा।
आइयों तहाँ तुरन्त देव की सबै सभा॥२९॥

शब्दार्थ—साधु-साधु=शाबाश, शाबाश। अशेष=सम्पूर्ण, यहाँ पर 'बड़े'। दीह=(यह शब्द वृष्टि का विशेषण है)। राजलोक=राजभवन।

भावार्थ—(रामजी के वचन सुन कर) समस्त सभा साधुवाद करके बड़े हर्ष से हर्षित हुई। देवलोक से देवताओं ने फूलों की बड़ी घनी वर्षा बरसाई।

और तुरन्त समस्त देवगण वहाँ आगये और राजभवन की महाछवि देख-देख कर समस्त देवगण मोहित हो गये।

मूल—(विश्वामित्र) चामर छंद।

व्यास पुत्र के समान शुद्ध बुद्धि जानिये।
ईश को अशेष सत्य तत्व सो बखानिये।
इष्ट हौ वशिष्ट शिष्ट नित्य वस्तु शोधिये।
देवदेव राम देव को प्रबोध बोधिये ॥३०॥

शब्दार्थ—व्यास-पुत्र=शुक्राचार्य। ईश=ईश्वर। अशेष=सम्पूर्ण। सत्वतत्व=सत्य स्वरूप। इष्ट=गुरु। शिष्ट=सभ्य, भलेमानुस। नित्य वस्तु=सत्य स्वरूप ईश्वर। शोधिये=शोधा करते हो, खोजा करते हो। देवदेव=देवताओं के भी पूज्य। रामदेव=रामराजा। प्रबोध=अच्छा ज्ञान (जीव उधारन)। बोधिये=समझाइये, समझाकर कहिये।

भावार्थ—विश्वामित्र कहते हैं कि हे वशिष्ठजी, हम तो तुमको शुकाचार्य के समान शुद्ध बुद्धिवाला समझते हैं। ईश्वर का जो सम्पूर्ण सत्य स्वरूप है उसे बखान करो। हे सुसभ्य वशिष्ठ! तुम रघुवंशियों के गुरु हो और नित्य वस्तु (ईश्वर) की खोज किया करते हो अतः देवताओं के पूज्य श्रीराम जी को अच्छा ज्ञान अर्थात् जीव उद्धार का उपाय अच्छी तरह समझाइये।

चौबीसवाँ प्रकाश समाप्त

पचीसवाँ प्रकाश

दोहा—कथा पचीस प्रकाश में ऋषि बशिष्ठ सुख पाइ।
जीव उधारन रीति सब रामहि कह्यौ सुनाइ॥

मूल—(पद्धटिका छंद) वशिष्ठ—

तुम आदि मध्य अवसान एक। अरु जीव जन्म समुझै अनेक।
तुमही जु रची रचना बिचारि। तेहि कौन भाँति समझौ मुरारि ॥१॥

शब्दार्थ--अवसान=अन्त। समुझौ=समझते हो।

भावार्थ—(वशिष्ठ जी रामजी से कहते हैं) हे राम ! तुम तो परब्रह्म हो, तुम आदि से अंत तक एक से रहते हो (तुम में कभी कोई परिवर्तन नहीं होता) और जीव तो अनेक बार जन्म धारण करता है (परिवर्तित होता रहता है—मरता, जन्मता रहता है) इस बात को तुम अच्छी तरह समझते हो। तुमने जो खूब सोच विचार कर रचना रची है, उसे, हे मुरारि! मैं किस प्रकार (तुमसे अधिक) समझ सकता हूँ। तात्पर्य यह कि तुम स्वयं ब्रह्म हो, जीव के उद्धार का उपाय जानते हो, मैं आपसे अधिक नहीं जानता।

मूल--

सब जानि बूझियत मोहि राम सुनिये सो कहौं, जग ब्रह्मनाम।
तिनके अशेष प्रति बिंबजाल। तेइ जीव जानि जग में कृपाल ॥२॥

शब्दार्थ--जग ब्रह्मनाम=जिसे जग में ब्रह्म नाम से पुकारते हैं। अशेष=सब।

भावार्थ--हे राम ! सब बात जान-बूझकर यदि आप मुझसे पूछते ही हैं, तो सुनिये मैं कहता हूँ। इस जग में जिसे 'ब्रह्म' नाम से पुकारते हैं, हे कृपाल ! उसी के समस्त प्रतिबिम्बों को जग में 'जीव' जानो।

अलंकार—निदर्शना।

मूल--(निशिपालिका छंद)-लक्षण-(१५ अक्षर, भ, ज, स, न, र पाँच गण)

(वशिष्ठ)--लोभ मद मोह बस काम जब ही भयो।
भूलि गयो रूप निज बीधि तिनसों गयो॥
(राम)--बूझियत बात वह कौन विधि उद्धरे।
(वशिष्ठ)—वेद विधि शोधि बुध यत्न बहुधा करै ॥३॥

शब्दार्थ—बीधि गयो=फँस गया, उलझ गया।

भावार्थ--(वही ब्रह्म का प्रतिबिंब स्वरूप जीव) जब लोभ, मोह, मद और काम के वश हो जाता है, तब अपने सहज रूप (ब्रह्मरूप) को भूल

जाता है। (इतना सुन रामजी पुनः कहते हैं कि हाँ यह तो मैं भी जानता हूँ पर) पूछता यह हूँ कि उस लोभ मोहादि में फँसे हुए जीव का उद्धार कैसे हो (अर्थात् फँसने की बात तो मैं जानता हूँ, आपसे उद्धार का उपाय चाहता हूँ) तब वशिष्ठ बोले—बुद्धिमान को चाहिये कि वेदविधि से ढूँढ़कर अनेक प्रकार के उपाय करें अर्थात् वेद में इसके अनेक उपाय कहे गये हैं, खोजकर जो अपने अनुकूल हो उसे करे।

मूल—(राम) दोहा—

जित लै जैहै वासना तित तित ह्वै है लीन।
जतन कहौ कैसे करै जीव बापुरो दीन ॥४॥

शब्दार्थ—वासना = दुराशा, अपूर्ण इच्छा। बापुरो = बेचारा, अशक्त।

भावार्थ—रामजी वशिष्ठ जी से पुनः पूछते हैं कि बेचारा जीव यत्न करै तो कैसे करै, वह तो विवश हो जाता है, जहाँ-जहाँ (जिस-जिस योनि में) उसकी दुराशा उसे ले जायगी, वहाँ-वहाँ उस योनि के कर्मों में निमग्न रहेगा (यत्न करने की बुद्धि और सामग्री कहाँ पावेगा)।

मूल—(वशिष्ठ) दोधक छंद (लक्षण—३ भगण दो गुरु)।

जीवन की युग भाँति दुराशा। होति शुभाशुभ रूप प्रकाशा।
यत्नन सों शुभ पंथ लगावै। तो अपनो तब ही पद पावै ॥५॥

शब्दार्थ—आशा = वासना।

भावार्थ—जीवों की दुराशा (वासना) दो प्रकार की होती है। एक शुभरूप से दूसरी अशुभरूप से प्रकाशित होती है (हरिपूजन, तीर्थ, व्रतादि की वासना शुभ है। बुरे कर्मों की वासना अशुभ है) अतः यत्नपूर्वक शुभ-वासना को सुपंथ में लगावै तो जीव तुरन्त अपने निजपद (ब्रह्मपद) को प्राप्त कर ले सकता है (अर्थात् जीवन्मुक्त हो सकता है और जीवन्मुक्त होने पर उस शुभ वासना को भी छोड़ देना चाहिये)।

मूल—

हौं मनते विधि पुत्र उपायो। जीव उधारन मन्त्र बतायो।
है परिपूरण ज्योति तिहारी। जाय कही न सुनी न निहारी ॥६॥

शब्दार्थ—हौं=(कर्मकारक में है) मुझको। (नोट) अन्य प्राचीन कवियों ने इस शब्द का प्रयोग केवल कर्ता कारक में किया है। उपायो= उत्पन्न किया। ज्योति=ब्रह्मज्योति।

भावार्थ—ब्रह्मा ने जब मुझ को अपने मन से पुत्रवत् उत्पन्न किया, तब जीवोद्धार की युक्ति मुझे बतलाई थी (वही मैं सुनाता हूँ) वह जो तुम्हारी पूर्ण ब्रह्म ज्योति है, जिसका वर्णन नहीं हो सकता, न कोई उसका पूर्ण वर्णन सुन ही सकता है और न उसे कोई पूर्णतः देख ही सकता है।

मूल—(दोहा)

ताकी इच्छा ते भये नारायण मति निष्ठ।
तिनते चतुरानन भये तिनते जगत प्रतिष्ठ ॥७॥

भावार्थ—उस ब्रह्मज्योति की इच्छा से मतिमान् नारायण उत्पन्न हुए, उनसे ब्रह्मा पैदा हुए और ब्रह्मा से जगत की प्रतिष्ठा हुई।

अलंकार—कारणमाला।

मूल—(दोधक छंद)—

जीव सबै अवलोकि दुखारे। अपने चित्त प्रयोग विचारे।
मोहि सुनाये तुम्हें ते सुनाऊँ। जीव उधारन गीत सु गाऊँ ॥८॥

शब्दार्थ—दुखारे=दुखी। प्रयोग=उपाय, यत्न।

भावार्थ—जगत की प्रतिष्ठा करके जब ब्रह्मा ने जगजीवों को दुखी देखा, तब दुःख-निवारणार्थ जो उपाय उन्होंने अपने चित्त में विचारे थे, वे उपाय उन्होंने मुझे सुनाये थे, वे ही उपाय मैं तुम्हें सुनाता हूँ और जीवोद्धार का वही गीत गाता हूँ (लो सुनो)।

मूल—(दोहा)—

मुक्ति पुरी बर द्वार के चार चतुर प्रतिहार।
साधुन को सतसंग सम अरु संतोष विचार ॥९॥

शब्दार्थ—बर=श्रेष्ठ (यह शब्द मुक्तिपुरी का विशेषण है)। प्रतिहार =दर्बान। सम—(शम) मन को अपने वश में रखना।

भावार्थ--सुन्दर मुक्ति पुरी के दरवाजे के चार चतुर दर्बान हैं (१) साधुसंग, (२) शम, (३) सन्तोष, (४) विचार (यदि ये द्वारपाल आज्ञा दें तो जीव सुन्दर मुक्तिपुरी के भीतर जा सकता है)।

अलंकार--रूपक।

नोट--आगे के छन्दों में चारों की परिभाषा कहते हैं।

मूल—(दोहा)—

यह जग चक्काव्यूह किय कज्जल कलित अगाधु।
तामहँ पैठि जो नीकसै अकलङ्कित सो साधु॥१०॥

शब्दार्थ—चक्काव्यूह = चक्रव्यूह। कज्जलकलित = काजल ही का बना हुआ। अगाधु = अति अगम। अकलंकित = कज्जल चिह्न रहित, निर्दोष।

नोट--प्राचीन काल में शपथ लेने के लिये चक्रव्यूह का अति सङ्कीर्ण चित्र काजल से बनाते थे। उसमें सन्दिग्ध दोषी की उँगली फिरवाते थे। यदि वह जन द्वार से भीतर तक और भीतर से द्वार तक अपनी उँगली फेरते हुए उसे काजल से बचा सकता तो वह निर्दोष समझा जाता था।

भावार्थ—ईश्वर ने इस जगरूपी चक्रव्यूह को काजलयुक्त अगम (संकीर्ण रास्तों वाला) बनाया है। इसमें पैठ कर जो निर्दोष निकले वही साधु है (ऐसे साधु का सत्संग मुक्ति पुरी का दर्बान है)।

अलंकार—रूपक और निदर्शना।

मूल—(दोधक छंद)—

देखत हूँ बहु काल छिये हूँ। बात कहे सुने भोग किये हूँ।
सोवत जागत नेकु न लोभै। सो समता सब ही महँ शोभै॥११॥

शब्दार्थ—न लोभै = उन विषयों में लीन न हो। समता = चित्त का शमन।

भावार्थ—(मन को इस प्रकार अपने वश करे कि) विषय वस्तु के सौन्दर्य को देखते हुए, बहुत समय तक स्पर्श करते हुए, बात करते हुए और सुनते हुए तथा भोग करते हुए भी किसी समय (किसी प्रकार) उन विषयों में लीन न हो, वही शमन गुण सबको शोभा देता है। (तात्पर्य यह कि रूप, रस, गंध, श्रवण, स्पर्शादि के विषयों को भोगते हुए भी मन को उनमें लीन न

होने दे, तब सच्चा 'शमन' है और ऐसा ही 'शमन' मुक्तिप्रद होता है। ऐसा ही शमन राजा जनक का था)।

अलंकार—निदर्शना।

मूल—

जी अभिलाष न काहु की आवै। आये गये सुख दुःख न पावै।
लै परमानँद सों मन लावै। सो सब माहिं सँतोष कहावै ॥१२॥

भावार्थ—मन में किसी वस्तु की अभिलाषा न आवै और किसी वस्तु के मिलने पर सुखी वा किसी वस्तु के नष्ट होने पर दुखी न हो, मन को परमानन्द स्वरूप ईश्वर में लगाये रहे, इसी आचार को सब शास्त्र सच्चा सन्तोष कहते हैं।

अलंकार—निदर्शना।

मूल—

आयो कहाँ अब हौं कहि को हौं। ज्यों अपनो पद पाऊँ सो टोहौं।
बंधु अबंधु हिये महँ जानै। ताकहँ लोग बिचार बखानैं ॥१३॥

शब्दार्थ—हौं = मैं। टोहौं = तलाश करूँ। बन्धु = हितकारी (शमदमादि) अबंधु = अहितकारी (काम-क्रोधादि)। जानै = पहचाने।

भावार्थ—मैं कौन हूँ, कहाँ आया हूँ, कहाँ से किस लिये आया हूँ। जिस प्रकार पुनः मैं अपने असली पद को प्राप्त हूँ उसे खोजना मेरा परम धर्म है। और कौन मेरा हितू है कौन अहितू है इसको चित्त में भली भाँति जाने। इसी को विचार कहते हैं। किसी कवि ने संक्षेप में यों कहा है:—

दोहा—"को हौं आयों कहाँ ते कित जैहौं का सार।
को मैं जननी को पिता याको कहिय विचार ॥"

अलंकार—निदर्शना।

मूल—(वशिष्ठ)—

चारि में एकहु जो अपनावै। सो तुमपै प्रभु आवन पावै।
(राम)—ज्योति निरीह निरंजन मानो। तामहँ क्यों ऋषि इच्छ बखानो ॥१४॥

शब्दार्थ—तुमपै = तुम्हारे पास (मुक्ति पद में)। निरीह = (निः + ईह) इच्छा रहित। निरंजन = (निः + अंजन) माया से परे, मायातीत। मानो = मानी गई है, सब शास्त्रों ने माना है। इच्छ = इच्छा।

भावार्थ--(वशिष्ठजी कहते हैं) हे प्रभु ! ऊपर कहे हुए चार गुणों में से (१ साधुसंग, २-शम, ३-सन्तोष, ४-विचार) किसी एक को जो कोई अपनावे (धारण करे) वही आपके पास आ सकता है (मुक्तिपद पा सकता है, अन्यथा नहीं) ।

(तदनन्तर राम पुनः प्रश्न करते हैं कि) वह ज्योति स्वरूप ब्रह्म तो इच्छारहित और मायातीत माना गया है, फिर उसमें इच्छा का होना कैसे कहते हैं ! (देखो इससे पहले का छन्द नं० ६) ।

मूल—(वशिष्ठ)—दोहा—

सकल शक्ति अनुमानिये अद्भुत ज्योति प्रकाश।
जाते जग को होत है उत्पति थिति अरु नाश ॥१५॥

भावार्थ--(वशिष्ठ का उत्तर है कि) उस अद्भुत और प्रकाशमान ब्रह्मज्योति में सब शक्तियों का अनुमान किया जा सकता है (इच्छा भी शक्ति है, यदि इच्छा न हो तो वह सर्वशक्तिमान कैसे कहलावे, अतः उसमें इच्छा शक्ति का होना असम्भव नहीं) उसी ज्योति के अद्भुत शक्ति-प्रकाशन से संसार की उत्पत्ति, उसकी स्थिति और उसका नाश होता है ।

नोट—इस छंद में 'अद्भुत' शब्द बड़ा विलक्षण है । तात्पर्य यह है कि उस ब्रह्मज्योति में यही तो अद्भुतता है कि वह 'निरीह' और 'निरंजन' भी कही जाती है, तब भी उसमें 'इच्छा' है ।

मूल—(श्रीराम) दोधक छंद—

जीव बँधे सब आपनि माया । कीन्हें कुकर्म मनो बच काया ।
जीवन चित्त प्रबोधन आनो । जीवन मुक्त को मर्म बखानो ॥१६॥

शब्दार्थ—माया=ममता (अहंकार) । जीवन प्रबोधन=जीवों के विषय का पूर्ण ज्ञान । चित्त आनो=समझ गया । मर्म=ठीक परिभाषा ।

भावार्थ —(श्रीरामजी कहते हैं कि) अब समझे कि जीव अपनी ममता (अहं) के कारण बन्धन में पड़े हैं, क्योंकि वे मन, वचन और शरीर से कुत्सित कर्म करते हैं (और उनका कर्ता अपने को मानते हैं) जीवों के

विषय का पूर्णज्ञान (समस्त जानकारी) अब मैं समझ गया, अब आप मुक्त जीवों की परिभाषा (ठीक पहचान) बतलाइये ।

मूल—(वशिष्ठ)—

बाहर हूँ अति शुद्ध हिये हूँ। जानि न लागत कर्म किये हूँ ॥
बाहर मूढ़ सु अंतस यानो। ताकहँ जीवन मुक्त बखानो ॥१७॥

शब्दार्थ—मूढ़=मूर्ख, अज्ञान (बालकवत्) । अंतस=अंतःकरण में । यानो=ज्ञानवान ।

भावार्थ—मुक्त जीव बाह्य शरीर से और हृदय से अति शुद्ध होता है। कर्म सब करता है पर उनमें लिप्त नहीं होता (जैसे जनकादि थे)। बाहर से तो मूर्ख-सा जान पड़ता है, पर अंतःकरण से ज्ञानवान होता है, ऐसे को जीवन-मुक्त कहते हैं ।

अलंकार—निदर्शना ।

मूल—दोहा—

आपन सों अवलोकिये सबही युक्त अयुक्त ।
अहं भाव मिटि जाय जो कौन बद्ध को मुक्त ॥१८॥

शब्दार्थ—आपन सों =अपने समान (आत्मवत् सर्व-भूतानि)। अवलोकिये=समझिये। युक्त=योग्य जीव (मनुष्यादि)। अयुक्त=अयोग्य (पशु, कीट, पतंगादि)। अहंभाव=मैं हूँ, मैं यह कर्म करता हूँ, इत्यादि भावना।

भावार्थ—जो नर मनुष्य से लेकर कीट-पतंगादि तक सब ही बड़े-छोटे जीवों को आत्मवत् समझता है, और जिसका अहंभाव मिट जाता है, उसके लिये बन्धन क्या और मुक्ति क्या ? अर्थात् वह अनेक प्रकार के सांसारिक कर्म बन्धनों में रहते हुए भी मुक्त ही है ।

नोट—वशिष्ठ जी चाहते हैं कि रामजी राज्यभार ग्रहण करें, अतः तत्वज्ञान बतलाते हैं कि 'आत्मवत् सर्व-भूतानि' सिद्धान्त का अभ्यास करते हुए अहंभाव को छोड़ कर आप राज्य करें तो दोष न लगेगा ।

मूल—(राम)—

ये सिगरे गुण हौं हुत जानो। थावर जीवन मुक्त बखानो।
(वशिष्ठ)-जानि सबै गुण दोषन छंडैं। जीवन मुक्तन के पद मन्डै ॥१६॥

शब्दार्थ—हौं=मैं। हुत जानो=जानता था। थावर जीवन मुक्त=मुक्त जीवों के हृदय का स्थायीभाव।

भावार्थ—(वशिष्ठ जी की लंबी व्याख्या सुनकर रामजी कहते हैं कि) ये सब गुण तो मैं भी जानता था पर आप संक्षेप से वह मुख्य स्थायी भाव बतलाइये जिनको हृदय में रखने से और जिसके अनुसार वरतने से लोग जीवन्मुक्त हो सकते हैं। (तब वशिष्ठ कहते हैं कि) संसार में सब भली बुरी वस्तुओं को जान कर (उनका अनुभव करके) उन सब का त्याग करे अर्थात् वरते सब कुछ पर उसमें लिप्त न हो। जो ऐसा करे वही जीवन्मुक्त पद को सुशोभित करता है। अर्थात् 'प्रबल त्याग' ही जीवन मुक्त लोगों का स्थायी भाव है। त्याग की भावना रखने ही से जीव कष्टों से मुक्त हो सकता है।

नोट—इस भाव को आजकल के समय में महात्मा गांधी जी ने अच्छी तरह समझा है।

मूल—(राम)—दोहा।

साधु कहावत करत हैं जग के सब व्यौहार।
तिनको मीचु न छ्वै सकै कहि प्रभु कौन विचार ॥२०॥

शब्दार्थ—जग के व्यौहार=स्त्री पुत्रादि गृहस्थीय सम्बन्ध। मीचु न छ्वै सकै=वे मरते नहीं अर्थात् जीवन्मुक्त होकर अमर पद प्राप्त करते हैं। (मृत्यु की कुछ परवाह नहीं करते)।

भावार्थ—(रामजी पूछते हैं कि) महाराज गुरुजी! इनका मर्म तो बतलाइये कि संसार में अनेक लोग ऐसे होते हैं जो साधु वृत्ति के होकर भी गृहस्थ की सी स्थिति में रहते हैं और वे मुक्तिपद को प्राप्त होते हैं (अर्थात् जग-व्यौहार उनकी मुक्ति-प्राप्ति में बाधक नहीं हो सकते यह क्या बात है)।

मूल—(वशिष्ठ) पद्धटिका छंद ।

जग जिनको मन तव चरण लीन । तन तिनको मृत्यु न करति छीन ।
तेहि छनहो छन दुख छीन होत । जिय करत अमित आनँद उदोत ॥२१॥

भावार्थ —(वशिष्ठजी कहते हैं) संसार में जिन जीवों का मन (चाहे वे गृहस्थ हों चाहे तपस्वी) तुम्हारे चरणों में लीन रहता है, उनके शरीर को मृत्यु नाश नहीं कर सकती, क्योंकि प्रतिक्षण उनके दुःख नाश होते जाते हैं और हृदय में अपार आनन्द कर उदय होता जाता है (होते-होते वे तुम्हारे आनन्द-स्वरूप में निमग्न हो जाते हैं) ।

मूल—

जो चाहै जीवन अति अनंत । सो साधै प्राणायाम मन्त ।
शुभ पूरक कुंभक मान जानि । अरु रेचकादि सुखदानि मानि ॥२२॥

शब्दार्थ—प्राणायाम=स्वाँस को शरीर के भीतर ले जाना, हृदय में उसे रोकना, पुनः विधिपूर्वक बायें नासाछिद्र से निकाल देना । पूरक=नाक के दाहिने छेद को अँगूठे से दबा कर बन्द करके बायें छेद से स्वाँस ऊपर को खींचना । कुंभक=नाक के दोनों पुटों को अँगूठे और अनामिका से दबाकर बन्द कर देना और स्वाँस को हृदय में स्थिर करके रोके रहना । रेचक=बाँयें नासापुट को अनामिका से दबाकर रोकना और दायें पुट से धीरे-धीरे स्वाँस को बाहर निकालना । मान जानि=पूरक, कुंभक और रेचक क्रियाओं के काल का परिमाण जानकर ।

नोट—कायदा यह है कि यदि एक मिनट का समय पूरक में लगावे तो चार मिनट कुंभक में लगावे (स्वाँस को हृदय में रोके) और दो मिनट रेचक में लगावे । पूरक से चौगुना समय कुंभक में और दूना समय रेचक में लगाना चाहिये । यही प्राणायाम का विधान है । पर यहाँ 'मंत' (मंत्र) शब्द प्रयुक्त है । अतः अर्थ यह होगा कि अपने इष्ट मंत्र को जपते हुए पूरकादि क्रियायें करें । अर्थात् पूरक करते समय यदि चार बार इष्टमंत्र जपै, तो कुंभक इतनी देर साधना चाहिये जितनी देर में सोलह बार इष्टमंत्र जप सके, और

आठ बार मंत्र जपने में जितना समय लगै उतनी देर में रेचक क्रिया समाप्त करे।

भावार्थ—(वशिष्ठ जी कहते हैं कि) यदि कोई जन अपनी आयु अति दीर्घ करना चाहे तो उसे अपने इष्ट मंत्र द्वारा प्राणायाम क्रिया को साधना चाहिये। पूरक, कुंभक और रेचकादि क्रियाओं का परिणाम जान कर और सुखद समझकर (आगे का छंदार्द्ध इसी छंद के साथ पढ़िये)।

मूल—

जो क्रम क्रम साधै साधु धीर। सो तुमहि मिलै याही शरीर॥
(राम)-जग तुमते नहिं सर्वज्ञ आन। सब कहौ देव पूजा विधान॥२३॥

भावार्थ—जो धीरवान साधु इस क्रिया को क्रम-क्रम साधेगा वह इसी शरीर से (वर्तमान शरीर से जिस शरीर से साधना करता है) तुमसे मिल सकेगा। अर्थात् जीवन्मुक्त पद प्राप्त कर सकता है। (यह सुनकर रामजी पुनः प्रश्न करते हैं) इस जग में आप से अधिक सर्वज्ञ कोई दूसरा नहीं है, अतः हम किससे पूछें। हे देव ! अब पूजा का विधान बतलाइये। (अर्थात् किस देव का पूजन करना चाहिये)।

मूल—(वशिष्ठ)—तारक छंद-(लक्षण—४ सगण एक गुरु)
हम एक समै निकसे तपसा को। तब जाइ भजे हिमवंत रसा को॥
बहु भाँति करयो तप क्यौं कहि आवै। शितिकंठप्रसन्नभये जगु गावै॥२४॥

शब्दार्थ—तपसा = तपस्या। जाइ भजे = पहुँचे। हिमवंत रसा = हिमाचल पर्वत की धरती। शितिकंठ = महादेवजी। जगु गावै = जिनकी प्रशंसा संसार करता है।

भावार्थ—(वशिष्ठ कहते हैं) हम एक बार तप को निकले और चलते-चलते हिमाचल पर्वत पर पहुँचे। वहाँ अनेक प्रकार से घोर तप किया, जिसका वर्णन मैं क्या करूँ। इतना तप किया कि जगत-प्रशंसित शिवजी प्रसन्न हो गये, (और इस रूप से मेरे पास आये)।

मूल—(दंडक छंद)—

ऊजरे उदार उर बासुकी बिराजमान,
हार के समान आन उपमा न टोहिये।
शोभिजैं जटान बीच गंगा जू के जलबुन्द,
कुन्द की कली सी केशोदास मन मोहिये॥
नख की सी रेखा चंद्र, चंदन सी चारु रज,
अंजन सिंगारहू गरल रुचि रोहिये।
सब सुख सिद्धि शिवा सोहैं शिव जू के साथ,
जावक सो पावक लिलार लाग्यो सोहिये॥२५॥

शब्दार्थ—उदार=बड़ा, विस्तृत। आन उपमा न टोहिये=अन्य उपमा नहीं तलाश करता (क्योंकि दूसरी उपमा मिल ही नहीं सकती)। रज= विभूति, भस्म। गरलरुचि=विष की आभा (कालकूट की काली आभा)। रोहिये=आरोहित है, शिव पर चढ़ी है शिव के गले में लगी है। शिवा= पार्वती। जावक=महाउर। लिलार(ललाट)=मस्तक।

भावार्थ—शिव जी के उज्ज्वल और चौड़े वक्षस्थल पर हार के समान वासुकी विराज रहा था जिसकी दूसरी कोई उपमा खोजना व्यर्थ है, स्वच्छ सफेद कुन्द कलियों के समान गंगोदक—बुन्द जटाओं पर बड़े ही मनोहर मालूम होते थे, नख रेखा सम क्षीण चन्द्रमा, चन्दन के समान भस्म और सिंगारी अंजन के समान विष की काली आभा उनके तन में यथास्थान लगे हुए थे। और सब सुखों की सिद्धि रूपी पार्वती जी साथ में थीं, और मस्तक पर जावक के समान (लाल) अग्नि भी शोभित थी।

नोट—चूँकि पार्वती का संग था, अतः कवि ने बड़ी चतुराई से शिव के अंग चिह्नों को शृंगारी वस्तुओं से उपमा देकर रूप का वर्णन किया है। हार, कुंदकली, नखरेखा, चन्दनलेप, काजल इत्यादि शृंगारी वस्तुएँ हैं। कहने का तात्पर्य यह है कि शिवजी मानो सुरत चिन्ह युक्त हैं, क्योंकि सपत्नीक हैं। शान्त में शृंगार का अति पवित्र और बड़ा ही मनोहर मेल है। धन्य केशव!

अलंकार—उपमा और रूपक।

मूल—(महादेव) तारक छंद।

बर माँगि कछू ऋषिराज सयाने।
बहु भाँति किये तप पन्थ पयाने॥
(वशिष्ठ)—पुजवो परमेश्वर मो मन इच्छा।
सिखवो प्रभुदेव प्रपूजन शिक्षा॥२६॥

शब्दार्थ—तप पंथ पयाने किये = तपमार्ग में चले हो (तप किया है); प्रपूजन = अच्छी तरह पूजन करना।

भावार्थ—(महादेव जी ने कहा) हे ज्ञानी ऋषिराज ! कुछ वर माँगो क्योंकि तुमने बहुत अच्छी तरह से तप किया है (मैं तुम पर प्रसन्न हूँ)। (तब वशिष्ठ ने कहा) हे परमेश्वर ! यदि मेरी इच्छा पूर्ण करना चाहते हो तो मुझे देव पूजन की अच्छी शिक्षा दीजिये।

मूल—(शिव)—दोहा—

उमा रमापति देवनहिं रंग न रूप न भेव।
देव कहत ऋषि कौन को सिखऊँ जाकी सेव॥२७॥

शब्दार्थ—भेव = भेद, रूपान्तर।

भावार्थ—उमापति और रमापति नामक देवों का न कोई रंग है न रूप है और न रूपान्तर है, अतः ये तो शरीरधारी देव नहीं हैं। (और पूजा हो सकती है केवल शरीधारी ही की) अतः हे ऋषि ! तुम देव किसको कहते हो जिसकी पूजा मैं तुम्हें सिखाऊँ।

मूल—(वशिष्ठ)—तोमर छंद-(लक्षण-१२ मात्रा, अंत में गुरु लघु)।

हम कहा जानहि अज्ञ। तुम सर्वदा सर्वज्ञ॥
अब देव देहु बताय। पूजा कहौ समुझाय॥२८॥

शब्दार्थ—अत्यन्त सरल है।

मूल—(शिव) तोमर छंद।

सत चित प्रकाश प्रभेव। तेहि बेद मानत देव।
तेहि पूजि ऋषि रुचि मन्डि। तब प्राकृतन को छंडि॥२९॥

शब्दार्थ—सत=जिसका कभी नाश न हो। चित=जो संसार के समस्त पदार्थों को चेतनता दिये हुए है (जिसकी सत्ता से सर्व जीव चेतन हैं, काम काज करते हैं) प्रभेव=रूपान्तर अर्थात् राम का सगुण रूप। प्राकृतन=प्राकृत देवता अर्थात् गणेश, महेश, देवी, दुर्गा, इन्द्र, आदित्य आदि।

भावार्थ—(शिव जी कहते हैं कि) सत् और चित् तत्व के प्रत्यक्ष रूपान्तर को अर्थात् सत् चित् तत्व के सगुण रूपान्तर श्रीराम को ही वेद देव मानते हैं। अतः हे ऋषि! सब अन्य प्राकृत देवताओं को छोड़कर रुचि पूर्वक उसी की पूजा कर।

मूल—

पूजा यहै उर आनु। निर्व्याज धरिये ध्यानु।
यों पूजि घटिका एक। मनु किये याज अनेक ॥३०॥

शब्दार्थ—निर्व्याज=निष्कपट। याज=यज्ञ।

भावार्थ—उस देवता की पूजा यही समझो कि निष्कपट होकर उसका ध्यान करे। इस प्रकार यदि एक घड़ी भी पूजन किया तो मानो अनेक यज्ञ कर लिये (उसकी पूजा केवल ध्यान ही है और कुछ नहीं)।

अलंकार—उत्प्रेक्षा।

मूल—

जिय जान यहई योग। सब धर्म कर्म प्रयोग।
तेहि ते यही उर लाव। मन अनत कहूँ न चलाव ॥३१॥

भावार्थ—हृदय से इसी ध्यान को योग समझो, इसीको समस्त धर्म और इसीको सब प्रकार के कर्म जानो। इसलिये तुम इसी बात पर चित्त लगाओ और अपने मन को अन्यत्र न चलाओ (दूसरे का ध्यान छोड़ दो)।

मूल—

यह रूप पूजि प्रकास। तब भये हम से दास।
यह बचन करि परमान। हर भये अन्तरधान ॥३२॥

भावार्थ—शिवजी कहते हैं कि इसी सत्-चित् प्रकाश रूप को पूज कर ही हम सरीखे दास सर्वमान्य हुए हैं। इस बात को प्रमाण स्वरूप देकर श्रीशंकर जी गायब हो गये।

मूल—(दोहा)—

यह पूजा अद्भुत अगिनि सुनि प्रभु त्रिभुवन नाथ।
सबै शुभाशुभ बासना मैं जारी निज हाथ ॥३३॥

भावार्थ—हे प्रभु! तीन लोक के स्वामी श्रीरामचन्द्रजी! सुनिये, इसी पूजारूपी अग्नि में मैंने अपने हाथों अपनी समस्त भली बुरी वासनाएँ जला दी हैं।

अलंकार—रूपक।

मूल—(भूलना छंद)—(लक्षण—७+७+७+५=२६ मात्रा अंत में गुरु लघु)।

यह भाँति पूजा पूजि जीव जु भक्त परम कहाय।
भव भक्ति रस भागीरथी महँ देइ दुखिन बहाय॥
पुनि महाकर्ता महात्यागी महाभोगी होय।
अति शुद्ध भाव रमै रमापति पूजिहैं सब कोय॥३४॥

अन्वय—दूसरी पंक्ति के 'भव' शब्द का अन्वय 'दुखनि' शब्द के साथ है अर्थात् 'भव दुखनि' जानना चाहिये।

भावार्थ—इस प्रकार पूजा करके जो जीव परम भक्त कहलाकर, भक्तिरस की गंगा में सांसारिक दुःखों को बहा दे, और महाकर्ता, महात्यागी तथा महाभोगी होकर अतिशुद्ध रूप से ईश्वर में लीन हो जाय, उसे सारा संसार पूजैगा (सम्मान करैगा)।

मूल—(दोहा)—

राग द्वेष बिन कैसहूँ धर्माधर्म जु होय।
हर्ष शोक उपजै न मन कर्ता महा सु लोय ॥३५॥

नोट—अब ऊपर कहे हुए महाकर्ता, महात्यागी, महाभोगी के लक्षण क्रम से कहते हैं। यह दोहा महाकर्ता के लक्षण में है।

भावार्थ—बिना विशेष प्रीति कोई धर्म कार्य हो जाय, अथवा बिना बैर कोई अधर्म कार्य हो जाय, दोनों दशाओं में मन एक-सा रहे अर्थात् न तो उस धर्मकार्य से हर्ष हो, न उस अधर्म कार्य से शोक हो। जिसका मन इस ऊँची दशा तक पहुँच गया हो उस जन को महाकर्ता जानो।

अलंकार—यथासंख्य।

मूल—(दोहा)—

जो कछु आँखिन देखिये, बानी बरन्यो जाहि।
महा तियागी जानिये, झूठो जानै ताहि ॥३६॥

भावार्थ—(इसमें महात्यागी का लक्षण कहते हैं) जो पदार्थ आँख से देखे जाते हैं, अथवा जिसका वर्णन वाणी ने किया है, उन सब पदार्थों को जो झूठ समझे (नाशवान जानकर उनमें मन न लगावे न उनका संग्रह करै) उसे महात्यागी जानो।

मूल—(दोहा)—

भोज अभोज न रत बिरत नीरस सरस समान।
भोग होय अभिलाष बिन महाभोगि तेहि मान ॥३७॥

भावार्थ—भोज्य पदार्थ में न तो अनुरक्त हो, न अभोज्य पदार्थ से विरत हो, अर्थात् भक्ष्य अभक्ष्य को समान समझै, नीरस और सरस पदार्थों को भी समान ही समझै, और अभिलाषित होकर किसी पदार्थ का भोग न करै, उस जन को महाभोगी मानना चाहिये।

अलंकार—यथासंख्य। ('भोज अभोज न रत विरत' में)

मूल—तोमर छंद।

जिय ज्ञान बहु ब्यौहार। अरु योग भोग बिचार।
यहि भाँति होय जो राम। मिलिहैं सो तेरे धाम ॥३८॥

भावार्थ—जिसके हृदय में समस्त जग-व्यवहारों का ज्ञान हो, और योग तथा भोग को विचार पूर्वक भली भाँति समझ गया हो, ऐसा जीव तुम्हारे धाम में जाकर तुमसे मिल सकता है।

मूल—(दुर्मिल छंद)—(लक्षण—८ सगण)

निशिबासर वस्तु विचार करै, मुख साँच हिये करुणाधनु है।
अघ निग्रह संग्रह धर्म कथान, परिग्रह साधुन को गनु है॥
कहि केशव योग जगै हिय भीतर, बाहर भोगन स्यों तनु है।
मनु हाथ सदा जिनके, तिनको बन ही घरु है, घरु ही बनु है॥३९॥

भावार्थ—वस्तु विचार=मुख्य वस्तु अर्थात् ब्रह्म का विचार। निग्रह=छोड़ना। परिग्रह=परिजन, निकटवासी (परिग्रहः परिजने, इति मेदनीकोशे) स्यों=सहित। मनु हाथ=मन को शमन करके वशीभूत किया है। बन ही घरु......बन है=वन में रहकर भी घर का सा सुख भोगते हैं और घर में रहते हुए भी वनकी-सी तपस्या कर सकते हैं।

भावार्थ—जो लोग सदैव ब्रह्म विचार में निमग्न हैं, मुख से सत्य ही बोलते हैं, हृदय में करुणा है, पापों को त्यागते हैं, धर्म-कथाओं के कथनोपकथनों में लगे रहते हैं, जिसके निकटवर्ती केवल साधुगण हैं और (केशव कहते हैं कि) जिनके हृदय में योग का प्रभाव जगमगा रहा है, पर बाहर से जिनका शरीर भोगों में लगा हुआ दिखाई देता है, और जिनका मन सदा उनके ही वशीभूत रहता है, उनके लिये घर और वन बराबर है (अर्थात् वन में जाकर तप करने की जरूरत नहीं, वे घर में रह कर मुक्ति के अधिकारी हो जाते हैं)।

मूल—(दोहा)—

लेइ जो कहिये साधु तेहि, जो न लेइ सो बाम।
सब को साधन एक जग, राम तिहारो नाम॥४०॥

भावार्थ—जो तुम्हारा नाम जपै वही साधु है, जो न जपै वही विमुख है। हे राम! सब सुखों और मुक्तियों का उपाय एक तुम्हारा नाम ही है (तुम्हारे नाम जपने से मुक्ति प्राप्त होती है)।

मूल—(राम) दोहा—

मोहि न हुतो जनाइबे, सबही जान्यो आजु।
अब जो कहौ सो कीजिये कहे तुम्हारे काजु॥४१॥

भावार्थ—राम जी कहते हैं कि मैं यह बात प्रकट करना नहीं चाहता था (कि मैं ब्रह्म का अवतार हूँ) पर आप की इस वार्ता से सब ने जान लिया, तो अब जो कुछ कहो तुम्हारे कहने से वह कार्य मैं करूँ (मेरी इच्छा नहीं है, तुम्हारी खातिर से करूँगा) तात्पर्य यह कि तुम्हारे अनुरोध से अब मैं राज्य-भार ग्रहण करने को तैयार हूँ।

(पचीसवाँ प्रकाश समाप्त)

छब्बीसवाँ प्रकाश

—:❀:—

दोहा—कथा छबीस प्रकाश में कह्यो वशिष्ठ विवेक।
राम नाम को तत्व अरु रघुवर को अभिषेक॥

मूल—(मोटनक छंद)—(लक्षण—१ तगण २ जगण और लघु गुरु)

बोले ऋषिराज भरत्थ तबै। कीजै अभिषेक प्रयोग सबै।
शत्रुघ्न कह्यो चुप ह्वै न रहौ। श्रीराम के नाम को तत्व गहौ॥१॥

शब्दार्थ—बोले—बुलाया। प्रयोग=सामग्री एकत्र करने का यत्न। चुप ह्वै न रहौ=चुप होकर क्यों नहीं बैठते (अभिषेक तो अब हो गा ही)।

भावार्थ—रामजी की स्वीकृति पाकर वशिष्ठ जी भरत को बुलाकर कहा कि रामजी ने राज्यभार लेना स्वीकार कर लिया है अब तुम अभिषेक की सामग्री एकत्र करने का यत्न करो। तब शत्रुघ्नजी ने भरत से कहा कि अभी चुप बैठे रहो (रामजी ने राज्य लेना स्वीकार किया है, तो अभिषेक तो हो गा ही, पर फिर ऐसा मौका न मिलैगा अतः) राम नाम का तत्व वशिष्ठजी से इसी समय पूछ लेना चाहिये (क्योंकि उन्होंने कहा है कि :—"सब को साधन एक जग राम तिहारो नाम"। (देखो प्रकाश २५ छंद ४०)

मूल—

श्रद्धा बहुधा उर आनि भई।
ब्रह्मासुत सो बिनती बिनई॥
(भरत)--श्रीराम को नाम कहौ रुचि कै।
मतिमान महा मन को शुचि कै॥२॥

शब्दार्थ—ब्रह्मासुत = वशिष्ठजी। बिनती बिनई = नम्रता से निवेदन किया।

भावार्थ—शत्रुघ्न की बात सुनकर भरतजी के हृदय में श्रीराम नाम की महिमा सुनने की बड़ी श्रद्धा पैदा हो गई, और उन्होंने वशिष्ठजी से निवेदन किया कि हे मतिमान! अपना मन पवित्र करके रुचि से श्रीराम नाम का माहात्म्य तो कह डालिये।

(रामनाम माहात्म्य वर्णन)

मूल--(स्वागता छन्द)*

(वशिष्ठ)--चित्त माँझ जब आनि अरूझी।
बात तात पहँ मैं यह बूझी॥
योग याग करि जाहि न आवै।
स्नान दान विधि मर्म न पावै॥३॥
है अशक्त सब भाँति बिचारो।
कौन भाँति प्रभु ताहि उधारो॥४॥

शब्दार्थ—चित्त माँझ आनि अरूझो = मेरे चित्त में भी एक समय ऐसी ही जिज्ञासा उत्पन्न हुई थी। तात पहँ = ब्रह्मा से।

भावार्थ—वशिष्ठ जी उत्तर देते हैं कि एक बार मेरे चित्त में भी ऐसी ही जिज्ञासा उत्पन्न हुई थी, मैंने अपने पिता श्रीब्रह्मा जी से यह बात पूछी थी कि जिससे 'योग-यज्ञ न करते बने, तथा स्नान-दानादि के विधान की बारीकी न

---

*लक्षण—२१ वर्ण। रगण, नगण, भगण और २ गुरु। छंद तो चार ही चरण का होता है पर न जाने यहाँ चौथे छंद में दो ही चरण क्यों हैं। यह छंद एक प्रकार की वर्णिक चौपाई है।

जानता हो, और बेचारा सब तरह से शक्तिहीन हो, हे प्रभु ! उसे किस भाँति नरक-पथ से उबारते हो (उसका उद्धार कैसे होता है) ।

मूल—(भुजंगप्रयात)—(लक्षण—४ यगण)

(ब्रह्मा)—

जहीं सच्चिदानन्द रूपै धरैंगे। सु त्रैलोक के ताप तीनों हरैंगे।
कहैगो सबै नाम श्रीराम ताको। स्वयं सिद्ध है, शुद्ध उच्चार जाको ॥५॥

शब्दार्थ—जहीं = जब। सच्चिदानन्द = परब्रह्म। त्रैलोक = मर्त्य, स्वर्ग, पाताल। तीनों ताप = दैहिक, दैविक, भौतिक। स्वयं सिद्ध है = अन्य मन्त्र तो पहले विधि से सिद्ध किये जाते हैं तब फलप्रद होते हैं, पर यह 'राम' नाम का मन्त्र स्वयं सिद्ध है, सिद्ध करने की जरूरत नहीं। शुद्ध उच्चार जाको = जिसका उच्चारण भी सरल है, क्लिष्ट नहीं (अन्य मन्त्रों का शुद्ध उच्चारण न हो तो प्रतिकूल फल देते हैं। पर इसको चाहे उलटा कहै चाहे सीधा, चाहे पूरा कहै, चाहे आधा, सदा सुखप्रद है, इति भावः) ।

भावार्थ—जब सच्चिदानन्द परब्रह्म सगुण रूप धारण करेंगे और त्रिलोक के तीनों ताप हरेंगे, तब सब लोग उनको 'राम' कहैंगे, और तब से यह 'राम' शब्द स्वयं सिद्ध मन्त्र हो जायगा और इसका उच्चारण भी बहुत शुद्धता और सरलता से हो सकता है (अतः इसका जप अन्य मन्त्रों की तरह कष्टसाध्य नहीं) ।

नोट—इसकी सरलता और इसका फल सुनिये।

मूल—

कहै नाम आधो सो आधो नसावै। कहै नाम पूरो सो बैकुंठ पावै।
सुधारै दुहूँ लोक को बर्ण दोऊ। हिये छद्म छाँड़ै कहै बर्ण कोऊ ॥६॥

शब्दार्थ—आधो = अधोगति। छद्म = छल। कोऊ = तात्पर्य यह है कि कोई भी हो, इस मन्त्र के अधिकारी सभी हैं।

भावार्थ—इस नाम का आधा ही नाम जपै (अर्थात् 'रा') तो उसकी अधोगति नष्ट हो जाती है—वह अधोगति को नहीं जा सकता। और पूरा नाम कहै तो वह झट बैकुंठ को वास पावैगा। ये दोनों अक्षर दोनों लोकों को सुधार देते हैं, इसका जपने वाला लोक-परलोक दोनों में सुखी रहता है, यदि छल-कपट छोड़कर इन दोनों को जप करे चाहे कोई भी हो।

अलंकार—'आधो, आधो' में यमक। 'छद्म छाँड़ें' में अनुप्रास।

मूल—

सुनावै सुनै साधु संगी कहावै। कहावै कहै पाप पुंजै नसावै।
जपावै जपै बासना जारि डारै। तजै छद्म को देवलोकै सिधारै॥७॥

शब्दार्थ—साधुसंगी = साधुओं का सत्संगी। कहावै कहै = जोर-जोर से खुद कहे और दूसरों से कहलावे। जपावै जपै = मन्त्रवत धीरे-धीरे स्वयं स्मरण करै व अन्यों से करावै। बासना = इच्छा। छद्म = छल, कपट। देवलोक = स्वर्ग।

मूल—(तामरस छन्द)—(लक्षण—१ नगण, २ जगण, १ यगण)

जब सब वेद पुराण नसैहैं। जप तप तीरथ हू मिटि जैहैं।
द्विज सुरभी नहिं कोउ विचारै। तब जग केवल नाम उधारै॥८॥

भावार्थ—जब ऐसा घोर कलियुग आ जायगा कि सब वेद पुराण नष्ट हो जायेंगे, जप तप और तीर्थ भी मिट जायेंगे, कोई भी गो-ब्राह्मण का सम्मान न करैगा, तब संसार में केवल राम-नाम ही उद्धार का कारण होगा।

मूल—(दोहा)—

मरण काल काशी विषे, महादेव गुण धाम।
जीवन को उपदेशि हैं, रामचन्द्र को नाम॥९॥
मरण काल कोऊ कहै, पापी होय पुनीत।
सुख ही हरिपुर जाइहै, सब जग गावै गीत॥१०॥
रामनाम के तत्व को, जानत वेद प्रभाव।
गंगाधर कै धरणिधर, बालमीकि मुनिराव॥११॥

शब्दार्थ—(९) काशी विषे = काशी में। गुणधाम = (महादेव का विशेषण है) = सर्व-शक्ति सम्पन्न अर्थात् स्वयं मुक्तिदाता। (१०) सुख ही = सरलता से। जग गावै गीत = संसार प्रशंसा करैगा (११) तत्व = पूर्णशक्ति। गंगाधर = महादेव। धरणिधर = शेषनाग।

(तिलकोत्सव वर्णन)

मूल—(दोधक)—

सातहु सिंधुन के जल रूरे। तीरथजालनि के पय पूरे।
कंचन के घट बानर लीने। आय गये हरि आनँद भीने॥१२॥

शब्दार्थ—पय=जल। हरि आनँद भीने=रामप्रेम में मग्न, अतः आनन्दित, (खुशी के कारण थकावट नहीं है) !

भावार्थ—रामराज्याभिषेक के वास्ते सातों समुद्रों के तथा समस्त तीर्थों के जलों से भरे हुए घड़े लिये रामभक्ति के कारण आनन्दित (अतः अश्रमित) वानरगण आगये।

मूल—(दोहा)—

सकल रतन सब मृत्तिका शुभ औषधी अशेष।
सात दीप के पुष्प फल पल्लव रस सविशेष ॥१३॥

भावार्थ—सब प्रकार के रत्न, सब प्रकार की मिट्टियाँ, समस्त मांगलिक औषधियाँ और सब द्वीपों के फूल, फल, पल्लव और विशेष २ रस (घृत, मधु इत्यादि) जो अभिषेक में लगते हैं एकत्र किये गये हैं।

अलंकार—तुल्ययोगिता।

मूल—(दोधक छन्द)—

आँगन हीरन को मन मोहै। कुंकुम चंदन चर्चित सोहै।
है सरसी सम शोभ प्रकासी। लोचन मीन मनोज विलासी ॥१४॥

शब्दार्थ—चर्चित=सिंचित। सरसी=तलैया, हौज। मनोजविलासी= कामदेव के खेलने की।

भावार्थ—जिस प्रांगण (चौक) में राजतिलक होना है, वह हीरों से जड़ा है, और वहाँ केशर, चन्दन का छिड़काव किया गया है। उस आँगन की शोभा तड़ाग की सी है, उसमें मनुष्यों के नेत्रों के जो प्रतिबिंब पड़ते हैं वे काम के खेलने की मछलियों के समान जान पड़ते हैं।

अलंकार—उदात्त और उपमा।

मूल—(दोहा)—

गज मोतिन युत शोभिजैं मरकतमणि के थार।
उदक बुंद त्यों जनु लसत पुरइनपत्र अपार ॥१५॥

शब्दार्थ—मरकतमणि=पन्ना। उदक=जल। पुरइन=कमल।

भावार्थ—गजमुक्ताओं से भरे पन्ने के थाल वहाँ रखे गये (न्यौछावर के लिये) वे थाल ऐसे शोभते हैं मानों असंख्य जलबुंद सहित कमल-पत्र हैं।

अलंकार—उदात्त और उत्प्रेक्षा।

मूल—(विशेषक छंद)—(लक्षण—५ भगण एक गुरु। इसे 'अश्वगति' भी कहते हैं)।

भाँतिन भाँतिन भाजन राजत कौन गने।
ठौरहि ठौर रहे जनु फूलि सरोज घने।
भूपन के प्रतिबिंब विलोकत रूप रसे।
खेलत हैं जल माँझ मनो जलदेव बसे॥१६॥

शब्दार्थ—भाजन=अनेक प्रकार के जलपात्र, कलस। रूप रसे=रूपवान, अति सुन्दर।

भावार्थ—वहाँ और भी असंख्य जलपात्र रखे हैं मानो (सरसी में) कमल फूले हैं। उन पात्रों में रूपवान राजाओं के प्रतिबिम्ब पड़ते हैं वे ऐसे जान पड़ते हैं मानो अनेक जलदेव क्रीड़ा करते हैं।

अलंकार | उदात्त और उत्प्रेक्षा।

मूल—(पद्धटिका छन्द)—(लक्षण—१६ मात्रा, अंत में जगण)
मृगमद मिलि कुंकुम सुरभि नीर। घनसार सहित अंबर उसीर।
घसि केसरि स्यों बहु विविध नीर। छिति छिरके चर थावर सरीर॥१७॥

शब्दार्थ—मृगमद=कस्तूरी। कुंकुम=केसर। सुरभि=सुगंधित। घनसार=कपूर। अंबर=सुगन्धवस्तु विशेष। उसीर=खस।

भावार्थ—कस्तूरी, केसर, कपूर, अंबर और खस से सुवासित जल से भरे पात्र वहाँ रखे हैं, और बहुत सी केसर डाल कर विविध प्रकार के जलों से जमीन सींची गई है, और वही जल सब चर और स्थावर देह धारियों पर भी छिड़का गया है जिससे चारों ओर सुगंध फैल रही है।

अलंकार—उदात्त।

मूल—
बहु बर्ण फूल फल दल उदार। तहँ भरि राखे भाजन अपार।
तहँ पुष्प वृक्ष सोभैं अनेक। मणिवृक्ष स्वर्ण के वृक्ष एक॥१८॥

शब्दार्थ—उदार=बहुत अच्छे। अपार=असंख्य। एक=हजारों में एक अर्थात् अति उत्तम।

भावाथ—बहुत रंग के और बहुत अच्छे फूल-फल और दल असंख्य टोकरों में भरे वहाँ रखे हैं। वहाँ अनेक गमले भी शोभा दे रहे हैं, जिसमें एक से एक उत्तम मणिवृक्ष (सोने से बने और मणियों से जड़े) लगे हुए हैं।

अलंकार—उदात्त।

मूल—

तेहि उपर रच्यो एकै वितान। दिवि देखत देवन के विमान।
दुहुँ लोक होत पूजा विधान। अरु नृत्य गीत बादित्र गान ॥१९॥

शब्दार्थ—एकै=अति उत्तम। दिवि=आकाश। पूजा=आदर, सम्मान। वादित्र=बाजन। बादित्रगान=बाजों के स्वरों द्वारा गाया हुआ गान।

भावार्थ—आकाश से देखते हुए देवों के विमानों से उस स्थल पर एक अति उत्तम चँदोवा सा तन गया है। पृथ्वी और आकाश दोनों जगह रामजी के सत्कार हेतु प्रबन्ध हो रहा है, और नाच, गान, तथा बाजों द्वारा गान हो रहा है।

मूल—

तरु ऊमरि को आसन अनूप। बहु रचित हेममय विश्वरूप।
तहँ बैठे आपुन आय राम। सिय सहित मनो रति रुचिर काम ॥२०॥

शब्दार्थ—ऊमरि=(सं० उदुम्बर) गूलर। आसन=सिंहासन। विश्वरूप=संसार भर की वस्तुओं के चित्र (संसार के सुन्दर पुष्प, पक्षी, वृक्ष, लतादि के चित्र)।

भावार्थ—वहाँ गूलर काठ का बना एक अनुपम सिंहासन रखा गया, जिसमें सुवर्णमय सुन्दर चित्र बने हुए थे, उस पर सीता समेत श्रीराम जी आकर बैठे, उस समय वे ऐसे जान पड़ते थे मानो सुन्दर कामदेव और रति हैं।

अलंकार=उत्प्रेक्षा।

मूल—

जनु घन दामिनि आनंद देत। तरुकल्प कल्पवल्ली समेत।
है कैधौं विद्यासहित ज्ञान। कै तप संयुत मन सिद्ध जान ॥२१॥

भावार्थ—(श्रीराम-सीता सिंहासन पर बैठे कैसे जान पड़ते हैं) मानो बिजली सहित बादल देखने वालों को आनन्द दे रहा है, या कल्पलता समेत

कल्पवृक्ष है, या विद्या सहित ज्ञान है, या मन से ऐसा जानो कि सिद्धि सहित तप है।

अलंकार—उत्प्रेक्षा से पुष्ट संदेह।

मूल—

कै विक्रम युत कीरति प्रवीन। कै श्रीनारयण शोभ लीन।
कै अति शोभित स्वाहा सनाथ। कै सुन्दरता सृङ्गार साथ ॥२२॥

शब्दार्थ—स्वाहा = अग्निदेव की स्त्री। सनाथ = अपने पति अग्निदेव सहित।

भावार्थ—या प्रवीन बल सहित कीर्ति विराजी है, या लक्ष्मी सहित नारायण ही शोभा दे रहे हैं, अथवा अग्निदेव सहित स्वाहा है, या सुन्दरता और सिंगार ही एकत्र हो गये हैं।

अलंकार—संदेह।

मूल—(मोदक छंद)—(लक्षण—४ भगण)

केशव शोभन छत्र विराजत। जाकहँ देखि सुधाधर लाजत।
शोभित मोतिन के मनि कै गन। लोकन के जनु लागि रहे मन ॥२३॥

शब्दार्थ—शोभन = सुन्दर। सुधाधर = चन्द्रमा। लोकन = लोगों।

भावार्थ—केशव कवि कहते हैं कि राम के सिर पर सुन्दर छत्र लगा हुआ है, जिसे देख कर चन्द्रमा शरमाता है। उस छत्र में रंग-रंग के मोती और मणि लगे हैं, मानों दर्शकों के मन अटके हुए हैं (तात्पर्य कि वह छत्र अत्यन्त मनोहर है)।

अलंकार—उत्प्रेक्षा।

मूल—दोहा—

शीतलता शुभ्रता सबै सुन्दरता के साथ।
अपनी रबि की अंशु लै सेवत जनु निशिनाथ ॥२४॥

शब्दार्थ—अंशु = किरण। निशिनाथ = चन्द्रमा।

भावार्थ—वह छत्र कैसा है कि मानों ठंडक, सफेदी और सुन्दरता सहित चन्द्रमा अपनी किरणें तथा सूर्य की किरणें लेकर श्रीराम की सेवा करता है।

अलंकार—उत्प्रेक्षा।

मूल—(मोदक छन्द)

ताहि लिये रबिपुत्र सदारत । चौंर बिभीषण अङ्गद ढारत ।

कीरति लै जग की जनु वारत । चंद्रक चंदन चंद सदाऽरत ॥२५॥

शब्दार्थ—रबिपुत्र=सुग्रीव । चन्द्रक=कपूर । सदाऽरत=(सदा+आरत) सदा दुखी रहते हैं ।

भावार्थ—(उपर्युक्त प्रकार के छत्र को) उसको लिये हुए सुग्रीव हर समय सेवा में हाजिर रहते हैं, विभीषण और अंगद दोनों ओर चौंर कर रहे हैं, जिन चँवरों को देख कर उनकी कांति और शुभ्रता के कारण कपूर, चन्दन और चन्द्रमा सदा दुखी रहते हैं । यह चँवरों का ढारना कैसा जान पड़ता है मानो संसार की कीर्त्ति ले लेकर निछावर की जा रही है ।

अलंकार—उत्प्रेक्षा ।

मूल—

लक्ष्मण दर्पण को दिखरावत । पाननि लक्ष्मण-बंधु खवावत ।

भर्त भले नरदेव हँकारत । देव अदेवन पायन पारत ॥२६॥

शब्दार्थ—लक्ष्मण-बंधु=शत्रुघ्न । भर्त=भरतजी । नरदेव=राजा । देव=गद्दीधर राजा । अदेव=वे राजे जो गद्दी के उत्तराधिकारी तो हैं, पर अभी तक उन्हें गद्दी मिली नहीं, युवराज, राजकुमार ।

भावार्थ—(उस समय) लक्ष्मणजी आईनाबर्दारी करते हैं, शत्रुघ्न जी खवासी में हैं (पानदान लिये हुए हैं) और भरत जी अच्छे-अच्छे राजों को बुला-बुला कर गद्दीधर तथा युवराजों से ताजीम करा रहे हैं ।

नोट—देव का अर्थ देवता, अदेव का अर्थ दानव लेना अनुचित है । यह राम जी के राजत्व का वर्णन है, ईश्वरत्व का नहीं । देवताओं का पैरों पड़ना अनुचित है । जब 'देव' का यह अर्थ है तब अदेव का दूसरा अर्थ हो ही नहीं सकता ।

मूल—(दोहा)—

जामवन्त हनुमन्त नल नील मरातिव साथ ।

छरी छबीली शोभिजै दिगपालन के हाथ ॥२७॥

शब्दार्थ—मरातिव=(फा० माहीमरातिब) राजध्वजा, शाही निशान, शाही झण्डा ।

भावार्थ—जामवन्त, हनुमान, नल और नील शाही झण्डे को चारों ओर से सँभाले हुए हैं और आठों दिगपालों के हाथों से सुन्दर छड़ियाँ है (अर्थात् दिगपालों को छरीबर्दारी का काम मिला है)।

अलंकार—उदात्त।

मूल—(दोहा)—

रूपर, बयक्रम, सुरभि स्यों बचन रचन बहु भेव।
सभा मध्य पहिचानिये नहिं नरदेव अदेव ॥२८॥

शब्दार्थ—वयक्रम=अवस्था, उम्र। सुरभि=अंगरागादि की सुगन्ध। स्यों=सहित। बचन=बोली, भाषा। रचन=वस्त्राभूषण की सजावट। बहु भेव=बहुत प्रकार की।

भावार्थ—उस समय दर्बार में इतने लोग एकत्र थे और सब के रूप, उम्र, सुगन्ध, भाषा और वस्त्राभूषण इतने अधिक प्रकार के थे कि उस सभा में यह नहीं पहचाना जा सकता था कि कौन राजा है और कौन युवराज है।

मूल—(दोहा)—

आई जब अभिषेक की घटिका केशवदास।
बाजे एकहि बार बहु दुंदुभि दीह अकाश ॥२९॥

शब्दार्थ—अभिषेक=राजतिलक। घटिका=घड़ी, मुहूर्त। दीह (दीर्घ) बड़े-बड़े।

मूल—(झूलना छन्द)।

तब लोकनाथ बिलोकि कै रघुनाथ को निज हाथ।
सबिशेष सों अभिषेक कै पुनि उच्चरी शुभ गाथ।
ऋषिराज इष्ट बसिष्ठ सों मिलि गाधिनंदन आइ।
पुनि बालमीकि बियास आदि जिते हुते मुनिराइ ॥३०॥

शब्दार्थ—लोकनाथ=ब्रह्मा। बिलोक कै=शुभ मुहूर्त आया हुआ देख कर। सविशेष सों=वेदविहित विशेष विधि से। उच्चरी सुभगाथ=आशीर्वाद दिया। इष्ट=गुरु। गाधिनन्दन=विश्वामित्र। बियास=व्यासजी। हुते=थे।

भावार्थ—तब ब्रह्मा ने मुहूर्त आया जान कर अपने हाथ से विशेष विधि से रामजी का अभिषेक किया और आशीर्वाद दिया। तदनन्तर राजगुरु

ऋषिराज वशिष्ठ के साथ विश्वामित्र ने अभिषेक किया, फिर बाल्मीकि और व्यास इत्यादिक जितने मुनि थे सबों ने अभिषेक किया।

नोट—इस छन्द में असमर्थ दोष आ गया है, क्योंकि लोकनाथ से 'ब्रह्मा' का अर्थ लेना, और 'विलोकि कै' का कर्म 'शुभ मुहूर्त' गुप्त रहने से इन शब्दों में असमर्थता आ गई।

मूल—

रघुनाथ शंभु स्वयंभु को निज भक्ति दी सुख पाय।
सुरलोक को सुरराज को किय दीह निरभय राय॥
विधिसों ऋषीशन सों विनय करि पूजियो परि पाय।
बहुधा दई तप वृत्त की सब सिद्धि शुद्ध सुभाय॥३१॥

शब्दार्थ—स्वयंभु=ब्रह्मा। सुरलोक को=देवता लोगों को। राय=राज्य। विधिसों=कायदे से। बहुधा=बहुत प्रकार से।

भावार्थ—श्रीराम जी ने शिव और ब्रह्मा को आनन्द पूर्वक अपनी भक्ति दी। देवता लोगों और इंद्र के राज्य को खूब नि ंय कर दिया। कायदे से ऋषियों की बिनती की और पैर छूकर उनका सत्कार किया और शुद्ध स्वभाव से उनको उनकी तपस्या का फल बहुत प्रकार से दिया।

मूल—(दोहा)—

दीन्हों मुकुट बिभीषणै अपनो अपने हाथ।
कंठमाल सुग्रीव को दीन्ही श्रीरघुनाथ॥३२॥

भावार्थ—सरल ही है।

मूल—(चंचरी छंद)—(लक्षण—र, स, ज, ज, भ, र=१८ अक्षर)।

माल श्रीरघुनाथ के उर शुभ्र सीतहिं सो दई।
अर्पियो हनुमन्त को तिन दृष्टि कै करुणामई॥
और देव अदेव बानर याचकादिक पाइयो।
एक अंगद छोड़िकै जोइ जासु के मन भाइयो॥३३॥

भावार्थ—श्रीरघुनाथजी के हृदय पर जो बड़े-बड़े सफेद हीरों की माला थ (जो सर्वाधिक मूल्यवान थी) वह उन्होंने सीताजी को दी। वह माला उन्होंने कृपा करके हनुमान जी को दे दी। और अन्य देव, अदेव, बानर, याचक

इत्यादि ने जो कुछ चाहा सो सब ने पाया, केवल एक अंगद ने कुछ भी नहीं माँगा।

मूल—(अंगद) चंचरी छंद।

देव ही नरदेव बानर नैऋतादिक धीर हौ।
भर्त लक्ष्मण आदि दै रघुवंश के सब बीर हौ॥
आजु मोसन युद्ध माँड़हु एक एक अनेक कै।
बाप को तबहीं तिलोदक दीह देहुँ विवेक कै॥३४॥

शब्दार्थ—नैऋत=राक्षस। भर्त=भरत (छन्द नियम के कारण यह रूप करना पड़ा है)। युद्ध माँड़हु=युद्ध करो। तिलोदक=(तिल+उदक) तिलांजुलि। दीह=खूब अच्छी तरह से।

भावार्थ—(अंगद जी ललकारते हैं) हे देव (रामचन्द्र) तुम खुद भी मौजूद हो, और अन्य राजा, बानर और धीरवान राक्षस सब मौजूद हैं। भरत, लक्ष्मणादि रघुवंश के सब वीर मौजूद हैं, मैं आपको ललकारता हूँ कि आज मुझसे, चाहे एक-एक करके चाहे अनेक बीर मिल कर, युद्ध करो (तब मुझे सन्तोष होगा कि मैंने बाप का बदला लिया) तब मैं विवेकयुक्त अच्छी तरह से पिता जी को (तुम्हारे रक्त से) तिलांजुलि दूँगा।

मूल—(राम)—दोहा।

कोऊ मेरे वंश में करिहै तोसों युद्ध।
तब तेरो मन होइगो अंगद मोसों शुद्ध॥३५॥

भावार्थ—(रामजी समझ गये कि अंगद का मन हमारी ओर से साफ नहीं है अतः कहते हैं कि) आगे हमारा कोई वंशधर तुझसे युद्ध करेगा। तब तेरा मन हमारी ओर से शुद्ध हो जायगा।

नोट—आगे अड़तीसवें प्रकाश में अंगद और लव का संग्राम हुआ है।

मूल—(दोहा)—

विधि सों पायँ पखारि कै राम जगत के नाह।
दीन्हे ग्राम सनौढियन, मथुरामंडल माह॥३६॥

भावार्थ—तदनन्तर जगत्पति श्रीरामजी ने विधिपूर्वक सनाढ्य ब्राह्मणों के पैर धोकर भूमिदान में मथुरा के जिले में अनेक गाँव दिये।

(छब्बीसवाँ प्रकाश समाप्त)

सत्ताईसवाँ प्रकाश

दोहा—सत्ताइसें प्रकाश में रामचन्द्र सुखसार।
ब्रम्हादिक अस्तुति विविधि निजमति के अनुसार।

मूल—(ब्रह्मा)—झूलना छन्द।

तुम हौ अनन्त अनादि सर्वग सर्वदा सर्वज्ञ।
अब एक हौ कि अनेक हौ महिमा न जानत अज्ञ॥
भ्रमिबो करैं जन लोक चौदहु लोभ मोह समुद्र।
रचना रची तुम ताहि जानत हौं न बेद न रुद्र॥ १॥

शब्दार्थ—सर्वग=(सर्वगत) सब में व्याप्त।

भावार्थ—हे राम जी! तुम अनादि, अनन्त, सर्वव्यापी, नित्य और सर्वज्ञ हो (अर्थात् साक्षात् परब्रह्म के रूप हो) हम अज्ञानी जन तुम्हारी महिमा नहीं जानते, यह भी नहीं जानते कि तुम एक हो या अनेक हो। चौदहों लोकों के जन तो लोभ-मोह के समुद्र में भ्रमा करते हैं (वे भला क्या जानेंगे) जो रचना तुमने रची है (जो कार्य तुम करते हो) उसे न मैं जानता हूँ, न वेद ही जानता है और न रुद्र ही जानते हैं।

नोट—चूँकि ब्रह्मा सृष्टि रचयिता हैं, अतः इन्हें रचना ही रचना दिखाई देती है।

मूल—(शिव)—दंडक छंद।

अमल चरित तुम वैरिन मलिन करो,
साधु कहैं साधु परदार प्रिय अति हौ।
एक थल थित पै बसत जग जन मध्य,
केशोदास द्विपद पै बहुपद-गति हौ।
भूषण सकल युत शीश धरे भूमिभार,
भूतल फिरत यों अभूत भुवपति हौ।
राखौ गाइ ब्राम्हणनि राजसिंह साथ चिरु,
रामचन्द्र राज करौ अद्भुत गति हौ॥ २॥

शब्दार्थ—परदार=(१) परस्त्री, (२) लक्ष्मी। द्विपद=दो पैरवाले। अभूत=अपूर्व। भुवपति=राजा।

भावार्थ—हे राम ! तुम अमल चरित हो, पर अपने निर्मल चरित्र से बैरियों को मलिनमुख करते हो, साधु लोग तुम्हें साधु कहते हैं, पर तुम तो परदारा (सबसे परे है जो स्त्री अर्थात् लक्ष्मी) को अतिप्रिय हो। एक जगह रहकर भी समस्त जीवों में बसते हो, (केशव कहते हैं कि) द्विपद होकर भी तुम्हारी गति बहुपद की सी है। सब भूषण पहने हो, पर सिर पर पृथ्वी का भारी बोझा धारण किये हो (भूषणधारी जन बोझा नहीं लेता, यह विरोध है) और भूमि के भार को सिर पर लिये हो तो भी भूतल पर फिरते हो (जो वस्तु सिर पर है उसी पर फिरना विरोध है) तुम ऐसे अद्भुत राजा हो। तुम राजसिंह हो, पर गायों और ब्राह्मणों को साथ रखते हो। हे राम ! तुम अद्भुत चरित्र वाले हो, अतः तुम चिरकाल तक राज्य करो।

नोट—शिव की समाज भी अद्भुत है, बैल सिंह, साँप चूहा, साँप मयूर, विषधर और अमृतधर साथ ही रहते हैं, अतः इन्हें वही बात सर्वत्र दिखाई देती है।

अलंकार—विरोधाभास।

मूल—(इन्द्र)—

बैरी गाय ब्राह्मण को ग्रन्थन में सुनियत,
कविकुल ही के सुबरणहर काज है।
गुरुशय्यागामी एक बालकै बिलोकियत,
मातंगन ही के मतवारे को सो साज है॥
अरि नगरीन प्रति होत है अगम्यागौन दुर्गनहिं,
केशोदास दुर्गति सी आज है।
देवताई देखियत गढ़न गढ़ोई जीवो चिरु चिरु,
रामचन्द्र जाको ऐसो राज है॥ ३॥

शब्दार्थ—सुबरणहर=(१) सोना चुरा लेना (२) सुन्दर अक्षरों को लेना। मातंगन=(१) चांडाल (२) हाथी। अगम्यागौन=(१) अगम्या स्त्रियों में गमन (२) अगम्य स्थानों में जाना। दुर्ग=किला, गढ़। दुर्गति=(१) बुरीगति, (२) टेढ़ाई। गढ़ोई=गढ़पति, किलेदार। चिरु =चिरकाल तक।

भावार्थ—जिन रामचन्द्र के राज्य में गाय और ब्राह्मणों के बैरी केवल सुननेमात्र को ग्रन्थों में लिखे रह गये हैं (वास्तव में कोई है नहीं), और सुवर्ण चोरी का काम केवल कवि लोग करते हैं (कोई सोना नहीं चोराता, नाम-मात्र के लिये कवि लोग सुन्दरवर्णों को लेते हैं काव्य-रचना के लिये) गुरुशैयागमन केवल बालक ही करते हैं (केवल बालक ही माता के साथ सोता है) और चाँडालों में नहीं वरन् केवल हाथियों में ही मतवालापन पाया जाता है, अगम्यागमन केवल शत्रु नगरों पर ही होता है (कोई भी अगम्यागमन नहीं करता, केवल शत्रु, नगर चाहे जैसा अगम्य हो वीर लोग वहाँ पहुँच जाते हैं) और दुर्गति (टेढ़ाई) केवल दुर्गों ही में रह गई है, तब अब तो गढ़देवताओं को छोड़ शत्रु गढ़ों पर भी कोई भी गढ़पति नहीं रह गया, ऐसे रामजी चिरंजीवी हों।

अलंकार—परिसंख्या। (परिसंख्या अलकांर समझ लो तो इसका मजा मिले)।

नोट—इन्द्र को अपनी प्रकृति के अनुसार अगम्यागमनकारी, सुबरणहर इत्यादि ही की बात सूझी।

मूल—(पितर)—

बैठे एक छत्रतर छाँह सब छिति पर
सूरकूल कलस सुरा हतमित हौ।
त्यक्तबाम लोचन कहत सब केशोदास
विद्यमान लोचन द्वै देखियतु अति हौ॥
अकर कहावत धनुषधरे देखियत
परम कृपालु पै कृपानकर पति हौ।
चिरु चिरु राज्ञ करो राजा रामचन्द्र सब
लोक कहैं नरदेव देव देवगति हौ॥ ४॥

शब्दार्थ—छिति=पृथ्वी। सुराहु हियमति=(१) राहु के हितैषी (२) सुमार्ग पर चलनेवालों के हितैषी। त्यक्त बामलोचन=(१) बाईं आँख जिसने निकाल डाली हो (एक बार शिवपूजन करते समय एक कमलपुष्प कम हो गया रामजी ने अपनी बाँई आँख निकाल कर शिव पर चढ़ा दी थी) (२)

टेढ़ी नजर से देखना छोड़ दिया हो जिसने (किसी की ओर वाम दृष्टि से नहीं देखते)। अकर = (१) हाथहीन (२) जो किसी को कर अर्थात् दंड जुर्माना न देता हो। कृपानकरपति =(१) जो कृपा न करें उनका स्वामी वा सर्दार, (२) तलवार-धारियों के स्वामी। नरदेव = राजा । देवगति = देव स्वभाववाले।

नोट—इस छंद में कुछ श्लिष्ट शब्द आये हैं। उन्हीं के दो अर्थों के जोर पर कवि ने एक बात की सूचना देकर फिर दूसरे अर्थ की भावना लेकर विरोधी भावना प्रकट की है—विरोधाभास की पुष्टि की है।

भावार्थ—(पितर देव कहते हैं कि)—हे रामजी! आप बैठे तो एक छोटे से छत्र के नीचे हैं, पर छत्र की छाया समस्त पृथ्वी पर है (छत्र छोटा और छाया समस्त पृथ्वी पर यह विरोध है), आप हैं तो सूर्यकुलकलश पर हैं सुराहु (सुमार्ग) के हितैषी—(सूर्यवंश का होकर राहु का हितैषी होना विरुद्ध है), आप 'त्यक्त बामलोचन' कहलाते हैं, परन्तु दोनों आँखें प्रत्यक्ष दिखलाई देती हैं, यह अति अद्भुत बात है। आप 'अकर' कहलाते हो, पर धनुषधारी हो, आप परम कृपालु हो, पर कृपाणधारियों के स्वामी हो (जो कृपा न करें ऐसे जनों के सरदार हो)। हे राम, आप चिरकाल तक राज्य करो। हे देव! आप नर देव कहलाते हो, पर वास्तव में आप देव स्वभाव वाले हो (नर और देव में विरोध है)।

अलंकार—विरोधाभास।

मूल—(अग्नि)—

चित्र ही में आज बर्णसंकर बिलोकियत,
ब्याह ही में नारिन के गारिन सों काज है।
ध्वजै कंपयोगी निशि चक्रै है वियोगी,
द्विजराज मित्र दोषी एक जलद समाज है।
मेघै तो गगन पर गाजत नगर घेरि,
अपयश डर, यशही को लोभ आज है।
दुःख ही को खंडन है, मंडन सकल जग,
चिरु चिरु राज करो जाको ऐसो राज है॥ ५॥

शब्दार्थ—वर्णसंकार=(१) जारज (२) रंगों का मिश्रण। गारी= अपशब्द। द्विजराज=(१) अच्छे ब्राह्मण (२) चन्द्रमा। मित्र=(१) दोस्त (२) सूर्य।

भावार्थ—(अग्निदेव कहते हैं कि) जिसके राज्य में आज कोई वर्ण-संकर नहीं है, केवल नाम मात्र को वर्णों की संकरता है (रंगों का मिश्रण) चित्रों ही में देखी जाती है। ब्याह समय में ही स्त्रियाँ कुछ अपशब्द बकती हैं (अन्यथा कोई किसी को गाली नहीं देता) नाम मात्र को ध्वजा जहाँ काँपता है (अन्य कोई डर से काँपता नहीं) जहाँ रात्रि में चक्रवाकों को ही वियोग दुःख है (अन्य को नहीं) जिस राज्य में ब्राह्मणों और मित्रों से कोई द्वेष नहीं करता (नाम मात्र को द्विजराज-चन्द्रमा, और मित्र—सूर्य के द्वेषी केवल बादल ही हैं) मेघ ही नगर घेर कर आकाश में गरजते हैं (अन्य कोई नगर शत्रुओं से नहीं घेरा जाता), अपयश ही से लोग डरते हैं (अन्य किसी को नहीं डरते) यश ही का सब को लोभ है (अन्य किसी वस्तु के लोभी नहीं), दुःख ही का जहाँ खंडन होता है (अन्य किसी सिद्धान्त का खंडन नहीं), और जो राजा समस्त संसार के भूषण रूप हैं, ऐसे राजा राम चिरकाल तक सानन्द राज करें।

अलंकार—परिसंख्या

मूल—(वायु)—

राजा रामचंद्र तुम राजहु सुयश जाको,
भूतल के आसपास सागर के पासु सो।
सागर में बड़भाग बेष शेषनाग जूके,
शेषजू पै चंडभाग बिष्णु को निवास सो॥
विष्णु जू में भूरि भाग्य भवको प्रभाव सोई,
भवजू के भाल में विभूति को विलास सो।
भूति माँहि चन्द्रमा सो चन्द्र में सुधा को अंशु,
अंशुनि में केशौदास चंद्रिका प्रकाशु सो॥ ६॥

शब्दार्थ—राजहु=राज्य करो। पासु=फाँस (घेरने वाली वस्तु)। बड़ भाग्य=भाग्यवान। वेष=रूप। चंडभाग्य=बहुत बड़े भाग्यवान्। विष्णु को निवास=विष्णु की मूर्ति, क्षीरशायी नारायण भगवान्। भव=महादेव। भव को प्रभाव=शिवजी की भक्ति। विभूति=भस्म। भूति=शिवजी की विभूति (वैभव)। सुधा को अंशु=चन्द्रमा की १६ कलाओं में से 'अमृता' नाम की कला। चन्द्रिका=चाँदनी।

भावार्थ—(वायुदेव कहते हैं कि) हे रामजी! तुम बहुत दिनों तक राज्य करो, क्योंकि तुम्हारा सुयश समुद्र की फाँस की तरह पृथ्वी के इर्द-गिर्द फैला हुआ है (जैसे समुद्र पृथ्वी को घेरे है वैसे ही तुम्हारा यश भी पृथ्वी को घेरे है) और सागर में तुम्हारा यश भाग्यवान् शेष के रूप में रहता है, और शेषजी पर नारायण रूप से स्थित हैं (विष्णु स्वरूप) नारायण में वही यश बड़भागी शिवप्रेम रूप में है, शिव में वही यश त्रिपुण्ड भस्म रूप में है, शिव की विभूति में वही चन्द्रमा है, चन्द्रमा में वही अमृता कला है और अमृता कला में वही यश प्रकाशमान चाँदनी है।

अलंकार—एकावली।

मूल—(देवगण)

राजा रामचन्द्र तुम राज करौ सब काल
दीरघ दुसह दुख दीनन को दारिये।
केशोदास मित्रदोष मंत्रदोष ब्रह्मदोष
देवदोष राजदोष देश ते निकारिये॥
कलही कृतघ्न महिमंडल के बरिबण्ड
पाषंडी प्रचण्ड खंड खंड करि डारिये।
बंचक कठोर ठेलि कीजै बारावाट आठ
झूठ पाठ कंठ पाठकारी काठ मारिये॥ ७॥

शब्दार्थ—दारिये=पीस डालिये, नाश कीजिये। बरिबंड=बलवान। बंचक=ठग। कीजै बारावाट=बारह रास्ते से नष्ट कर दीजिये। बारह रास्ते ये हैं:—

मोहं दैन्यं भयं हास्यं हानिर्ग्लानिः क्षुधा तृषा ।
मृत्युक्षोभं व्यथाऽकीर्ति बाटाः ख्यातेहि द्वादशः ॥

झूठ पाठ = असत्यरूपी संथा । कंठपाठकारी = कंठ से उच्चारण करने वाला। झूठपाठकारी = झूठ बोलने वाला । काठ मारिये = पैर में बेड़ी भर कर कैद कर दीजिये । काठमारना = काठ से बने हुए एक यंत्र विशेष में पाँव फँसा कर कैद कर देना, बुँदेलखंड में अब भी यह यंत्र प्रचलित है ।

भावार्थ—(देवगण कहते हैं कि) हे राजा रामचन्द्र, आप सदैव राज्य करिये, और दीन जनों के बड़े और दुःसह दुःख नाश कर दीजिये । मित्रद्रोही, मन्त्र द्रोही (मन्त्रों की निंदा करने वाले), ब्रह्मद्रोही, देवद्रोही और राजद्रोही को देश से निकाल दीजिये । लड़ाकू, कृतघ्न और पृथ्वी भर के अत्याचारी और प्रचंड पाखंडियों को खंड कर डालिये । ठग, निर्दयी को ढकेल कर नष्ट कर डालिये और आठ प्रकार के झूठ बोलने वालों को भी काष्ठयंत्र में कैद कर दीजिये ।

नोट—आठ प्रकार के झूठे वचन—१—मनोरंजन में, २—खुशामद में, ३—शिष्टाचार में, ४—निज स्त्री से भेद छिपाने के लिये, ५—विवाह में, ६—धनरक्षार्थ, ७ = प्राणरक्षार्थ, ८—गऊ, ब्राह्मण की हत्या बचाने के लिये । यद्यपि इतने स्थानों में झूठ बोलने के लिये शास्त्रों में आज्ञा है, तथापि आप इन झूठों को भी दंड दीजिये ।

अलंकार—अनुप्रास ।

मूल—(ऋषिगण)—

भोगभार भागभार केशव विभूति भार
भूमिभार भूरि अभिषेकन के जल से ।
दानभार यानभार सकल सयानभार
धनभार धर्मभार अच्छत अमल से ।
जयभार यशभार राजभार राजत है
रामसिर आशिष अशेष मन्त्र बल से ।
देश देश यत्र तत्र देखि देखि तेहि दुख
फाटत हैं दुष्टनी को शीश दारयोफल से ॥ ८ ॥

शब्दार्थ—विभूति=ऐश्वर्य। अच्छत=चावल (अक्षत)। अशेष= सब। दारयोफल=(दाड़िमफल) अनार।

भावार्थ—अभिषेक के जल के प्रताप से जो राज्यभोग का भार, भाग्य भार, ऐश्वर्य का भार और भूमि का भार आपके सिर आपड़ा है पवित्र अक्षतों के प्रभाव से जो दानभार, मानभार, सयानभार, धनभार और धर्मभार आ पड़ा है, और सबकी आशिषों तथा मंत्र बल से जो आप के सिर पर जयभार, यशभार और राजभार लद गया है, देश-देशान्तरों में जहाँ-तहाँ इस भारी बोझ को देख-देख कर दुष्टों के सिर अनार से फटते हैं।

अलंकार—लाटानुप्रास, असंगति और उपमा।

मूल—(केशव)—मत्तगयन्द छंद।

जाय नहीं करतूति कही सब श्रीसविता कविता करि हारो।
याहि ते केशव दास असीस पढ़ै अपनो करि नेकु निहारो।
कीरति देवन की दुलही यश दूलह श्री रघुनाथ विहारो।
सातो रसातल सातहु लोकन सातहु सागर पार विहारो॥ ६॥

शब्दार्थ—सविता=सूर्य। असीस=आशीर्वचन। दुलही=पत्नी। दूलह=पति।

भावार्थ—केशवदास (विषय वर्णन में तल्लीन होकर और यह समझ कर कि मानों मैं भी उसी समाज में मौजूद हूँ) कहते हैं कि हे रामजी, आप की करतूत कही नहीं जा सकती। श्रीसूर्यदेव भी जो तुम्हारे पूर्व पुरुष हैं और जो सर्वदा घूम-घूम कर सर्वत्र की घटनाओं को देखा करते हैं, कह कर हार गये पर वह कह न सके, तो अन्य जन कैसे कह सकेगा। अतः मैं केवल आशीर्वाद देता हूँ कि देवकीर्ति रूपी नवल बधूटी को लेकर तुम्हारा यश रूपी दूलह सातों रसातलों (नीचे के) में सातों लोकों (ऊपर के) में और सातों समुद्रों के पार तक विहार करता रहे, कृपा करके मुझे अपना एक लघु सेवक समझते रहना।

अलंकार—सम्बन्धातिशयोक्ति और रूपक।

मूल—किन्नर, यक्ष, गन्धर्व—(रूपमाला छंद, १४+१०=२४ मात्रा)

अजर अमर अनंत जै जै, चरित श्री रघुनाथ।
करत सुर नर सिद्ध अचरज, श्रवण सुनि सुनि गाथ।
काय मन बच नेम जानत, शिलासम पर नारि।
शिला ते पुनि परम सुंदरि, करत नेक निहारि ॥१०॥

भावार्थ—हे राम ! तुम्हारे अजर, अमर और अनन्त चरित्र हैं, तुम्हारी जय हो। तुम ऐसे अद्‌भुत चरित्र करते हो जिन्हें सुन कर सुर, नर और सिद्ध लोग आश्चर्य करते हैं। तुम मन वचन कर्म से परस्त्री को शिलासम जानते हो और जरा कृपा दृष्टि से हेर कर शिला को परम सुन्दरी स्त्री बना देते हो (कैसे आश्चर्य की बात है)।

चमर ढारत मातु ऊपर पाणि पीड़ा होइ।
बिसदंड ज्यों कोदंड हर को टूक कीन्हो दोइ॥
साधु होइ असाधु राखत द्विजन हू को मान।
सकल मुनिगण मुकुट मणि को मर्दियो अभिमान॥११॥

शब्दार्थ—बिसदंड=कमलनाल। कोदंड=धनुष। सकल मुनिगण मुकुट मणि=नारद मुनि (नारद मोह की कथा बहुत प्रसिद्ध है) अथवा परशुराम।

भावार्थ—जब क्वचित् काल माता पर चमर ढारते थे तब यह कह कर बंद कर देते थे कि बोझ के कारण हाथ में पीड़ा होती है, पर उन्हीं हाथों से शिव धनुष को उठाकर कमल दंड की तरह दो खंड कर डाले। ब्राह्मण चाहे साधु हो, चाहे असाधु उसका मान रखते थे, पर सर्वोच्च मुनि नारद का मान (एक छोटी बात में) मर्दन कर डाला—(परशुराम पर भी अर्थ लग सकता है)।

मूल—

सुघर सुंदरि सरस रति रचि, कीर्ति रति कहँ लालि।
एक पत्नी व्रत निबाहत मदन को मद घालि।
सुखद सुहृद सुपूत सोदर हनत नृप जा काज।
पलक में सो राज्य छोड़ी मातु पितु की लाज॥१२॥

अलंकार—परिसंख्या।

का प्रेम। लालि=लालसा करते हुए। सुपूत=अति पवित्र, निर्दोष। मातु पितु की लाज=माता के सामने पिता की लज्जा रखने के लिये।

भावार्थ—सुघर, सुन्दर और रसीलो सर्वजन-प्रीति से अनुरक्त होकर भी, और कीर्ति संचय करने की प्रीति की लालसा करते हुए भी (अर्थात् सर्वजनरति और कीर्तिरति दोनों के इच्छुक होकर भी) आप एक पत्नीव्रत निर्वाह करते हो, और मदन का घमंड तोड़ते हो (इस कारण कि मदन केवल एक रति का स्वामी है और तुम दो रतियों के प्रेमी हो) जिस राज्य के कारण अन्य राजन्यवर्ग सुखद सुहृद और निर्दोष सगे भाई को मार डालते हैं, वही राज्य आपने विमातृबंधु के लिये और विमाता के सामने पिता की लज्जा रखने के लिये एक पल मात्र में त्याग दिया।

अलंकार—अनुप्रास।

मूल—

मंथरा सों मोद मानत विपिन पठयो पेलि।
सुपनखा की नाक काटी करन आई केलि॥
चंचु चाँपत आँगुरी शुक ऐंचि लेत डराइ।
बन्धु सहित कबन्ध के उर मध्य पैठे धाइ॥१३॥

शब्दार्थ—पेलि=प्रेरणा करके। चन्चु=चोंच।

भावार्थ—जिस मन्थरा ने प्रेरणा करके तुम्हें वनवास दिलाया था, उससे तो आप खुश रहते हैं और जो सूर्पणखा स्त्री बनने आई थी उसकी नाक कटवा ली (कैसा आश्चर्य), चारा देते समय जब कभी कोई शुक चोंच से उँगली दबाता तो आप डर कर हाथ खींच लेते थे, और बंधु सहित कबंध की भुजपाश में स्वयम् ही जा पड़े (वहाँ तनक भी भय न हुआ)।

मूल—

सर्वथा सर्वज्ञ सर्वग सर्वदा रस एक।
अज्ञ ज्यों सीता विलोकी व्यग्र भ्रमत अनेक॥
बाण चूक्यो लक्ष्य को को गनै केतिक बार।
ताल सातो बेधियो शर एक एकहि बार॥१४॥

शब्दार्थ—सर्वथा=सर्व प्रकार। सर्वग=सर्वान्तर्यामी। विलोकी=खोजो। व्यग्र भ्रमत अनेक=व्यग्रता से अनेक स्थानों में घूम-घूम कर।

भावार्थ—हे रामजी ! आप सब प्रकार सर्वज्ञ, सर्वान्तर्यामी (सर्वव्यापी) और सदैव एक रस रहनेवाले हो, तथापि अज्ञानों की तरह व्यग्र होकर अनेक स्थानों में घूम-घूम कर सीता की खोज की। न जाने कितने बार बाण चलाते समय निशाने को चूक जाते थे, पर सप्त तालों को एक बार में एक ही बाण से बेध दिया।

मूल—

सापराध असाधु अति सुग्रीव कीन्हों मित्र।
अपराध बिन अति साधु बालिहि हन्यो जानि अमित्र।
चलत जब चौगान को लै चलत दल चतुरङ्ग।
देवशत्रुहि चले जीतन ऋक्ष बानर सङ्ग ॥१५॥

शब्दार्थ—अमित्र=शत्रु। देवशत्रु=रावण।

भावार्थ—बहुत सरल ही है।

मूल—

भूलिहू जा तन निहारत गुरु सो गिरिन समान।
निगरु देखो भये गिरिगण जलधि में ज्यों पान।
जतन जतनहिं तरत सरजू डरत डोलत डीठि।
गये सागर पार दै पगु प्रगट पाहन पीठि ॥१६॥

शब्दार्थ—जा तन=जिसकी ओर। गुरु=गरू, वजनदार। निगरु=हलके। पान=पत्ता। जतन-जतन=धीरे-धीरे। पाहन=पत्थर।

भावार्थ—भूलकर भी आप जिसकी ओर देख दें, वह पहाड़ के समान गरू हो जाता है, पर समुद्र में (सेतुबंध हित) पहाड़ भी पत्तों के समान हलके हो गये। सरजू को तो धीरे-धीरे पार करते हो और जरा भी नजर चूकने पर डरते हो, पर पत्थरों पर चढ़कर पैदल समुद्रपार चले गये (कैसे आश्चर्य की बात है)।

मूल—

बाजि गज रथ वाहनन चढ़ि चलत श्रमत सुभाय।
लङ्क लौं निरसंक नीके गये अपने पाय॥

यज्ञ को फल गहत जतनन यज्ञपुरुष कहाय।
बेर जूंठे दियो शबरी भखियो सुख पाय ॥१७॥

शब्दार्थ—श्रमत=थक जाते हो। नीके=बिना थके। जतनन=बड़ी सावधानी करने पर (जब अति पवित्रता से यज्ञ करें तब)।

भावार्थ—घोड़े, हाथी इत्यादि सवारियों पर चढ़ कर चलते समय सहज ही थक जाते हो, पर लंका तक निःशंक भाव से बिना थकावट के पैदल ही चले गये। यज्ञ पुरुष कहलाने से यज्ञों का फल यदि यत्न पूर्वक दिया जाय तब ग्रहण करते हो पर शबरी के जूँठे बेर बड़े हर्ष से खा लिये।

मूल—

कुसुम-कंदुक लगत काँपत मूदि लोचन मूल।
शत्रु संमुख सहे हँसि-हँसि सेल असि शर शूल ॥
दूरि कर तन दया दर्शत देह दंशत दंश।
भई बार न करत रावणवंश को निर्वंश ॥१८॥

शब्दार्थ—मूल=अच्छी तरह से। दूरि करतन=हटाने में (बुँदेलखंडी मुहावरा)। दंश=डँसा (बड़ा मच्छर)।

भावार्थ—फूल रचित गेंद लगते काँपते हो और भय से अच्छी तरह आँखें मूंद लेते हो, पर शत्रु के सामने हँस-हँस कर सेल, तलवार, बाण और शूल सहन किये हैं। देह में काटते हुए डँस को हटाने में आपको दया आती है, पर रावण को निर्वंश करते तनक भी देर न लगी।

मूल—

बाण बेझे आन को लग नाम अपनो लेत।
काल सो रिपु आपु हति जयपत्र आनहि देत ॥
पुन्य कालन देत बिप्रन तौलि तौलि कनंक।
शत्रुसोदर को दई सब स्वर्ण ही की लंक ॥१९॥

शब्दार्थ—बेझा=(सं० बेध्य) निशाना। जयपत्र=जीत की सनद। पुन्यकालन=पर्वकालों में। कनंक=(कनक) सोना।

भावार्थ—निशाने पर अन्य सखा का भी बाण लग जाता था तब आप कहते थे कि हमने निशाना मारा, पर अब काल समान शत्रु को मार कर भी

जीत की सनद अन्य को देते हैं। पर्व तिथियों पर विप्रों को तौल-तौल कर सोना दान करते हो, पर शत्रु के भाई को (अतुलित) सोने की लंका ही दे डाली (बड़ी विचित्र बात है) ।

मूल—

होइ मुक्त सो जाहि इनको मरत आवै नाम ।
मुक्त एक न भये वानर मरे करि संग्राम ॥
एक पल बिन पान खाये बार-बार, जम्हात ।
वर्ष चौदह नींद भूख पियास साधी गात ॥२०॥

भावार्थ—वह जन मुक्त हो जाता है जिसके मुख से मरते समय इनका (राम का) नाम निकल जाय, पर आश्चर्य यह है कि हजारों वानर इनके लिये समर में मरे, पर एक वानर भी मुक्त न हुआ । बिना पान खाये एक क्षण भी रह जायें तो बार-बार जम्हाई लेते हैं और चौदह वर्ष तक नींद, भूख, पियास को शरीर से साधन किया ।

मूल—

छमे बरु अपराध अपने कोटि-कोटि कराल ।
अपराध एक न छम्यो गो द्विज दीन को सब काल ॥
यदपि लक्ष्मण करी सेवा सर्व भाँति सभेव ।
तदपि मानत सर्वथा करि भरत ही की सेव ॥२१॥

शब्दार्थ—सभेव = मर्मसहित अर्थात् बड़ी सावधानी से । सेव = सेवा ।

भावार्थ—सरल ही है ।

मूल—

कहत इनको परम साँचे सकल राना राय ।
तनक सेवा दास की कहैं कोटि गुणित बनाय ॥
डरत सब अपलोक ते जे जीव चौदह लोक ।
ठौर जाकहँ कहुँ न ताकह देत अपनो ओक ॥२२॥

भावार्थ—इनको (राम को) सब राना राय परम सत्यवादी कहते हैं, पर (ये बड़े झूठे हैं क्योंकि) ये दास की थोड़ी सी सेवा को बहुत बढ़ाकर वर्णन करते हैं । चौदह लोक के सब जीव बदनामी से डरते हैं पर ये (रामजी)

बदनामी से भी नहीं डरते और जिनको कहीं भी ठौर नहीं मिलता (अर्थात् महापापी को) उसे अपना धाम दे देते हैं। (पापियों को मुक्ति देते हैं)।

अलंकार—व्याजस्तुति।

मूल—

छाँड़ि द्विज, द्विजराज, ऋषि, ऋषिराज अति हुलसाइ।
प्रगट सकल सनौढ़ियन के प्रथम पूजे पाइ॥
छाँड़ि पितर त्रिशंकु, है विपरीत यद्यपि देह।
अवध के सब जात सूकर स्वान स्वर्ग सदेह॥२३॥

शब्दार्थ—समल=गृहस्थी में फँसे हुए। विपरीत=उलटा (लटका हुआ)।

भावार्थ—ब्राह्मण, बहुत उत्तम ब्राह्मण, ऋषि और ऋषिराज इत्यादि सब को छोड़ कर, अत्यन्त हुलास से सब के सामने गृहस्थी में फँसे हुए सनाढ्य ब्राह्मणों के पैर रामजी ने सर्व प्रथम पूजे (आश्चर्य है)। अपने पूर्व पुरुश त्रिशंकु को उलटा लटका हुआ छोड़ कर, सब अवध में ऐसा प्रभाव दिया कि अवध के शूकर और श्वान भी सदेह ही परमधाम को चले जाते हैं।

अलंकार—व्याजस्तुति।

मूल—

एक पल उर माँझ आए हरत सब संसार।
आय कै संसार में इन हर्‌यौ भूतल भार॥
सेस संभु स्वयंभु भाषत नेति निगमहु जासु।
ताहि लघुमति वरणि कैसे सकत केशवदासु॥२४॥

भावार्थ—जिनका ध्यान एक क्षणमात्र के लिये हृदय में आने से जन का जन्म-मरण का झगड़ा ही मिट जाता है, उसी परब्रह्म ने स्वयं संसार में आकर भूमि का भार उतारा। शेष, शंभु, ब्रह्मा और वेद जिसको नेति-नेति कह कर वर्णन करते हैं, उनके गुण अल्पबुद्धि केशवदास कैसे वर्णन कर सकता है।

अलंकार—सम्बन्धातिशयोक्ति।

मूल—(दोहा)—

यहि विधि चौदह भुवन के जन गाये यस-गाथ।
प्रेम सहित पहिराय सब बिदा किये रघुनाथ ॥२५॥

भावार्थ—इस प्रकार समस्त चौदहों लोकों के जनों ने राम का यश गाकर स्तवन किया, तदनन्तर रामजी ने सप्रेम पहरावनी (खिलअत) देकर सब को बिदा किया (सब अपने-अपने लोक को चले गये)।

मूल—झूलना छंद।

अभिषेक की यह गाथ श्रीरघुनाथ की नर कोइ।
पल एक गावत पाइहै बहु पुत्र सम्पति सोइ॥
जरि जायगी सब बासना जग रामभक्त कहाय।
जमराज के सिर पाँउ दै सुरलोक बसिहै जाय ॥२६॥

भावार्थ—सरल ही है।

(सत्ताईसवाँ प्रकाश समाप्त)

अट्ठाइसवाँ प्रकाश

दोहा—

अट्ठाइसें प्रकाश में वर्णन बहु विधि जानि।
श्रीरघुवर के राज को सुर नर को सुखदानि॥

(राम-राज्य वर्णन)

नोट—इस प्रकाश का मजा लेने के लिये पाठक को परिसंख्यालंकार का अच्छा ज्ञान होना चाहिये।

मूल—(भुजंगप्रयात छंद)—

अनंता सबै सर्वदा शस्य युक्ता। समुद्रावधिः सप्तईतिर्विमुक्ता।
स दावृत्तफूलेफलेतत्र सोहैं। जिन्हें अल्पधी कल्पसाखी विमोहैं॥१॥

शब्दार्थ—अनंता = पृथ्वी। शस्य = धान्य, खेती। समुद्रावधिः = आसमुद्र, समुद्र तक। सप्त ईति = सात विघ्न जिनसे खेती को हानि पहुँचती है यथा :—

अतिवृष्टिरनावृष्टिर्मूषकाः शलभाः शुकाः।
स्वचक्रं परचक्रं च सप्तैता ईतयः स्मृताः॥

अर्थात् (१) अतिवृष्टि (२) अनावृष्टि (३) मूसों का लगना (४) टिड्डी का गिरना (५) शुकादि पक्षियों से हानि पहुँचना (६) स्वदेशी राजा की प्रजा से लड़ाई। (७) विदेशी राजा का आक्रमण। विमुक्ता = बची हुई। अल्पधी = कमबुद्धि वाले। कल्पसाखी = कल्पवृक्ष।

भावार्थ—रामराज्य में आसमुद्र समस्त पृथ्वी खेती से परिपूर्ण है और सात प्रकार की ईतियों से भी बची हुई है। वहाँ वृक्ष सदा ही फूले फले रहते हैं जिन्हें देख कर कमबुद्धि कल्पवृक्ष विमोहित होते हैं अर्थात् लज्जित होकर अपने को कम बुद्धिवाला मानते हैं।

अलंकार—प्रबन्धातिशयोक्ति।

मूल—

सदैं निम्नगा छीर के पूर पूरीं। भईं कामगो सी सबैं धेनु रूरीं।
सबैं बाजि स्वर्बाजि ते तेजपूरे। सबैं दंति स्वर्दन्ति ते दर्प रूरे॥२॥

शब्दार्थ—निम्नगा = नदियाँ। पूर = धारा। कामगो = कामधेनु। स्वर्बाजि = उच्चैःश्रवा। स्वर्दन्ति = ऐरावत। दर्प = मद।

भावार्थ—सब नदियाँ दुग्ध (अथवा स्वच्छ सफेद जल) की धारा से परिपूर्ण हैं, सब गायें कामधेनु से भी अच्छी हैं। सब घोड़े उच्चैःश्रवा से भी अधिक तेजवान हैं और सब हाथी ऐरावत से भी अधिक मदमस्त हैं।

अलंकार—संबंधातिशयोक्ति।

मूल—

सबै जीव हैं सर्वदानंद पूरे। क्षमी संयमी विक्रमी साधु सूरे।
युवा सर्वदा सर्वविद्याविलासी। सदा सर्वसम्पत्तिशोभाप्रकासी॥३॥

शब्दार्थ—क्षमी = क्षमतावान। विक्रमी = उद्योगी, उद्योगचतुर।

भावार्थ—सरल ही है।

मूल—

चिरंजीवि संयोग-योगी अरोगी। सदा एकपत्नी व्रती भोग भोगी।
सबै शीलसौन्दर्य सौगन्धधारी। सबै ब्रह्मज्ञानी गुणी धर्मचारी॥४

शब्दार्थ—संयोग योगी=स्त्री संयोग से युक्त (वियोगी वा विरही नहीं) भोग भोगी=आठ प्रकार के सुखों को भोगनेवाले। अष्ट सुखभोग—(१)—फूल माला धारण करना, (२)—इतर फुलेल लगाना, (३)—स्त्री-प्रसंग, (४)—अच्छे वस्त्र धारण करना, (५)—गान सुनना वा गाना, (६)—पान खाना, (७) अच्छे भोजन, (८) सवारी और आभूषण। 'धारी' शब्द का अन्वय शील, सौन्दर्य और सौगंध तीनों शब्दों के साथ है।

भावार्थ—रामराज्य में सभी जन चिरंजीवी हैं। संयोगी हैं, नीरोग हैं, सदा एकपत्नीव्रती हैं, आठों भोगते हैं, शीलवान, सुन्दर और सुगंधयुक्त शरीरवाले हैं। सब ही जन ब्रह्मज्ञानी, गुणवान तथा धर्म से चलने वाले हैं (कोई भी अनीतिमार्ग पर नहीं चलता)।

मूल—

सबै न्हान दानादिकर्माधिकारी। सबै चित्त-चातुर्यचिंतापहारी।
सबै पुत्रपौत्रादि के सुःख साज। सबै भक्त माता पिता के बिराजै ॥५॥

शब्दार्थ—चित्त-चातुर्य-चिंतापहारी=चित्त के चातुर्य से दूसरों की चिंता को अपहरण करनेवाले।

भावार्थ—सरल ही है।

मूल—

सबै सुन्दरी सुन्दरी साधु सोहैं। शचीसी सतीसी जिन्हैं देखि मोहैं।
सबै प्रेमकी पुण्यकी सद्मिनीसी। सबैपुत्रिणी चित्रिणी पद्मिनीसी ॥६॥

शब्दार्थ—सुन्दरी=स्त्री। सुन्दरी=खूबसूरत। साधु=साध्वी, पतिव्रता। शची=इन्द्राणी। सती=दक्षकन्या सती। सद्मिनी=कोठरी। पुत्रिणी=पुत्रवती (बंध्या नहीं)। चित्रिणी, पद्मिनी=कोकशास्त्रानुसार चित्रिणी और पद्मिनी स्त्रियों की जातियाँ हैं। ऐसी स्त्रियाँ अच्छी होती हैं। (शंखिनी और हस्तिनी अच्छी नहीं होतीं; राम राज्य में है ही नहीं)।

भावार्थ—सरल ही है।

मूल—

भ्रमै संभ्रमी यत्र शोकै सशोकी। अधर्मै अधर्मी अलोकै अलोकी।
दुखै है दुखी ताप तापाधिकारी। दरिद्रै दरिद्री विकारै विकारी ॥७॥

शब्दार्थ—संभ्रमी=भ्रमयुक्त। अलोकै=अपयश।

भावार्थ—राम राज्य में 'भ्रम' ही भ्रमयुक्त है (कि मैं यहाँ रहूँ की नहीं) अर्थात् सब जन निश्चित ज्ञानी हैं, 'भ्रम' शब्द का अर्थ ही उनकी समझ में नहीं बैठता, और शोक ही सशोक है कि अब मैं कहाँ रहूँ. अधर्म ही अधर्मी रह गया है-अधर्म ने ही अपना धर्म त्याग दिया है अर्थात् है ही नहीं, अपयश ही अपयशी है, दुःख ही दुखी है (कि मैं कहाँ रहूँ, रहने तक को स्थान नहीं), त्रिताप ही संतप्त हैं कि कहा रहैं, दरिद्र ही रामराज्य में दरिद्र है (उसे रहने बैठने तक जो स्थान नहीं मिलता) और विकार ही नाम मात्र को विकारी है। अर्थात् ये वस्तुएँ रामराज्य में हैं नहीं केवल शब्दमात्र से इनका अस्तित्वमात्र है।

अलंकार—परिसंख्या।

मूल—(चौपाई छंद)—

होमधूम मलिनाई जहाँ। अति चंचल चलदल हैं तहाँ।
बालनाश है चूड़ाकर्म। तीक्ष्णता आयुध को धर्म॥८॥

शब्दार्थ—चलदल=पीपल का पत्ता। बाल=(१) बालक (२) केश।

भावार्थ—राम राज्य में और कोई मलिनता नहीं है केवल होमधूम की मलिनता है, और केवल पीपल पत्र ही चञ्चल है। बालनाश (बालकों का मरना) नहीं होता केवल नाममात्र को चौर में ही बाल (केश) नाश होता है और तीक्ष्णता तो केवल शस्त्र में ही रह गई है (क्योंकि वही तो उसका धर्म है)।

अलंकार—श्लेष से पुष्ट परिसंख्या।

मूल—

लेत जनेऊ भिक्षादानु। कुटिल चालि सरितानि बखानु।
व्याकरणै द्विज वृत्तिन हरैं। कोकिलकुल पुत्रनि परिहरैं॥९॥

शब्दार्थ—द्विज=विद्यार्थी। वृत्ति=(१) जीविका, रोजी (२) सूत्र का अर्थ।

भावार्थ—रामराज्य में कोई भी भिक्षुक नहीं, केवल यज्ञोपवीत होते समय बरुवा (बटु) भिक्षादान लेता है। (क्योंकि वह शास्त्रविधि है), कुटिल चाल केवल नदियों में कह लो। कोई भी किसी की वृत्ति (रोजी) हरण नहीं करता,

केवल व्याकरण पढ़ते समय विद्यार्थी गण सूत्र के अर्थ को लेते हैं (ग्रहण करते हैं) और केवल कोयल ही सन्तान-त्याग करती है और कोई नहीं।

अलंकार—परिसंख्या।

मूल—

फागुहि निलज लोग देखिये। जुवा दिवारी को लेखिये।
नित उठि बेझो ई मारिये। खेलत में केहूँ हारिये॥१०॥

शब्दार्थ—बेझा=(सं० बेध्य) लक्ष्य, निशाना।

भावार्थ—रामराज्य में लोग केवल फाग में ही निर्लज्ज दिखाई पड़ते हैं, जुवा का खेल केवल दिवाली में ही होता है। (कोई किसी को मारता नहीं) नित्य वीर लोग निशाने को ही मारते हैं (लक्ष्यबेध का अभ्यास किया करते हैं) और हार किसी प्रकार खेल ही में होती है (अन्यत्र नहीं)।

अलंकार—परिसंख्या।

मूल—(दंडक)—

भावै जहाँ व्यभिचारी वैदै रमै परनारी।
द्विजगण दंडधारी चोरी परपीर की।
मानिनीन ही के मन मानियत मानभंग,
सिंधुहि उलंघि जाति कीरति शरीर की।
मूलै तो अधोगतिन पावत हैं केशोदास,
मीचु ही सों है वियोग इच्छा गंगनीर की।
वंध्या बासनानि जानु विधवा सुबाटिका ही,
ऐसी रीति राजनीति राजै रघुबीर की॥११॥

शब्दार्थ—व्यभिचारी=(१) परस्त्रीगामी (२) सञ्चारी भाव (काव्य का)। नारी=(१) स्त्री (२) हाथ की नाड़ी (नाटिका)। द्विज=विद्यार्थी। मानिनी=मानवती नायिका। मानभंग=(१) अपमान (२) मान का घटना। मूल=पेड़ की जड़। बंध्या=(१) बाँझ (२) अफल, निष्फल। विधवा=(१) पतिरहित (२) धवा नामक वृक्ष से रहित।

भावार्थ—जहाँ केवल भावों में ही व्यभिचारी (सञ्चारी) भाव हैं—(अन्य कोई पुरुष व्यभिचारी नहीं), जहाँ केवल वैद्य ही पराई नाड़ी पकड़ते हैं

(कोई पुरुष परनारी गमन नहीं करते) जहाँ केवल नाममात्र को विद्यार्थी ही दंडधारी हैं (और कोई दंडित नहीं होता) और जहाँ चोरी केवल पर-पीड़ा की ही होती है (लोग पर पीड़ा हरण करते हैं) मानिनी नायिका ही मानभंग का अनुभव करती हैं (अन्य किसी का मान भंग नहीं होता) और कोई किसी सीमा का उल्लङ्घन नहीं करता, केवल अवधनिवासियों के शरीरों की कीर्ति ही समुद्र सीमा का उल्लङ्घन करती है (अर्थात् उनके कृत्यों की कीर्ति समुद्र पार तक प्रसिद्ध हो जाती है) जहाँ कोई अधोगति को नहीं जाता, केवल पेड़ की जड़ें ही अधोगति को प्राप्त होती हैं (नीचे को जाती हैं), जहाँ मृत्यु ही का वियोग है (कोई मरता नहीं), किसी को कोई इच्छा नहीं (सब पूर्ण काम हैं), यदि इच्छा है तो केवल हरि चरणोदक गंगाजल पान की ही है। जहाँ कोई स्त्री बाँझ नहीं, केवल 'वासना' ही बाँझ है (अर्थात् शुभाशुभ भोग की इच्छा ही जहाँ निष्फल है, कोई स्वर्ग नरक भोग की वासना नहीं रखता, सब मुक्ति पद प्राप्त हैं) जहाँ विधवा (धवा वृक्ष रहित) केवल फुलवारी ही हैं (कोई स्त्री विधवा नहीं) ऐसी राजनीति श्रीरामजी की है।

अलंकार—श्लेषपुष्ट परिसंख्या।

मूल—(दोहा)—

कविकुल ही के श्रीफल उर अभिलाष समाज।
तिथि ही को छय होत है रामचन्द्र के राज ॥१२॥

शब्दार्थ—श्रीफल=(१) लक्ष्मी के प्रति (२) बेल (कुच का उपमान)।

भावार्थ—राम राज्य में सब ही जन इतने धन सम्पन्न हैं कि किसी के हृदय में श्रीफल (धनप्राप्ति) की अभिलाषा होती ही नहीं, हाँ नाममात्र को कवियों को कभी-कभी (कुच का उपमान बताने के हेतु) बेल फल का नाम लेने की अभिलाषा होती है। राम जी के राज्य में किसी की छय नहीं होती हैं, यदि नाममात्र को होती है तो केवल पत्रा में किसी तिथि की छय होती है।

अलंकार—श्लेषपुष्ट परिसंख्या।

मूल—(दंडक)—

लूटिबे के नाते पाप पट्टने तो लूटियत,

तोरिबे को मोहतरु तोरि डारियतु है।
घालिबे के नाते गर्व घालियतु देवन के,
जारिबे के नाते अघ ओघ जारियतु है।
बाँधिबे के नाते ताल बाँधियत केशोदास,
मारिबे के नाते तो दरिद्र मारियतु है।
राजा रामचन्द्रजू के नाम जग जीतियतु,
हारिबे के नाते आन जन्म हारियतु है॥१३॥

शब्दार्थ—पाप=कष्ट (विहारी ने भी इस शब्द का प्रयोग इसी अर्थ में किया है) प्रमाण—बसिबे को ग्रीष्म दिनन परयो परोसिन पाप (नोट)—यदि पाप का यह अर्थ न लें तो आगे 'अघओघ' के होने से पुनरुक्ति दोष होगा। पट्टन=नगर।

भावार्थ—रामराज्य में कोई किसी को लूटता नहीं, यदि लूटना ही हुआ तो रामनाम जप-जप कर कष्टों के नगर को लूटते हैं। इसी प्रकार कुछ तोड़ना हुआ तो मोहरूपी वृक्ष ही को तोड़ते हैं, देवताओं के गर्व को ही नष्ट करते हैं (ऐसे काम करते हैं कि देवता भी लजावें) जलाना हुआ तो पाप-समूह को ही जलाते हैं, बाँधना हुआ तो तालाब ही बाँधते हैं (तड़ाग बनवाते हैं) और मारना हुआ तो दारिद्र ही को मारते हैं। जीतना हुआ तो राम-नाम जप कर संसार को जीतते हैं (संसार-बन्धन से मुक्त होते हैं) और हारना हुआ तो अन्य जन्म ही हारते हैं (मुक्ति को प्राप्त करते हैं जिससे पुनः जन्म न लेना पड़े)।

अलंकार—परिसंख्या।

मूल—चन्द्रकला छन्द—(लक्षण—८ सगण। इसे दुर्मिल भी कहते हैं)

सब के कलपद्रुम के बन हैं सब के बर बारन गाजत हैं।
सब के घर शोभित देवसभा सब के जय दुंदुभि बाजत हैं॥
निधि सिद्धि विशेष अशेषन सों सब लोग सबै सुख साजत हैं।
कहि केशव श्रीरघुराज के राज सबै सुरराज से साजत हैं॥१४॥

शब्दार्थ—बर बारन=श्रेष्ठ हाथी। देवसभा=गणेश, देवी, दुर्गा, इत्यादि की मूर्तियाँ पूजनार्थ सब के घर में हैं। निधि सिद्धि विशेष अशेषन सो=नवों

निधियों और विशेष कर सब सिद्धियों के प्राप्त होने के कारण। नवो निधियाँ=(१) पद्म (२) महापद्म (३) शंख (४) मकर (५) कच्छप (६) कुंद (७) मुकुन्द (८) नील और (वर्च स)। सिद्धियाँ=आठ सिद्धियाँ—(१) अणिमा, (२) महिमा (३) गरिमा, (४) लघिमा, (५) प्राप्ति, (६) प्राकाम्य, (७) ईशित्व, (८) वशित्व।

भावार्थ—रामराज्य में सब जनों के कल्पवृक्ष के बाग हैं, सब के दरवाजे श्रेष्ठ हाथी (ऐरावत समान), सब के घरों में पूजनार्थ देवसभा स्थापित है, सब के यहाँ विजय के बाजे बजते हैं। नवों निधियों तथा विशेष कर समस्त सिद्धियों के कारण सब लोग सब प्रकार के सुखों से सजे हुए हैं (सब को सब सुख प्राप्त हैं) केशवदास कहते हैं कि इस प्रकार श्रीरामजी के राज्य में सभी लोग इन्द्र के समान शोभा पा रहे हैं।

अलंकार—उदात्त।

मूल—(दंडक)—

जूझहि में कलह कलह-प्रिय नारद,
कुरूप हैं कुबेरै लोभ सब के चयन को।
पापन की हानि डर गुरुन को बैरी काम,
आगि सर्बभक्षी दुखदायक अयन को।
त्रिया ही में बादु बहुनायक है वारिनिधि,
जारज है हनुमन्त मीत उदयन को।
आँखिन आक्षत अंध नारिकेर कृश कटि,
ऐसो राज राजै राम राजिवनयन को॥१५॥

शब्दार्थ—चयन=चैन, आनन्द। दुखदायक अयन को=घरों को जला देनेवाला। बहुनायक=बहुत स्त्रियों का पति। जारज=दोगला, हरामजादा। मीत उदयन को=सब के अभ्युदय (बढ़ती) का आकांक्षी। नारिकेर=नारियल। कृश=पतली-दुबली।

भावार्थ—श्रीरामजी का राज्य ऐसा है कि दुर्गुणी मनुष्य कोई है ही नहीं, केवल जूझने ही में लोग कलह करते हैं (अर्थात् एक कहता है कि पहले मैं युद्ध में जाऊँगा, दूसरा कहता है मैं पहले जाऊँगा इत्यादि), कलह-

प्रिय केवल नारद ही हैं, केवल कुबेर ही कुरूप हैं, और सब को केवल यही लोभ लगा रहता है कि सब लोग चैन से रहैं। हानि केवल पापों ही की है, डर केवल गुरुजनों का है, बैरी केवल 'काम' है, और घरों का दुखदायक एक अग्नि ही सर्वभक्षी है। विद्या ही में वाद-विवाद होता है, बहुपत्नी-भोगी केवल समुद्र ही है, और जारज केवल हनुमान हैं जो सब का अभ्युदय चाहते हैं। आँख होते अंधा केवल नारियल ही है (अन्य कोई नहीं) और केवल कमर ही दुबली-पतली है, अन्य कोई नहीं।

अलंकार—परिसंख्या।

मूल—(दोहा)—

कुटिल कटाक्ष कठोर कुच, एकै दुःख अदेय।
द्विस्वभाव है श्लेष में, ब्राह्मण जाति अजेय ॥१६॥

भावार्थ—केवल युवतियों के कटाक्ष ही कुटिल हैं (अन्य कोई नहीं) और केवल कुच ही कठोर हैं, केवल एक दुःख ही अदेय वस्तु है। दुविधा की बात कहना केवल श्लेष अलंकार में ही है (अन्य कोई भी दो अर्थी बात नहीं कहता, सब लोग निश्चयात्मक बात कहते हैं) और केवल ब्राह्मण ही अजेय हैं।

अलंकार—परिसंख्या।

मूल—(तोमर छन्द)—

वहँ शब्द बंचक जानि। अलि पश्यतोहर मानि।
नर छाहँई अपवित्र। शर खड्ग निर्दय मित्र ॥१७॥

शब्दार्थ—बंचक = ठग। पश्यतोहर = देखते हुए हर लेनेवाला, आँखों के सामने चोरा लेनेवाला (सोनार)।

भावार्थ—रामराज्य में ठग कोई नहीं है, केवल 'वंचक' शब्द ही कोष में पाया जाता है, केवल भौंरा ही ऐसा पश्यतोहर है जो आँखों देखते फूलों से मधु चोरा लेता है, मनुष्य की छाया ही अपवित्र है (अन्य कोई अपवित्र नहीं) और बाण तथा तलवार ही निर्दय मित्र रह गये हैं (अन्य मित्र निर्दय नहीं)।

अलंकार—परिसंख्या।

मूल—(सोरठा)—

गुण तजि अवगुण जाल, गहत नित्यप्रति चालनी।
पुंश्चली ति तेहि काल, एकै कीरति जानिये ॥१८॥

शब्दार्थ—पुंश्चली=कुलटा। ति=स्त्री।

भावार्थ—रामराज्य में केवल 'चलनी' ही ऐसी है जो गुण छोड़ अवगुण को संग्रह करती है। उस समय केवल कीर्ति ही एक ऐसी स्त्री है जो बहु पुरुषों से लगन लगाती फिरती है।

अलंकार—परिसंख्या।

मूल—(दोहा)—

धनदलोक सुरलोकयुत, सप्तलोक के साज।
सप्तद्वीपवति महि बसी, रामचन्द्र के राज ॥१९॥

भावार्थ—रामजी के राज्य काल में सात द्वीपवाली पृथ्वी, धनदलोक, तथा सुरलोक सहित सातों लोकों की संपत्ति और सुख के समान सहित बसती थी अर्थात् इस पृथ्वी पर ही सब लोकों के सुख प्राप्त थे।

अलंकार—उदात्त।

मूल—

दस सहस्र दस सै बरष, रसा बसी यहि साज।
स्वर्ग नरक के मग थके, रामचन्द्र के राज ॥२०॥

भावार्थ—रामजी के राज्यकाल में यह पृथ्वी इस तरह ११,००० वर्ष रही और स्वर्ग तथा नरक के रास्ते बन्द हो गये (अर्थात् कोई मरता न था और सब एक साथ ही मुक्ति-पद को प्राप्त हुए)।

(अट्ठाईसवाँ प्रकाश समाप्त)

उन्तीसवाँ प्रकाश

(दोहा)—

उनतीसएँ प्रकाश में, बरणि कह्यौ चौगान।
अवध-दीप्ति शुक की विनति, राजलोक गुणगान ॥

शब्दार्थ—चौगान=गेंद का खेल जिसे अब पोलो (polo) कहते हैं। अवध-दीप्ति=अयोध्या की रोशनी। राजलोक=राजमहल।

(चौगान वर्णन)

मूल—(चौपाई छंद)—

एक काल अति रूपनिधान। खेलन को निकरे चौगान।
हाथ धनुष शर मन्मथ रूप। संग पयादे सोदर भूप॥१॥

शब्दार्थ—अति रूपनिधान=अति रूपवान श्रीरामजी। चौगान=गेंद का खेल जो सवारी पर चढ़कर खेला जाता है। मन्मथ=कामदेव। सोदर=भाई।

(नोट) सन्देह है कि यह खेल राम के समय में खेला जाता था या कवि की कल्पना मात्र है। 'चौगान' शब्द फारसी भाषा का है।

भावार्थ—सरल ही है।

मूल—

जाको जबही आयसु होय। जाइ चढ़ै गज बाजिन सोय।
पशुपति से रघुपति देखिये। अनु गण-सैन महा लेखिये॥२॥

शब्दार्थ—पशुपति=महादेव। अनु=पीछे। गण-सैन=साथियों का यूथ।

भावार्थ—जिसको जब रामजी हुकुम देते हैं तब वह बताये हुए घोड़े वा हाथी पर सवार होता है। इस समय रामजी शिव के समान दिखाई पड़ते हैं जिनके पीछे गणों (अनुचरों) की बड़ी भारी सेना चलती है। उसी सेना को बीरभद्रादि गणों की सेना समझिये।

अलंकार—उपमा।

मूल—

बीथी सब असवारिन भरी। हय हाथिन सों सोहति खरी।
तरु पुंजन स्यों सरिता भली। मानहु मिलन समुद्रहिं चली॥३॥

शब्दार्थ—बीथी=गली। हय=घोड़ा। स्यों=सहित, समेत।

भावार्थ—पूरी गली सवारियों से भर गई है, हाथी-घोड़ों से वह गली खूब शोभित है, मानो कोई नदी जलगत तरुपुंज समेत समुद्र से मिलने जा रही हो।

अलंकार—उत्प्रेक्षा।

मूल—

यहि बिधि गये राम चौगान। सावकाश सब भूमि समान।
शोभन एक कोस परिमान। रचो रुचिर तापर चौगान॥ ४॥

शब्दार्थ—चौगान=गेंद खेलने का मैदान। सावकाश=खूब लम्बा चौड़ा। समान=चौरस, बराबर (जो ऊँची नीची न हो)। शोभन=सुन्दर। चौगान=गेंद का खेल, पोलो।

भावार्थ—सरल ही है।

मूल—

एक कोद रघुनाथ उदार। भरत दूसरी कोद बिचार।
सोहत हाथे लीन्हें छरी। कारी पोरी राती हरी॥ ५॥

शब्दार्थ—कोद=तरफ, ओर। राती=लाल।

भावार्थ—सरल है।

मूल—

देखन लगो सबै जगजाल। डारि दयो भुव गोला हाल।
गोला जाइ जहाँ जहँ जबै। होत तहीं तितही तित सबै॥ ६॥

शब्दार्थ—हाल गोला=चौगान का गेंद। तहीं=तुरन्त, उसी समय। तित=तहाँ।

भावार्थ—जग के लोग देखने लगे, जमीन में गेंद डाल दिया गया। वह गेंद जब जहाँ जाता है, वहीं सब खिलाड़ी तुरन्त पहुँचते हैं।

मूल—

मनो रसिक लोचन रुचि रचे। रूप सङ्ग बहु नाचनि नचे।
लोक लाज छाड़े अंग-अंग। डोलत जन मनु जाया सङ्ग॥७॥

शब्दार्थ—रुचि रचे=सौन्दर्य पर अनुरक्त। जन=मनुष्य। मनु=मानो। जाया=पत्नी, स्त्री। अँग-अँग=पूर्णतः।

भावार्थ—(वे खेलाड़ी गेंद के संग-संग इस प्रकार दौड़ते फिरते हैं) मानों रसिकों के लोचन सौन्दर्य पर अनुरक्त होकर रूप के साथ-साथ अनेक नाच नाचते फिरते हों, वा पूर्णतः लोक-लज्जा छोड़कर मनुष्य अपनी प्यारी पत्नी के साथ-साथ घूमता फिरता हो।

अलंकार--उत्प्रेक्षा।

मूल—

गोला जाके आगे जाय। सोई ताहि चलै अपनाय।
जैसे तियगण को पति रयो। जेहि पायो ताही को भयो॥ ८॥

भावार्थ—गेंद जिसके पास जाता है वही उसको अपनाकर पाली की ओर ले चलता है, जैसे बहुपत्नी-अनुरागी पति जिस स्त्री को मिल गया उसी का हो रहा।

अलंकार—उदाहरण।

मूल—

उतते इत इतते उत होइ। नेकौ ढील न पावै सोइ।
काम क्रोध मद मढ़ो अपार। जैसे जीव भ्रमै संसार॥ ९॥

शब्दार्थ—उत=वहाँ। इत=यहाँ। नेकौ=जरा भी, तनक भी। ढील =अवकाश, छुट्टी। मढ़ो=लपेटा हुआ, युक्त।

भावार्थ—वह गेंद वहाँ से यहाँ और यहाँ से वहाँ जाता है, उसे तनक भी छुट्टी नहीं मिलती। जैसे अपार काम क्रोध जीव संसार में भ्रमण करता है उसी प्रकार की दशा गेंद की है।

अलंकार—उदाहरण।

मूल—

जहाँ तहाँ मारे सब कोय। ज्यों नर पंच-बिरोधी होय।
घरी-घरी प्रति ठाकुर सबै। बदलत बासन बाहन तबै॥१०॥

शब्दार्थ—ठाकुर=राजकुमार। बासन=वस्त्र।

भावार्थ—वह गेंद जहाँ ही जाता है वहीं उसे सब मारते हैं, जैसे पंच-विरोधी, नर जहाँ जाता है वहीं उसका अपमान होता है। एक-एक घड़ी पर सब राजकुमार वस्त्र और वाहन बदलते हैं।

अलंकार—उदाहरण।

मूल—(दोहा)—

जब-जब जीतैं हाल हरि, तब-तब बजत निशान।
हय गय भूषण भूरि पट, दीजत लोगनि दान॥११॥

शब्दार्थ—हाल=बाजी, पाली। (नोट)—वास्तव में यह फारसी शब्द

है। गयासुल्लुगात में इसका अर्थ—वे स्तंभ जो दोनों पालियों के स्थान पर गाड़े जाते हैं, जिनके बीच में होकर गेंद को मैदान के बाहर निकाल देना ही बाजी जीतना माना जाता है—लिखा है। निशान=बाजे। गय=गज, हाथी। भूरि=बहुत से।

भावार्थ—सरल ही है।

मूल—(चौपाई)

तब तेहि समय एक बैताल। पढ्यौ गीत गुनि बुद्धिविशाल।
गोलन की विनती सुख पाय। रामचन्द्र सों कीन्ही आय ॥१२॥

शब्दार्थ—बैताल=भाट, बंदी। गुनि=सुअवसर जानकर। बुद्धिविशाल=बैताल का विशेषण है।

भावार्थ—तब उसी समय एक बड़े बुद्धिमान भाट ने एक कबित्त पढ़ा, मानो श्रीरामजी से गोलों की बिनती सुनाई।

अलंकार—गम्योत्प्रेक्षा।

मूल—(दंडक छंद)—

पूरब की पुरा पुरी पापरपुरी से तन,
बापुरी वै दूरिही तें पायन परत हैं।
दच्छिन की पच्छिनी सी गच्छैं अंतरिच्छ मग
पच्छिम की पच्छहीन पच्छी ज्यों उरत हैं।
उत्तर की देती हैं उतारि शरणागतनि,
बातन उतायली उतार उतरत हैं।
गोलन की मूरतिन दीजै जू अभयदान,
रामबैर कहाँ जायँ विनती करत हैं ॥१३॥

शब्दार्थ—पुरा=छोटे-छोटे पुरवा (ग्राम)। पुरी=कुछ बड़े-बड़े नगर। पापर-पुरी से तन=पापड़ की तरह अति कमजोर, जो तनक धक्के से टूट जायँ। बापुरी=बेचारी। पच्छिनी=चिड़िया। गच्छैं अंतरिच्छ मग=आकाश को चली जाती हैं (गोलों की ठोकर से टूट कर)। बातन उतायली=जल्दी-जल्दी बातें करके। उतार=ढलुआपन।

भावार्थ—भाट कहता है कि हे रामजी! अब गेंदों को अभयदान

दीजिये, क्योंकि वे विनती करते हैं कि राम से बैर करके हम कहाँ जायँ, कहीं भी शरण नहीं मिलती। क्योंकि पूर्व की ओर जाते हैं तो वहाँ के पुर और नगरियाँ पापर के समान दुर्बल तन वाली होने के कारण बेचारी दूर ही से पैरों पड़ती हैं कि हमारे पास मत आओ हम तुमको शरण न दे सकेंगी। दक्षिण दिशा की नगरियाँ हमें आते देख पक्षी की तरह आकाश को उड़ जाती हैं, पश्चिम की पुरियाँ पक्षों की तरह उड़ना चाहती हैं, पक्षहीन होने से उड़ नहीं सकतीं, और उत्तर की पुरियाँ शरणागतों को अपने पहाड़ी स्थानों से उतार देती हैं तेजी से बातें करती हैं कि ढलवाँ भूमि है जलदी से उतर जाओ, अतः हमें उतरते ही बनता है।

(नोट)—उत्तम व्यंग है। स्तुतिपूर्वक गोलों की विनती के बहाने खेल बन्द कराने का व्यंग है। अब खेल बन्द करो।

अलंकार—अनुप्रास, अप्रस्तुत प्रशंसा।

मूल—(चौपाई छंद)—

गोलन की बिनती सुनि ईश। घर को गमन कर्यो जगदीश।
पुर पैठत अति शोभा भई। बीथिन असवारी भरि गई॥१४॥

शब्दार्थ—जगदीश = श्रीरामजी। बीथी = गली।

भावार्थ—सरल ही है।

मूल—

मनो सेतु मिलि सहित उछाह। सरितन के फिरि चले प्रवाह।
ताही समय दिवस नशि गयो। दीप उदोत नगर महँ भयो॥१५॥

भावार्थ—गलियों में रामसेना चौगान से लौटी आती है वह ऐसी जान पड़ती है, मानों समुद्र के सेतु से टकराकर उत्साहपूर्वक नदियों के प्रवाह उलटे बह चले हैं। उसी समय संध्या हो गई और नगर में चिराग जले।

(नोट)—यहाँ नदियों के उलटे प्रवाह चलने का वर्णन इस कारण किया गया है क्योंकि छंद नं० ३ में उसी सेना को समुद्र और प्रवाहिनी नदी कह आये हैं।

अलंकार—उत्प्रेक्षा।

(अयोध्या की रोशनी का वर्णन)

मूल—(चौपाई छंद)—

नखतन की नगरी सी लसी। मानो अवध दिवारी बसी।
नगर अशोक वृक्ष रुचि रयो। मधु प्रभु देखि प्रफुल्लित भयो ॥१६॥

शब्दार्थ—रुचि रयो=शोभा से रंजित, अति सुन्दर। मधु=बसन्त ऋतु।

भावार्थ—दीपकों के जलने से नगर की ऐसी शोभा हुई मानो वह नक्षत्रों की ही नगरी हो, वा मानो दिवारी ही आकर अवध में बस गई है। अथवा वह नगर सुन्दर अशोक वृक्ष है और श्रीरामजी बसन्त हैं, अतः उन्हें आया हुआ जान प्रफुल्लित हुआ है।

अलंकार—उत्प्रेक्षा, रूपक।

मूल—

अध, अधसर, ऊपर आकाश। चलत दीप देखियत प्रकाश।
चौकी दै जनु अपने भेव। बहुरे देवलोक को देव ॥१७॥

शब्दार्थ—अध=नीचे। अधसर=आकाश में कुछ ऊपर। ऊपर आकाश=आकाश के बहुत ऊँचे भाग में। भेव=समय परिमाण।

भावार्थ—(कुछ गुब्बारे उड़ाये गये हैं) कुछ चलते दीपक आकाश के निचले भाग में हैं, कुछ मध्य अंतरिक्ष में हैं और कुछ बहुत ऊँचाई पर हैं। उनका प्रकाश ऐसा जान पड़ता है मानो देवगण अपने-अपने समय परिमाण का पहरा देकर देवलोक लौटे जा रहे हैं।

अलंकार—उत्प्रेक्षा।

मूल—

बीथी विमल, सुगंध, समान। दुहूँ दिशि दीसत दीप अमान।
महाराज को सहित सनेह। निज नैनन जनु देखत गेह ॥१८॥

शब्दार्थ—विमल=स्वच्छ, तृणधूलादि रहित। सुगन्ध=सुगन्धित। समान=बराबर (ऊबड़-खाबड़ नहीं)। अमान=असंख्य, बेशुमार। सनेह =(१) तैलयुक्त (२) प्रेमयुक्त।

भावार्थ—अवध की ये गलियाँ स्वच्छ हैं, सुगन्धित हैं और समतल हैं

दोनों ओर असंख्य तैलयुक्त चिराग रक्खे हैं। वे ऐसे जान पड़ते हैं मानो अयोध्या के घर प्रेम युक्त होकर निज नेत्रों से अपने महाराज के दर्शन कर रहे हैं। (क्योंकि कभी-कभी ऐसा अवसर मिलता है)।

अलंकार—उत्प्रेक्षा।

मूल—

बहु विधि देखत पुर के भाय। राजसभा महँ बैठे जाय।
पहर एक निशि बीती जहीं। विनती की शुक आयो तहीं ॥१६॥

शब्दार्थ—पुर के भाय=पुरवासियों की चेष्टाएँ। शुक=शुक नामक एक अंतरंग सखा।

भावार्थ—श्रीरामजी पुरवासियों की अनेक भाव भरी चेष्टाएँ देखते हुए आकर राजसभा में बैठे। जब एक पहर रात्रि व्यतीत हो गई तब शुक नामक एक अंतरंग सखा ने उस स्थान पर आकर विनती की।

(शयनागार का वर्णन)

मूल—(शुक) हरिप्रिया छन्द—(लक्षण-१२+१२+१२+१० =४६ मात्रा, अंत में २ गुरु)

पौढ़िये कृपानिधान, देवदेव रामचन्द्र,
चंद्रिका समेत चंद्र, रैनि चित्त मोहै।
मनहु सुमन-सुमति संगु, रुचे रुचिर सुकृत रंग,
आनँदमय अंग-अंग, सकल सुखन सोहै॥
ललित लतन के बिलास, भ्रमरवृन्द ह्वै उदास,
अमल कमल-कोश आसपास बास कीन्हें।
तजि-तजि माया दुरंत, भक्त रावरे अनंत,
तव पद कर नैन, बैन मानहु मन दीन्हें ॥२०॥

शब्दार्थ—चन्द्रिका=चाँदनी। सुमन=सुन्दर मन, सात्विकी मन। सुमति=अच्छी बुद्धि। सुकृत=पुण्य। दुरंत=दुस्तर। बैन=बदन (मुख)।

भावार्थ—शुक ने आकर कहा कि हे देवदेव रामचन्द्र! अब समय हो गया, दर्बार समाप्त कीजिये और चलकर महल में शयन कीजिये, देखिये तो

आज रात्रि में चाँदनीयुक्त चन्द्र किस प्रकार मनोहर जान पड़ता है, मानो सुबुद्धि युक्त सुन्दर सात्विकी मन, सुन्दर शुभकर्मों में रँगा हुआ, और सर्वांग आनन्द-निमग्न सब सुखों सहित शोभता हो; भ्रमर वृन्द सुन्दर लताओं के संग की क्रीड़ा को छोड़, स्वच्छ कमल कोश के इर्दगिर्द एकत्र हो रहा है, मानो आपके असंख्य भक्त दुस्तर माया को छोड़ आपके चरणों, हाथों, नेत्रों और मुख पर मन लगाए हों।

अलंकार—उत्प्रेक्षा।

मूल—

घर-घर संगीत गीत, बाजन बाजैं अजीत,
काम भूप आगम जनु, होत हैं बधाये।
राजभौन आसपास, दीपवृक्ष के विलास,
जगत ज्योति यौवन जनु ज्योतिवंत आये॥
मोतिनमय भीति नई, चंद्र चंद्रिकानि मई,
पंक-अंक अंकित भव, भूरि भेद वारी।
मानहुँ शशि पंडित करि, जान्हु ज्योति मंडित श्री
खंड शैल की अखंड, शुभ्र दरीसारी॥२१॥

शब्दार्थ—गीत-बाजन=गान के साथ बजने वाले बाजे (जैसे सारंगी, तबला, ताल आदि)। अजीत=अत्यन्त उत्तम स्वर वाले। दीपवृक्ष=वृक्ष के आकार की बड़ी बड़ी दीवटें जिन पर सैकड़ों हजारों दीपक रख सकते हैं। (ऐसा एक दीपवृक्ष अभी भी काशी में पंचगंगा घाट पर विंदुमाधव के मंदिर के पास बना है। लखनऊ में ईमामबाड़े में हजार बत्तीवाले झाड़ अभी भी मौजूद हैं)। ज्योतिवंत=यह शब्द 'यौवन' का विशेषण है। भीति=दीवार। पंक=चन्दन-पंक (घिसा हुआ चन्दन)। अंक=चिन्ह (यहाँ पर) चित्र। भव भूरि भेद=संसार की अनेक वस्तुओं के (चित्र)। पंडित=चतुर। श्रीखंड=चन्दन। श्रीखंड-शैल=मलयगिरि। दरी=कंदरा।

भावार्थ—घर-घर में संगीत हो रहा है और गान के समय बजने वाले उत्तम स्वर के बाजे भी बज रहे हैं, मानो कामराज के आगमन के उपलक्ष में बधाई बज रही है। राजभवन के इर्दगिर्द के दीपवृक्ष ऐसे शोभित हैं मानो

ज्योतिवन्त यौवन के आने से किसी युवा का शरीर जगमगाता हो। मुक्तामय बीन दीवारों पर, जिन पर संसार भर की वस्तुओं के अनेक चित्र चन्दन से बने हुए हैं, चन्द्रमा की चाँदनी पड़ रही है; उसकी शोभा ऐसी जान पड़ती है मानो चतुर चन्द्रमा ने समस्त मलयगिरि की सभी कंदराओं को चाँदनी से मंडित कर शुभ्र कर दिया है।

(नोट)—यहाँ चन्द्रमा को पण्डित कहने का तात्पर्य यह है कि साधारणतः चन्द्रमा की चाँदनी कंदरा के भीतरी भाग में नहीं जाती, पर यहाँ पर रामसेवा के वास्ते चन्द्रमा ने विलक्षण चतुराई से मलयगिरि समान उत्तुंग राममहल की कोठरियों को भी चाँदनी से मंडित कर दिया है।

अलंकार—उत्प्रेक्षा।

मूल—

एक दीप दुति विभाति, दीपति मणि दीप पाँति,
मानहुँ भुवभूप तेज, मन्त्रिन मय राजै।
आरे मणिखचित खरे, बासन बहु बास भरे,
राखित गृह-गृह अनेक, मनहु मैन साजै॥
अमल, सुमिल, जलनिधान, मोतिन के शुभ वितान,
तामहँ पलिका जराय, जड़ित जीव हर्षै।
कोमल तापै रसाल, तनसुख की सेज लाल,
मनहुँ सोम सूरज पे, सुधाबिंदु वर्षै॥२२॥

शब्दार्थ—विभाति=शोभित है। दीपति=प्रकाशित करती है। मन्त्रिन-मय=मंत्रियों के रूप में। आरे=ताखे (आले)। मणिखचित=मणिजटित। बासन=पात्र। बास=सुगंध। मनहु मैन साजै=मानो काम ही के काम की वस्तुएँ हैं। अमल=स्वच्छ (सफेद)। सुमिल=बराबर के, एक आकार के (छोटे बड़े नहीं)। जलनिधान=खूब आबदार, चमकीले। वितान=चँदोवा। पलिका=पलंग। जरायजड़ित=रत्नजड़ित। तनसुख=एक लाल रेशमी कपड़ा। सोम=चन्द्रमा।

भावार्थ—कमरे में केवल एक दीपक जलता है तो उसके प्रकाश से दीवारों में जड़ी हुई मणियाँ प्रकाशित हो उठती हैं (झिलमिलाने लगती हैं), वे ऐसी

मालूम होती हैं मानों पृथ्वी पर राजतेज से मंत्रियों का तेज शोभित है (राजा ही के प्रताप से मंत्रियों में तेज होता है) । अच्छे मणिजटित आलों (ताखों) में अनेक सुगंध भरे पात्र प्रति घर में रक्खे हैं, वे ऐसे अच्छे हैं मानो काम ही के प्रयोग की वस्तुएं हैं । वही स्वच्छ सफेद बराबर और आबदार मोतियों के चँदोवा के नीचे जड़ाऊ पलंग बिछा है जिसे देखकर मन प्रसन्न हो जाता है। उस पलंग पर मुलायम और सुन्दर लाल रंग की साटन की तोशक बिछी है (और ऊपर मोतियों की झालर समेत चँदोवा है, यह सेज ऐसी जान पड़ती है, मानो सूर्य पर चन्द्रमा अमृत के बूँद टपका रहा है ।)

अलंकार—उत्प्रेक्षा ।

मूल—

फूलन के विविध हार, घोरिलन ओरमत उदार,
बिच-बिच मणिश्याम हार, उपमा शुक भाषी ।
जीत्यो सब जगत जानि, तुमसों हिय हार मानि,
मनहु मदन निज धनु तें, गुन उतारि राखी ।।
जल थल फल फूल भूरि, अंबर पटवास धूरि,
स्वच्छ यक्षकर्दम हिय, देवन अभिलाषे ।
कुंकुम मेदोजवादि, मृगमद कपूर आदि,
बीरा वनितन बनाय भाजन भरि राखे ।।२३।।

शब्दार्थ—घोरिला = घोरा, खूँटा (दीवारों में गड़ी हुई खूटियाँ जिनमें वस्तुएँ टाँग दी जाती हैं—बुंदेलखंडी) । ओरमत = लटकते हैं । उदार = बहुत से । गुन = प्रत्यंचा । अंबर = कपड़े । पटवास = कपड़े बासने की सुगंधित वस्तु । धूरि = चूर्ण । यक्षकर्दम = एक प्रकार का अंगलेप जो कपूर, अगर, कस्तूरी और कंकोल पीसकर बनाया जाता है । कुंकुम = केशर । मेद = इत्र । जबादि = (फा० जुबाद) वनबिलाव के अंडकोश की कस्तूरी (यह वस्तु उबटन में पड़ती है) अतः इसका अर्थ साधारणतः 'सुगंधित उबटन' लिया जाता है । मृगमद = कस्तूरी । बीरा = पान ।

भावार्थ—(उस शयनागार में) खूँटियों में फूलों के विविध प्रकार के बहुत से गजरे लटक रहे हैं, बीच-बीच में नीलम के गजरे हैं, जिसकी मिसाल

उस शुक नामक सखा ने यों वर्णन की कि कामदेव ने सारे संसार को जीतकर, पर हे रामजी! तुमसे हार मानकर, अपने धनुष की प्रत्यंचा उतारकर यहाँ लटका दी है। हार मानकर अपना अस्त्र तुम्हें समर्पण कर गया है। जल और थल के अनेक फल फूल भी वहाँ हैं, कपड़े और वस्त्र सुवासित करने के चूर्ण भी वहाँ हैं, स्वच्छ यक्षकर्दम नामक अंगराग भी है, जिसके लगाने की देवता अभिलाषा करते हैं। केशरयुक्त सुगंधित उबटन भी है और कस्तूरी कपूरादि से युक्त पान के बीड़े बनाकर स्त्रियों ने पानदान भर रक्खे हैं—(ये सब सामान शयनागार में मौजूद हैं)।

अलंकार—उत्प्रेक्षा।

मूल—

पन्नगी नगी कुमारि, आसुरी सुरी निहारि,
बिबिध बीन किन्नरीन, किन्नरी बजावैं।
मानो निष्काम भक्ति शक्ति आप आपनीसु,
देहन धरि प्रेमन भरि, भजन भेद गावैं।
सोदर, सामंत, सूत, सेनापति, दास, दूत,
देश-देश के नरेश, मंत्रि मित्र लेखो।
बहुरे सुर असुर, सिद्ध, पंडित मुनि कवि प्रसिद्ध,
केशव बहु राय राज, राजलोक देखो ॥२४॥

शब्दार्थ—पन्नगी=नागकन्या। नगीकुमारि=पहाड़ी देशों की कन्याएँ। आसुरी=असुर कन्याएँ। सुरी=देवकन्याएँ। किन्नरी=किन्नरों की कन्याएँ। किन्नरी=सारंगी। बहुरे=लौटे, वापस जाते हैं। राय राज=रावराजा, (छोटे सर्दार)। राजलोक=राजमहल।

भावार्थ—(आप को सोलाने के लिये) नागकन्याएँ, काश्मीरादि पार्वत्य देशों की सुन्दरी कन्याएँ, असुरकन्याएँ, देवकन्याएँ, किन्नरकन्याएँ सब मिलकर विविध राग से वीणा और सारंगी बजा रही हैं, मानो अनेक भक्तों की अकाम भक्तियाँ अपनी-अपनी शक्ति के सुन्दर शरीर धरकर और प्रेम में निमग्न होकर विविध भजन गा रही हैं। भाई, सामंत, सारथी, सेनापति, दास, दूत, देश-देश के राजे, मंत्री, मित्र, सुर, असुर, सिद्ध, पंडित, मुनि और नामी कवि

इत्यादि तथा अनेक रावराजे सब आज्ञा ले-लेकर अपने-अपने स्थानों को लौट रहे हैं अतः अब आप भी राज महल को चलिये।

अलंकार—उदात्त।

मूल—

कहि केशव शुक के बचन, सुनि सुनि परम बिचित्र।
राजलोक देखन चले, रामचन्द्र जग मित्र॥२५॥

भावार्थ—सरल ही है।

(राजमहल का वर्णन)

मूल—नराच छंद-(ल०-क्रम से आठ बार लघु गुरु, १६ अक्षर)

सुदेश राजलोक आस पास कोट देखियो।
रची बिचारि चारि पौरि पूरबादि लेखियो॥
सुवेश एक सिंहपौरि एक दंतिराज है।
सु एक बाजिराज एक नंदिबेष साज है॥२६॥

शब्दार्थ—सुदेश=सुन्दर। राजलोक=राजभवन। कोट=चहारदीवारी। पौरि=द्वार। सुबेश=सुन्दर। सिंहपौरि=वह द्वार जहाँ द्वार के दोनों ओर सिंह की मूर्ति स्थापित रहती है (बड़े पुष्ट द्वारपाल रक्षक रहते हैं) यह पूर्व द्वार कहलाता है। दंतिराज=हस्तिपौरि। बाजिराज=अश्वपौरि। नंदिबेष=नंदीपौरि (इस ओर स्त्रियों का आवागमन रहता है। हस्तिपौरि दक्षिण ओर, अश्वपौरि पश्चिम ओर और नंदी पौरि उत्तर ओर होती है)।

भावार्थ—सरल ही है।

मूल—(दोहा)—

पाँच चौक मध्यहि रचे, सात लोक, तरहारि।
षट ऊपर तिनके तहाँ, चित्रे चित्र बिचारि॥२७॥

शब्दार्थ—चौक=आँगन। सात लोक=सात खंड का। तरहारि=तले, जमीन के नीचे। चित्रे=चित्र बने हुए हैं।

भावार्थ—राजमहल के पाँच चौकें हैं, और वे सब मकान सतखंडे हैं, जिनमें से एक खंड तो जमीन के नीचे बना है और उसके ऊपर के छः

खंड जमीन के ऊपर हैं। वहाँ दिवारों पर अनेक प्रकार की यथायोग्य उपयुक्त चित्रकारी की हुई है।

मूल—चामर छंद—(लक्षण—१५ वर्ण, क्रमशः सात बार गुरु लघु, और अंत में गुरु)

भोज एक चौक मध्य, दूसरे रची सभा।
तीसरे विचार मंत्र चौथ नृत्य की प्रभा॥
मध्य चौक में तहाँ विदेहकन्यका वसै।
सब भाव रामचन्द्रलीन सर्वथा लसै॥२८॥

शब्दार्थ—भोज=भोजनागार, रंधनशाला, रसोई। विचारमंत्र=मंत्रणागृह। नृत्य की प्रभा=नाट्यशाला। विदेहकन्यका=सीता जी। रामचन्द्रलीन=रामसेवा में तत्पर तथा उनके प्रेम में तल्लीन।

भावार्थ—सरल ही है।

मूल—दोधक छंद—(ल०—तीन भगण दो गुरु=११वर्ण)

मंडप कंचन को एक सोहै। सेत तहाँ छतुरी मन मोहै।
सोहत शीरष मेरुहि मानो। सुन्दर देव-दिवान बखानों॥२९॥

शब्दार्थ—मेरुहि=मेरु पर्वत का। देव-दिवान=देवसभा। शीरष=सिर।

भावार्थ—वहाँ (जिस चौक में सीताजी रहती हैं) एक सुवर्णमय मंडप है, जिस पर सफेद चँदोवा तना है। वह मंडप ऐसा जान पड़ता है मानो मेरु के शिखर पर देवसभा बनी है।

अलंकार—उत्प्रेक्षा।

मूल—

मंडप लालन को यक सोहै। स्याम तहाँ छतुरी मन मोहै।
ता हिय या उपमा हिय साजै। सूरज अंक मनो शनि राजै॥३०॥

भावार्थ—वहाँ एक माणिकमय मंडप है, जिसपर श्याम रंग का वितान है। उसकी समता हृदय में ऐसी सजती है मानो सूर्य की गोद में शनिदेव (सूर्यपुत्र) शोभित हो रहे हैं।

अलंकार—उत्प्रेक्षा।

मूल—

मंडप नीलम को यक सोहै। सेत तहाँ छतुरी मन मोहै।
मानहु हंसन की अवली-सी। प्राविट काल उड़ाय चली-सी ॥३१॥

शब्दार्थ—प्राविटकाल=प्रारंभिक वर्षा काल।

भावार्थ—वहाँ एक नील मणियों का मंडप है, जिस पर सफेद छतरी है, वह ऐसी जान पड़ती है मानो प्रारम्भिक वर्षाकाल में हंसावली उड़ चली हो।

अलंकार—उत्प्रेक्षा।

मूल—

मंडप सेत लसै अति भारी। सोहत है छतुरी अति कारी।
मानहु ईश्वर के सिर सोहै। मूरति राघव की मन मोहै ॥३२॥

शब्दार्थ—ईश्वर=महादेव। राघव=रामचन्द्र।

भावार्थ—वहाँ एक अति बड़ा सफेद मंडप है जिसकी छतरी अति श्याम है, वह ऐसी जान पड़ती है मानो महादेव के सिर पर राम की मूर्ति बैठी हुई मन को मोह रही है।

अलंकार—उत्प्रेक्षा।

मूल—तोटक छंद—(लक्षण—४ सगण)

सब धामन में यक धाम बन्यो। अति सुन्दर सेत सरूप सन्यो।
शनि सूर बृहस्पति मंडल में। परिपूरण चंद्र मनों बल में ॥३३॥

शब्दार्थ—सरूप सन्यो=सुन्दर।

भावार्थ—(इन उपर्युक्त) सब मंडपों के बीच में एक अति सुन्दर सफेद घर बना है। मानो शनि, सूर्य और गुरु आदिक ग्रहों के मध्य अपने पूर्ण बल से पूर्णचन्द्र विराजता हो।

अलंकार—उत्प्रेक्षा।

नोट—यहाँ पूर्ण चन्द्र के लिये 'बल में' शब्द लाना जरूरी था, क्योंकि सूर्य, शनि इत्यादि के मंडल में जाने से चन्द्रमा हीनबल हो जाता है। ऊपर जो चार मंडप बनाये गये हैं उनमें से स्वर्ण मंडप बृहस्पति सम, लाल मंडप सूर्य-सम, नील मंडप शनि सम और सेत मंडप शुक्र सम जानो। यद्यपि इस

छंद में शुक का नाम नहीं आया, तथापि 'मंडप' शब्द से तथा छंद ३२ के 'सेत मंडप' से लक्षित होता है।

मूल—चौपाई छंद—

बहुधा मंदिर देखे भले। देखन वस्त्र शालिका चले।
शीत भीत ज्यों नेकु न त्रसे। पलक बसनशाला महँ लसे ॥३४॥

भावार्थ—उन विविध प्रकार के मंदिरों को अच्छी तरह देखा, तब वस्त्र-शाला देखने को चले। (इस देखने भालने के परिश्रम से महाराज थके नहीं)। और उसकी ओर ऐसे चले जैसे कोई सर्दी से सताया हुआ मनुष्य वस्त्र की खोज में चलै और वहाँ जाते तनक भी न डरै। वहाँ जाकर थोड़ी देर रामजी ठहरे।

अलंकार—उदाहरण।

मूल—

जलशाला चातक ज्यों गये। अलि ज्यों गंधशालिका ठये।
निपट रंक ज्यों शोभित भये। मेवा की शाला में गये ॥३५॥

भावार्थ—चातक की तरह (तृषित सम) जलशाला को देखने गये। भौंरे की भाँति गंधशाला में पहुँचे, और अत्यंत भुक्खड़ रंक की तरह मेवाशाला में जा पहुँचे।

(नोट)—इन उपमाओं से रामजी का 'चाव' लक्षित होता है, यही समता है।

अलंकार—उपमा।

मूल—

चतुर चोर से शोभित भये। धरणीधर धनशाला गये।
मानिनीन केसे मन भेव। गये मानशाला में देव ॥३६॥

शब्दार्थ—धरणीधर=सार्वभौम चक्रवर्ती राजा। धनशाला=खजाना। मानिनीन के से मन मेव=मानिनी नायिका का सा चाव मन में रक्खे हुए (जैसे मानिनी नायिका को कोपभवन में जाने का चाव रहता है, उसी चाव से)। मानशाला=कोपभवन।

भावार्थ—चक्रवर्ती महाराज रामचन्द्र चतुर चोर की तरह खजाने में गये

(कि अचानक पहुँचकर वहाँ का हिसाब जाँचें) तदनन्तर बड़े चाव से कोप-भवन का निरीक्षण करने वहाँ गये (कदाचित् सीताजी मान तो नहीं कर बैठीं)।

अलंकार—उपमा।

मूल—

मंत्रिन स्यों बैठे सुख पाय। पलकु मंत्रशाला में जाय।
शुभ सिगारशाला को देखि। पलटे ललित नयन से पेखि ॥३७॥

भावार्थ—थोड़ी देर मंत्रियों सहित मंत्रभवन में बैठे। फिर सिंगार भवन को देखकर तुरन्त वहाँ से लौटे जैसे नेत्र की दृष्टि शीघ्र लौटती है (बहुत शीघ्र)।

अलंकार—उपमा।

मूल—तोटक—

जब रावर में रघुनाथ गये। चहुँधा अवलोकत शोभ भये।
सब चंदन की शुभशुद्ध करी। मणि लाल शिलानि सुधारि धरी॥३८॥
बरँगा अति लाल सुचन्दन के। उपजे बन सुन्दर नन्दन के।
गजदंतनकी शुभ सींक नई। तिन बीचन बीचन स्वर्णमई ॥३९॥

शब्दार्थ—रावर=रनिवास, जनानखाना। चहुँधा=चारों ओर। करी =कड़ी (शहतीर, धरन)। बरँगा=धरन पर रक्खे हुये बेड़े, काष्ठखंड के पटिया। गजदन्त=टोड़ा। सींक=वह बल्ली जो टोड़ों पर रक्खी जाती है, जिसके बल पर छप्पर ठहरता है।

भावार्थ—जब रामजी रनवास में गये, तो वहाँ चारों ओर शोभा देख पड़ी। वहाँ सफेद चन्दन की अति सीधी धरनें (छत में) लगी हैं, और वे धरनें माणिक की लाल शिलाओं पर सँभाल कर रक्खी गई हैं (३८)। धरनों पर जो बेंड़ी पटुलियाँ रक्खी हैं, वे लाल चन्दन की हैं, जो सुन्दर वन में पैदा हुआ। टोड़ों पर रक्खी हुई बर्तनी बड़ी सुन्दर और नवीन है, और टोड़ों के बीच वाले भाग में सोने की चित्रकारी है (३९)। यह वर्णन पटौहाँ मकानों का है ; आगे वाला वर्णन छप्परदार बँगलों का है।

मूल—

तिन के शुभ छप्पर छाजत हैं। कलसा मणि लाल विराजत हैं।
अति अद्भुत थंभन की दुगई। गजदंत सुकंचन चित्रमई ॥४०॥

तिन माँझ लसैं बहुभायन के। शुभकंचन फूल जरायन के।
तिनकी उपमा मन क्योहुँ न आवै। बहुलोकन को बहुभाँति भ्रमावै ॥४१॥

शब्दार्थ—तिनके=तृण के। थंभ=खंभ। दुगई=ओसारा। गजदंत =हाथी दाँत। बहु भावन के=अनेक आकार के। जरायन के=जड़ाऊ।

भावार्थ—(पटौहाँ मकानों के अलावा) वहाँ कुछ तृणनिर्मित छप्पर भी हैं, जिसके ऊपर माणिक के कलसे हैं, जिनके ओसारों में विचित्र प्रकार के खम्भे हैं, वे खम्भे हाथी दाँत के हैं जिन पर सुवर्ण के चित्र बने हैं (४०)। उनके मध्य भाग में रत्नजड़ित सोने के बने पुष्पाकार अनेक आकार और रंग के झब्बे लटकते हैं। उनकी उपमा किसी प्रकार भी मन में नहीं आती। वे झब्बे अनेक लोगों को बहुत प्रकार से भ्रम में डाल देते हैं (४१)।

(नोट)—यह छन्द उपजाति है।

अलंकार—उदात्त और सम्बन्धातिशयोक्ति।

मूल—(रूपमाला छन्द)—(लक्षण—२४ मात्रा, १४+१० के विश्राम से)

बर्ण बर्ण जहाँ तहाँ बहुधा तने सुवितान।
झालरैं मुकुतान की अरु झूमके बिनमान॥
चौकठैं मणि नील की फटिकान के सुकपाट।
देखि देखि सो होत हैं सब देवता जनु भाट॥४२॥

शब्दार्थ—वर्ण वर्ण=विविध रंग के। झूमके=फुलेरा। बिनमान= अगणित, असंख्य। चौकठ=देहरी।

भावार्थ—जहाँ-तहाँ रंग-बिरंगे अनेक प्रकार के सुन्दर चँदोवा तने हैं जिनमें मोतियों की झालरें और असंख्य फुलेरे लटकते हैं। नीलम की देहरियाँ और फटि के किवाड़े लगे हैं, जिनको देख-देखकर देवता भी भाटों की तरह प्रशंसा करने में लग जाते हैं।

अलंकार—उदात्त और सम्बन्धातिशयोक्ति।

मूल—

सेत पीत मणीन के परदे रचे रुचिलीन।
देखिकै, तहँ देखिये, जनु लोल लोचन मीन॥

शुभ्र हीरन को सु-आँगन है हिंडोरा लाल।
सुन्दरी जहँ झूलहीं प्रतिबिम्ब के तहँ जाल॥ ४३॥

शब्दार्थ--रुचिलीन=कांतिमान, चमकीले। लोल=चञ्चल।

भावार्थ--वहाँ सफेद और पीली मणियों के झँझरीदार चमकीले परदे तने हैं ; जिनको देख कर लोगों के नेत्र मीनवत चञ्चल हो जाते हैं, (लोग चकित होकर इधर-उधर देखने लगते हैं) यह बात लोग प्रत्यक्ष देखते हैं। सफेद हीरों का आँगन है, वहाँ लाल रंग का हिंडोरा घला हुआ है, जहाँ अनेक सुंदरी स्त्रियाँ झूलती हैं और सफेद आँगन में उनके प्रतिबिंबों का समूह दिखाई पड़ता है।

अलंकार--उदात्त।

मूल—(स्वागता छन्द)—(ल०—र+न+भ+दो गुरु=११ वर्ण)
धाम धाम प्रति आसन सोहैं। देखि देखि रघुनाथ विमोहैं।
वर्णि शोभ कवि कौन कहै जू। यत्र तत्र मन भूलि रहै जू॥ ४४॥

शब्दार्थ—आसन=बैठने की चौकी। शोभ=शोभा। यत्र तत्र=जहाँ तहाँ

भावार्थ--सरल ही है।

मूल--(दोहा)--

जाके रूप न रेख गुण, जानत बेद न गाथ।
रंगमहल रघुनाथ गे, राजश्री के साथ॥ ४५॥

शब्दार्थ--राजश्री=सीता जी की एक सखी।

भावार्थ--जिसका न कोई रूप (रंग) है, न आकार है, न कोई गुण प्रधान है (अर्थात् जो गुणातीत निराकर परब्रह्म हैं) और जिनकी पूरी गाथा वेद भी नहीं जानता, वे ही रामजी राजश्री के साथ रंगमहल में गये।

(उन्तीसवाँ प्रकाश समाप्त)

तीसवाँ प्रकाश

दोहा—

या तीसएँ प्रकाश में, बरन्यो बहुविधि जानि।
रंगमहल संगीत अरु, रामशयन सुखदानि॥

पुनि शारिका जगाइबो, भोजन बहुत प्रकार।
अरु बसन्त रघुवंशमणि, वर्णन चन्द्र उदार ।।

मूल—(चवपैया छन्द)—(लक्षण--१०+८+१२=३० मात्रा)

दुति रङ्गमहल की, सहसबदन की, बरनै मति न बिचारी।
अध ऊरध राती, रङ्ग सँघाती, रुचि बहुधा सुखकारी।।
चित्री बहु चित्रनि, परम विचित्रनि, रघुकुल चरित सुहाये।
सब देव अदेवनि, अरु नरदेवनि, निरखि निरखि सिर नाये ॥१॥

शब्दार्थ—दुति=शोभा। सहसबदन=शेषनाग। बिचारी=बापुरी, बेचारी। अध=नीचे। ऊरध=ऊपर। राती=लाल। रंगसँघाती=अनेक रंगों से रंगी हुई। रुचि=शोभा, कान्ति। रघुकुलचरित=रघुवंशी राजाओं के चरित्र। चित्री=(क्रिया) चित्रित की गई हैं।

भावार्थ—उस रंगमहल की शोभा वर्णन करने में शेषनाग की मति भी अशक्त हो जाती है और वर्णन नहीं कर सकती। नीचे ऊपर तो लाल रंग की शोभा है और मध्य में अनेक रंगों का संघात है जिसकी शोभा अनेक प्रकार से नेत्रों को सुख देती है। अनेक परम अनोखे चित्रों से दीवारें चित्रित हैं, जिन चित्रों में रघुवंशी राजाओं के चरित्र ही चित्रित हैं (रघुवंशी राजाओं ने जो कार्य किये हैं उन्हीं के चित्र बने हैं) जिनको देख-देख कर सुर, असुर और राजा सब सिर नवाते हैं (उन चित्रों का आदर करते हैं)।

अलंकार—सम्बन्धातिशयोक्ति।

(संगीत वर्णन)

मूल—

आईं बनि बाला, गुण-गण-माला, बुधि बल रूपन बाढ़ी।
शुभ जाति चित्रिनी चित्रगेह ते, निकसि भईं जनु ठाढ़ी।।
मानो गुनसंगनि, स्यों प्रतिअंगनि, रूपक-रूप विराजैं।
बीणानि बजावैं, अद्भुत गावैं, गिरा रागिनी लाजैं ॥२॥

शब्दार्थ—बाला=सोलहवर्षीया नवयुवती। गुण-गण-माला=अति गुण-वती गानवाद्य में अति प्रवीणा। चित्रिनी=कोकशास्त्रानुसार वे स्त्रियाँ जिनकी

स्वाभाविक रुचि गानवाद्य पर अधिक रहती है। रूप-रूपक=सौंदर्य का अवतार। गिरा=सरस्वती।

भावार्थ—(जब रामजी रंगमहल में जा विराजे) तब अनेक षोडस-वर्षीया नवयुवतियाँ सजधजकर आगई जो बहुत गुणवती थीं, बड़ी बुद्धिमती थीं और जिनका सौन्दर्य बहुत बढ़ा हुआ था। वे सब शुभ लक्षणों युक्त चित्रिणी जाति की थीं, वे ऐसी जान पड़ती थीं मानो चित्रशाला की तसवीरों से ही निकल-कर खड़ी हो गई हैं और वे ऐसी थीं मानो गुण (गान वाद्य की प्रवीणता) के साथ ही साथ स्वयं सौंदर्य भी प्रति अंग सहित अवतार धर कर विराजता हो (अर्थात् वे स्त्रियाँ गान वाद्य में तो निपुण थी हीं, अलावा अत्यन्त सुन्दरी भी थीं)। वे आकर रामजी के सामने वीणादि बाजे बजाती हैं अद्भुत गान गाती हैं जिन्हें सुन सरस्वती और छत्तीसों रागिनियाँ लज्जित होती हैं।

अलंकार—उत्प्रेक्षा, ललितोपमा।

मूल—(पद्धटिका छन्द)—

स्वर नाद ग्राम नृत्यत सताल। सुभ वरन बिबिध आलाप काल।
बहु कला जाति मूर्च्छना मानि। बड़ भाग गमक गुण चलत जानि ॥३॥

शब्दार्थ—स्वर=गान में शब्द के उच्चारण की आवाज। संगीत में इसके सात रूप हैं जिनके नाम षड्ज, ऋषभ, गंधार, मध्यम, पंचम, धैवत और निषाद हैं। संगीत में इनके चिन्ह—स, र, ग, म, प, ध, नि हैं।

नाद—स्वरों का उच्चारण तीन प्रकार से होता है। उन्हीं प्रकारों को नाद कहते हैं। एक मत से उनके नाम 'काल' 'मंद्र' और 'तार' हैं।

ग्राम—संगीत में तीन ग्राम होते हैं। उनके नाम षड्ज, मध्यम और पंचम हैं। कोई-कोई इन्हें क्रम से नंद्यावर्त, सुभद्र और जीमूत भी कहते हैं। षड्ज से आरंभ होकर जो स्वर किये जायँ उनके समूह को षड्ज (या नन्द्यावर्त्त) ग्राम, मध्यम से आरंभ करके ७ स्वरों तक के समूह को मध्यम (या सुभद्र) ग्राम, तथा पंचम से आरंभ करके जो सात स्वर का समूह हो उसे पंचम (या जीमूत) ग्राम कहते हैं। इनमें से पहले दो ग्रामों में तो इस लोक के जन गान कर सकते हैं, मर तीसरे जीमूत ग्राम में गाना नारदादि का ही काम है। नृत्यत=नाचते हैं।

ताल—संगीत में 'समय की माप' जिनके अनुसार राग का आरम्भ और

अन्त एक नपे हुए समय विशेष में होना चाहिए, नहीं तो राग बेमजा हो जाता है। ताल में मंजीरा और तबला इसी ताल के सूचक बाजे साथ रहते हैं।

आलाप—राग के स्वर रूप को शब्दगत करके गाने का ढंग विशेष।

कला—ताल में मात्रा के हिसाब से काम लेने को 'कला' कहते हैं। ये ८ प्रकार की होती हैं, बिना इन्हें जाने ताल बिगड़ेगी।

जाति—यह भी ताल ज्ञान का एक ढंग है। यह पाँच प्रकार की है।

मूर्च्छना—(सं० मूर्च्छयन्ति सुरान् यत्र तत्र जायेत् स मूर्च्छना) प्रत्येक ग्राम में ७ होती हैं। जहाँ एक स्वर का अन्त होता है और दूसरे का आरम्भ होता है उस सन्धिसमय की 'स्वर सन्धि' को मूर्च्छना कहते हैं। इस प्रकार संगीत में २१ मूर्च्छनाएँ होती हैं।

भाग—गीत के प्रबन्ध। ये चार होते हैं।

गमक—(सं०स्वरस्य कम्पो गमकः स तु पंचदशाविधिः) संगीत में स्थान विशेष पर स्वर के कंप को गमक कहते हैं। ये १५ प्रकार की हैं।

भावार्थ—जब रामजी के सामने गाना होने लगा तब मानों सातों स्वर तीनों नाद, तीनों ग्राम ताल सहित नाचने लगे और आलाप काल में अर्थात् जब गीत को स्वर रूप से शब्द में परिवर्तित किया तो उसमें अनेक शुभप्रद वर्णों का ही प्रयोग किया (मंगलवाचक शब्दों में ही समस्त गान हुआ) ताल में कला और जाति (जो ताल के प्रमाण स्वरूप हैं) का तथा ग्रामों में मूर्च्छनाओं का मानपूर्वक निर्वाह किया जाता था। बड़े-बड़े चारों भाग और पन्द्रह प्रकार की गमकों के गुण ऐसे जान पड़ते थे मानों प्रत्यक्ष सामने चल रहे हैं।

नोट—यह भी स्मरण रखना चाहिये कि संगीत पहले स्वर रूप में उच्चारण किया जाता है। जब उसकी 'लय' ठीक हो गई तब आलाप से वर्ण वा शब्द रूप में आता है, तब कला, जाति, मूर्च्छना, भाग और गमकों का प्रकाशन होता है।

अलंकार—उत्प्रेक्षा।

(नृत्य वर्णन)

मूल—

सुभ गान विविध आलाप कालि।
मुखचालि, चारु अरु शब्दचालि ॥
बहु उडुप, त्रियगपति, पति, अडाल।
अरु लाग, धाउ, राउप रँगाल ॥ ४ ॥
उलथा टेकी, आलम, स-दिंड।
पदपलटि, हुरमयी, निशँक, चिंड ॥
असु तियन भ्रमनि लखि सुमतिधीर।
भ्रमि सीखत है बहुधा समीर ॥ ५ ॥

नोट—इन दोनों छन्दों में १७ प्रकार के नृत्यों के नाम आये हैं। उनका विवरण यों है :—

१—मुखचालि नृत्य—

नृत्यादौ प्रथमं नृत्यं मुखचालीरिति स्मृतः।

नृत्य के आरम्भ में पहला साधारण नृत्य जिसे आजकल 'गति' कहते हैं।

२—शब्दचालि नृत्य—

दोनों करतल कमर में लगाकर, बायें पैर पर बल देकर खड़ा होकर, दाहिने पैर के घुँघरू ताल से बजाता हुआ घूमै ,फिर दाहिने पैर पर बल देकर खड़ा होकर बाँयें पैर की घुंघरू बजाते हुए घूमें। इसे शब्दचालि नृत्य कहते हैं।

३—उडुप—

(उड्डुपानि) ऊपर को दोनों हाथ उठा कर हाथों से अनेक आकृतियाँ बनाता हुआ ताल से घूमै। इस नृत्य के १२ भेद हैं, जो हाथों के संचालनों और आकृतियों पर निर्भर हैं। इसी से इसके पहले 'बहु' विशेषण लगा है।

४—तिर्यगपति नृत्य—

मयूर व गरुड़ की-सी आकृति बना कर नाचना। इसे मयूर नृत्य, गरुड़ नृत्य और पक्षिशार्दूल नृत्य कहते हैं।

५—पति नृत्य—

पंचपुट नामक ताल के अनुसार पैर के घुँघरुओं से ताल भी दे और गान के कुछ शब्द भी घुँघरू से निकाले। इस प्रकार के नृत्य को पति नृत्य कहते हैं।

६—अडाल नृत्य—

नियत स्थान से उछलकर अधर में किसी पक्षी के पंखों की तरह पैर फैलाकर घूम जाय और फिर नियत स्थान ही पर आ गिरे। ऐसा करते समय ताल और सम न चूके। यह अडाल नृत्य है।

७—लाग नृत्य—

कर्णाटी भाषा में 'लाग' शब्द का अर्थ है उछलना। यह कर्णाटी नृत्य है। ऊपर को उछलकर ऊपर ही ऊपर घूमना और नियत स्थान पर ताल देकर पुनः-पुनः वैसा ही करना (यह बड़ा कठिन नृत्य है)।

८—धाउ नृत्य—

अन्तरिक्ष में उछलकर ऊपर ही युद्ध-सा करना और समय पर पुनः नियत स्थान पर आ गिरना।

९—रापरंगाल नृत्य—

एक पैर के बल खड़े होकर ऊपर को उछलकर और घूमकर दूसरे पैर के बल नियत स्थान पर आ गिरै, ताल और सम न बिगड़े। घुँघुरू एक ही पैर में हो, पर बजें इस भाँति कि जान पड़े कि दोनों पैरों में हैं और भिन्न स्वर से बजते हैं (बड़ा कठिन नृत्य है)।

१०—उलथा नृत्य—

उछल उछलकर घूमना और ताल पर घूँघुरू से सम देना।

११—टेंकी नृत्य—

दोनों पैर एकत्र करके ऊपर को उछलकर घूमते समय पैरों से अनेक चेष्टायें करके पुनः दोनों पैर एकत्र किये हुये नियत स्थान पर आकर ताल देना।

१२—आलम नृत्य—

एक पैर से नाचना (अर्थात् जब एक पैर भूमि पर हो तब दूसरा अधर में और जब दूसरा भूमि पर आवे तब पहला अधर में उठ जाय, ऐसा पुनः पुनः अति शीघ्रता से करना और ताल ठीक देना)।

१३—दिंड नृत्य—

दोनों चरणों से उछलकर अवर में पैरों ही से वस्त्र निचोड़ने की सी क्रिया दर्शाते हुये घूमना दिंड नृत्य है।

१४—पदपलटी नृत्य—

एक पैर आगे को फैला कर दूसरे पैर से उसको लाँघता हुआ घूमे। इसे 'लांघिकजंघिका' नृत्य भी कहते हैं।

१५—हुरमयी नृत्य—

आग के अंगारों पर नाचना।

१६—निःशंक नृत्य—

दोनों पैरों को जोड़कर दूर-दूर तक उछलते कूदते और घूमते हुये ठीक ताल पर नियत स्थान पर आकर सम देना।

१७—चिंड नृत्य—

तलवार या त्रिशूल घुमाते हुये, जोर-जोर से गान करते हुये तेजी से नाचना।

(नोट)—हम नृत्यशास्त्र के ज्ञाता नहीं। सम्भव है इनके विवरण में भूलें हों। पाठक कृपा करके स्वयं इनके विवरण खोज कर समझें।

शब्दार्थ—असु= शीघ्र। तियनभ्रमनि= स्त्रियों का नाच। समीर= वायु।

भावार्थ—आलापकालीन विविध प्रकार के मंगल गीत गाते हुये ऊपर लिखे (अडाल, दिंड, चिंड इत्यादि) अनेक प्रकार के नृत्य रामजी के सामने हुए। इन नृत्यों में बालाओं की शीघ्रगति घूमन देखकर वायुदेव भी बड़ी धीरमति से (बगरूरे के व्याज से घूमघूमकर) उसी तरह घूमना सीखते हैं।

अलंकार—प्रतीप।

मूल—(मोटनक छन्द)—(लक्षण—१ तगण+२ जगण=लघु-गुरु=११ वर्ण)।

नाचैं रस वेश अशेष तवै। बर्षैं सुरसैं बहु भाँति सबै॥
नौ हू रस मिश्रित भाव रचैं। कौनौ नहिं हस्तक भेद बचैं॥ ६॥

शब्दार्थ—रसवेश=रस स्वरूप होकर। अशेष=सब। नौ रस=काव्य के नव रस शृंगार, वीर, रौद्रादि। भाव=चेष्टा (आँख, हाथ इत्यादि की क्रियाएँ)। हस्तक=हाथ-संचालन की क्रियाएँ (रस के अनुसार)।

भावार्थ—सब बालाएँ उस समय स्व ं रसरूप होकर नाचती हैं अर्थात् जिस रस का गाना गाती हैं चेष्टाओं और भावों से स्वयं भी उसी रस का रूप ही हो जाती हैं, सब ही बालाएँ उस समय अपने-अपने हुनरों से आनन्द-वर्षा कर रही हैं। नवों रसों के भाव यथासमय मिला-जुलाकर व्यक्त करती हैं (जिस समय जिस रस के जिस भाव की जरूरत पड़ती है, वही व्यक्त करती हैं) और (गान में वा वाद्य में) हस्त-संचालन क्रियाओं का कोई भी भेद छूट नहीं जाने पाता।

मूल—(दोहा)—

पायँ पखाउज ताल स्यौं, प्रतिध्वनि सुनियत गीत।
मानहु चित्र विचित्रमति, सिखत नृत्य संगीत ॥७॥

शब्दार्थ—पखाउज = मृदंग। चित्र = तसवीरें (नर-नारियों की तसवीरें जो वहाँ बनी हुई हैं)। विचित्रमति = बुद्धिमती।

भावार्थ—उस समय उस नाट्यशाला में पैरों और पखावज की तालों सहित गीत का शब्द प्रतिध्वनित हो रहा है, वह ऐसा जान पड़ता है मानों वहाँ की बुद्धिमती तसवीरें उस नाचने वाली बालाओं से नृत्य और संगीत सीखती हैं (अतः वे भी वैसा ही करती हैं, उसी का शब्द यह प्रतिध्वनि है)।

अलंकार—उत्प्रेक्षा।

मूल—(दोहा)—

अमल कमलकर आँगुरी, सकल गुणन की मूरि।
लागत थाप मृदंग मुख, शब्द रहत भरिपूरि ॥ ८ ॥

शब्दार्थ—अमल = सुन्दर। मूरि = जड़ (मूल)।

भावार्थ—बजाने वाली बाला के सुन्दर कमल सम हाथ और अँगुली ही सब गुणों की मूल हैं। जब उन हाथों और अँगुलियों की थाप मृदंग के मुख पर लगती हैं तब शाला में शब्द गूँज जाता है।

(संगीत प्रशंसा)

मूल—(दंडक छन्द)—

अपघन धाय न बिलोकियत घायलनि,
घनो सुख केशोदास, प्रगट प्रमान है।

मोहै मन, भूलै तन, नयन रुदन होत,
सूखै सोच पोच, दुख मारन-विधान है।
आगम अगम तंत्र सोधि सब यंत्र मंत्र,
निगम, निवारिबे को केवल अयान है।
बालनि को तनत्राण, अमित अमान स्वर,
रीझि रामदेव कहैं काम कैसो बान है ॥६॥

शब्दार्थ—अपघन=शरीर। आगम=शास्त्र। अगम=असंख्य, अनेक। निगम=वेद। बालनि=बालकों। त्राण=कवच, रक्षक। अमित = बेहद, बहुत अधिक। अमान=किसी को न मानने वाला, जो किसी के मान का न हो, जो किसी को भी अप्रभावित न छोड़े। स्वर=गान, संगीत।

भावार्थ—(पहले, चौथे चरण का अर्थ करना उचित है) संगीत सुनकर रामजी प्रसन्न हुए, तब रीझ कर कहने लगे कि संगीत काम के बाण सम है, पर इतना भेद अवश्य है कि काम-बाण से बचने के लिये बालशरी कवच सम है, (बालक काम-बाण से बच सकते हैं), पर संगीत बहुत जबरदस्त है वह किसी को भी नहीं मानता (अर्थात् बालशरीर पर भी प्रभाव डालता है)। (अब आरम्भ से अर्थ समझिए। काम-बाण और संगीत की समता देखिये) जो मन काम-बाण वा संगीत से घायल हुए हैं उनके शरीर में घाव नहीं दिखाई पड़ता, और (केशव कहते हैं कि) घायल होने पर उन्हें बड़ा सुख प्राप्त होता है, इस बात के प्रमाण प्रत्यक्ष हैं। उन घायलों के मन मोहित हो जाते हैं, तन की सुधि भूल जाती है, नेत्रों से अश्रुपात होता है, सब पोच सोच सूख जाता है (शोच नष्ट हो जाते हैं), और दुःखों के मारने के लिए तो काम बाण और संगीत एक अच्छा विधान ही है। असंख्य शास्त्र और वेदों में खोज-खोज कर अनेक मंत्र यन्त्र-तन्त्र निकालिये, पर वे सब काम-बाण तथा संगीत के प्रभाव के निवारण में केवल अज्ञानमात्र प्रमाणित होंगे, अतः काम-बाण और संगीत समान हैं, पर संगीत में इतनी अधिकता है कि वह बालकों पर भी डालता है।

अलंकार—व्यतिरेक।

मूल—(दोहा)—

कोटि भाँति संगीत सुनि, केशव श्रीरघुनाथ।
सीता जू के घर गये, गहे प्रीति को हाथ ॥१०॥

शब्दार्थ—प्रीति=सीता जी की अंतरंगिनी एक सखी। यह वही सखी है जिसने वाटिका में राम सीता को परस्पर दर्शन कराये थे। देखो तुलसीकृत—

एक सखी सिय संग विहाई। गई रही देखन फुलवाई।
चली अग्रकरि प्रिय सखि सोई........इत्यादि।

भावार्थ—सरल ही है।

मूल—मोदक छंद—(लक्षण—४ भगण)।

सुन्दरि मन्दिर में मन मोहति।
वर्ण सिंहासन ऊपर सोहति।
पंकज के करहाटक मानहु।
है कमला विमला यह जानहु ॥११॥

शब्दार्थ—सुन्दरि=रूपवती सीता। पंकज=कमल। करहाटक=छतरी। कमला=लक्ष्मी। विमला=निर्मल चरित्रा।

भावार्थ—रूपवती सीताजी अपने मन्दिर में सोने के आसन पर बैठी हुई दर्शकों के मन मोहित कर रही हैं, ऐसी जान पड़ती हैं मानो स्वर्णकमल की छतरी पर निर्मल चरित्रा लक्ष्मी जी विराज रही हों।

अलंकार—उत्प्रेक्षा।

(सेजवर्णन)

मूल—

फूलन को सुवितान तन्यो वर। कंचन को पलिका यक ता तर।
जोति जराय जर्यो अति शोभनु। सूरजमंडल तें निकस्यो जनु ॥१२॥

शब्दार्थ—वितान=चँदोवा। पलिका=पलंग। ता तर=उसके नीचे। जोति जराय जर्यो=जड़ाव की चमक से चमचमाता हुआ। शोभन=सुन्दर।

भावार्थ—वहाँ एक कमरे में फूलों का एक सुन्दर चँदोवा तना है और उसके नीचे सोने का पलंग पड़ा हुआ है। रत्नजटित होने के कारण वह चमचमा रहा है और इतना सुन्दर है मानो सूर्यमंडल से निकल कर अभी आया है।

अलंकार—उत्प्रेक्षा।

मूल—(कुसुमविचित्रा छंद)—(लक्षण*—न+य+न+स= १२ वर्ण)।

दरसत ही नैनन रुचि बनै।
बसन बिछाये सब सुख सनै॥
अति सुचि सोहैं कबहुँ न सुन्यो।
जनु तनु लै कै ससि कर चुन्यो॥१३॥

शब्दार्थ—रुचि=कांति। सुचि=स्वच्छ, सफेद। तनु=त्वचा। ससि-कर=(शशि का), चन्द्रमा की। चुन्यो=बिछाई हुई है।

भावार्थ—सेज की कांतिमान शोभा देखते ही बनती है (कहते नहीं बनती) अत्यन्त सुखदायक वस्त्र बिछे हुए हैं। वे ऐसे सफेद हैं कि वैसे वस्त्र कभी सुनने में भी नहीं आये, ऐसे मालूम होते हैं मानों चन्द्रमा की त्वचा ही उतार कर बिछा दी गई है। (पलंग के बिछौने पर अतिशुभ्र चादर पड़ी है)।

अलंकार—उत्प्रेक्षा।

मूल—(चौपाई छंद)—

चंपकदल दुति के गेंडुए। मनहु रूप के रूपक उए।
कुसुम गुलाबन की गलसुई। बरणि न जायँ न नैनन छुई॥१४॥

शब्दार्थ—गेंडुए=तकिये। रूपक=प्रतिमा। रूप=सौन्दर्य। नैन=दृष्टि। गलसुई=गाल के नीचे रखने के छोटे गोल मुलायम तकिये।

भावार्थ—चंपक रंग के तकिये हैं, मानो सौन्दर्य की प्रतिमा ही हैं। गुलाबी रंग की गलसुई हैं, जिनका वर्णन करते नहीं बनता, क्योंकि उन्हें दृष्टि से छूते नहीं बनता (ऐसे न हो कि दृष्टि से मैली हो जायँ जब नेत्र से देखै तब तो कवि वर्णन करै)।

नोट—यहाँ पर केशव ने स्वच्छता की हद कर दी है। बिहारी ने भी कहा है:—'दृग पग पोछन को किये भूषण पायंदाज'। तकियों को चंपकवर्ण करने में भी बारीकी है। वह यह कि उस सेज पर सोनेवाले दंपति कमलमुख हैं। कहीं

* परन्तु 'भानु' जी इसका लक्षण—'न+य+न+य' बतलाते हैं।

सोते समय भ्रमर आकर दंश न मारे अतः तकिये चंपा के रंग के हैं। चंपा के निकट भ्रमर जाता ही नहीं।

मूल—(दोहा)—

पदपंकज पखरायकै, कह केशव सुख पाय।
रामचन्द्र रमणीयतर, तापर पौढ़े जाय ॥१५॥

भावार्थ—पैर धुलवा कर आनन्दपूर्वक श्रीरामजी, जो सब वस्तुओं से अधिक सुन्दर है, उस सेज पर जा कर लेटे ।

मूल—(तोमर छंद)—(लक्षण—१२ मात्रा)

जिनके न रूप न रेख। ते पौढ़ियो नरवेष।
निशि नाशियो तेहि बार। बहु बन्दि बोलत द्वार ॥१६॥

भावार्थ—जिनका न कोई रूप है न आकार है (अर्थात् जो निराकार परब्रह्म हैं) वे नरभेस से सेज पर जा लेटे और जब वह रात्रि व्यतीत हो गई तब बहुत से बन्दी जन राजा को जगाने के लिए द्वार पर आकर विरुदावली पढ़ने लगे ।

(प्रभात वर्णन)

मूल—(दोहा)—

राजलोक जाग्यो सबै, बन्दीजन के शोर।
गईं जगावन राम पै, सारिकादि उठि भोर ॥ १७ ॥

शब्दार्थ—राजलोक = राजवंश के लोग। सारिकादि = शारिका, प्रीति, राजश्री इत्यादि अन्तरंग सखियाँ।

भावार्थ—सरल ही है।

मूल—(सारिका)—हरिप्रिय छंद।

जागिये त्रिलोकदेव, देवदेव रामदेव,
भोर भयो, भूमिदेव भक्त दरस पावैं।
ब्रह्मा मन मन्त्र बर्ण, बिष्णुहृदय-चातक घन,
रुद्रहृदय-कमल-मित्र, जगतगीत गावैं।

गगन उदित रवि अनन्त, शुक्रादिक जोतिवंत,
छन छन छबि छीन होत, लीन पीन तारे।
मानहु परदेश देश, ब्रह्मदोष के प्रवेश,
ठौर ठौर ते बिलात जात भूप भारे ॥१८॥

शब्दार्थ—देवदेव=शाहंशाह, चक्रवर्ती। भूमिदेव=ब्राह्मण। ब्रह्मा मनमन्त्रवर्ण=ब्रह्मा के मन रूपी मन्त्र के अक्षर। विष्णुहृदयचातकघन=विष्णु के हृदय रूपी चातक के घन (तृप्तिदाता)। रुद्रहृदय कमलमित्र=महादेव के हृदयरूपी कमल के लिये सूर्य (प्रफुल्लितकर्ता)। जोतिवंत=चमकीले। पीन=बड़े बड़े। ब्रह्मदोष के प्रवेश=ब्रह्महत्यादिक पाप लगने से।

भावार्थ—(सारिकादि सखियाँ प्रभाती राग में रामयश गा-गाकर रामजी को जगाती हैं) हे त्रिलोक के स्वामी चक्रवर्ती महाराजा रामजी, अब जागिये, सबेरा हो गया, उठकर ब्राह्मणों को दान और भक्तों को दर्शन दीजिये। हे रामजी! आप ब्रह्मा के मनरूपी मन्त्र के वर्णवत हो, विष्णुहृदय चातक के घन हो, शिव-हृदय कमल को प्रफुल्ल करने को सूर्य हो, सारा संसार इसी प्रकार तुम्हारी प्रशंसा करता है। आकाश में सूर्य का उदय हो आया और शुक्रादिक अनेक चमकीले तारे प्रतिक्षण मंदतेज होते जाते हैं, बड़े-बड़े अन्य तारे भी लुप्त हो चले हैं। उनका लोप होना ऐसा जान पड़ता है मानो ब्रह्महत्यादिक पातक लगने से स्वदेशस्थित वा विदेशगत बड़े राजा नष्ट हो रहे हैं।

अलंकार—उत्प्रेक्षा।

मूल—

अमल कमल तजि अमोल, मधुप लोल टोल टोल,
बैठत उड़ि करि-कपोल, दान-मानकारी।
मानहु मुनि ज्ञानवृद्ध, छोड़ि छोड़ि गृह समृद्ध,
सेवत गिरिगण प्रसिद्ध, सिद्ध-सिद्धि-धारी।
तरणि किरणि उदित भई, दीपजोति मलिन गई,
सदय हृदय बोध उदय, ज्यों कुबुद्धि नासै।
चक्रावक निकट गई, चकई मन मुदित भई,
जैसे निज ज्योति पाय, जीव ज्योति भासै ॥१६॥

शब्दार्थ—लोल=चञ्चल। टोल टोल=झुण्ड के झुण्ड। करि-कपोल=हाथी का गंडस्थल। दान—गजमद। दान मानकारी=दान देकर सम्मान करने वाला (गजमद की सुगन्ध देकर मस्तक पर बैठालने वाला हाथी) ज्ञानवृद्ध=बड़े ज्ञानी। समृद्ध=सम्पत्ति से परिपूर्ण। सिद्ध और सिद्धधारी ये दोनों शब्द 'मुनिगण' के विशेषण हैं)। सिद्ध=जितेन्द्रिय। सिद्धिधारी=अष्ट सिद्धियों को निज वश में रखने वाले। तरणि=सूर्य। बोध=ज्ञान। निज ज्योति=ब्रह्मज्योति। भासै=दमकता है।

भावार्थ—(सबेरा होते ही) चञ्चल भौंरों के झुण्ड के झुण्ड, निर्मल और अमूल्य कमलों को छोड़-छोड़कर उड़कर उस हाथी के गंडस्थल पर जा बैठते हैं जो गजमद का दान करके उनका सम्मान करता है, वे ऐसे मालूम होते हैं मानो बड़े ज्ञानी, जितेन्द्रिय तथा सिद्धिधारी मुनि, गृह सम्पति को त्याग त्यागकर प्रसिद्ध पर्वतों का सेवन करते हों। सूर्य की किरणों के निकल आने से दीपक की ज्योति मन्द पड़ गई है, जैसे दयालु हृदय में ज्ञान के उदय से उसकी कुबुद्धि नष्ट हो जाती है। चकवी चकवा के पास जाकर ऐसी प्रमुदित हुई जैसे ब्रह्म-ज्योति का प्रकाश पाकर जीवात्मा की शक्ति चमक उठती है।

अलंकार—उत्प्रेक्षा, उदाहरण।

मूल—

अरुण तरणि के विलास, एक दोय उडु अकास,
कलि के से संत ईश, दिशन अंत राखैं।
दीखत आनन्दकंद निशि बिनु दुति हीन चन्द,
ज्यों प्रवीन युवति हीन, पुरुष दीन भाखैं॥
निशिचरचय के विलास, हास होत हैं निरास,
सूर के प्रकाश त्रास, नासत तम भारे।
फूलत सुभ सकल गात, असुभ सैल से विलात,
आवत ज्यों सुखद राम, नाम मुख तिहारे॥२०॥

शब्दार्थ—अरुण तरणि=उदय समय के लाल सूर्य (अरुणोदय की ललाई)। आनन्दकंद=यह शब्द 'चन्द' का विशेषण है। निशिचर=चोर,

व्यभिचारी इत्यादि जो रात्रि को ही निज कार्य-सिद्ध करते हैं। चय=समूह। ठैल से='अशुभ' का विशेषण है अर्थात् बड़े बड़े अमंगल।

भावार्थ—अरुणोदय देखकर आकाश में केवल दो एक सितारे रह गये हैं, जैसे ईश्वर कलिकाल में दो एक अच्छे महात्मा सन्तजन दिशान्तरों में रखते हैं। आनन्दप्रद चन्द्रमा, रात्रि बिन, दुतिहीन देख पड़ता है, जैसे प्रवीन स्त्री रहित पुरुष को लोग दीन हीन कहते हैं। चोर व्यभिचारियों के हास-विलास निरास हो गये हैं, जैसे सूर्य प्रकाश के डर से भारी अन्धकार का नाश हो जाता है। शुभ कार्य (स्नान, दान, पूजनादि) पूर्णतः प्रफुल्लित होते जाते हैं, (सूर्योदय जानकर लोग स्नान पूजनादि में लग गये हैं) और बड़े-बड़े अशुभ-कार्य (चौर्य, व्यभिचारादि) बिलाते जाते हैं, जैसे हे राम! तुम्हारा नाम मुख से निकलते ही मंगलों का प्रसार होता है और अमंगलों का नाश होता है।

अलंकार—उदाहरण।

मूल—

सारो शुक शुभ मराल, केकी कोकिल रसाल,
बोलत कल पारावत, भूरि भेद गुनिये।
मनहु मदन पंडित ऋषि, शिष्य गुणन मंडित करि,
अपनी गुदरैनि देन, पठये प्रभु सुनिये॥
सोदर सुत मन्त्रि मित्र, दिशि दिशि के नृप विचित्र,
पंडित मुनि कवि प्रसिद्ध, सिद्ध द्वार ठाढ़े।
रामचन्द्र-चन्द ओर, मानहु चितवत चकोर,
कुवलय, जल जलधि जोर, चोप चित्त बाढ़े॥२१॥

शब्दार्थ—सारो=मैना। मराल=हंस। केकी=मोर। कल=सुंदर वाणी। पारावत=कबूतर। ऋषि=श्रेष्ठ। गुदरैनि=परीक्षा, इम्तिहान। कुवलय=कुमोदनी। चोप=चाव, उमंग।

भावार्थ—मैना, सुग्गा, सुन्दर हंस, मोर और रसिका कोकिल और मीठी वाणी वाले कबूतर अनेक भाँति की बोली बोल रहे हैं, उनका बोलना ऐसा मालूम होता है मानो पंडितश्रेष्ठ कामदेव ने अपने अनेक शिष्यों को अच्छी तरह पढ़ाकर होशियार करके (सर्वगुणों से मंडित करके) आपके पास पाठ

सुनाने को (परीक्षा देने को) भेजा है, सो हे प्रभु! उठिये और उनका पाठ सुनिये । भाई, पुत्र, मन्त्री, मित्र, देश देश के अनेक राजागण, पंडित, मुनि, प्रसिद्ध कवि और सिद्ध लोग द्वार पर खड़े हैं, मानो रामचन्द्ररूपी चन्द्रमा की ओर चित्त में उमंग बढ़ाये हुए चकोर गण, कुमुदगण और समुद्रजल निर्निमेष हेर रहे हों ।

अलंकार--रूपक, उत्प्रेक्षा ।

मूल—

नचत रचत रुचिर एक, याचक गुण गण अनेक,
चारण मागध अगाध, बिरद बन्दि टेरे।
मानहु मण्डूक मोर, चातक चय करत शोर,
तड़ित बसन संयुत घन, श्याम हेत तेरे ॥
केशव सुनि बचन चारु, जागे दशरथ कुमारु,
रूप प्याय ज्याय लीन, जन जल थल ओकै।
बोलि हँसि बिलोकि बीर, दान मान हरी पीर,
पूरे अभिलाष लाख, भाँति लोक लोकै ॥२२॥

शब्दार्थ—एक=(यहाँ पर) नर्त्तक । चारण=प्रशंसक, भाट । मागध =पौराणिक ब्राह्मण । मंडूक=मेढ़क । ओछै=निवासी । जल थल ओके= थल के निवासी । लोकलोकै=सब लोगों के ।

भावार्थ—सुंदर नर्त्तक गण नाचते हैं, अनेक याचक गुण गाते हैं, चारण मागध और बन्दी जन बिरद बखानते हैं, मानो मेढ़क, मोर, चकोर गण आपको पीताम्बर रूपी बिजली सहित श्याम घन समझकर आपके प्रेम से बोल रहे हैं । केशव कवि कहते हैं कि सुंदर वचन सुनकर, दशरथसुत रामचन्द्रजी जागे और अपना रूपरूपी जल पिलाकर (सुंदर रूप के दर्शन देकर) जल तथा थल निवासी जीवों को जिला लिया, और किसी से बात करके, किसी से हँस कर, किसी की ओर देखकर, किसी को दान देकर, किसी को मान देकर वीर रामचन्द्रजी ने एक दम में सब की पीर हर ली, और लोक-लोक के सब निवासियों की लाखों प्रकार की अभिलाषाओं को दृष्टि मात्र से पूरा कर दिया।

अलंकार—उत्प्रेक्षा, रूपक, उदात्त ।

मूल—(दोहा)—

जागत श्रीरघुनाथ के, बाजे एकहि बार।
निकर नगारे नगर के, केशव आठहु द्वार ॥२३॥

शब्दार्थ—निकर = समूह। नगारे निकर = नगाड़ों का समूह।

शब्दार्थ—सरल ही है।

(प्रातःकालकृत्य वर्णन)

मूल—(मरहट्टा छंद)*-लक्षण—१०+८+११+२९ मात्रा, अन्त में गुरु लघु।

दिन दुष्ट निकन्दन, श्रीरघुनन्दन, आँगन आये जानि।
आईं नव नारी, सुभग सिंगारी, कंचनझारी पानि।
दात्योनि करत हैं, मननि हरत हैं, ओर बोरि घनसार।
सजि सजि बिधि मूकनि, प्रति गंडूषनि, डारत गहत अपार ॥२४॥

शब्दार्थ—दिन = नित्य, प्रतिदिन। झारो = गडुरा, टोंटीदार जलपात्र। दात्योनि = दंतधावन, मुखारी। ओर = सिरा (मुखारी की कूँची जिससे दाँत माँजे जाते हैं)। घनसार = कपूर। मूकनि = छोड़ना, फेंकना (कुल्ले का)। गंडूष = कुल्ला।

भावार्थ—नित्यप्रति दुष्टों को दलन करनेवाले श्रीरामजी को आँगन में आया हुआ जानकर सुन्दर सिंगार किये हुये नवयुवतियाँ सोने की झारियाँ हाथ में लिये हुए आईं। श्रीरामजी कपूर में दातून की कूँचो डुबोकर करते हैं और दर्शकों के मन हरते हैं। कुल्ला फेंकने की विधि से प्रति कुल्ला का जल मुख में लेते हैं और फिर उसे फेंकते हैं।

नोट—कुल्ला करने की विधि—कपूर मिश्रित जल से बारह कुल्ले करने चाहिये, और प्रत्येक कुल्ले में इतना जल लेना चाहिये जितने से गला तक साफ हो जाय, पानी को गले में घर्राकर तब फेंकना चाहिये। दातून और कुल्ले के जल में कपूर मिलाने से दंतरोग नहीं होते और मुख सुबासित रहता है।

---

*इसी छन्द में यदि अन्त में दो गुरु करके १ मात्रा बढ़ा दें तो चौपैया छन्द हो जायगा।

अलंकार—अनुप्रास ।

मूल—(दोहा)—

सन्ध्या करि रवि पाँय परि, बाहर आये राम ।।
गणक चिकित्सक आशिषा, बन्धुन किये प्रणाम ।।२५।।

शब्दार्थ—सन्ध्या=प्रातःसन्ध्या (इससे लक्षित हुआ कि स्नान भी कर चुके) गणक=ज्योतिषी । चिकित्सक=वैद्य । आशिषा=आशीर्वाद ।

भावार्थ—स्नान सन्ध्या करके और सूर्यदेव को जलांजुली देकर और प्रणाम करके जब श्रीरामजी बाहर आये, तब ज्योतिषी और वैद्य ने आशीर्वाद दिया और भाइयों ने प्रणाम किया ।

नोट—प्राचीन दस्तूर था कि प्रतिदिन सबेरे ही ज्योतिषी आकर दिनफल बताता था, और वैद्य नाड़ी देखकर पथ्य भोजन की व्यवस्था करता था ।

मूल मरहट्टा छंद ।

सुनि शत्रु मित्र की, नृपचरित्र की, रैयत रावत बात ।
सुनि याचक जन के, पशु पच्छिन के, गुण गण अति अवदात ।
शुभ तन मज्जन करि, स्नान दान करि, पूजे पूरण देव ।
मिलि मित्र सहोदर बन्धु शुभोदर कीन्हे भोजन भेव ।।२६।।

शब्दार्थ—अवदात=विस्तारपूर्वक । मज्जन करि=देह को माँजकर अर्थात् उबटन लगाकर । कीन्हे भोजन भेव=भोजन की तैयारी की । शुभो-दर=खूब भूख लगने पर ।

भावार्थ—शत्रु मित्र की तथा राज्यप्रबन्ध की, तथा प्रजा और सरदारों की वार्ता सुनकर, याचकों के निवेदन तथा पशु पक्षियों की विस्तृत रिपोर्ट सुन-कर (सबेरे का दर्बार खतम करके) शुभ शरीर में उबटन लगवाकर स्नान किये, दान दिये, सम्पूर्ण देवों का पूजन किया, तब खूब भूख लगने पर मित्रों और भाइयों सहित भोजन की तैयारी की ।

मूल—(दंडक)—

निपट नवीन रोगहीन बहुछीर लीन,
बच्छ पीन थन पीन हीयन हरतु हैं ।

तॉंबे मढ़ी पीठ लागै रूप के खुरन डीठि,
देखि स्वर्ण सींग मन आनँद भरतु हैं।
काँसे की दोहनी श्याम पाट की ललित नोई,
घटन सों पूजि पूजि पाँयन परतु हैं।
शोभन सनौढ़ियन रामचन्द्र दिन प्रति,
गो शत सहस्र दै कै भोजन करतु हैं ॥२७॥

शब्दार्थ—बहुछीर लीन = बहुत दूध देनेवाली। पीन = पुष्ट। पाट = रेशम। नोई = वह रस्सी जिससे दुहते समय गाय के पिछले पैर बाँध दिये जाते हैं। शोभन = पवित्र। गोशत = एक सौ गायों के समूह का दान विशेष।

भावार्थ—अत्यन्त नवीन रोग रहित, बहुत दूध देने वाली, जिनके बछवा और थन पुष्ट हैं, जो देखने में अति मनोहर हैं, पीठ ताँबे से, खुर चाँदी से मढ़े हैं जो ऐसे सुन्दर हैं कि नजर वहीं लग जाती है, और जिनके सोने से मढ़े सींग देखकर मन आनन्द से भर जाता है, ऐसी उत्तम गायें हैं और प्रति गाय एक-एक काँसे की दोहनी और काली रेशम की नोई है। ऐसी गायों का घंटों से पूजन करके पैर छूते हैं। श्रीरामजी प्रतिदिन पवित्र सनौढ़ियों को ऐसी गायों के हजार गोशत दान देकर तब भोजन करते हैं।

अलंकार—उदात्त।

(भोजन ५६ प्रकार का वर्णन)

मूल—(तोटक छन्द)

तहँ भोजन श्रीरघुनाथ करैं।
षट रीति मिठाइन चित्त हरैं।
पुनि खीर स्यों चौविधि भात बन्यो।
तक तीनि प्रकारनि शोभ सन्यो ॥२८॥

शब्दार्थ—स्यों = सहित। चौविधि = चार भाँति के। तक = तक्र (मट्ठा)।

भावार्थ—जहाँ श्रीरघुनाथजी भोजन करते हैं वहाँ इतने प्रकार की वस्तुएँ प्रस्तुत हैं कि छः प्रकार की मिठाइयाँ चित्त को हरती हैं, खीर सहित चार प्रकार के भात बने हैं अर्थात् चार प्रकार की खीर और चार ही प्रकार के भात बने हैं

(खीर भी ४ प्रकार की भात भी चार ही प्रकार के) और तीन प्रकार का सुन्दर तक्र बना है। ये ६+४+४+३=१७ प्रकार हुये।

मूल—

षट भाँति पहीत बनाय सँची,
पुनि पाँच सो व्यंजन रीति रची।
विधि पाँच सो रोटिन माँगत हैं,
विधि पाँच बरा अनुरागत हैं ॥२६॥

भावार्थ—पहीत=दाल। सची=संचित की है, एकत्र है। व्यंजन=तरकारियाँ।

भावार्थ—छः प्रकार की दाल बनाकर एकत्र की गई हैं और पाँच प्रकार की तरकारियाँ विधिपूर्वक बनाई गई हैं। पाँच प्रकार की रोटियाँ माँग-माँग कर सब लोग खाते हैं, और पाँच प्रकार के बरों (बड़े) पर अनुराग प्रकट करते हैं अर्थात् प्रेमपूर्वक खाते हैं। ये सब ६+५+५+५=२१ प्रकार हुये।

मूल—

विधि पाँच अथान बनाय कियो। पुनि द्वै विधि छीर सो माँग लियो।
पुनि भारि सो द्वै विधि स्वादघने। विधि दोइ पछावरि सात पने ॥३०॥

शब्दार्थ—अथान=अचार। झारि=खट्टी पेय वस्तु। पछावर=शिखरन। पने=पन्ने (यह लेह्य वस्तु हैं)।

भावार्थ—पाँच प्रकार के अचार बने हैं, दो प्रकार का दूध है सो खानेवाले यथा रुचि माँग लेते हैं। बहुत ही स्वादिष्ट दो प्रकार की झारि (पेय) है, और दो प्रकार की शिखरन तथा सात प्रकार ये पन्ने हैं। ये ५+२+२+२+७=१८ प्रकार हुए।

मूल—(दोहा)—

पाँच भाँति ज्यौंनारि सब षट रस रुचिर प्रकास।
भोजन करि रघुनाथ जू बोले केशव दास ॥३१॥

शब्दार्थ—ज्यौंनारि सब=सब प्रकार के भोजन। बोले=बुलवाये। दास=सेवक। पाँच भाँति=(१) चोष्य=जो चूसकर खाये जावें। (२) पेय=

जो पी लिये जायँ (३) भोज्य=जो दाँत से कुचल कर निगले जायँ (४) लेह्य=जो चाट कर खाये जायँ (५) चर्व्य=जो चबाकर निगले जायँ ।

षटरस=(१) मधुर, मीठा (२) अम्ल (३) तिक्त, तीता, (४) कटु, कड़ुवा, (५) लवण, नमकीन (६) कषाय, कसैला ।

भावार्थ—समस्त ५६ प्रकार के भोजन जो पाँच भाँतियों और छः रसों को प्रकासित करते थे, उन सबको भोजन करके रामजी ने (प्रसाद देने के लिये) सेवकों को बुलवाया ।

(वसन्त वर्णन)

मूल—हरिलीला छन्द*—

(लक्षण—त+भ+ज+गुरु लघु=१४ वर्ण)

बैठे विशुद्ध गृह अग्रज अग्र जाय ।
देखी बसन्त ऋतु सुन्दर मोददाय ।
बौरे रसाल कुल कोमल केलि काल ।
मानो अनंद-ध्वज राजत श्री विशाल ॥ ३२ ॥

शब्दार्थ—गृह अग्रज=घरों में सर्वश्रेष्ठ घर । गृह अग्रज-अग्र=सबसे उत्तम महल के अग्रभाग में । बौरे=कुसुमित हुये हैं, मंजरी निकल आई है । कोमल—सुगंधित ।

भावार्थ—(भोजनान्तर आराम करके जब संध्या निकट आई तब) श्रीरामजी एक सर्वोत्तम महल के अग्रभाग (बारजे) में जा विराजे (साथ में जानकी जी भी हैं, जैसा आगे छन्द नम्बर ३९, ४० से प्रकट होगा) और सुंदर सुखदायक वसन्त ऋतु को आई हुई देखा (उसके चिन्ह आगे कहते हैं) आँबों के समूह सब बौरे हुये हैं, मानो काम ने सर्वजीवों का केलि समय जानकर सुंदर सुगंधित ध्वजा गाड़ दी है, वे ही ये आँब हैं जिनमें खूब शोभा छा रही है ।

अलंकार—उत्प्रेक्षा ।

---

*इस छन्द का अन्तिम वर्ण गुरु मानें तो यही छन्द बसन्ततिलका हो जायगा, पर केशव ने इसका नाम हरिलीला लिखा है ।

फूली लवंग लवली लतिका विलोल।
भूले जहाँ भ्रमर विभ्रम मत्त डोल।
बोल सुहंस शुक कोकिल केकिराज।
मानो बसन्त भट बोलत युद्ध काज ॥३३॥

शब्दार्थ—लवली = हरफरयोरी । बिलोल = चञ्चल। विभ्रम = विशेष भ्रमित।

भावार्थ—लवंगलता और लवली लताएँ फूली हुई हैं, और वायु से चञ्चल हो रही हैं, जिन पर भँवर मस्त होकर विशेष भ्रम में पड़कर भूले फिरते हैं, हंस, शुक, कोयल और मोर बोल रहे हैं। मानो ये बसन्त के योद्धा हैं जो जीवों को युद्ध के लिये ललकार रहे हैं (कि आवे जिसका जी चाहे हमसे युद्ध कर ले)।

अलंकार—उत्प्रेक्षा।

मूल—

सोहै पराग चहुँ भाग उड़ै सुगंध। जाते विदेश विरहीजन होत अंध॥
पालासमाल विनपत्रविराजमान। मानोबसंतदियकामहिंअग्निवान ॥३४॥

शब्दार्थ—पराग = पुष्पराज। चहुँभाग = चारों दिशा में। पालास माल = पलाश समूह।

शब्दार्थ—सब पुष्प पराग युक्त हैं, चारों ओर सुगंध उड़ रही है, जिससे बदेश निवासी वियोगी जन अन्धे हो जाते हैं। पत्र रहित पलास समूह ऐसा शोभता है मानों बसन्त ने कामदेव को अग्निबान दिया हो (बसन्त ने काम को देने के लिये अग्निबान तैयार किया हो)।

अलंकार—उत्प्रेक्षा।

मूल—मत्तगयंद सवैया – (लक्षण – ७ भगण दो गुरु)

फूले पलास विलास थली बहु केशवदास प्रकाश न थोरे।
शेष अशेष मुखानल की जनु ज्वाल विशाल चली दिवि ओरे।
किंशुकश्री शुकतुंडन की रुचि राचे रसातल में चित चोरे।
चोंचन चाँपि चहूँदिस डोलत चारु चकोर अगारन भोरे ॥३५॥

शब्दार्थ—बिलासथली = केलिकुञ्ज। अशेष = सब। दिवि = स्वर्ग,

आकाश। किंशुकश्री=पलास फूलों की छबि। शुकतुंड=सुग्गे की चोंच। रुचि=सोभा। रसातल=पृथ्वी। भोरे=धोखे में।

भावार्थ—केलिकुञ्जों में खूब पलास फूले हुए हैं जिनका खूब प्रकाश हो रहा है, वे ऐसे जान पड़ते हैं मानों शेषजी के सब ही मुखों की विशाल ज्वालाएँ निकल कर आकाश की ओर जा रही हैं। पलास के फूल शुक की चोंच की शोभा रखते हुए पृथ्वी में दर्शकों के चित्त चोराते हैं और अंगारों के धोखे चकोर उन फूलों को चोंच में दबाकर चारों ओर घूमते फिरते हैं।

अलंकार—उत्प्रेक्षा, भ्रम।

मूल—मोतियदाम छंद—(लक्षण—४ जगण)

खिले उर सीत लसे जलजात। जरैं बिरही जन जोवत गात।
किधौं मन मीनन को रघुनाथ। पसारि दियो बहु मन्मथ हाथ ॥३६॥

शब्दार्थ—सीत=शीतल, ठंडे। जोवत=देखते ही। गात=शरीर। रघुनाथ=(सम्बोधन में है)। मन्मथ=कामदेव।

भावार्थ—(यह उक्ति किसी सखी या सीताजी की है) हे रघुनाथ जी, देखिये, वे नेत्रों को ठंडक देनेवाले कमल कैसे हृदय खोलकर फूले हैं, पर वियोगियों के शरीर इन्हें देखकर जलते हैं। ये कमल खिले हैं, या हे रघुनाथजी! लोगों के मन रूपी मीनों को पकड़ने के लिए कामदेव ने बहुत से हाथ फैलाये हैं।

अलंकार—पाँचवीं विभावना, रूपक, संदेह।

मूल—

जिते नर नागर लोग बिचारि। सबै बरनैं रघुनाथ निहारि॥
किधौं परमानँद को यह मूल। बिलोकत ही जु हरै सब शूल ॥३७॥

शब्दार्थ—नागरलोग=नगरनिवासी, चतुर लोग। बिचारि=विवेकपूर्वक। मूल=जड़ (जड़ी)। शूल=पीड़ा (दुखी)।

भावार्थ—(श्री रघुनाथजी को बड़े महल के अगले बारजे में बैठा देखकर) जितने चतुर नगरनिवासी वहाँ से आते जाते हैं, वे सब रामजी को देखकर विचारपूर्वक यों वर्णन करते हैं कि हमारे राजराजेश्वर श्रीरामजी हैं या यह परमानन्ददायिनी कोई जड़ी-बूटी है, जिसके देखने ही से सब पीड़ा हर जाती है

(अन्य जड़ी तो खाने से शूल हरती है, इसे देखने ही से शूल हर जाती है, यह विशेषता है)।

अलंकार—व्यतिरेक से पुष्ट सन्देह।

मूल—

किधौं बन जीवन को मधुमास।
रचे जग-लोचन-भौंर बिलास।
किधौं मधु को सुख देन अनंग।
धर्‌यौ मन-मीन निकारन अंग॥३८॥

शब्दार्थ—मधुमास = चैत्रमास। विलास रचे = केलि में आसक्त हो गये हैं। मधु = बसन्त। अनंग = कामदेव।

भावार्थ—ये श्रीरामजी हैं या वनजीवों के लिये चैत्रमास है (चैत्रमास वनजीवों के लिये अति सुखदायी है), देखिये इन पर संसार भर के लोचन-रूपी भौंरे केलि में आसक्त हैं (जैसे चैत्रमास में पुष्प खिलते हैं और उन पुष्पों पर भौंरे केलि कर के आनन्द पाते हैं वैसे ही संसार भर के नेत्र इनके दर्शन से आनन्द प्राप्त करते हैं) या बसन्त को सुख देने के लिये सहायता के लिये जनों के मनमीनों को पकड़ने के हेतु कामदेव ही ने साक्षात् शरीर धारण किया है—(ये कल्पनाएँ राम के सौन्दर्य पर हैं, आगे सीता के रूप पर भी हैं)।

अलंकार—सन्देह, रूपक।

मूल—

किधौं रति कीरति-बेलि-निकुंज। बसै गुण पक्षिन को जहँ पुंज।
किधौं सरसीरुह ऊपर हंस। किधौं उदयाचल ऊपर हंस॥३९॥

शब्दार्थ—रति = प्रेम। कीरति = (कीर्ति) सुयश। निकुञ्ज = घनी कुञ्ज। सरसीरुह = कमल। हंस = मरालपक्षी। हंस = सूर्य।

भावार्थ—(छंद के पूर्वार्द्ध में सीताजी का वर्णन है और उत्तरार्द्ध में रामजी का) ये सीताजी हैं, या प्रेम और सुयश रूपी लतिकाओं की घनी कुञ्ज हैं, जहाँ गुणरूपी पक्षियों के झुण्ड के झुण्ड बसते हैं (जैसे कुंज में पक्षी बसते हैं, वैसे सीता में अनेक गुण बसते हैं) और ये आसन पर बैठे श्रीरामजी हैं, या

कमल पर हंस बैठा है, या ऊँचे महल के बारजे पर रामजी हैं या उदयाचल पर्वत पर सूर्य नारायण बिराजे हैं।

अलंकार—रूपक और संदेह।

मूल—(दोहा)—

प्राची दिसि ताही समय, प्रगट भयो निशिनाथ।
बरनत ताहि बिलोकि कै, सीता सीतानाथ ॥४०॥

(चन्द्र वर्णन)

शब्दार्थ—प्राची दिसि=पूर्व की ओर। निशिनाथ=चन्द्रमा। सीतानाथ=रामजी।

नोट—"प्राची दिशि में चन्द्रमा निकला" इससे प्रगट है कि पूर्णिमा की तिथि थी। साहित्य में बहुधा द्वितीया वा पूर्णिमा के चन्द्रमा का ही वर्णन होता है।

भावार्थ—सरल ही है।

मूल—(सीता)-दोधक छन्द—(लक्षण—३भगण दो गुरु)

फूलन की शुभ गेंद नई है।
सूंघि शची जनु डारि दई है।
दर्पण सो शशि श्री रति को है।
आसन काम महीपति को है ॥४१॥

भावार्थ—(सीताजी कहती हैं कि) यह चन्द्रमा मानो फूलों की नवीन गेंद है, जिसे इन्द्राणी ने सूँघ कर फेंक दिया है। यह चन्द्रमा श्रीरति के दर्पण सम है, या कामराज का आसन है।

अलंकार—उत्प्रेक्षा और उपमा से पुष्ट उल्लेख।

मूल—(सीता)—

मोतिन को श्रुतिभूषण जानो। भूलि गई रवि की तिय मानो।
(राम)
अङ्गद को पितु सो सुनिये जू। सोहत तारहिं संग लिये जू ॥४२॥

शब्दार्थ—श्रुति भूषण=झूमक। अङ्गद को पितु=बालि। तारा=(१) नक्षत्र (२) अंगद की माता तारा।

भावार्थ—(सीता जी कहती हैं कि)—यह चन्द्रमा ऐसा है मानो मोतियों का झूमका है जो सूर्य की स्त्री असावधानी से यहाँ भूल गई है (कान से गिर गया है)। (रामजी बोले)—नहीं, यह तो बालि के समान है क्योंकि यह भी तारा को साथ लिये है (चन्द्रमा तारापति कहलाता है)।

अलंकार—उत्प्रेक्षा और उपमा से पुष्ट उल्लेख।

मूल—

भूप मनोभव छत्र धरयो ज्यों। लोक वियोगिनि को विदरयो ज्यों।
देवनदी जल राम कह्यो जू। मानहु फूलि सरोज रह्यो जू ॥४३॥

शब्दार्थ—मनोभव=कामदेव। लोक=लोग, जगजन। ज्यों=जीव, प्राण। देवनदी=आकाशगंगा। सरोज=पुण्डरीक (सफेद कमल)।

भावार्थ—(सीताजी कहती हैं)—यह चन्द्रमा ऐसा है मानो कामराज का छत्र हो, इसीसे तो इसे देखकर वियोगी जनों के प्राण विदीर्ण होते हैं। (तब रामजी ने कहा कि) हे सीते! हमें तो ऐसा जान पड़ता है मानो आकाश-गंगा में पुण्डरीक फूल रहा है।

अलंकार—उदाहरण, काव्यलिंग, उत्प्रेक्षा से पुष्ट उल्लेख।

मूल—

फेन किधौं नभसिंधु लसै जू। देवनदी जल हंस बसै जू।
शंख किधौं हरि के कर सोहै। अंबर सागर ते निकसो है ॥४४॥

शब्दार्थ—यह चन्द्रमा है या आकाश रूपी समुद्र का भाग है, या आकाश-गंगा के जल में हंस बसा है, या आकाश-सागर से निकला हुआ संख है जो श्री विष्णु के हाथ में शोभित है।

अलंकार—संदेह से पुष्ट उल्लेख।

मूल—(दोहा)—

चारु चंद्रिका सिंधु में शीतल स्वच्छ सतेज।
मनो शेष मय शोभिजै हरिणाधिष्ठित सेज ॥४५॥

शब्दार्थ—स्वच्छ=सफेद। सतेज=कान्तिमान। शेषमय=शेषनाग ही

की। हरिणाविष्ठित=(१) जिस पर हरि बैठे हों (२) जिस पर हरिण (मृग) बैठा हो।

नोट—चन्द्रमा में काला दाग है जिसे मृग का चिह्न मानते हैं।

भावार्थ—(रामजी कहते हैं कि हे सीते) यह सुन्दर चन्द्रमा ऐसा मालूम होता है मानो चन्द्रिका रूप क्षीर सिंधु में शीतल सफेद और कान्ति युक्त शेष-शय्या है जिसपर मृगांक के स्वयं विष्णु विराज रहे हैं।

अलंकार—श्लेष से पुष्ट उत्प्रेक्षा।

नोट—'हरिणाधिष्ठित' शब्द का श्लेष केशव के पाडित्य का एक प्रमाण है। अन्य हिन्दी कवि ऐसे श्लेष नहीं ला सके। यहाँ व्याकरण की गंभीर योग्यता दिखाई गई है।

मूल—(दंडक छंद)—

केशोदास है उदास कमलाकर सों कर,
शोषक प्रदोष ताप तमोगुण तारिये।
अमृत अशेष के विशेष भाव बरसत,
कोकनद मोद चंड खंडन बिचारिये।
परमपुरुषपद-बिमुख परुष रुख,
सुमुख सुखद बिदुषन उर धारिये।
हरि हैं री हिये में न हरिण हरिणनैनी,
चन्द्रमा न चन्द्रमुखी नारद निहारिये ॥४६॥

नोट—इस छन्द में ऐसे श्लिष्ट शब्द आये हैं जिनके अर्थ चन्द्रमा पर तथा नारद दोनों पर घटित होते हैं—(यह भी केशव के पांडित्य का एक नमूना है)।

शब्दार्थ—(चन्द्रमा पक्ष का) है उदास कमलाकर सों कर=जिसकी किरणें कमलों के समूह से उदासकारी भाव रखती हैं अर्थात् कमलों को संकुचित कर देती हैं। शोषक=नाशक। प्रदोष=संध्याकाल। ताप=गरमी। तमोगुण=अंधकार। तारिये=ताड़ते हैं, देखते हैं। अमृत=सुधा। अशेष=पूर्ण। भाव=विभूति। कोक-नद-मोद=चक्र-वाकों के शब्दों का आनन्द। चंडखंडन=अच्छी तरह खंडन करने वाला। परम पुरुष=पति। परम पुरुष

पद विमुख=पति से रूठी हुई मानिनी नायिका। परुषरुख=क्रुद्ध। विदुषन उर धारिये=प्रवीन जन जिसे हृदय में धारण करते हैं, चाहते हैं।

(नारद पक्ष का)—है उदास कमला कर सों कर=लक्ष्मी के समूह से जिसका हाथ उदासीन है, लक्ष्मी (धन) नहीं ग्रहण करते। शोषक=नाशक। प्रदोष=बड़े दोष। ताप=त्रिताप। तमोगुण=अज्ञान। तारिये=देखते हैं। अमृत=अमर। अशेष=पूर्ण। अमृत अशेष=अमर और पूर्ण अर्थात् विष्णु भगवान। भाव=चरित्र। कोक-नद-मोद=कोकशास्त्र के शब्दों का आनन्द, विषय वार्ता का आनन्द। चंडखंडन=प्रचंड खंडन कर्ता। परमपुरुष=ईश्वर। परुषरुख=नाराज। विदुषन उर धारिये=पण्डित लोग जिन्हें चित्त से चाहते हैं।

नोट—(चौथे चरण का अर्थ पहले करना चाहिये तब चन्द्रमा और नारद कि समता का मजा मिलैगा)।

भावार्थ—(श्रीरामजी चन्द्रमा को देख कर श्रीसीताजी से कहते हैं कि) हे चन्द्रमुखी, यह चन्द्रमा नहीं है यह तो नारद जी हैं, और हे मृगनैनी, इसका काला दाग, मृग नहीं है वरन् नारद के उर निवासी विष्णु है जो श्यामकान्ति धारी दिखाई पड़ते हैं। यदि कहो कि नारद कैसे हैं तो देखिये जैसे चन्द्र-किरण कमलों से उदासीन भाव रखते हैं वैसे ही नारद के हाथ भी धनसमूह से उदासीन रहते हैं; चन्द्रमा जैसे प्रदोष, गरमी और अन्धकार को हरता है, नारद भी बड़े दोषों त्रितापों और अज्ञान को हरते हैं, सो प्रत्यक्ष देखते हैं। जैसे चन्द्रमा परिपूर्ण भाव से अमृत बरसाता है वैसे ही नारद भी अमर और सर्व-व्यापी विष्णु के चरित्रों को गा-गा कर संसार में बरसते फिरते हैं, जैसे चन्द्रमा चक्रवाकों के आनन्द का प्रचंड खंडन करता है जैसे चन्द्रमा पतिपद विमुख मानिनी स्त्रियों के प्रति क्रुद्ध रहता है, वैसे ही हरि विमुख जनों से नारद भी नाराज रहते हैं, वैसे हो नारद भी विषयवार्ता के आनन्द का प्रचंड खंडन करते हैं। जैसे पति-अनुकूल नायिकाओं को चन्द्रमा सुखद है, वैसेही हरिसम्मुख जीवों पर नारद भी सन्तुष्ट रहते हैं, जैसे पण्डितजन चन्द्रमा को चाहते हैं वैसेही नारद को भी चाहते हैं। इसीसे हम कहते हैं कि यह चन्द्रमा नहीं, नारद हैं।

अलंकार—श्लेष से पुष्ट छेकापह्नुति।

मूल—(दोहा)—

आई जानि बसन्त ऋतु बनहिं बिलोकत राम।
धरणीधर सीता सहित, रति समेत जनु काम ॥४७॥

शब्दार्थ—धरणीधर=चक्रवर्ती राजा।

भावार्थ—बसन्त ऋतु आई जानकर चक्रवर्ती राम सीता सहित बाग की सैर कर रहे हैं, वे ऐसे जान पड़ते हैं मानो रति और काम हैं।

अलंकार—उत्प्रेक्षा।

(तीसवाँ प्रकाश समाप्त)

—:※:—

इकतीसवाँ प्रकाश

दो०—इकतीसयें प्रकाश में रघुबर बाग पयान।
शुक मुख सियदासीन को बर्णन बिबिध बिधान ॥

मूल—चंचला छन्द—(लक्षण—८ बार गुरु लघु=१६ वर्ण)

भोर होत ही गयो सु राज लोक मध्य बाग।
बाजि आनियो सु एक इंगितज्ञ सानुराग।
शुभ्र सुम्भ वारिहून अंश रेणु के उदार।
सीखि सीखि लेत हैं ते चित्त चंचला प्रकार ॥१॥

शब्दार्थ—राजलोक=राज भवन के लोग (दासियों सहित सीताजी, सारा रनिवास)। इंगितज्ञ=इशारों को जाननेवाला। शुभ्र=सफेद। सुम्भ=टापें। अंश=कण। उदार चित्त=उदारजनों के चित्त। चंचल=चंचलता। उदार चित्त चञ्चला प्रकार सीखि २ लेत=उदार जनों के चित्त जिन सुमों से चञ्चलता के प्रकार सीख लेते हैं (अर्थात् जिनके सुमों में चित्त से भी अधिक चञ्चलता है)।

नोट—इस प्रसंग में इस चञ्चला छंद का प्रयोग केशव की पंडिताई प्रकट करता है। घोड़े का वर्णन है। छंद ऐसा चुना जिसकी गति घोड़े की गति से मिलती है। छंद को पढ़ते समय ऐसा मालूम होता है कि मानो घोड़ा कूँद रहा है।

भावार्थ—सबेरा होते ही सारा रनिवास बाग को गया। रामजी की सवारी के लिए इशारे जाननेवाला तथा राम पर अनुराग रखनेवाला एक घोड़ा

लाया गया। उस घोड़े के चारों सुम सफेद थे। सुमों में जो कुछ रेणु कण लग गये थे वे मानो उदार मनवाले लोगों के चित्त थे जो घोड़े की टापों में आ बसे थे ताकि इन पैरों से चञ्चलता के प्रकार सीख लें।

अलंकार—गुप्तोत्प्रेक्षा।

मूल—तोमर छन्द—(लक्षण--१२ मात्रा)

चढ़ि बाजि ऊपर राम। बन को चले तजि धाम।
चढ़ि चित्त ऊपर काम। जनु मित्र को सुनि नाम ॥२॥

शब्दार्थ—मित्र=काम का मित्र बसंत। बन=बाग।

भावार्थ—घोड़े पर चढ़कर श्रीरामजी घर से बाग को जा रहे हैं वे ऐसे मालूम होते हैं, मानों अपने मित्र वसंत का आगमन सुन कर कामदेव मन पर चढ़ कर मिलने के लिये जा रहा है।

अलंकार—उत्प्रेक्षा।

मूल—मग में बिलम्ब न कीन। बनराज मध्य प्रवीन।
सब भूपरूप दुराय। युवती बिलोकीं जाय ॥३॥

शब्दार्थ—बनराज=बागों का राजा, उत्तम बाग। सब भूपरूप दुराय= राजसी सामग्री छत्र चामरादि छोड़ कर।

भावार्थ—रास्ते में कहीं ठहरे नहीं, प्रवीण रामजी तुरन्त बागराज में जा पहुँचे और छत्र चामरादि राजसी ठाट छोड़, साधारण वेष में छुपकर रनिवास की स्त्रियों का बन-बिहार देखने लगे।

(शिख-नख वर्णन)

(केश)

मूल—

स्वागत छन्द—(ल०—र+न+भ+दो गुरु=११ वर्ण)

राम संग सुक एक प्रवीनो। सीयदासि गुण बर्णन वीनो।
केश पास शुभ स्याम सनेही। दास होत प्रभु ! जी विदेही ॥४॥

शब्दार्थ—शुक=एक अंतरंग सखा का नाम। केशपाश=बाल। सनेही=तैल युक्त। प्रभु (सम्बोधन में) हे प्रभु, हे रामजी। विदेही=जितेन्द्रिय।

नोट—यहाँ पर एक सखा द्वारा सियदासी का शिख-नख वर्णन करना (सीता का नहीं) कवि के भक्ति मर्यादा ज्ञान का द्योतक है। जिसकी दासियाँ ऐसी हैं, वहाँ महाराणी कैसी होंगी—व्दाजस्तुति अलंकार है। केशव का भक्ति मर्यादा ज्ञान प्रगट करता है। तुलसीदास का मर्यादाज्ञान बहुत प्रसिद्ध और प्रशंसनीय है, पर यहाँ पर केशव उनसे बढ़ गये हैं।

भावार्थ—श्रीरामजी के साथ में शुक नामक एक चतुर अंतरंग सखा था। बाग में पहुँच कर और बसन्त से प्रभावित होकर (सीता को तो नहीं पर) सीताजी की दासियों की इस प्रकार प्रशंसा करने लगा हे प्रभु! देखिये तो इसके बाल कैसे सुंदर, काले और फुलेल युक्त हैं कि जितेन्द्रियजनों के चित्त भी इसके दास हो जाते हैं (विदेहीजन भी इन बालों पर मोहित हो सकते हैं)।

अलङ्कार—सम्बंधातिशयोक्ति।

(कबरी)

मूल—

भाँति भाँति कबरी शुभ देखी। रूपभूप-तरवारि विशेषी।
पीय प्रेम प्रन राखन हारी। दीह दुष्ट छल खंडन कारी॥५॥

शब्दार्थ—कबरी=चोटी।

भावार्थ—(साथ में अनेक दासियाँ हैं, अतः) उन दासियों की अनेक प्रकार की चोटियाँ देखीं। वे ऐसी मालूम हुईं मानो सौन्दर्य रूपी राजा की तलवारें हैं, जो प्रियतम (पतियों) के प्रेमप्रन की रक्षिका तथा बड़े-बड़े दुष्टों के छलों को खंडन करने वाली हैं।

अलङ्कार—उत्प्रेक्षा से पुष्ट परंपरित रूपक।

मूल—(चौपाई छंद)—(लक्षण—१५ मात्रा)।

किधौं सिंगार सरित सुखकारि। बंचकतानि बहा वनहारि।
कंचन पानपांति सोपान। मनो सिंगार लोक के जान॥६॥

शब्दार्थ—सरित=नदी। कंचनपान=सोने के बने वेणी में पहनने के पान। सोपान=सीढ़ी।

भावार्थ—वे चोटियाँ हैं या सुखदायिनी सिंगार नदियाँ हैं जो छल कपट को बहा ले जाने वाली हैं (जिनके आगे किसी का छल कपट नहीं चल सकता)। उन चोटियों में जो वेणीपान नामक आभूषण गुहे हुए हैं वे ऐसे जान पड़ते हैं मानों सिंगारलोक को चढ़ने के लिये सीढ़ियाँ हैं।

अलङ्कार—उत्प्रेक्षा।

(शिरोभूषण)

मूल—चौपाई छंद।

सीसफूल अरु बेंदा लसै। भाग सोहाग मनो सिर बसै।
पाटिन चमक चित्त चौंधिनी। मानौ दमकति घन दामिनी॥७॥

भावार्थ—शिर पर शीशफूल बेंदा शोभा दे रहे हैं, मानों भाग्यवानता और सुहाग ही सिर पर वास किये हैं। पटियों पर ऐसी चमक है कि चित्त चौंधिया जाता है, मानो काले बादलों में बिजली चमकती हो।

अलङ्कार—उत्प्रेक्षा।

मूल—

सदुर माँग भरी अति भली। तिहि पर मोतिन की आवली।
गंग-गिरा तन सों तन जोरि। निकसीं जनु जमुना जल फोरि॥८॥

शब्दार्थ—आवली=(अवली) पंक्ति। गिरा=सरस्वती नदी।

भावार्थ—माँग सिंदूर से भरी बहुत अच्छी मालूम होती है। उस पर मोतियों की पंक्ति है (माँग में मोती गुहे हैं) यह शोभा ऐसी जान पड़ती है मानो गंगा और सरस्वती की धाराएँ एक साथ मिल कर जमुना जल को फोड़ कर ऊपर निकल आई हैं। काली पटियाँ जमुनाजल, सिंदूर सरस्वती-धार और मोतीपंक्ति गंगा-धार हैं)।

अलङ्कार—उत्प्रेक्षा।

मूल—

शीशफूल शुभ जर्‌यो जराय। माँगफूल सोहै सम भाय।
वेणीफूलन की बर माल। भाल भले बेंदा युग लाल ॥९॥
तम नगरी पर तेज निधान। वैठे मनो बारहो भान।

शब्दार्थ—१ शीशफूल, माँगफूल, दो लाल जटित बेंदा, बेणीपान के ८ दाने सब मिलाकर १२ हुए।

भावार्थ—शुक कहता है कि १ जड़ाऊ शीशफूल, एक माँगफूल, दो माणिकजटित बेंदा और ८ नग का बेणीफूल, इतने जेवर जो सिर पर हैं वे ऐसे जान पड़ते हैं मानो तम-नगर पर तेज निधान बारहों सूर्य आ विराजे हैं।

नोट—ये १॥ छन्द हैं, पर प्रसंग वश एक साथ लिखे हैं।

अलंकार—उत्प्रेक्षा।

मूल—

भृकुटि कुटिल बहु भायन भरी। भाल लाल द्युति दीसत खरी ॥१०॥
मृगमद तिलक रेख युगबानी। तिनकी सोभा सोभित घनी ॥
जनुजमुना खेलति शुभगाथ। परसन पितहि पसार्‌यो हाथ ॥११॥

नोट—ये भी १॥ छन्द हैं, पर प्रसंग की एकता से एक साथ लिखे हैं।

शब्दार्थ—मृगमद=कस्तूरी। शुभगाथ=सर्वप्रशंसित। जमुना सूर्य की पुत्री हैं। और पहले शिरोभूषणों को १२ भानु कह आये हैं।

भावार्थ—अनेक भावों से भरी बाँकी भौंहैं, ललाट की लाल दमक के कारण, खूब स्पष्टता से (काली यमुना के समान) दिखाई पड़ती हैं। (भौंहों के बीच में अर्थात् ठीक नाक के ऊपर) कस्तूरी तिलक की दो रेखाएँ ऊपर की ओर को बनी हैं। उनकी शोभा ऐसी अच्छी मालूम होती है मानो सर्वप्रशंसित खेलती हुई जमुनाजी ने पिता को स्पर्श करने को (उनकी गोद में जाने को) अपने दोनों हाथ फैलाए हों (कुटिल भौंहैं यमुना हैं, कस्तूरी की दोनों रेखाएँ दोनों हाथ हैं, शिरोभूषण पिता सूर्य है।)

अलंकार—उत्प्रेक्षा।

(नेत्र)

मूल—पंकजबाटिका छंद—(लक्षण—भ + न + २ ज + एक लघु = १३ वर्ण)

लोचन मनहु मनोभव यंत्रहि। भ्रू युग उपर मनोहर मन्त्रहि।
सुन्दर सुखद सुअंजन अंजित। बाण मदन विषसों जनु रंजित ॥१२॥

शब्दार्थ—मनोभव = काम। भ्रू = भौंह। मदन = काम। रंजित = रँगे, बुझे।

भावार्थ—उन दासियों के नेत्र मानो काम के यंत्र (फंदे) हैं, दोनों भौंहें तो मनहारी मन्त्र ही हैं। सुन्दर सुखदायक नेत्र सुन्दर अंजन से अंजित हैं (अंजन लगा हुआ है) वे ऐसे मालूम होते हैं मानो विष से बुझे कामबाण हैं।

अलंकार—उत्प्रेक्षा।

(नासिका)

मूल—चौपाई छन्द।

सुखद नासिका जग मोहियो। मुक्ताफलनि युक्त सोहियो।
आनँदलतिका मनहु सफूल। सूँघि तजत ससि सकलकुशूल ॥१३॥

शब्दार्थ—कुशूल = बुरा रोग। ऐसा लोकापवाद है कि फूल सूँघ कर फेंक देने से नासिका के कुछ रोग दूर हो जाते हैं।

भावार्थ—सुखद नासिका, मोती भूषण सहित, ऐसी शोभती है कि जग मोहित होता है। वह ऐसी जान पड़ती है मानों फूली हुई आनन्दलता है, अथवा (मुख रूपी) चन्द्रमा ने फूल सूँघ कर फेंके हैं जिस से उसकी पीड़ा दूर हो जाय।

अलंकार—उत्प्रेक्षा।

(ताटंक)

मूल—पद्धटिका छंद—(लक्षण—१६ मात्रा, अन्त में जगण)

ताटंक जटित मणि श्रुति बसंत। रबि एकचक्र रथ से लसंत।
जनु भालतिलक-रबिबिंब तहिं लीन। नृ रूप आकाशहिं दीपदीन ॥१४॥
अति झुलमुलीनसह झलकलीन। फहरात पताका जनु नबीन।

शब्दार्थ—ताटंक=ढारें (एक कर्णभूषण)। श्रुति=कान। झुलमुली=झूमक।

भावार्थ—मणिजड़ी ढारें कानों में हैं, वे सूर्य के रथ के एक चक्र के समान शोभित हैं। अथवा ऐसी जान पड़ती हैं, मानो सौन्दर्यरूपी राजा ने भाल-तिलक (भाल पर का बेंदा) रूपी सूर्य के व्रत में लिप्त होकर उसी सूर्य को आकाशदीप का दान किया हो (अग्गासिया जलाये हों) वे ढारें झुमकों सहित ऐसी झल-झलाती हैं, मानो कोई अनोखो (नवीन) पताका फहरा रही हों।

अलंकार—उपमा, उत्प्रेक्षा

(दंत और मुखवास)

अति तरुण अरुण द्विज दुति लसंति।
निजु दाड़िम बीजन को हसंति ॥१५॥
सन्ध्याहि उपासत भूमि देव।
जनु बाकदेवि की करत सेव।
शुभ तिनके सुख मुख के विलास।
भयो उपवन मलयानिल निवास ॥१६॥

शब्दार्थ—तरुण=पुष्ट। अरुण=लाल। द्विज=दाँत। निजु=निश्चय। बाकदेवि=वाणी। सुख=सहज। मुख के विलास=बातें करने से। मलयानिल=मलयागिरि की सुगंधित वायु। उपवन=बाग।

भावार्थ—पुष्ट और लाल (पान खाने से) दाँतों की दुति अति शोभा देती है और निश्चयपूर्वक अनारदानों पर हँसती है। मुख में वे दांत ऐसे जान पड़ते हैं मानो ब्राह्मण सन्ध्योपासन करके वाणी देवी की सेवा कर रहे हैं।

नोट—'द्विज' शब्द ने ही यह कल्पना केशव से कराई है। उनकी शुभ और सहज वार्ता से ही वह उपवन सुगन्धित मलयपवन का निवास-स्थान हो गया है।

अलङ्कार—ललितोपमा, उत्प्रेक्षा।

(मुसुकानि और बाणी)

मूल—चौपाई छंद।

मृदु मुसुकानि लता मन हरैं। बोलत बोल फूल से झरैं।
तिनकी बाणी सुतिमनहारि। बाणी बीणा धरयो उतारि ॥१७॥

भावार्थ—उनकी मृदु मुसुकानि रूपी लता देखते ही मन हरती है, और जब वे बोलती हैं तो मानों फूल ही झरते हैं। उनकी मन हरणी वाणी सुनकर सरस्वती ने अपनी बीणा उतार कर धर दी है (लज्जित हो गई है)।

अलङ्कार—रूपक, उत्प्रेक्षा, ललितोपमा।

(अलक)

मूल—

लटकै अलिक अलक चीकनी। सूक्षम अमल चिलकसों सनी।
नकमोती दीपकदुति जानि। पाटी रजनी ही उनमानि ॥१८॥
ज्योति बढ़ावत दशा उनारि। मानहु स्यामल सींक पसारि।
जनु कबिहित रबि रथते छोरि। स्यामपाट की डारी डोरि ॥१९॥

शब्दार्थ—(१८) अलिक=ललाट। अलक=लट। चिलक=चमक। पाटी=पटियाँ। उनमानि=अनुमान करके। (१९) दशा=बत्ती। उनारि= उकसाकर, बढ़ाकर। कवि=शुक्र। रबि=सूर्य। पाट=रेशम।

भावार्थ—ललाट पर चीकनी, बारीक स्वच्छ और चमकीली लाट लटक रही है, वह ऐसी मालूम होती है मानो (ऊपर कहे हुए शीशफूल रूपी) सूर्य, नकमोती को चिराग, और पटियों को रात्रि समझ कर, एक काली सींक फैला कर, उस चिराग की बत्ती उकसा कर उसकी ज्योति बढ़ाता। अथवा (दूसरी उत्प्रेक्षा यह है कि) मानो सूर्यदेव ने शुक्र को ऊपर चढ़ा लेने के लिये अपने रथ से छोर कर काली रेशम की रस्सी लटकाई है।

अलङ्कार—उत्प्रेक्षा—(अद्वितीय उत्प्रेक्षाएँ हैं)

मूल—

रूप अनूप रुचिर रसभीनि। पातुर नैननि की पुतरीनि।
नेह नचावत हित रतिनाथ। मरकत लकुट लिये जनु हाथ ॥२०॥

शब्दार्थ—पातुर=नटी। हित रतिनाथ=कामदेव के देखने के लिये। मरकत=नीलम।

भावार्थ—(पुनः उसी लट पर उत्प्रेक्षा है)—नेत्र की पुतली रूप नटी के अनुरम रूप के रुचिर रस में भीन कर, कामदेव के देखने के लिये स्नेह (शिक्षक) मानो हाथ में नीलम की छड़ी लिये हुए उन्हें नाचना सिखाता है।

अलंकार—उत्प्रेक्षा—(बड़ी अनूठी कल्पना है)

(मुख)

मूल—(दोहा)—

गगन चन्द्र ते अति बड़ो तिय-मुख चन्द्र बिचारु।
दई विचारि त्रिरंचि चित कला चौगुनी चारु ॥२१॥

भावार्थ—आकाशविहारी चन्द्र से तियमुख चन्द्र अति बड़ा जानना चाहिये। चित्त में यही विचार कर ब्रह्मा ने मुख को चन्द्रमा से चौगुनी कलाएँ दी हैं। (चन्द्रमा में १६ कलाएँ मानी जाती हैं, इस हिसाब से मुख में ६४ कलाएँ हुईं।)

नोट—चन्द्रमा की १६ कलाओं तथा प्रसिद्ध चौंसठ कलाओं के नाम हिन्दी शब्दसागर में देखे जा सकते हैं, यहाँ लिखने से व्यर्थ विस्तार होगा।

यद्यपि ६४ मुख ही में नहीं रहतीं, तो भी ये ६४ कलाएँ कामशास्त्रानुकूल हैं, और इनके सीखने सिखाने में मुख ही से काम लिया जाता है। इसलिये कवि ने इनका निवास स्त्री के मुख में माना है।

अलंकार—व्यतिरेक।

मूल—(दंडक)—

दीन्हो ईश दंडबल, दलबल, बीजबल,
तपबल, प्रबल समेत कुलबल की।
केशव परमहंस बल, बहू कोशबल,
कहा कहौं बड़ीयै बड़ाई दुर्ग-जल की।
विधिबल, चन्द्रबल, श्रीको बल श्रीशबल,
करत है मित्रबल रक्षा पल पल की।

मित्रबल हीन जानि अबला मुखनि बल,
नीकै कै छड़ाय लई कमला कमल की ॥२२॥

नोट—इस छंद में श्लेष से वे ही बल वर्णन किये गये हैं जो एक राजा में होते हैं।

शब्दार्थ—ईश=ईश्वर। दंड=(१) कमलदंड (२) राजदंड। दल=(१) कमल पत्र (२) राजसेना। बीज=(१) कमल-बीज (२) वीर्य, वीरता। तप=तपस्या—(१) कमल-पक्ष में जल निवास (२) राजपक्ष में पूर्व-कृत तपस्या। परमहंस=(१) सुन्दर हंस पक्षी (२) तपस्वी। कोश=(१) कमल का बीज कोश, करहाट (२) खजाना। दुर्ग=(१) अगम (२) कोट। विधि=(१) ब्रह्मा (२) कानून। चन्द्र=(१) चन्द्रमा (२) भाग्य नसीबा। श्री=(१) लक्ष्मी (२) राज्यश्री। श्रीश—विष्णु। मित्र=(१) सूर्य (२) मित्र राजे। मित्र=शुक (वर्णन करने वाले सखा) के मित्र श्रीरामजी। बल=बल पूर्वक, जबरदस्ती। नीकै कै=अच्छी तरह से। कमला—शोभा, कांति।

भावार्थ—शुक रामजी का अंतरंग सखा कहता है कि हे मित्र! देखो कमल में सब प्रकार से वे ही बल हैं जो एक राजा में होते हैं, पर तुम्हारे बल से हीन जान, इन अबलाओं ने कमल की शोभा जबरई छीन ली है (क्योंकि आप इन अबलाओं के पक्षधर हैं)। देखिये—जैसे राजा में राजदंड धारण करने से बल आता है वैसे ही कमल को भी दंडबल है (उसमें भी कमल-नाल होती है), राजा के समान कमल को भी दल का बल है, (कमल में पुष्प-दल हैं) जैसे राजा को वीरता का बल रहता है वैसे ही कमल को भी बीज बल है, तपबल और कुलबल भी राजा के समान ही है। राजा को जैसे तपस्वियों का बल प्राप्त रहता है वैसे ही कमल को सुन्दर हंसों का बल है, राजा की तरह कमल को भी कोश (बीजकोश) बल प्राप्त हैं और जैसे राजा को कोट और जलखाई का बल होता है वैसे ही कमल को भी अगाध गम्भीर जल का बल रहता है। राजा को विधि (कानून) बल होता है तो कमल को ब्रह्मा का बल है (कमल ब्रह्मा का पिता है) जैसे राजा को चन्द्र, लक्ष्मी और विष्णु का बल रहता है, वैसे ही कमल को भी है (क्योंकि चन्द्रमा कमल का भाई, लक्ष्मी बहिन और विष्णु बहनोई हैं) जैसे राजा को अपने मित्र राजा का बल रहता है वैसे ही

कमल को सूर्य का बल है और वह सदा उसकी रक्षा करता है। पर इतने सब बल होते हुए भी सीताजी की अबला दासियों के मुखों ने कमल को तुम्हारे से हीन तथा अपने को तुम्हारे बल से बलिष्ठ जानकर कमल की छबि जबरदस्ती छीन ली है अर्थात् कमल से भी अधिक सुन्दर हैं, इति भाव।

अलङ्कार—श्लेष से पुष्ट प्रतीप।

मूल—(दोहा)—

रमनी मुखमण्डल निरखि राकारमण लजाय।
जलद, जलधि, शिव, सूर में, राखत वदन छिपाय ॥२३॥

शब्दार्थ—रमनी = स्त्री (यहाँ सीता की दासियाँ)। राका-रमण = पूर्ण चन्द्र। जलद = बादल। जलधि = समुद्र। शिव = महादेव। सूर = सूर्य।

भावार्थ—शुक कहता है, इन स्त्रियों के मुखमंडलों को देख कर पूर्ण चन्द्र लज्जित होकर बादल में, समुद्र में शिव के मस्तक पर (जटाओं के नीचे) और सूर्य मंडल में जा-जाकर मुँह छिपाता फिरता है (चन्द्रमा प्रत्येक अमावस्या को सूर्य मंडल में होता है)।

अलङ्कार—उत्प्रेक्षा (असिद्धास्पद हेतु)।

(ग्रीवाभूषण)

मूल—(विशेषक छंद)—लक्षण ५ भगण + १ गुरु = १६ वर्ण = अश्वगति।

भूषण ग्रीवन के बहु भाँतिन सोहत हैं।
लाल सितासित पीत प्रभा मन मोहत हैं।
सुन्दर रागन के बहु बालक आनि बसे।
सीखन को बहु रागिनि केशवदास लसे ॥२४॥

शब्दार्थ—सितासित = (सित + असित) सफेद और श्याम। पीत = पीले।

भावार्थ—उन दासियों के गले में लाल, सफेद, काले और पीले रंग के जेवर शोभित हैं जो अपनी छटा से मनों को मोहित करते हैं, वे ऐसे जान पड़ते हैं मानो छहों रागों के अनेक पुत्र रागिनी सीखने के लिये वहाँ आ बैठे हैं (क्योंकि उनकी बोली रागनियों को मात करती है)।

अलङ्कार—गम्योत्प्रेक्षा।

(बाहु)

मूल—चौपाई छन्द ।

कोमल शब्दनिबंत सुवृत्त । अलंकारमय मोहनमित्त ।
काव्य सुपद्धति शोभा गहे । इनके बाहुपाश कवि कहे ॥२५॥

शब्दार्थ—सुवृत्त=(१) सुन्दर छंद वाली (२) गोल । मित्त=(१) प्रेमी, (२) पति । कवि कहे=(१) कविद्वारा कथित । (२) कवियों द्वारा प्रशंसित ।

भावार्थ—जैसे किसी सुकवि की कविता कोमल शब्दोंवाली सुन्दर छंद-वाली, अलंकार युक्त और काव्य प्रेमियों का मन मोहनेवाली होती है, उसी पद्धति के इनके सुन्दर बाहु हैं, क्योंकि उनके बाहु भूषणों से कोमल शब्द होता है, वे गोल भी हैं, भूषण युक्त हैं, और अपने पति का मन मोहती हैं। अतः इनके बाहुपाश काव्य-पद्धति की शोभा धारण किये हैं अर्थात् सुकाव्यवत् मनोहर हैं।

अलङ्कार—श्लेष ।

(हाथ)

मूल—

देखहु देव दीन के नाथ । हरत कुसुम के हारत हाथ ।
नव रँग बहु अशोक के पत्र । तिन महँ राखत राजकलत्र ॥२६॥

शब्दार्थ—कुसुम के हरत हाथ हारत=फूल तोड़ने में जो हाथ थक जाते हैं । अशोक के पत्र=उँगलियाँ । राजकलत्र=राजपत्नी (जानकी) ।

भावार्थ—हे देव ! हे दीनानाथ ! देखिये तो (कैसे आश्चर्य की बात है क) जो हाथ फूल तोड़ने में थक जाते हैं, जिनकी उँगलियाँ नवीन अशोक पल्लव के समान कोमल हैं, ऐसेही नाजुक हाथों में ये दासियाँ राजरानी सीताजी को रखती हैं (सेवा करके सीता को अपने हाथों में कर लिया है) बश में कर लिया है।

अलङ्कार—रूपकातिशयोक्ति, दूसरी विभावना ।

(करभूषण)

मूल—

सुन्दर अँगुरिन मुँदरी बनी। मणिमय सुबरण शोभा सनी।
राजलोक के मन रुचिरये। मानो कामिनि कर करि लये ॥२७॥

शब्दार्थ—राजलोक=राजघराने के लोग। रुचि रये=सौन्दर्य-रंजित, सुन्दर।

भावार्थ—सुन्दर उँगलियों में रत्नजटित सोने की सुन्दर अँगूठियाँ (मुँदरी अँगुरतानादि) पहने हैं। ये ऐसी जान पड़ती हैं मानों स्त्रियों ने राजघराने के लोगों के सुन्दर मन अपने हाथों में कर लिये हैं।

अलङ्कार—उत्प्रेक्षा

(कुच)

मूल—

अति सुन्दर उर पै उरजात। शोभा सरमें जनु जलजात।
अखिल लोक जलमय करिधरे। बशीकरण चूरण चय भरे ॥२८॥
कामकुँवर अभिषेक निमित्त। कलश रचे जनु यौवन मित्त।
काम-केलि-कन्दुक कमनीय। मनो छिपाये रति निज हीय ।२६॥

शब्दार्थ—(२८) उरजात=कुच। जलजात=कमल। चय=समूह। (२९) निमित्त=वास्ते। काम-केलि, कंदुक=काम के खेलने की गेंद।

भावार्थ—(२८) उर पर सुन्दर कुच हैं, मानो शोभा के सरोवर में कमल खिले हैं। इन कुचों में वशीकरण का बहुत सा चूर्ण भरा है, इसीसे सब लोगों को जल में डुबो देते हैं। (इन्हें देखकर सबको खेद होता है)।

(२९) अथवा मानो काम युवराज के अभिषेक के लिये यौवन मित्र ने सोने के कलस बनाये हैं। अथवा काम के खेलने की दो गेंदें हैं जिन्हें मानो रति ने अपनी छाती पर छिपा रक्खा है (ये दासियाँ रति हैं)।

अलङ्कार—उत्प्रेक्षा

मूल—(दोहा)—

रोमराजि सिंगार की ललित लता सी राज।
ताहि फले कुचरूप फल लै जगज्योति समाज ॥३०॥

शब्दार्थ—रोमराजी=रोमावली। राज=राजती है, शोभा देती है। समाज=समूह।

भावार्थ—रोमावली मानो सिंगार की सुन्दर लता है, उसी में ये दोनों कुच समस्त संसार की शोभा का समूह लेकर मानो दो फल फले हैं।

अलंकार—उपमा रूपक।

(रोमावली)

मूल—(चौपाई छन्द)—

सूक्ष्म रोमावली सुवेष। उपमा दीन्ही शुक सविशेष।
उर में मनहु मदन की रेख। ताकी दीपति दिपति अशेष ॥३१॥

भावार्थ—सुन्दर बारीक रोमावली है, शुक ने विशेष प्रवीणता से उसकी उपमा यों दी कि मानों इन दासियों के हृदयों में काम की रेखा है (इनके हृदयों में काम बसा है) उसी की झलक झलक रही है।

अलङ्कार—उत्प्रेक्षा

(कटि)

मूल—(दोहा)—

कटि को तत्व न जानिये सुनि प्रभु त्रिभुवन राव।
जैसे सुनियत जगन के सत अरु असत सुभाव ॥ ३२ ॥

शब्दार्थ—तत्व=ठीक बात। सतसुभाव=पुण्य। असतसुभाव=पाप।

शब्दार्थ—हे प्रभु त्रिभुवनपति श्रीरामजी! सुनिये, जैसे इस जगत में पुण्य और पाप (धर्म व अधर्म, सत्य असत्य) सुनते तो हैं, पर ठीक समझ में नहीं आता कि क्या पुन्य है, क्या पाप है (जैसे पाप और पुण्य की बड़ी सूक्ष्म गति है) वैसे ही इनके कमर की दशा है, इसका अस्तित्व ठीक समझ में नहीं आता कि है वा नहीं (सुनते हैं कि है, पर देखने में तो नहीं सी है—अर्थात् कटि सूक्ष्म है)।

अलङ्कार—उदाहरण।

(नितंब, कटि, जंघा)

मूल—(नाराच छन्द)—

नितंब बिंब फूल से कटिप्रदेश छीन है।
बिभूति लूटि ली सबै सुलोकलाज लीन है।
अमोल ऊजरे उदार जंघ युग्म जानिये।
मनोज के प्रमोद सों विनोद यंत्र मानिये ॥३३॥

शब्दार्थ—नितंब बिंब=नितंबमंडल। फूल से=फूले हुए, हर्षित। कटिप्रदेश=कमर। बिभूति=संपत्ति। उदार=पुष्ट, भरे हुए।

भावार्थ—नितंबमंडल हर्ष से फूला हुआ है और कमर दुबली है, मानों नितंब ने कमर की सब सम्पत्ति लूट ली है, इससे नितंब तो हर्ष से फूल गये हैं और कमर बेचारी लोकलज्जा से छिप गई है। बड़े अमूल्य, स्वच्छ और पुष्ट दोनों जंघे ऐसे मालूम होते हैं मानों काम के, आनन्द समय में, खेलने के लिये दो खिलौने हैं।

अलङ्कार—उत्प्रेक्षा।

(चरण)

मूल—

छवान की छुई न जाति शुभ्र साधु माधुरी।
बिलोकि भूलि भूलि जात चित्त चाल आतुरी।
विशुद्ध पाद-पद्म चारु अंगुली नखावली।
अलक्त युक्त मित्र की सुचित्त बैठकी भली ॥३४॥

शब्दार्थ—छवान=एड़ी। शुभ्र=स्वच्छ। साधु=पवित्र, अकलंकित। माधुरी=सुन्दरता। चाल-आतुरी=चाल की तेजी, चंचलता। अलक्त=महावर। मित्र=पति। सुचित बैठकी=चित्त के बैठने की कुरसी।

भावार्थ—एड़ियों की स्वच्छ और पवित्र सुन्दरता (आँखों से) छुई नहीं जाती (डर लगता है कि दृष्टि के स्पर्श से मैली न हो जायँ) उनको देख कर चित्त अपनी चंचलता भूल जाता है (वहीं लग जाता है)। चरण-

कमल, अँगुली और नखावली विशुद्ध और महावर युक्त हैं, सो ऐसा मालूम होता है मानो पति के चित के बैठने की कुरसी (माची) है।

अलङ्कार—गम्योत्प्रेक्षा।

(महावर)

मूल—(दोहा)—

कठिन भूमि अति कोंवरे, जावक युत शुभ पाय।
जनु पहिरी, तनत्राण को, माणिक तरी बनाय॥३५॥

शब्दार्थ—कोवरे=कोमल। तनत्राण को=तन को रक्षा के लिये। तरी=जूती।

भावार्थ—(वे दासियाँ लाल महावर पैरों में लगाये हैं, उसी पर उत्प्रेक्षा है) महावर लगे पैर अति कोमल हैं, और भूमि कठोर है—उसी पर उत्प्रेक्षा है—वह महावर ऐसा मालूम होता है मानों पैरों की रक्षा के लिये माणिक की जूती बनाकर पहने हैं।

अलंकार—उत्प्रेक्षा।

(कंचुकी)

मूल—चौपाई छंद।

वरण वरण अँगिया उर धरे।
मदन मनोहर के मन हरे।
अंचल अति चंचल रुचि रचैं।
लोचन चल जिनके सँग नचैं॥३६॥

भावार्थ—वे दासियाँ रंग-रंग की कंचुकियाँ पहने हैं, वे ऐसी सुन्दर हैं कि अन्य के मन हरने वाले काम का भी मन हरण कर लेती हैं सब के अंचल (वायु प्रसंग से) अति चंचल हो रहे हैं (अंचल के छोर उड़-उड़ जाते हैं) वे ऐसे सुन्दर हैं कि दर्शकों के चंचल नेत्र उन्हीं अंचलों के संग नाचते हैं।

अलङ्कार—संबंधातिशयोक्ति।

सर्वाङ्गभूषण)

मूल—(दोहा)

नख शिख भूषित भूषणनि, पढ़ि सुबरणमय मन्त्र।
यौवनश्री चल जानि जनु, बधे रच्छा-यंत्र ॥३७॥

शब्दार्थ—सुबरणमय = (१) सोने के (२) सुन्दर अच्छर युक्त। यौवनश्री = =जवानी की शोभा। चल = चञ्चल, न ठहरने वाली।

भावार्थ—(वे दासियाँ) नख से शिख तक सर्वांग सोने के जेवर पहने हैं, यह बात ऐसी जान पड़ती है मानो जवानी के सौन्दर्य को चंचल जानकर शुभवर्ण मय मंत्रों से अभिमंत्रित करके समस्त अंगों में रच्छायंत्र बाँधे हुए हैं (जिसके प्रभाव से जवानी की शोभा सदैव बनी रहे)।

अलंकार—उत्प्रेच्छा।

(सर्वाङ्ग सौन्दर्य)

मूल—चित्रपदा छन्द—(लच्छण—दो भगण + दो गुरु = ८ वर्ण)

मोहन शक्तिन ऐसी। मीनधुजा-धुज जैसी।
मन्त्र बशीकर साजैं। मोहनमूरि बिराजैं ॥३८॥

भावार्थ—मीनधुजा = (मीनध्वज) काम। धुज = (ध्वजा) पताका। मूरि = (मूल) जड़ी-बूटी। साज = सामग्री, सामान।

भावार्थ—(दासियों को देखकर शुक अंदाज लगाता है कि मैं इनकी समता प्रगट करने को कौन सी उपमा दूँ) यह कहूँ कि ये मोहनी शक्तियाँ सी हैं, या यह कहूँ कि ये काम की पताका सी हैं, या यह कहूँ कि ये वशीकरण मंत्र की सामग्री ही हैं, या यह कहूँ कि ये साच्छात मोहिनी बूटी ही हैं—क्या कहूँ ?

अलंकार—संदेह

(सौंदर्य भावशंसा)

मूल—(रूपमाला छन्द)

भाल में भव राखियो शशि की कला शुभ एक।
तोषता उपजावतीं मृदुहास चन्द्र अनेक।

मार एक बिलोकि कै हर जारि कै किय छार।
नैनकोर चितै करैं पतिचित्त मार अपार ॥३९॥

शब्दार्थ—भव=महादेव। तोषता=संतोष। मार=काम।

भावार्थ—(इन दासियों के सौन्दर्य का प्रभाव शिव के प्रभाव से भी बढ़कर है) शिवजी अपने शिर पर एक चन्द्र की एक कला ही रख सके (अधिक नहीं) और यहाँ प्रत्येक दासी अपने मृदुहास्य से अनेक चन्द्र के समान संतोष पैदा करती है। शिव ने अपने तीसरे नेत्र की दृष्टि से देखकर एक काम को जलाकर छार कर दिया, (पर यहाँ तो उलटी बात है कि) ये दासियाँ एक नेत्र कटाक्ष से अपने पति के चित्त में असंख्य काम (कामनाएँ) पैदा कर देती हैं (बड़ी विचित्र बात है, अतः मैं क्या कहूँ)।

अलंकार—व्यतिरेक।

(अंगच्छटा)

मूल—चौपाई छन्द—

कंटक अटकत फटि फटि जात। उड़ि उड़ि बसन जात बश बात।
तऊ न तिनके तन लखि परे। मणिगण अंग अंग प्रति धरे ॥४०॥

शब्दार्थ—बश बात=बात बश, हवा के जोर से।

भावार्थ—काँटों में अटक कर फट फट जाते हैं हवा के जोर से उनके वस्त्र उड़ उड़ जाते हैं, तो भी उनके अंग देखे नहीं जा सके, क्योंकि प्रतिअंग में मणिगणजटित भूषण इतने हैं कि उन मणियों की चमक से दर्शकों की आँखें चौंधिया जाती हैं।

अलंकार—पूर्वरूप (दूसरा)।

(अनूपमता)

मूल—(दोहा)

उपमागन उपजाय हरि, बगराये संसार।
इनको परसपरोपमा, रचि राखीं करतार ॥४१॥

शब्दार्थ—हरि=(संबोधन में) हे हरि, हे रामजी! करता=ब्रह्मा।

भावार्थ—(शुक श्रीरामजी से कहता है) हे रामजी, ब्रह्मा ने अन्य स्त्रियों के लिये तो उपमानों के ढेर के ढेर पैदा करके सारे संसार में फैला रक्खे हैं (बहुत से मिलते हैं) पर इन दासियों के उपमान नहीं मिलते, इनको ब्रह्मा ने परस्परोपमा ही रचा है अर्थात् एक दासी दूसरी की उपमान है और वह दूसरी पहली की उपमान है।

अलंकार—उपमेयोपमा वा परस्परोपमा।

(इकतीसवाँ प्रकाश समाप्त)

बत्तीसवाँ प्रकाश

दोहा—बत्तीसवें प्रकाश में उपवन बर्णन जानि।
अरु बहु विधि जलकेलि को करेहु राम सुखदानि॥

मूल—मोदक छन्द—(लक्षण—४ भगण=१२ वर्ण)।

औचक दृष्टि परे रघुनायक। जानकि के जिय के सुखदायक।
ऐसे चले सबके चल लोचन। पंकज बात मनो मनरोचन॥१॥

शब्दार्थ—औचक=अचानक, एकाएक। पंकज=कमल। मनरोचन=सुंदर।

नोट—इकतीसवें प्रकाश के छंद ३ में कहा है कि राम छुपकर स्त्रियों की वनविहारलीला देखने लगे, अतः—

भावार्थ—अचानक ही सीता के सुखद (नायक) रामजी को जब सबों ने देखा तो सबके चंचल लोचन उनकी ओर चले गये (सैकड़ों स्त्रियाँ उन्हीं की ओर देखने लगीं), यह दृष्टि-पात ऐसा जान पड़ा मानो हवा के झोंके से एक-बारगी हजारों सुंदर कमल एक ही ओर झुक गये।

अलंकार—उत्प्रेक्षा

मूल—

रामसों रामप्रिया कह्यौ यों हँसि। बाग दिखावहु लोकन केससि।
राम बिलोकत बाग अनन्तहिं। मानो बिलोकत काम बसन्तहिं॥२॥

भावार्थ—तब श्रीसीताजी ने रामजी से हँसकर कहा कि हे लोकलोचन चकोरचन्द्र श्रीरघुवरजी, हमको वह बाग दिखलाइये जो आपने अभी हाल में लगवाया है। ऐसा सुन श्रीरामजी सीता समेत वहाँ गये और उस बड़े बाग को देखने लगे, उस समय ऐसा जान पड़ा मनों रतिसहित कामदेव अपने मित्र बसन्त के दर्शन कर रहा हो (मित्र-दर्शन से आनन्द होता है, अतः भाव यह है कि रामजी बाग देखकर अति हर्षित हुए)।

अलंकार—उत्प्रेक्षा।

(बागवर्णन)

मूल—

बोलत मोर तहाँ सुख संयुत। ज्यों विरदावलि भाटन के सुत।
कोमल कोकिल के कुलबोलत। ज्ञानकपाट कुची जनु खोलत ॥३॥

शब्दार्थ—कुची=कुंजी (यह शब्द ठेठ बुंदेलखंडी है)

भावार्थ—वहाँ सुखी होकर मोरगण ऐसे बोल रहे हैं जैसे बंदीजन विरदावली बोलते हैं (इससे वर्षा की सी बहार प्रगट की गई है)। कोमल स्वर से कोयलें बोल रही हैं, मानो ज्ञानियों के हृदय के ज्ञान-कपाट कुंजी से खोल रही हैं अर्थात् ज्ञानियों के हृदय में भी कामवायु का प्रवेश करा रही हैं (ज्ञानियों के मन भी मोहित कर रही हैं, इससे बसंत सूचित हुआ)।

अलंकार—उत्प्रेक्षा।

मूल—

फूल तजै बहु वृच्छन को गनु। छोड़त आनँद-आँसुन को जनु।
दाड़िम की कलिका मन मोहति। हेमकुपी जुत बंदन सोहति ॥४॥

शब्दार्थ—दाड़िम=अनार। कलिका=कली। हेम-कुपी=सोने की कुप्पी। बंदन=सिन्दूर।

भावार्थ—पुष्पित वृक्षगण से फूल गिर रहे हैं, मानों वे आनन्दाश्रु बहा रहे हैं। अनार की कलियाँ मन को मोहती हैं, वे ऐसी हैं मानो सिंदूर से भरी सोने की कुप्पियाँ हों।

अलङ्कार—उत्प्रेक्षा

मूल—

मधुवन फूल्यो देखि शुक बरनत हैं निःशंक।
सोहत हाटक घटित ऋतु-युवतिन के ताटंक॥ ५॥

शब्दार्थ—मधुवन = मधूकवन, महुओं की क्यारी। हाटकघटित = सोने से बने। ऋतु-युवतिन = बसंत ऋतु की स्त्रियाँ। ताटंक = कर्णभूषण।

भावार्थ—महुँवों को फूला हुआ देख कर वही शुक नामक (रामसखा) निःशंक भाव से कहता है कि मधूक-कूब ऐसे जान पड़ते हैं मानों षट् ऋतु रूपी स्त्रियों के सोनहले कर्णभूषण (फूमक) हैं। (इस छंद में यतिभंग दोष है।)

नोट—इस बाग के समस्त वर्णन में षट्ऋतु के बोधक सब सामान संक्षेप से बताये गये हैं। मानो उस बाग में सदैव षट्ऋतुएँ रहती थीं।

अलङ्कार—उत्प्रेक्षा

मूल—दोधक छन्द।

बेल के फूल लसैं अति फूले। भौंर भवैं तिनके रस भूले।
यों करवीर करी बन राजैं। मन्मथबाणन की गति साजैं॥ ६॥

शब्दार्थ—करवीर करी = कनेर की कलियाँ। मन्मथ = कामदेव।

भावार्थ—बेला के वृक्ष खूब फूले हुए शोभा दे रहे हैं, भौंर उनके मधु से मस्त होकर यत्र-तत्र उस पर घूम रहे हैं। कनेर की कलियाँ ऐसी शोभा देती हैं, मानों काम के बाणों का ही काम देती हैं।

अलङ्कार—उत्प्रेक्षा

मूल—

केतक पुंज प्रफुल्लित सोहैं। भौंर उड़ें तिनमें मन मोहैं।
श्रीरघुनाथ के आवत भागे। ज्यों अपलोक हुते अनुरागे॥७॥

शब्दार्थ—केतक = केवड़ा। अपलोक = पाप।

भावार्थ—केवड़े की कुंजें फूली हुई हैं, उन पर भौंरों के झुंड उड़ते हैं, जिन्हें देख कर मन मोहित होता है। पर ज्योंही रामजी कुंज के निकट गये त्योंही वे भौंर उड़ भागे (फूलों पर से उड़ चले)। जैसे पापी के शरीर से अनुरक्त पापगण राम सम्मुख होते ही पापी के शरीर को छोड़ कर भाग जाते हैं।

अलङ्कार—उदाहरण।

मूल—(दोहा)—

स्याम शोण दुति फूल की फूले बहुत पलास।
जरैं कामकैला मनो मधुऋतु-बात विलास ॥८॥

शब्दार्थ—काम कवैला=महादेव जी से भस्मीकृत काम के शरीर के अधजले अंग। शोण=(शोणित रंग) लाल। जरैं=सुलग रहे हैं।

भावार्थ—काले और लाल रंग के बहुत से पलास पुष्प फूले हुए हैं, वे ऐसे जान पड़ते हैं मानो बसंत ऋतु रूपी वायु का संचालन पाकर कामदेव के भस्मावशेष कोइले पुनः सुलग रहे हैं।

नोट—जान पड़ता है केशव की इसी उक्ति के सहारे कवि सेनापति ने अपने 'षटऋतु' नामक ग्रंथ में यह कवित्त लिखा है :—

कबित्त—

"लाल लाल टेसू फूलि रहो हैं बिशाल संग,
स्यामरंग भेंट्ट मानो मसि में रँगाये हैं।
तहाँ मधु-काज आय बैठे मधुकर पुंज,
मलय पवन उपबन बन धाये हैं॥
सेनापति माधव महीना में पलास तरु,
देखि देखि भाव कविता के मन आये हैं।
आधे अनसुलगे सुलगि रहे आधे मानो,
बिरही दहन काम कवैला परचाये हैं"॥

अलङ्कार—उत्प्रेक्षा

मूल—तोटक छन्द—(लक्षण—सगण=१२ वर्ण)

बहुचंपक की कलिका हुलसी।
तिनपै अलि श्यामल जोति लसी।
उपमा शुक सारिक चित्त धरी।
जनु हेम कुपी सब सोंध भरी ॥९॥

शब्दार्थ—हुलसी=फूली है। अलि=भौंरा। शुक=रामजी का सखा। सारिका=सीताजी की सखी। सोंघ=सुगन्ध (चोवा)।

भावार्थ—बहुत सी चंपे की कलियाँ फूली हैं, उन पर भौंरों की काली ज्योति लसती है (भौंरे बैठे हैं)। इनकी उपमा शुक और सारिका के चित्त में ऐसी आई मानो चोवा से भरी सुवर्ण की कुप्पियाँ हों।

नोट—चम्पे पर भ्रमर का बैठना कहना कविनियम के विरुद्ध है, पर न जाने केशव ने किस प्रमाण से ऐसा लिखा है 'बिहारी' ने भी लिखा है, "मानो अली चम्पक कली बसि रस लेत निसंक"।

एक हस्तलिखित प्रति में हमें 'चम्पक' के स्थान में 'पंकज' पाठ मिला है। इस दशा में या तो उन पंकजों को पीले कमल मानना पड़ेगा या सुवर्ण की ही रंग 'लाल' मानना होगा। ये दोनों बातें कविनियम विरुद्ध नहीं हैं, अतः हमारी सम्मति में यही पाठ समीचीन जँचता है, पर अधिकतर प्रतियों में चम्पक ही पाठ मिलता है। पाठक स्वयं निर्णय करें। बागों में सरोवर और सरोवरों में पंकज होना स्वाभाविक है। स्थलकमलों की भी चर्चा हिन्दी साहित्य में है।

अलङ्कार—उत्प्रेक्षा।

मूल—चौपाई छन्द।

अलि उड़ि धरत मञ्जरी जाल। देखि लाज साजति सब बाल।
अलि अलिना के देखत धाइ। चुम्बत चतुर मालती जाइ॥१०॥

भावार्थ—भौंरे उड़-उड़ कर मंजरी-समूह को आलिंगन करते हैं जिसे देख-देख कर सब स्त्रियाँ लज्जित होती हैं। कुछ भौंरे भौंरियों (अपनी पत्नियों के सामने ही दौड़ दौड़ कर चतुर मालती को जाकर चुम्बन करते हैं (कितनी धृष्टता की बात है)।

नोट—इसमें बड़ा ही सुन्दर व्यंग है। यों समझिये 'माल' अर्थात् धन, 'ती' अर्थात् स्त्री। 'मालती' का अर्थ हुआ 'धन लेनेवाली स्त्री' अर्थात् गणिका। अतः व्यंग यह है कि ये भौंरे वैसे ही निलज्ज और धृष्ट हैं जैसे कोई नर अपनी सुन्दरी पत्नी के सामने ही गणिका के पास जाय।

अलङ्कार—उत्प्रेक्षा।

मूल—

अद्‌भुत गति सुन्दरी विलोकि। बिहँसति हैं घूँघट पट रोकि।
गिरत सदाफल श्रीफल ओज। जनु धर परत देखि बक्षोज॥११॥

शब्दार्थ—सदाफल=शरीफा। श्रीफल=बेलफल। ओज=इस शब्द का अन्वय वक्षोज के साथ है अर्थात् 'वक्षोज ओज देखि'। धर=पृथ्वी। वक्षोज=कुच। ओज=तेज, प्रताप (सौन्दर्य)।

भावार्थ—यह ऊपर कही हुई भौंरों की अजीब हालत देखदेख कर सब स्त्रियाँ घूँघट के भीतर ही भीतर व्यंग से बिहँसती हैं (कि ये भौंरे बड़ी ही नीच प्रकृति के हैं) शरीफे के फल तथा बेल के फल पेड़ों से टपकते हैं, मानों उन स्त्रियों के कुचों का प्रताप देख कर वे नम्रतापूर्वक अपनी दीनता प्रदर्शित करने को भूमि पर गिर कर साष्टांग दंडवत करते हैं।

अलङ्कार—उत्प्रेक्षा।

मूल—तारक छन्द—(लक्षण—४ सगण+१ गुरु=१३ वर्ण)।

बिदरे उरदाड़िम दीह बिचारे। सुदतीन के शोभन दंत निहारे।
थल सीतल तप्त सुभायन साजे। ससि सूरज के जनु लोक बिराजे ॥१२॥

शब्दार्थ—बिदरे=फट गये हैं। सुदती (सुदंती)=सुन्दर दाँतोंवाली स्त्री।

भावार्थ—बड़े-बड़े अनार पक कर फट गये हैं, मानो उन सुदंतियों के सुन्दर दाँत देख कर उनके हृदय विदीर्ण हो गये हैं। कहीं ठंडे कहीं गर्म स्थान (बँगले) बने हुए हैं, वे ऐसे हैं मानो चन्द्रलोक और सूर्य लोक हों।

नोट—इस छंद से शिशिर और ग्रीष्म का बोध होता है।

अलङ्कार—उत्प्रेक्षा और यथासंख्य।

मूल—

अति मंजुल वंजुल कुंज बिराजैं। बहु गुंजनिकेतन पुंजनि साजैं॥
नर अंध भये दरसे तरु मौरे। तिनके जनु लोचन हैं इकठौरे ॥१३॥

शब्दार्थ—मंजुल=सुन्दर। वंजुल—अशोक। गुंजनिकेतन=भौंरा। साजैं=सज रहे हैं। दरसे=देख कर। मौरे=पुष्पित, मंजरित।

भावार्थ—अति सुन्दर अशोक की कुंजें हैं जो भौंरों के झुंडों से सजी हुई हैं (जिन पर असंख्य भौंरे बैठे हैं)। अशोक-कुंजों पर बैठे हुए भौंरे ऐसे जान पड़ते हैं मानों पुष्पित वृक्षों को देख कर जो नर अंधे हो गये हैं (मद-मस्त हो गये हैं) वे भौंरे उन्हीं के एकत्र लोचन समूह हैं।

अलङ्कार—उत्प्रेक्षा।

मूल—

जलयन्त्र बिराजत पाँति भली है। धरते जलधार अकाश चली है।
जमुना जल* सूछम वेष सँवारयौ। जनु चाहत है रबिलोक बिहारयौ ॥१४॥

शब्दार्थ—जलयंत्र=फौवारा। धर=(धरा) पृथ्वी।

भावार्थ—फौवारों की अच्छी कतारें हैं, मानो पृथ्वी से जलधारें आकाश को जा रही हैं वा मानो जमुना जी छोटा रूप धर कर रविलोक (निज पिता जान कर) में विहार करना चाहती हैं।

अलङ्कार—संबंधातिशयोक्ति से पुष्ट उत्प्रेक्षा।

मूल—चंचरी छंद—(लक्षण—र+स+२ज+भ+र=१८ वर्ण)

भाँति भाँति कहौं कहाँ लगि बाटिका बहुधा भली।
ब्रह्मघोष घने तहाँ जनु है गिराबन की थली॥
नीलकण्ठ नचै बने जनु जानिये गिरिजा बनी।
सांभिजै बहुधा सुगंध मनो मलैवन की धनी॥ १५॥

शब्दार्थ—ब्रह्मघोष=वेदपाठ (शुक शारिकादि द्वारा)। गिराबनस्थली=सरस्वती की बाटिका। नीलकंठ=(१) मोर (२) महादेव। गिरिजाबनी=पार्वती की बाटिका। मलैवन=मलयागिरि का बन। धनी=रानी।

भावार्थ—वह बाटिका इतने प्रकारों से सुसज्जित है कि कहाँ तक वर्णन करूँ। वहाँ बहुत वेद-पाठ का शब्द सुन पड़ता है, मानो सरस्वती की बाटिका है जहाँ ब्रह्मा वेद-पाठ करते हैं (वहाँ की शुक-शारिकाओं ने वेदपाठी ऋषियों से सुन सुन कर जो सीखा है वही वहाँ बोलती हैं, वही वेदपाठ के शब्द हैं)। वहाँ नीलकंठ-मोर नाचते हैं मानो गिरजा की केलि बाटिका है, (क्योंकि

---

*अधिकतर प्रतियों में यही पाठ है। पर एक प्रति में यों है :—

सरजूजल सूक्ष्म वेष सँवारयौ। जनु चाहत है विधिलोक विहारयौ।

हमको यही पाठ समीचीन जँचता है, क्योंकि अयोध्या में जमुना नहीं सरजू नदी है। यमुना कहना दोष होगा।

वहाँ नीलकंठ महादेव नाचते हैं) वहाँ बहुत तरह की सुगंध है, मानो वह बाटिका मलयवन की रानी है।

अलंकार—श्लेष और उत्प्रेक्षा से पुष्ट उल्लेख।

मूल—चौपाई छन्द।

करुणामय बहु कामनि फली। जनु कमला की वासस्थली।
सोभी रंभा शोभा सनी। मनो शची की अनँद-बनी॥ १६॥

शब्दार्थ—करुणामय=(१) करुणा नामक पुष्प वृक्ष से युक्त (२) विष्णु। काम=इच्छित फल। रंभा=(१) केला (२) रंभा नाम की अप्सरा।

भावार्थ—वह बाटिका मानो लक्ष्मी का घर है, क्योंकि जैसे लक्ष्मी के निवास स्थान में विष्णु रहते हैं और भक्तों की सब कामनाएँ पूर्ण होती हैं वैसे ही वह बाटिका भी करुणामय है (करुणा वृक्ष युक्त है) और वहाँ इच्छित फल भी फले हुए हैं। वहाँ सुन्दर रंभा (कदली वृक्ष) की शोभा है, अतः मानो वह इन्द्राणी की केलिवाटिका है (क्योंकि वहाँ रंभादिक अप्सराएँ रहती हैं)।

अलंकार—श्लेष से पुष्ट उत्प्रेक्षा।

मूल—कमल छन्द—*(लक्षण—३ सगण+१ नगण+१ गुरु=१३ वर्ण)

तरुचन्दन उज्वलता तन धरे। लपटी नव नागलता मन हरे।
नृप देखि दिगम्बर बन्दन करे। जनु चन्द्रकलाधर रूपहि भरे॥ १७॥

शब्दार्थ—नागलता=(१) पान की बेलि (२) नागरूपी लता। चन्द्रकलाधर=महादेव।

भावार्थ—इस बाग के चन्दन वृक्ष मानो शिव का रूप धरे खड़े हैं, क्योंकि शिव की तरह ये भी गौरांग हैं, इनमें भी शिव की तरह नागलता लिपटी हैं, ये भी दिगंबर हैं और शिव की तरह ये भी राजाओं से बंदित हैं।

अलङ्कार—उत्प्रेक्षा।

---

*छंदः—प्रभाकर पिंगल में इस लक्षण का कोई छन्द नहीं पाया जाता।

मूल—

अतिउज्वलता सब कालहु बसै। शुक केकि पिकादिक शब्द हुलसै।
रजनी दिन आनँदकन्दनि रहै। मुखचन्दनकी जन चाँदनि अहै ॥१८॥

शब्दार्थ—केकी=मोर। पिक=कोयल। आनंदकंदनि=सुख मूल (जड़ी)।

भावार्थ—यह बाटिका मानों इन स्त्रियों (सीता को दासियों) के मुखचन्दों की चाँदनो ही है (इनके मुखों का प्रतिबिंब ही है) क्योंकि मुखों को तरह इसमें भी सब समय स्वच्छता ही बसती है, इनके मुखों में जैसे शुक, मोर तथा कोयल की बोली बसती है, तैसे इस बाटिका में शुक, मोर और कोयल की बोलियाँ लसती हैं, (उस चन्द की चाँदनी तो केवल रात्रि को ही सुखद है पर) इन मुखचन्दों की चाँदनी रातोदिन आनन्द की मूल है। (सर्वदा सुखप्रद है) वैसे ही यह बाटिका भी सर्वदा सुखप्रद है।

अलङ्कार—उत्प्रेक्षा।

मूल—तोटक छन्द—(लक्षण—४सगण=१२ वर्ण)

सब जीवन को बहु सुक्ख जहाँ। बिरही जनहो कहँ दुःख तहाँ।
जहँ आगम पौनहिं को सुनिये। नितहानि असौंधहिं को गुनिये ॥ १६ ॥

शब्दार्थ—असौंध=दुर्गंध।

भावार्थ—(वह बाग कैसा है कि) जहाँ सब जीवों को बहुत सुख मिलता है, यदि किसी को वहाँ दुःख मिलता है तो केवल वियोगी ही को। उस बाग में बाहरो यदि कोई आ सकता है तो केवल पवन ही, और दुर्गंध ही की वहाँ हानि होती है और किसो की नहीं।

अलङ्कार—परिसंख्या।

मूल—(दोहा)—

तापहिं को ताड़न, जहाँ, तृष चातक के चित्त।
पात फूल फल दलन को, भ्रम भ्रमरनि को मित्त ॥ २० ॥

शब्दार्थ—ताप=सूर्यताप (धूप)। तृष=प्यास। पात=पतन।

भावार्थ—वहाँ केवल सूर्यताप (धूप) ही को दंड मिलता है (और दूसरे को नहीं) और वहा केवल पपीहा प्यासा रहता है (अन्य जीव नहीं) वहाँ

फल-फूल तथा पत्तों का ही पतन होता है और भ्रम केवल भौरों का ही मित्र है (अन्य जीवों को वहाँ पतन वा भ्रम-मूर्च्छा का दुःख नहीं होता)।

अलंकार—परिसंख्या।

(कृत्रिम—पर्वत का वर्णन)

मूल—तारक छन्द—(लक्षण—४सगण+१ गुरु=१३ वर्ण)

तिनमें इक कृत्रिम पर्वत राजै। मृग पक्षिन की सब शोभहिं साजै।
बहु भाँति सुगंधमलैगिरमानो। कलधौतस्वरूप सुमेरुबखानो॥२१॥

शब्दार्थ—कृत्रिम=बनावटी। कलधौत=सोना।

भावार्थ—वहाँ की समस्त वस्तुओं में से एक बनावटी पहाड़ भी है (नकली पर्वत बना है) जिसपर पशु पक्षी भी नकली ही हैं, पर अति सुन्दर हैं (असली से जान पड़ते हैं) उसमें बहुत भाँति की सुगंधें हैं मानो मलयपर्वत ही है, और वह पर्वत सोने के रंग का है मानो सुमेरु पर्वत ही है।

अलंकार—उत्प्रेक्षा।

मूल—

अति शीतल शंकर को गिरि जैसो। शुभसेत लसै उदयाचलऐसो।
दुति सागर में मयनाक मनो है। अजलोकमनो अजलोकबनो है॥२२॥

शब्दार्थ—शंकर को गिरि=कैलाश। सेत=उज्ज्वल, स्वच्छ (सफेद नहीं क्योंकि सुवर्ण रंग का कहा है)। मयानाक=मैनाक नामक पर्वत जो समुद्र के अन्दर है। अजलोक=राजा अज का स्थान अर्थात् अयोध्या। अजलोक=ब्रह्मलोक।

भावार्थ—वह पर्वत कैलाश के समान शीतल है, उदयाचल के समान स्वच्छ है, मानो कांतिसागर में मैनाक है, या अयोध्या में ब्रह्मलोक ही बना हुआ है।

नोट—इस वर्णन से उस कृत्रिम पर्वत की शीतलता, स्वच्छता, चमक-दमक और ऊँचाई प्रगट होती है। कैलाश सम कहने से बाग में हिमऋतु का बोध होता है।

अलंकार—उपमा, रूपक और उत्प्रेक्षा।

कृत्रिम सरिता का वर्णन

मूल—तोटक छंद।

सरिता तिहितें शुभतीन चली। सिगरी सरितान की शोभदली।
इक चंदन के जल उज्वल है। जग जन्हुसुता शुभ्रशील गहै॥२३॥

शब्दार्थ—जन्हुसुता = गंगा। शुभ्रशील = शुभ्र शीलता (सफेदी)

भावार्थ—उस पर्वत से तीन कृत्रिम नदियाँ निकली हैं, जो सब नदियों की शोभा को मात करती हैं। एक नदी चंदन के जल से सफेद है जिससे संसारी गंगा भी शुभ्रशीलता (सफेदी) ले सकती हैं।

मूल—चौपाई छंद। (लक्षण--१६ मात्रा)

सुर गज को मारग छवि छायो। जनु दिवि ते भूतल पर आयो।
जनु धरणी में लसत विशाला। त्रुटत जुही की घन बन माला॥२४॥

शब्दार्थ—सुरगज को मारग = ऐरावत का रास्ता, आकाश में देख पड़ने वाली हाथी की राह (आकाश गंगा)। त्रुटित = टूटी हुई। जुही = जाही जुही पुष्प विशेष। घन = खूब सघन गुँथी हुई। बनमाला = खूब लंबी माला।

भावार्थ—(वह नदी कैसी है कि) मानो सुंदर आकाश गंगा ही आकाश से भूमि पर आ गई हैं। अथवा मानो जुही पुष्पों की सघन और लंबी माला ही टूटी हुई (लंबे आकार में) जमीन पर शोभा दे रही है।

नोट—इस छंद में 'पतत प्रकर्ष' दोष है। पाठ अधिकतर प्रतियों में ऐसा ही पाया जाता है। यदि उत्तरार्द्ध को पूर्वार्द्ध और पूर्वार्द्ध को उत्तरार्द्ध कर दें तो दोष निकल जाता है।

अलंकार—उत्प्रेक्षा।

मूल—(दोहा)

तज्यो न भावै एक पल, केशव सुखद समीप।
जासों सोहत तिलक सो, दीन्हे जम्बूदीप॥२५॥

भावार्थ—जिस (कृत्रिम नदी) से यह जम्बूदीप तिलक सा दिये शोभता उस नदी का सामीप्य छोड़ना एक पल के लिये भी नहीं भाता अर्थात् वह

नदी बहुत ही सुन्दर और सुखद है, उसके पास से अन्यत्र जाने को जी नहीं चाहता।

अलंकार—उत्प्रेक्षा।

मूल—दोधक छंद।

एणन के मद के जल दूजी। है जमुना-दुति की जनु पूँजी।
धार मनो रसराज विशाला। पंकज नीलमयी जनु माला॥२६॥

शब्दार्थ—एण=कस्तूरीमृग। एणमद=कस्तूरी। पूँजी=मूलधन। रसराज=सिंगार रस।

भावार्थ—दूसरी नदी कस्तूरी जल की है, वह तो मानो यमुना नदी की कांति की पूँजी ही है (यमुना नदी इसी नदी से स्याम कांति थोड़ी सी ले गई है) अथवा मानो शृङ्गार रस की धारा है, या मानो नीले कमलों की बनी विशाल माला है।

नोट—इसमें भी 'पतत प्रकर्ष' दोष है।

अलंकार—उत्प्रेक्षामाला।

मूल—(दोहा)—

दुख खंडनि तरवारि सी, किधौं शृंखला चारु।
क्रीड़ागिरि मातंग की, यहै कहै संसारु॥२७॥

शब्दार्थ—शृंखला=जंजीर, साकर। क्रीड़ागिरि=कृत्रिम पर्वत। मातंग=हाथी।

भावार्थ—(कवि अनुमान करता है कि) यह कस्तूरी जल की कृत्रिम नदी दुःखों को काटने के लिये तलवार है, या बनावटी पहाड़ रूपी हाथी को बाँधने के लिये सुन्दर जंजीर है, ऐसा ही सब लोग कहते हैं।

नोट—इस छंद का संगठन कुछ शिथिल सा जँचता है, यदि इसे सोरठा का रूप देकर यों लिखें तो कुछ अच्छा हो जाय।

यहै कहै संसारु, दुख खंडनि तरवारि सी।
किधौं शृंखला चारु, क्रीड़ा गिरि मातंगकी॥

मूल—(दोहा)—

क्रीड़ागिरि ते अलिन की अवली चली प्रकास।
किधौं प्रतापानलन की पदवी केशवदास ॥२८॥

शब्दार्थ—पदवी=पथ, मार्ग। (विशेष) आग का जला हुआ मार्ग काला होता है।

भावार्थ—(उसी काली नदी पर पुनः कल्पना है) यह काली नदी है, या उसी क्रीड़ागिरि से भौंरों की अवली निकली है, या (केशव की कल्पना है कि) रघुवंशी राजाओं के प्रताप रूपी अग्निदेव का मार्ग है।

अलंकार—संदेह (रूपक से पुष्ट)।

मूल—दोधक छन्द।

और नदी जल कुंकुम सोहै। शुद्ध गिरा मन मानहु मोहै।
कंचन के उपबीतहिं साजै। ब्राह्मण सो यह खंड बिराजै ॥२९॥

शब्दार्थ—कुंकुम=केसर। गिरा=सरस्वती नदी। उपवीत=जनेऊ।

भावार्थ—और तीसरी नदी केशर जल की है वह मानो निर्मल मनोहर सरस्वती ही है। या यों कहिये कि यह पर्वत-खंड स्वर्ण सूत्र का जनेऊ पहने हुए ब्राह्मण के समान शोभित है।

अलंकार—उत्प्रेक्षा, उपमा।

मूल—स्वागता छन्द—(यह छन्द वर्णिक चौपाई है, लक्षण पहले लिख चुके हैं)

लौंग फूल दल सेवट लेखौ। एल फूल दल बालक देखौ।
केर फूल दल नावन माहीं। श्रीसुगंध तहँ है बहुधाहीं ॥३०॥

मूल—(दोहा)

खेवत मत्त मलाह अलि, को बरणै वह जोति।
तीनो सरिता मिलति जहँ, तहाँ त्रिवेणी होति ॥३१॥

शब्दार्थ—(३०) सेवत=नदियों के संगमस्थान पर एकत्र हुई मिट्टी वा बालु का ढेर, सेउटा। बालक=मोथा वा जल-पौधे। एला=इलायची। केर=केला, कदली। श्री=वाणिज्यवस्तु। (३१) मलाह=केवट। जोति=सुन्दरता, शोभा।

भावार्थ—(३०)—उन नदियों में लौंग पुष्प की पँखुड़ियों का सेठ़ा पड़ता है, लाची पुष्पों की पंखुड़ियाँ (नदी तट के) मोथा (वा जल पौदों की भाँति) हैं, केला पुष्प के बड़े-बड़े (नौका काय) दलों की नावों में सुगंध रूपी वाणिज्य वस्तुयें लदी हुई हैं। (३१ दोहा) उन नदियों में 'यही नावें हैं, और मधु से छके मस्त भौंरे ही उन नावों को केवट रूप से खेते हैं। वह शोभा कौन वर्णन कर सकता है। ये तीनों नदियाँ जहाँ मिलती हैं वहाँ त्रिवेणी हो जाती है (अर्थात् प्रयागस्थ त्रिवेणी तट का दृश्य देखने में आता है)।

अलंकार—रूपक

मूल—(दोहा)—

सीता श्री रघुनाथजू देखा श्रमित शरीर।
द्रुम अवलोकन छोड़िकै चले जलाशयतीर ॥३२॥

शब्दार्थ—श्रमित शरीर = थकी। द्रुम = वृक्ष। जलाशय = सरोवर।

भावार्थ—श्री सीता जी को श्रमित देख कर, वृक्षों का देखना छोड़ श्रीराम जी विश्राम हेतु सरोवर के तट को चले।

(जलाशय वर्णन)

मूल—चौपाई छन्द।

आई कमल-बासु सुखदैन। मुख-बासन आगे ह्वै लैन।
देख्यो जाय जलाशय चारु। शीतल सुखद सुगन्ध अपारु ॥३३॥

भावार्थ—कुछ दूर जाने पर तड़ाग की ओर से सुखप्रद कमल वास आई मानो वह वास इन लोगों की मुखवास की अगवानी के लिए आई हो। और आगे जाकर सबने ठंडा, सुखद सुगन्धित और बहुत बड़ा सुन्दर तड़ाग देखा।

अलंकार—गम्योत्प्रेक्षा।

मूल—मरहट्टा छंद—(लक्षण—१०+८+११ = २६ मात्रा, अन्त में गुरु लघु)

बनश्री को दर्पनु, चन्द्रातप जनु, किधौं शरद आवास।
मुनि जन गन मन सो, विरही जन सो, बिस बलयानि बिलास ॥

प्रतिबिंबित थिरचर, जीव मनोहर, मनु हरि उदर अनंत।
बन्धनयुत सोहै, त्रिभुवन मोहै, मानो बलि जसवंत ॥३४॥

शब्दार्थ—वनश्री=वन की शोभा (उस बाग की सब सुन्दर वस्तुयें) चन्द्रातप=चाँदनी। आवास=मकान। मुनिजन गन मन सो=अति निर्मल। बिसवलयानिविलास=कमलमूल युत (विरहीजन भी ताप निवारणार्थ कमलमूलादि शीतल पदार्थ तन में धारन करते हैं)। हरि उदर=विष्णु का उदर जिसमें सारा संसार रहता है। बन्धनयुत=बँधा हुआ (घाट बँधे हुए)। बलि=राजा बलि जिन्हें वामनजी ने बाँधा था।

भावार्थ—(उस तड़ाग पर कवि की कल्पनाएँ हैं कि) वह तड़ाग है, या बाग भर की सब सुन्दर वस्तुओं का दर्पण है (बाग की सब सुन्दर वस्तुओं का प्रतिबिम्ब उसमें पड़ता था), या चाँदनी ही है, या शरद ऋतु के रहने का मकान ही है। मुनियों के मन की तरह निर्मल है, और सन्तप्त वियोगियों की तरह कमल मूलादि को धारण किये है। थिर चर जीवों के प्रतिबिम्ब उसमें हैं, अतः मानो विष्णु का अनन्त उदर ही है। और बन्धन युत होने पर (बँधे घाटों सहित) त्रिभुवन को मोहता है; मानो यशस्वी राजा बलि हैं क्योंकि बन्धन होने पर ही उन्हें यश मिला था।

नोट—इसमें शरद का प्रत्यक्ष बोध होता है।

अलंकार—सन्देह और उत्प्रेक्षा।

मूल—चौपाई छंद—

विषमय पै सब सुख को धाम। शंबर रूप बढ़ावै काम।
कमलन भध्य भ्रमर सुख देत। संत हृदय जनु हरिहि समेत ॥३५॥

शब्दार्थ=विष=(१) जल (२) जहर। शंबर=(१) शंबर दैत्यविशेष जो रति को हर ले गया था और कामदेव का शत्रु था (२) जल।

भावार्थ—वह तड़ाग विषमय है (जल युक्त है,) पर सब प्रकार के सुखों का धाम है (विष=जहर दुःखद होता है), तो वह शम्बर रूप (दैत्यरूप), पर (काम का श ु न होकर) काम को बढ़ाता है। कमलों

के बीच में भौंरे ऐसे सुख दाता प्रतीत होते हैं, मानो सन्त के हृदय में भौंहरि ही बसते हों।

अलंकार—विरोधाभास और उत्प्रेक्षा।

मूल—

बीच बीच सोहैं जलजात। जितते अलिकुल उड़ि उड़ि जात।
सन्त हियन तें मानहु भाजि। चंचल चला अशुभ की राजि ॥३६॥

भावार्थ—कमलों के समूह में बीच-बीच में ऐसे कमल भी हैं जिनसे निकल निकल कर भौंरे उड़-उड़ जाते हैं। यह घटना ऐसी मालूम होती है मानो सन्तों के हृदयों से चंचल अशुभ वासनाओं की अवली (समूह) निकली जा रही है।

अलंकार—उत्प्रेक्षा।

(जल-क्रीड़ा वर्णन)

मूल—दंडक छन्द—(लक्षण—१६ पर विराम, आगे १५ पर यति=३१ वर्ण)

एक दमयन्ती ऐसी हरैं हँसि हँस वंश,
एक हंसिनी सी विसहार हिये रोहियो।
भूषण गिरत एकै लेती बूड़ि बीचि बीच,
मीन गति लीन हीन उपमान टोहियो।
एकै मत कैकै कंठ लागि लागि बूड़ि जात,
जल देवता सी देवि देवता विमोहियो।
केशोदास आस पास भँवर भँवत जल—
केलि में जलजमुखी जलजसी सोहियो ॥३७॥

शब्दार्थ—हरैं=पकड़ती हैं। बिस=कमल की जड़। रोहियो=डाल लिया, पहन लिया। बीची=लहर। टोहियो=ढूँढ़ा, तलाश किया। मत कैकै=सलाह करके, एकमत होकर। जलदेवता=जल देवियाँ, वरुणदेव के वंश की कुमारियाँ। देविदेवता=देवकन्याएँ। विमोहियो=विशेष मोह में पड़ी कि ये स्त्रियाँ हम से भी अधिक सुन्दर कहाँ से आईं। जलकेलि=जलक्रीड़ा, जल विहार। जलजमुखी=चन्द्रमुखी। जलज=कमल।

भावार्थ—जल क्रीड़ा करते समय कोई-कोई दमयन्ती की तरह हँस-हँस कर हंसों को पकड़ती हैं, कोई हंसिनी की तरह कमलमूल निकाल कर हार की तरह गले में पहनती हैं। कोई भूषण गिरते ही कोई स्त्री बुड़की लगा कर उसे लहर के बीच में पकड़ लेती है (नीचे जमीन तक नहीं जाने पाता) उसके लिये यदि यों कहें कि वह मीनगतिवाली है तो यह तुच्छ उपमान ढूँढ़ना होगा (अर्थात् वह मन से भी अधिक चञ्चला है) कोई कोई एक मत होकर परस्पर गले लग कर डूबती हैं (कि देखें कौन अधिक देर तक डुबकी साध सकती है) और वरुण कन्याओं सी सोहती हैं (जल में भी वे वैसेही रहती हैं मानों उनका घर ही हो), उन्हें देख कर देवकन्याएँ विमोहित होती हैं। केशवदास कहते हैं कि जलकेलि के समय वे चन्द्रमुखियाँ कमल सी जान पड़ती हैं और धोखे में आकर भ्रमरगण उनके इर्द-गिर्द घूमते फिरते हैं (भौंरों को कमल का ही भ्रम होता है)।

अलंकार—उपमा, प्रतीत, सम्बन्धातिशयोक्ति, भ्रम।

मूल—(दोहा)—

क्रीड़ा सरवर में नृपति, कीन्ही बहु बिधि केलि।
निकसे तरुणि समेत जनु, सूरज किरण सकेलि ॥३८॥

शब्दार्थ—नृपति=श्रीरामजी। सकेलि=समेट कर, एकत्र करके।

भावार्थ—श्रीरामजी ने उस सरोवर में अनेक भाँति से जलक्रीड़ा की, तब उससे तृप्त होकर स्त्रियों समेत सरोवर से निकले मानो सूर्यदेव अपनी सब किरणें एकत्र करके निकले हों।

अलंकार—उत्प्रेक्षा।

(स्नानान्तर तियतन शोभा वर्णन)

मूल—हाकलिका छन्द*—(लक्षण—३ भगण+ल+गु=११ वर्ण)

नीरधि ते निकसीं तिय जबै। सोहति हैं बिन भूषण तबै।
चन्दन चित्र कपोलन नहीं। पंकज केशर सोहत तहीं ॥३९॥

शब्दार्थ—नीरधि=तड़ाग, सागर। पंकजकेशर=कमलों के किंजल्क।

---

*छन्द प्रभाकर में ऐसा छन्द नहीं पाया जाता।

भावार्थ—जब सब स्त्रियाँ तड़ाग से निकलीं, तो देखा कि जलकेलि में लीन होने से कुछ भूषण गिर गये हैं और उनके शरीर भूषण रहित हैं, पर तब भी बड़ी शोभा है (भूषण रहित भी अति सुन्दर हैं) कपोलों पर के चन्दन चित्र (तिलक रचना) छुट गये हैं और उनके स्थान में किंजल्क लगे हुए हैं।

अलंकार—विभावना।

मूल—

मोतिन की बिथुरी शुभ छटैं। हैं उरझी उरजातन लटैं।
हास सिंगार लता मनु बने। भेंटत कल्पलता हित घने॥४०॥

शब्दार्थ—छटा=लड़ी, सर। उरजात=कुच। हित=प्रेम।

भावार्थ—बालों में गूँथी हुई मोतियों की लरें बिथुर गई हैं और बालों की लटों सहित कुचों से आ उलझी हैं, मानो हास्य और शृंगार रस लता बन कर बड़े प्रेम से कल्पलता को भेंट रहे हैं।

अलंकार—उत्प्रेक्षा।

मूल—

केशनि* ओरनि सीकर रमैं। ऋक्षनि को तमयी जनु बमैं।
सज्जल अम्बर छोड़त बने। छूटत हैं जल के कण घने।
भोग भले तन सों मिलि करे। छोड़त जानि ते रोवत खरे॥४१॥

शब्दार्थ—ओर=सिरा। सीकर=जल-कण। ऋक्ष=नखत, तारे। तमयी=(तमी)रात्रि। बमै=उगलती है। अम्बर=कपड़े। खरे—बहुत, खूब।

भावार्थ—बालों के छोर से जल कण टपकते हैं, मानो रात्रि नक्षत्र उगल रही है। भींगे कपड़े छोड़ते ही बनते हैं। उन कपड़ों से जलकण गिरते हैं, मानो वे कपड़े, यह सोच कर कि इस अच्छे शरीर से मिलकर खूब आनन्द उड़ाया है, अपने को त्यागते जान कर खूब रो रहे हैं।

अलंकार—उत्प्रेक्षा।

---

*यह आधा ही छन्द सब प्रतियों में मिलता है। यह उर्दू शैर भी इसी के समान है :—

सियाह अब्र से गोया बरस पड़े मोती।
निचोड़े बाल उन्होंने अगर नहाए हुए।

(रनिवास की वापसी)

मूल—

भूषण जे जल मध्यहि रहे। ते बन पाल बधूटिन लहे।
भूषण वस्त्र जबै सजि लये। चारिहु द्वारन दुन्दुभि भये ॥४२॥

शब्दार्थ—बनपाल = माली। बधूटी = स्त्री।

भावार्थ—जो भूषण जल में गिर गये थे, वे मालियों की स्त्रियों को बख्श दिये गये (कि तुम निकाल लेना) जब सब लोग नवीन भूषण वस्त्र पहन चुके, तब बाग के चारों द्वारों पर कूच के नगारे बजे।

मूल—(दोहा)—

गूँगे कुबजे बावरे, बहरे बामन बृद्ध।
यान लिये जन आइगे, खोरे खंज प्रसिद्ध ॥४३॥

शब्दार्थ—कुबजे = कुबड़े। खोरे = लूला। खंज = लँगड़ा।

भावार्थ—नगाड़ों का शब्द सुन करके, कुबड़े, बावले, बहरे, बामन, बूढ़े तथा प्रसिद्ध लूले (जिसके हाथ बेकाम हों), लँगड़े (जिनके पैर ठीक न हों) नौकर सवारियाँ लेकर आ गये (राजों के रनिवास में ऐसे ही नौकर चाहिये)।

मूल—चौपाई छंद।

सुखद सुखासन बहु पालकी। फिरक बाहिनी सुख चाल की।
एकन जोते हय सोहिये। बृषभ कुरंग अंग मोहिये ॥४४॥
तिन चढ़ि राजलोक सब चले। नगर निकट शोभा फल फले।
मणिमय, कनक जालिका घनी। मोतिन की झालरि अति बनी ॥४५॥
घंटा बाजत चहुँदिसि भले। रामचन्द्र तिहि गज चढ़ि चले।
चपला चमकत चारु अगूढ़। मनहु मेघ मघवा आरूढ़ ॥४६॥

शब्दार्थ—(४४) सुखासन = सुखपाल नाम की सवारी। फिरकबाहिनी = ऐसी पालकी जिस का रुख हर तरफ घूम सके। सुख चाल की = जिसके चलने

में तकलीफ नहीं होता। अंग मोहिये=जिनके अंगों पर मन मोहित होता है।

४५—राजलोक=राजवंश के लोग। कनक जालिका=सोने की जालीदार अम्बारी।

(४६)—अगूढ़=प्रकट। मघवा=इन्द्र। आरूढ़=सवार।

भावार्थ—(४४) सुख प्रद सुखपाल और अन्य प्रकार की पालकी और चक्करदार पालकी जिन पर चढ़ कर चलने से कष्ट नहीं होता, ऐसी सवारियाँ स्त्रियों के वास्ते आईं। कुछ ऐसी सवारियाँ आईं जिनमें घोड़े, बैल और सुन्दर मनोहर मृग नधे हुए थे (ये सवारियाँ दासियों के लिये थीं)।

(४५)—इन सवारियों पर चढ़ कर रनिवास की स्त्रियाँ रवाना हुईं। नगर के निकट पहुँचने पर ऐसा जान पड़ा मानो ये सब शोभारूपी वृक्ष के फल ही हैं। तदनन्तर रत्न जटित सोने की बनी घनी जालीदार अम्बारीवाला और जिस अम्बारी में मोतियों की झालर सोहती थी।

(४६) जिसके घंटों की आवाज चारों ओर जाती थी, ऐसे हाथी पर सवार होकर श्रीरामजी चले, तो ऐसा मालूम हुआ मानों सुन्दर-सुन्दर बिजुली से चमचमाते हुये मेघ पर प्रत्यक्ष इन्द्र सवार हो।

अलंकार—(४६) में उत्प्रेक्षा।

मूल—

आस पास नर देव अपार। पाँइ पियादे राजकुमार।
बन्दीजन यश पढ़त अपार। बिध यहि गये राज दरबार ॥४७॥

भावार्थ—सरल ही है।

मूल—मत्तगयन्द सवैया।

भूषित देह बिभूति दिगम्बर नाहि न अम्बर अंग नवीने॥
दूरि कै सुन्दरि सुन्दरि, केशव दौरि दरीन में आसन कीने।
देखिय मंडित दंडन सों भुज दंड दुऊ असिदंड बिहीने॥
राजन, श्रीरघुनाथ के बैर, कुमंडल छोड़ि कमंडल लीने ॥४८॥

शब्दार्थ—दिगम्बर=नंगे। अम्बर=कपड़े। सुन्दरी=स्त्री। दरी=गुफा। दंडन सों मंडित-संन्यास दंड लिये हुए। असिदंड=तलवार। कुमंडल=पृथ्वी मंडल।

भावार्थ—(राम के बैर से राजाओं का यह हाल है कि) उनके शरीर राख से विभूषित हैं। वे नंगे हैं, उनके अंगों पर नवीन वस्त्र नहीं है। अच्छी सुन्दर स्त्री को छोड़ कर भाग कर कन्दरा में जाकर आसन बनाया है। उनके भुजदंड यतिदंड से मंडित हैं और तलवार से रहित हैं। (तलवार छोड़ कर संन्यास दंड धारे हैं)। रामजी से बैर करके राजाओं ने पृथ्वी मण्डल (राज्य) को त्याग कर कमण्डल लिया है।

अलंकार—अनुप्रास, यमक, लाटानुप्रास।

मूल—(दोहा)—

कमल कुलन में जात ज्यों, भँवर भर्यो रस चित्त।
राज लोक में त्यों गये, रामचन्द्र जगमित्त ॥४६॥

भावार्थ—जैसे रसिया मन का भँवर थोड़े ही समय में बहुत से कमलों पर घूम आता है, वैसे ही जगमित्र श्रीरामजी थोड़े ही समय में राज महल भर में घूम कर देख आये कि सब स्त्रियाँ अपने-अपने घरों में सानन्द पहुँच गई हैं या नहीं।

अलंकार—उदाहरण।

बत्तीसवाँ प्रकाश समाप्त

—:o:—

तेंतीसवाँ प्रकाश

—:o:—

दोहा—तेंतीसयें प्रकाश में, ब्रह्मा बिनय बखानि।
शम्बुक बध सिय त्याग अरु, कुशलव जन्म सो जानि ॥

(ब्रह्मागमन)

मूल—त्रिभंगी (लक्षण—१०+८+८+६=३२मात्रा)

दुर्जन दल घायक, श्रीरघुनायक, सुखदायक, त्रिभुवनशासन।
सोहैं सिंहासन, प्रभा प्रकाशन, कर्म बिनाशन, दुखनाशन।
सुग्रीव बिभीषन, सुजन, बन्धुजन, सहित तपोधन, भूपतिगन।
आये सँग मुनि जन, सकलदेवगन, मृगतपकानन, चतुरानन ॥१॥

शब्दार्थ—घायक=घालक नाशक। तपोधन=विप्रगण। तपकानन मृग=तपरूपी जंगल के स्वच्छन्द विहारीमृग (बड़े तपस्वी)।

भावार्थ—दुर्जनों के नाश करनेवाले, सज्जनों को सुखदेनेवाले, त्रिभुवन के शासक, कर्म तथा दुःख के विनाशक, सुग्रीव, विभीषण आदि मित्रों तथा सज्जन भाइयों, ब्राह्मणों और अन्य राजाओं के साथ राजसिंहासन पर बैठे रामजी निज छटा प्रकाशित कर रहे थे कि मुनिगण और देव गण को साथ लिये हुए बड़े तपस्वी श्रीब्रह्माजी उस दरबार में आये।

अलंकार—परंपरित रूपक (तपकाननमृग)

मूल—तोटक छन्द—(लक्षण—४ सगण=१२ वर्ण)

उठि आदर सो अकुलाय लयो। अति पूजन कै बहुधा बिनयो।
सुखदायक आसन सो भरये। सब काहिं यथाविधि आन दये॥२॥

शब्दार्थ—अकुलाय=अतुराय कै, जल्दी से। बिनयौ=बिनती की। आसन=बैठक। शोभ रये=शोभा से रँगे (अति सुन्दर)। आनि=मँगवाकर।

भावार्थ—सरल ही है।

मूल—दोहा—

सबन परस्पर बूझियो, कुशल प्रश्न सुख पाइ।
चतुरानन बोले बचन, श्लाघा विनय बनाइ॥३॥

शब्दार्थ—श्लाघा=स्तुति, प्रशंसा।

भावार्थ—सरल ही है।

(ब्रह्माविनय)

मूल—(ब्रह्मा) मनोरमा छन्द*—(लक्षण—४ सगण २ लघु=१४ वर्ण)

सुनियेचितदैजगके प्रतिपालक। सबके गुरुहौ हरियद्यपि बालक।
सबकौसबभाँति सदासुखदायक। गुणगावतवेदमनोवचकायक॥४॥

शब्दार्थ—गुरु=ज्येष्ठ। बालक=ब्रह्मा के आगे श्रीरामजी बालक ही से हैं।

*छंदः प्रभाकर में ऐसा कोई छंद नहीं मिलता।

भावार्थ—सरल ही है।

मूल—

तुम लोक रचे बहुधा रुचिकै तब। सुनिये प्रभु ऊजर हैं सिगरे अब।
जगको उनभूलिहुजाय निरैमग। मिटिगे सब पापन पुन्यनकेनग ॥५॥

शब्दार्थ—रुचिकै=बडे शौक से। ऊजर=उजाड़। सिगरे=सब। निरै=नरक। नग=पहाड़ (अधिकाई)।

भावार्थ—आपने तब (विष्णुरूप से) बड़े शौक से जो बहुत से लोक बनाये थे, वे अब सब उजाड़ पड़े हैं (सृष्टि कार्य में बाधा हो रही है) अब तो इस लोक के जीव कोई भूल कर भी नरक पथ पर नहीं चलते। (इतना ही नहीं बरन) पापों और पुण्यों के समूह ही मिट गये (आप सब के भले बुरे दोनों प्रकार के कर्मों को नाश करके सबको मोक्ष दे रहे हो, अतः सृष्टि रचना में बाधा डाल कर मानो मुझे बेकार बना रहे हो मेरा अधिकार छीनते हो; मैं बैठा-बैठा क्या करूँगा)।

मूल—(दोहा)—

बरुणपुरी धनपतिपुरी, सुरपतिपुर सुखदानि।
सप्तलोक बैकुंठ कब, बस्यो अवध मैं आनि ॥६॥

शब्दार्थ—धनपति=कुबेर। सुरपति=इन्द्र।

भावार्थ—सरल ही है।

मूल—तोमर छन्द—(लक्षण—१२ मात्रा, अन्त में गुरु लघु)

हँसि यो कह्यो रघुनाथ। समझी सबै बिधि गाथ।
मम इच्छ एक सुजान। कबहूँ न होत सुआन ॥७॥

भावार्थ—तब हँस कर रामजी ने कहा कि हे ब्रह्मा ! हमने तुम्हारी सब वार्ता समझ ली (कि अब तुम नर लीला संवरण करने का इशारा कर रहे हो) मेरी इच्छा ही प्रधान है, इसे तुम जानते ही हो वह कभी अन्यथा नहीं हो सकती (अब हम भी लीला संवरण की इच्छा करने वाले हैं तुम घबराओ मत, दो एक शेष कार्य और कर लेने दो)।

मूल—

तव पुत्र जे सनकादि। मम भक्त जानहु आदि।
सुत मानसिक तिन केति। भुजदेव भुव प्रगटेति॥ ८॥

शब्दार्थ—केति=कितने ही, बहुत से। ति=ते, वे।

(पुनः) हम दियो तिन शुभ ठाउँ। कछु और दीबे गाउँ।
अब देहिं हम केहि ठौर। तुम कहो सुर शिर मौर॥ ९॥

शब्दार्थ—दीबे=देंगे (देने की इच्छा है)।

भावार्थ—श्रीरामजी कहते हैं कि—(८) तुम्हारे जो सनकादिक (सनक, सनन्दन, सनातन, सनत्कुमार) पुत्र हैं वे मेरे आदि भक्त हैं। उनके अनेक मानसिक पुत्र हैं, वे सब पृथ्वी पर ब्राह्मण होकर पैदा हुए हैं। (९) उनमें से कुछेक को तो हमने उत्तम स्थान दिये हैं, पर अभी कुछेक को कुछ और ग्राम (स्थान-भूमि) देने की इच्छा है। सो हे देव शिरोमणि ब्रह्मा! तुम्हीं बतलाओ कि उन्हें कहाँ की भूमि दान करें।

मूल—(ब्रह्मा) मरहट्टा छन्द।

सब वै मुनि रूरे, तपबल पूरे, विदित सनाढ्य सुजाति।
बहुधा बहु बारनि, प्रति अवतारनि, दै आये बहु भाँति।
सुनिप्रभु आखंडल, मथुरामंडल, मैं दीजै शुभ ग्राम।
बाढ़ै बहु कीरति, लवणासुर हति, अति अजेय संग्राम॥१०॥

शब्दार्थ—आखंडल=इन्द्र। प्रभु आखंडल=इन्द्र के प्रभु।

भावार्थ—(ब्रह्मा ने उत्तर दिया) हे इन्द्र के स्वामी, (इन्द्र ही का अधिकार सुरक्षित रखने को तुम्हारा अवतार होता है, अतः तुम्हीं इन्द्र के प्रतिपालक हो) सुनिये, वे सब अच्छे मुनि हैं (मननशील विद्वान हैं), तपबल के पूर्ण हैं, वे सनाढ्य जाति के नाम से प्रसिद्ध हैं। अनेक प्रकार से, बहुत बार, प्रति अवतार में आप उन्हें दान दे आये हैं, पर अब उन्हें अति अजेय लवणासुर को मार कर, मथुरा मण्डल में अच्छे-अच्छे ग्राम दीजिये जिससे आपकी अधिक कीर्ति बढ़ैगी।

मूल—(दोहा)—

जिनके पूजे तुम भये अन्तरयामी श्रीप।
तिनकी बात हमैं कहा पूछत त्रिभुवन-दीप॥११॥

शब्दार्थ—श्रीप=श्रीपति, लक्ष्मी के स्वामी। दीप=प्रकाशक।

भावार्थ—सरल ही है।

(शंबुकबध वर्णन)

मूल—

द्विज आयो ताही समय, मृतक पुत्र के साथ।
करत विलाप-कलाप हा! रामचन्द्र रघुनाथ ॥१२॥

शब्दार्थ—मृतक पुत्र के साथ=मृत-पुत्र की लाश लिये हुये। विलाप-कलाप=बहुत बिलाप।

भावार्थ—सरल ही है।

मूल—मल्लिका छन्द—(लक्षण—रगण+जगण+गुरु+लघु=८ वर्ण)

बालकै मृतै सु देखि। धर्मराज सों विशेखि।
बात या कहो निहारि। कर्म कौन को बिचारि ॥१३॥

भावार्थ—बालक को मरा हुआ देख कर (बाप के जीवित रहते पुत्र का मरना) धर्मराज (यमराजजी भी ब्रह्मा के साथ आये हुए थे) से जोर देकर पूछा (इसका कारण पूछा)। अपने कागज पत्र देख कर और खूब विचार कर बतलाओ कि यह अघटनीय घटना किसके कर्म से हुई (इसमें किसका दोष है, पुत्र का, या पिता का, या राजा का ?)।

मूल—(धर्मराज)—मनोरमा छन्द।

निज शूद्रन की तपसा शिशुघालक।
बहुधा भुवदेवन के शव बालक ॥
करि बेगि बिदा सिगरे सुरनायक।
चढ़ि पुष्पकजान चले रघुनायक ॥१४॥

शब्दार्थ—निजु=निश्चय। तपसा=तपस्या। शव=मुर्दा, मृतक।

भावार्थ—धर्मराज ने कहा कि यह बात निश्चित है कि शूद्र की तपस्या से राज्य में बालक की मृत्यु होती है और अधिकतर ब्राह्मणों ही के पुत्र मरते हैं, (अतः जान पड़ता है कि आपके राज्य में कोई शूद्र तपस्या कर रहा है)।

यह बात सुन कर रामजी ने सब देवों को रुखसत किया और आप पुष्पक विमान पर सवार होकर उस शूद्र की तलाश में चले।

मूल—दोधक छन्द।

राम चले सुनि शुद्र की गीता। पंकजयोनि गये जहँ सीता।
देखि लगी पग राम की रानी। पूजि कै बूझति कोमलबानी ॥१५॥

(सीता)—

कौनहु पूरब पुन्य हमारे। आजु फले जु इते पगुधरे।

(ब्रह्मा)—

देवन को सब कारज कीन्हो। रावण मारि बड़ो यश लीन्हो ॥१६॥
मैं बिनती बहु भाँतिन कीनी। लोकन की करुणारस भीनी।
उत्तर मोहि दियो सुनि सीता। जाकी न जानि परै जिय गीता ॥१७॥
माँगत हौं बरु मोकहँ दीजै। चित्त में और बिचार न कीजै।
आजु ते चाल चलौ तुम ऐसे। राम चलैं बयकुंठहिं जैसे ॥१८॥
सोय जहीं कछु नैन नवाये। ब्रह्म तहीं निज लोक सिधाये।
राम तहीं सिर शुद्र को खंड्यो। ब्राह्मण को सुत जीवन मंड्यो ॥१९॥

शब्दार्थ—(१५) गीता=बार्ता। पंकजयोनि=ब्रह्मा।

(१६) फले=उदय हुए। पगु-धारे=आये।

(१७) लोकन की=सब लोकपालों की ओर से। करुणारस भीनी=दुःख पूर्ण (यह शब्द विनती का विशेषण है) सीता=संबोधक में है—हे सीता सुनो। जानकी……गीता=जिनकी मरजी समझी नहीं जाती (रामजी) ने ऐसा उत्तर दिया है जिसका तात्पर्य मैं समझ नहीं पाया)।

(१८) चाल चलौ=आचरण करो। ऐसे=इस प्रकार से।

(१९) जीवन मंड्यो=जी उठा, पुनः जीवित हो गया।

भावार्थ—शब्दार्थ की सहायता से सरलता से समझ में आ जाता है।

(राम-सीता-सम्वाद)

मूल—मोदक छन्द—लक्षण--४ भगण=१२ वर्ण)

एक समै रघुनाथ महामति। सीतहिं देखि सगर्भ बढ़ी रति।

(राम)—
सुन्दरी माँगु जो जी महँभावत। मोमन तो निरखे सुख पावत ॥२०॥
(सीता)—
जो तुम होत प्रसन्न महामति। मोरि बढ़ै तुमहीं सो सदारति।
अंतर की सब बात निरन्तर। जानत हौ सबकी सबते पर ॥२१॥

शब्दार्थ—(२०) सगर्भ = गर्भवती। रति = प्रीति।
(१) रति = प्रीति। अन्तर = मन। निरंतर = सदा। पर = परे, बढ़कर

भावार्थ—सरल ही है।

मूल—(राम)—दोहा—

निर्गुणते मैं सगुण भो, सुनु सुन्दरि तव हेत।
और कछू माँगौ सुमुखि, रुचै जु तुम्हरे चेत ॥२२॥

शब्दार्थ—निर्गुण = निराकार रूप व्यापक परब्रह्म। सगुण = साकाररूप जैसे राम कृष्णादि। रुचै = भावै। चेत = चित्त, मन।

(निर्गुण से सगुण होने की कथा) एक बार साकेत लोक में (जहाँ राम सीता सत्य और नित्यरूप से रहते हैं) सीताजी ने रामजी से यह इच्छा प्रगट की थी कि मैं आपकी रणलीला देखना चाहती हूँ। रामजी ने कहा था कि अच्छा दिखला देंगे, पर इसके लिए हम लोगों को ससमाज मर्त्यलोक में चलना होगा। इसी प्रसंग की ओर यह इशारा है।

भावार्थ—सरल ही है।

मूल—(सीता) मोदक छन्द—

जो सबते हित मोपर कीजत। ईश दया करिकै बरु दीजत।
हैं जितने ऋषि देव नदी तट। हौं तिनको पहिराय फिरौं पट ॥२३॥

भावार्थ—हे ईश ! यदि सबसे अधिक मुझी पर कृपा है और आप कृपा करके वर देना ही चाहते हैं तो मुझे अनुमति दीजिये कि मैं गंगातट निवासी सब मुनियों को वस्त्र दान कर आऊँ।

मूल—(राम)—दोहा—

प्रथम दौहदै क्यों करौं, निष्फल सुनि यह बात।
पट पहिरावन ऋषिन को, जैयो सुन्दरि प्रात ॥२४॥

शब्दार्थ—दोहद=गर्भवती स्त्री की इच्छा। सुनि यह बात=मेरी यह बात सुनो।

भावार्थ—मैं तुम्हारी गर्भावस्था की पहली इच्छा को क्यों निष्फल करूँ। अच्छा मेरी यह बात सुनो, हे सुन्दरी, कल्ह तुम ऋषियों को वस्त्रदान करने जाना।

(सीता-निर्वासन)

मूल—मोदक छन्द।

भोजन कै तब श्रीरघुनन्दन। पौढ़ि रहे बहु दुष्ट निकन्दन।
बाजे बजे अधरात भई जब। दूतन आय प्रणाम करी तब ॥२५॥

शब्दार्थ—दुष्ट निकन्दन=दुष्टों के विनाशक। बाजे बजे...जब=जब आधीरात की नौबत बजी।

भावार्थ—सरल है।

मूल—चंचला छन्द—(लक्षण—क्रम से१ बार गुरु लघु=१६ वर्ण)

दूत भूत-भावना कही न जाय बैन।
कोटिधा बिचारियो परै कछू बिचार मैं न।
सूर के उदोत होत बन्धु आइयो सुजान।
रामचन्द्र देखियो प्रभात चन्द्र के समान।॥२६॥

शब्दार्थ—भूत भावना=किसी एक प्राणी की भावना (रजक की भावना, धोबी का बिचार)। सुजान बंधु=ज्ञानवान भाई। रामचन्द्र=(कर्म कारक में) राम जी को।

भावार्थ—दूत ने आकर (रामजी को सीता के सम्बन्ध में) एक प्राणी के (जो) विचार सुनाये, (कवि कहता है कि) उन्हें मैं अपने वचनों से कह नहीं सकता। करोड़ प्रकार से विचार किया कि किस प्रकार उन्हें प्रगट करूँ, पर कुछ विचार में न आया। सूर्योदय के समय सुजान बंधु (तीनों भाई) प्रणाम करने आये, तो रामचन्द्र को प्रभातचन्द्र के समान निष्प्रभ देखा।

अलंकार—उपमा।

मूल—संयुक्ता छन्द (लक्षण=स+२ ज+गुरु=१० वर्ण)।

बहु भाँति बंदनता करी। हँसि ब लियो न दयाधरी।
हम ते कछू द्विज दोष है। जेहि ते कियो प्रभु रोष है ।२७।

भावार्थ—भरतजी ने बहुभाँति रामजी की बंदना की, परन्तु रामजी न तो हँसे न बोले, न उनपर कृपा की (न उनकी ओर हेरे न बैठने ही को कहा)। तब भरतजी ने कहा कि क्या हममें कोई ब्रह्मदोष होगया है जिससे आप इतने क्रुद्ध हैं।

मूल—दोहा—

मनसा बाचा कर्मणा, हम सेवक सुनु तात।
कौन दोष नहिं बोलियत ज्यों कहि आये बात ॥२८॥

भावार्थ—भरतजी कहते हैं कि हे तात, हम (तीनों भाई) मन वचन कर्म से आपके सेवक हैं, आज ऐसा क्या हुआ जो आप हमसे नहीं बोलते जैसे पहले बात किया करते थे।

मूल—(भरत) दोहा—संयुक्त छन्द।

कहिये कहा न कही परै। कहिये तो ज्यो बहुतै डरै।
तब दूत बात सबै कही। बहु भाँति देह दशा दही ॥२९॥

भावार्थ—रामजी बोले कि क्या कहैं, बात कही नहीं जाती, कहने में जी डरता है कि कुछ अनहोनी न हो जाय (तदनन्तर दूत की कही हुई बात सब सुना दी, और देह की दशा बहुत संतप्त हो उठी) शोक से अति दुःख हुआ।

मूल—(भरत) दोहा—

सदा शुद्ध अति जानकी, निंदत यों खलजाल।
जैसे श्रुतिहि सुभावही, पाखंडी सब काल ॥३०॥

शब्दार्थ—पाखंडी=नास्तिक।

भावार्थ—सब हाल सुनकर भरतजी ने कहा कि जानकीजी सदा अति शुद्ध हैं। खल लोग उन्हें वैसे ही निंदित कहते हैं, जैसे स्वभावतः पाखंडी जन वेद की निंदा करते हैं।

अलंकार—उदाहरण

मूल—(दोहा)—

भव अपबादन ते तज्यौ, यों चाहत सीताहि।
ज्यों जग के संयोग तें योगी जन शमताहि ॥३१॥

शब्दार्थ--अपवाद=निन्दा। शमता=शमन, जितेन्द्रियता (देखिये प्रकाश २४ छन्द ११)

भावार्थ--(हाँ मालूम हुआ आप लोकापवाद के कारण सीता जी को त्यागना चाहते हैं। सीता-त्याग वैसा ही होगा जैसे कोई योगी जगविषयों के संसर्ग से अपनी जितेन्द्रियता त्यागना चाहै।

अलंकार--उदाहरण।

मूल—झूलना छन्द—लक्षण—७+७+७+५=२६ मात्रा, अंत में गुरु लघु)

मन मानिकै अतिशुद्ध सीताहिं आनियो निजधाम।
अवलोकि पावक अंक ज्यों रविअंक पंकजदाम।
केहि भाँति ताहि निकारिहौ अपवाद-बादि बखान।
शिव ब्रह्म धर्म समेत श्री पितु साखि बोल्यो आन॥३२॥

भावार्थ--सीता को अति शुद्ध मानकर आप घर लाये हैं। अपने आंखों से उन्हें आग में बैठे यों देखा है जैसे सूर्य की गोद में कमल माला। उस शुद्ध सीता को आप केवल निंदक के कहने से कैसे निकालेंगे, जिसकी शुद्धता की साक्षी शिव, ब्रह्मा, धर्म और स्वयं श्रीपिताजी ने दी है।

अलंकार—उदाहरण

मूल—

यमनादि के अपवाद क्यों द्विज छोड़ि है कपिलाहि?
विरहीन को दुख देत, क्यों हर डारि चन्द्रकलाहि?
यह है असत्य जु, होहिगो अपवाद सत्य सु नाथ!
प्रभु छोड़ि शुद्ध सुधाहि पीवत विषहि अपने हाथ॥३३॥

शब्दार्थ--यमन=म्लेच्छ, आर्यधर्मेतरावलम्बी जन--राम के समय यवनों का भारत में होना ठीक नहीं, अतः हमें दूसरा अर्थ लेना अच्छा है, नहीं तो कविता में काल विरुद्ध दोष आता है। अपवाद=निन्दा, बुरा कहना। क्यों=क्या। यह=ब्रह्मा शिवादि की साक्षी जिसका जिक्र छन्द नं० ३२ में आ चुका है। जु=जो। सु=सो रजककृत।

भावार्थ—(भरतजी कहते हैं कि) यवनादि (आर्यधर्मेतरावलंबी जनों) के बुरा कहने से क्या ब्राह्मण गऊ का त्याग करेगा ? चन्द्रमा वियोगियों को दुखदायी है अतः वे चन्द्रमा की निन्दा करते हैं, इस निन्दा से बुरा समझकर क्या महादेवजी अपने मस्तक पर से चन्द्रमा को गिरा देंगे ? यदि यह शिव ब्रह्मादि देवों तथा पिताजी की साक्षी असत्य हो (यदि ये लोग झूठे हैं) तब बेशक यह रजककृत निन्दा सत्य होगी। रजककृत निन्दा का सत्य इव ग्रहण और सुरादि दत्त साक्षी का त्याग, हे प्रभु, ठीक वैसा ही जैसे शुद्ध सुधा को छोड़कर अपने हाथ विष पीना (अतः मैं इस अपवाद को सत्य नहीं मानता)।

नोट—इस छन्द के प्रथम चरण में 'कालविरोध' दोष तथा दूसरे चरण में 'न्यूनपद' दोष है।

अलंकार—तीसरे चरण में मिथ्याध्यवसित, चौथे में दृष्टान्त।

मूल—(दोहा)—

प्रिय पावनि प्रियबादिनी पतिव्रता अतिशुद्ध।
जग की गुरु अरु गुर्बिणी छाँड़त बेद विरुद्ध ॥३४॥

शब्दार्थ—गुरु=पूज्या। गुर्बिणी=गर्भवती। पावनि प्रिय=सब को अतिप्रिय।

भावार्थ—सरल ही है।

मूल—(दोहा)—

वा माता वैसे पिता तुम सो भैया पाय।
भरत भयो अपवाद को भाजन भूतल आय ॥३५॥

शब्दार्थ—अपवादभाजन=निन्दापात्र।

भावार्थ—(भरतजी अपने दुर्भाग्य को कोसते हैं कि) माता वैसी मिली पिता वैसे मिले (जिन्होंने मेरे वास्ते राम को वनवास दिया केवल बड़ाई की बात यह थी कि मैं राम ऐसे धर्मात्मा का भाई हूँ सो अब आप भी सीता-त्याग का कलंक लेते हैं) तो अब आप सरीखा भाई पाकर (व्यर्थ ही स्त्री-त्याग से कलंकित भाई पाकर) पृथ्वी में जन्म लेकर भरत तो भरपूर निन्दापात्र हुआ, अर्थात् अब मैं संसार को कौन मुख दिखाऊँगा, माता, पिता भाई सब निंदित।

ऐसे निन्दित व्यक्तियों का सम्बन्धी हो कर मैं संसार में कैसे रहूँगा—ध्वनि यह है कि यदि आप सीता-त्याग करेंगे तो मैं भी संसार त्याग करूँगा।

मूल—(राम)—हरिलोला छंद* (लक्षण—त+भ+२ज+गु+ल=१४वर्ण)

साँची कही भरत बात सबै सुजान।
सीता सदा परम शुद्ध क्रिया-विधान।
मेरी कछू अबहि इच्छ यहै सु हेरि।
मोको हतौ बहुरि बात कहौ जु फेरि ॥३६॥

शब्दार्थ—सदा परम शुद्धि क्रिया विधान=सदैव परम पवित्र कार्य करने वाली। इच्छ=इच्छा।

भावार्थ—(भरत की प्रतिज्ञा से रामजी घबराये तब कहने लगे) हे सुजान भरत ! जो कुछ तुमने कहा सब सत्य है, सीता का क्रिया विधान (सीता के कार्य) सदा ही परम शुद्ध हुआ करता है, पर इस समय मेरी कुछ ऐसी ही इच्छा है मेरी इच्छा देख कर (तुम चुप रहो)। यदि अब कुछ फिर कहो तो मेरी ही हत्या का पाप तुम्हें लगेगा (यदि मेरी इच्छा के अनुसार तुम काम न होने दोगे तो मैं प्राण त्याग दूँगा)।

मूल—(लक्ष्मण) दोधक छन्द।

दूषत जैन सदा शुभ गंगा। छोड़हुगे वह तुंग-तरंगा।
मायहि निंदित हैं सब योगी। क्यों तजिहैं सब भूपति भोगी ॥३७॥

शब्दार्थ—तुंग-तरंगा=ऊँची लहरोंवाली गंगा नदी। माया=धन, सम्पत्ति। क्यों=क्या।

भावार्थ—जैनमतावलंबी गंगा की निंदा करते हैं, तो क्या उनकी निंदा के कारण आप उस पवित्र तुंग तरंगिणी नदी का त्याग करेंगे ? योगीजन धन की निंदा करते हैं, तो क्या भोगी राजा उसे त्यागेंगे ?

नोट—विचारणीय है कि क्या राम के समय में जैन मत प्रचलित था ?

---

* इस छंद का अंतिम वर्ण यदि गुरु मान लें तो यही छंद 'बसन्ततिलका' हो जायगा।

मूल—

ग्यारसि निंदत हैं मठधारी। भावति है हरिभक्त न भारी।
निंदत हैं तव नामहिं बामी। का कहिये तुम अंतरयामी ॥३८॥

शब्दार्थ—ग्यारसि=एकादशी। मठधारी=जगन्नाथ जी के पुजारी (जगन्नाथ जी में एकादशी को भी चावल का भोग लगता है जो वैष्णव मत के विरुद्ध है)। बामी=वाममार्गी।

भावार्थ—सरल ही है।

नोट—राम के समय में जगन्नाथ नहीं थे। अतः कालविरुद्ध दूषण होता है।

मूल—(दोहा)—

तुलसी को मानत प्रिया, गौतम तिय अति अज्ञ।
सीता को छोड़न कहौ, कैसे कै सर्वज्ञ ॥३९॥

भावार्थ—हे सर्वज्ञ! आप तुलसी और अति यज्ञ (जड़) अहिल्या को प्रिय मानते हो (ये दोनों सदोष थीं सो इन्हें तो पवित्र मानते हो) और सीता को छोड़ने कहते हो यह कैसी बात है?

मूल—(शत्रुघ्न) रूपमाला छन्द—(लक्षण—१४+१०=२४ मात्रा अंत में गुरु लघु)

स्वप्नहू नहिं छोड़िये तिय गुर्बिनी पल दोय।
छोड़ियो तव शुद्ध सीतहिं गर्भमोचन होय॥
पुत्र होय कि पुत्रिका यह बात जानि न जाय।
लोकलोकन में अलोक न लीजिए रघुराय ॥४०॥

भावार्थ—गर्भवती स्त्री को थोड़े समय के लिये सोते में भी न छोड़ना चाहिये, (जब गर्भवती स्त्री सोती हो तब भी उसके पास रक्षक चाहिये—यह संतानशास्त्र का कथन है नहीं तो बहुधा गर्भ नष्ट हो जाता है) यदि आप को छोड़ना ही मंजूर है तो संतान प्रसव के बाद केवल सीता को त्यागियेगा (इस दशा का त्याग तो मानो संतान त्याग भी होगा, पर वह संतान दोषी नहीं,

निर्दोष संतान का त्याग महा पाप है) न जाने इनके गर्भ में पुत्र हो या पुत्री, अतः निर्दोष संतान के त्याग से लोक लोकान्तर में अपयश मत लीजिये।

मूल—(दोहा)

रामचन्द्र ! जगचन्द्र तुम, फूल दल फूल समेत।
सीता पावन पद्मिनी, न्यायन ही दुख देत ॥४१॥

भावार्थ—हे रामचन्द्र ! अब मुझे मालूम हुआ कि आप सचमुच जगचन्द्र हो, फली फूली पवित्र सीता पद्मिनी को दुख देते हो, सो न्याय ही है, क्योंकि चन्द्रमा पद्मिनी (कमलिनी) को दुख देता ही है।

अलंकार—श्लेष से पुष्ट परिकरांकुर।

मूल—दोहा—

घर-घर प्रति सब जग सुखी, राम तुम्हारे राज।
अपनेहि घर तक करत हो शोक अशोक समाज ॥४२॥

भावार्थ—हे रामजी ! तुम्हारे राज्यकाल में जगत में प्रत्येक घर सुखी है, तो अपने ही घर के सुखमग्न समाज को शोक क्यों देते हो ? (सीता-त्याग से पूर्ण परिवार दुखी होगा)

मूल—(राम)—तोटक छन्द।

तुम बालक हो बहुधा सब में। प्रति उत्तर देहु न फेरि हमें।
जु कहैं हम बात सुजाय करो। मन मध्य न और बिचार धरो ॥४३॥

शब्दार्थ—प्रति उत्तर=जवाब का जवाब।

भावार्थ—सरल ही है।

मूल—दोहा—

और होइ तो जानिये, प्रभु सो कहा बसाय।
यह विचारि कै शत्रुहा, भरत गये अकुलाय ॥४४॥

भावार्थ—और कोई होता तो समझ लेते (लड़ बैठते), परन्तु ये तो हमारे प्रभु हैं (मालिक वा इष्टदेव हैं) इनसे कुछ वश न चलैगा, यह विचार करके शत्रुघ्न और भरतजी व्याकुल हो कर राम के पास से चले गये (कि कहीं सीता को अन्यत्र छोड़ आने की आज्ञा न दे बैठें) केवल लक्ष्मण ही वहाँ खड़े रह गये।

मूल—(राम)—दोधक छंद।

सीतहि लै अब सत्वर जैये। राखि महावन में फिरिऐये।
लक्ष्मण! जो फिर उत्तर दैहौ। शासनभङ्ग को पातक पैहौ ॥४५॥

शब्दार्थ—सत्वर=जल्द। शासनभंग=उदूल हुकमी, राजा की आज्ञा न मानना। पातक=पातक फल अर्थात् दंड।

भावार्थ—हे लक्ष्मण! तुम सीता को लेकर जल्दी जाओ और किसी महा-घोर वन में छोड़ कर लौट आओ। हे लक्ष्मण अगर मेरी इस बात का उत्तर दोगे (कुछ दलील पेश करके टालटूल करोगे) तो राजाज्ञाभंग करने का दंड पाओगे (हम तुम्हें राजा की हैसियत से आज्ञा देते हैं, भाई के नाते नहीं)।

मूल—

लक्ष्मण लै बन सीतहिं धाये। थावर जंगम हू दुख पाये।
गंगहि देखि कह्यो यह सीता। श्रीरघुनायक की जनु गीता ॥४६॥

शब्दार्थ—स्थावर=अचर जीव। जंगम=चरजीव। गीता=कीर्ति।

भावार्थ—सरल ही है।

अलंकार—उत्प्रेक्षा।

मूल—

पार भये जबहीं जन दोऊ। भीम बनो जन जंतु न कोऊ।
निर्जन निर्जल कानन देख्यो। भूतपिशाचन को घर लेख्यो ॥४७॥

शब्दार्थ—पार=गंगा पार। भीम=भयंकर। बनी=जंगल। जन=मनुष्य। जंतु=जंगली पशु।

भावार्थ—जब दोनों जन (सीता और लक्ष्मण) गंगापार हो गये तो वहाँ एक भयंकर जंगल देखा जहाँ न कोई मनुष्य ही था न वनजीव (मृग-शशादि) ही। वह जंगल जल रहित था, मानो भूत पिशाचों का ही घर था।

अलंकार—उत्प्रेक्षा।

मूल—(सीता जू) नगस्वरूपिणी छंद—(लक्षण—क्रम से ४ बार लघु गुरु=८ वर्ण)

सुनों न ज्ञान कारिका। शुकी पढ़ैं न सारिका।
न होम धूम देखिये। न गंधबन्धु पेखिये ॥४८॥

शब्दार्थ—कारिका=श्लोकबद्ध व्याख्या। गंधबंधु=आम का वृक्ष।

भावार्थ—(जानकी जी समझती थीं कि रामजी के वर के अनुसार—देखो छंद २४—लक्ष्मणजी हमें मुनिआश्रमों को लिये जाते हैं, पर जब मुन्याश्रमों के चिह्न न पाये तब घबरा कर पूछती हैं कि) हे लक्ष्मण! मैं यहाँ न तो ज्ञानोपदेश की श्लोकबद्ध व्याख्या ही सुनती हूँ, यहाँ कोई शुकी वा सारिका भी पढ़ती नहीं सुनाई पड़ती, न यहाँ होम-धूम ही है न आम की कुंजें हैं (यह कैसा मुन्याश्रम है ?)

मूल—

सुनौं न वेद की गिरा। न बुद्धि होति है थिरा।
ऋषीन की कुटी कहाँ। पतिव्रता बसैं जहाँ ॥४९॥

शब्दार्थ—थिरा=(स्थिरा) स्थिर।

भावार्थ—सरल ही है।

मूल—

मिलै न कोइयै कहूँ। न आवतै न जातहूँ।
चले हमैं कहाँ लिये। डराति हौं महा हिये ॥५०॥

शब्दार्थ—कोइयै=कोई भी।

भावार्थ—सरल ही है।

मूल—दोहा—

सुनि सुनि लक्ष्मण भीत अति, सीता जू के बैन।
उत्तर मुख आयो नहीं, जल भर आयो नैन ॥५१॥

भावार्थ—सरल ही है।

मूल—नाराच छंद—(लक्षण—क्रम से ८ बार लघु गुरु=१६ वर्ण)।

विलोकि लक्ष्मणै भई विदेहजा विदेह सी।
गिरी अचेत ह्वै मनो घने बनै तड़ीत सी।
करी जु छाँह एक हाथ एक बात बास सों।
सिच्यो शरीर बीर नैन नीर ही प्रकाश सों ॥५२॥

शब्दार्थ—विदेहजा = जानकीजी। विदेहसी = जड़वत्। तड़ीत = बिजली। वात = हवा। बास = वस्त्र। प्रकाश सों = खुल कर, ढाढ़ मार कर (रोये)।

भावार्थ—लक्ष्मण को रोते देख जानकी जी जड़वत् हो गईं और बेहोश होकर गिर गईं मानों उस घने वन में बिजली आ गिरी हो। तब लक्ष्मण ने एक हाथ से उनके मुँह पर छाया की और दूसरे हाथ से कपड़े से हवा झली और खुल कर इतना रोये कि वीर लक्ष्मण के आँसुओं से सीता का शरीर सिंचित हो गया।

अलंकार—उत्प्रेक्षा।

मूल—रूप माला छन्द—

राम की जप सिद्धिसी सिय को चले वन छाँड़ि।
आँहि एक फनी करी फन दीह मालनि माँड़ि॥
बालमीकि बिलोकियो बन देवता जनु जानि।
कल्पवृक्ष लता किधौं दिवि ते गिरी भुव आनि॥५३॥

भावार्थ—तब लक्ष्मणजी सीताजी को जोकि रामजी के जप फल के समान शुद्ध थीं—वन में छोड़ कर चल दिये। एक सर्प ने आकर अपनी बड़ी फणमाला से उन पर छाया की। बाल्मीकि मुनि ने आकर देखा मानो वह कोई वनदेवी है, वा कल्पवृक्ष में लिपटी हुई लता है, जो स्वर्ग से भूमि में आ गिरी है।

अलंकार—उत्प्रेक्षा से पुष्ट संदेह।

मूल—

सींचि मंत्र-सँजीव-जीवन जी उठी तेहि काल।
पूछियो मुनि कौन की दुहिता बधू अरु बाल॥

(सीता)

हौं सुता मिथिलेश की दशरत्थपुत्र-कलत्र।

(मुनि)

कौन दोष तजी (सीता) न जानति, कौन आपुन अत्र॥५४॥

(मुनि)

पुत्रिके सुनि मोहि जानहि बालमीकि द्विजाति।

सर्बथा मिथिलेश को गुरु सर्बदा शुभ भाति॥
होहिंगे सुत द्वै सुधी पगु धारिये मम ओक।
रामचन्द्र छितीश के सुत जानिहै तिहुँ लोक॥५५॥

शब्दार्थ—५४—मंत्र सँजीव-जीवन=संजीवन मंत्र से अभिमंत्रित जल। बधू=पुत्र बधू। बाल=(बाला) पत्नी। कलत्र=स्त्री। आपुन=आप। अत्र=यहाँ।

५५—पुत्रिके=हे पुत्री! द्विजाति=ब्राह्मण। सर्बदा शुभ भाँति=सदा खैरख़ाह। ओक=घर (कुटी)। छितीश=राजा।

भावार्थ—५४—जब बाल्मीकिजी ने संजीवनी विद्या के मंत्र से अभिमंत्रित करके जल छिड़का तो जानकीजी सचेत हो उठीं। मुनि ने पूछा किसकी पुत्री, किसकी पुत्रवधू तथा किसकी स्त्री हो। सीता ने कहा कि मैं जनक की कन्या और राजा दशरथ के पुत्र की स्त्री हूँ। मुनि ने पूछा कि उन्होंने किस दोष से तुम्हें त्यागा है। सीता ने कहा—मैं नहीं जानती, पर आप तो बतलाइये कि आप कौन हैं और यहाँ कैसे आये। (५५) मुनि ने कहा कि हे पुत्री, मुझे बाल्मीकि ब्राह्मण जानो मैं मिथिलेश का गुरु हूँ और सदा उनकी भलाई चाहता हूँ। तुम मेरे आश्रम में चलो, लक्षणों से जान पड़ता है कि तुम्हारे दो बुद्धिमान पुत्र होंगे और त्रिलोक जानैगा कि वे राजा रामजी के पुत्र हैं।

(कुश-लव जन्म)

मूल—

सर्बथा गुनि शुद्ध सीतहि लै गये मुनिराय।
आपनी तपसानि की शुभ सिद्धि सी सुख पाय॥
पुत्र द्वै भये एक श्री कुश दूसरो लव जानि।
जातकर्महि आदि दै सब किये बेद बखानि॥५६॥

शब्दार्थ—तपसा=तपस्या। जातकर्म=पुत्र-जन्म समय के कुछ कर्म (कृत्य)। वेद बखानि=वेद मन्त्र पढ़-पढ़ कर।

भावार्थ—सीता को सर्वथा शुद्ध समझ कर मुनि सीता को अपने साथ

इस प्रकार ले गये मानों उन्हीं की तपस्याओं की सिद्धि है। वहाँ दो पुत्र पैदा हुए, एक कुश दूसरे लव। पैदा होने पर मुनि ने जातकर्मादि सब कृत्य वेदविधि से किये ।

अलंकार—उपमा ।

मूल—(दोहा)—

वेद पढ़ायो प्रथम ही धनुर्वेद सविशेष ।
अस्त्र शस्त्र दीन्हे घने दीन्हे मन्त्र अशेष ।।५७।।

भावार्थ—पहले साधारणतः सब वेद पढ़ाये; पुनः धनुर्वेद विशेष रीति से पढ़ाया सब अस्त्र-शस्त्र दिये और उनके चलाने के सब मन्त्र भी सिखाये ।

(तैंतीसवाँ प्रकाश समाप्त)

चौंतीसवाँ प्रकाश

दोहा—आयो स्वान फिराद को चौंतीसयें प्रकाश ।
अरु सनाढ्य द्विज आगमन लवणासुर को नाश ।।

(स्वान-संन्यासी अभियोग

मूल—दोधक छन्द ।

एक समय हरि धर्म सभा मैं। बैठे हुते नरदेव प्रभा मैं।
संग सबै ऋषिराज विराजैं। सोदर मन्त्रिन मित्रन साजैं ।।१।।

मूल—

शब्दार्थ—हरि=(दुःख हरने वाले) रामजी। धर्म सभा=कचहरी, दरबार। नरदेव=राजा।

भावार्थ—एक दिन विष्णु के अवतार श्रीरामजी कचेहरी में बैठे थे, जहाँ अनेक राजाओं की प्रभा छाई हुई थी। साथ में ऋषिगण, भाई, मन्त्री और मित्र भी थे।

मूल—

कूकर एक फिरादहिं आयो। दुंदुभि धर्म दुवार बजायो।
बाजत ही उठि लक्ष्मण धाये। स्वानहिं कारण बूझन आये ।।२।।

शब्दार्थ—(फिराद=फा० फ़र्याद) नालिश। धर्मदुवार=कचहरी के द्वार पर।

भावार्थ—सरल ही है।

मूल—(कूकुर)—

काहु के क्रोध विरोध न देख्यो। राम को राज तपोमय लेख्यो।
तामहं मैं दुःख दीरघ पायो। रामहिं हौं सो निवेदन आयो ॥३॥

भावार्थ—कुत्ते ने कहा कि श्रीराम के राज्य में मैंने किसी के क्रोध वा विरोध नहीं देखा मानो यह राज्य तपमय है (इस राज्य की सब प्रजा तपस्वी है)। ऐसे राज्य में मैंने बड़ा दुःख पाया है, सो मैं राम से निवेदन करने आया हूँ।

मूल—(लक्ष्मण)—

धर्म सभा महं रामहिं जानो। स्वान चलो निज पीर बखानो॥
(स्वान)
हौं अब राजसभा नहिं जाऊँ। जायकै केशव सोभ न पाऊँ ॥४॥

भावार्थ—लक्ष्मण ने कहा कि श्रीमहाराज जी इस समय कचहरी में बैठे हैं, हे स्वान! चलो तुम अपना दुःख सुनाओ। (कुत्ते ने कहा)—मैं राज सभा में न जाऊँगा, सभा में मेरा जाना शोभाप्रद नहीं। (क्योंकि नीति यह है कि)

मूल—(दोहा)—

देव अदेव नृदेव घर, पावन थल समुदाय।
बिनु बोले आनन्दमति, कुत्सित जीव न जाय ॥५॥

शब्दार्थ—अदेव=(देवातिरिक्त) मनुष्य। नृदेव=राजा। आनन्दमति=लक्ष्मण का सम्बोधन है। कुत्सित=खराब, अपवित्र।

भावार्थ—नीति यह है कि देवता, मनुष्य, और राजा के घरों में तथा समस्त पवित्र स्थानों में, हे आनन्दमति! बिना बोलाये अपवित्र जीवों को न जाना चाहिये।

मूल—(दोधक छन्द)—

राजसभा महं स्वान बोलायो। रामहिं देखत ही सिर नायो॥
राम कह्यौ जु कछू दुख तेरे। स्वान! निशंक कहौ पुर मेरे ॥६॥

शब्दार्थ—पुर=आगे, सामने।

भावार्थ—सरल है।

मूल—(स्वान) तारकछन्द—

तुम हो सरबज्ञ सदा सुखदाई। अरु हो सबको समरूप सदाई।
जग सोवत है जगतीपति जागे। अपने-अपने सब मारग लागे ॥७॥
नरदेवन पाप परै परजाको। निशिवासर होय न रक्षक ताको।
गुणदोषन को जब होय न दर्शी। तबही नृप होय निरैपदपर्शी ॥८॥

शब्दार्थ—(७) जगतीपति=विष्णु।

(८) निरैपदपर्शी=नरकभोगी।

भावार्थ—हे राम ! तुम सर्वज्ञ हो, सदा सुख देने वाले हो और सदा सब को एकसम समझने वाले हो। सब संसार मोहरूपी रात्री में सोता है, केवल एक आप (जगत्पतिरूप से) जगते हो, तुम्हारे जगने से सब जीव अपने कार्य्य में लगे रहते हैं। (इतना कथन तो राम को ईश्वर समझ कर कहा, अब राजा समझ कर कहता है।)

(८) प्रजाकृत पाप राजा को भी लगता है, यदि वह सदैव उसकी निगरानी न करता रहे। जब राजा प्रजा के दोषों व गुणों की निगरानी न करता रहेगा तो वह नरकभोगी होगा (ऐसा शास्त्रों में कहा गया है)।

मूल—(दोहा)—

निज स्वारथ ही सिद्धि द्विज, मोकों कर्‍यो प्रहार।
बिन अपराध अगाधमति, ताको कहा विचार ॥९॥

शब्दार्थ—निज स्वारथ ही सिद्धि=अपने स्वार्थ की सिद्धि के लिये। अगाधमति=रामजी का संबोधन है।

भावार्थ—सरल है।

मूल—(तारक छन्द)—

तब ताकहँ लेन गये जन धाये। तबहीं नगरी महँ ते गहि लाये।

मूल—(तारक छन्द)—

(राम)—यहि कूकुर क्यों बिन दोषहि मार्‍यौ।
अपने जिय त्रास कछू न विचार्‍यौ ॥१०॥

शब्दार्थ—तबहीं=तुरंत। नगरी महँ ते=शहर में से।

भावार्थ—सरल है।

मूल—(ब्राह्मण)—दोहा—

यह सोवत हो पंथ में हौं भोजन को जात।
मैं अकुलाय अगाधमति याको कीन्हो घात ॥११॥

शब्दार्थ—सोवत हो=सोता था। अकुलाय=त्वरा वश, जल्दी के कारण।

भावार्थ—सरल है। (एक प्रति में "अपडर मैं अकुलाय कै याकहँ मारी लात" भी पाठ है)

मूल—(राम)—स्वागता छन्द।

ब्रह्म ब्रह्मऋषिराज बखानो। धर्म कर्म बहुधा तुम जानो।
कौन दंड द्विज को अब दीजै। चित्तचेतिकहिये सोइ कीजै ॥१२॥

शब्दार्थ—ब्रह्म=वेद। चितचेति=दिल से खूब समझ बूझ कर।

भावार्थ—हे ब्रह्मऋषिराज ! तुम विविध प्रकार के धर्म कर्मों को जानते हो, अतः वेदविधि से दिल में खूब समझ-बूझकर बताइये कि इस ब्राह्मण को कौन सा दंड दिया जाय, वही हम करें।

मूल—(कश्यप)—

है अदंड भुवदेव सदाई। यत्र-तत्र, सुनिये रघुराई।
ईश साख अब याकहँ दीजै। चूक हीन अरि कोउ न कीजै ॥१३॥

शब्दार्थ—यत्र=जहाँ। तत्र=तहाँ। चूकिहीन=बिना दोष।

भावार्थ—कश्यप ऋषि बोले कि हे रामजी सुनिये, जहाँ नजर डालो वहीं (जिस शास्त्र या वेद में देखो वहीं) यह विधान है कि ब्राह्मण दंड योग्य नहीं (ब्राह्मण को दंड न देना चाहिये) अतः हे राजन् ! इनको अब यही शिक्षा देकर छोड़ दीजिये कि बिना दोष अब किसी को यह अपना मुद्दई न बना लिया करें।

मूल—(राम)—तोमर छंद।

सुनि स्वान ! कहि तू दंड। हम देहिं याहि अखंड।
कहि बात तू डर डारि। जिय मध्य आपु विचारि ॥१४॥

शब्दार्थ—अखंड=पूरा बिना कमी किये। डर डारि=भय छोड़ कर।

भावार्थ—रामजी ने कुत्ते से कहा कि तू ही बतला कि इसे क्या दंड होना

चाहिये (जिससे तुझे संतोष हो जाय) हम ज्यों का त्यों बिना कमी किये हुए वही दंड इसे देंगे। तू भय छोड़कर और सोच कर बतला।

मूल—(स्वान)—दोहा

मेरो भायो करहु जो, रामचन्द्र हित मंडि।
कीजै द्विज यहि मठपती, और दंड सब छंडि ॥१५॥

भावार्थ—कुत्ता बोला, कि हे महाराज! यदि कृपा करके मेरी ही मनमाई करना है तो सब दंड छोड़कर इस ब्राह्मण को किसी मठ का महंत बना दीजिये।

मूल—निशिपाल छन्द-(लक्षण-भ+ज+स+न+र=१५ वर्ण)

पीत पहिराय पट बाँधि सिरसों पटी।
बोरि अनुराग अरु जोरि बहुधा गटी॥
पूजि परि पायँ मठु ताहि तबही दयो।
मत्त गजराज चढ़ि विप्र मठ को गयो॥ १६॥

शब्दार्थ—पटी=कपड़ा (पगड़ी, साफा)। गटी=समूह (वाहन और सेवकादि का) तबहीं=तुरन्त (कुत्ते के कहते ही)।

भावार्थ—तब रामजी ने तुरन्त उस ब्राह्मण को नवीन पीताम्बर पहिनाकर सिर में पगड़ी बँधवाकर, बड़े प्रेम से और भी बहुत से वाहन और सेवकों का समूह देकर, आदर से पैर छू कर उसे कालिंजर के मठ का महन्त बना दिया और मस्त हाथी पर सवार होकर वह अपने मठ को चला गया।

मूल—(दोहा)—

भयो रंक ते राज द्विज, करयो स्वान-करतार।
भोगन लाग्यो भोग वै, दुंदुभि बाजत द्वार॥१७॥

भावार्थ—वह ब्राह्मण स्वान ब्रह्मा का बनाया हुआ रंक से राजा हो गया (गरीब भिक्षुक विप्र से धनी महन्त हो गया) और अनेक प्रकार के भोग भोगने लगा तथा उसके द्वार पर विभव सूचक नगाड़े बजने लगे।

मूल—मोदक छन्द।

पूछत लोग सभा महँ स्वानहिं। जानत नाहिन या परमानहिं।
विप्रहिं तै जु दई पदवी यह। है यह निग्रह कैधौं अनुग्रह ॥१८॥

शब्दार्थ—नाहिन=नहीं। जानत....नहिं=इस व्यवस्था का प्रमाण हम

नहीं जानते कि किस शास्त्र के अनुसार तूने यह व्यवस्था दी है। निग्रह=दंड अनुग्रह=कृपा।

भावार्थ—सभा के कुछ लोग कुत्ते से पूछने लगे कि भाई हम इस व्यवस्था का प्रमाण नहीं जानते (कि किस शास्त्र के अनुसार तूने यह व्यवस्था दी है) इस ब्राह्मण को जो तूने यह पदवी दिलवाई सो यह दंड है या कृपा है।

(मठधारी निंदा)

मूल—(स्वान) दोधक छन्द।

एक कनोज हुतौ मठधारी। देव चतुर्भुज को अधिकारी।
मन्दिर कोउ बड़ो जब आवै। अंग भलो रचनानि बनावै॥१६॥
जादिन केशव कोउ न आवै। तादिन पालक ते न उठावै।
भेंटन लै बहुधा धन कीन्हो। नित्य करै बहु भोग नवीनो॥२०॥

भावार्थ—(कुत्ता कहता है कि) कन्नौज में एक मठधारी था जो विष्णु मन्दिर का अधिकारी था। जिस रोज मन्दिर में कोई बड़ा आदमी आता उस दिन ठाकुर जी का अच्छा सिंगार करता था। (१६)।

जिस दिन कोई (धन चढ़ानेवाला) न आता था, उस दिन ठाकुर जी को पलंग पर से उठाता भी न था (ठाकुर को जगाता तक न था)। इस प्रकार भेंट चढ़ौनिया लेकर बहुत सा धन जोड़ा था और नित्य नवीन प्रकार के भोग विलास करता था (२०)।

मूल—

एक दिना इक पाहुन आयो। भोजन सो बहु भाँति बनायो।
ताहि परोसन को पितु मेरो। बोलि लियो हितुहो सब केरो॥२१॥

शब्दार्थ—हितु=मित्र। हो=था।

मूल—

ताहि तहाँ बहु भाँति परोसो। केहूँ कहूँ नख माहिं रहो घ्यों।
ताहि परोसि जहीं घर आयो। रोवन हौं हँसि कंठ लगायो॥२२॥

भावार्थ—उस मठधारी के यहाँ एक दिन एक मेहमान आया, उसके लिये उस पुजारी ने अनेक प्रकार के भोजन बनवाये, और परोसने के लिये मेरे

पिता को बुलवाया, क्योंकि मेरा पिता सबका मित्र था (सब से अच्छा व्यौहार रखता था)—(२१)

उस पाहुने के लिये अनेक प्रकार के भोजन परोसे, अतः किसी प्रकार कहीं नाखून के भीतर कुछ घी लगा रह गया। उसको भोजन कराकर जब पिता जी घर आये तो मैं रो रहा था, पिता ने हँस कर मुझे गोद में उठाकर गले लगाया (२२)।

मूल—चामर छन्द—(लक्षण—क्रम से सात बार गुरु लघु और अंत में एक गुरु=१५ वर्ण)—

मोहिं मातु तात दूत भात भोज को दियो।
बात सों सिराय तात छीर अँगुली छियो।
घ्यौ द्रयो भष्यो गयो अनेक नर्कबान भो।
हौं भ्रम्यों अनेक योनि औध आनि स्वान भो ॥२३॥

शब्दार्थ—दूत=दूध। भोज=भोजन। बात=हवा। सिराय=ठंढा करके। छियो=छुआ। घ्यौ=घी। द्रयौ=द्रव रूप हो गया, पिघल गया। नर्कबान=नरकगामी, नरकभोगी। औध=(अवध) अयोध्या।

भावार्थ—(तदनन्तर) माता ने मुझे गरम-गरम दूध भात खाने को दिया। हवा ठंढा करके पिता ने उस दूध को अँगुली से छुआ। (अँगुली से नाखून के भीतर लगा हुआ) घी पिघल गया, और वह घी मुझसे खाया गया, (मैं उस घी को खा गया), उसके दोष से मैं अनेक नरकों का भोगी हुआ। इस प्रकार मैं अनेक योनियों में भ्रमता अब अयोध्या में आकर कुत्ता हुआ हूँ (मठधारियों का द्रव्य खाने से मेरी यह गति हुई तब स्वयं मठधारी की क्या दशा होती होगी, सो आप लोग स्वयं अनुमान कर लें)।

मूल—(दोहा)—

वाको थोरो दोष मैं दीन्हो दंड अगाध।
रामचराचर ईश तुम छमियो या अपराध ॥२४॥

भावार्थ—(इस बात को समझते हुए) हे श्रीरामजी! आप चराचर के मालिक हैं, मेरा अपराध क्षमा करना, उस ब्राह्मण का थोड़ा सा दोष था पर मैंने उसे बड़ा घोर दंड दिलवाया है।

मूल—(दोहा)—

लोक कर्‌यो अपवित्र वहि लोक नरक को वास।
छिये जुकोऊ मठपतिहिं ताको पुन्य विनास।।२५।।

शब्दार्थ—अपवित्र=कलंकित नापाक। 'वहि' शब्द 'देहरी दीपकन्याय' से दोनों ओर लगेगा।

भावार्थ—जो मठपति होता है, वह अपना यह लोक भी कलंकित करता है और उस लोक में जाकर नरकवास पाता है। वह इतना पापी माना जाता है कि जो कोई उसे छुवे उसका भी पुण्य नाश हो जाता है।

नोट—इसके प्रमाण में केशव ने संस्कृत ग्रन्थों से कई श्लोक दिये हैं। वे नीचे लिखे जाते हैं।

रामायणे—

ब्रह्मस्वं देवद्रव्यञ्च स्त्रीणां बालधनं च यत्।
दत्तं हरति यो मोहात्स पचेन्नरके ध्रुवम्।।

शब्दार्थ—ब्रह्मस्वं=ब्राह्मण का धन। देवद्रव्यं=देवता पर चढ़ाया हुआ धन। दत्तं=अपना ही दिया हुआ। मोहात्=मोह से। स=वह। पचेत्=जलता है। नरक में। ध्रुवम्=निश्चय ही।

भावार्थ—ब्राह्मण का, देवता का, स्त्री और बालक का, वा अपना ही दिया हुआ धन जो भूल से भी हरण करता है वह निश्चय ही नरक में जलता है।

स्कन्धपुराणे—

हरस्य चान्यदेवस्य केशवस्य विशेषतः।
मठपत्यञ्च यः कुर्य्यात्सर्वधर्मवहिष्कृतः।।

भावार्थ—महादेव के अन्य देव के और विशेष कर विष्णु के मन्दिर का जो जन मठपति होता है, वह सर्व धर्म रहित हो जाता है।

पद्मपुराणे—

पत्रं पुष्पं फलं तोयं द्रव्यमन्नं मठस्य च।
योऽश्नाति स पचेद्घोरान्नरकानेकविंशतिः।।

भावार्थ—जो मनुष्य किसी मठ का पत्र, पुष्प, फल, जल, द्रव्य और अन्न खाता है, वह महा भयानक २१ नरकों में जलता है।

देवीपुराणे—

अभोज्यं मठिनामन्नं भुक्त्वा चान्द्रायणं चरेत्।
स्पृष्ट्वा मठपतिं विप्रं सवासा जलमाविशेत्॥

भावार्थ--मठधारियों का अन्न अभोज्य (न खाने योग्य) है, जो कोई खाय उसे चान्द्रायण व्रत करना चाहिये। मठपति ब्राह्मण को छूकर सचैल स्नान करना चाहिये।

(नोट)—कुत्ते ने कहा था कि "गुण दोषन को जब होय न दर्शी। तब ही नृप होय निरैपदपर्शी" (छंद ८) इस बात के प्रमाण में वह कुत्ता राजा सत्यकेतु की कथा सुनाता है।

(सत्यकेतु का आख्यान)

मूल—दोहा—

औरौ एक कथा कहौं, विकल भूप की राम।
वहौ अयोध्या वसत है, बंशकार के धाम॥ २६॥

शब्दार्थ—वंशकार=बँसफोर, बसोर, डोम। विकल=कष्टभोगी (ऊपर कहे हुए राजधर्म से च्युत होकर जो कष्ट भोग रहा है अतः अति विकल है)।

भावार्थ--सरल ही है।

मूल--वसंततिलका छन्द।

राजा हुतो प्रबल दुष्ट अनेक* हारी।
बाराणसी विमल छेत्र निवासकारी॥
सो सत्यकेतु यहि नाम प्रसिद्ध सूरो।
विद्याविनोद रत धर्म विधान पूरो॥२७॥

शब्दार्थ--दुष्ट अनेक हारी=अनेक दुष्टों को मारने वाला।

भावार्थ--पुण्यक्षेत्र बनारस का निवासी, अनेक दुष्टों को मारने वाला एक बड़ा बली राजा था। उसका नाम सत्यकेतु था, वह एक प्रसिद्ध शूर था। विद्याविनोद में रत रहता था और पूर्ण धार्मिक भी था।

---

*पाठान्तर--दुष्ट अनै प्रहारी=दुष्टों और अनै (अनय=अनीत)का नाश करने वाला। यह पाठ हमें अच्छा जँचता है।

मूल—

धर्माधिकार पर एक द्विजाति कीन्हो।
संकल्प द्रव्य बहुधा तेहि चोरि लीन्हो।
बन्दीविनोद गणिकादि विलास कर्त्ता।
पावैं दशांश द्विजदान, अशेषहर्त्ता ॥२८॥

शब्दार्थ—द्विजाति = ब्राह्मण। बंदीविनोदकर्त्ता = बंदीजनों की प्रशंसा से आनंदित होने वाला। अशेष = सब।

भावार्थ—उस सत्यकेतु राजा ने धर्मद्रव्य का अधिकारी (बाँटने वाला) एक ब्राह्मण को बना दिया। वह धर्मार्थ निकाले हुए द्रव्य में से अधिकतर चुरा लेता। बंदीजनों की प्रशंसा और गणिका-गमनादि विलासों में लगा रहता, धर्मार्थ द्रव्य का केवल दशांश ही ब्राह्मण पाते और सब धन वह खुद गबन कर जाता था।

मूल—

राजा विदेश बहु साजि चमू गयो हो।
जूझ्यौ तहाँ समर यौधन सों भयो हो।
आये कराल यम दूत कलेश कारी।
लीन्हे गये नृपति को जहँ दंडधारी ॥२६॥

शब्दार्थ—चमू = सेना। हो = था। किल = निश्चय। दंडधारी = यमराज।

भावार्थ—(एक समय) वह राजा सेना सजाकर दिग्वजय के हेतु विदेश को गया था, वहाँ योद्धाओं से युद्ध हुआ और वह समर में जूझ गया। तब कष्टदाता बड़े कराल यमदूत आये और उसे पकड़ कर यमराज के निकट ले गये।

मूल—भुजंगप्रयात छन्द—(लक्षण—४ यगण = १२ वर्ण)

(धर्म)—कहा भोगवैगो महाराज टू मैं।
कि पापै कि पुन्यै कर्‍यो भूरि भू मैं।
(राजा)—सुनो देव मोको कछू सुद्धि नाहीं।
कहौ आपही पाप जो मोहिं माहीं ॥३०॥
(धर्म)—कियो तैं द्विजाती जु धर्माधिकारी।
सु तौ नित्य संकल्प वित्तापहारी।

दियो दुष्ट रंडानि मुण्डानि लै लै।
महापाप माथे तिहारे सु दै दै ॥३१॥

शब्दार्थ—(३०) भोगवैगो=भोगेगा। (३१) संकल्प वित्तापहारी= संकल्प किये हुये दान द्रव्य को अपहरण करने वाला। रंडानि=राँड़ों को (व्यभिचारिणी विधवाओं को)। मुंडानि=मोड़ियों को (दासी पुत्रियों को, वेड़िनों को)।

भावार्थ—(३०) —धर्मराज ने पूछा कि महाराज! पाप और पुन्य, जो पृथ्वी पर आपने बहुत से किये हैं, इन दोनों में से आप पहले किसका फल भोगना चाहते हैं। (राजा ने कहा) हे देव! मुझे तो इस बात की सुधि ही नहीं कि मैंने कभी पाप किया है। अतः कृपा करके आप ही बतलाइये कि मैंने क्या पाप किये हैं।

(३१)—धर्मराज ने कहा कि तूने जो ब्राह्मण को धर्माधिकारी बनाया था वह नित्य ही दान किये हुये धन को चुरा लेता था (सुपात्रों को नहीं देता था) काम वश हो वही द्रव्य लेकर अपने स्वार्थ साधन हेतु वह दुष्ट व्यभिचारिणी राँड़ों और दासी-पुत्रियों को देता था। इस प्रकार तुम्हारे माथे पर बहुत पाप लगता था।

मूल—

हुतो तैं सबै देश ही को नियंता।
भले की बुरे की करी तैं न चिंता।
महा सूक्ष्म है धर्म की बात देखो।
जितो दान दीनो तितो पाप लेखो ॥३२॥

शब्दार्थ—हुतो=था। नियंता=नियम पर चलाने वाला। सूक्ष्म= बारीक। बात=गति।

भावार्थ—सरल ही है।

मूल—दोहा—

काल सर्प से भभ भये सबै राज के कर्म।
ताहू से अति कठिन है नृपति दान के धर्म ॥३३॥

शब्दार्थ--कालसर्प=वह साँप जिसके डसने से मृत्यु ही होती है, कोई बचता नहीं। धर्म=विधान।

भावार्थ—सरल ही है। (पूर्वार्द्ध में उपमालंकार है)।

मूल—भुजंगप्रयात छन्द।

भयो कोटिधा नर्क संपर्क ताको। हुते दोष संसर्ग के शुद्ध जाको।
सबै पाप भे छीण, भो मुक्त लेखी। रह्यो औधमें आनिह्वै कोलभेखी॥३४॥

शब्दार्थ—संपर्क=संयोग। संसर्ग=लगाव, छुआव। शुद्ध=केवल। कोलभेखी=शूकर भेस से (सुअर देह से)।

भावार्थ—(वही कुत्ता कहता है कि हे रामजी देखो) उस सत्यकेतु राजा को केवल संसर्ग से दोष लगा था, (उसने स्वयं कोई पाप नहीं किया था) तिस पर भी उसे अनेक नरक भोगने पड़े। जब उसके पाप क्षीण हो चुके (पापों का अधिकांश फल भोग चुका) और मुक्त होने का लेखा आ गया तब इस समय वह अयोध्या में आकर डोम के घर शूकर देह में रहता है।

(सनाढ्य द्विज आगमन वर्णन)

मूल--तारक छन्द=(लक्षण—४ सगण+गुरु=१३ वर्ण)

तब बोलि उठो दरबार विलासी।
द्विज द्वार लसैं यमुना तट वासी॥
अति आदर सों ते सभा महँ बोल्यौ।
बहु पूजन कै मग को श्रम खोल्यौ॥३५॥

शब्दार्थ—दरबार=(दर=द्वार, बार=किनारा) दरवाजा की एक अलंग। दरबारविलासी=द्वारपाल। ते=तिसको, उसको। बोल्यौ=बुलवाया। खोल्यो=मुक्त किया।

भावार्थ—इतने ही में एक द्वारपाल ने सूचना दी कि द्वार पर यमुनातट-वासी (मथुरानिवासी) कई एक ब्राह्मण खड़े हैं (क्या आज्ञा होती है)। रामजी बड़े आदर से उनको सभा में बुलाया और अनेक प्रकार से सब का आदर करके मार्ग की थकावट दूर की।

मूल—(राम)—रूपमाला छन्द (लक्षण—१४+१०=२४ मात्रा, अंत में गुरु लघु)

शुद्ध देश ये रावरे सों भे सबै यहि बार।
ईश आगम संगमादिक, ही अनेक प्रकार॥
धाम पावन ह्वै गयो पद, पद्म को पयपाय।
जन्म शुद्ध भयो छुए कुल, दृष्टि ही मुनिराय॥३६॥

शब्दार्थ—देश=विविध स्थान (द्वार, सभा, आँगन, घर, दालान इत्यादि)। ईश=प्रभु। संगम=स्पर्श। पय=जल। कुल=परिवार।

भावार्थ—रामजी ने कहा कि हे महाराज! आपकी दया से आज हमारे ये सब स्थान शुद्ध हो गये, आपके आने से तथा आपके स्पर्श से अनेक प्रकार के लाभ हुए। आपका चरणोदक पाकर हमारा राजमहल पवित्र हो गया। आपके चरण छूने से हमारा जन्म सुफल हो गया और आपकी कृपा दृष्टि से हमारा परिवार शुद्ध हो गया।

मूल—

पादपद्म प्रणाम की भये, शुद्ध शीरष हाथ।
शुद्ध लोचन रूप देखत, ही भये मुनिनाथ।
नासिका रसना विशुद्ध, भये सुगन्ध सुनाम।
कर्ण कीजिए शुद्ध शब्द, सुनाय पीयुष धाम॥३७॥

शब्दार्थ—शीरष=शीर्ष, सिर। रसना=जीभ। पीयुष=(पीयूष) अमृत।

भावार्थ—हे मुनिनाथ! आपके चरण कमलों को प्रणाम करने से हमारे मस्तक और हाथ पवित्र हुए, रूप देखकर नेत्र शुद्ध हुए, नासिका आपकी गंध सूँघ कर और जीभ आपका नाम लेकर शुद्ध हो गई। अब सुवासम वचन सुना कर कानों को भी शुद्ध कीजिए।

अलंकार—क्रम (तीसरे चरण में)।

मूल—दोधक छन्द।

(राम)—आये कहा सोइ आयसु दीजै।
आज मनोरथ पूरण कीजै।

(द्विज)—जीवति सों सब राज तिहारी।
निर्भय ह्वै भुवलोक बिहारी॥३८॥

शब्दार्थ—जीवति = जीविका। राज्य = राज्यनिवासी प्रजा।

भावार्थ—रामजी ब्राह्मणों से पूछते हैं कि आप कैसे आये (किस कार्य से आये) सो आज्ञा दीजिये, मैं आज ही आपका मनोरथ पूर्ण कर दूँ। तब वे ब्राह्मण कहते हैं कि महाराज! आपके राज्य के समस्त निवासी गण जीविका की ओर से निर्भय होकर समस्त संसार में बिचरते हैं (तात्पर्य यह कि किसी की जीविका पर कोई विघ्न नहीं, पर हमारी जीविका पर विघ्न है। देखिये छंद नं० ४२)।

मूल—(द्विज)—मरहट्टा छन्द।

तुम हौ सब लायक, श्रीरघुनायक, उपमा दीजै काहि।
मुनि मानस रंता, जगत नियंता, आदिहु अन्त न जाहि।
मारो लवणासुर जैसे मधु-मुर श्रीरघुनाथ।
जग जय रस भीनो, श्रीशिव दीन्हो, शूलहि लीन्हें हाथ॥३९॥

शब्दार्थ—रंता = रत। नियन्ता = नियम से चलाने वाला। जगजयरस भीनो = जगत भर को जीतने की शक्ति रखने वाला।

भावार्थ—द्विजगण बोले कि हे रामजी आप सब लायक हैं, आपको किससे उपमित करें (कोई उपमा नहीं)। आप मुनियों के मन से अनुरक्त हो (मुनियों के मनों में रहते हो) जगत को नियम से चलाते हो, तुम्हारा आदि अंत नहीं (तुम विष्णु हो) अतः जैसे मुर और मधु नामक दैत्यों को मारा है वैसेही इस लवणासुर को भी मारिये हाथ में शिव का दिया हुआ जगत्-विजयी त्रिशूल है।

मूल—(दोहा)—

जापै मेलब शूल वह, सुनिये त्रिभुवनराय।
ताहि भस्म करि सर्वथा, वाही के कर जाय॥४०॥

भावार्थ—(वह त्रिशूल कैसा है कि) हे त्रिभुवनपति राम! सुनिये, जिसपर वह त्रिशूल चलाता है, उसे जलाकर वह त्रिशूल पुनः उसीके हाथ में पहुँच जाता है।

मूल—दोधक छन्द ।

देव सबै रण हारि गये जू । और जिते नरदेव भये जू ।
श्रीभृगुनन्दन युद्ध न माँड्यो । श्रीशिव को गुनि सेवक छाँड्यो ।। ४१ ।।

शब्दार्थ—नरदेव = राजा । भये = भययुक्त हो गये हैं । युद्ध न माँड्यो = युद्ध नहीं किया । गुनि = समझकर ।

भावार्थ—उस लवणासुर से सब देवता युद्ध करके हार गये हैं, और जितने राजा हैं वे सब उससे भयभीत हैं । परशुरामजी ने उसे शिव का सेवक समझ कर छोड़ दिया उससे युद्ध नहीं किया ।

मूल—(दोहा)—

पादारघ हमको दियो मथुरा मण्डल आप ।
वासों बसन न पावहीं बिना बसे अति पाप ।। ४२ ।।

शब्दार्थ—पादारघ = (पाद्यार्घ में दी हुई भूमि) माफी । पाप = कष्ट ।

भावार्थ—मथुरामण्डल की भूमि आपने हमें पादारघ में दी है (माफी में दी है) सो वहाँ उसके मारे हम बसने नहीं पाते, बिना बसे हमको अति कष्ट है ।

मूल—(राम)—दोहा—

रक्षहिंगे शत्रुघ्न सुत, ऋषि तुमको सब काल ।
वासुदेव ह्वै रक्षिहों हँसि कह दीन दयाल ।। ४३ ।।

भावार्थ—दीनदयाल रामजी ने प्रसन्न होकर ब्राह्मणों से कहा कि हे ऋषिगण ! हमारे भतीजे (श्री शत्रुघ्नजी के पुत्र सुबाहु देखो प्रकाश ३६ छंद नं० २७) सर्वदा तुम्हारी रक्षा करेंगे । मैं भी कृष्ण होकर तुम्हारी रक्षा करूँगा ।

(मथुरा माहात्म्य वर्णन)

मूल—भुजंगप्रयात छन्द ।

चलो वेगि शत्रुघ्न ताको सँहारो । वहै देश तौ भावतो है हमारो ।
सदाशुद्ध वृन्दावनीभूभली है । तहाँ नित्यमेरीविहारस्थली है ।।४४।।

भावार्थ – इसके अनन्तर श्रीरामजी ने श्रीशत्रुघ्न को आज्ञा दी कि जाओ और उस असुर को मारो, वही देश तो हमको अति प्यारा है । वही देश सदा

शुद्ध है, जहाँ वृन्दा देवी की वाटिका और भलीभूमि है, वहीं हमारे नित्य बिहार का स्थान है ।

मूल—यहै जानि भू मैं द्विजन्मानि दीनी ।
बसै यत्र वृन्दा प्रिया प्रेम भीनी ।।
सनाढ्यानि की भक्ति जो जीय जागै ।
महादेव को शूल ताके न लागै ।। ४५ ।।

भावार्थ—यही समझकर मैंने वह भूमि ब्राह्मणों को दी है जहाँ हमारी प्रिया प्रेमभरी श्रीबृन्दा (तुलसी) जी बसती हैं । सनाढ्य ब्राह्मणों की भक्ति जिसके मन में जगैगी, शिव का त्रिशूल उसके नहीं लग सकता ।

(लवणासुर-बध वर्णन)

मूल—भुजंगप्रयात छन्द ।
बिदा ह्वै चले राम पै शत्रु हंता । चले साथ हाथी रथी युद्धरंता ।
चतुर्धा चमू चारिहू ओर गाजैं । बजै दुन्दुभी दोह दिग्दंति लाज ।।४६।।

शब्दार्थ—पै = से (ठेठ बुँदेलखंडी मुहावरा है) । शत्रुहंता = शत्रुघ्न । रंता = रत, अनुरक्त । चतुर्धा चमू = चतुरंगिनी सेना । दिग्दंति = दिग्गज ।

भावार्थ—राम से बिदा होकर शत्रुघ्नजी चले और साथ में युद्धानुरागी हाथी और रथी भी चले । चारों ओर चतुरंगिनी सेना गरजती है, बड़े-बड़े नगाड़े बजते हैं जिनके शब्द से दिग्गज भी लजाते हैं ।

अलंकार—सबंधातिशयोक्ति ।

मूल—(दोहा)—
केशव वासर बारहें, रघुपति के सब बीर ।
लवणासुर के यमहि जनु मेले यमुना तीर ।। ४७ ।।

भावार्थ—केशव कवि कहते हैं कि अयोध्या से चलकर रामजी की सेना के सब वीर बारहवें दिन यमुनातट पर जा उतरे वे ऐसे जान पड़े मानो लवणासुर के यम ही हैं (भाव यह कि प्रत्येक लवणासुर के मारने में समर्थ था)।

अलंकार—उत्प्रेक्षा ।

मूल—मनोरमा छन्द । लक्षण—४ सगण+२ लघु=१४ वर्ण)

लवणासुर आइ गयो यमुनातट
अवलोकि हँस्यो रघुनन्दन के भट।
धनु बाण लिये निकसे रघुनन्दन।
मद के गज को सुत केहरि को जनु ॥४८॥

भावार्थ—(उसी समय) लवणासुर भी यमुनातट पर आ गया और शत्रुघ्न की सेना को देख कर हँसा। शत्रुघ्नजी तुरन्त धनुष बाण लिये हुए शिविर से निकले, मानों मस्त हाथी पर सिंहशावक झपटा हो।

अलंकार—उत्प्रेक्षा।

मूल—(लवणासुर) भुजंगप्रयात छन्द।

सुन्यो तै नहीं जो यहाँ भूलि आयो।
बड़ो भाग मेरो बड़ो भक्ष पायो॥
(शत्रुघ्न)—महाराज श्रीराम हैं क्रुद्ध तोसों।
तजै देश को कै सजै युद्ध मोसों ॥४९॥

भावार्थ—लवणासुर ने कहा कि तूने मेरी वीरता का हाल नहीं सुना या भूल कर यहाँ आ गया है। मेरा बड़ा भाग्य है, बहुत सा भोजन एकत्र मिल गया (अब तुम सबों को खा जाऊँगा)। शत्रुघ्न ने कहा कि श्रीरामजी तुमसे अप्रसन्न हैं, सो या तो इस देश को छोड़ दे या मुझसे युद्ध कर।

अलंकार—विकल्प।

मूल—(लवणासुर)

वहै राम राजा दशग्रीव हंता। सुतौ बन्धु मेरो सुरस्त्रीनरंता।
हतौं तोहि वाको करौं चित्तभायो। महादेवकी सौं बड़ोभक्षपायो ॥५०॥

शब्दार्थ—सुरस्त्रीनरंता=देवांगनाओं से भोग करने वाला। सौं=(सौंह) कसम, शपथ।

भावार्थ—लवणासुर ने कहा कि हाँ हाँ वही राम राजा जिसने देवांगनाओं के साथ भोग करने वाले दशशिरवाले रावण को मारा है, वह रावण मेरा मित्र था, अतः अब तुझे मारूँगा और उसकी मनभाई बात करूँगा। महादेवजी की सौगंध बड़ा अच्छा भोजन मिला है।

अलंकार—प्रत्यनीक।

मूल—

भये क्रुद्ध दोऊ दुऊ युद्धरंता।
दुऊ अस्त्र शस्त्र प्रयोगी निहंता॥
बली बिक्रमी धीर सोभा प्रकासी।
नस्यो हर्ष द्वौ ईषु वर्षै त्रिनासी॥५१॥

शब्दार्थ—युद्धरंता = रणानुरागी। प्रयोगी = चलाने वाले। निहंता = काटने वाले। ईषु = (सं० इषु) बाण।

भावार्थ—दोनों रणानुरागी योद्धा परस्पर क्रुद्ध हुए, दोनों अस्त्र-शस्त्र चलाते भी हैं और शत्रु के चलाये हुए को काटते भी हैं। दोनों बली हैं, बिक्रमी हैं, धीर हैं और वीरता की शोभा प्रकाशित करने वाले हैं। दोनों ने दोनों का आनन्द नाश कर दिया, (साहस भंग कर दिया। क्योंकि दोनों योद्धा विनाशक बाण बरसाते हैं (तात्पर्य यह है कि दोनों ने दोनों को त्रस्त कर दिया है)।

अलंकार—अन्योन्य।

मूल—(शत्रुघ्न) दोहा।

लवणासुर! शिवशूल बिनु और न लागै मोहिं।
शूल लिये बिन भूल हू हौं न मारिहौं तोहिं॥५२॥

भावार्थ—शत्रुघ्नजी ने पुकार कर कहा—हे लवणासुर! शिवप्रदत्त त्रिशूल के अलावा अन्य कोई भी अस्त्र-शस्त्र मेरे न लगेगा (अतः तू त्रिशूल मेरे ऊपर छोड़) मेरी प्रतिज्ञा है कि जब तक तू वह त्रिशूल हाथ में न लेगा तब तक मैं तुझे मारूँगा नहीं। (अर्थात् ज्योंही तू त्रिशूल ग्रहण करेगा त्योंही मैं तुझे मार डालूँगा)।

मूल—(मोटनक छन्द)

लीन्हो लवणासुर शूल जहीं। मारयौ रघुनन्दन बाण तहीं।
काटयौ सिर शूल समेत गयो। शूली कर सुःख त्रिलोक भयो॥५३॥
बाजे दिवि दुन्दुभि दीह तबै।
आये सुर इन्द्र समेत सबै।

(देव)—कीन्हो बहु विक्रम या रण में।
माँगो बरदान रुचै मन में ॥५४॥

भावार्थ—(५३) ज्योंही लवणासुर ने त्रिशूल लिया, त्योंही शत्रुघ्न ने बाण मारा और (वह त्रिशूल फेंकने न पाया कि) उसका सिर त्रिशूल समेत काट दिया। वह सिर महादेवजी के हाथ में जा गिरा और त्रिलोक वासियों को सुख हुआ।

(५४)—तब आकाश में बड़े-बड़े नगाड़े बजे और इन्द्र सहित सब देवता वहाँ आये और शत्रुघ्न से कहा कि इस रण में आपने बहुत बड़ा पराक्रम किया है, अतः जो रुचै वह बरदान माँग लो।

मूल—(शत्रुघ्न) प्रमाणिका छन्द—(लक्षण=ज+र+लघु+गुरु=८ वर्ण)

सनाढ्य वृत्ति जो हरै। सदा समूल सो जरै।
अकाल मृत्यु सो मरै। अनेक नर्क सो परै॥५५॥

शब्दार्थ—वृत्ति=जीविका।

भावार्थ—सरल ही है।

मूल—

सनाढ्य जाति सर्वदा। यथा पुनीत नर्मदा।
भजैं सजैं ते संपदा। विरुद्ध ते असंपदा॥५६॥

शब्दार्थ—भजैं=भक्ति करें। सजैं=पावें। असंपदा=दारिद्र।

भावार्थ—सरल ही है।

मूल—(दोहा)

मथुरा मंडल मधुपुरी केशव सुबस बसाय।
देखे तब शत्रुघ्न जू राम चन्द्र के पाय॥५७॥

भावार्थ—सरल है।

(चौंतीसवाँ प्रकाश समाप्त)

———

पैंतीसवाँ प्रकाश

दोहा—पैंतीसवें प्रकाश में अश्वमेध किय राम।
मोहन लव शत्रुघ्न कृत ह्वै है संगर धाम॥

शब्दार्थ—मोहन लव शत्रुघ्न कृत=शत्रुघ्न के बाण से लव का मूर्छित होना। संगर धाम=रणभूमि।

मूल—(दोहा)—

विश्वामित्र वशिष्ट स्यों एक समय रघुनाथ।
आरंभ्यो केशव करन अश्वमेध की गाथ॥ १॥

शब्दार्थ—गाथ=(गाथा) वार्ता, सलाह, मंत्रणा।

भावार्थ—एक समय श्रीरामजी ने वसिष्ट सहित विश्वामित्र (तथा अन्य ऋषियों सहित) से अश्वमेध यज्ञ करने की मंत्रणा आरम्भ की (सलाह पूछी)।

मूल—(राम) चामर छन्द

मैथिली समेत तौ अनेक दान मैं दियो।
राजसूय आदि दै अनेक यज्ञ मैं कियो।
सीय-त्याग पाप ते हिये सु हौं महा डरौं।
और एक अश्वमेध जानकी बिना करौं॥ २॥

शब्दार्थ—अश्वमेध=किसी पाप के निवारणार्थ वा किसी पद की प्राप्ति के लिये जिस यज्ञ में घोड़े की बलि देकर विधान किया जाता है वह यज्ञ अश्वमेध यज्ञ कहलाता है। इस यज्ञ को ब्राह्मण क्षत्रिय और वैश्य तीनों द्विजातीय कर सकते हैं। राजसूय=यह यज्ञ केवल क्षत्रिय ही कर सकता है। यह एक प्रकार का शाही दर्बार है जो छोटे राजाओं पर अपना आतंक जमाने के लिये किया जाता है।

भावार्थ—श्रीरामजी ऋषियों से कहते हैं कि जानकी समेत (सपत्नीक) तो मैंने अनेक प्रकार के दान दिये हैं, राजसूयादि अनेक प्रकार के यज्ञ किये हैं। पर सीता त्यागने के पाप से मैं बहुत डर रहा हूँ, अतः आज्ञा हो तो उस पाप के निवारणार्थ जानकी के बिना ही (अपत्नीक) एक अश्वमेध यज्ञ और भी कर डालूँ। (पूछने का तात्पर्य यह है कि वह यज्ञ अपत्नीक हो सकता है वा नहीं)।

मूल—(कश्यप)—दोहा।

धर्म कर्म कछु कीजई, सफल तरुणि के साथ।
ता बिन जो कछु कीजई, निष्फल सोई नाथ ॥३॥

शब्दार्थ—तरुणि = स्त्री, पत्नी। ताबिन = बिना उसके, अपत्नीक।

भावार्थ—सरल ही है।

मूल—तोटक छन्द

करिये युत भूषण रूपरयी। मिथिलेश सुता इक स्वर्णमयी।
ऋषिराज सबै ऋषि बोलि लिये। सुचिसों सब यज्ञ विधान किये ॥ ४ ॥

शब्दार्थ—रूपरयी = सुन्दर।

भावार्थ—(कश्यप ऋषि ने सलाह दी की) आभूषणों युक्त अति सुन्दर, सीता की, एक सोने की प्रतिमा बनवाइये (उसके साथ यज्ञ कर सकते हैं) तब वशिष्ठ ने अन्य ऋषियों को बुलवाया और पवित्रता से यज्ञ का सब विधान कराना आरंभ किया।

मूल—

हयशालन ते हय छोरि लियो। शशि वर्ण सो केशव शोभरयो।
श्रुतिश्यामल एक विराजतु है। अलिस्यों सरसीरुह लाजतु हैं ॥५॥

शब्दार्थ—शशिवर्ण = सफेद। शोभरयो = सुन्दर। श्रुति = कान। श्यामल = काला। स्यों = सहित। सरसीरुह = सफेद कमल, पुंडरीक।

भावार्थ—अस्तबलों से एक घोड़ा मँगाया गया जो सफेद रंग का और बहुत सुन्दर था। उसका एक कान काला था जिससे भ्रमर सयुक्त पुंडरीक (श्वेत कमल) लज्जित होता था।

अलंकार—प्रतीप।

मूल—रूपमाला छंद।

पूजि रोचन स्वच्छ अच्छत पट्ट बाँधिय भाल।
भूषि भूषण शत्रुदूषन छोड़ियों तेहि काल।
संग लै चतुरंग सैनहि शत्रु हन्ता साथ।
भाँति भाँतिन मान दै पठये सु श्री रघुनाथ ॥६॥

शब्दार्थ—रोचन = रोरी (रोचन)। स्वच्छ = सफेद। अच्छत = चावल।

पट्ट=पट्टी, जिसमें अश्वमेध करने वाले का नाम लिखा रहता (देखो छंद नं० १२, १३)। शत्रुदूषन=शत्रु को नाश करने वाले श्रीरामजी। शत्रुहंता=शत्रुघ्नजी।

भावार्थ—उस घोड़े को रोरी और सफेद अक्षतों से पूज कर और मस्तक पर निज नामांकित पट्टी बाँध कर, भूषणों से सुसज्जित करके छोड़ दिया। उस की रक्षा के लिये रामजी ने चतुरंगिनी सेना समेत शत्रुघ्न जी को अनेक प्रकार से सम्मानित करके साथ भेजा।

मूल—जात है जित बाजि केशव जात हैं तित लोग।
बोलि विप्रन दान दीजत यत्र तत्र सभोग।
बेणु बीणा मृदंग बाजत दुंदुभी बहु भेव।
भाँति भाँतिन होत मंगल देव से नर देव ॥७॥

भावार्थ—जिधर वह घोड़ा जाता है (केशव कहते हैं कि) उधर ही सब सेना जाती है जहाँ वह सेना ठहरती है वहाँ यत्र-तत्र से ब्राह्मणों को बुलाकर भोजन करा कर दान दिये जाते हैं। बेणु, वीणा, मृदंग और नगारे अनेक प्रकार के बजते हैं और सेना में अनेक प्रकार के मंगलसूचक कार्य होते हैं, उस सेना में जो राजे सम्मिलित हैं वे देवताओं के समान सुन्दर और प्रतापी हैं।

अलंकार—उपमा।

मूल—किरीट सवैया—(लक्षण—८ भगण=२४ वर्ण)
राघव की चतुरंग चमूचय को गनै केशव राज समाजिन।
सूर तुरंगन के उरझें पग तुङ्ग पताकनि की पट साजिन।
टूटि परैं तिनतें मुकता धरणी उपमा बरणी कबिराजनि।
बिन्दु किधौं मुखफेनन के किधौं राजसिरी श्रवमंगल लाजनि ॥८॥

शब्दार्थ—चय=समूह। सूर=सूर्य। तुंग=ऊँचे। पटसाजनि=फरेरा। राजसिरी=राजश्री, राजलक्ष्मी (राजा की सौभाग्य लक्ष्मी)। श्रव=टपकाती है। मंगल लाजनि=मंगल सूचक लावा (भुने धान की खीलें)। लाजा=लावा।

भावार्थ—श्रीरामजी की चतुरंगिणी सेना में इतने राजागण सम्मिलित हैं कि उनकी समाजों को कौन गिन सकता है (असंख्य हैं), उनकी पताकाओं

के फरेरे इतने ऊँचे हैं कि सूर्य के पैर उनमें उरझते हैं। पैर अटकने से उन पताकाओं के मोतियों के गुच्छे टूट-टूटकर पृथ्वी पर गिरते हैं उसकी उपमा कविराजों ने वर्णन की, कि ये मोती हैं, या सूर्य के घोड़ों के मुखफेन के बिंदु हैं, या राजश्री (पयान समय में) मंगल सूचक लावा बरसाती हैं।

अलंकार—सम्बन्धातिशयोक्ति और सन्देह।

मूल—मत्तगयंद सवैया (लक्षण ७ भगण दो गुरु २३ वर्ण)

रावव की चतुरंग चमू चपि धूरि उठी जलहू थल छाई।
मानों प्रताप हुतासन धूम सो केशवदास अकाश नऽमाई।
मेटि कै पंच प्रभूत कियौं बिधि रेणुमयो नव रीत चलाई।
दुःख निवेदन को भुव भार को भूमि कियौं सुरलोक सिधाई॥६॥

शब्दार्थ—चपि = चँपकर, कुचली जाने से। हुतासन = अग्नि। नऽमाई = नहीं अमाती (अटती नहीं)। पंच प्रभूत = पंचतत्व।

(नोट)—'माई' शब्द में 'अ' का लोप है। कवि को ऐसा करने का अधिकार है शुद्ध शब्द 'अमाई' है।

भावार्थ—श्रीरामजी की चतुरंगिनी सेना के पैरों से कुचली जाने से भूमि से इतनी धूल उड़ी कि जल थल पर छा गई। मानों वह धूल श्रीरामजी के प्रताप रूपी अग्नि का धुवाँ है जो (केशव कहते हैं कि) अंतरिक्ष में समा नहीं सकता (अंतरिक्ष से भी अधिक है) या ब्रह्मा ने पंचतत्वों को मिटाकर रेणुमय एक नवीन सृष्टि रची है, या भूमि भार का दुःख सुनाने के लिये स्वयं भूमि ही सुरलोक को जा रही है।

अलंकार—उत्प्रेक्षा और संदेह।

मूल—(दंडक)—

नाद पूरि धूरि पूरि तूरि बन चूरि गिरि,
सोखि सोखि जल भूरि भूरि थल नाथ की।
केशवदास आस पास ठौर ठौर राखि जन,
तिनकी सम्पति सब आपने ही हाथ की।
उन्नत नवाय नत उन्नत बनाय भूप,
शत्रुन की जीविकाऽपि मित्रन के साथ की।

मुद्रित समुद्र सात मुद्रा निज मुद्रित कै,
आई दिसि दिसि जीति सेना रघुनाथ की ॥१०॥

शब्दार्थ—नाद=शोर। गाथ की=अपनी शोहरत फैला दी। जिनकी=जिन स्थानों को। उन्नत=सरकश। नत=दीन हीन। मुद्रित समुद्र सात=सातों समुद्रों से घिरी हुई पृथ्वी। मुद्रा=मोहर छाप। मुद्रित कै छाप लगा कर, सिक्का चला कर।

भावार्थ—समस्त पृथ्वी भर को शोर और धूल से भर कर, वनों को तोड़ और पहाड़ों को चूर्ण करके और अनेक स्थानों का जल तक सोखकर अपनी बड़ी प्रसिद्धि फैलाई। केशव कहते हैं कि चारों ओर स्थान-स्थान पर अपने जनों को आमिल मुकर्रर करके उन देशों की सब संपत्ति अपने अधिकार में कर ली। सरकश राजाओं को नम्र बनाकर और नम्र राजाओं को बड़ा राजा बनाकर शत्रुओं के राज्य अपने अतिमित्र राजाओं को सौंप दी। इस प्रकार सातों समुद्रों से घिरी हुई पृथ्वी पर अपनी धाक बैठाकर अपनी छाप का सिक्का चला कर रामजी की सेना सर्व दिशाओं को जीत आई (दिग्विजय प्राप्त कर ली)

अलंकार—उदात्त।

मूल—(दोहा)—

दिसि बिदिसिन अवगाहि कै, सुख ही केशवदास।
बालमीकि के आश्रमहिं गयो तुरंग प्रकाश ॥११॥

शब्दार्थ—अवगाहि कै=मँझाय कै। सुखही=सहजही। प्रकाश=प्रत्यक्ष।

भावार्थ—सब दिशाओं में सहज ही घूम फिर कर वह घोड़ा प्रत्यक्ष श्रीवाल्मीकिजी के आश्रम में पहुँचा।

मूल—दोधक छन्द।

दूरिहि ते मुनि बालक धाये। पूजित बाजि बिलोकन आये।
भाल को पट्ट जहीं लव बाँच्यो। बाँधि तुरंगम जयरस रॉच्यो ॥१२॥

भावार्थ—उस घोड़े को दूर ही से देख कर मुनियों के बालक उस यज्ञीय घोड़े को देखने के लिये दौड़े। भाल पर बँधा हुआ वह पत्र ज्योंही लव ने बाँचा, त्योंही (वीर रस के अंकुरित हो आने से) उस घोड़े को पकड़ कर बाँधा और घोड़ों के मालिक को जीतने की उमंग में लीन हो गये।

(उसके भालपट्ट पर यह लिखा हुआ था)।

मूल--(श्लोक)

एकवीरा च कौशल्या तस्याः पुत्रो रघूद्वहः।
तेन रामेण मुक्तोऽसौ वाजी गृह्णात्विमं बली॥ १३॥

भावार्थ—वीरपत्नी कौशल्या के पुत्र रघुवंशी राजा राम ने यह घोड़ा अश्वमेध यज्ञ के लिये छोड़ा है, जो अपने को बली समझता हो वह इस घोड़े को पकड़े और युद्ध करे (नहीं तो अधीनता स्वीकार करे)।

मूल--दोधक छन्द ।

घोर चमू चहुँ ओर ते गाजी। कौनेहि रे यह बाँधियो बाजी।
बोलि उठे लव मैं यहि बाँध्यो! यों कहिकै धनुशायक साँध्यो॥ १४॥

भावार्थ—उसी समय बड़ी भयंकर सेना ने आकर चारों ओर से बालकों को घेर लिया और योद्धागण गरज-गरज कर पूछने लगे कि घोड़े को किसने बाँधा है? तब लव ने कहा मैंने इसे बाँधा है और ऐसा कहके तुरन्त धनुष पर बाण संधान किया।

मूल—

मारि भगाय दिये सिगरे यों। मन्मथ के शर ज्ञान घने ज्यों।

नोट—यह आधा ही छन्द सब प्रतियों में मिलता है।

भावार्थ—सब भटों को मार कर इस तरह भगा दिया जैसे काम के बाण सब प्रकार के ज्ञानों को भगा देते हैं।

अलंकार--उदाहरण।

मूल--धीर छन्द—(लक्षण—३ तगण+२ गुरु=११ वर्ण)

योद्धा भगे बीर शत्रुघ्न आये।
कोदंड लीन्हें महा रोष छाये॥
ठाढ़ो तहाँ एक बालै बिलोक्यो।
रोक्यो,तहीं जोर नाराच मोक्यो॥ १५॥

शब्दार्थ—रोक्यो...... मोक्यो=बड़ा जोरदार बाण छोड़ने ही को थे कि बालक देख कर रोक लिया।

भावार्थ—जब सब योद्धा भागे तब आश्चर्य से, धनुष लिये हुए और

अति क्रुद्ध रूप शत्रुघ्न जी उसी स्थान पर आ पहुँचे। वहाँ एक बालक को खड़ा देखा, तो जो कठिन बाण छोड़ने वाले थे उसे रोक लिया (और बालक से कहने लगे);

मूल—मोदक छन्द।

(शत्रुघ्न)—बालक छाँड़ि दे छाँड़ि तुरंगम।
तोसों कहा करौं संगर संगम।
ऊपर वीर हिये करुणा रस।
बीरहिं बिप्र हते न कहूँ जस॥ १६॥

शब्दार्थ—तुरंगम=घोड़ा। संगर संगम=युद्ध में भिड़ना।

भावार्थ—(शत्रुघ्न जी लव से कहते हैं) हे बालक घोड़े को छोड़ दे, तुझसे मैं युद्ध में क्या भिड़ूँगा (तू बालक है)। तेरा ऊपरी भेस तो जरूर वीर का सा है, पर तुझे देख कर मेरे हृदय में करुणा आ गई है, क्योंकि सच्चे वीर को ब्रह्मचारी बालक के मारने से कहीं यश नहीं मिलता।

मूल—(लव)—तारक छन्द।

कछु बात बड़ी न कहौ मुख थोरे।
लव सों न जुरो लवणासुर भोरे॥
द्विज दोषन ही बल ताहि सँहार्‌यो।
मरही जु रह्यो सु कहा तुम मारयो॥ १७॥

शब्दार्थ—थोरे=छोटे। जुरो=युद्ध में भिड़ो। भोरे=धोखे में।

भावार्थ—(लवजी शत्रुघ्न से कहते हैं) छोटे मुख बड़ी बातें न करो, लवणासुर के धोखे न रहो, लव से मत भिड़ो। वह ब्रह्मदोषी था (पापी था) इसी से तुम उसे मार सके, वह तो मुरदा ही था, उसे मार कर तुमने कौन सी बहादुरी की है।

मूल—चामर छन्द।

रामबन्धु बाण तीन छोड़ियो त्रिशूल से।
भाल में विशाल ताहि लागियो ते फूल से॥
(लव)—घात कीन्ह राज तात गात तै कि पूजियो।
कौन शत्रु तू हत्यो जु नाम शत्रुहा लियो॥ १८॥

शब्दार्थ—राजतात=राजा का भाई, राजबन्धु।

भावार्थ—तब शत्रुघ्न ने त्रिशूल समान तीखे तीन बाण छोड़े। वे बाण लवजी के विशाल गात में फूल से लगे। तब लव बोले कि हे राजबन्धु! तूने मुझे मारा है या मेरे शरीर का पूजन किया है। तूने किस शत्रु को मारा है जिसके कारण शत्रुघ्न नाम रखाया है।

अलंकार—उपमा, विकल्प और विधि।

मूल—निशिपालिका छन्द।

रोष करि बाण बहु भाँति लव छंडियो।
एक ध्वज, सूत युग, तीन रथ खंडियो॥
शस्त्र दशरत्थसुत अस्त्र कर जो धरै।
ताहि सियपुत्र तिल तूलसम खंडरै॥ १९॥

शब्दार्थ—तूलसम—(समतुल्य) समान। खंडरे=खंडित कर देता है, काटता है।

नोट—इस शब्द का प्रयोग तुलसीदास जी ने भी इसी अर्थ में किया है, परन्तु उन्होंने 'समतूल' रूप रखा है। यथाः—

दोहा—यहि विधि उपजै लच्छि जब सुन्दरता सुख मूल।
तदापि सकोच समेत कवि कहहिं सीय समतूल॥

भावार्थ—लव ने बहुत प्रकार के बाण क्रुद्ध हो कर छोड़े। एक बाण से ध्वजा, दो बाणों से सारथी, तीन बाणों से रथ को खंडन कर डाला। शत्रुघ्नजी जो अस्त्र-शस्त्र लेते हैं उसे लव काट कर तिल समान कर डालते हैं।

अलंकार—उपमा।

मूल—तारक छन्द।

रिपुहा तब बाण वहै कर लीन्हो।
लवणासुर को रघुनन्दन दीन्हो।
लव के उर में उरभ्यो वह पत्री।
मुरझाय गिरयौ धरणी महँ छत्री॥ २०॥

शब्दार्थ—रिपुहा=शत्रुघ्न। पत्री=बाण।

भावार्थ—शत्रुघ्नजी ने तब वही बाण घाला जो रामजी ने लवणासुर के

मारने के लिये दिया था। वह बाण लव के हृदय में धँस गया, तब वह क्षत्री वीर बालक मुरझा कर पृथ्वी पर गिर गया।

मूल—मोटनक छन्द—

मोहे लव भूमि परे जबहीं। जै दुंदुभि बाजि उठे तबहीं।
भू ते रथ ऊपर आनि धरे। शत्रुघ्न सु यों करुणाहि भरे॥२१॥

भावार्थ—जब लव मूर्च्छित होकर भूमि पर गिर गये, तब विजय के नगाड़े बज उठे। शत्रुघ्न जी को उस बालक पर दया आई और उन्होंने बच्चे को भूमि से उठा कर रथ पर रख लिया।

मूल—

घोड़ों तबही तिन ओरि लयो। शत्रुघ्नहि आनन्द चित्त भयो।
लैके लव को ते चले जबहीं। सीता पहँ बाल गये तबहीं॥२२॥

शब्दार्थ—बाल = मुनियों के अन्य बालक जो लव के साथ में थे।

भावार्थ—सरल ही है।

मूल—(बालक) झूलना छन्द (७+७+७+५=२६ मात्रा)

सुनु मैथिली नृप एक को लव बाँधिवो बर बाजि।
चतुरंग सेन भगाइ कै सब जीतियो वह आजि।
उर लागि गो शर एक को भुव मैं गिरो मुरझाय।
तब बाजि लै लव लै चल्यो नृप दुंदुभीन बजाय॥२३॥

शब्दार्थ—आजि = युद्ध।

भावार्थ—सरल ही है।

मूल—(दोहा)—

सीता गीता पुत्र की सुनि कै भई अचेत।
मनो चित्र की पुत्रिका मन क्रम वचन समेत॥२४॥

शब्दार्थ—गीता = कथा, गाथा।

भावार्थ—सीताजी अपने पुत्र की करतूत की गाथा सुन कर (रण की रिपोर्ट सुन कर) अचेत हो गईं, मन वचन कर्म से ऐसी थकित हो गईं, मानों चित्र की पुतली हो (कुछ कहते वा करते न बन पड़ा, किंकर्तव्यविमूढ़ हो गईं)

अलंकार—उत्प्रेक्षा।

मूल--झूलना छन्द ।

रिपुहाथ श्रीरघुनाथ को सुत क्यों परै करतार ।
पतिदेवता सब काल तौ लव जी उठै यहि बार ।
ऋषि हैं नहीं कुश है नहीं लव लेइ कौन छँड़ाय ।
बन माँझ टेर सुनी जहीं कुश आइयो अकुलाय ।२५॥

शब्दार्थ—पतिदेवता = पतिव्रता ।

भावार्थ—सीता जी कहती हैं कि हे विधि, आश्चर्य है, रामजी का पुत्र शत्रु के हाथों से कैसे मारा जा सकता है । यदि मैं सदा पतिव्रता हूँ तो इस वक्त लव पुनर्जीवित हो जाय । ऋषि महाराज और कुश इस समय आश्रम में नहीं हैं, लव को कौन छोड़ा लावे (इस प्रकार विलाप करने लगीं) वन में जब सीता के विलाप का शब्द कुश ने सुना, तब व्याकुल होकर आश्रम में आये ।

मूल—(कुश)—दोहा—

रिपुहि मार संहारि दल यमतें लेहुँ छँड़ाय ।
लवहि मिलैहौं देखिहौं माता तेरे पाय ॥ २६ ॥

भावार्थ--शत्रु को मार कर उसके दल को विनष्ट करके, यमराज से भी मैं लव को छुड़ा लूँगा । लव को लाकर तुमसे मिलाऊँगा, हे माता ! तभी तुम्हारे चरण देखूँगा (अन्यथा मुँह न दिखाऊँगा) ।

अलंकार--प्रतिज्ञाबद्ध स्वभावोक्ति ।

मूल--मत्तगयंद सवैया ।

गाहियो सिंधु सरोवर सो जेहि बालि बली बर सो बर पेर्यो ।
ढाहि दिये सिर रावन के गिरि से गुरु जात न जातन हेर्यो ॥
शाल समूह उखारि लिये लवणासुर पीछे ते आय सो टेर्यो ।
राघव को दल मत्त करीश्वर अंकुश दै कुश केशव फेर्यो ॥२७॥

शब्दार्थ--गाहियो = मथ डाला । बर = वटवृक्ष । बर = जबरदस्ती, बलपूर्वक । पेर्यो = पेल दिया, ढकेल दिया । गुरु = भारी । जा तन = जिसकी ओर । शाल = सखुआ का वृक्ष । करीश्वर = बड़ा हाथी । फेर्यो = लौटाया ।

(नोट)--इस छन्द में राम के दल की उपमा हाथी से दी गई है जो काम हाथी करता है वे इसमें दिखाये गये हैं ।

भावार्थ—रामजी का दल (जो शत्रुघ्न के साथ था) एक मस्त बड़ा हाथी है, जिसे कुश ने पीछे से टेर (हाँक) रूपी अंकुश मार कर लौटाया। (कैसा हाथी रूपी दल है कि) जिसने समुद्र को वैसा ही मँझा डाला जैसे हाथी तड़ाग को मथ डालता है, जिसने बली बालि को बलपूर्वक उसी प्रकार पेर डाला जैसे हाथी वृक्ष को ढकेलकर गिरा देता है। जिसने रावण के भारी सिरों को (जिसकी ओर देखा नहीं जाता था) उसी तरह ढहा दिया जैसे हाथी पर्वत की टोरी को गिरा देता है। और जिसने लवणासुर को वैसे ही समूल नष्ट कर डाला जैसे हाथी शाल वृक्ष को उखाड़ डालता है। ऐसे मस्त हाथी रूपी राम दल को कुश ने पीछे से ललकार कर लौटाया।

अलंकार—उपमा और रूपक की संसृष्टि।

मूल—(दोहा)—

कुश की टेर सुनी जही, फूलि फिरे शत्रुघ्न।
दीप विलोकि पतंग ज्यों, यदपि भयो बहु विघ्न ॥२८॥

भावार्थ—ज्योंही कुश की हांक सुनी त्योंही अनेक विघ्न होने पर भी बड़े हर्ष से शत्रुघ्न जी लौटे, जैसे दिया देख कर पतंगे उसकी ओर दौड़ते हैं।

अलंकार—उदाहरण।

मूल—मनोरमा छन्द—(लक्षण ४ सगण+२ लघु=१४ वर्ण)

रघुनन्दन को अवलोकत ही कुश।
उर माँझ हयो शर शुद्ध निरंकुश।
ते गिरे रथ ऊपर लागत ही शर।
गिरि ऊपर ज्यों गजराज कलेवर ॥२९॥

शब्दार्थ—रघुनन्दन=शत्रुघ्न। हयो=हत्यो, मारा। निरंकुश=बिना गाँसी का। कलेवर=देह।

भावार्थ—कुश ने शत्रुघ्न को देखते ही बिना गाँसी के एक तीर उनकी छाती में मारा। वे तीर लगते ही रथ के ऊपर मूर्च्छित होकर गिर गये, जैसे पहाड़ पर हाथी का शरीर गिर जाय।

अलंकार—उदाहरण।

मूल—मोदक छन्द।

जूझि गिरे जबही अरिहा रन। भाजि गये तबही भट के गन।
काढ़ि लियो जबहो लव को शर। कंठ लग्यो तबही उठि सोदर ॥३०॥

शब्दार्थ—अरिहा = शत्रुघ्न। सोदर = सहोदर भाई।

भावार्थ—जब रण भूमि में शत्रुघ्न जी घायल होकर गिर गये, तब सब योद्धा रणभूमि छोड़कर भाग गये। जब कुश ने लव के शरीर से बाण निकाला, तब तुरंत भाई (लव) उठ कर भाई (कुश) के गले लगा।

मूल—(दोहा)—

मिले जु कुश लव कुशल सों, बाजि बाँधि तरुमूल।
रणमहि ठाढ़े शोभिजैं, पशुपति गणपति तूल ॥३१॥

शब्दार्थ—तरुमूल = पेड़ की जड़। शोभिजैं = शोभते हैं। पशुपति = शिव। तूल = सम।

भावार्थ—सरल ही है।

अलंकार—उपमा।

(पैंतीसवाँ प्रकाश समाप्त)

छत्तीसवाँ प्रकाश

(दोहा)—छत्तीसयें प्रकाश में लक्ष्मण मोहन जान।
आयसु लहि श्रीराम की आगम भरत बखान ॥

मूल—रूपमाला छन्द।

यज्ञ मंडप में हुते रघुनाथ जू तेहिकाल।
चर्म अंग कुरंग को सुभ स्वर्ण की संग बाल ॥
आस पास ऋषीश शोभित सूर सोदर साथ।
आय भग्गुल लोग वरणी युद्ध की सब गाथ ॥१॥

शब्दार्थ—कुरंग = मृग। भग्गुल = जो पुरुष रणभूमि से भाग आये थे।

भावार्थ—सरल ही है।

मूल—(भग्गुल)– स्वागता छन्द।

बालमीकि थल बाजि गयो जू ! विप्र बालकन घेरि लयो जू।

एक बाँचि पटु घोटक बाँध्यो। दौरि दीह धनु सायक साँध्यो ॥२॥

शब्दार्थ—पट=विज्ञापनपट जो घोड़े के मस्तक पर बँधा था (देखो प्रकाश ३५ छन्द नं० ६, १२, १३)। घोटक=घोड़ा। साँध्यो=संधान किया।

भावार्थ—सरल है।

मूल—

भाँति भाँति सब सैन संहारयौ। आपु हाथ जनु ईश सँवारयौ।
अस्त्र शस्त्र तब बंधु जु धारयौ। खंडखंडकरि ताकहँ डारयौ ॥३॥

शब्दार्थ—आपु हाथ...सँवारयो=वह बालक ऐसा सुन्दर है मानो ब्रह्मा ने उसे अपने हाथों से बनाया है।

भावार्थ—सरल ही है।

अलंकार—(दूसरे चरण में) अनुक्तविषया वस्तूत्प्रेक्षा।

मूल—

रोष वेष वह बाण लयौ जू। इन्द्रजीत लगि आपु दयो जू।
काल रूप उरमाहिं हयो जू। बीर मूर्छित तब भूमि भयो जू ॥४॥

शब्दार्थ—रोष वेष=अति क्रुद्ध होकर। इन्द्रजीत=लवणासुर (देखो प्रकाश ३४ नं० ४१)। लगि=वास्ते। भूमि भयो=गिर गया।

भावार्थ—सरल ही है।

मूल—तोमर छन्द।

वहि बीर लै अरु बाजि। जबहीं चले दल साजि।
तब और बालक आनि। मग रोकियो तजि कानि ॥५॥

भावार्थ—उस बीर बालक को और घोड़े को लेकर जब शत्रुघ्न जी दल सहित चले तब एक और बालक ने आकर मर्यादा न मान कर रास्ता रोका।

मूल—

तेइ मारियो तुव बन्धु। दल ह्वै गयो सब अंधु।
वह बाजि लै अरु बीर। रण में रह्यो रुपि धीर ॥६॥

भावार्थ—उस बालक ने आपके भाई शत्रुघ्न को मार गिराया, और उसके बाणों से सारा दल अन्धा सा हो गया (अर्थात् उसने धूम बाण छोड़कर ऐसा अँधेरा कर दिया कि किसी को कुछ सूझता न था)। तब उस बालक ने घोड़े

को और अपने भाई को छीन लिया और रणभूमि में धीरता पूर्वक डटा हुआ है।

मूल—(दोहा)—

बुधि बल बिक्रम रूप गुण शील तुम्हारे राम।
काकपक्ष धर बाल द्वै जीतै सब संग्राम ॥७॥

शब्दार्थ—बिक्रम = उद्योग में तत्परता। शील = स्वभाव। तुम्हारे = आप का सा। काकपक्ष = जुलफें, काकुल्लें, चुक्खें।

भावार्थ—(भग्गुल कहते हैं,) हे रामजी! दो जुल्फधारी बालकों ने जो बुद्धि, बल विक्रम, रूप, गुण और स्वभाव में तुम्हारे ही समान हैं, सब को संग्राम में जीत लिया है। (काकपक्षधर कहने का भाव यह है कि वे बालक अभी बहुत ही छोटी अवस्था के हैं)।

मूल—(राम)—चतुष्पदी छन्द वा चौपैया।

गुण गण प्रतिपालक, रिपुकुल घालक बालक ते रणरंता।
दशरथ नृप कोसुत मेरो सोदर लवणासुर को हंता।
कोऊ द्वै मुनि सुत काकपक्ष युत सुनियत हैं तिन मारे।
यहि जगत जाल के करम काल के कुटिल भयानक भारे ॥८॥

शब्दार्थ—बालक ते रणरंता = बालपन ही से जो युद्ध में रत रहा है, अर्थात्, जो युद्ध करने में अभ्यस्त है। करम = काम। (घटना)।

भावार्थ—(रामजी आश्चर्य से कहते हैं कि) शत्रुघ्न तो बड़ा गुणी था, शत्रुओं को मारनेवाला, बालपन ही से युद्ध का अभ्यस्त, दशरथ का पुत्र, मेरा भाई, लवणासुर का मारने वाला था (अर्थात् बड़ा अजेय वीर था) आज यह क्या सुनते हैं कि उस विकट भट को, केवल छोटे से दो मुनि बालकों ने मार लिया (परास्त किया)। हाँ ठीक है! इस संसार के और काल (समय) के काम बड़े ही टेढ़े और भयंकर हुआ करते हैं (अर्थात् इस संसार में समय के फेर से अघट घटना भी हो सकती है)।

अलंकार—अनुपलब्धि प्रमाण।

मूल—मरहट्टा छन्द—(लक्षण—चवपैया छन्द में अंत में एक मात्रा कम कर देने से)।

लक्ष्मण शुभ लक्षण, बुद्धि विचक्षण, लेहु बाजि को शोधु।
मुनि शिशु जनि मारेहु, बंधु उधारेहु, क्रोध न करेहु प्रबोधु॥
बहु सहित दक्षिणा, दै प्रदक्षिणा, चल्यौ परम रण धीर।
देख्यो मुनि बालक, सोदर, उपज्यो करुणा अद्भुत बीर॥९॥

भावार्थ—रामजी ने लक्ष्मण से कहा कि हे शुभलक्षण और बुद्धिमान् लक्ष्मण! देखो तुम घोड़े की खबर लो मुनि बालकों को मारना मत, अपने भाई को छोड़ाना, क्रोध से काम न लेना, वरन् समझदारी से काम लेना। (यह आज्ञा सुन कर) परम रणधीर लक्ष्मणजी, दान देकर और रामजी को प्रदक्षिणा देकर चले। जाकर मुनि बालकों को देखा तो उनकी छोटी उमर देखकर करुणा आई और जब भाई को देखा तो आश्चर्य हुआ (कि इतने बिकट बीर को बालकों ने मूर्छित कर दिया), तदनन्तर अपना कर्तव्य समझ कर बीररस का उदय हुआ कि इन बालकों को परास्त करना चाहिये।

(नोट)—इस प्रकार तीन रसों का सम्मेलन वर्णन करना केशव ही का काम है।

अलंकार—यथासंख्य।

मूल—(कुश)—दोधक छन्द।

लक्ष्मण को दल दीरघ देखौ। कालहु ते अति भीम विशेखौ।
दो में कहौसो कहा लव कीजै। आयुध लैहौ कि घोटक दीजै॥१०॥

शब्दार्थ—आयुध लेना=युद्ध करना। घोटक=घोड़ा।

भावार्थ—कुशजी लव से कहते हैं कि देखो लक्ष्मण की बड़ी सेना आ गई, यह दल तो काल से भी अति भयानक है। अतः अब कहो दो में से क्या करना चाहिये, युद्ध करोगे या घोड़ा दोगे। (और अधीनता स्वीकार करोगे)।

अलंकार—विकल्प।

मूल—(लव)—

बूझत हौ तौ यहै मतु कीजै। मो असु दे बरु अश्व न दीजै।
लक्ष्मण को दल सिन्धु निहारो। ताकहँ बाण अगस्त विहारो॥११॥

शब्दार्थ—असु=प्राण। मतु=मत, राय, सलाह।

भावार्थ—लवजी ने उत्तर दिया कि हे प्रभु, यदि मुझसे पूछते हो तो मेरी तो यह सम्मति है कि चाहे मेरे प्राण चले जायँ पर घोड़ा न देना चाहिये। लक्ष्मण के सिंधुरूपी दल के (सोखने के) लिये तुम्हारा बाण अगस्त रूप है। अर्थात् जैसे अगस्त ने समुद्र सोख लिया था वैसे ही तुम्हारा बाण इस बड़े दल को संहार कर सकता है। मुझे ऐसा विश्वास है।

अलंकार—परंपरित रूपक।

मूल—

एक यहै घटि है अरि घेरे। नाहिन हाथ सरासन मेरे।
नेकु जहीं दुचितोचित कीन्हों। सूर तहीं इषुधी धनु दीन्हो ॥१२॥

भावार्थ—दुचितो कीन्हों=युद्ध की तदबीर भी सोचते थे और सूर्य की स्तुति भी करते जाते थे (जैमिनि कृत रामाश्वमेध में यह प्रसंग विस्तार से लिखा है) इषुधी=तर्कश, तूणीर।

भावार्थ—(लव कहते हैं कि) शत्रु के घेरे में पड़े हुए हम लोगों के केवल एक यही कमी है कि मेरे पास धनुष नहीं है। यह विचारते हुए भी ज्योंही चित्त को दूसरी ओर लगाया (सूर्य देव को स्मरण किया) त्योंही तुरंत सूर्य ने एक अक्षय तर्कस और धनुष दिया।

अलंकार—चपलातिशयोक्ति।

मूल—

लै धनु बाण बली तब धायो। पल्लव ज्यों दल मार उड़ायो।
यों दुउ सोदर सैन सँहार। ज्यों बन पावक पौन विहार ॥१३॥

भावार्थ—धनुषबाण पाते ही बली लवजी दौड़ कर सेना के सम्मुख डट गये, और उस सेना को पत्तों की तरह उड़ाने लगे (भागने लगे) दोनों भाई सेना को इस प्रकार विनष्ट कर रहे हैं जैसे बन में अग्नि और पवन विहार कर रहे हों—जैसे अग्नि और पवन बन के पत्तों को नाश कर देते हैं वैसे ही दोनों भाई लक्ष्मण की सेना को जलाते और भगाते हैं।

अलंकार—पुनरुक्तिवदाभास (पल्लव और दल में) और उत्तरार्ध में उदाहरण।

मूल—

भागत हैं भट यौं लव आगे। राम के नाम ते ज्यौं अघ भागे।
युथ्थपयूथ यौं मारि भगायो। बात बड़ी जनु मेघ उड़ायो॥१४॥

भावार्थ—लव के सम्मुख से योद्धागण ऐसे भागते हैं जैसे रामनाम से पाप भागते हैं। बड़े-बड़े यूथपतियों के समूहों को लव ने यों भगा दिया मानो बड़ी हवा ने (आँधी ने) मेघों को उड़ा दिया हो।

अलंकार—उत्प्रेक्षा।

(नोट)—इस छंद के पूर्वार्द्ध का एक और भी अर्थ है :—

भा=प्रभा, शोभा। भागे=भा, प्रभा; गे, गै=जई, गत।

जैसे राम नाम के प्रभाव से पाप गत-प्रभा (मलीन, नष्ट-वीर्य) होते हैं, वैसे ही लव के आगे भी बड़े-बड़े भट (लक्ष्मण दल के) गतभा (गतप्रभा) शोभाहीन नष्टपौरुष हैं। अर्थात् लव का मुकाबला नहीं कर सकते।

मूल—दुर्मिल सवैया—(लक्षण ८—सगण=२४ वर्ण)।

अति रोष रसे कुश केशव श्रीरघुनायक सों रण रीत रचैं।
तेहि बारन बार भई बहु बारन खर्ग हने, न गिनैं चिरचैं॥
तहँ कुंभ फटैं ते गजमोति कटैं ते चले बहि श्रोणित रोचि रचैं।
परि पूरन पूर पनारन ते जनु पीक कपूरन की किरचैं॥१५॥

शब्दार्थ—रोष रसे=क्रोधयुक्त होकर। रघुनायक=लक्ष्मणजी। तेहिवार=उस समय। बारन=हाथी। चिरचैं=चिड़चिड़ाते हैं, क्रुद्ध होते हैं, बिरझाते हैं। कुंभ=गजकुंभ। श्रोणित रोचिरचैं=खून के रंग से रँगे हैं। परिपूरन=पूरी। पूर=धारा। पनारा=अटारी पर से वर्षा के पानी को दूर फेंकनेवाला सारौंहा। पीक=पान की पीक। किरचैं=टुकड़े।

भावार्थ—केशव कहते हैं कि अति क्रुद्ध होकर कुशजी श्री लक्ष्मणजी की सेना से लड़ने लगे, उस समय जरा भी देर न हुई कि बहुत से हाथियों को तलवार से काट गिराया, क्योंकि जब वे बिरझाते हैं तब किसी को कुछ भी नहीं गिनते। उस रणभूमि में गजकुंभ फटते हैं और गजमुक्ता कटते हैं। और

वे खून में रंगे हुए बह चलते हैं तो वे ऐसे मालूम होते हैं मानो पनारों से पूरी पीकधारा बह रही है जिसमें-कपूर के टुकड़े मिले हुए हैं।

अलङ्कार—उक्तविषया वस्तूत्प्रेक्षा। अनुप्रासों की बड़ी ही मनोहर छटा है।

मूल—नराच छन्द (लक्षण—क्रम से ८ बार लघु गुरु=१६ वर्ण)

भगे चये चमू चमूप छोड़ि छोड़ि लक्ष्मणै।
भगे रथी महारथी गयन्द वृन्द को गणै।
कुशै लवै निरंकुशै बिलोकि बन्धु राम को।
उठ्यो रिसाय कै बली बँध्यो जु लाज दाम को॥ १६॥

शब्दार्थ—चये=(चय) समूह झुंड के झुंड। चमू=सेना। चमूप=सेनानायक। रथी=एक हजार लड़ाकों से अकेला लड़नेवाला योद्धा। महारथी=ग्यारह हजार योद्धाओं से अकेला लड़नेवाला योद्धा। कुशै, लवै=कुश को और लव को। निरंकुशै=बिना रोक के। राम को बंधु=लक्ष्मणजी। दाम=रस्सी।

भावार्थ—कुश लव का विकट पराक्रम देखकर सेनानायकों के झुंड के झुंड लक्ष्मण को छोड़कर भाग चले। रथी, महारथी और बेशुमार हाथीसवार भाग चले। कुश और लव को न रुकता हुआ देखकर बली लक्ष्मणजी जो अब तक लज्जा रूपी रस्सी से बँधे हुए थे (बालक विचार कर उन पर वार न करते थे) क्रुद्ध हो उठे, और उनके सामने आये।

अलंकार—रूपक (लाज दाम में)।

मूल—(कुश)—मौक्तिकदाम छन्द (लक्षण—४ जगण=१२ वर्ण)

नहीं मकराक्ष नहीं इन्द्रजीत। विलोकि तुम्हैं रण होहुँ न भीत।
सदा तुम लक्ष्मण उत्तम गाथ। करौजनि आपनि मातु अनाथ॥१७॥

भावार्थ—कुशजी कहते हैं कि हे लक्ष्मण! न तो मैं मकराक्ष हूँ, न मेघनाथ हूँ (अर्थात् मुझे मकराक्ष वा मेघनाथ न समझना), मैं रण में तुम्हें देखकर डर न जाऊँगा। हे लक्ष्मण अब तक तुम सदैव यशी रहे हो पर अब मुझसे भिड़कर अपनी माता को अनाथ मत बनाओ (मैं तुम्हें मारूँगा और तुम्हारी माता अनाथ हो जायगी)।

अलङ्कार—अप्रस्तुत प्रशंसा (कार्यनिबंधना)।

मूल—(लक्ष्मण)—

कहौं कुश जो कहि आवत बात। बिलोकत हौं उपवीतहिं गात।
इते पर बाल बहिक्रम जानि। हिये करुणा उपजै अति आनि ॥१८॥

शब्दार्थ—उपवीत = जनेऊ (ब्रह्मचारी का चिह्न—क्योंकि ब्रह्मचारी अवध्य है) बालवहिक्रम = (बाल वयक्रम) बाल्यावस्था।

भावार्थ—लक्ष्मणजी कहते हैं कि अच्छा कुश ! जो तुम कह सकते हो कह लो, मैं सब क्षमा करूँगा, क्योंकि तुम्हारे शरीर पर ब्रह्मचारी का चिह्न जनेऊ देखता हूँ, और अलावा जनेऊ के तुझे बालक जानकर मेरे हृदय में अति करुणा पैदा होती है (बालकों को वीर-जन नहीं मारते) नहीं तो अभी मार डालता।

अलङ्कार—अप्रस्तुत प्रशंसा (कारण निबंधना)।

मूल—

बिलोचनलोचत है लखितोहिं। तजौ हठ आनिभजौ किन मोहि।
छम्यो अपराध अजौं वर जाहु। हिये उपजाउ न मातहि दाहु ॥१९॥

शब्दार्थ—लोचत हैं = झुक जाते हैं, संकोच होता है। आनि भजौं = शरण में आ जाओ।

भावार्थ—तुझे देख कर मेरे नेत्र झुकते हैं। (तुझे मारने में सङ्कोच होता है, तू अवध्य है) अतः हठ छोड़ कर मेरी शरण में क्यों नहीं आजाता। मैंने तुम्हारा अपराध (बालक ब्रह्मचारी समझकर) क्षमा किया, तुम अभी अपने घर चले जाओ, व्यर्थ अपनी माता के हृदय में दाह उपजाने का कारण मत बनो।

अलंकार—अप्रस्तुत प्रशंसा—(कार्यनिबन्धना)

मूल—दोधक छन्द।

हौं हतिहौं कबहूँ नहिं तोहीं। तू बरु बाणन बेधहि मोहीं।
बालक विप्र कहा हनिये जू। लोक, अलोकन में गनिये जू ॥२०॥

शब्दार्थ—अलोक = अपयश, बदनामी।

भावार्थ—मैं तुझे कभी न मारूँगा, चाहे तू मुझे बाणों से बेध भी दे। बेचारे ब्रह्मचारी बालक को क्या मारें, क्योंकि संसार में ऐसा काम अपयशों में गिना जाता है।

मूल—(कुश)—*सारवती छंद (लक्षण—३ भगण १ गुरु=१० वर्ण)

लक्ष्मण हाथ हथ्यार धरो। यज्ञ वृथा प्रभु को न करो।
हौं हय को कबहूँ न तजौं। पट्ट लिख्यो सोय बाँचि लजौं ।।२१।।

भावार्थ—कुश कहते हैं कि हे लक्ष्मण ! हथियार पकड़ो और मुझसे युद्ध करो, अपने प्रभु का यश निष्फल मत करो (न घोड़ा वहाँ लौट कर जायगा न यज्ञ पूर्ण होगा) मैं बिना परास्त हुये घोड़ा न दूँगा पट्टे पर जो लिखा है उसे पढ़ कर मुझे लज्जा आती है (कि मुझसा वीर क्षत्री रहते हुए भी राम सर्वविजय कहाकर यज्ञ पूर्ण कर लें)।

अलंकार—अप्रस्तुत प्रशंसा—कार्यनिबन्धना (दूसरे चरण में और चौथे चरण में)।

मूल—स्वागता छंद।

बाण एक तब लक्ष्मण छंड्यो। चर्म वर्म बहुधा तेहि खंड्यो।
ताहि हीन कुश चित्तहि मोहै। धूम भिन्न जनु पावक सोहै ।।२२।।

शब्दार्थ—चर्म=ढाल। वर्म=कवच।

भावार्थ—तब लक्ष्मणजी ने एक बाण चलाया, जिससे ढाल और कवच खंड-खंड हो गये (कुशजी कवच हीन हो गये, उस कवच से रहित होने पर) दिगम्बर होने पर, कुशजी ऐसे शोभित हुये मानो निर्धूम अंगारा हो।

अलङ्कार—उत्प्रेक्षा।

मूल—

रोष वेष कुश बाण चलायो। पौन चक्र जिमि चित्त भ्रमायो।
मोह मोहि रथ ऊपर सोये। ताहि देखि जड़ जंगम रोये ।।२३।।

शब्दार्थ—रोष वेष=क्रुद्ध होकर। पौनचक्र=बवंडर, बगरूरा। मोह मोहि=बेहोशी से मूर्छित होकर। जड़ जंगम=अचर सचर सब जीव।

भावार्थ—तब क्रुद्ध होकर कुश ने बाण चलाया, जिसने बवंडर की तरह लक्ष्मण के चित्त को भँवा डाला। व्याकुल होकर लक्ष्मणजी रथ पर

*इस छन्द का नाम कई प्रतियों में 'हरिणी' लिखा है।

मूर्छित होकर गिर गये, जिनकी दशा देखकर सचर अचर समस्त जीव रो उठे।

अलंकार—उपमा, सम्बन्धातिशयोक्ति ।

मूल—नराच छंद (लक्षण—क्रम से ८ बार लघु गुरु=१६ वर्ण)

विराम राम जानकै भरत्थ सों कथा कहै।
विचारि चित्त माँहि बीर बीर वै कहाँ रहैं।
सरोष देखि लक्ष्मणै त्रिलोक तो विलुप्त है।
अदेव देवता त्रसैं कहा ते बाल द्वै दीन ॥२४॥

शब्दार्थ—विराम=देर। बीर=भाई। वै=(द्वै) दो। विलुप्त ह्वै=गुप्त होकर; लुक छिपकर। अदेव=दैत्य। विलुप्त……त्रसैं=लुकने पर भी डरते रहते हैं, अति अधिक डरते हैं।

भावार्थ—लक्ष्मण को आने में देरी होती जानकर श्रीरामजी भरत से कहते हैं कि हे भाई! जरा विचारो तो कि वे दोनों बीर बालक कहाँ रहते हैं (अर्थात् किस लोक के रहने वाले हैं कि इन दोनों वीरों को लक्ष्मण ने अब तक परास्त नहीं किया) क्योंकि लक्ष्मण तो ऐसे वीर हैं कि उनको सक्रोध देख कर त्रिलोकवासी दैत्य और देवता लुकने छिपने पर भी डरते हैं, तो वे दो दीन बालक उनके सामने क्या वस्तु हैं।

अलंकार—काव्यार्थापत्ति ।

मूल—(राम)—रूपमाला छंद—(१४+१०=२४ मात्रा)

जाहु सत्वर दूत लक्ष्मण हैं जहाँ यहि बार।
जाय कै यह बात बर्णहु रक्षियो मुनि-बार।
हैं समर्थ सनाथ वै असमर्थ और अनाथ।
देखिबे कहँ लाइयो मुनि बाल उत्तम गाथ ॥ २५ ॥

शब्दार्थ—सत्वर=शीघ्र। यहि बार=इस समय। मुनिबार=मुनि-बालक उत्तमगाथ=अति प्रशंसित वीर।

भावार्थ—रामजी कहते हैं हे दूतो! जहाँ इस समय लक्ष्मण है वहाँ शीघ्र जाओ और जाकर कहो कि मुनि-बालकों की रक्षा करना उन्हें मारना मत, क्योंकि लक्ष्मण समर्थ और सनाथ, हैं और वे मुनिबालक कमजोर और

अनाथ हैं। और उन प्रशंसनीय मुनि-बालकों को हमारे देखने के लिए पकड़ ले आना।

मूल—(मोदक छन्द)।

भग्गुल आइ गये तबहीं बहु। बार पुकारत आरत रक्षहु।
वे बहु भाँतिन सैन सँहारत। लक्ष्मण तो तिनको नहिं मारत ॥२६॥

शब्दार्थ—भग्गुल=भगे हुये सैनिक। बार=द्वार पर।

भावार्थ—उसी समय बहुत से भगे हुये सैनिक वीरों ने आकर दीनस्वर से दरवाजे पर पुकार मचाई कि रक्षा करो, रक्षा करो। वे दोनों बालक तो अनेक प्रकार से सेना का संहार कर रहे हैं, परन्तु लक्ष्मणजी उनको नहीं मारते।

मूल——

बालक जानि तजे करुणा करि। वे अति ढीठ भये दल संहरि।
केहुँ न भाजत गाजत हैं रण। बीर अनाथ भये बिन लक्ष्मण ॥२७॥

भावार्थ—लक्ष्मणजी ने उन्हें बालक समझ कर करुणा वश मारने से बचा दिया (मारा नहीं) और वे दोनों, सेना का संहार कर ढीठ हो गये हैं, किसी तरह भागते नहीं वरन् रणभूमि में डटे गरज रहे हैं और बिना लक्ष्मण के हम सब वीर अनाथ हो गये हैं अर्थात् (लक्ष्मणजी जूझ गये)।

अलंकार—अप्रस्तुतप्रशंसा (कार्यनिबंधना)।

मूल—

जानहु जैं उनको मुनिबालक। वे कोउ हैं जगती प्रतिपालक।
हैं कोउ रावण के कि सहायक। कै लवणासुर के हितलायक ॥२८॥

शब्दार्थ—जैं=जनि, मत। जगतीप्रतिपालक=विष्णु का अवतार। हित=मित्र, रावण के सहायक। लवणासुर के हित=शिवजी। लायक=योग्य।

भावार्थ—उनको मुनिबालक मत समझिये। वे विष्णु के कोई अवतार हैं, या रावण के सहायक (शिवजी) हैं वा लवणासुर के योग्य मित्र हैं (कि उनका बदला लेने के लिये राम-दल का संहार कर रहे हैं)।

अलंकार—प्रत्यनीक की ध्वनि व्यंजित है।

मूल—(भरत)—मोदक छन्द।

बालक रावण के न सहायक। ना लवणासुर के हित लायक।
हैं निज पातक वृक्षन के फल। मोहत हैं रघुवंशिन के बल ॥२९॥

भावार्थ—(इतने में भरतजी बोल उठे कि) वे बालक न तो रावण के सहायक हैं, न लवणासुर के योग्य मित्र हैं, वरन् हम रघुवंशियो के पाप-वृक्षों के फल हैं जो हम रघुवंशियों के बल को निष्फल कर रहे हैं।

अलंकार—रूपक और तुल्योगिता।

मूल—जीतहि को रण मांहि रिपुघ्नहिं।
को कर लक्ष्मण के बल बिघ्नहिं।
लक्ष्मण सीय तजी जब ते बन।
लोक अलोकन पूरि रहे तन ॥३०॥

भावार्थ—शत्रुघ्न को रण में कौन जीत सकता है, लक्ष्मण के बल को कौन रोक सकता है, पर जब से लक्ष्मण सीता को वन में छोड़ आये हैं, तब से इस लोक में रघुवंशी लोगों के शरीर अपयश (पाप) से परिपूर्ण हो रहे हैं (इसी कारण यह पराजय हो रही है)।

अलंकार—अप्रस्तुत प्रशंसा (कारण निबंधना)

मूल—

छोड़न चाहत ते तबते तन। पाय निमित्त करयो मन पावन।
भाइ तज्यो तन सोदर लाजनि। पूत भये तजि पाप समाजनि ॥३१॥

शब्दार्थ—निमित्त=कारण। भाइ=लक्ष्मण के भाई (शत्रुघ्न)। पूत=पवित्र।

भावार्थ—(भरतजी कहते हैं कि) लक्ष्मण तो तभी से (जब से सीता जी को वन में छोड़ आए) अपना शरीर छोड़ना चाहते थे, सो अब उत्तम कारण पाकर उन्होंने तो अपना मन पवित्र कर लिया (मर कर अपने मन की ग्लानि दूर की)। उनके भाई शत्रुघ्न ने भाई की लज्जा से ही तन छोड़ा और पाप से स्वच्छ हो कर पवित्र हो गये।

मूल—दोधक छन्द।

पातक कौन तजी तुम सीता। पावन होत सुने जग गीता।
दोषविहीनहिं दोष लगावै। सो प्रभु ये फल काहे न पावै ॥३२॥

शब्दार्थ—पातक=पाप। गीता=कथा, प्रशंसा।

भावार्थ—भरतजी रामजी से कहते हैं कि, हे प्रभु! किस पाप से आपने ऐसी सीता का त्याग किया जिसके पतिव्रत की कथा सुन कर संसार पवित्र होता

है। जो निर्दोष को दोष लगावेगा वह ऐसा फल (पराजय) क्यों न पावैगा—अर्थात् अवश्य पावैगा।

अलंकार—काकुवक्रोक्ति।

मूल—

हौं तेहि तीरथ जाय परौंगो। संगति दोष अशेष हरौंगो ॥३३॥

(नोट)—यह आधा ही छन्द सब प्रतियों में मिलता है।

भावार्थ—(भरतजी कहते हैं कि) मैं भी उसी समरतीर्थ में जाकर मर जाऊँगा और तुम्हारी संगति में रहने से जो दोष मुझे लगा है उस समस्त दोष को मरकर नाश करूँगा।

अलंकार—उल्लास।

मूल—

बानर राक्षस रिच्छ तिहारे। गर्व चढ़े रघुवंशहिं भारे।
ता लगि के यह बात विचारी। हौ प्रभु संतत गर्व प्रहारी ॥३४॥

भावार्थ—भरतजी रामजी से कहते हैं कि या तो मेरा अनुमान ठीक है या तुम्हारे बानरों, राक्षसों और रीछों को रघुवंश के कारण (कि हमने रघुवंशियों की सहायता की) अति गर्व हो गया है उनके गर्व को दूर करने के लिये यह युक्ति निकाली है, क्योंकि हे प्रभु ! आप सदैव भक्तों का गर्व नाश किया करते हैं।

अलंकार—संदेह।

मूल—चंचरी छंद (लक्षण—र, स, ज, ज, भ, र=१८ वर्ण)

क्रोध कै अति भर्त अङ्गद संग संगर को चले।
जामवन्त चले विभीषण और बीर भले भले॥
को गनै चतुरंग सेनहिं रोदसी नृपता भरी।
जाइकै अवलोकियो रण में गिरे गिरि से करी ॥३५॥

शब्दार्थ—भर्त=भरतजी (छन्द नियम के कारण इसका यही रूप होगा)। संगर=युद्ध। रोदसी=जमीन और आसमान (भूमी द्यावौ च रोदसी इत्यमरः)। नृपता=राजाओं का समूह। करी—हाथी।

भावार्थ—(तदनन्तर) अति क्रुद्ध हो कर भरत, अंगद, जामवंत, विभीषण और अन्य अच्छे-अच्छे वीर रणक्षेत्र को चले। उस चतुरंगिनी सेना

को कौन गिन सकता है, तमाम जमीन आसमान में राजा भरे थे। सबों ने आकर देखा कि रणभूमि में पहाड़-से हाथी मरे पड़े हैं।

अलङ्कार—उपमा।

(छत्तीसवाँ प्रकाश समाप्त)

सैंतीसवाँ प्रकाश

दोहा—सैंतीसयें प्रकाश में लव कटु बैन बखान।
मोहन बहुरि भरत्थ को लागे मोहन बान॥

रूपमाला छन्द —

जामवंत विलोकियौ रण भीम भू हनुमंत।
श्रोण की सरिता बही सु अनंत रूप दुरंत॥
यत्र तत्र ध्वजा पताका दीह देहनि भूप।
टूटि टूटि परे मनो बहुवात वृच्छ अनूप॥१॥

शब्दार्थ—रणभू=रणक्षेत्र। भीम=भयंकर। श्रोण=रक्त। अनंत=(अन्+अंत) जिसका पार न मिलै। दुरन्त=अति कठिनता से। ध्वजा=बड़े निशान। पताका=छोटी झंडियाँ। दीन दैहिन=बड़े शरीरवाले। बहु-बात=आँधी।

भावार्थ—जामवंत और हनुमान ने देखा कि वह रणक्षेत्र बड़ा ही भयंकर हो रहा है। रक्त की ऐसी बड़ी नदी बही है जिसका कहीं आर-पार नहीं सूझता। जहाँ तहाँ ध्वजा पताका और बड़े शरीर वाले राजा कटे पड़े हैं, वे ऐसे जान पड़ते हैं, मानो आँधी से टूटे हुए बड़े-बड़े वृक्ष पड़े हों।

अलंकार—उत्प्रेक्षा। संबंधातिशयोक्ति (जब जामवंत और हनुमान उसे देख कर डर गये तो वास्तव में वह रणक्षेत्र बड़ा भयंकर होगा)।

मूल—

पुंज कुंजर शुभ्र स्यंदन शोभिजैं सुठि शूर।
ठेलि ठेलि चले गिरीशनि पेलि श्रोणित पूर॥
ग्राह तुङ्ग तुरङ्ग कच्छप चारु चर्म विशाल।
चक्क सों रथचक्र पैरत वृद्ध गृद्ध मराल॥२॥

शब्दार्थ—ठेलि=हटाकर। पेलि=नीचे को दबाकर। पूर=धारा। ग्राह—मगर। चर्म=ढाल। चक्क=चक्रवाक। रथचक्र=रथों के पहिये।

भावार्थ—हाथियों और रथों के समूहों तथा सुन्दर शूर वीरों की लाशों, को पर्वत समान हटाकर वा दबाकर रक्त की धारा बहती है (जैसे नदी की धार पहाड़ों को ठेल पेल कर बहती है) उसमें बड़े घोड़े ग्राह हैं, सुन्दर और बड़ी-बड़ी ढालें कछुवा हैं, रथों के पहिये चक्रवाक सम तैरते हैं और बूढ़े गीध जिन के पंख वृद्धावस्था के कारण सफेद हो गये हैं) ही हंस हैं।

अलंकार—रूपक।

मूल—

केकरे कर बाहु मीन, गयंद शुण्ड भुजङ्ग।
चीर चौंर सुदेश केश शिवाल जानि सुरङ्ग॥
वालुका बहु भाँति हैं मणिमालजाल प्रकाश।
पैरि पार भये ते द्वै मुनिबाल केशवदास॥ ३॥

शब्दार्थ—कर=हाथ के पंजे। बाहु=भुजदंड। सुदेश=सुन्दर। शिवाल=(शैवालक) सिवार। सुरंग=सुन्दर रंग का। बालुका=बालु। प्रकाश=चमकदार।

भावार्थ—(उस नदी) में हाथ के पंजे ही केकड़े हैं, भुजदंड ही मछली हैं, हाथियों की सूंड़े ही सर्प हैं और कपड़े, चौंर और सुन्दर बाल ही मानों सुन्दर सिवार हैं। गजमुक्ता और चमकीले मणि समूह ही चमकती हुई बालू हैं। ऐसी भयंकर नदी को (जिसे देखकर जामवन्त और हनुमान भयभीत हो गये थे) दो मुनिबाल पैर कर पार कर गये (कैसा आश्चर्य है)।

अलङ्कार—सांग रूपक।

मूल—(दोहा)—

नाम वरण लघु बेष लघु, कहत रीझि हनुमन्त।
इतो बड़ो विक्रम कियो, जीते युद्ध अनंत॥ ४॥

शब्दार्थ—वरण=अक्षर। विक्रम=उद्योग। अनन्त=लक्ष्मणजी।

भावार्थ—(दो मुनिबालकों ने इन सब को मारा है, ऐसा समझ कर) हनुमानजी रीझ कर कहते हैं कि छोटे छोटे नामवाले (अर्थात् कुश लव) और अपने नामों में केवल लघुवर्ण रखने वाले (जिनके नामों में दीर्घता के

नाते दीर्घ अक्षर तक नहीं हैं) और लघुवेशवाले (केवल बालक) दो मुनि बालकों ने इतना बड़ा उद्योग किया है कि युद्ध से लक्ष्मण को (वा असंख्य योद्धाओं को) जीत लिया (बड़े आश्चर्य की बात है)।

अलङ्कार—विभावना (दूसरी)।

मूल—(भरत)—तारक छंद।

हनुमन्त दुरंत नदी अब नाखौ। रघुनाथ सहोदरजी अभिलाषौ।
तब जो तुम सिंधुहि नाँघि गये जू। अबनाँघहु काहेन भीतभये जू ॥५॥

शब्दार्थ—दुरंत=(दुः+अंत) जिसका वार पार नहीं सूझता। नाखौ =लांघो। रघुनाथ……अभिलाषी=शत्रुघ्न और लक्ष्मण को जिलाने की अभिलाषा करो। भीत= भयभीत।

भावार्थ—(भरत जी कहते हैं कि) हे हनुमान! अब इस अपार नदी को लाँघो, और राम के भाई शत्रुघ्न और लक्ष्मण को जिलाने की अभिलाषा करो। तब तो तुम समुद्र को लाँघ गये थे, अब इस नदी को क्यों नहीं लाँघते, क्यों भयभीत हो रहे हो।

मूल—(हनुमान)—दोहा।

सीता पद सनमुख हुते, गयो सिन्धु के पार।
विमुख भयो क्यों जाहुँ तरि, सुनो भरत यहि बार ॥ ६ ॥

भावार्थ—हनुमानजी कहते हैं कि उस बार तो सीताजी के चरणों के सन्मुख जाना था सो सिंधु को पार कर गया, अब इस बार उनसे विमुख हो कर इस नदी को कैसे पार कर सकूँगा।

अलङ्कार—हेतु।

मूल—तारक छन्द

धनु बाण लिये मुनि बालक आये।
जनु मन्मथ के युग रूप सोहाये।
करिबे कहँ शूरन के मद हीने।
रघुनायक मानहु द्वै बपु कीने ॥ ७ ॥

शब्दार्थ—मन्मथ=काम। रघुनायक=श्रीरामचन्द्र।

भावार्थ—(इतने ही में) दो मुनिबालक धनुषबाण लिये हुए आ गये।

वे ऐसे सुन्दर थे मानों काम ही के दो रूप थे अथवा शूरों का अहंकार नाश करने को श्रीरामजी ने ही दो रूप धारण किये थे।

अलङ्कार—उत्प्रेक्षा।

मूल—(भरत)—

मुनिबालक हौ तुम यज्ञ करावो।
सु किधौं मख बाजिहि बाँधन धावो।
अपराध छमौ अब आशिष दीजै।
वर बाजि तजौ जिय रोष न कीजै॥ ८॥

भावार्थ—(भरतजी कहते हैं कि) तुम तो मुनिबालक हो, तुम्हारा काम यह है कि तुम दूसरों से यज्ञ कराओ (अर्थात् यज्ञ करने में सहायक हो) या तुम्हारा यह काम है कि यज्ञाश्व को बाँधने दौड़ो) अर्थात् यज्ञ में बाधक बनो ? यदि हमसे अपराध हुआ तो क्षमा करो और आशीर्वाद दो। क्रोध न करो, यज्ञाश्व को छोड़ दो।

मूल—(दोहा)—

बांध्यो पट्ट जो सीस यह, क्षत्रिन काज प्रकाश।
रोष करयो बिन काज तुम, हम विप्रन के दास॥ ६॥

भावार्थ—सरल ही है।

मूल—(कुश)—दोधक छन्द।

बालक वृद्ध कहौ तुम काको। देहनि को किधौं जीव प्रभाको।
है जड़ देह कहै सब कोई। जीव सो बालक वृद्ध न होई॥१०॥

शब्दार्थ—जीवप्रभा=आत्मा।

भावार्थ—सरल ही है।

मूल—

जीव जरै न मरै नहिं छीजै। ताकहँ शोक कहा अब कीजै।
जीवंहि विप्र न क्षत्रिय जानो। केवल ब्रह्म हिये महँ आनो॥११॥
जो तुम देव हमें कछु शिक्षा। तौ हम देहिं तुम्हैं हय भिक्षा।
चित्त विचार परै सोइ कीजै। दोष कछू न हमैं अब दीजै॥१२॥

भावार्थ—सरल

नोट—भरत ने उन्हें मुनिबाल कहा है, अतः कुश ने यह ब्रह्मज्ञानमय

वाक्य कहे, तात्पर्य यह कि इसी वेदान्त विषय में ही आप हमसे शास्त्रार्थ कर लीजिये। यदि आप हमें इसी विषय में कुछ शिक्षा दे सकें तो हम पराजय मान लें और घोड़ा आपको गुरुदक्षिणा में दे दें।

मूल—स्वागता छंद।

विप्र बालकन की मुनि बानी। क्रुद्ध सूरसुत भो अभिमानी।

(सुग्रीव)

बिप्र पुत्र तुम शीश सँभारो। राखि लेहि अब ताहि पुकारो॥१३॥

शब्दार्थ—सूरसुत=सुग्रीव।

भावार्थ—सरल ही है।

मूल—(लव) गौरी छंद (लक्षण—त, ज, ज, य=१२ वर्ण)

सुग्रीव कहा तुमसों रण माँड़ौं। तोको अति कायर जानिकै छाड़ौं।
वाली सबकोकहँ नाच नचायो। तौ ह्याँ रणमंडन मोसन आयौ॥१४॥

शब्दार्थ—रणमाँड़ना=युद्ध करना। बाली=बालि। नाच नचायो=खूब तंग किया। तौ=अब।

भावार्थ—सरल ही है।

मूल—तारक छंद।

फल हीन सो ताकहँ बाण चलायो।
अति बात भ्रम्यो बहुधा मुरझायो।
तब दौरिकै बाण विभीषण लीन्हों।
लव ताहि बिलोकत ही हँसि दीन्हों॥ १५॥

शब्दार्थ—फलहीन=गाँसी रहित, बिना गाँसी का।

भावार्थ—सरल ही है।

मूल—सुन्दरी छन्द—(इसे 'मोदक' भी कहते हैं)

आउ बिभीषण तू रणदूषण। एक तुही कुलको निजभूषण।
जूझजुरे जो भगे भय जीके। शत्रु ही आनि मिले तुम नीके॥१६॥

शब्दार्थ—रणदूषण=कायर। जूझ जुरे=युद्ध आरंभ होते ही।

भावार्थ—(लवजी विभीषण से कहते हैं कि) हे कायर विभीषण! आओ, तू ही तो एक अपने कुल का भूषण है (व्यंग से कलंकित करने

वाला है) तू वही बीर है जो (लंका में) युद्ध आरम्भ होते ही प्राणभय से भाई को छोड़ भागा था और शत्रु से जा मिला था।

मूल—दोधक छन्द।

देव बधू जबहीं हरि ल्यायो। क्यों तबही तजि ताहि न आयो।
यों अपने जिय के डर आयो। छुद्र सबै कुल छिद्र बतायो ॥ १७ ॥

शब्दार्थ—देव बधू = सीता। छिद्र = ऐब, मर्म।

भावार्थ—जब रावण सीता को हर लाया था, उसी समय तू उसे छोड़ राम की शरण क्यों न आया? जब युद्ध आरम्भ हुआ तब अपने प्राणों के भय से तू उनकी शरण आया और हे छुद्र! तू अपने कुल के सब दोष (वा मर्म) बताये।

मूल—(दोहा)—

जेठो भैया अन्नदा राजा पिता समान।
ताकी पत्नी तू करी पत्नी मातु समान ॥ १८ ॥

शब्दार्थ—अन्नदा—अन्न दायक, मालिक। मातु समान = क्या वह तेरी माता के समान न थी।

भावार्थ—(शास्त्र का ऐसा कहना है कि) बड़ा भाई, मालिक, राजा और पिता ये चारों समान हैं। सो तूने उसकी स्त्री को लेकर अपनी स्त्री बना लिया, क्या वह तेरी माता के समान न थी (अर्थात् अवश्य ही अतः तू मातृ-गामी हुआ, बधने योग्य है)।

मूल—(दोहा)—

को जानै कै बार तू कही न ह्वै है माय।
सोई तैं पत्नी करी सुनु पापिन के राय ॥ १९ ॥

भावार्थ—सरल ही है।

मूल—तोटक छन्द।

सिगरे जग माँझ हँसावत हैं। रघुवंशिन पाप लगावत हैं।
धिक तोकहँ तू अजहूँ जु जियै। खलजाय हलाहल क्यों न पियै ॥ २० ॥

भावार्थ—सारे संसार में अपनी हँसी कराता है, और साथ में रह कर रघुवंशियों को भी पाप लगाता है। धिक्कार है तुझको जो तू अब भी जीवित है, रे खल! जाकर विष क्यों नहीं पी लेता।

मूल--

कछु है अब तो कहँ लाज हिये। कहि कौन बिचार हथ्यारलिये।
अब जाय करीष की आगि जरो। गरु बाँधिके सागर बूड़ि मरो ॥२१॥

शब्दार्थ—करीष = बिनुवा कण्डे, कर्सा। गरु = गला।

भावार्थ—तेरे हृदय में कुछ लज्जा है कि नहीं, क्या विचार कर हथ्यार उठाया है तुझ सा पापी क्या हमसे युद्ध कर सकता है? रे विभीषण! तू जाकर सूखे जंगली कंडों की आग में जल मर या गले में भारी पत्थर बाँध कर समुद्र में डूब मर (निर्लज्ज कहीं का) आया है मुझसे युद्ध करने।

मूल--(दोहा)—

कहा कहौं हौं भरत को, जानत है सब कोय।
तोसो पापी संग है, क्यों न पराजय होय॥ २२॥
बहुल युद्ध भो भरत सों, देव अदेव समान।
मोहि महारथ पर गिरे, मारे मोहन बान॥ २३॥

शब्दार्थ—देव-अदेव समान = देवासुर संग्राम की भाँति। मोहनवान = मूर्छित करने वाला बाण।

(सैंतीसवाँ प्रकाश समाप्त)

अड़तीसवाँ प्रकाश

दोहा—अड़तीसयें प्रकाश में अंगद युद्ध बखान।
व्याज सैन रघुनाथ के कुश लव आश्रम जान॥

मूल--(दोहा)—

भरतहिं भयो बिलम्ब कछु आये श्रीरघुनाथ।
देख्यो वह संग्राम थल, जूझि परे सब साथ॥ १॥

भावार्थ--जब भरत को भी लौटने में विलम्ब हुआ तब स्वयं रामजी ही वहाँ आये और उस रण भूमि को देखा जहाँ सब लोग जूझे हुए एक साथ पड़े थे।

मूल--तोटक छंद।

रघुनाथहिं आवत आय गये। रण में मुनिबालक रूपरये।
गुण रूप सुशील जुसों रण में। प्रतिबिम्ब मनो निज दर्पण में॥ २॥

भावार्थ—रणभूमि में राम के पहुँचते ही वे दोनों सुन्दर मुनिबालक भी रणक्षेत्र में आगये। रणभूमि में राम ने उन्हें देखा तो मालूम हुआ कि गुण रूप, और शील में वे अपने ही प्रतिविम्ब दर्पण में देख रहे हैं।

अलंकार—उत्प्रेक्षा।

मूल—वसन्ततिलकाछन्द।

सीता समान मुखचन्द्र बिलोकि राम।
बूझ्यो कहाँ बसत हौ तुम कौन ग्राम।
माता पिता कवन कौनेहि कर्म कीन।
विद्या विनोद शिष कौनेहि अस्त्र दीन॥ ३॥

भावार्थ—राम जी ने दोनों बालकों के मुखचन्द्र सीता के मुखचन्द्र के समान ही देखकर उनसे पूछा कि तुम कहाँ (किस देश में) और किस गाँव में रहते हो? तुम्हारे माता-पिता कौन हैं? किसने तुम्हारे जन्म-संस्कार किये हैं? किसने तुम्हें विद्या पढ़ाई है और किसने तुम्हें अस्त्र विद्या दी है?

अलंकार—उपमा और रूपक का संकर।

मूल—(कुश)—रूपमाला छन्द।

राजराज तुम्हें कहा मम बंश सो अब काम।
बूझि लीजो ईश लोगन जीति कै संग्राम।
(राम)—हौं न युद्ध करौं कहे विन विप्र वेष विलोकि।
वेगि वीर कथा कहौ तुम आपनी रिस रोकि॥ ४॥

शब्दार्थ—राजराज=राजराजेश्वर। ईश लोग=बड़े लोग, इस आश्रम के ऋषिगण।

मूल—(कुश)—

कन्यका मिथिलेश की हम पुत्र जाये दोय।
बालमीक अशेष कर्म करे कृपा रस मोय।
अस्त्र शस्त्र सबै दये अरु वेद भेद पढ़ाय।
बाप को नहिं नाम जानत आजु लौं रघुराय॥ ५॥

भावार्थ—सरल ही है।

शब्दार्थ—अशेष=सब। मोय=युक्त। कृपारस मोय=दया करके।

मूल—दोधक छन्द ।

जानकि के मुख अक्षर आने । राम तहीं अपनेसुत जाने ।
विक्रम साहस शील विचारे । युद्ध व्यथा गहि आयुध डारे ॥ ६ ॥

भावार्थ—ज्योंही बालक ने जानकी नाम लिया, त्योंही रामजी समझ गये कि ये हमारे ही पुत्र हैं । फिर उनके विक्रम, साहस और शील पर विचार किया (तो और भी पुष्टि हो गई) अतः इनसे युद्ध करने से मन को कैसी व्यथा होगी उसका अनुमान करके रामजी ने अस्त्र फेंक दिये । और अंगद को आज्ञा दी (देखो प्रकाश २६ छंद नं० ३४) ।

मूल—(राम)—

अंगद जीति इन्हें गहि ल्यावौ । कै अपने बल मारि भगावौ ।
वेगि बुझावहु चित्तचिता को । आजु तिलोदक देहु पिता को ॥७॥

नोट—देखो प्रकाश २६ छंद नं० ३५ ।

भावार्थ—सरल हो है (राम जो उन्हें अपना पुत्र स्वीकार करके, अपने वचन पूरे करने हेतु अंगद से युद्ध करवाते हैं) ।

मूल—

अंगद तौ अँग अँगन फूले । पौन के पुत्र कह्यौ अति भूले ।
जाय जुरे लव सों तरु लैकें । बात कही शत खंडन कैकै ॥ ८ ॥

भावार्थ—रामजी की बात सुनकर अंगद अति प्रसन्न हुए, तब हनुमान जी ने कहा कि अंगद तुम बड़ी भारी भूल कर रहे हो (इन बालकों का बालक न समझना) अंगद हनुमान का कहना न मानकर एक वृक्ष उखाड़ कर लव जी से जा भिड़े, पर उन्होंने तुरन्त उस वृक्ष के सौ खंड करके यों कहा ।

मूल—(लव)

अंगद जो तुम पै बल हो तो । तौ वह सूरज को सुत को तो ।
देखत ही जननी जु तिहारी । वा सँग सोवति ज्यों वरनारी ॥ ९ ॥

शब्दार्थ—तुमपै=तुम्हारे पास, तुम में । सूरज को सुत=सुग्रीव । को तो=क्या था (कुछ नहीं था, तुच्छ था) । वरनारी=पतिपत्नी । ज्यों वरनारी =ज्यों वर संग नारी । सोवति=सोती है ।

भावार्थ—हे अंगद! जो तुम में बल होता तो यह सुग्रीव क्या था जो ऐसा अनुचित कार्य करता। तुम्हारे देखते तुम्हारी माता उसके साथ ऐसे सोती है जैसे अपनी पति के साथ पत्नी सोती है (तुम्हें लज्जा नहीं आती)। नोट--व्यंग यह है कि बड़े निर्लज्ज हो।

अलङ्कार—उदाहरण।

मूल—

जा दिन ते युवराज कहायो। विक्रम बुद्धि विवेक बहायो।
जीवत पै कि मरे पहँ जैहै। कौन पिताहि तिलोदक दैहै॥ १०॥

(नोट)—राम का कथन छंद नं० ७ का सुन कर लवजी कहते हैं कि:—

भावार्थ—जब से तुम युवराज हुए, तब से बल बुद्धि और विवेक सब गँवा दिया, कहिये वह तिलोदक किस पिता को दोगे, जीवित पिता सुग्रीव को वा मृत पिता बालि को?

मूल—

अंगद हाथ गहै तरु जोई। जात तहीं तिल सो कटि सोई।
पर्वत पुञ्ज जिते उन मेले। फूल के तूल लै बानन झेले॥ ११॥

शब्दार्थ—मेले=फेंके। तूल=तुल्य, समान। झेले=हटा दिया।

भावार्थ—अंगद जिस वृक्ष को लेते हैं, वही तुरन्त तिल-तिल कट जाता है। जितने पर्वत उन्होंने फेंके, उन्हें लवजी ने फूल के समान बाणों से हटा दिया।

अलङ्कार—उदाहरण।

मूल—

बानन बेधि रही सब देही। बानर ते जु भये अब सेही।
भूलत ते शर मारि उड़ायो। खेल के कंदुक को फल पायो॥ १२॥

शब्दार्थ—देही=शरीर। सेही=स्याही नामक वनजन्तु, शल्लकी।

भावार्थ—अंगद का शरीर बाणों से ऐसा विद्ध हो गया कि बानर से साही हो गये। तब लवजी ने उन्हें बाण मार कर ऊपर को उछाल दिया और उन्हें खेल का गेंद बना डाला (गेंद की तरह उछालने लगे)।

अलंकार—गम्योत्प्रेक्षा।

मूल—

सोहत है अध ऊरध ऐसे। होत बटा नट को नभ जैसे।
जान कहूँ न इतै उतपावै। गो बलचित दशो दिश धावै ॥ १३ ॥

शब्दार्थ—अध ऊरध=नीचे ऊपर। बटा=गोला।

भावार्थ—अंगद को लवजी ने बाणों द्वारा इस प्रकार नीचे ऊपर को लोकाया जैसे आकाश में नट के गोले नीचे ऊपर को आते जाते हैं। अंगद कहीं इधर-उधर भाग भी नहीं सके। उनका बल नष्ट हो गया और उनका चित्त दशों दिशाओं को दौड़ता है (कि अब कौन मुझे बचावे)।

अलंकार—उदाहरण।

मूल—

बोल घस्यौ सु भयो सुर भंगी। ह्वै गयो अंग त्रिशंकु को संगी।
हा रघुनायक हौं जन तेरो। रच्छहु गर्ब गयो सब मेरो ॥ १४ ॥

भावार्थ—मारे कष्ट के अंगद की बोलने की शक्ति कम हो गई और उनका शरीर त्रिशंकु की तरह अधर में उलटा टँग गया, तब चिल्लाये कि हे रामजी! मैं तुम्हारा दास हूँ, मेरी रक्षा करो, अब मेरा सब गर्व नष्ट हुआ।

अलङ्कार—ललितोपमा (दूसरे चरण में)।

मूल—

दीन सुनी जनकी जब बानी। जी करुणा लव बानन आनी।
छाँड़ि दियो गिरिभूमिपर्योई। व्याकुल ह्वै अतिमानो मरयोई ॥१५॥

भावार्थ—जब दीन जन की सी वाणी सुनी, तब लव के बाणों के जी में करुणा आई। तब बाणों ने उसे छोड़ दिया और वह व्याकुल होकर भूमि में मुर्दा सा गिर गया।

अलङ्कार—उपमा।

मूल—मत्तगयंद सवैया।

भैरव से भट भूरि भिरे बल खेत खरे करतार करे कै।
भारे भिरे रण-भूधर भूप न टारे टरै इभ कोट अरे कै ॥
रोष सों खंग हने कुश केशव भूमि गिरे न टरेहू गरे कै।
राम विलोकि कहैं रस अद्भुत खायें मरे नग नाग परे कै ॥ १६ ॥

शब्दार्थ—बल = बलपूर्वक। खेत—रणखेत में खरे। = अति विकट। करतार = ब्रह्मा। रण भूवर भूप = पर्वत समान अचल राजा। इभ कोट = हाथियों का कोट। अरे कै = अड़ा करके (इस तरह खड़े करके जिस में वे टल न सकें)। पैरों में जंजीरादि के लोहलंगर डालकर। खंग = खड्ग। गरे के टरेहू = गला कट जाने पर भी। नगनाग = (नागनग) गजमुक्ता। खावाँ मारना = मोरचाबंदी के लिये खाईं डालना। कै = किधौं, या, अथवा। रस अद्भुत = आश्चर्य में आकर (अति चकित होकर)। खायें मरे······नरे कै = ये मैदान जंग में मोर्चाबंदी के लिये खाँवाँ से बन गये हैं। या गजमुक्ता पड़े हुए हैं—अर्थात् इतने हाथियों के मस्तक कटे हैं कि उनके गजमुक्ताओं से रणक्षेत्र में खाँवाँ से बन गये हैं तो अनुमान करना चाहिए कि उस रण में कितने हाथी मारे गये होंगे और वह रण कैसा हुआ होगा।

भावार्थ—भैरव (कालभैरव) के समान भयङ्कर असंख्य योद्धा बलपूर्वक उस रणक्षेत्र में ऐसे लड़े (कि अन्य किसी युद्ध में इतने योद्धा न भिड़े होंगे) न जाने दूरदर्शी विधाता ने इसी युद्ध के लिये उन खरे (सच्चे वा विकट) वीरों को बनाया था क्या। रण में पर्वत समान अचल और बड़े-बड़े राजा, जिन्होंने हाथियों के पैरों में लोहलंगर डालकर खड़ा कर दिया था। रणभूमि से टाले नहीं टले (वहीं पर कट गये हैं)। रोष से कुश ने तलवार चलाई है जिसमें वे कट तो गये हैं, पर गला कट जाने पर भी उनके कबंध भूमि में नहीं गिरे। ऐसा विकट रण देखकर आश्चर्य से रामजी कहते हैं कि इतने गजमुक्ता पड़े हुए हैं या खाँवाँ मारे गये हैं?

अलंकार—अत्युक्ति।

मूल—दोधक छन्द—

वानर ऋक्ष जिते निशिचारी। सेन सबै इक बाँण सँहारी।
बाण .बिधे सबही जब जोये। स्यंदन में रघुनन्दन सोये॥ १७॥

शब्दार्थ—निशिचारी = निश्चर (विभीषण की सेना के)। स्यंदन = रथ।

भावार्थ—उस सेना में जितने वानर रीछ और निश्चर थे, सबों को लव ने एक, एक बाण मारा (उस एक ही एक बाण से वे सब मूर्च्छित हो गये थे) जब रामजी ने सब को बाण विद्ध देखा तब स्वयं रामजी भी रथ पर लेट गये।

मूल--गीतिका छन्द। (वर्णिक)--(लक्षण--स, ज, ज, भ, र, स+लघुगुरु=२० वर्ण)

रण जोय कै सब शीशभूषण संग्रहे जु भले भले।
हनुमंत को अरु जामवंतहिं बाजि स्यों ग्रसि लै चले॥
रण जीति कै सब साथ लै करि मातु के कुश पाँ परे।
सिर सूधि कंठ लगाय आनन चूमि गोद दुऊ धरे॥ १८॥

शब्दार्थ—जोयकै=ढूँढ़ कर। शीशभूषण=मुकुट। संग्रहे=एकत्र किये। बाजि स्यों=घोड़े सहित। ग्रसि=पकड़ कर। पाँ परे=पैरों पड़े, चरण छुये। गोद धरे=गोद में बैठाल लिया।

भावार्थ—रणभूमि से ढूँढ़ ढूँढ़कर जो अच्छे अच्छे मुकुट थे उन्हें एकत्र कर लिए। और घोड़े समेत हनुमान तथा जामवन्त को पकड़ कर ले चले। जब रण में जीत कर लव को साथ लेकर कुश ने आकर माता के चरण छुये, तब सीताजी ने उनका सिर सूँघ कर गले से लगाकर और मुख चूम कर दोनों को गोद में बैठाल लिया।

(अड़तीसवाँ प्रकाश समाप्त)

—:०:—

उन्तालीसवाँ प्रकाश

दोहा—

नवतीसयें प्रकाश सिय राम सँयोग निहारि।
यज्ञ पूरि सब सुतन को दीन्हो राज्य विचारि॥

(सीता कृत शोक)

मूल—रूपमाला छंद।

चीन्हि देवर के विभूषण देखि कै हनुमंत।
पुत्र हौं विधवा करी तुम कर्म कीन दुरंत॥
बाप को रण मारियो अरु पितृभ्रातृ सँहारि।
आनियो हनुमन्त बाँधि न आनियो मोहिं गारि॥ १॥

शब्दार्थ—हौं=मुझको। (विशेष) केशव ने इस 'हौं' शब्द को यहाँ कर्म कारक में प्रयुक्त किया है। यह प्रयोग चिंतनीय है। दुरन्त=बुरा। गारि

=गाली, कलङ्क। पितुभ्रातृ=पिता, काका। आनियो मोहिं गारि=मुझ पर कलंक लगाया (मुझे गाली चढ़ाई)।

भावार्थ—(निज पति तथा) देवरों के मुकुटादि भूषण चीन्ह कर और हनुमान को पहचान कर सीता जी बोलीं कि हे पुत्रो! तुमने मुझको राँड़ बना दिया, यह बुरा काम किया। तुमने बाप को रण में मारा और सब काकाओं को मार कर यह हनुमान को नहीं बाँध लाये, वरन् मुझ पर गाली चढ़ाई है—मुझे कलंक लगाया है।

अलंकार—अपह्नुति।

मूल—(दोहा)—

माता सब काकी करी विधवा एकहि बार।
मोसी और न पापिनी जाये बंश कुठार ॥२॥

(विशेष) माता और काकी शब्दों के साथ 'मोसी' शब्द बड़ा मजा दे रहा है। इसे मुद्रालंकार समझो।

शब्दार्थ—बंशकुठार=कुलविध्वंसक।

भावार्थ—सरल ही है।

मूल—दोधक छंद।

पापि! कहाँ हति बापहिं जैहो। लोक चतुर्दश ठौर न पैहो।
रामकुमार कहै नहिं कोऊ। जारज जाय कहावहु दोऊ ॥३॥

शब्दार्थ—पापि=हे पापियो। जारज=दोगला, हरामी।

भावार्थ—सरल ही है।

मूल—(कुश)—

मोकहँ दोष कहा सुनु माता। बाँधि लियो जो सुन्यो उन भ्राता।
हौं तुमही तेहि बार पठायो। रामपिता कब मोहिं सुनायो ॥४॥

शब्दार्थ—हौं=मुझको (यहाँ पुनः यह शब्द कर्म कारक में आया है)। तेहि बार=उस समय।

भावार्थ—(सीता का उपर्युक्त शाप सुनकर) कुश ने कहा कि हे माता! इसमें मेरा क्या दोष है। जब तुमने सुना कि उन्होंने मेरे भाई को बाँध लिया है उस समय तुम्हीं ने तो मुझको भेजा था, और तुमने मुझसे यह कब कहा था कि रामजी हमारे पिता हैं!

मूल—(दोहा)—

नोहि विलोकि विलोकि कै, रथ पर पौढ़े राम।
जीवत छोड़्यो युद्ध में, माता करि विश्राम ॥५॥

शब्दार्थ—करि विश्राम=आराम करो, निश्चित हो, क्रोध न करो।

भावार्थ—सरल ही है।

मूल—सुन्दरी व मोदक छन्द।

आइ गये तबही मुनिनायक। श्रीरघुनन्दन के गुणगायक।
बात विचारि कही सिगरी कुश। दुःख कियो मनमें कलिअंकुश ॥६॥

शब्दार्थ—कलिअंकुश=पाप के बाधक (यह शब्द मुनि नायक वाल्मीकि जी का विशेषण है)

भावार्थ—इसी समय राम के यश को गानेवाले मुनि श्रेष्ठ (श्रीवाल्मीकि जी) वहाँ आगये और कुश ने युद्ध का सब हाल, अपनी निर्दोषता, तथा सीता का शाप विचार पूर्वक उन्हें सुनाया, तब पाप के बाधक वाल्मीकि मुनि के मन में दुःख हुआ (कि यह अकारण शाप दिया गया, बालक निर्दोष है) वाल्मीकि को दुःख इस कारण हुआ कि हमसे भी भूल हुई जो हमने इन्हें अब तक यह नहीं बतलाया कि तुम्हारा बाप कौन है, उसका नाम क्या है!

अलंकार—पर्यायोक्ति।

मूल—गौरी छन्द। (मुनि)

कीजै न बिडंबन संतति सीते। भावी न मिटै जु कहूँ शुभ गीते।
तू तो पतिदेवन की गुरु बेटी। तेरी जग मीचु कहावत चेटी ॥७॥

शब्दार्थ—बिडंबन=खेद। संतति=पुत्री। भावी=होनहार। पतिदेव=पतिव्रता। गुरु=पूज्य। चेटी=चेरी, दासी।

भावार्थ—(वाल्मीकि जी सीता को सान्त्वना देते हैं) हे पुत्री सीते! शोक मत करो, हे शुभगीता सीता! जो होनी होती है वह कभी मिटती नहीं। हे बेटी! तू तो पतिव्रताओं की पूज्य है (पतिव्रता स्त्रियों में सर्वश्रेष्ठ है) जग में जो मोच कहलाती है, वह तेरी दासी है।

(नोट)—इससे यह ध्वनि निकलती है कि तू श्रेष्ठ पतिव्रता है, यदि तू चाहे तो अपनी शक्ति से सब को पुनः जिला सकती है।

अलंकार—उदात्त (महानों की उपलक्षणता से)।

मूल—उपजाति छन्द

सिगरे रण मंडल माँझ गये।
अवलोकत ही अति भीत भये।
दुहु बालन को अति अद्भुत विक्रम।
अवलोकि भयो मुनि के मन संभ्रम ॥ ८ ॥

(नोट)—प्रथम दो चरण तोटक वृत्त के, अन्तिम दो चरण १४ वर्णों के हैं।

भावार्थ—तब सब लोग मिल कर रण क्षेत्र में गये। घायलों और मृतकों को देख कर सब लोग डर गये। दोनों बालकों का अति अद्भुत पराक्रम देख कर मुनि के मन में बड़ा भारी भ्रम हुआ (कि यह क्या हुआ, इन छोटे बालकों ने इतने बड़े वीरों को कैसे परास्त किया)।

(रण-समुद्र रूपक)

मूल—(दण्डक)—

श्रोणित सलिल नर बानर सलिलचर,
गिरि बालिसुत विष विभीषण डारे हैं।
चमर पताका बड़ी बड़वा अनल सम,
रोगरिपु जामवन्त, 'केशव' विचारे हैं।
बाजि सुरवाजि सुरगज से अनेक गज,
भरत सबन्धु इन्दु अमृत निहारे हैं।
सोहत सहित शेष रामचन्द्र केशव से,
जीति कै समर सिन्धु साँचहूँ सँवारे हैं ॥९॥

शब्दार्थ—श्रोणित = रक्त। सलिल = पानी। सलिलचर = जलचर जीव। गिरि = मैनाक। रोगरिपु = धन्वन्तरि। सुरबाजि = उच्चैःश्रवा = घोड़ा। सुरगज = ऐरावत हाथी।

(विशेष)—कवि लोग समरांगण का रूपक सिन्धु का बाँधते हैं, सो वह तो केवल कल्पना मात्र है। केशवदास कहते हैं कि लव कुश ने इस समरांगण को सच्चा सिन्धु बना दिया। क्यों?

भावार्थ—इस समरांगण सिन्धु में रक्त ही जल है, नर बानर ही जलजंतु हैं, अंगद मैनाक पर्वत हैं, और विभीषण विष हैं (राक्षस होने से काले हैं और विष का रंग भी काला माना जाता है)।

चमर और पताकायें (रक्तरंजित होने से) बड़वाग्नि सम हैं, और केशव के विचार से जामवन्त ही धन्वन्तरि हैं। उच्चैःश्रवा सम अनेक घोड़े तथा ऐरावत सम बड़े हाथी हैं, भरत और शत्रुघ्न चन्द्रमा और अमृत हैं। लक्ष्मण सहित रामजी शेष और नारायण सम हैं। इसी से यह समरांगण सच्चा सिंधु है।

अलंकार—रूपक।

मूल—(सीता)—दोहा।

मनसा बाचा कर्मणा जो मेरे मन राम।
तो सब सेना जी उठै होहि घरी न विराम॥ १०॥

शब्दार्थ—विराम=देर।

भावार्थ—सीताजी शपथ करके जिलाती हैं। अर्थ सरल ही है।

मूल—दोधक छन्द।

जीय उठी सब सेन सभागी। केशव सोहत ते जनु जागी।
स्यों सुत सीतहि लै सुखकारी। राघव के मुनि पाँयन पारी॥ ११॥

शब्दार्थ—सभागी=भाग्यवान। स्यों=समेत। सुखकारी। (यह शब्द 'सीता' का विशेषण है)

भावार्थ—वह भाग्यवती सेना सब जी उठी, मानों सोते से जगी हो। तब पुत्रों समेत सुखदायिनी सीता को लेकर बाल्मीकि मुनि ने राम के चरणों पर डाला।

अलङ्कार—उत्प्रेक्षा।

(राम-सीता मिलन)

मूल—मनोरमा छन्द।

शुभ सुन्दर सोदर पुत्र मिले जहँ।
बरषा बरषे सुर फूलन की तहँ।
बहुधा दिवि दुंदुभि के गण बाजत।
दिगपाल गयंदन के गण लाजत॥ १२॥

शब्दार्थ—जहँ = ज्योंही। तहँ = त्योंही। दिवि = स्वर्ग, देवलोक।

भावार्थ—ज्योंही राम जी को पतिव्रता स्त्री (सीता), भाई और पुत्र मिले त्योंही देवताओं ने फूलों की वर्षा की और विविध प्रकार से स्वर्ग में नगाड़े बजे जिनका शब्द सुनकर दिग्गज गण लज्जित होते थे।

अलङ्कार—ललितोपमा।

मूल—(अंगद)—स्वागता छन्द।

रामदेव तुम गर्व प्रहारी। नित्य तुच्छ अति बुद्धि हमारी।
युद्ध देउ भ्रमते कहि आयो। दासि जानि प्रभु मारग लायो॥ १३॥

शब्दार्थ—युद्ध देउ = अंगद ने युद्ध करने का वरदान माँगा है। (देखो प्रकाश २६ छन्द नं० ३४)

भावार्थ—अंगद कहते हैं कि हे रामदेव! आप सचमुच गर्व संहारक हैं और हमारी बुद्धि नित्य तुच्छ है। मैंने 'युद्ध देहि' का जो वर माँगा था वह मैंने भ्रम से कहा था, पर आपने दास जानकर मुझे सच्चे मार्ग में लगाया।

मूल—रूप माला छन्द।

सुन्दरी सुत लै सहोदर बाजि लै सुख पाय।
साथ लै मुनि बालमीकहि दीह दुःख नसाय।
राम धाम चले भले यश लोक लोक बढ़ाय।
भाँति भाँति सुदेश केशव दुन्दुभीन बजाय॥ १४॥

(नोट)—मात्राओं के हिसाब से यह छन्द रूपमाला तो अवश्य है, पर इसका संगठन ऐसा बन पड़ा है कि यह छन्द १७ वर्णवाला कोई वर्णिक छन्द भी जान पड़ता है।

शब्दार्थ—सुन्दरी = स्त्री अर्थात् सीता जी। दीह = (दीर्घ) बड़ा। सुदेश = सुन्दर।

भावार्थ—सरल ही है।

मूल—

भर्त लक्ष्मण शत्रुहा पुर भीर टारत जात।
चौंर ढारत हैं दुऊ दिशि पुत्र उत्तम गात।
छत्र है कर इन्द्र के शुभ शोभिजै बहु भेत।
मत्तदंति चढ़े पढ़ैं जय शब्द देव नृदेव॥ १५॥

(नोट)—यह छन्द भी नं० १४ के समान है।

शब्दार्थ—शत्रुहा=शत्रुघ्न। उत्तमगात=सुन्दर, रूपवान। नृदेव=राजा।

भावार्थ—सरल ही है।

मूल—दोधक छन्द।

यज्ञथली रघुनन्दन आये। धामन धामन होत बधाये॥
श्रीमिथिलेश सुता बड़भागी। स्यों सुत सासुन के पगलागी॥ १६॥

भावार्थ—सरल है।

मूल—(दोहा)—

चारिपुत्र द्वै पुत्रसुत्र कौशल्या तब देखि।
पायो परमानन्द मन दिगपालन सन लेखि॥ १७॥

शब्दार्थ—पुत्रसुत=पोते। लेखि=समझ कर।

भावार्थ—सरल है।

अलङ्कार—उपमा।

मूल—रूपमाला छन्द।

यज्ञ पूरण कै रमापति दान देत अशेष।
हीर नीरज चीर माणिक वरषि बर्षा वेष॥
अंगराग तड़ाग बाग फले भले बहु भाँति।
भवन भूषण भूमि भाजन भूरि वासर राति॥ १८॥

शब्दार्थ—अशेष=सब प्रकार के। हीर=हीरा। नीरज=मोती। वर्षा वेष=वर्षा की तरह। अंगराग=केसर, चन्दनादि। तड़ाग=तालाब।

भावार्थ—सरल ही है।

अलंकार—रमापति शब्द से परिकरांकुर, 'भ' की भरमार से अनुप्रास।

मूल—(दोहा)—

एक अयुत गज बाजि द्वै तीनि सुरभि शुभ वर्ण।
एक एक विप्रहिं दई केशव सहित सुवर्ण॥ १६॥

शब्दार्थ—अयुत=दश हजार। सुरभि=गाय। शुभवर्ण=सफेद रंग की। द्वै अयुत=बीस हजार। तीन अयुत=तीस हजार। सुवर्ण=सोने की मोहर जो दश माशे की होती है।

भावार्थ—सरल है।

मूल—(दोहा)—

देव अदेव नृदेव अरु जितने जीव त्रिलोक।
मन भायो पायो सबन कीन्हें सबन अशोक ॥ २० ॥

शब्दार्थ—अदेव=राक्षस (विभीषण के साथवाले)। नृदेव=राजा। कीन्हें...अशोक=सब को दुःख रहित कर दिया।

अलङ्कार—उदात्त।

(राज्य वितरण)

मूल—(दोहा)—

अपने अरु सोदरन के, पुत्र विलोकि समान।
न्यारे न्यारे देश दै, नृपति करे भगवान ॥ २१ ॥

शब्दार्थ—समान=बराबर। भगवान=रामचन्द्र।

मूल—(दोहा)—

कुश लव अपने भरत के नन्दन पुष्कर तक्ष।
लक्ष्मण के अंगद भये चित्रकेतु रणदक्ष ॥ २२ ॥

शब्दार्थ—कुश और लव=रामजी के बेटे। नन्दन=पुत्र। पुष्कर और तक्ष=भरत के बेटे। अंगद और चित्रकेतु=लक्ष्मण के बेटे। रणदक्ष=युद्ध में चतुर।

मूल—भुजङ्गप्रयात छन्द।

भले पुत्र शत्रुघ्न द्वै द्वीप जाये। सदा साधु शूरे बड़े भाग्य पाये।
सदामित्र पोषी हनै शत्रु छाती। सुबाहै बड़ो दूसरो शत्रु घाती ॥ २३ ॥

भावार्थ—शत्रुघ्न ने दो अच्छे कुल दीपक पैदा किये, जो सदा साधु शूर और बड़े भाग्यवान थे। वे सदा मित्रों के रक्षक और शत्रुओं की छाती छेदने वाले थे। बड़े का नाम सुबाहु और दूसरे का नाम शत्रुघाती था।

मूल—(दोहा)—

कुश को दई कुशावती नगरी कोशल देश।
लव को दई अवन्तिका उत्तर उत्तम वेश ॥ २४ ॥

शब्दार्थ—उत्तमवेश=सुन्दर।

मूल—(दोहा)—

पश्चिम पुष्कर को दई पुष्करवति है नाम ।
तच्छशिला तच्छहिं दई लई जीत संग्राम ॥ २५ ॥

शब्दार्थ—पुष्करवति=जिसे आजकल पेशावर कहते हैं ।

मूल—(दोहा)—

अंगद कहँ अंगद नगर दीन्हों पूरब ओर ।
चंद्रकेतु चंद्रावती लीन्हीं उत्तर जोर ॥ २६ ॥

शब्दार्थ—लीन्हीं जोर=जो जबरदस्ती शत्रु राजा से छीन ली थी ।

मूल—(दोहा)—

मथुरा दई सुबाहु कहँ पूरण पावन गाथ ।
शत्रुघात कहँ नृप कर्‍यो देशहि को रघुनाथ ॥ २७ ॥

शब्दार्थ—देशहि को=खास अयोध्या ही का ।

मूल—तोटक छन्द ।

यहि भाँति सुरक्षित भूमि भई । सब पुत्र भतीजन बाँट दई ।
सब पुत्र महाप्रभु बोलि लिये । बहु भाँतिन के उपदेश दिये ॥२८॥

शब्दार्थ—महाप्रभु=राजराजेश्वर श्रीरामचन्द्रजी ।

(रामकृत राजनीति का उपदेश)

मूल—चामर छन्द—(लक्षण—सात बार गुरु लघु+गुरु)

बोलिये न झूठ ईठि मूढ़ पै न कीजिए ।
दीजिये जु वस्तु हाथ भूलि हू न लीजिए ॥
नेहु तोरिये न देहु दुःख मंत्रि मित्र को ।
यत्र तत्र जाहु पै पत्याहु जैं अमित्र को ॥ २९ ॥

शब्दार्थ—ईठि=मित्रता । जैं=मत । अमित्र=शत्रु ।

भावार्थ—झूठ न बोलना, मूर्ख से मित्रता न करना, जो वस्तु किसी को दे देना उसे फिर भूल कर भी न लेना । किसी से स्नेह करके फिर उसे तोड़ना मत । मन्त्री और मित्र को दुःख न देना, देशान्तर में जाना पर शत्रु का विश्वास न करना ।

मूल—नराच छन्द—(लक्षण—क्रम से ८ बार लघु गुरु)

जुवा न खेलिये कहूँ जुबान वेद रच्छिये।
अमित्र भूमि माहिं जैं अभक्ष भक्ष भक्षिये॥
करौ न मंत्र मूढ़ सों न गूढ़ मंत्र खोलिये।
सुपुत्र होहु जैं हठी मठीन सों न बोलिये॥ ३०॥

शब्दार्थ—जुबान वेद=वेद वचन। अमित्रभूमि=शत्रु-भूमि। जैं=जिनि, मत। अभक्ष भक्ष=अनजाना भोजन। मठी=मठधारी। न बोलिये=उनसे छेड़ छाड़ न करो

भावार्थ—कभी जुवा मत खेलना, वेद वचन की रक्षा करना। शत्रु देश में जाकर अनजानी वस्तु (फल वा भोज्य पदार्थ) न खाना। मूढ़ से सलाह न लो, अपना गूढ़ तात्पर्य किसी पर प्रकट न करो। हे सुपुत्रो! हठ न करना और मठधारियों से छेड़ छाड़ न करना

मूल—वृथा न पीड़िये प्रजाहि पुत्र मान पारिये।
असाधु साधु बूझिकै यथापराध मारिये॥
कुदेव देव नारि को न बाल वित्त लीजिये।
विरोध विप्र वंश सों सु स्वप्नहू न कीजिये॥ ३१॥

शब्दार्थ—पारिये=पालिये। असाधु साधु=दोषी निर्दोष। मारिये=दंड दीजिये। कुदेव=(कु=पृथ्वी) भूमिदेव, ब्राह्मण।

भावार्थ—वृथा प्रजा को मत सताना उसका पुत्रवत पालन करना। दोषी वा निर्दोषी समझ कर जैसा अपराध हो वैसा दंड देना। ब्राह्मण, देवता, स्त्री और बालक का धन न लेना, और ब्राह्मण वंश से स्वप्न में भी विरोध न करना।

मूल—भुजङ्गप्रयात छन्द।

पर द्रव्य को तो विष प्राय लेखो।
परस्त्रीन को ज्यों गुरु स्त्रीन देखो।
तजौ काम क्रोधौ महामोह लोभौ।
तजौ गर्व को सर्वदा चित्त छोभौ॥३२॥

भावार्थ—पर धन को विष ही समझो, पर स्त्री को माता सम देखो। काम, क्रोध, मोह, लोभ, गर्व और चित्तक्षोभ को सदा त्यागो (इनके वशीभूत मत हो)।

मूल—

यशै संग्रहौ निग्रहौ युद्ध योधा। करौ साधु संसर्ग जो बुद्धि बोधा।
हितू होय सो देइजो धर्म शिक्षा। अधर्मीनको देहुजै वाक भिक्षा ॥३३॥

शब्दार्थ—योद्धा=युद्ध करनेवाला शत्रु। संसर्ग=संगति। बुद्धि बोधा=ज्ञान दाता। जै=जिनि, मत। वाक भिक्षा देना=बोलना, बात करना।

भावार्थ—यश संग्रह करो, युद्ध में शत्रु को दमन करो, ज्ञान दाता साधुओं की संगति करो, जो धर्मयुक्त शिक्षा दे उसी को हितैषी मानना और अधर्मियों से वार्ता भी मत करना।

मूल—

कृतघ्नी कुबादी परस्त्री बिहारी।
करौ विप्र लोभी न धर्माधिकारी।
सदा द्रव्य संकल्प को रक्षि लीजै।
द्विजातीन को आपु ही दान दीजै ॥३४॥

शब्दार्थ—कुबादी=झूठा। धर्माधिकारी=दान द्रव्य का बाँटने वाला अधिकारी। द्विजातीन=ब्राह्मणों।

भावार्थ—कृतघ्नी, झूठे, परस्त्रीगामी तथा लोभी ब्राह्मण को दान द्रव्य के बाँटने का अधिकारी मत बनाओ। सकल्प किये हुये द्रव्य की यत्न पूर्वक रक्षा करके ब्राह्मणों को अपने हाथ से देना (धर्माधिकारी से न दिलवाना)।

(नोट)—चौंतीसवें प्रकाश में श्वान कथित राजा सत्यकेतु की कथा देखो (छन्द २६ से ३४ तक)।

(राज्यरक्षा यत्न)

मूल—मत्तगयन्द छन्द।

तेरह मंडल मंडित भूतल भूपति जो क्रम ही क्रम साधै।
कैसहु ताकहँ शत्रुन मित्र सु केशवदास उदास न बाधै॥
शत्रु समीप, परे तेहि मित्र, सु तासु परे जु उदास कै जोवै।
विग्रह, संधिनि, दाननिसिन्धुलौं लै चहुँओरनि तो सुखसोवै ॥३५॥

शब्दार्थ—मंडित=युक्त। भूतल=पृथ्वी। साधै=सुव्यवस्था करै। उदास=उदासीन व्यक्ति (न शत्रु न मित्र)। परे= उसके आगे वाला। विग्रह=युद्ध। संधि=सुलह, मेल। दान=नीति।

भावार्थ—श्रीरामजी पुत्रों तथा भतीजों को राज्यरक्षा की नीति सिखाते हैं कि जो राजा क्रमशः अपने राज्य सहित तेरह राज्यों की सुव्यवस्था कर लेता है, उसको शत्रु मित्र वा उदासीन कोई भी हानि नहीं पहुँचा सकता (अपने राज्य को मध्य में समझकर चारों ओर तीन-तीन राज्यों तक यह व्यवस्था करे कि) जो राज्य अपने राज्य के समीप है उससे शत्रुता रखे, उस राज्य से आगेवाले राज्य से मित्रता करे; और उससे भी आगेवाले राज्य से उदासीन भाव रखे। शत्रु राज्य से युद्ध करे, मित्र राज्य से सन्धि करे, और उदासीन राज्य से दामनीति बरते (कुछ देन-लेन किया करे)। इस प्रकार अपने देश से सिन्धु तक चारों ओर व्यवस्था कर ले तो वह राजा सुख से सोता है (सुरक्षित रहता है)।

(नोट)—एक अपना राज्य और चारों तरफ तीन तीन देशों तक, यही तेरह मंडल हुये। समीप वाले राज्य से शत्रुता रखने से राजा सदैव सजग रहता है, इसी से यह नीति कुशलकर है।

अलंकार—यथासंख्य।

मूल—(दोहा)—

राजश्री बश कैसहूँ, होहु न उर अवदात।
जैसे तैसे आपुबश ताकहँ कीजै तात ॥३६॥

शब्दार्थ—राजश्री=राज्यवैभव। उर अवदात=बड़े हृदयवाले, उदारचित्त (यह शब्द पुत्रों भतीजों का सम्बोधन है)।

भावार्थ—हे उदारचित पुत्रो और भतीजो! किसी प्रकार राज्यवैभव (धन वा राज्य) के वश मत होना (राजधमंड में आकर अन्याय वा अधर्म न करना) वरन् हे तात! जैसे हो वैसे उस राज्यवैभव को अपने वश में कर लेना, यही मुख्य उपदेश है।

मूल—

यहि विधि शिष दै पुत्र सब बिदा करे दै राज।
राजत श्रीरघुनाथ सँग, शोभन बंधु समाज ॥३७॥

शब्दार्थ—शिष=शिक्षा, उपदेश । शोभन=सुन्दर ।

भावार्थ—सरल ही है ।

(राम चरित्रमाहात्म्य)

मूल—रूपमाला छन्द ।

रामचन्द्र चरित्र को जु सुनै सदा चित लाय ।
ताहि पुत्र कलत्र संपति देत श्रीरघुराय ।।
यज्ञ दान अनेक तीरथ न्हान को फल होय ।
नारि का नर विप्र क्षत्रिय वैश्य शूद्र जो कोय ।।३८।।

शब्दार्थ—चितलाय=मन लगाकर । कलत्र=स्त्री । न्हान=स्नान । का=क्या । नारि का नर=क्या नर क्या नारी (चाहे जो हो) अर्थात् रामचरित्र सुनने का अधिकार सब को है ।

भावार्थ—सरल ही है ।

(रामचन्द्रिका के पाठ का माहात्म्य)

मूल—रूपकांता छन्द (लक्षण—क्रमशः ८ बार लघु गुरु+लघु)

अशेष पुन्य पाप के कलाप आपने बहाय ।
विदेहराज ज्यों सदेह भक्त राम को कहाय ।।
लहै सुभुक्ति लोक लोक अंत मुक्ति होहि ताहि ।
कहै सुनै पढ़ै गुनै जु रामचन्द्र-चन्द्रिका हि ।।३९।।

शब्दार्थ—अशेष=सब । कलाप=समूह । बहाय=नाश करके । विदेहराज=राजा जनक । ज्यों=समान । सुभुक्ति=सुन्दर भोग्य पदार्थ ।

भावार्थ—जो कोई इस रामचन्द्रिका को कहै सुनैगा, पढ़ै गुनैगा वह अपने सब पाप-पुण्यों को नाश करके, राजा जनक की तरह इसी देह से राम भक्त कहलाता हुआ सब प्रकार के भोग भोगैगा और अन्त में उसे मुक्ति प्राप्त होगी ।

(उन्तालीसवाँ प्रकाश समाप्त)